CHARLES
DICKENS

**Weihnachtsmärchen
und Erzählungen**

CHARLES
DICKENS

Weihnachtsmärchen und Erzählungen

Mit den
Illustrationen
der Erstausgaben

Neue, durchgesehene Ausgabe unter Verwendung der Übertragungen
von Carl Kolb, Julius Seybt, Richard Zoozmann und Gustav Meyrink.
Die Illustrationen der Erstausgaben stammen von
E. G. Dalziel, Richard Doyle, Edwin Landseer, John Leech,
Daniel Maclise, Clarkson Stanfield, Frank Stone und John Tenniel.

3. Auflage 2016

© 2014 Nikol Verlagsgesellschaft mbH & Co. KG,
Hamburg

Satz & Layout: Nikol Verlag, Hamburg
Titelabbildung: Bridgeman Images
Umschlag: Timon Schlichenmaier, Hamburg
Druck: CPI Moravia Books s.r.o.
Printed in the Czech Republic
ISBN: 978-3-86820-235-9

www.nikol-verlag.de

Inhalt

Weihnachtslied

Aus dem Englischen von
Richard Zoozmann

ERSTE STROPHE

Marleys Geist

Marley war tot, damit wollen wir anfangen. Kein Zweifel kann darüber bestehen. Der Schein über seine Beerdigung ward unterschrieben von dem Geistlichen, dem Küster, dem Leichenbestatter und den vornehmsten Leidtragenden. Scrooge unterschrieb ihn, und Scrooges Name wurde auf der Börse respektiert, wo er ihn nur hinschrieb. Der alte Marley war so tot wie ein Türnagel.

Versteht mich recht! Ich will nicht etwa sagen, daß ein Türnagel etwas besonders Totes für mich hätte. Ich selbst möchte fast zu der Meinung neigen, daß das toteste Stück Eisen auf der Welt ein Sargnagel sei. Aber die Weisheit unsrer Altvordern liegt in den Gleichnissen, und meine unheiligen Hände sollen sie dort nicht stören, sonst wäre es um das Vaterland geschehen. Man wird mir also erlauben, mit besonderem Nachdruck zu wiederholen, daß Marley so tot wie ein Türnagel war.

Wußte Scrooge, daß er tot war? Natürlich wußte er's. Wie sollte es auch anders sein? Scrooge und er waren, ich weiß nicht seit wieviel Jahren, Kompagnons. Scrooge war sein einziger Testamentsvollstrecker, sein einziger Verwalter, sein einziger Erbe, sein einziger Freund und sein einziger Leidtragender. Und selbst Scrooge war von dem traurigen Ereignis nicht so schrecklich mitgenommen, um nicht selbst am Begräbnistag ein vortrefflicher Geschäftsmann sein und ihn mit einem unzweifelhaft guten Handel feiern zu können.

Nun bringt mich die Erwähnung von Marleys Begräbnistag wieder zu dem Ausgangspunkt meiner Erzählung zurück.

Es gibt keinen Zweifel, daß Marley tot war. Das muß scharf ins Auge gefaßt werden, sonst kann in der Geschichte, die ich erzählen will, nichts Wunderbares geschehen. Wenn wir nicht vollkommen fest überzeugt wären, daß Hamlets Vater tot ist, ehe das Stück beginnt, so wäre durchaus nichts Merkwürdiges in seinem nächtlichen Spaziergang bei scharfem Ostwind auf den Mauern seines eigenen Schlosses. Nicht mehr, als bei jedem anderen Herrn in mittleren Jahren, der sich nach Sonnenuntergang rasch zu einem Spaziergang auf einem luftigen Platz entschließt, zum Beispiel auf dem Sankt-Pauls-Kirchhof.

Scrooge ließ Marleys Namen nicht ausstreichen. Noch nach Jahren stand über der Tür des Speichers »Scrooge und Marley«. Die Firma war unter dem Namen Scrooge und Marley bekannt. Leute, die Scrooge nicht kannten, nannten ihn zuweilen Scrooge und zuweilen Marley; aber er hörte auf beide Namen, denn es galt ihm beides gleich.

Oh, er war ein wahrer Blutsauger, dieser Scrooge! Ein gieriger, zusammenkratzender, festhaltender, geiziger alter Sünder: hart und scharf wie ein Kiesel, aus dem noch kein Stahl einen warmen Funken geschlagen hat, verschlossen und selbstgenügsam und ganz für sich, wie eine Auster. Die Kälte in seinem Herzen machte seine alten Gesichtszüge starr, seine spitze Nase noch spitzer, sein Gesicht runzlig, seinen Gang steif, seine Augen rot, seine dünnen Lippen blau, und sie klang aus seiner krächzenden Stimme heraus. Ein frostiger Reif lag auf seinem Haupt, auf seinen Augenbrauen, auf dem starken struppigen Bart. Er schleppte seine eigene niedere Temperatur immer mit sich herum: In den Hundstagen kühlte er sein Kontor wie mit Eis, zur Weihnachtszeit machte er es nicht um einen Grad molliger.

Äußere Hitze und Kälte wirkten wenig auf Scrooge. Keine Wärme konnte ihn wärmen, keine Kälte frösteln machen.

Kein Wind war schneidender als er, kein Schneegestöber erbarmungsloser, kein klatschender Regen einer Bitte weniger zugänglich. Schlechtes Wetter konnte ihm nichts anhaben. Der ärgste Regen, Schnee oder Hagel konnten sich nur in einer Art rühmen, besser zu sein als er: Sie gaben oft im Überfluß, und das tat Scrooge nie und nimmer.

Niemals kam ihm jemand auf der Straße entgegen, um mit freundlichen Blicken zu ihm zu sagen: »Mein lieber Scrooge, wie geht's, wann werden Sie mich einmal besuchen?« Kein Bettler sprach ihn um eine Kleinigkeit an, kein Kind fragte ihn, wie spät es sei, kein Mann und keine Frau hat ihn je in seinem Leben nach dem Weg gefragt. Selbst der Hund des Blinden schien ihn zu kennen, und wenn er ihn kommen sah, zog er seinen Herrn in einen Torweg und wedelte dann mit dem Schwanz, als wollte er sagen: »Gar kein Auge, blinder Herr, ist besser als ein böses Auge.«

Doch was kümmerte all das den alten Scrooge? Gerade das gefiel ihm. Allein seinen Weg durch die engen Pfade des Lebens zu wandern, jedem menschlichen Gefühl zu sagen: »Bleibe mir fern«; das war es, was Scrooge gefiel.

Einmal, es war von allen guten Tagen im Jahr der beste, der Christabend, saß der alte Scrooge in seinem Kontor. Draußen war es schneidend kalt und neblig, und er konnte hören, wie die Leute im Hof, um sich zu erwärmen, prustend auf und nieder gingen, die Hände aneinander schlugen und mit den Füßen stampften. Es hatte eben erst drei Uhr geschlagen, doch war es schon stockfinster. Den ganzen Tag über war es nicht hell geworden, und die Kerzen in den Fenstern der benachbarten Kontore flackerten wie rote Flecken auf der dicken braunen Luft. Der Nebel drang durch jede Spalte und durch jedes Schlüsselloch und war draußen so dick, daß die gegenüberliegenden Häuser des sehr kleinen Hofes wie ihre eigenen Geister aussahen. Wenn man die trübe, dicke, alles verfinsternde Wolke heruntersinken sah, hätte man meinen können, die Natur wohne dicht nebenan und braue en gros.

Die Tür von Scrooges Kontor stand offen, damit er seinen Kommis beaufsichtigen konnte, der in einem erbärmlich feuchten, kleinen Raum, einer Art Burgverlies, Briefe kopierte. Scrooge hatte nur ein sehr kleines Feuer, aber des Dieners Feuer war um so viel kleiner, daß es nur wie eine einzige Kohle aussah. Er konnte aber nicht nachlegen, denn Scrooge hatte den Kohlenkasten in seinem Zimmer, und jedesmal, wenn der Kommis mit der Kohlenschaufel in der Hand hereinkam, meinte sein Herr, es sei wohl nötig, daß sie sich trennten. Worauf der Kommis seinen weißen Schal umband und versuchte, sich an dem Licht zu wärmen, was aber immer fehlschlug, da er ein Mann von nicht sehr starker Einbildungskraft war.

»Fröhliche Weihnachten, Onkel, Gott erhalte Sie!« rief da eine heitere Stimme. Es war die Stimme von Scrooges Neffen, der so schnell hereingekommen war, daß dieser Gruß das erste war, was man von ihm bemerkte.

»Pah«, sagte Scrooge, »dummes Zeug!«

Der Neffe war vom schnellen Laufen so warm geworden, daß er über und über glühte; sein Gesicht war rot und hübsch, seine Augen glänzten und sein Atem rauchte.

»Weihnachten dummes Zeug, Onkel?« sagte Scrooges Neffe. »Das kann nicht Ihr Ernst sein.«

»Es ist mein Ernst«, sagte Scrooge. »Fröhliche Weihnachten? Was für ein Recht hast du, fröhlich zu sein? Was für einen Grund, fröhlich zu sein? Du bist arm genug.«

»Nun«, antwortete der Neffe heiter, »was für ein Recht haben Sie, grämlich zu sein? Was für einen Grund, mürrisch zu sein? Sie sind reich genug.«

Scrooge, der im Augenblick keine bessere Antwort darauf

bereit hatte, sagte noch einmal: »Pah!« und brummte hinterher: »Dummes Zeug!«

»Seien Sie nicht böse, Onkel«, sprach der Neffe.

»Was soll ich anderes sein«, antwortete der Onkel, »wenn ich in einer Welt voll solcher Narren lebe? Fröhliche Weihnachten! Der Henker hole die fröhlichen Weihnachten! Was ist Weihnachten für dich anderes, als eine Zeit, in der du Rechnungen bezahlen sollst, ohne Geld zu haben, eine Zeit, in der du dich um ein Jahr älter und nicht um eine Stunde reicher findest, eine Zeit, in der du deine Bücher abschließest und in jedem Posten durch ein volles Dutzend von Monaten ein Defizit siehst? Wenn es nach mir ginge«, setzte Scrooge heftig hinzu, »so müßte jeder Narr, der mit seinem ›Fröhliche Weihnachten‹ herumläuft, mit seinem eigenen Pudding gekocht und mit einem Stechpalmenzweig im Herzen begraben werden.«

»Onkel!« bat der Neffe.

»Neffe«, antwortete der Onkel erbost, »feiere du Weihnachten nach deiner Art und laß es mich nach meiner feiern.«

»Feiern!« wiederholte Scrooges Neffe. »Aber Sie feiern es ja nicht.«

»Laß mich ungeschoren«, brummte Scrooge. »Mag es dir Nutzen bringen. Es hat dir ja immer schon Nutzen gebracht.«

»Es gibt viele Dinge, die mir hätten nützen können und die ich nicht genutzt habe, das weiß ich«, antwortete der Neffe, »und Weihnachten ist eins davon. Aber ich weiß gewiß, daß ich Weihnachten, abgesehen von der Verehrung, die wir seinem heiligen Namen und Ursprung schuldig sind, immer als eine gute Zeit betrachtet habe, als eine liebe Zeit, als die Zeit der Vergebung und Barmherzigkeit, als die einzige Zeit, die ich in dem ganzen langen Jahreskalender kenne, da die

Menschen einträchtig ihre verschlossenen Herzen auftun und die andern Menschen ansehen, als wären sie wirklich Reisegefährten nach dem Grabe und nicht eine ganz andere Art von Geschöpfen, die einen ganz andern Weg gehen. Und daher, Onkel, wenn es mir auch niemals ein Stück Gold oder Silber in die Tasche gebracht hat, daher glaube ich doch, es hat mir Gutes getan, und es wird mir Gutes tun, und ich sage: ›Gott segne das Weihnachtsfest!‹«

Der Diener in dem Burgverlies draußen applaudierte unwillkürlich; aber im Augenblick darauf fühlte er auch die Unschicklichkeit seines Betragens, schürte die Kohlen und löschte dadurch die letzten kleinen Funken unwiederbringlich.

»Wenn Sie da drin mich noch einen einzigen Laut hören lassen«, sagte Scrooge, »so feiern Sie Ihre Weihnachten mit dem Verlust Ihrer Stelle. – Du bist ein ganz gewaltiger Redner«, fügte er dann hinzu, sich zu seinem Neffen wendend. »Es wundert mich, daß du noch nicht ins Parlament gekommen bist!«

»Seien Sie nicht böse, Onkel. Essen Sie morgen mit uns.«

Scrooge sagte, daß er ihn erst verdammt sehen wolle; ja wahrhaftig, er sprach sich so deutlich aus.

»Aber warum?« rief Scrooges Neffe. »Warum denn?«

»Warum hast du dich verheiratet?« fragte Scrooge.

»Weil ich mich verliebte.«

»Weil er sich verliebte!« brummte Scrooge, als sei dies das einzige Ding in der Welt, das noch lächerlicher als eine fröhliche Weihnacht ist. »Guten Abend!«

»Aber Onkel, Sie haben mich ja auch vorher nie besucht. Warum soll es da ein Grund sein, mich jetzt nicht zu besuchen?«

»Guten Abend!« sagte Scrooge.

»Ich brauche nichts von Ihnen, ich verlange nichts von

Ihnen, warum können wir nicht gute Freunde sein?«

»Guten Abend!« sagte Scrooge.

»Ich bedaure wirklich von Herzen, Sie so hartnäckig zu finden. Wir haben nie einen Zank miteinander gehabt, an dem ich schuld gewesen wäre. Aber ich habe den Versuch gemacht, Weihnachten zu Ehren, und ich will meine Weihnachtsstimmung bis zuletzt behalten. Fröhliche Weihnachten, Onkel!«

»Guten Abend!« sagte Scrooge.

»Und ein glückliches Neujahr!«

»Guten Abend!« sagte Scrooge.

Trotz allem verließ der Neffe das Zimmer ohne ein böses Wort. An der Haustür blieb er dann stehen, um mit dem Glückwunsch des Tages den Kommis zu begrüßen, der trotz der Kälte dennoch wärmer war als Scrooge, denn er gab den Gruß freundlich zurück.

»Das ist auch so ein Kerl!« brummte Scrooge, der es hörte. »Mein Kommis, mit fünfzehn Schilling die Woche und Frau und Kindern, spricht von fröhlichen Weihnachten. Ich gehe nach Bedlam ins Irrenhaus.«

Der Kommis hatte, als er den Neffen hinausließ, zwei andere Personen eingelassen. Es waren zwei behäbige, wohlansehnliche Herren, die jetzt, mit dem Hut in der Hand, in Scrooges Kontor standen. Sie hatten Bücher und Papiere unterm Arm und verbeugten sich.

»Scrooge und Marley, glaube ich«, sagte einer der Herren, indem er auf seine Liste sah. »Hab ich die Ehre, mit Mr. Scrooge oder mit Mr. Marley zu sprechen?«

»Mr. Marley ist seit sieben Jahren tot«, antwortete Scrooge. »Er starb heute vor sieben Jahren.«

»Wir zweifeln nicht, daß sein überlebender Kompagnon ganz seine Freigebigkeit besitzen wird«, sagte der Herr, indem er ihm sein Beglaubigungsschreiben überreichte.

WEIHNACHTSMÄRCHEN UND ERZÄHLUNGEN

Er hatte ganz recht, denn sie waren wirklich zwei verwandte Seelen gewesen. Bei dem ominösen Wort Freigebigkeit runzelte Scrooge die Stirn, schüttelte den Kopf und gab das Papier zurück.

»An diesem festlichen Tage des Jahres, Mr. Scrooge«, sagte der Herr, eine Feder ergreifend, »ist es mehr als sonst wünschenswert, wenigstens einigermaßen für die Armen zu sorgen, die zu dieser Zeit in großer Bedrängnis leben. Vielen Tausenden fehlen selbst die notwendigsten Bedürfnisse, Hunderttausenden die notdürftigsten Bequemlichkeiten des Lebens.«

»Gibt es keine Gefängnisse?« fragte Scrooge.

»Überfluß an Gefängnissen«, sagte der Herr, die Feder wieder hinlegend.

»Und die Armenhäuser?« fragte Scrooge. »Bestehen die noch?«

»Allerdings«, antwortete der Herr, »aber doch wünschte ich, sie brauchten weniger in Anspruch genommen zu werden.«

»Tretmühle und Armengesetz sind in voller Kraft?« sagte Scrooge.

»Beide haben alle Hände voll zu tun.«

»So? Nach dem, was Sie zuerst sagten, fürchtete ich, es halte sie etwas in ihrem nützlichen Gang auf«, sagte Scrooge. »Ich freue mich, das Gegenteil zu hören.«

»In der Überzeugung, daß sie doch wohl kaum imstande sind, der Seele oder dem Leib der Armen christliche Stärkung zu geben«, entgegnete der Herr, »sind einige von uns zur Veranstaltung einer Sammlung zusammengetreten, um für die Armen Nahrungsmittel und Feuerung anzuschaffen. Und wir wählen diese Zeit, weil sie vor allen andern eine Zeit ist, da der Mangel am bittersten gefühlt wird und nur der Reiche sich freut. Welche Summe darf ich für Sie aufschreiben?«

»Nichts«, antwortete Scrooge.

»Sie wünschen ungenannt zu bleiben?«

»Ich wünsche, daß man mich in Ruhe läßt«, sagte Scrooge. »Da Sie mich fragen, meine Herren, was ich wünsche, so ist eben dies meine Antwort. Ich freue mich selbst nicht zu Weihnachten und habe nicht die Mittel, mit meinem Geld Faulenzern Freude zu machen. Ich trage meinen Teil zu den Anstalten bei, die ich genannt habe; sie kosten genug, und wem es schlecht geht, der mag dorthin gehen!«

»Viele können nicht hingehen, und viele würden eher sterben.«

»Wenn sie eher sterben würden«, sagte Scrooge, »so wäre es gut, wenn sie es täten und die überflüssige Bevölkerung dadurch verminderten. Übrigens, Sie entschuldigen, ich weiß nichts davon.«

»Aber Sie könnten es wissen«, bemerkte der Herr.

»Es kümmert mich nichts«, antwortete Scrooge. »Es genügt, wenn ein Mann sein eignes Geschäft versteht und sich nicht in das anderer Leute mischt. Das meinige nimmt meine ganze Zeit in Anspruch. Guten Abend, meine Herren!«

Da sie deutlich einsahen, wie vergeblich weitere Versuche sein würden, zogen sich die Herren zurück. Scrooge setzte sich wieder an die Arbeit mit einer erhöhten Meinung von sich selbst und in einer besseren Laune als gewöhnlich.

Nebel und Dunkelheit hatten inzwischen so zugenommen, daß die Leute mit brennenden Fackeln herumliefen, um den Wagen vorzuleuchten. Der alte Kirchturm, dessen brummende alte Glocke sonst unverwandt aus einem alten gotischen Fenster in der Mauer listig auf Scrooge herabsah, wurde unsichtbar in den Wolken und schlug die Stunden und Viertel mit einem zitternden Nachklang, als wenn in dem erfrorenen Kopfe droben die Zähne klapperten. Die

Kälte wurde immer schneidender. In der Hauptstraße an der Ecke der Sackgasse wurden die Gasleitungen ausgebessert, und die Arbeiter hatten ein großes Feuer in einer Kohlenpfanne angezündet. Darum herum drängten sich einige zerlumpte Männer und Knaben, die über den Flammen behaglich blinzelnd sich die Hände wärmten. Aus der eisernen Pumpe, sich selbst überlassen, floß ungehindert Wasser aus, aber bald war es zu Eis erstarrt. Der Lichtschimmer der Läden, in deren Fenstern Stechpalmenzweige und Beeren in der Lampenwärme knisterten, rötete die bleichen Gesichter der Vorübergehenden. Die Gewölbe der Geflügel- und Materialwarenhändler sahen aus wie ein glänzendes, fröhliches Märchenland, und es schien fast unmöglich, damit den Gedanken an eine so langweilige Sache wie Kauf und Verkauf zu verbinden. Der Lord Mayor gab in den innern Gemächern des Mansion House seinen fünfzig Köchen und Kellermeistern Befehl, Weihnachten zu feiern, wie es eines Lord Mayors würdig ist, und selbst der kleine Schneider, den er am Montag vorher wegen Trunkenheit und blutrünstiger Äußerungen in der Öffentlichkeit mit fünf Schilling gestraft hatte, rührte den Pudding für morgen in seinem Dachkämmerchen, während seine magere Frau mit dem Säugling auf dem Arm wegging, um das Roastbeef zu kaufen.

Immer nebliger und kälter wurde es, durchdringend, schneidend kalt. Wenn der gute, heilige Dunstan die Nase des Gottseibeiuns nur mit einem Hauch von diesem Wetter gefaßt hätte, anstatt seine gewöhnlichen Waffen zu gebrauchen, dann hätte er wohl recht gebrüllt. Der Inhaber einer kleinen, jungen Nase, an der die hungrige Kälte biß und nagte, wie Hunde an einem Knochen, legte sich an Scrooges Schlüsselloch, um ihn mit einem Weihnachtsliede zu erfreuen. Aber beim ersten Ton des Liedes ergriff Scrooge das Lineal mit einer solchen Heftigkeit, daß der Sänger voll

Schrecken entfloh und das Schlüsselloch dem Nebel und dem noch verwandteren Frost überließ.

Endlich kam die Feierabendstunde. Unwillig stieg Scrooge von seinem Sessel und gab dadurch dem harrenden Kommis in dem Verlies stillschweigend die Einwilligung zum Aufbruch, worauf dieser sogleich das Licht auslöschte und den Hut aufsetzte.

»Sie wollen morgen den ganzen Tag frei haben, vermute ich«, sagte Scrooge.

»Wenn es Ihnen recht ist, Sir.«

»Es ist mir durchaus nicht recht«, sagte Scrooge, »und es gehört sich auch nicht. Wenn ich Ihnen eine halbe Krone dafür abzöge, würden Sie denken, es geschähe Ihnen Unrecht, nicht wahr?«

Der Kommis antwortete mit einem gezwungenen Lächeln.

»Und doch«, sagte Scrooge, »denken Sie nicht daran, daß mir Unrecht geschieht, wenn ich einen Tag Lohn bezahle für einen Tag Faulenzen.«

Der Kommis bemerkte, daß es ja nur einmal im Jahr geschähe.

»Eine armselige Entschuldigung, um an jedem fünfundzwanzigsten Dezember eines Mannes Tasche zu bestehlen«, murrte Scrooge, indem er seinen Überrock bis an das Kinn zuknöpfte. »Aber ich vermute, Sie wollen den ganzen Tag frei haben? Seien Sie wenigstens übermorgen um so früher hier!«

Der Kommis versprach es, und Scrooge ging mit einem Brummen fort. Das Kontor war im Nu geschlossen, und der Kommis, dem die langen Enden seines weißen Schals um die Beine baumelten, schlitterte zu Ehren des Festes in einer Reihe von Knaben zwanzigmal Cornhill hinunter; dann lief er so schnell wie möglich in seine Wohnung in Camden Town, um dort Blindekuh zu spielen.

Scrooge nahm sein einsames, trübseliges Mahl in seinem gewöhnlichen, einsamen, trübseligen Gasthaus ein, und nachdem er alle Zeitungen gelesen und sich den Rest des Abends mit seinem Bankjournal vertrieben hatte, ging er nach Hause zurück, um zu schlafen. Er wohnte in den Zimmern, die seinem verstorbenen Kompagnon gehört hatten. Es war eine düstere Flucht von Zimmern in einem niedrigen, dunklen Gebäude, das in seinen Hof so ganz und gar nicht hineinpaßte, daß man fast hätte glauben mögen, es habe sich, als es noch ein junges Haus war und mit andern Häusern Versteck spielte, dorthin verlaufen und nicht wieder hinausfinden können. Jetzt war es alt und öde, weil niemand dort wohnte als Scrooge und alle andern Örtlichkeiten als Geschäftsräume vermietet waren. Der Hof war so dunkel, daß selbst Scrooge, der dort jeden Pflasterstein kannte, seinen Weg mit den Händen ertasten mußte. Der Nebel und der Frost ballten sich so dick und schwer um den schwarzen alten Torweg des Hauses, als hocke der Wettergeist in trübem Sinnen auf der Schwelle.

Nun steht es fest, daß an dem Klopfer der Haustür ganz und gar nichts Besonderes war als seine Größe. Auch steht es fest, daß ihn Scrooge jeden Abend und jeden Morgen, seitdem er das Haus bewohnte, gesehen hatte und daß Scrooge so wenig Phantasie besaß, als irgend jemand in der City von London, mit Einschluß des Stadtrats – wenn das zu sagen erlaubt ist –, der Aldermen und der Zünfte. Man vergesse auch nicht, daß Scrooge, außer heute nachmittag, keine Sekunde an seinen vor sieben Jahren verstorbenen Kompagnon gedacht hatte. Und dann erkläre mir jemand, warum Scrooge, als er seinen Schlüssel in das Türschloß steckte, in dem Klopfer, ohne daß dieser sich vor seinen Augen verändert hätte, keinen Türklopfer, sondern Marleys Gesicht sah?

Ja, Marleys Gesicht. Es war nicht von so undurchdringlichem Dunkel umgeben, wie die andern Gegenstände im Hof, sondern von einem unheimlichen Licht, wie ein verdorbener Hummer in einem dunklen Keller. Es blickte ihm nicht wild entgegen, oder zürnend, sondern sah Scrooge an, wie ihn Marley gewöhnlich angesehen hatte, die gespenstige Brille auf die gespenstige Stirn hinaufgeschoben. Das Haar stand ihm seltsam zu Berge, wie von Atem oder heißer Luft gesträubt, und obgleich die Augen weit offen standen, waren sie doch ohne jede Bewegung. Dies und die leichenhafte Farbe machten das Gesicht schrecklich. Aber diese Schrecklichkeit schien eher etwas dem Gesicht Aufgezwungenes zu sein, als ein Teil seines Ausdruckes.

Als Scrooge fest auf die Erscheinung blickte, da sah er wieder einen Türklopfer!

Es wäre eine Unwahrheit, zu sagen, er sei nicht erschrocken oder sein Blut habe nicht ein grausendes Gefühl durchzuckt, das ihm seit seiner Kindheit unbekannt geblieben war. Aber gewaltsam faßte er sich, faßte mit der Hand abermals nach dem Schlüssel, drehte ihn um, trat in das Haus und zündete sein Licht an.

Und doch zögerte er einen Augenblick, bevor er die Tür schloß, und spähte erst vorsichtig dahinter, als fürchte er wirklich, mit dem Anblick von Marleys Zopf erschreckt zu werden. Aber hinter der Tür war nichts, als die Schrauben, die den Klopfer festhielten, und so sagte er: »Bah, bah« und warf sie hinter sich ins Schloß.

Der Schall klang wie ein Donner durch das Haus. Jedes Zimmer oben und jedes Faß in des Weinhändlers Keller unten schien mit seinem besonderen Echo zu antworten. Scrooge war nicht der Mann, der sich durch Echos erschrecken ließ. Er schloß die Tür, ging über den Hausflur und die Treppe hinauf, und zwar langsam, langsam und beim

Hinaufgehen das Licht heller machend.

Man mag behaupten, daß sich's mit einem Sechsspänner eine stattliche alte Treppenflucht hinauf – oder mitten durch ein neues Parlamentsdekret hindurchsausen lasse; ich sage aber, daß man mit einem Leichenwagen, und zwar der Quere nach, mit der Deichsel nach der Wand und mit der Tür nach dem Geländer zu, diese Treppe hinaufgekommen wäre, und zwar ganz bequem. Und das ist vielleicht die Ursache, warum Scrooge glaubte, er sähe einen Leichenwagen vor sich hinaufdampfen. Ein halbes Dutzend Gaslampen von der Straße aus hätten den Eingang nicht hell genug gemacht, und so kann man sich denken, daß es bei Scrooges kleinem Talglicht ziemlich dunkel blieb.

Scrooge aber ging hinauf und kümmerte sich keinen Pfifferling um all das. Dunkelheit ist billig, und das Billige liebte Scrooge. Aber ehe er seine schwere Tür zumachte, ging er durch die Zimmer, um zu sehen, ob alles in Ordnung sei. Er erinnerte sich des Gesichts noch gerade genug, um das zu wünschen.

Wohnzimmer, Schlafzimmer, Rumpelkammer, alles war, wie es sein sollte. Niemand unter dem Tisch, niemand unter dem Sofa; ein kleines Feuer auf dem Rost, Löffel und Teller bereit und das kleine Töpfchen Haferschleim (Scrooge hatte den Schnupfen) auf dem Feuer. Niemand unter dem Bett, niemand im Alkoven, niemand in seinem Schlafrock, der auf eine ganz verdächtige Weise an der Wand hing. Die Rumpelkammer wie gewöhnlich. Ein alter Kaminschirm, alte Schuhe, zwei Fischkörbe, ein dreibeiniger Waschtisch und ein Schüreisen.

Vollkommen zufriedengestellt, machte er die Tür zu, schloß sich ein und schob noch den Riegel vor, was sonst seine Gewohnheit nicht war, so gegen Überraschung sichergestellt, legte er seine Halsbinde ab, zog seinen Schlafrock an und die Pantoffeln, setzte die Nachtmütze auf und nahm dann vor dem Feuer Platz, um seinen Haferschleim zu essen.

Es war wirklich ein sehr kleines Feuer, in einer so kalten Nacht so gut wie gar keins. Er mußte sich dicht daran setzen und sich darüber hinbeugen, um das geringste Wärmegefühl von dieser Handvoll Kohlen zu erhaschen. Der Kamin war vor langen Jahren von einem holländischen Kaufmann gebaut worden und ringsum mit seltsamen holländischen Fliesen mit Bildern aus der biblischen Geschichte belegt. Da sah man Kain und Abel, Pharaos Töchter, die Königin von Saba, Engel durch die Luft auf Wolken gleich Federbetten herabschwebend, Abraham, Belsazar, Apostel in See gehend auf Butterschiffen, Hunderte von Figuren, seine Gedanken zu beschäftigen, und doch kam das Gesicht Marleys wie der Stab des alten Propheten und verschlang alles andere. Wenn jede glänzende Fliese weiß gewesen wäre und die Macht gehabt hätte, aus den vereinzelten Fragmenten seiner Gedanken ein Bild auf ihre Fläche zu zaubern, auf jeder wäre ein Abbild von des alten Marley Gesicht erschienen.

»Dummes Zeug!« brummte Scrooge und schritt durch das Zimmer.

Nachdem er einige Male auf und ab gegangen war, setzte er sich wieder. Als er den Kopf in den Stuhl zurücklegte, fiel sein Auge wie durch Zufall auf eine Klingel, eine alte, nicht mehr gebrauchte Klingel, die zu einem jetzt vergessenen Zwecke mit einem Zimmer im obersten Stockwerk des Hauses in Verbindung stand. Zu seinem großen Erstaunen und mit einem seltsamen, unerklärlichen Schauer sah er, wie die Klingel sich zu bewegen begann: Erst bewegte sie sich so wenig, daß sie kaum einen Ton von sich gab, aber bald schellte sie laut und mit ihr jede andre Klingel des Hauses.

Das mochte eine halbe Minute gedauert haben, oder eine

ganze, aber es kam ihm vor wie eine Stunde. Die Klingeln hörten gleichzeitig auf, wie sie gleichzeitig angefangen hatten. Dann vernahm man ein Rasseln tief unten, als ob jemand über die Fässer in des Weinhändlers Keller eine schwere Kette schleppe. Jetzt erinnerte sich Scrooge gehört zu haben, daß Gespenster Ketten schleppen.

Die Kellertür flog mit einem dumpfdröhnenden Knall auf, und dann hörte er das Klirren viel lauter auf dem Hausflur unten, dann wie es die Treppe herauf und dann wie es gerade auf seine Tür zukam.

»Es ist ja dummes Zeug«, sagte Scrooge. »Ich glaube nicht dran.«

Aber er wechselte doch die Farbe, als es nun ohne zu verweilen, durch die schwere Tür und in das Zimmer kam. Als es hereintrat, flammte das sterbende Feuer auf, als riefe es: »Ich kenne ihn, Marleys Geist!«, und die Glut sank wieder zusammen.

Dasselbe Gesicht, ganz dasselbe. Marley mit seinem Zopf, seiner gewöhnlichen Weste, den engen Hosen und hohen Stiefeln, deren Troddeln in die Höhe standen, wie sein Zopf, und ebenso seine Rockschöße und das Haar auf seinem Kopf. Die Kette, die er hinter sich herschleppte, war um seinen Leib geschlungen. Sie war lang, ringelte sich wie ein Schwanz und war (Scrooge betrachtete sie sehr genau) aus Geldkassen, Schlüsseln, Schlössern, Hauptbüchern, Kontrakten und schweren Börsen aus Stahl zusammengesetzt. Sein Leib war so durchsichtig, daß Scrooge durch die Weste hindurch die zwei Knöpfe hinten an seinem Rock sehen konnte.

Scrooge hatte oft sagen gehört, Marley habe kein Herz, aber erst jetzt glaubte er es.

Nein, er glaubte es selbst jetzt noch nicht. Obgleich er das Gespenst durch und durch und vor sich stehen sah, obgleich er den erkältenden Schauer seiner totenstarren Augen fühlte und selbst den Stoff des Tuches erkannte, das ihm um Kopf und Kinn gebunden war und das er früher nicht bemerkt hatte, war er dennoch ungläubig und sträubte sich gegen das Zeugnis seiner Sinne.

»Nun«, sagte Scrooge, scharf und kalt wie gewöhnlich, »was wollt Ihr?«

»Viel!« Das war Marleys Stimme.

»Wer seid Ihr?«

»Fragt mich, wer ich war.«

»Nun, wer wart Ihr?« fragte Scrooge lauter. »Für einen Schatten seid Ihr ja sonderbar.«

»Als ich lebte, war ich Euer Kompagnon, Jacob Marley.«

»Könnt Ihr Euch setzen?« fragte Scrooge und sah ihn zweifelnd an.

»Ich kann es.«

»So tut's.«

Scrooge fragte nur, weil er nicht wußte, ob sich ein so durchsichtiger Geist setzen könne, und er fühlte die Notwendigkeit einer unangenehmen Erklärung, wenn es ihm nicht möglich wäre. Aber der Geist setzte sich auf der anderen Seite des Kamins nieder, als sei er so gewohnt.

»Ihr glaubt nicht an mich?« fragte der Geist.

»Nein«, sagte Scrooge.

»Welches Zeugnis, außer dem Eurer Sinne, wollt Ihr von meiner Wirklichkeit haben?«

»Ich weiß nicht«, sprach Scrooge.

»Warum glaubt Ihr Euren Sinnen nicht?«

»Weil sie die geringste Kleinigkeit stört«, entgegnete Scrooge. »Eine kleine Unpäßlichkeit des Magens macht sie zu Lügnern. Ihr könnt ein unverdautes Stück Rindfleisch, ein Käserindchen, ein Stückchen schlechter Kartoffeln sein. Wer Ihr auch sein möget, Ihr habt mehr vom Unterleib, als von der Unterwelt an Euch.«

Es war nicht eben Scrooges Gewohnheit, Witze zu machen, auch fühlte er eben jetzt keine besondere Lust dazu. Die Wahrheit ist, daß er sich bestrebte lustig zu sein, um sich zu erleichtern und sein Entsetzen niederzuhalten, denn die Stimme des Geistes ließ ihn bis ins Mark erzittern.

Diesen starren, toten Augen nur einen Augenblick schweigend gegenüberzusitzen, wäre teuflisch gewesen, das fühlte Scrooge wohl. Auch daß das Gespenst seine eigene höllische Atmosphäre hatte, war so grauenerregend. Scrooge fühlte sie nicht selbst, aber doch mußte es so sein; denn obgleich das Gespenst ganz regungslos dasaß, bewegten sich sein Haar, seine Rockschöße und seine Stiefeltroddeln wie von dem heißen Dunst eines Ofens.

»Ihr seht diesen Zahnstocher«, sprach Scrooge, seinen Angriff aus dem eben angeführten Grunde sogleich aufs neue beginnend und von dem Wunsch beseelt, den starren, eisigen Blick des Gespenstes, wenn auch nur für einen Augenblick, von sich abzulenken.

»Ja«, antwortete der Geist.

»Ihr schaut ihn ja nicht an«, sagte Scrooge.

»Aber ich sehe ihn trotzdem«, sprach das Gespenst.

»Gut denn«, antwortete Scrooge. »Ich brauche ihn nur hinunterzuschlucken und mein ganzes übriges Leben hindurch verfolgen mich eine Legion Kobolde, die ich selbst erschaffen habe. Dummes Zeug, sag ich, dummes Zeug!«

Bei diesen Worten stieß das Gespenst einen markerschütternden Schrei aus und ließ seine Kette so grauenerregend und fürchterlich klirren, daß sich Scrooge fest an seinen Stuhl halten mußte, um nicht ohnmächtig herunterzufallen. Aber wie wuchs sein Entsetzen, als das Gespenst das Tuch von dem Kopfe nahm, als wär es ihm zu warm im Zimmer, so daß der Unterkiefer auf die Brust herunterklappte.

Scrooge fiel auf die Knie nieder und schlug die Hände vors Gesicht.

»Gnade!« rief er. »Schreckliche Erscheinung, warum verfolgst du mich?«

»Mensch mit dem irdisch gesinnten Verstand«, entgegnete der Geist, »glaubst du an mich oder nicht?«

»Ich glaube«, sagte Scrooge, »ich muß glauben. Aber warum wandeln Geister auf Erden, und warum kommen sie zu mir?«

»Von jedem Menschen wird verlangt, daß seine Seele unter seinen Mitmenschen wandle, in die Ferne und in die Nähe«, antwortete der Geist; »und wenn die Seele dies während des Lebens nicht tut, so ist sie verdammt, es nach dem Tode zu tun. Man ist verdammt, durch die Welt zu wandern – ach, wehe mir! – und zu sehen, was man nicht teilen kann, was man aber auf Erden hätte teilen können und zu seinem Glück anwenden sollen.«

Und wieder stieß das Gespenst einen Schrei aus und schüttelte seine Ketten und rang die schattenhaften Hände.

»Du bist gefesselt«, sagte Scrooge zitternd. »Sage mir, warum?«

»Ich trage die Kette, die ich während meines Lebens geschmiedet habe«, sprach der Geist. »Ich schmiedete sie Glied für Glied und Elle für Elle, mit meinem eigenen freien Willen lud ich sie mir auf, und mit meinem eigenen freien Willen trug ich sie. Ihre Glieder kommen dir seltsam vor?«

Scrooge zitterte mehr und mehr.

»Oder willst du wissen«, fuhr der Geist fort, »wie schwer und wie lang die Kette ist, die du selber trägst? Sie war gerade so lang und so schwer wie diese hier, vor sieben Weihnachten. Seitdem hast du daran gearbeitet! Es ist eine schwere Kette.«

Scrooge sah auf den Boden hinab, in der Erwartung, sich

von fünfzig oder sechzig Ellen Eisenkette umschlungen zu sehen; aber er sah nichts.

»Jacob«, sagte er flehend. »Jacob Marley, sage mir mehr. Sprich mir Trost zu, Jacob.«

»Ich habe keinen Trost zu geben«, antwortete der Geist. »Er kommt von andern Regionen, Ebenezer Scrooge, und wird von andern Boten zu andern Menschen gebracht. Auch kann ich dir nicht sagen, was ich dir sagen möchte. Ein klein wenig mehr ist alles, was mir erlaubt ist. Nirgends kann ich rasten oder ruhen. Mein Geist ging nie über unser Kontor hinaus – merke wohl auf – im Leben blieb mein Geist immer in den engen Grenzen unsrer schachernden Höhle; und weite Reisen liegen noch vor mir.«

Scrooge hatte die Gewohnheit, wenn er nachdenklich wurde, die Hand in die Hosentasche zu stecken.

Über das nachsinnend, was der Geist sagte, tat er es auch jetzt, aber ohne die Augen zu erheben oder vom Stuhl aufzustehen.

»Du mußt dir aber viel Zeit gelassen haben, Jacob«, bemerkte er im Ton eines Geschäftsmannes, obgleich mit viel Demut und Ehrerbietung.

»Viel Zeit!« wiederholte der Geist.

»Sieben Jahre tot«, sagte sinnend Scrooge. »Und die ganze Zeit über gereist.«

»Die ganze Zeit«, sagte der Geist. »Ohne Frieden, ohne Ruhe und mit den Qualen ewiger Reue.«

»Du reistest schnell«, sagte Scrooge.

»Auf den Schwingen des Windes«, sagte der Geist.

»Du hättest eine große Strecke in sieben Jahren bereisen können«, sagte Scrooge.

Als der Geist dies hörte, stieß er wieder einen Schrei aus und klirrte so gräßlich mit seiner Kette durch das Grabesschweigen der Nacht, daß ihn die Polizei mit vollem Recht wegen Ruhestörung hätte bestrafen können.

»Oh, gefangen und gefesselt«, rief das Gespenst, »nicht zu wissen, daß Zeitalter von unaufhörlicher Arbeit unsterblicher Geschöpfe vergehen, ehe sich das Gute, dessen die Erde fähig ist, entwickeln kann. Nicht zu wissen, daß jeder christliche Geist dieses Erdenleben zu kurz finden wird, um alles Nützliche zu tun, und wenn er auch in einem noch so kleinen Kreise wirkt. Aber ich wußte es nicht, ach, ich wußte es nicht!«

»Aber du warst immer ein guter Geschäftsmann, Jacob«, stotterte Scrooge zitternd, der jetzt anfing, das Schicksal des Geistes auf sich selbst zu beziehen.

»Geschäft!« rief das Gespenst, seine Hände abermals ringend. »Der Mensch wäre mein Geschäft gewesen! Das allgemeine Wohl wäre mein Geschäft gewesen! Barmherzigkeit, Versöhnlichkeit und Liebe, alles das wäre mein Geschäft gewesen! Alles, was ich in meinem Gewerbe tat, war nur ein kleiner Tropfen Wasser im weiten Ozean meines Geschäfts!«

Er hielt seine Kette vor sich hin, als ob sie die Ursache seines nutzlosen Schmerzes gewesen wäre, und warf sie abermals dumpfdröhnend nieder.

»Zu dieser Zeit des schwindenden Jahres«, sagte das Gespenst, »leide ich am meisten. Warum ging ich mit zur Erde gehefteten Augen durch die Schar meiner Mitmenschen und wendete meinen Blick nie zu dem gesegneten Stern empor, der die Weisen zur Wohnung der Armut führte? Gab es keine arme Hütte, wohin mich sein Licht hätte leiten können?«

Scrooge hörte mit Entsetzen das Gespenst so reden und fing an gewaltig zu zittern.

»Höre mich«, mahnte der Geist. »Meine Zeit ist halb vorbei.«

»Ich höre«, hauchte Scrooge. »Aber mach es gnädig mit mir! Werde nicht hitzig, Jacob, ich bitte dich.«

»Wie es kommt, daß ich in einer dir sichtbaren Gestalt vor dich treten kann, das weiß ich nicht. Viele, viele Tage habe ich unsichtbar neben dir gesessen.«

Das war kein angenehmer Gedanke. Scrooge schauderte und wischte sich den Schweiß von der Stirn.

»Es ist kein leichter Teil meiner Sühne«, fuhr der Geist fort. »Heute nacht komme ich zu dir, um dich zu warnen, da du noch die Möglichkeit hast, meinem Schicksal zu entgehen. Eine Möglichkeit und eine Hoffnung, die du mir zu verdanken hast.«

»Du bist immer mein guter Freund gewesen«, murmelte Scrooge. »Ich danke dir.«

»Drei Geister«, fuhr das Gespenst fort, »werden zu dir kommen.« Bei diesen Worten wurde Scrooges Angesicht fast so unglücklich wie das des Gespenstes.

»Ist das die Möglichkeit und die Hoffnung, die du genannt hast, Jacob?« fragte er mit bebender Stimme.

»Ja.«

»Ich – ich möchte lieber nicht«, sagte Scrooge.

»Ohne ihr Kommen«, sagte der Geist, »kannst du nicht hoffen, den Pfad zu vermeiden, dem ich nun folgen muß. Erwarte den ersten morgen früh, wenn die Glocke eins schlägt.«

»Könnte ich sie nicht alle miteinander hinter mich bringen?« meinte Scrooge.

»Erwarte den zweiten in der nächsten Nacht um dieselbe Stunde. Den dritten in der darauffolgenden Nacht, wenn der letzte Schlag der zwölften Stunde verklungen ist. Schau mich an, denn du siehst mich nicht wieder; und schau mich an, damit du dich um deinetwillen an das erinnerst, was zwischen uns vorgefallen ist.«

Als es diese Worte gesprochen hatte, nahm das Gespenst das Tuch vom Tisch und band es sich wieder um den Kopf. Scrooge merkte es am Geräusch der Zähne, als die Kinnladen zusammenklappten. Er wagte, die Augen zu erheben, und sah seinen übernatürlichen Besuch vor sich stehen, die Augen noch starr auf ihn geheftet und die Kette um Leib und Arme gewunden.

Die Erscheinung entfernte sich rückwärtsgehend, und bei jedem Schritt öffnete sich das Fenster ein wenig, so daß es weit offen stand, als das Gespenst es erreicht hatte. Es winkte Scrooge, näher zu kommen, und er tat es. Als sie noch zwei Schritte voneinander entfernt waren, hob Marleys Geist die Hand und gebot ihm, nicht näher zu kommen. Scrooge stand still. Mehr aus Überraschung und Furcht, als aus Gehorsam, denn wie sich die gespenstige Hand erhob, hörte er verwirrte Klänge durch die Luft schwirren und unzusammenhängende Töne der Klage und des Leides, unsäglich schmerzlich und reuevoll. Das Gespenst hörte eine Weile zu und stimmte dann in das Klagelied ein; dann schwebte es in die dunkle, kalte Nacht hinaus.

Scrooge trat an das Fenster, von Neugier fast zur Verzweiflung getrieben. Er sah hinaus.

Die Luft war mit Schatten angefüllt, die in ruheloser Hast klagend hin und her schwebten. Jeder trug eine Kette wie Marleys Geist; einige wenige waren zusammengeschmiedet (wahrscheinlich schlechte Minister), keiner war ganz fessellos. Viele waren Scrooge während ihres Lebens bekannt gewesen. Ganz genau hatte er einen alten Geist in einer weißen Weste gekannt, der einen ungeheuren eisernen Geldkasten hinter sich herschleppte und jämmerlich schrie, einer armen, alten Frau mit einem Kind nicht beistehen zu können, die unten auf einer Türschwelle saß. Man sah es deutlich, ihre Pein war, sich umsonst bestreben zu müssen,

den Menschen Gutes zu tun und die Macht dazu auf immer verloren zu haben.

Ob diese Wesen in dem Nebel zergingen oder ob sie der Nebel einhüllte, wußte er nicht zu sagen. Aber sie und ihre Gespensterstimmen vergingen gleichzeitig, und die Nacht wurde wieder so, wie sie auf seinem Nachhauseweg gewesen war.

Scrooge schloß das Fenster und untersuchte die Tür, durch die das Gespenst eingetreten war. Sie war noch verschlossen und verriegelt wie vorher. Er versuchte zu sagen: »Dummes Zeug«, blieb aber bei der ersten Silbe stecken, und da er von der innern Bewegung, oder von den Anstrengungen des Tages, oder von seinem Einblick in die unsichtbare Welt, oder von der Unterhaltung mit dem Gespenst, oder der späten Stunde sehr erschöpft war, ging er sogleich ins Bett, ohne sich auszuziehen, und sank sofort in Schlaf.

ZWEITE STROPHE

Der erste Geist

Als Scrooge wieder erwachte, war es so finster, daß er das Fenster kaum von den Wänden seines Zimmers unterscheiden konnte. Er bemühte sich, die Finsternis mit seinen Katzenaugen zu durchdringen, als die Glocke eines Turmes in der Nachbarschaft mit vier Viertelschlägen die volle Stunde ankündigte. Er lauschte, um die Stundenschläge zu hören.

Zu seinem großen Erstaunen schlug die Glocke fort, von sechs zu sieben, von sieben zu acht und so weiter bis zwölf; dann schwieg sie.

Zwölf! Es war zwei vorübergewesen, als er sich zu Bett gelegt hatte. Das Uhrwerk mußte falsch gehen.

Ein Eiszapfen mußte zwischen die Räder gekommen sein. Zwölf!

Er drückte an die Feder seiner Repetieruhr, um die verrückte Glocke zu kontrollieren. Ihr kleiner lebhafter Puls schlug zwölf und schwieg.

»Was! Das ist doch nicht möglich«, sagte Scrooge. »Ich soll den ganzen Tag und bis tief in die andere Nacht hinein geschlafen haben? Es kann doch nicht sein, daß der Sonne etwas passiert und es mittags um zwölf ist?«

Mit diesen unruhigen Gedanken beschäftigt, stieg er aus dem Bett und tappte nach dem Fenster. Er mußte das Eis erst wegkratzen und das Fenster mit dem Ärmel seines Schlafrockes abwischen, ehe er etwas sehen konnte; und auch nachher konnte er nur sehr wenig sehen. Alles, was er bemerkte, war, daß es noch sehr neblig und sehr kalt war, und daß man nicht den Lärm hin und her eilender Leute hörte, was doch gewiß vernehmbar gewesen wäre, wenn Nacht plötzlich den hellen Tag vertrieben und von der Welt Besitz genommen hätte. Das war ein großer Trost, weil Bedingungen wie »Drei Tage nach Sicht bezahlen Sie diesen Primawechsel an Mr. Ebenezer Scrooge oder dessen Order« und so weiter bloße Vereinigte-Staaten-Sicherheiten wären, wenn es keine Tage mehr gab, um danach zu zählen.

Scrooge legte sich wieder ins Bett und dachte darüber nach, konnte aber zu keinem Schluß kommen. Je mehr er nachdachte, desto verwirrter wurde er, und je mehr er sich bemühte nicht nachzudenken, desto mehr dachte er nach. Marleys Geist machte ihm viel zu schaffen. Immer, wenn er nach reiflicher Überlegung zu dem festen Entschluß gekommen war, das Ganze nur für einen Traum zu halten, flog sein Geist wie eine starke vom Druck befreite Feder wieder in die alte Lage zurück und legte ihm erneut dieselbe Frage vor, die er schon zehnmal überlegt hatte: »War es ein Traum oder nicht?«

Scrooge blieb in diesem Zustand liegen, bis es wieder drei Viertel schlug. Da besann er sich plötzlich, daß der Geist ihm eine Erscheinung mit dem Schlag eins versprochen hatte. So beschloß er wach zu bleiben, bis die Stunde vorüber sei, und wenn man bedenkt, daß er ebensowenig schlafen, als in den Himmel kommen konnte, war dies gewiß der klügste Entschluß, den er fassen konnte.

Die Viertelstunde war so lang, daß es ihm mehr als einmal vorkam, er müsse unversehens in Schlaf gefallen sein und die Uhr überhört haben. Endlich vernahm sein lauschendes Ohr die Glocke.

»Bim, bam!«

»Ein Viertel«, sagte Scrooge zählend.

»Bim, bam!«

»Halb«, sagte Scrooge.

»Bim, bam!«

»Drei Viertel«, sagte Scrooge.

»Bim, bam!« »Voll!« rief Scrooge freudig. »Und weiter nichts!«

Er sprach das, ehe die Stundenglocke schlug, was sie jetzt mit einem tiefen, hohlen, melancholischen Klang tat. In demselben Augenblick wurde es hell im Zimmer, und die Vorhänge seines Bettes wurden geöffnet.

Ich sage euch, die Vorhänge seines Bettes wurden von einer Hand weggezogen, und sich aufrichtend blickte Scrooge dem unirdischen Gast, der sie geöffnet hatte, in das Gesicht. So dicht stand er ihm gegenüber, wie ich jetzt im Geist neben euch stehe.

Es war eine sonderbare Gestalt, gleich einem Kind, aber doch eigentlich nicht gleich einem Kind, sondern mehr wie ein Greis, der durch einen wunderbaren Zauber erschien, als sei er dem Auge entrückt und auf diese Weise so klein geworden wie ein Kind. Sein Haar, das in langen Locken auf seine Schultern herabwallte, war weiß, wie vom Alter, und dennoch hatte das Gesicht keine einzige Runzel, und um das Kinn bemerkte man den zartesten Flaum. Die Arme waren lang und muskulös, die Hände ebenso, als läge in ihnen eine ungeheure Kraft. Seine Füße, zart und fein geformt, waren entblößt, gleich den Armen. Der Geist trug einen Talar vom reinsten Weiß; um seinen Leib schlang sich ein Gürtel von wunderbarem Glanz. Er hielt einen frisch-grünen Stechpalmenzweig in der Hand, aber in seltsamem Widerspruch mit diesem Zeichen des Winters war das Kleid mit Sommerblumen verziert. Das Wunderbarste aber war, daß von seinem Scheitel ein heller Lichtstrahl in die Höhe schoß, der alles ringsum erleuchtete, und der gewiß die Ursache war, daß der Geist bei weniger guter Laune einen großen Löschhut, den er jetzt unter dein Arm trug, als Mütze aufsetzte.

Aber selbst dies war nicht seine seltsamste Eigenschaft. Denn wie der Gürtel des Geistes bald an dieser Stelle glänzte und funkelte und bald an jener, und wie das, was im Augenblick hell gewesen war, plötzlich dunkel wurde, so verwandelte sich auch die Gestalt selbst, man wußte nicht wie: bald war es ein Ding mit einem Arm, bald mit einem Bein, bald mit zwanzig Beinen, bald sah man nur zwei Füße ohne Kopf, bald einen Kopf ohne Leib; und wie einer dieser Teile verschwand, blieb keine Spur von ihm in dem dichten Dunkel zurück, das ihn verschlang. Und das größte Wunder dabei war: Die Gestalt blieb immer dieselbe.

»Sind Sie der Geist, dessen Erscheinung mir vorhergesagt wurde?« fragte Scrooge.

»Ich bin es.«

Die Stimme war sanft und wohlklingend und so leise, als käme sie nicht aus dichtester Nähe, sondern aus einiger Entfernung.

»Wer und was sind Sie?« fragte Scrooge, schon etwas mehr Mut fassend.

»Ich bin der Geist der vergangenen Weihnacht.«

»Einer lange vergangenen?« fragte Scrooge, seiner zwerghaften Gestalt gedenkend.

»Nein, einer deiner vergangenen.«

Vielleicht hätte Scrooge, wenn ihn jemand befragt hätte, nicht sagen können, warum, aber doch fühlte er ein ganz besonderes Verlangen, den Geist unter seinem Hut zu sehen; und er bat ihn, sich zu bedecken.

»Was?« rief der Geist. »Willst du so bald mit irdisch gesinnter Hand das Licht, das ich spende, verlöschen? Ist es nicht genug, daß du einer von denen bist, deren Leidenschaften diese Mütze geschaffen haben und mich zwingen, durch lange, lange Jahre meine Stirn damit zu verhüllen?«

Scrooge entschuldigte sich ehrfurchtsvoll, er habe nicht die Absicht gehabt, ihn zu beleidigen, und behauptete, nicht zu wissen, daß er irgend einmal in seinem Leben dem Geist Ursache gegeben habe, sich zu bedecken. Dann war er so frei, zu fragen, was ihn hierher führe?

»Dein Wohl«, sagte der Geist.

Scrooge drückte ihm seine Dankbarkeit aus, konnte sich aber doch nicht des Gedankens erwehren, daß ihm eine Nacht ungestörten Schlafes mehr genützt hätte. Der Geist mußte ihn haben denken hören, denn er sagte sogleich:

»Deine Besserung. Nimm dich in acht!«

Er streckte seine starke Hand aus, als er dies sprach, und ergriff sanft seinen Arm.

»Steh auf und folge mir.«

Vergebens würde Scrooge eingewendet haben, Wetter und Stunde seien schlecht geeignet zum Spazierengehen, das Bett sei warm und das Thermometer ein gutes Stück unter dem Gefrierpunkt, er sei nur leicht in Pantoffeln, Schlafrock und Nachtmütze gekleidet und habe gerade jetzt den Schnupfen. Dem Griff, war er auch sanft wie der einer Frauenhand, war nicht zu widerstehen. Er stand auf; aber als er sah, daß der Geist nach dem Fenster schwebte, faßte er ihn flehend bei dem Gewand.

»Ich bin ein Sterblicher«, sagte Scrooge, »und könnte fallen.«

»Laß meine Hand dich hier berühren«, sagte der Geist, indem er die Hand auf das Herz legte, »und du wirst größere Gefahren überwinden, als diese hier.«

Als er diese Worte gesprochen hatte, drangen die beiden durch die Wand und standen plötzlich im Freien auf der Landstraße, rings von Feldern umgeben. Die Stadt war ganz verschwunden. Keine Spur war mehr davon. Die Dunkelheit und der Nebel waren mit ihr verschwunden, denn es war jetzt ein klarer, kalter Wintertag und der Boden mit weißem reinem Schnee bedeckt.

»Gütiger Himmel!« rief Scrooge, die Hände faltend, als er um sich blickte. »Hier wurde ich geboren. Hier lebte ich als Knabe.«

Der Geist schaute ihn mit milden Blicken an. Seine sanfte Berührung, obgleich sie nur leise und flüchtig gewesen war, bebte immer noch nach in dem Herzen des alten Mannes. Er fühlte, wie tausend Düfte die Luft durchwehten, jeder mit tausend Gedanken und Hoffnungen und Freuden und Sorgen verbunden, die lange, lange vergessen waren.

»Deine Lippen zittern«, sagte der Geist. »Und was glänzt auf deiner Wange?«

Scrooge murmelte mit einem ungewöhnlichen Mollton in der Stimme, es sei ein Wärzchen, und bat den Geist, ihn zu führen, wohin er wolle.

»Erinnerst du dich des Weges?« fragte der Geist.

»Ob ich mich seiner erinnere?« rief Scrooge mit Innigkeit. »Blindlings könnte ich ihn gehen!«

»Seltsam, daß du ihn so viele Jahre hindurch vergessen hast«, sagte der Geist. »Komm!«

Sie schritten den Weg entlang. Scrooge erkannte jedes Tor, jeden Pfahl, jeden Baum wieder, bis ein kleiner Marktflecken in der Ferne mit seiner Kirche, seiner Brücke und dem hellen Fluß erschien. Jetzt kamen einige Knaben, auf zottigen Ponies reitend, auf sie zu, die anderen Knaben in ländlichen Wagen laut zuriefen. Alle waren gar fröhlich und laut, bis die weiten Felder so voll heiterer Musik waren, daß die kalte, sonnige Luft lachte, sie zu hören.

»Dies sind nur Schatten der Dinge, die da gewesen sind«, meinte der Geist, »sie wissen nichts von uns.«

Die fröhlichen Reisenden kamen näher, und Scrooge erkannte sie jetzt alle und konnte sie alle beim Namen nennen.

Warum freute er sich über alle Maßen, sie zu sehen, warum wurde sein kaltes Auge feucht, warum frohlockte sein Herz, als sie vorübereilten, warum wurde sein Herz weich, wie sie an den Kreuzwegen voneinander schieden und einander fröhliche Weihnachten wünschten?

Was gingen denn Scrooge fröhliche Weihnachten an? Der Henker hole die fröhlichen Weihnachten! Welchen Nutzen hatte er wohl jemals davon gehabt?

»Die Schule ist nicht ganz verlassen«, nahm der Geist wieder das Wort. »Ein Kind, eine verlassene Waise, sitzt noch einsam dort.«

Scrooge sagte, er wisse es. Und er schluchzte.

Sie verließen nunmehr die Heerstraße auf einem wohlbekannten Feldweg und erreichten bald ein Haus aus dunkelroten Backsteinen mit einem kleinen Türmchen auf dem Dach und einer Glocke drin. Es war ein großes Haus, aber jetzt vernachlässigt und ziemlich verwahrlost, weil die geräumigen Gemächer wenig gebraucht waren, die Wände feucht und grün, die Fenster zerbrochen, die Türen morsch und halb zerfallen. Hühner gluckten und scharrten in den Ställen, und der Wagenschuppen war mit Gras überwachsen. Auch im Innern war nichts übrig geblieben von seiner alten Pracht, denn als sie in den verödeten Hausflur eintraten und durch die offenen Türen in die vielen Zimmer blickten, sahen sie nur ärmlich ausgestattete, kalte, große Räume. Ein erdiger, multriger Geruch lag in der Luft, eine frostige Unbehaglichkeit von allzu häufigem Aufstehen bei Kerzenlicht und nicht allzu reichlichem Essen.

Der Geist ging mit Scrooge über den Hausflur nach einer Tür auf der Rückseite des Hauses. Sie öffnete sich vor ihnen und zeigte ihnen einen langen, kahlen, unbehaglichen Saal, den Reihen von einfachen hölzernen Bänken noch kahler und unbehaglicher machten.

Auf einer davon saß einsam ein Knabe neben einem schwachen Feuer und las; und Scrooge setzte sich auf eine Bank nieder und weinte, als er sein eigenes, vergessenes Selbst sah, wie es in früheren Jahren war.

Kein dumpfer Widerhall in dem Haus, kein Rascheln der Mäuse hinter dem Getäfel, kein Getröpfel des halbgefrorenen Brunnentrogs hinten im Hof, kein Seufzer in den blattlosen Zweigen einer verlassen trauernden Pappel, nicht das Knarren der vom Wind hin und her bewegten Tür des Vorratshauses im Hof, selbst nicht das Knistern des Feuers war für Scrooge verloren. Alles fiel auf sein Herz wie erweichende Töne und löste seine Tränen.

Der Geist berührte seinen Arm und wies auf sein jüngeres, in ein Buch vertieftes Abbild. Plötzlich stand draußen vor dem Fenster ein Mann in fremdartiger Tracht, mit einer Axt im Gürtel und einen mit Holz beladenen Esel am Zaume führend.

»Was! Das ist ja Ali Baba!« rief Scrooge voller Freude aus. »Es ist der alte, liebe, ehrliche Ali Baba. Ja, ja, ich weiß es noch. Einst zur Weihnachtszeit geschah es, daß dieser verlassene Knabe ganz allein hier saß, und er zum ersten Male wirklich kam, gerade wie er dort steht. Der arme Junge! Und Valentin«, fuhr Scrooge fort, »und auch sein wilder Bruder Orson, dort gehen sie! Und wie heißt doch der, der mitten im Schlaf vor das Tor von Damaskus gesetzt wurde? Siehst du ihn nicht? Und der Stallmeister des Sultans, der von den bösen Geistern auf den Kopf gestellt wurde, dort ist er ja auch! Ha, ha, es geschieht ihm schon recht! Wer hieß es ihn auch, die Prinzessin heiraten wollen!«

Scrooge mit vollem Ernst über solche Gegenstände reden zu hören und mit einer zwischen Lachen und Weinen schwankenden Stimme, dann auch sein vor Freude aufgeregtes Gesicht zu sehen: Das wäre für seine Geschäftsfreunde in der City gewiß eine große Überraschung gewesen.

»Da ist ja auch der Papagei«, rief Scrooge, »der mit grünem Leib und gelbem Schwanz, da ist er! Der arme Robinson, er rief ihn, als er von seiner Inselumsegelung wieder nach Hause kam ›Robinson Crusoe, wo bist du gewesen?‹ Er glaubte, er träume, aber das war der Papagei. Ha, dort läuft Freitag in der kleinen Bucht. Es gilt das Leben. Hallo, hob, hallo!«

Dann sagte er mit einem schnellen Wechsel der Gefühle, der seinem gewöhnlichen Charakter sehr fremd war: »Der arme Knabe!«, und er weinte wieder. Dann wischte er sich mit dem Ärmelaufschlag die Augen, steckte die Hand in die Tasche und murmelte: »Ich wünschte – aber es ist jetzt zu spät.«

»Was willst du?« fragte der Geist.

»Nichts«, sagte Scrooge, »nichts. Gestern abend sang ein Knabe ein Weihnachtslied vor meiner Tür. Ich wünschte, ich hätte ihm etwas gegeben, weiter war es nichts.«

Der Geist lächelte gedankenvoll und winkte mit der Hand. Dann sagte er: »Laß uns ein anderes Weihnachtsfest sehen.«

Scrooges früheres Selbst wurde bei diesen Worten größer, und das Zimmer etwas finsterer und schwärzer, das Getäfel warf sich, die Fensterscheiben sprangen, Stücke des Kalkbewurfs fielen von der Decke und das bloße Lattenwerk zeigte sich: Aber wie das alles geschah, wußte Scrooge ebensowenig wie ihr. Er wußte nur, daß alles stimmte und sich ganz so zugetragen habe, und daß er's nun wieder sei, der dort allein sitze, während die andern Knaben nach Hause gereist waren zur fröhlichen Weihnachtsfeier.

Er las nicht, sondern ging wie in Verzweiflung im Zimmer auf und ab. Scrooge blickte den Geist an und schaute mit einem traurigen Kopfschütteln und in banger Erwartung nach der Tür.

Da ging sie auf und ein kleines Mädchen, viel jünger als der Knabe, sprang herein, schlang die Arme um seinen Hals, küßte ihn und begrüßte ihn als ihren »lieben, lieben Bruder«.

»Ich komme, um dich mit nach Hause zu nehmen, lieber Bruder!« sagte das Kind, fröhlich mit den Händen klatschend. »Dich mit nach Hause zu nehmen, nach Hause, nach Hause!«

»Nach Hause, liebe Fanny?« fragte der Knabe.

»Ja!« antwortete die Kleine in überströmender Freude. »Nach Hause und für immer! Der Vater ist so viel freundlicher als sonst, daß es bei uns wie im Himmel ist. Eines Abends, als ich zu Bett ging, sprach er so freundlich mit mir, daß ich mir ein Herz faßte und ihn fragte, ob du nicht nach Hause kommen dürftest –, und er sagte ja, und schickte mich im Wagen her, um dich zu holen. Und du sollst jetzt dein freier Herr sein«, sagte das Kind und blickte ihn bewundernd an, »und nicht mehr hierher zurückkehren; aber erst sollen wir alle zusammen das Weihnachtsfest feiern und recht lustig sein.«

»Du bist ja eine ordentliche Dame geworden, Fanny!« rief der Knabe aus.

Sie klatschte in die Hände und lachte und versuchte, bis an seinen Kopf zu reichen, aber sie war zu klein, und lachte wieder und stellte sich auf die Zehen, um ihn zu umarmen. Dann zog sie ihn in kindlicher Ungeduld zur Tür, und er begleitete sie mit leichtem Herzen.

Eine schreckliche Stimme im Hausflur rief: »Bringt Master Scrooges Koffer herunter!« Es war der Lehrer selbst, der Master Scrooge mit brutal hochnäsiger Herablassung anstierte, und ihn in großen Schrecken setzte, als er ihm die Hand drückte. Dann führte er ihn und seine Schwester in ein feuchtes, fröstelnerregendes Empfangszimmer, an dessen Wänden Landkarten und in dessen Fenster die Erd- und Himmelsgloben vor Kälte glänzten. Hier brachte er eine Flasche merkwürdig leichten Wein und ein Stück merkwürdig schweren Kuchen herbei und regalierte die Kinder schonend sparsam mit diesen auserlesenen Leckerbissen. Auch schickte er eine hungrig aussehende Magd hinaus, um dem Postillion ein Gläschen anzubieten, wofür dieser aber mit den Worten dankte, wenn es von demselben Faß wie das vorige sei, möchte er lieber nicht kosten. Während dieser Zeit war Master Scrooges Koffer auf den Wagen gebunden worden, und die Kinder nahmen ohne Rührung von dem Schulmeister Abschied, setzten sich in den Wagen und fuhren so schnell zum Garten hinaus, daß der Reif und der Schnee wie Schaum von den immergrünen Gebüschen hinwegstob.

»Sie war immer ein zartes Wesen, das von einem Hauch hätte verwelken können«, sagte der Geist. »Aber sie hatte ein großes Herz.«

»Ja, das hatte sie«, rief Scrooge. »Ich will nicht widersprechen, Geist. Gott verhüte es.«

»Sie starb als Frau«, sagte der Geist, »und hatte Kinder, glaube ich.«

»Ein Kind«, antwortete Scrooge.

»Ja«, sagte der Geist. »Dein Neffe.«

Scrooge schien unruhig zu werden und antwortete kurz: »Ja.«

Obgleich sie die Schule kaum einen Augenblick hinter sich gelassen hatten, befanden sie sich doch plötzlich mitten in den lebendigsten Straßen der Stadt, wo schattenhafte Fußgänger vorübergingen, wo gespenstige Wagen und Kutschen um Platz stritten und wo das ganze wirre Leben einer wirklichen Stadt herrschte. Am Aufputz der Läden sah man, daß auch hier Weihnachten war; aber es war Abend und die Straßenlaternen brannten.

Der Geist blieb vor dem Eingang eines Lagerhauses stehen und fragte Scrooge, ob er dies kenne.

»Ob ich es kenne?« sagte Scrooge. »Hab ich hier nicht gelernt?«

Sie traten ein. Beim Anblick eines alten Herrn in einer Stutzperücke, der hinter einem so hohen Pult saß, daß er mit dem Kopf hätte an die Decke stoßen müssen, wäre er zwei Zoll größer gewesen, rief Scrooge in großer Aufregung: »Ha, das ist ja der alte Fezziwig, Gott segne ihn, es ist Fezziwig, wie er leibt und lebt!«

Der alte Fezziwig legte seine Feder hin und sah hinauf nach der Uhr, deren Zeiger auf sieben stand. Er rieb die Hände, zog seine geräumige Weste herunter, schüttelte sich vor heimlichem Lachen von Kopf bis Fuß und rief mit einer behäbigen, voll und doch mild tönenden heiteren Stimme: »Hallo, dort! Ebenezer! Dick!«

Scrooges früheres Selbst, jetzt zu einem Jüngling geworden, trat flink herein, begleitet von seinem Mitlehrling.

»Dick Wilkins, wahrhaftig!« sagte Scrooge zu dem Geist. »Wahrhaftig, er ist es. Er war mir sehr zugetan, der Dick. Der arme Dick! Du meine Güte!«

»Hallo, meine Burschen«, rief Fezziwig. »Feierabend heute. Weihnachten, Dick! Weihnachten Ebenezer! Macht die Läden zu, schnell! Ehe einer Jack Robinson sagen kann.« So rief der alte Fezziwig, munter die Hände zusammenschlagend.

Kaum zu glauben, wie rasch und munter die beiden Jungen darangingen. Sie liefen mit den Läden hinaus – eins, zwei, drei – hatten sie eingesetzt – vier, fünf, sechs – sie zugeriegelt und zugeschraubt – sieben, acht, neun – und kamen zurück, ehe man zwölf sagen konnte, außer Atem, wie Rennpferde.

»Hussahoh!« rief der alte Fezziwig, mit wunderbarer Geschicklichkeit von seinem hohen Sessel herunterspringend. »Aufräumen, Jungens, und macht viel Platz! Hussahoh, Dick! Hallo, Ebenezer!«

Aufräumen! Es gab nichts, was sie nicht wegräumen wollten oder wegräumen konnten, wenn der alte Fezziwig zusah. Es war in einer Minute geschehen. Alles, was nicht niet- und nagelfest war, wurde in die Winkel geschoben, als sei es für immer aus dem öffentlichen Dienste entlassen; der Flur wurde gekehrt und gesprengt, die Lampen geputzt, Kohlen auf das Feuer geschüttet, und der Laden war so behaglich, so warm und hell wie ein Ballsaal und wie man es nur an einem Winterabend verlangen konnte.

Jetzt trat ein Fiedler mit einem Notenbuch herein, er kletterte auf Fezziwigs hohen Stuhl, machte ihn zum Orchester und begann zu stimmen, als hätte er fünfzigfaches Bauchweh. Dann kam Mrs. Fezziwig, ein einziges behagliches Lächeln. Dann kamen die drei Miss Fezziwig, freudestrahlend und liebenswürdig. Dann kamen die sechs Jünglinge, deren Herzen sie brachen. Dann kamen die Burschen und Mädchen, die im Haus einen Dienst hatten: das Hausmädchen mit ihrem Vetter, dem Bäcker, die Köchin mit ihres Bruders vertrautem Freund, dem Milchmann. Dann kam der Bursche von gegenüber, von dem man sagte, er habe bei seinem Herrn knappe Kost; er versuchte, sich hinter dem Mädchen aus dem Nachbarhaus zu verstecken, der man nachwies, sie sei von ihrer Herrschaft an den Ohren gezogen worden. Sie kamen alle, einer nach dem andern; einige schüchtern, andere keck, einige mit Geschick, andere mit Ungeschick, die zerrend und jene stoßend. Dann ging es los, zwanzig Paare auf einmal, eine halbe Runde hin und zurück, dann die Mitte des Zimmers hinauf und wieder herab, dann in zärtlichen Gruppen sich drehend: das alte erste Paar immer an der falschen Stelle, das nächste erste Paar immer zur falschen Zeit, bis alle Paare erste waren und kein einziges mehr das letzte. Als sie so weit gekommen waren, klatschte der alte Fezziwig zum Zeichen, daß der Tanz aus sei, in die Hände und rief: »Bravo!«, und der Fiedler senkte sein glühendes Gesicht in einen Krug Porter, der besonders zu diesem Zweck neben ihm stand. Aber kaum war er wieder heraus, als er, obgleich noch keine Tänzer dastanden, wieder aufzuspielen begann, als sei der alte Fiedler erschöpft nach Hause getragen worden und er ein ganz frischer, entschlossen, den alten vergessen zu machen oder zu sterben.

Dann folgten noch mehrere Tänze und Pfänderspiele und wieder Tänze. Dann kam Kuchen und Negus und ein großes Stück kalter Braten, und dann ein großes Stück kaltes Siedfleisch und Fleischpasteten und viel Bier. Aber der Glanzpunkt des Abends kam nach dem Siedfleisch, als der Fiedler (ein heller Kopf, er kannte sein Geschäft besser, als ihr oder ich es hätte lehren können) den Großvatertanz »Sir Roger de Coverley« zu spielen begann. Da trat der alte Fezziwig mit Mrs. Fezziwig an, und zwar als das erste Paar. Sie hatten ein gutes Stück Arbeit vor sich, drei- oder vierundzwanzig Partner, Leute, mit denen nicht zu spaßen war, Leute, die tanzen wollten und keine Lust hatten, zu spazieren.

Aber selbst wenn es zweimal, ja viermal soviel gewesen wären, hätte es der alte Fezziwig mit ihnen aufgenommen und auch Mrs. Fezziwig. Sie war im vollen Sinn des Wortes würdig, seine Tänzerin zu sein. Wenn das kein großes Lob ist, so sagt mir ein größeres und ich will es aussprechen. Von Fezziwigs Waden schien ein eigener Glanz auszugehen. Sie leuchteten in jedem Teil des Tanzes wie ein Paar Monde. Ihr hättet zu keiner Minute voraussagen können, was aus ihnen in der nächsten wird. Und als der alte Fezziwig und Mrs. Fezziwig alle Touren des Tanzes durchgemacht hatten,

sprang Fezziwig so geschickt, als zwinkere er mit den Beinen, und kam, ohne zu wanken, wieder auf die Füße.

Mit dem Glockenschlag elf war dieser häusliche Ball zu Ende. Mr. und Mrs. Fezziwig stellten sich zu beiden Seiten der Tür auf, schüttelten jedem einzelnen der Gäste die Hand zum Abschied und wünschten ihm oder ihr fröhliche Weihnachten.

Als alles, außer den zwei Lehrlingen, fort war, wünschten sie diesen das gleiche. So waren die heiteren Stimmen verklungen, und die Burschen gingen in ihr Bett, das sich unter einem Ladentisch hinten im Lagerraum befand.

Während dieser ganzen Zeit hatte sich Scrooge wie ein Verrückter benommen. Sein Herz und seine Seele waren bei dem Ball und seinem früheren Selbst. Er bestätigte alles, erinnerte sich an alles, freute sich über alles und befand sich in der seltsamsten Aufregung. Nicht eher als bis die fröhlichen Gesichter seines früheren Selbst und das Antlitz Dicks verschwunden waren, dachte er daran, daß der Geist neben ihm stand und ihn anschaute, während das Licht auf seinem Haupt in voller Klarheit brannte.

»Eine Kleinigkeit war's doch«, meinte der Geist, »diesen närrischen Leuten solche Dankbarkeit einzuflößen.«

»Eine Kleinigkeit!« gab Scrooge zurück.

Der Geist bedeutete ihm, den beiden Lehrlingen zuzuhören, die sich gegenseitig mit Lobpreisungen Fezziwigs überboten; und als Scrooge das getan hatte, sprach der Geist: »Nun, ist es nicht so? Er hat nur ein paar Pfund irdischen Mammons hingegeben, vielleicht drei oder vier. Ist das so der Rede wert, daß er solches Lob verdient?«

»Das ist's nicht«, sagte Scrooge, von dieser Bemerkung gereizt und wie sein früheres, nicht wie sein jetziges Selbst sprechend. »Das ist's nicht, Geist. Er hat die Macht, uns glücklich oder unglücklich, unsern Dienst zu einer Lust oder zu einer Bürde, zu einer Freude oder zu einer Qual zu machen. Du magst sagen, seine Macht liege in Worten und Blicken, in so unbedeutenden und kleinen Dingen, daß es unmöglich ist, sie herzuzählen: was schadet das? Das Glück, das er bereitet, ist so groß, als wenn es sein ganzes Vermögen kostete.«

Er fühlte des Geistes Blick und schwieg.

»Was gibt's?« fragte der Geist.

»Nichts, nichts«, sagte Scrooge.

»Aber doch etwas, wie?« drängte der Geist.

»Nein«, sagte Scrooge, »nein. Ich möchte nur eben jetzt ein paar Worte mit meinem Kommis sprechen. Das ist alles.«

Sein früheres Selbst löschte gerade die Lampen aus, als er diesen Wunsch aussprach, und Scrooge und der Geist standen wieder im Freien.

»Meine Zeit geht zu Ende«, sagte der Geist. »Schnell!«

Dieses letzte Wort war nicht zu Scrooge oder zu jemand, den er sehen konnte, gesprochen, aber es wirkte sofort. Denn wieder sah Scrooge sich selbst. Er war jetzt älter geworden – ein Mann in der Blüte seiner Jahre. Sein Gesicht hatte noch nicht die schroffen, rauhen Züge seiner späteren Jahre, aber schon begann es Anzeichen der Sorge und des Geizes anzunehmen. In seinem Auge brannte ein ruheloses, habsüchtiges Feuer, das Zeugnis gab von der Leidenschaft, die dort Wurzeln geschlagen hatte, und zeigte, wohin der Schatten des wachsenden Baumes fallen würde.

Er war nicht allein, sondern saß neben einem schönen jungen Mädchen in Trauerkleidern. In ihren Augen standen Tränen, die in dem Licht glänzten, das von dem Geist vergangener Weihnachten ausströmte.

»Es ist ohne Bedeutung«, sagte sie sanft, »und für Sie von gar keiner. Ein anderes Götzenbild hat mich verdrängt; und wenn es Sie in späterer Zeit trösten und aufrecht erhalten kann, wie ich es versucht hätte, so habe ich keine Ursache zu klagen.«

»Welches Götzenbild hätte Sie verdrängt?« erwiderte er.

»Ein goldenes.«

»Dies ist die Gerechtigkeit der Welt!« sagte er. »Gegen nichts ist sie so hart als gegen die Armut; und nichts tadelt sie unnachsichtiger als das Streben nach Reichtum.«

»Sie fürchten das Urteil der Welt zu sehr«, antwortete sie sanft. »Alle Ihre andern Hoffnungen sind in der einen aufgegangen, vor diesem engherzigen Vorwurf gesichert zu sein. Ich habe Ihre edleren Bestrebungen eine nach der andern verschwinden sehen, bis Sie ganz die eine Leidenschaft, die Gier nach Gold, erfüllte. Ist es nicht so?«

»Und wenn es so wäre?« antwortete er. »Wenn ich soviel klüger geworden wäre, was dann? Gegen Sie bin ich nie anders geworden.«

Sie schüttelte den Kopf.

»Bin ich anders?«

»Unser Bund ist alt. Er wurde geschlossen, als wir beide arm und zufrieden waren, unser Los durch ausdauernden Fleiß verbessern zu können. Sie haben sich aber verändert! Damals, als er geschlossen wurde, waren Sie ein anderer Mensch.«

»Ich war ein Knabe«, sagte er ungeduldig.

»Ihr eigenes Gefühl sagt Ihnen, daß Sie nicht so waren, wie Sie jetzt sind«, antwortete sie. »Ich bin noch dieselbe. Das, was uns Glück versprach, als wir noch ein Herz und eine Seele waren, muß uns Unglück bringen, da wir im Geiste nicht mehr eins sind. Wie oft ich und wie bitter dies gefühlt habe, will ich nicht sagen; es ist genug, daß ich es gefühlt habe und daß ich Ihnen Ihr Wort zurückgeben kann.«

»Habe ich dies jemals verlangt?«

»In Worten? Nein. Niemals.«

»Wie dann?«

»Durch ein verändertes Wesen, durch einen andern Sinn, durch andere Bestrebungen im Leben und durch andere Hoffnungen – in allem, was meiner Liebe in Ihren Augen Wert gab. Wenn alles Frühere nicht zwischen uns geschehen wäre«, sagte das Mädchen, ihn mit sanftem, aber festem Blicke ansehend, »würden Sie mich jetzt aufsuchen und um mich werben? Gewiß nicht!«

Er schien die Wahrheit ihrer Worte wider seinen Willen zuzugeben. Aber er tat seinen Gefühlen Gewalt an und sagte: »Sie glauben nicht?«

»Gern glaubte ich es, wenn ich könnte«, sagte sie, »Gott weiß es. Wenn ich eine Wahrheit wie diese erkannt habe, weiß ich, wie unwiderstehlich sie sein muß. Aber soll ich glauben, daß Sie ein armes Mädchen wählen würden, wenn Sie heute oder morgen oder gestern frei wären, Sie, der selbst in den vertrautesten Stunden alles nach dem Gewinn mißt? Oder soll ich mir verhehlen, daß Sie gewiß einst sich getäuscht und bittere Reue fühlen würden, weil Sie für einen Augenblick Ihrem einzigen leitenden Grundsatz untreu werden? Nein, und deswegen gebe ich Ihnen Ihr Wort zurück: willig und um der Liebe dessentwillen der Sie einst waren.«

Er wollte sprechen, aber mit abgewendetem Gesicht fuhr sie fort:

»Vielleicht – der Gedanke an die Vergangenheit läßt es mich fast hoffen – wird es Sie schmerzen. Eine kurze, sehr kurze Zeit, und Sie werden dann die Erinnerung daran fallenlassen, wie die Gedanken an einen nichtigen Traum, aus dem zu erwachen ein Glück für Sie war. Möge Sie alles Glück auf dem gewählten Lebensweg begleiten!«

Sie schieden.

»Geist«, sagte Scrooge, »zeig mir nichts mehr, führ mich nach Hause. Warum erfreust du dich daran, mich zu quälen?«

»Noch einen Schatten«, rief der Geist aus.

»Nein«, rief Scrooge. »Nein. Ich mag nichts mehr sehen. Zeig mir nichts mehr.«

Aber der erbarmungslose Geist hielt ihn mit beiden Händen fest und zwang ihn, zu betrachten, was als nächstes geschah.

Sie befanden sich an einem andern Ort, in einem Zimmer, nicht sehr groß oder schön, aber voller Behaglichkeit. Neben dem Kamin saß ein schönes junges Mädchen, das der, die Scrooge soeben gesehen hatte, so ähnlich war, daß er glaubte, es sei dieselbe, bis er diese, jetzt eine stattliche Matrone, der Tochter gegenüber sitzen sah. In dem Zimmer war ein wahrer Aufruhr, denn es befanden sich mehr Kinder darin, als Scrooge in seiner Aufregung zählen konnte; und hier betrugen sich nicht vierzig Kinder wie eins, sondern jedes Kind wie vierzig. Die Folge davon war ein Lärm sondergleichen; aber niemand schien sich darüber aufzuregen. im Gegenteil, Mutter und Tochter lachten herzlich und freuten sich darüber, und die letztere, die sich bald in die Spiele mischte, wurde von den kleinen Schelmen gar grausam mitgenommen. Was hätte ich darum gegeben, eines dieser Kinder zu sein, obgleich ich nie so ungezogen gewesen wäre! Nein, nein! Für alle Schätze der Welt hätte ich nicht diese Locken zerdrückt und zerwühlt; und diesen lieben, kleinen Schuh hätte ich nicht entwendet, selbst um mein Leben zu retten. Im Scherz ihre Taille zu messen, wie die dreiste junge Brut tat, hätte ich nicht gewagt aus Furcht, mein Arm würde zur Strafe krumm und nie wieder gerade wachsen. Und doch, wie gern, ich gestehe es, hätte ich ihre Lippen berührt; wie gern sie ausgefragt, damit sie sich geöffnet hätten; wie gern hätte ich die Wimpern dieser niedergeschlagenen Augen betrachtet, ohne ein Erröten hervorzurufen; wie gern dieses wogende Haar gelöst, von dem eine einzige Locke ein unschätzbares Andenken gewesen wäre. Kurz, wie gern hätte ich das kleinste Vorrecht eines dieser Kinder gehabt, mit der Bedingung, Manns genug zu bleiben, um seinen Wert zu fühlen.

Aber jetzt wurde ein Klopfen an der Tür laut, was einen so allgemeinen Ansturm hervorrief, daß sie mit lachendem Gesicht und zerknülltem Kleid in der Mitte eines lärmenden Haufens nach der Tür gedrängt wurde, dem Vater entgegen, der nach Hause kam in Begleitung eines mit Weihnachtsgeschenken beladenen Mannes. Aber nun das Geschrei und das Gedränge und der Sturm auf den verteidigungslosen Träger! Wie sie an ihm auf Stühlen hinaufstiegen, in seine Taschen guckten, die Papierpäckchen raubten, an seiner Halsbinde zupften, an seinem Halse hingen, ihm auf den Rücken trommelten oder an die Beine stießen – alles in unwiderstehlicher Freude! Dann die Ausrufe der Verwunderung und des Frohlockens, mit denen der Inhalt jedes Päckchens begrüßt wurde! Die schreckliche Kunde, daß das Kleinste ertappt worden sei, wie es die Puppenbratpfanne in den Mund gesteckt und wohl gar das hölzerne Huhn samt der Schüssel hinuntergeschluckt habe! Die große Beruhigung, als man entdeckte, daß es falscher Alarm gewesen war! Die Freude und die Dankbarkeit und das Entzücken! Dies alles übertrifft alle Beschreibung. Es muß genügen, zu wissen, daß die Kinder und ihre Freunde endlich aus dem Zimmer kamen und über eine Treppe in den obersten Stock hinaufgingen, wo sie zu Bett gebracht wurden und blieben.

Und als Scrooge jetzt sah, wie sich der Herr des Hauses, die Tochter zärtlich an seine Seite geschmiegt, mit ihr und ihrer Mutter an seinem eigenen Herd niedersetzte; und wie er dachte, daß ihn ein solches Wesen ebenso lieblich und hoffnungsfroh hätte Vater nennen und wie der Frühling im öden Winter seines Lebens hätte sein können, da wurden seine Augen wirklich trübe.

»Belle«, sagte der Mann, sich lächelnd zu seiner Gattin wendend, »ich sah heut Nachmittag einen alten Freund von dir.«

»Wer war es?«

»Rate mal.«

»Wie kann ich das? Ach, jetzt weiß ich schon«, fügte sie sogleich hinzu, lachend, und auch er lachte. »Mr. Scrooge.«

»Ja, Mr. Scrooge. Ich ging an seinem Kontorfenster vorüber; und da kein Laden davor war und Licht brannte, mußte ich ihn sehen. Sein Kompagnon liegt im Sterben, hörte ich, und er war allein. Ganz allein in der weiten Welt, glaube ich.«

»Geist«, rief Scrooge mit bebender Stimme, »führe mich weg von diesem Ort.«

»Ich sagte dir, daß dies Schatten gewesener Dinge sind«, sagte der Geist. »Gib nicht mir die Schuld, daß sie sind, wie sie sind.«

»Führe mich weg«, rief Scrooge aus. »Ich kann es nicht ertragen.«

Er wandte sich dem Geist zu, und wie er sah, daß er ihn mit einem Gesicht anblickte, in dem sich auf eine seltsame Weise all die Gesichter zeigten, die er bisher gesehen hatte, rang er mit ihm.

»Verlaß mich, führ mich weg. Verfolge mich nicht länger.«

In dem Kampf, wenn es ein Kampf genannt werden kann, wie der Geist, ohne sichtbaren Widerstand seinerseits, von den Angriffen seines Gegners unberührt blieb, bemerkte Scrooge, daß das Licht auf seinem Haupt hoch und hell

brannte, und in einem dunklen instinktiven Gefühl jenes Licht sei mit des Geistes Einfluß auf ihn verbunden, ergriff er den Löschhut und stülpte ihn auf des Geistes Haupt.

Der Geist sank zusammen, so daß der Löschhut seine ganze Gestalt bedeckte; aber obgleich Scrooge ihn mit seiner ganzen Kraft niederdrückte, konnte er das Licht nicht ganz verbergen, das darunter hervor- und mit hellem Schimmer über den Boden floß.

Er fühlte sich erschöpft und von einer unüberwindlichen Schläfrigkeit befallen und wußte, daß er in seinem eigenen Schlafzimmer war. Er gab dem Löschhut einen letzten Druck und fand kaum Zeit, in das Bett zu wanken, bevor er in tiefen Schlaf sank.

DRITTE STROPHE

Der zweite Geist

Scrooge erwachte mitten in einem tüchtigen Geschnarche und setzte sich im Bett auf, um seine Gedanken zu sammeln. Diesmal hatte niemand nötig, ihm zu sagen, daß es gerade eins sei. Er fühlte, daß er just zu der rechten Zeit und zu dem ausdrücklichen Zweck erwacht sei, um eine Zusammenkunft mit dem zweiten an ihn durch Jacob Marleys Vermittlung abgesandten Boten zu haben. Aber bei dem Gedanken, welche seiner Bettgardinen das neue Gespenst wohl zurückschlüge, wurde es ihm ganz unheimlich kalt, und so schlug er sie mit seinen eigenen Händen zurück. Dann legte er sich wieder zurück und beschloß, genau aufzupassen, denn er wollte den Geist in dem Augenblick seiner Erscheinung anrufen und wünschte nicht überrascht und erschreckt zu werden.

Leute von keckem Mut, die sich schmeicheln, es schon mit etwas aufnehmen zu können und immer an ihrem Platz zu sein, drücken den weiten Bereich ihrer Fähigkeiten mit den Worten aus: Sie wären gut für alles, vom Brotessen bis zum Menschenverschlingen, da zwischen beiden Extremen ohne Zweifel ziemlich viel Gelegenheit zur Betätigung ihrer Kräfte liegt. Ohne gerade zu behaupten, daß es Scrooge so weit gebracht hätte, muß ich doch von dem Leser den Glauben fordern, daß er auf eine recht schöne Auswahl von Erscheinungen gefaßt war und daß ihn nichts zwischen einem Wickelkind und einem Rhinozeros allzusehr in Verwunderung gesetzt hätte.

Eben weil er beinahe auf alles gefaßt war, war er nicht

vorbereitet, nichts zu sehen; und daher überfiel ihn ein heftiges Zittern, als die Glocke eins schlug und keine Gestalt erschien. Fünf Minuten, zehn Minuten, eine Viertelstunde vergingen, aber es kam nichts. Die ganze Zeit über lag er auf seinem Bett, dem Kern und Mittelpunkt eines rötlichen Lichtes, das sich darüber ergoß, als die Glocke die Stunde verkündete, und das, weil es nur Licht war, viel beunruhigender als ein Dutzend Geister war, da es ihn unmöglich erraten ließ, was es bedeute oder was es wolle. Ja, er fürchtete zuweilen, er könnte in diesem Augenblick ein merkwürdiger Fall von Selbstentzündung sein, ohne den Trost zu haben, es zu wissen. Endlich jedoch fing er an zu begreifen, daß die Quelle dieses geisterhaften Lichtes wohl in dem anliegenden Zimmer sei, aus dem es bei näherer Betrachtung zu strömen schien. Wie dieser Gedanke die Herrschaft über seine Seele bekommen hatte, stand er leise auf und schlich in den Pantoffeln nach der Tür.

In demselben Augenblick, wo sich Scrooges Hand auf die Klinke legte, rief ihn eine fremde Stimme bei Namen und hieß ihn eintreten. Er gehorchte.

Es war sein eigenes Zimmer. Daran ließ sich nicht zweifeln. Aber eine wunderbare Umwandlung war mit ihm vorgegangen. Wände und Decke waren ganz mit grünen Zweigen bedeckt, daß es aussah wie eine Laube, in der überall glänzende Beeren schimmerten. Die glänzenden, starren Blätter der Stechpalme, der Mistel und des Efeus warfen das Licht zurück und erschienen wie ebenso viele kleine Spiegel. Eine so gewaltige Flamme loderte die Esse hinauf, wie sie dieses Spottbild eines Kamines zu Scrooges oder Marleys Zeit seit vielen, vielen Wintern nicht gekannt hatte. Auf dem Fußboden waren zu einer Art von Thron Truthähne, Gänse, Wildbret, große Braten, Spanferkel, lange Reihen von Würsten, Pasteten, Plumpuddings, Austerfäß-

chen, glühende Kastanien, rotbäckige Äpfel, saftige Orangen, appetitliche Birnen, ungeheure Stollen und siedende
Punschbowlen aufgehäuft, die das Zimmer mit köstlichem
Geruch erfüllten. Auf diesem Thron saß behaglich und mit
fröhlichem Angesicht ein Riese, gar herrlich anzuschauen.
In der Hand trug er eine brennende Fackel, fast wie ein Füll-
horn gestaltet, und hielt sie steil in die Höhe, um Scrooge
damit zu beleuchten, wie er in das Zimmer guckte.

»Nur herein«, rief der Geist. »Nur herein, und lerne mich
besser kennen.«

Scrooge trat schüchtern ein und senkte das Haupt vor
dem Geiste. – Er war nicht mehr der hartfühlende, nichts-
scheuende Scrooge von früher, und obgleich des Geistes
Augen hell und mild glänzten, wünschte er ihnen doch nicht
zu begegnen.

»Ich bin der Geist der diesjährigen Weihnachtsnacht«, sagte die Gestalt. »Sieh mich an.«

Scrooge tat es mit ehrfurchtsvollem Blick. Der Geist
war gekleidet in ein einfaches, dunkelgrünes Gewand, mit
weißem Pelz verbrämt. Die breite Brust war entblößt, als
verschmähe sie, sich zu verstecken. Auch die Füße waren
bloß und schauten unter den weiten Falten des Gewandes
hervor; und das Haupt hatte keine andere Bedeckung, als
einen Stechpalmenkranz, in dem hier und da Eiszapfen
glänzten. Seine dunkelbraunen Locken wallten fessellos auf
die Schultern. Sein munteres Gesicht, sein glänzendes Auge,
seine fröhliche Stimme, sein ungezwungenes Benehmen, alles sprach von Offenheit und heiterem Sinn. Um den Leib
trug er eine alte Degenscheide gegürtet; aber sie war von
Rost zerfressen und kein Schwert steckte darin.

»Du hast meinesgleichen nie vorher gesehen«, rief der
Geist.

»Niemals«, entgegnete Scrooge.

»Hast dich nie mit den jüngern Gliedern meiner Familie abgegeben; ich meine (denn ich bin sehr jung) meine älteren Brüder, die in den vergangenen Jahren geboren worden sind?« fuhr das Phantom fort.

»Ich glaube nicht«, sagte Scrooge. »Doch es tut mir leid, es nicht getan zu haben. Hast du viele Brüder gehabt, Geist?«

»Mehr als achtzehnhundert«, sagte dieser.

»Eine schrecklich große Familie, wenn man für sie zu sorgen hat«, murmelte Scrooge.

Der Geist der diesjährigen Weihnacht erhob sich.

»Geist«, sagte Scrooge demütig, »führe mich, wohin du willst. Gestern Nacht wurde ich durch Zwang hinausgeführt, und mir wurde eine Lehre gegeben, die jetzt Wirkung zeigt. Heute bin ich bereit zu folgen, und wenn du mich etwas zu lehren hast, will ich gern hören.«

»Berühre denn mein Gewand.«

Scrooge tat wie ihm geheißen und hielt es fest.

Stechpalmen, Misteln, rote Beeren, Efeu, Truthähne, Gänse, Spanferkel, Braten, Würste, Austern, Pasteten, Puddings, Früchte und Punsch, alles verschwand blitzschnell. Auch das Zimmer verschwand, das Feuer, der rötliche Schimmer, die nächtliche Stunde, und sie standen in den Straßen der Stadt, am Morgen des Weihnachtstages, wo die Leute – denn es war sehr kalt – eine rauhe, aber fröhliche und nicht unangenehme Musik machten, indem sie den Schnee von dem Straßenpflaster und den Dächern der Häuser zusammenfegten. Und daneben standen die Kinder und freuten sich und kreischten, wenn die Schneelawinen von den Dächern herunterstürzten und in künstliche Schneestürme zerstoben.

Die Häuser erschienen schwarz und die Fenster noch schwärzer, verglichen mit der faltenlosen, weißen Schneedecke auf den Dächern und dem schmutzigeren Schnee auf den Straßen. Dort war er von den schweren Rädern der Wagen und Karren in tiefe Furchen gepflügt; Furchen, die sich hundert- und aberhundertmal kreuzten, wo eine Straße abging, und die in dem dicken, gelben Schmutz und halberstarrten Wasser labyrinthische Gerinnsel bildeten. Der Himmel war trübe, und selbst die kürzesten Straßen schienen sich in einem dicken Nebel zu verlieren, dessen schwerere Teile in einem rußigen Regen niederfielen, als hätten alle Essen von England sich auf einmal entzündet und qualmten jetzt nach Herzenslust. Es war in der ganzen Umgebung nichts Heiteres, und doch lag etwas in der Luft, was die klarste Sommerluft und die hellste Sommersonne nicht hätten verbreiten können.

Denn die Leute, die den Schnee von den Dächern schaufelten, waren lustig und mutwilliger Laune. Sie riefen von den Dächern einander zu und wechselten dann und wann einen Schneeball – ein Pfeil, der harmloser war als manches Wort – und lachten herzlich, wenn er traf, und nicht minder herzlich, wenn er fehlging. Die Läden der Geflügelhändler waren noch halb offen und die der Fruchthändler strahlten in heller Freude. Da sah man – als wären es Westen lustiger alter Herren – große runde, dickbäuchige Körbe mit Kastanien an den Türen lehnen oder in ihrem apoplektischen Überfluß auf die Straße rollen. Da sah man braune, umfangreiche, spanische Zwiebeln, in ihrer Fettigkeit spanischen Mönchen gleichend und mutwillig den Mädchen winkend, die vorübergingen und verschämt nach dem Mistelzweig schielten. Da sah man Birnen und Äpfel zu Pyramiden aufeinandergepackt: Trauben, die der Kaufmann in seiner Gutmütigkeit recht augenfällig im Gewölbe hängen ließ, daß den Vorübergehenden der Mund gratis wässerte, Haufen von Haselnüssen, bemoost und braun, mit ihrem frischen Duft an vergangene Streifzüge im Wald durch das

raschelnde, fußhohe, welke Laub erinnernd, Norfolk-Bif-
fins, fett und kraus, mit ihrer Bräune von den gelben Orangen abstechend und gar dringlich bittend, daß man sie nach
Hause trage und nach Tische esse. Ja, selbst die Gold- und
Silberfische, die in einem Glase mitten unter den erlesenen
Früchten standen, schienen zu wissen, daß etwas Besonderes los sei, obgleich sie von einem dick- und kaltblütigen
Geschlecht waren, und schwammen um ihre kleine Welt in
langsamer und leidenschaftsloser Bewegung.

Ach die Kolonialwarenläden! Fast geschlossen waren
sie, vielleicht ein oder zwei Laden vorgesetzt; aber welche
Herrlichkeiten sah man durch diese Öffnungen! Nicht allein, daß die Waagschalen mit fröhlichem Klingklang auf
dem Ladentisch rumorten, oder daß der Bindfaden so
munter von seiner Rolle schnurrte, oder daß die Büchsen
blitzschnell hin und her fuhren wie durch Zauberei, oder
daß der Mischgeruch von Kaffee und Tee der Nase so wohl
tat, nicht daß die Rosinen so wunderschön, die Mandeln so
außerordentlich weiß, die Zimtstengel so lang und gerade,
die andern Gewürze so köstlich, die eingemachten Früchte
so dick mit geschmolzenem Zucker belegt waren, daß der
kälteste Zuschauer entzückt wurde; nicht allein, daß die Fei-
gen so saftig und fleischig waren, oder daß die Brignolen in
bescheidener Koketterie in ihren verzierten Büchsen erröte-
ten, oder daß alles so gut zu essen oder so schön in seinem
Weihnachtskleid war: Das war es nicht allein. Die Kaufen-
den waren auch alle so eifrig und eilig in der Vorfreude auf
das Fest, daß sie in der Türe gegeneinanderrannten, wie von
Sinnen mit ihren Körben zusammenstießen und ihre Einkäufe vergaßen und wieder zurückliefen, um sie zu holen,
und tausend ähnliche Irrtümer in der bestmöglichen Laune
begingen, während der Kaufmann und seine Leute so frisch
und froh waren, daß die blanken Herzen, die ihre Schürzen

hinten zusammenhielten, ihre eigenen hätten sein können.

Aber bald riefen die Glocken nach den Kirchen und den Kapellen, und die Leute gingen in ihren besten Kleidern und ihren feiertäglichsten Gesichtern durch die Straßen. Und zu derselben Zeit strömten aus den Nebenstraßen und Gäßchen und namenlosen Winkeln zahllose Leute, die ihr Mittagessen in die Backstuben trugen. Der Anblick dieser Armen und doch so Glücklichen schien des Geistes Teilnahme am meisten zu erregen, denn er blieb mit Scrooge neben eines Bäckers Tür stehen, und während er die Deckel von den Schüsseln nahm, als die Träger vorübergingen, bestreute er ihr Mahl mit Weihrauch seiner Fackel. Und es war eine gar wunderbare Fackel, denn ein paarmal, als einige von den Leuten zusammengerannt waren und darüber heftige Worte fielen, besprengte er sie mit etlichen Tropfen Tau daraus, und ihre gute Laune war augenblicklich wiederhergestellt. Denn sie sagten, es sei eine Schande, sich am Weihnachtstag zu zanken.

Jetzt schwiegen die Glocken, und die Läden der Bäcker wurden geschlossen. Und doch schwebte noch ein Schatten von allen diesen Mittagessen und dem Fortgang ihrer Zubereitung in dem getauten, nassen Fleck über jedem Ofen; und vor ihnen rauchte das Pflaster, als kochten selbst die Steine.

»Ist eine besondere Kraft in dem, was deine Fackel ausstreut?« fragte Scrooge.

»Ja. Meine eigene.«

»Und wirkt sie auf jedes Mittagsmahl an diesem Tag?« fragte Scrooge.

»Auf jedes, sofern es gern gegeben wird. Auf ein ärmliches am meisten.«

»Warum auf ein ärmliches am meisten?«

»Weil das meiner Kraft am meisten bedarf.«

»Geist«, sagte Scrooge nach kurzem Nachdenken, »mich

wundert's, daß du von allen Wesen auf den vielen Welten um uns herum wünschen solltest, diesen Leuten die Gelegenheit eines unschuldigen Genusses zu rauben.«

»Ich?« rief der Geist.

»Du willst ihnen die Mittel nehmen, jeden siebten Tag zu Mittag zu essen, und doch ist das der einzige Tag, wo sie überhaupt zu Mittag essen können«, sagte Scrooge.

»Ich?« rief der Geist.

»Du willst doch Backstuben und ähnliche Plätze am siebten Tag geschlossen halten – das kommt doch auf dasselbe heraus.«

»Ich?« rief der Geist.

»Verzeih mir, wenn ich Unrecht habe. Es ist in deinem Namen geschehen oder wenigstens in dem deiner Familie«, sprach Scrooge.

»Es gibt Menschen auf Eurer Erde«, entgegnete der Geist, »die uns kennen wollen und die ihre Taten des Stolzes, der Mißgunst, des Hasses, des Neides, des Fanatismus und der Selbstsucht in unserm Namen tun; die uns in allem, was zu uns gehört, so fremd sind, als hätten sie nie gelebt. Bedenke dies und schreibe ihre Taten ihnen selbst zu und nicht uns.«

Scrooge versprach es, und sie gingen weiter in die Vorstadt, unsichtbar wie bisher. Es war eine wunderbare Eigenschaft des Geistes (Scrooge hatte sie bei dem Bäcker bemerkt), daß er, bei seiner riesenhaften Gestalt, doch überall leicht Platz fand, und daß er unter einem niedrigen Dach ebenso schön und gleich einem übernatürlichen Wesen dastand, wie in einem geräumigen, hohen Saal.

Vielleicht war es die Freude, die der gute Geist darin fühlte, diese Macht zu zeigen, vielleicht auch seine warmherzige, freundliche Natur und seine Teilnahme mit allen Armen, was ihn gerade zu Scrooges Kommis führte; denn er ging wirklich hin und nahm Scrooge mit, der sich an seinem Gewand festhielt. Auf der Schwelle stand der Geist lächelnd still und segnete Bob Cratchits Wohnung mit dem Tau seiner Fackel. Denkt doch! Bob hatte nur fünfzehn ›Bobs‹ die Woche; er steckte sonnabends nur fünfzehn seiner Namensvettern in die Tasche, und doch segnete der Geist der diesjährigen Weihnacht sein Haus.

Im Zimmer stand Mr. Cratchits Frau in einem ärmlichen, zweimal gewendeten Kleid, schön aufgeputzt mit Bändern, die billig waren, aber für sechs Pence hübsch genug aussahen. Sie deckte den Tisch, und Belinda, ihre zweite Tochter, half ihr dabei, während Master Peter mit der Gabel in eine Schüssel voll Kartoffeln stach und die Spitzen seines ungeheuren Hemdkragens (Bobs Privateigentum, seinem Sohn und Erben zu Ehren des Festes geliehen) in den Mund nahm, voller Stolz, so schön angezogen zu sein, und voll Sehnsucht, sein weißes Hemd in den fashionablen Parks zur Schau zu tragen. Jetzt kamen die zwei kleinen Cratchits, ein Mädchen und ein Knabe, hereingesprungen und schrien, daß sie an des Bäckers Tür die gebratene Gans gerochen und gewußt hätten, es sei ihre eigene, und in freudigen Träumen von Salbei und Zwiebeln tanzten sie um den Tisch und erhoben Master Peter Cratchit bis in den Himmel, während er (aber gar nicht stolz, obgleich ihn der Hemdkragen fast erstickte) in das Feuer blies, bis die Kartoffeln hochquollen und an den Topfdeckel klopften, daß man sie herauslassen und schälen möge.

»Wo nur der Vater bleibt?« fragte Mrs. Cratchit.

»Und dein Bruder Tiny Tim; und Martha kam vorige Weihnachten eine halbe Stunde früher.«

»Hier ist Martha, Mutter«, sagte ein Mädchen, zur Tür hereintretend.

»Hier ist Martha, Mutter«, riefen die beiden kleinen Cratchits. »Hurra, so eine Gans, Martha!«

»Gott grüß dich, liebes Kind! Wie spät du kommst!« sagte Mrs. Cratchit, sie mehrmals küssend und ihr mit zutulichem Eifer Schal und Hut abnehmend.

»Wir hatten gestern abend viel zurecht zu machen«, antwortete das Mädchen, »und mußten heute mit allem fertig werden, Mutter.«

»Nun, es schadet nichts, da du doch da bist«, sagte Mrs. Cratchit. »Setz dich ans Feuer, liebes Kind, und wärme dich.«

»Nein, nein, der Vater kommt«, riefen die beiden kleinen Cratchits, die überall zu gleicher Zeit waren. »Versteck dich, Martha, versteck dich!«

Martha versteckte sich, und jetzt trat Bob herein, der Vater. Wenigstens drei Fuß, ungerechnet der Fransen, hing der Schal auf seine Brust herab, und die abgetragenen Kleider waren geflickt und gebürstet, um ihnen ein Ansehen zu geben. Tiny Tim saß auf seiner Schulter. Der arme Tiny Tim! Er trug eine kleine Krücke, und seine Glieder wurden von eisernen Schienen gestützt.

»Nun, wo ist unsere Martha?« rief Bob Cratchit und schaute im Zimmer herum.

»Sie kommt nicht«, sagte Mrs. Cratchit.

»Sie kommt nicht?« sagte Bob mit einem plötzlichen Absinken seiner fröhlichen Laune; denn er war den ganzen Weg von der Kirche Tims Pferd gewesen und in vollem Laufe nach Hause gerannt. »Sie kommt nicht zum Weihnachtsabend?«

Martha wollte ihm keinen Schmerz verursachen, selbst nicht aus Scherz, und so trat sie hinter der Tür hervor und schlang die Arme um seinen Hals, während die beiden kleinen Cratchits sich Tiny Tims bemächtigten und ihn nach dem Waschhaus trugen, damit er den Pudding im Kessel singen höre.

»Und wie hat sich der kleine Tim aufgeführt?« fragte Mrs. Cratchit, als sie Bob wegen seiner Leichtgläubigkeit geneckt und Bob seine Tochter nach Herzenslust geküßt hatte.

»Wie ein Goldkind«, sagte Bob, »und noch besser. Ich weiß nicht, wie es kommt, aber er wird jetzt so träumerisch vom Alleinsitzen und sinnt sich die seltsamsten Dinge zurecht. Heute, als wir nach Hause gingen, sagte er, er hoffe, die Leute sähen ihn in der Kirche, denn er sei ein Krüppel, und es wäre vielleicht gut für sie, sich am Christtag an den zu erinnern, der einst Lahme gehen und Blinde sehen machte.«

Bobs Stimme zitterte, als er dies sagte, und zitterte noch mehr, als er hinzufügte, daß Tiny Tim stärker und gesünder werden würde.

Man hörte jetzt seine kleine Krücke auf dem Fußboden, und ehe noch mehr gesprochen ward, war Tim wieder da und wurde von seinem Bruder und seiner Schwester nach seinem Stuhl neben dem Feuer geführt. Während jetzt Bob, seine Rockaufschläge zur Schonung in die Höhe krempelnd – als ob es möglich gewesen wäre, sie noch mehr abzutragen –, in einer Bowle aus Gin und Zitronen eine heiße Mischung zubereitete und sie umrührte und wieder an das Feuer setzte, damit sie sich warm halte, gingen Master Peter und die zwei allgegenwärtigen kleinen Cratchits die Gans holen, mit der sie bald in feierlichem Zug zurückkehrten.

Daraufhin erhob sich ein solcher Lärm, als wäre eine Gans der seltenste aller Vögel, ein gefiedertes Wunder, gegen das ein schwarzer Schwan etwas ganz Gewöhnliches ist – und wirklich war sie es auch in diesem Hause. Mrs. Cratchit ließ die Bratenbrühe aufwallen, Master Peter schmorte die Kartoffeln mit unglaublichem Eifer, Miss Belinda machte die Apfelsauce süß, Martha wischte die gewärmten Teller ab,

Bob nahm Tiny Tim neben sich in eine behagliche Ecke am Tisch, die beiden kleinen Cratchits stellten die Stühle zurecht, wobei sie sich nicht vergaßen, und nahmen ihren Posten ein, den Löffel in den Mund steckend, um nicht nach Gans zu schreien, ehe die Reihe an sie kam. Endlich wurde das Gericht aufgetragen und das Tischgebet gesprochen. Darauf folgte eine atemlose Pause, als Mrs. Cratchit das Vorschneidemesser langsam von der Spitze bis zum Heft betrachtete und sich anschickte, es der Gans in die Brust zu stoßen. Aber, als sie es tat und sich der langerwartete Strom der Füllung ergoß, ertönte um den ganzen Tisch ein freudiges Gemurmel, und selbst Tiny Tim, durch die beiden kleinen Cratchits in Feuer gebracht, schlug mit dem Heft seines Messers auf den Tisch und rief ein schwaches Hurra.

Nie hatte es so eine Gans gegeben. Bob sagte, er glaube nicht, daß jemals eine solche Gans gebraten worden sei. Ihre Zartheit und ihr Fett, ihre Größe und ihre Billigkeit waren der Gegenstand allgemeiner Bewunderung. Mit Hilfe der Apfelsauce und der geschmorten Kartoffeln gab sie ein hinreichendes Mahl für die ganze Familie. Und als Mrs. Cratchit einen einzigen kleinen Knochen noch auf der Schüssel liegen sah, sagte sie mit großer Freude, sie hätten doch nicht alles aufgegessen! Aber jeder von ihnen hatte genug, und die kleinen Cratchits waren bis an die Augenbrauen mit Salbei und Zwiebeln eingesalbt. Jetzt wurden die Teller von Miss Belinda gewechselt, und Mrs. Cratchit verließ das Zimmer allein, denn sie war zu unruhig, Zeugen dulden zu können, wenn sie den Pudding herausnahm und hereinbrachte.

Wenn er nicht ausgebacken wäre! Wenn er beim Herausnehmen in Stücke zerfiele! Wenn jemand über die Mauer des Hinterhauses geklettert wäre und ihn gestohlen hätte, während sie sich an der Gans erquickten – ein Gedanke, bei dem die beiden kleinen Cratchits vor Schrecken bleich wurden.

Hallo, eine Dampfwolke! Der Pudding war aus dem Kessel genommen. Ein Geruch, wie an einem Waschtag! Das war die Serviette. Ein Geruch wie in einem Speisehaus, mit einem Pastetenbäcker auf der einen und einer Wäscherin auf der andern Seite! Das war der Pudding. Nach einer halben Minute trat Mrs. Cratchit herein, aufgeregt, aber stolz lächelnd und vor sich den Pudding haltend, hart und fest wie eine gefleckte Kanonenkugel, in einem Viertelquart Rum flammend und in der Mitte mit der festlichen Stechpalme geschmückt.

Oh, welch wunderbarer Pudding! Bob Cratchit erklärte mit ruhiger und sicherer Stimme, er halte das für das größte Kochkunststück, das Mrs. Cratchit seit ihrer Heirat geliefert habe. Mrs. Cratchit meinte, da die Last von ihrem Herzen sei, wolle sie nur gestehen, daß sie wegen der Menge des Mehls gar sehr in Angst gewesen sei. Jeder hatte darüber etwas zu sagen, aber keiner sagte oder dachte, es sei doch ein zu kleiner Pudding für eine so große Familie. Das wäre offenbare Ketzerei gewesen. Jeder Cratchit würde sich geschämt haben, an so etwas nur zu denken.

Endlich waren sie mit dem Essen fertig, der Tisch war abgedeckt, der Herd gesäubert und das Feuer geschürt. Das Gemisch im Krug wurde gekostet und für fertig erklärt, Äpfel und Apfelsinen auf den Tisch gesetzt und ein paar Hände voll Kastanien auf das Feuer geschüttet. Dann setzte sich die ganze Familie Cratchit um den Kamin in einem Kreis, wie es Bob Cratchit nannte, obgleich es eigentlich nur ein Halbkreis war, Bob in die Mitte und neben ihm der Gläservorrat der Familie: zwei Paßgläser und ein Milchkännchen ohne Henkel.

Diese Gefäße aber hielten das heiße Gemisch aus dem

Krug so gut, als wären es goldene Pokale gewesen, und Bob schenkte mit strahlenden Blicken ein, während die Kastanien auf dem Feuer spuckten und platzten. Dann schlug Bob den Toast vor.

»Uns allen eine fröhliche Weihnacht, meine Lieben! Gott segne uns!«

Die ganze Familie wiederholte den Toast.

»Gott segne jeden von uns!« sagte Tiny Tim, der letzte von allen.

Er saß dicht neben dem Vater auf seinem Stühlchen, Bob hielt seine kleine welke Hand in der seinigen, als ob er das Kind liebte und wünschte, es bei sich zu behalten, aber fürchte, es könnte ihm bald genommen werden.

»Geist«, sprach Scrooge mit einer Teilnahme, wie er sie noch nie empfunden hatte, »sag mir, wird Tiny Tim am Leben bleiben?«

»Ich sehe einen leeren Stuhl in der Kaminecke«, antwortete der Geist, »und eine Krücke ohne Besitzer, sorgfältig aufbewahrt. Wenn die Zukunft diese Schatten nicht ändert, wird das Kind sterben.«

»Nein, nein«, drängte Scrooge. »Ach nein, guter Geist, sag, daß es am Leben bleiben wird.«

»Wenn die Zukunft diese Schatten nicht verändert«, antwortete der Geist abermals, »wird kein anderer meines Geschlechtes das Kind noch hier finden. Was tut es auch? Wenn es sterben muß, ist es besser, es tue es gleich und vermindere die überflüssige Bevölkerung.«

Scrooge senkte das Haupt, da er seine eigenen Worte von dem Geist hörte, und fühlte sich überwältigt von Reue und Schmerz.

»Mensch«, sprach der Geist, »wenn du ein menschliches Herz hast und kein steinernes, so hüte dich, so heuchlerisch zu reden, bis du weißt, was und wo dieser Überfluß ist. Willst du entscheiden, welche Menschen leben, welche Menschen sterben sollen? Vielleicht bist du in den Augen des Himmels unwürdiger und unfähiger zu leben als Millionen gleich dieses armen Mannes Kind. Oh Gott! Solch Gewürm auf einem Blättlein reden zu hören über zuviel Leben unter seinen hungrigen Brüdern im Staub!«

Scrooge nahm des Geistes Vorwurf demütig hin und schlug die Augen nieder, aber er blickte schnell wieder in die Höhe, als er seinen Namen nennen hörte.

»Es lebe Mr. Scrooge!« sagte Bob, »Mr. Scrooge, der Schöpfer dieses Festes!«

»Der Schöpfer dieses Festes, wahrhaftig!« rief Mrs. Cratchit mit glühendem Gesicht. »Ich wollte, ich hätte ihn hier. Ich wollte ihm ein Stück von meiner Meinung zu kosten geben, und ich hoffe, sie würde ihm schmecken.«

»Liebe Frau«, sagte Bob beschwichtigend, »die Kinder! – Es ist Weihnachten.«

»Freilich muß es Weihnachten sein«, sagte sie, »wenn man auf die Gesundheit eines so niederträchtigen, geizigen, fühllosen Menschen, wie Scrooge ist, trinken kann. Und du weißt es, Robert, daß er so ist, niemand weiß es besser als du!«

»Liebe Frau«, antwortete Bob mild, »es ist Weihnachten.«

»Ich will auf seine Gesundheit trinken, dir und dem Feste zu Gefallen«, sagte Mrs. Cratchit, »nicht seinetwegen. Möge er lange leben! Ein fröhliches Weihnachten und ein glückliches neues Jahr! – Er wird sehr fröhlich und sehr glücklich sein, das glaub ich.«

Die Kinder tranken nach ihr. Es war das erste, was sie an diesem Abend ohne Herzlichkeit und Wärme taten. Tiny Tim trank zuletzt, aber er gab keinen Pfifferling darum. Scrooge war das Schreckbild der Familie. Die Erwähnung seines Namens warf über alle einen düsteren Schatten, der volle fünf Minuten zum Verschwinden brauchte.

Als er weg war, waren sie zehnmal lustiger als vorher, schon weil sie Scrooge los waren, den Schrecklichen. Bob Cratchit erzählte, daß er eine Stelle für Peter in Aussicht habe, die diesem ganze fünf und einen halben Schilling wöchentlich eintragen werde. Die beiden kleinen Cratchits lachten fürchterlich bei dem Gedanken, Peter als Geschäftsmann zu sehen; und Peter selbst blickte gedankenvoll zwischen seinen Kragenenden hervor in das Feuer, als überlege er, in welchen Aktien wohl am besten seine Ersparnisse anzulegen seien, wenn er in Besitz dieser unglaublichen Summe käme. Martha, die bei einer Putzmacherin Gehilfin war, erzählte ihnen, was für Arbeit sie jetzt mache und wieviel Stunden sie in der guten Zeit arbeiten müsse und wie sie morgen früh auszuschlafen gedenke; denn morgen war für sie ein Feiertag. Auch erzählte sie, wie sie vor einigen Tagen eine Gräfin und einen Lord gesehen, und daß der Lord fast so groß wie Peter gewesen sei; bei diesen Worten zupfte Peter seinen Hemdkragen so in die Höhe, daß sein Kopf darin verschwand. Während dieser ganzen Zeit gingen Punsch und reife Kastanien um, und dazwischen sang Tiny Tim mit seiner klagenden Stimme ein Lied von einem Kind, das sich im Schnee verlaufen, und sang es recht hübsch.

In alledem war nichts Besonderes. Es waren keine hübschen Gesichter in der Familie, sie waren nicht schön angezogen, ihre Schuhe waren nichts weniger als wasserdicht, ihre Kleider waren ärmlich, und Peter mochte wohl das Innere eines Pfandleiherladens kennen. Aber sie waren glücklich, voller Dank für ihre bescheidenen Freuden, einig untereinander und zufrieden: und als ihre Gestalten verblichen und in dem scheidenden Lichte der Fackel des Geistes noch glücklicher aussahen, verweilte Scrooges Auge immer noch auf ihnen und hing vor allem an Tiny Tim.

Es war jetzt ganz dunkel geworden, und es fiel ein starker Schnee; und als Scrooge und der Geist durch die Straßen gingen, leuchtete der Glanz der lodernden Feuer in Küchen, Putzstuben und Gemächern aller Art über alle Maßen wundervoll. Hier zeigte die flackernde Flamme die Vorbereitungen zu einem traulichen Mahl, die heißen Teller, wie sie sich vor dem Feuer durch und durch wärmten, und die dunkelroten Gardinen, bereit, Kälte und Nacht auszuschließen. Dort liefen alle Kinder des Hauses auf die verschneite Straße hinaus, ihren verheirateten Schwestern, Brüdern, Vettern, Basen, Onkeln und Tanten entgegen, um sie zuerst zu begrüßen. Hier zeigten sich an den Fenstern Schatten versammelter Gäste; dort eine Gruppe hübscher Mädchen in Pelzkragen und Pelzstiefeln, alle zugleich redend und mit leichten Schritten in eines Nachbars Haus eilend. Wehe dem Junggesellen, der sie dort strahlend eintreten sah – und sie wußten es, die durchtriebenen kleinen Hexen!

Wenn man nach der Zahl der Leute hätte urteilen wollen, die zu freundschaftlichen Besuchen eilten, hätte man glauben mögen, es sei niemand da, sie zu bewillkommnen. Aber statt dessen erwartete jedes Haus Gäste und in jedem Kamin loderte die Flamme. Wie sich der Geist freute! Wie er seine breite Brust entblößte und seine volle Hand auftat und dahinschwebte, freigebig seine heitere und harmlose Fröhlichkeit über alles in seinem Bereich ausschüttend!

Selbst der Laternenanzünder, der durch die dunklen Straßen rannte, um ihre trüben Nebel mit Licht zu erhellen, und der bereits herausgeputzt war, um den Abend irgendwo zuzubringen, lachte laut auf, als er den Geist vorüberschweben fühlte.

Und jetzt, ohne daß vorher der Geist etwas gesagt hätte, standen sie auf einer kahlen, öden Heide, wo ungeheure Felsblöcke verstreut lagen, als wäre hier eine Begräbnisstätte von Riesen. Und Wasser breitete sich aus, wo es nur Lust hatte – oder es hätte sich ausgebreitet, wenn es der Frost nicht gefangengehalten hätte; und nichts wuchs dort als Moos und Gestrüpp und hartes, spitzes Gras. Tief im Westen hatte die untergehende Sonne einen Streifen glühenden Rots gelassen, der einen Augenblick auf die öde Steppe niedertauchte, wie ein zürnendes Auge, und immer tiefer und tiefer sank, bis er sich im Dunkel der tiefsten Nacht verlor.

»Was ist das für ein Ort?« fragte Scrooge.

»Ein Ort, wo Bergleute in den Tiefen der Erde arbeiten«, antwortete der Geist. »Aber sie kennen mich. Sieh!«

Ein Licht strahlte aus dem Fenster einer Hütte, und sie schwebten schnell darauf zu. Hier fanden sie eine fröhliche Gesellschaft um ein wärmendes Feuer sitzen: ein alter, alter Mann und eine greise Frau mit ihren Kindern und Enkeln und Urenkeln, alle in festlichen Kleidern. Der Alte sang ein Weihnachtslied mit einer Stimme, die nur selten das Heulen des Windes auf der Einöde übertönte; es war schon ein sehr altes Lied gewesen, als er noch ein Knabe war; und von Zeit zu Zeit fielen sie alle im Chor ein. Und stets, wenn ihre Stimmen ertönten, wurde der Alte lebendig und laut; und immer, wenn sie aufhörten, sank seine Kraft wieder. Der Geist verweilte hier nicht, sondern befahl Scrooge, sich an seinem Gewand zu halten. Sie schwebten über die Öde, aber wohin? Doch nicht aufs Meer? Aufs Meer! Zu seinem Schrecken sah Scrooge eine Reihe grausig steiler Klippen und hinter sich das Land verschwinden, und sein Ohr wurde betäubt von dem Donner der Wogen, wie sie unten in den grausenden Höhlen, die sie genagt hatten, heulten und brüllten und wüteten und mit wildem Grimm die Erde zu unterwühlen trachteten.

Auf einer öden, halb im Wasser versunkenen Klippe, gewiß eine Meile vom Land entfernt stand ein einsamer

Leuchtturm. Das ganze trostlose Jahr hindurch umschäumten und umtollten ihn die Wogen. Große Haufen von Seekraut umgaben seinen Fuß, und Sturmvögel – man konnte glauben, daß sie vom Winde geboren waren wie das Seekraut von den Wellen –, Sturmvögel hoben und senkten sich um seine Spitze, wie die wogenden Wellen unten.

Aber selbst hier hatten die zwei Turmwächter ein Feuer angezündet, das durch das Guckloch in der dicken, steinernen Mauer einen hellglänzenden Streifen auf die nächtliche See warf. Die harten Hände sich über den Tisch hinreichend, an dem sie saßen, wünschten sie einander fröhliche Weihnachten und stießen mit den Grogbechern darauf an. Und einer der beiden, der Ältere noch dazu, mit einem Gesicht von Sturm und Wetter gebräunt und gefurcht, wie die Galionsfigur eines alten Schiffes, stimmte ein mächtiges Lied an, das wie ein Sturmwind erdröhnte.

Immer noch schwebte der Geist über die dunkelwogende See dahin, immer weiter und weiter, bis sie, wie der Geist zu Scrooge sagte, fern jeder Küste, sich auf einem Schiff niederließen. Sie standen neben dem Steuermann an dem Rad, dem Ausguck vorn, neben den Offizieren, die gerade Wache hatten. Wie dunkle, gespenstige Gestalten standen diese auf ihrem Posten, aber jeder von ihnen summte ein Weihnachtslied, oder hatte einen Weihnachtsgedanken, oder sprach leise zu seinem Kameraden von einem früheren Weihnachtsabend und heimatlichen Hoffnungen, die sich daran knüpften. Und jeder einzelne an Bord, wachend oder schlafend, gut oder schlecht, hatte an diesem Tag ein herzlicheres Wort für seine Kameraden gehabt als an jedem andern Tag des Jahres und ihn wenigstens einigermaßen gefeiert; und hatte an die gedacht, die sich jetzt in der Ferne seiner erinnerten, und hatte gewußt, daß sie jetzt seiner freundlich gedächten.

Eine große Überraschung war es für Scrooge – während er dem Stöhnen des Windes lauschte und darüber nachdachte, wie es doch schauerlich sei, durch die öde Nacht über einen unbekannten Abgrund dahinzugleiten, der Geheimnisse barg, so tief wie der Tod –, eine große Überraschung war es für Scrooge sage ich, plötzlich ein herzliches Lachen zu vernehmen. Noch größer war Scrooges Überraschung, als er darin das Lachen seines eigenen Neffen erkannte und sich in einem hellen, behaglich warmen Zimmer wiederfand, während der Geist an seiner Seite stand und mit beifälligem, mildem Lächeln auf diesen Neffen herabblickte.

»Haha!« lachte Scrooges Neffe. »Hahaha!«

Wenn jemand durch einen sehr unwahrscheinlichen Zufall einen Menschen weiß, der glücklicher lachen kann als Scrooges Neffe, so kann ich nur sagen, ich möchte ihn auch kennenlernen. Stellt mich ihm vor, und ich werde mit ihm Freundschaft pflegen.

Es ist doch eine gerechte und schöne Anordnung, daß, wie Krankheit und Kummer, auch in der ganzen weiten Welt nichts so unwiderstehlich ansteckend ist wie Lachen und Fröhlichkeit.

Als Scrooges Neffe lachte und sich den Bauch hielt und mit dem Kopf wackelte und die allermerkwürdigsten Gesichter schnitt, lachte Scrooges Nichte so herzlich wie er. Und die versammelten Freunde, nicht faul, fielen in den Lachchor ein.

»Haha! Haha! Haha!«

»Er sagte, Weihnachten sei dummes Zeug, so wahr ich lebe«, rief Scrooges Neffe. »Und er glaubt es auch.«

»Die Schande ist um so größer für ihn, Fred«, sagte Scrooges Nichte entrüstet. Gott segne die Frauen! Sie tun nie etwas halb. Sie sind immer in vollem Ernst.

Sie war hübsch, sehr hübsch. Sie hatte ein liebliches,

schelmisches Gesicht, einen frischen vollen Mund, der zum Küssen gemacht schien – wie er es ohne Zweifel auch war; alle Arten lieber kleiner Grübchen um das Kinn, die ineinanderflossen, wenn sie lachte, und das sonnenhellste Paar Augen, das je erblickt werden konnte. Ja, sie war reizend, liebenswürdig, bezaubernd.

»Er ist ein komischer alter Herr«, sagte Scrooges Neffe, »das ist wahr, und nicht so angenehm, wie er sein könnte. Doch seine Fehler bestrafen nur ihn selbst, und ich habe keinen Grund, etwas gegen ihn zu sagen.«

»Er muß doch sehr reich sein, Fred«, meinte Scrooges Nichte. »Wenigstens sagst du es immer.«

»Und wenn schon, Liebste!« sprach Scrooges Neffe. »Sein Reichtum nützt ihm nichts. Er tut nichts Gutes damit. Er macht sich selbst nicht einmal das Leben damit angenehm. Er hat nicht einmal das Vergnügen zu denken – hahaha –, daß er uns am Ende damit eine Freude machen wird.«

»Ich habe keine Geduld mit ihm«, bemerkte Scrooges Nichte. Die Schwester von Scrooges Nichte und alle die andern Damen waren derselben Meinung.

»Oh, ich habe Geduld«, sagte Scrooges Neffe. »Mir tut er leid; ich könnte nicht böse auf ihn werden, selbst wenn ich's versuchte. Wer leidet unter seiner bösen Laune? Er selber allein, sonst niemand. Jetzt hat er sich's in den Kopf gesetzt, uns nicht leiden zu können, und will unsere Einladung zum Mittagessen nicht annehmen. Was ist die Folge davon? Er verliert nicht viel an unserm Essen.«

»Nun, ich meine, er verliert ein sehr gutes Essen«, unterbrach ihn Scrooges Nichte. Die andern sagten dasselbe, und man konnte ihr Urteil darüber nicht bestreiten, weil sie eben zu essen aufgehört hatten und jetzt mit dem Dessert bei Lampenlicht um den Kamin saßen.

»Nun, es freut mich, das zu hören«, sagte Scrooges Neffe,

»weil ich kein großes Vertrauen in diese jungen Hausfrauen setze. Was sagen Sie dazu, Topper?«

Ganz klar war's, Topper hatte ein Auge auf eine der Schwestern von Scrooges Nichte geworfen, denn er antwortete, ein Junggeselle sei ein unglücklicher, heimatloser Mensch, der kein Recht habe, eine Meinung darüber auszusprechen: Worte, bei denen die Schwester von Scrooges Nichte – die Runde mit dem Spitzkragen, nicht die mit der Rose im Haar – rot wurde.

»Weiter, weiter, Fred!« sagte Scrooges Nichte, in die Hände klatschend. »Er bringt nie zu Ende, was er angefangen hat! Er ist ein so närrisches Kerlchen.«

Scrooges Neffe schwelgte in einem andern Gelächter, und es war unmöglich, sich von der Ansteckung fern zu halten, obgleich es die runde Schwester sogar mit Riechsalz versuchte; sein Beispiel wurde einstimmig nachgeahmt.

»Ich wollte nur sagen«, meinte Scrooges Neffe, »daß die Folge seines Mißfallens an uns und seiner Weigerung, mit uns fröhlich zu sein, die ist, daß er einige angenehme Augenblicke verliert, die ihm nichts schaden würden. Gewiß verliert er angenehmere Unterhaltung, als ihm seine eigenen Gedanken in seinem dumpfigen alten Kontor oder in seiner Wohnung bereiten. Ich versuche ihm jedes Jahr Gelegenheit dazu zu geben, mag es ihm nun gefallen oder nicht, denn er dauert mich. Er mag auf Weihnachten schimpfen, bis er stirbt, aber er muß doch endlich besser davon denken, wenn er mich jedes Jahr in guter Laune zu ihm kommen sieht, mit den Worten: ›Onkel Scrooge, wie geht es Ihnen?‹ – Wenn es ihm nur den Gedanken einflößt, seinem armen Kommis fünfzig Pfund zu hinterlassen, so ist das doch wenigstens etwas. Und ich glaube, ich packte ihn gestern.«

Jetzt war an ihnen die Reihe zu lachen, bei dem Gedanken, daß er Scrooge gepackt hätte. Aber da er durch und durch gutmütig war und sich nicht viel darum kümmerte, worüber sie lachten, wenn sie überhaupt lachten, so stimmte er in ihre Fröhlichkeit mit ein und ließ die Flasche wacker herumgehen.

Nach dem Tee kam Musik an die Reihe. Denn es war eine musikalische Familie, und sie wußten, was sie taten, wenn sie einen Glee oder Catch sangen, darauf könnt ihr euch verlassen, namentlich Topper, der den Baß nach Noten brummen konnte, ohne daß die großen Adern auf der Stirn anschwollen oder sich sein Gesicht rötete. Scrooges Nichte spielte die Harfe recht gut, und spielte unter anderen Stücken auch ein kleines Liedchen (ein bloßes Nichts, ihr hättet es in zwei Minuten pfeifen gelernt), das jenes Kind oft gesungen hatte, von dem Scrooge aus der Schule geholt worden war, wie ihm der Geist der vergangenen Weihnachten gezeigt hatte. Als Scrooge dies Liedchen hörte, trat alles, was ihm der Geist gezeigt hatte, abermals vor seine Seele: Er wurde weicher und weicher und dachte, wenn er es vor Jahren hätte oft hören können, so hätte er die freundlichen Seiten des Lebens genießen können, ohne erst zu Marleys Geist seine Zuflucht um Belehrung nehmen zu müssen.

Aber sie widmeten nicht den ganzen Abend der Musik. Nach einer Welle fingen sie Pfänderspiele an, denn es ist gut, zuweilen Kind zu sein, und vorzüglich zu Weihnachten, da der Urheber dieses Festes selbst noch ein Kind war. Doch halt, erst spielten sie Blindekuh. Und ich glaube ebensowenig, daß Topper wirklich blind war, wie ich glaube, er habe Augen in seinen Stiefeln. Ich vermute, die Sache war zwischen ihm und Scrooges Neffen abgekartet, und der Geist der diesjährigen Weihnachten wußte es wohl! Die Art, wie er die runde Schwester in dem Spitzenkragen verfolgte, war eine Beleidigung aller menschlichen Leichtgläubigkeit. Wo sie ging, ging auch er, die Feuereisen umstoßend, über

Stühle stolpernd, an das Piano anrennend, sich in den Gardinen verwickelnd. Immer wußte er, wo die runde Schwester war. Wenn jemand gegen ihn gefallen wäre, wie es einige machten, oder sich vor ihn hingestellt hätte, würde er getan haben, als bemühe er sich, ihn zu ergreifen, wäre aber augenblicklich umgekehrt, der runden Schwester nach. Sie rief oft, das sei nicht ehrlich, und das war es auch in der Tat nicht. Aber endlich hatte er sie gefunden und ungeachtet ihres Sträubens zwängte er sie in eine Ecke, aus der keine Flucht möglich war; und da wurde seine Aufführung ganz abscheulich. Denn sein Vorgeben, er kenne sie nicht, er müsse erst ihren Kopfputz anfassen und, um sie zu erkennen, einen gewissen Ring auf ihrem Finger und eine gewisse Kette um ihren Hals befühlen, war ganz, ganz abscheulich! Und gewiß sagte sie ihm auch tüchtig ihre Meinung darüber, denn als ein anderer Blinder an der Reihe war, tuschelten sie hinter den Gardinen sehr vertraut miteinander.

Scrooges Nichte nahm nicht teil an dem Blindekuhspiel, sondern saß gemütlich in einer traulichen Ecke in einem Lehnstuhl mit einem Fußbänkchen davor, und der Geist und Scrooge standen dicht hinter ihr. Aber bei den Pfänderspielen tat sie mit und liebte ihre Liebe mit allen Buchstaben des Alphabets zur allgemeinen Bewunderung. Auch in dem Spiel »Wie, Wann und Wo« war sie sehr tüchtig und stellte zur geheimen Freude von Scrooges Neffen ihre Schwestern gar sehr in den Schatten, obgleich sie auch ganz gescheite Mädchen waren, wie es uns Topper hätte versichern können. Es mochten ungefähr zwanzig Personen da sein, junge und alte, aber sie spielten alle, und auch Scrooge spielte mit; denn in seiner Teilnahme an den Vorgängen ganz vergessend, daß ihnen seine Stimme nicht hörbar war, gab er oft seine Antwort auf die Fragen ganz laut und riet auch oft ganz richtig.

Dem Geist gefiel es sehr gut, ihn in dieser Laune zu sehen, und er blickte ihn so freundlich an, daß ihn Scrooge wie ein Knabe bat, noch warten zu dürfen, bis die Gäste fortgingen. Aber der Geist sagte, dies könne nicht geschehen.

»Es fängt ein neues Spiel an«, sagte Scrooge. »Nur eine einzige halbe Stunde, Geist.«

Es war ein Spiel, das man »Ja und Nein« nennt, wo Scrooges Neffe sich etwas zu denken hatte und die anderen erraten mußten, was; auf ihre Fragen brauchte er dann nur mit Ja oder Nein zu antworten. Die schnell aufeinanderfolgenden Fragen, die ihm vorgelegt wurden, ergaben denn endlich, daß er sich ein Geschöpf dachte – ein lebendiges Wesen, ein häßliches, wildes Geschöpf, das zuweilen brumme und zuweilen spreche und sich in London aufhalte und in den Straßen herumlaufe und nicht für Geld gezeigt und nicht herumgeführt werde und nicht in einer Menagerie sei und nicht geschlachtet werde, und weder ein Pferd, noch ein Esel, noch eine Kuh, noch ein Ochs, noch ein Tiger, noch ein Hund, noch ein Schwein, noch eine Katze, noch ein Bär sei. Bei jeder neuen Frage, die ihm gestellt wurde, brach Scrooges Neffe aufs neue in ein Gelächter aus und konnte gar nicht wieder herauskommen, so daß er vom Sofa aufstehen und mit den Füßen stampfen mußte. Endlich rief die runde Schwester mit einem ebenso unauslöschlichen Gelächter:

»Ich habe es, Fred, ich weiß es, ich weiß es.«

»Was ist es?« rief Fred.

»Es ist Onkel Scrooge.«

Und der war es auch. Verwunderung war das allgemeine Gefühl, obgleich einige meinten, die Frage: »Ist es ein Bär?« hätte mit Ja beantwortet werden müssen, denn eine verneinende Antwort sei schon hinreichend gewesen, ihre Gedanken von Scrooge abzubringen, selbst wenn sie auf dem Wege zu ihm gewesen wären.

»Nun, er hat uns Freude genug gemacht«, sagte Fred, »und so wäre es undankbar, nicht auf seine Gesundheit zu trinken. Hier ist ein Glas Glühwein dazu bereit. Es lebe Onkel Scrooge!«

»Es lebe Onkel Scrooge!« stimmten alle ein.

»Fröhliche Weihnachten und ein glückliches Neujahr dem Alten, sei er, wie er wolle!« sagte Scrooges Neffe. »Er wollte meinen Wunsch nicht annehmen, aber er soll ihn dennoch haben.«

Dem Onkel Scrooge war es unmerklich so fröhlich und leicht zu Sinne geworden, daß er der von seiner Gegenwart nichts ahnenden Gesellschaft ihren Toast erwidert und mit einer unhörbaren Rede gedankt haben würde, hätte ihm der Geist Zeit dazu gelassen. Aber alles verschwand im Hauch vom letzten Wort des Neffen, und Scrooge und der Geist waren schon wieder unterwegs. Sie gingen weit und sahen viel und besuchten manchen Herd, aber immer spendeten sie Glück. Der Geist stand neben Kranken, und sie wurden heiter und hoffend; neben Wanderern in fernen Ländern, und sie träumten von der Heimat; neben solchen, die mit dem Leben rangen, und sie harrten geduldig aus; neben Armen, und sie wurden reich. Im Armenhaus und im Lazarett, im Kerker und in jedem Zufluchtsort des Elends, wo der Mensch in seiner kurzen ärmlichen Herrschaft dem Geiste die Tür verschlossen hatte, spendete er seinen Segen und lehrte Scrooge seine Weise.

Es war eine lange Nacht, wenn es nur eine Nacht war; aber Scrooge zweifelte daran, denn die Weihnachtsfeiertage schienen in die Zeit, in der sie miteinander verrannen, zusammengedrängt zu sein. Es war auch sonderbar, daß der Geist offenbar älter wurde, während Scrooge äußerlich ganz unverändert blieb. Scrooge hatte diese Veränderung zwar bemerkt, sprach aber nie davon, bis sie von einer Kinderweihnachtsgesellschaft weggingen, wo er bemerkte, daß des Geistes Haar schnell grau geworden war.

»Ist das Leben der Geister so kurz?« fragte Scrooge.

»Mein Leben ist sehr kurz auf dieser Erde«, sagte der Geist, »es endet noch in dieser Nacht.«

»In dieser Nacht noch!« rief Scrooge.

»Heute um Mitternacht. Horch, die Zeit nahet schon.«

Die Glocke schlug drei Viertel auf zwölf.

»Vergib mir, wenn ich nicht recht tue, zu fragen«, sagte jetzt Scrooge, scharf auf des Geistes Gewand blickend, »aber ich sehe etwas Seltsames unter deinem Mantel hervorblicken, was nicht zu dir zu gehören scheint. Ist es ein Fuß oder eine Klaue?«

»Nach dem wenigen Fleisch, was darauf sitzt, könnte es schon eine Klaue sein«, gab der Geist traurig zur Antwort, und fuhr fort: »Sieh hier!«

Aus den weiten Falten seines Gewandes hervor erschienen jetzt zwei Kinder, elend, abgemagert, häßlich und mitleiderregend. Sie knieten vor dem Geiste nieder und hielten sich festgeklammert an dem Saum seines Gewandes.

»Oh Mensch, sieh hier«, rief der Geist. »Sieh hier, sieh hier!«

Es waren ein Knabe und ein Mädchen. Fahlen Gesichtes, elend, zerlumpt und mit wildem, tückischem Blicke; aber doch auch ängstlich und gedrückt in ihrer Demut. Wo die Schönheit der Jugend ihre Züge hätte durchleuchten und mit ihren frischesten Farben kleiden sollen, hatte sie eine runzlige, abgelebte Hand, gleich der des Alters, berührt und versehrt. Wo Engel hätten thronen können, lauerten Teufel mit grimmigem, drohendem Blick. Keine Veränderung, keine Entwürdigung der Menschheit in allen Geheimnissen der Schöpfung hat so schreckliche und grauenerregende

Ungeheuer aufzuweisen.

Entsetzt fuhr Scrooge zurück. Da sie ihm der Geist auf solche Weise gezeigt hatte, versuchte er zu sagen, es wären schöne Kinder, aber die Worte erstickten ihm von selber, um nicht teilzuhaben an einer so ungeheuren Lüge.

»Geist, sind das deine Kinder?« Weiter konnte Scrooge nichts sagen.

»Es sind des Menschen Kinder«, erwiderte der Geist, auf sie herabschauend. »Und sie hängen sich an mich, vor mir ihre Väter anklagend. Dieses Mädchen ist die Unwissenheit. Dieser Knabe ist der Mangel. Schau sie beide wohl an, und vor allem diesen Knaben; denn auf seiner Stirn seh ich geschrieben, was Verhängnis ist, wenn die Schrift nicht verlöscht wird. Leugnet es«, rief der Geist, seine Hand nach der Stadt ausstreckend.

»Verleumdet alle, die es Euch sagen! Gebt es zu um Eurer Parteizwecke willen und macht es noch schlimmer! Und erwartet das Ende!«

»Haben sie keine Stütze, keinen Zufluchtsort?« rief Scrooge.

»Gibt es keine Gefängnisse?« sagte der Geist, das letztemal die eigenen Worte von Scrooge gegen ihn gebrauchend. »Gibt es keine Armenhäuser?«

Die Glocke schlug zwölf.

Scrooge sah sich um nach dem Geiste, aber er war verschwunden. Als der letzte Schlag verklungen war, erinnerte er sich an die Vorhersagung des alten Jacob Marley und sah, die Augen erhebend, ein grauenerregendes, tief verhülltes Gespenst auf sich zukommen, wie ein Nebel auf dem Boden dahinzurollen pflegt.

VIERTE STROPHE

Der letzte Geist

Die Erscheinung kam langsam, feierlich, schweigend auf ihn zu. Als sie herangekommen war, fiel Scrooge auf die Knie nieder, denn selbst die Luft, durch die sich der Geist bewegte, schien geheimnisvolles Grauen um sich zu verbreiten.

Die Erscheinung war verhüllt in einem schwarzen, weiten Mantel, der nichts von ihr sehen ließ, als eine ausgestreckte Hand. Wäre diese nicht gewesen, es wäre einem schwer angekommen, die Gestalt von der Nacht zu trennen, die sie umgab!

Als sie neben ihm stand, fühlte er, daß sie groß und stattlich war und daß ihn ihre geheimnisvolle Gegenwart mit einem feierlichen Grauen erfüllte. Er wußte weiter nichts, denn der Geist sprach und bewegte sich nicht.

»Ich stehe vor dem Geist der zukünftigen Weihnacht?« fragte Scrooge.

Der Geist antwortete nicht, sondern wies mit der Hand zur Erde hinab.

»Du willst mir die Schatten der Dinge zeigen, die noch nicht geschehen sind, aber noch geschehen werden?« fuhr Scrooge fort. »Willst du das, Geist?«

Der obere Teil der Verhüllung bauschte sich auf einen Augenblick in Falten, als ob der Geist sein Haupt neige; dies war die einzige Antwort, die Scrooge erhielt.

Obgleich schon so ziemlich an gespenstische Gesellschaft gewöhnt, bangte Scrooge vor der stummen Erscheinung doch so sehr, daß seine Knie wankten und er kaum noch stehen konnte, als er sich ihr zu folgen bereit machte. Der

Geist stand für einen Augenblick still, als bemerke er die Furcht seines Begleiters und als wolle er ihm Zeit lassen, sich zu erholen.

Aber Scrooge befand sich dadurch noch schlechter. Ein fremdes, unbestimmtes Grausen durchbebte ihn bei dem Gedanken, daß sich hinter diesem schwarzen Schleier gespenstische Augen fest auf ihn heften könnten, während er, obgleich er seine Augen aufs äußerste anstrengte, doch nichts sehen konnte als die gespenstische Hand und eine große, schwarze Faltenmasse.

»Geist der Zukunft«, rief er, »ich fürchte dich mehr als die Geister, die ich schon gesehen habe. Aber da ich weiß, daß es dein Zweck ist, mir Gutes zu tun, und da ich noch zu leben hoffe, um ein anderer Mensch zu werden, als ich bisher war, bin ich willens, dich zu begleiten und tue es mit einem dankerfüllten Herzen. – Willst du nicht zu mir sprechen?«

Die Gestalt gab ihm keine Antwort. Die Hand wies gerade vor ihm hin in die Ferne.

»Führe mich«, bat Scrooge. »Führe mich, die Nacht schwindet schnell, und die Zeit ist für mich kostbar. Führe mich, Geist.«

Die Erscheinung bewegte sich ebenso von ihm weg, wie sie auf ihn zugekommen war. Scrooge folgte dem Schatten ihres Gewandes, der ihn aufhob und von dannen trug.

Es war kaum, als ob sie in die City träten; eher schien die City rings um sie her in die Höhe zu wachsen und sie zu umdrängen. Aber sie waren doch mitten in ihrem Herzen, auf der Börse unter den Kaufleuten, die geschäftig hin und her eilten, mit dem Geld in ihren Taschen klimperten, in Gruppen miteinander sprachen, nach der Uhr sahen und gedankenvoll mit den großen, goldenen Petschaften an den Uhrketten spielten, wie Scrooge es schon so oft gesehen hatte.

Der Geist blieb bei einer Gruppe von Kaufleuten stehen, und Scrooge sah, daß die Hand der Erscheinung darauf hinwies; daher näherte er sich ihnen, um ihr Gespräch zu belauschen.

»Nein, ich weiß nicht viel davon zu sagen«, sagte ein großer fetter Mann mit einem ungeheuren Doppelkinn. »Ich weiß nur, daß er tot ist.«

»Wann starb er denn?« fragte ein anderer.

»Vorige Nacht, glaub' ich.«

»Mein Gott, was hat ihm denn gefehlt?« mischte sich ein Dritter ein, der dabei eine große Prise aus einer sehr großen Dose nahm. »Ich dachte, der würde nie sterben.«

»Weiß Gott«, sagte der erste und gähnte.

»Was hat er mit seinem Geld angefangen?« fragte ein Herr mit einem roten Gesicht und einem Auswuchs an der Nasenspitze, der wie der Lappen eines Truthahns wackelte.

»Ich habe nichts davon gehört«, sagte der Mann mit dem fetten Doppelkinn, und gähnte abermals. »Hat es wahrscheinlich seiner Firma hinterlassen. Mir hat er's nicht vermacht. Das weiß ich.«

Dieser reizende Scherz wurde mit einem allgemeinen Gelächter begrüßt.

»Es wird wohl ein sehr billiges Begräbnis werden«, fuhr der Dicke mit dem Doppelkinn fort; »denn so wahr ich lebe, ich kenne niemanden, der mitgehen sollte. Wenn wir nun zusammenträten und freiwillig mitgingen?«

»Ich tue mit, wenn für einen Lunch gesorgt wird«, bemerkte der Herr mit dem Truthahnlappen an der Nasenspitze. »Aber ich muß zu essen haben, wenn ich dabei sein soll.«

Ein neues Gelächter.

»Nun, da bin ich doch wohl der Uneigennützigste von euch«, meinte der erste Sprecher, »denn ich trage nie schwarze Handschuhe und esse nie Lunch. Aber ich gehe mit, wenn sich noch andere finden. Wenn ich mir's recht überlege, war ich am Ende sein vertrautester Freund; denn wir blieben stehen und sagten einander, wenn wir uns auf der Straße trafen: ›Guten Morgen, guten Morgen!‹«

Sprecher und Zuhörer gingen fort und mischten sich unter andere Gruppen. Scrooge kannte die Leute und sah den Geist mit einem fragenden Blick an.

Die Erscheinung schwebte weiter und hinaus auf die Straße.

Ihre Hand wies auf zwei sich begegnende Personen. Und wieder hörte Scrooge zu, in der Hoffnung, jetzt die Erklärung zu finden.

Denn er kannte auch diese Leute recht gut. Es waren Kaufleute, sehr reich und von großem Ansehen. Er hatte sich immer bestrebt, in ihrer Achtung zu bleiben, das heißt in Geschäftssachen, rein in Geschäftssachen.

»Wie geht's?« sagte der eine.

»Wie geht's Ihnen?« der andere.

»Gut«, erwiderte der erste. »Der alte Knauser ist endlich tot, wissen Sie es schon?«

»Ich hörte es«, antwortete der zweite. »Es ist kalt heute, nicht wahr?«

»Wie sich's zu Weihnachten schickt. Sie sind wohl kein Schlittschuhläufer?«

»Nein, nein. Habe an andere Sachen zu denken. Guten Morgen!«

Kein Wort weiter. So trafen sie sich, so trennten sie sich.

Scrooge war erst zu staunen geneigt, daß der Geist auf anscheinend so unbedeutende Gespräche ein Gewicht zu legen schien; aber sein Gefühl sagte ihm, daß sie eine verborgene Bedeutung haben müßten, und er zerbrach sich den Kopf, welcher Art diese sein könnte.

Die Gespräche konnten sich nicht auf den Tod Jacobs,

seines alten Kompagnons, beziehen, denn der gehörte der Vergangenheit an, und sein Führer war doch der Geist der Zukunft. Auch konnte er sich niemanden von den ihn näher Angehenden vorstellen, auf den er sie hätte beziehen können. Aber in der Gewißheit, daß für ihn doch eine wichtige Lehre darin liege, auf wen sie sich auch beziehen möchten, beschloß er, jedes Wort, das er hörte, und jede Szene, die er sah, treu in seinem Herzen aufzubewahren, und vorzüglich seinen Schatten zu beobachten, wenn er erschien. Denn er erwartete von dem Benehmen seines zukünftigen Selbst die noch fehlende Aufklärung und die Lösung der Rätsel, die ihm jetzt so schwierig vorkam.

Schon auf der Börse sah er sich nach seinem Selbst um; aber ein anderer stand in seiner gewohnten Ecke, und obgleich die Uhr die Stunde zeigte, wo er gewöhnlich dort war, bemerkte er sich doch auch nicht unter den Scharen, die sich durch den Eingang hereindrängten. Das überraschte ihn indessen um so weniger, als er schon lange daran gedacht hatte, sein Geschäft aufzugeben; und nun glaubte und hoffte er, in diesen Erscheinungen schon die einstige Verwirklichung seines Planes zu erblicken.

Regungslos und schwarz stand neben ihm das Gespenst mit seiner starr ausgestreckten Hand. Als er wieder von seiner nachdenklichen Stellung aufblickte, glaubte er (nach der Richtung der Hand zu urteilen), daß sich die unsichtbaren Augen fest auf ihn hefteten. Bei diesem Gedanken überlief ihn ein kalter Schauer.

Sie verließen darauf die geschäftige Umgebung und gingen in einen abgelegenen Teil der Stadt, wo Scrooge nie vorher gewesen war, dessen Lage und schlechten Ruf er aber kannte. Die Straßen waren schmutzig und eng, die Läden und Häuser ärmlich, die Menschen halbnackt, betrunken, barfuß, häßlich. Gäßchen und Torwege strömten, wie ebenso viele Kloaken, abscheuerregende Gerüche und Schmutz und Menschen in die Straßen, und das ganze Viertel schien erfüllt von Verbrechen, Unrat und Elend.

In einem der tiefsten Winkel dieses Zufluchtsorts der Sünde und des Verbrechens befand sich ein niedriger, dunkler Laden unter einem Wetterdach, in dem Eisen, Lumpen, Flaschen, Knochen und Fleischabfälle verkauft wurden. Auf dem Fußboden lag ein Haufen verrosteter Schlüssel, Nägel, Ketten, Türangeln, Feilen, Wagen, Gewichte und altes Eisen aller Art. Geheimnisse, die zu enträtseln wenige verlangen würden, entstanden und verbargen sich in Bergen widerlicher Lumpen, Massen verdorbenen Fettes und ganzen Beinhäusern von Knochen. Mitten unter seinen Waren saß neben einem aus alten Kacheln zusammengesetzten Ofen ein grauhaariger, fast siebzigjähriger Schelm, der sich vor der Kälte draußen durch einen bauschigen Vorhang von allerlei, auf eine Leine gehängten Lumpen geschützt hatte und seine Pfeife voll Behagen rauchte.

Scrooge und die Erscheinung traten neben diesen Mann, als eine Frau mit einem schweren Bündel in den Laden schlich. Kaum war sie eingetreten, als ihr eine zweite Frau, auch mit einem Bündel, folgte, und dieser dicht auf den Fersen ein Mann in einem alten, schwarzen, abgetragenen Anzug, der nicht weniger vor dem Anblick der beiden erschrak, als diese voreinander erschrocken waren. Nach einigen Augenblicken wortlosen Staunens, an dem sich der Alte mit der Pfeife beteiligt hatte, brachen sie alle drei in ein lautes Gelächter aus.

»Schau an, die Putzfrau ist die erste«, rief die zuerst eingetreten war. »Schau an, die Waschfrau ist die zweite, und der Sargträger ist der dritte. He, Joe, das ist ein Glücksfall! Wir treffen uns hier alle drei, ohne daß wir uns verabredet haben.«

»Ihr hättet euch an keinem bessern Ort treffen können«, sagte der alte Joe, die Pfeife aus dem Mund nehmend. »Kommt in den Salon. Ihr habt schon lange freien Zutritt dort, das wißt Ihr ja, und die anderen zwei sind auch keine Fremden. Wartet, bis ich die Ladentür zugemacht habe. Oh, wie sie knarrt! Ich glaube, es gibt kein so rostiges Stück Eisen in dem ganzen Laden, als die Türangeln; und ich weiß, es gibt keine so alten Knochen hier, wie meine. Haha, wir passen zu unserm Geschäft. Kommt in den Salon!«

Der Salon war der Raum hinter dem Lumpenvorhang. Der Alte kratzte das Feuer mit einem alten Rouleaustab zusammen, schob den Docht seiner qualmigen Lampe, denn es war Abend, mit dem Pfeifenstiel in die Höhe und steckte diese dann wieder in den Mund.

Während er damit beschäftigt war, warf die zuerst eingetretene Frau ihr Bündel auf den Boden und setzte sich mit kokettierender Frechheit auf einen Stuhl; dann legte sie die Hände auf die Knie und sah die beiden andern herausfordernd an.

»Nun, was ist dabei, was ist schon dabei, Mrs. Dilber? Jeder hat das Recht, für sich zu sorgen. Und er tat es immer.«

»Das ist wahr«, sagte die Waschfrau. »Keiner tat es eifriger.«

»Na, warum gafft Ihr da einander an, als hättet Ihr Bange, wer der Schlauere sei? Wir wollen doch nicht einander die Augen aushacken, denk ich.«

»Nein, gewiß nicht«, sagten Mrs. Dilber und der Mann wie aus einem Munde. »Wir wollen es nicht hoffen.«

»Na, gut denn«, rief die Frau, »das ist genug! Wem schadet's, wenn wir so ein paar Sachen mitnehmen, wie die hier? Einer Leiche gewiß nicht.«

»Nein, gewiß nicht«, lachte Mrs. Dilber.

»Wenn er sie noch nach dem Tode behalten wollte, wie ein

alter Geizhals«, fuhr die Frau fort, »warum war er nicht besser zu seinen Lebzeiten? Wäre er's gewesen, dann hätte er auch jemanden um sich gehabt, als starb, statt daß er mutterseelenallein seinen letzten Atem fahren lassen mußte.«

»Es ist das wahrste Wort, das je gesprochen wurde«, bestätigte Mrs. Dilber.

»Es ist ein Gottesgericht.«

»Ich wünschte, es wäre ein bißchen schwerer ausgefallen«, meinte die Frau, »und es wär's auch, verlaßt euch drauf, wenn ich hätte mehr bekommen können. Mach das Bündel auf, Joe, und sag mir, was es wert ist. Sprich dreist heraus. Ich fürchte mich nicht, die erste zu sein, noch es die hier sehen zu lassen. Wir wußten ganz gut, daß wir für uns sorgten, ehe wir uns hier trafen. Das ist keine Sünde. Mach das Bündel auf, Joe.«

Aber die Galanterie ihrer Freunde wollte das nicht erlauben; und der Mann in dem abgetragenen schwarzen Rock brachte seine Beute zuerst. Es war nicht viel los damit: ein oder zwei Petschafte, ein silberner Bleistift, ein Paar Hemdknöpfe und eine Brosche von geringem Wert, das war alles. Die Gegenstände wurden von dem alten Joe untersucht und geschätzt, worauf er die Summe, die er für das einzelne bezahlen wollte, an die Wand schrieb und zusammenrechnete, als er fand, daß nichts mehr nachkam.

»Das ist Eure Rechnung«, sagte Joe, »und ich gebe keinen Sixpence mehr und sollte ich in Stücke gehauen werden. Wer kommt jetzt?«

Mrs. Dilber war die nächste. Sie hatte Bett- und Handtücher, einige Kleidungsstücke, zwei altmodische silberne Teelöffel, eine Zuckerzange und einige Paar Stiefel. Ihre Rechnung wurde von Joe auf dieselbe Weise an die Wand geschrieben.

»Damen gebe ich immer zuviel. Es ist meine Schwäche,

und ich richte mich damit zugrunde«, sagte der alte Joe. »Hier ist Eure Rechnung. Wolltet Ihr einen Pfennig mehr dafür haben und es darauf ankommen lassen, so täte es mir leid, so nobel gewesen zu sein, und ich zöge Euch eine halbe Krone ab.«

»Und nun mach mein Bündel auf, Joe«, drängte die erste.

Joe kniete nieder, um bequemer das Bündel öffnen zu können, und nachdem er viele viele Knoten aufgemacht hatte, zog er eine große schwere Rolle von einem dunklen Stoff heraus.

»Was ist das?« staunte Joe. »Bettgardinen!«

»Ja«, rief das Weib lachend und sich vorbeugend. »Bettgardinen!«

»Ihr wollt doch nicht sagen, Ihr hättet sie heruntergenommen, wie er dort lag?« sagte Joe.

»Ih, freilich«, sagte das Weib. »Warum auch nicht?«

»Ihr seid geboren, Euer Glück zu machen, und Ihr werdet's auch.«

»Ich werde doch wahrhaftig meine Hand nicht leer einstecken, wenn ich sie nur auszustrecken brauche, um was zu kriegen, um so eines Mannes willen, wie der war. Wahrhaftig nicht, Joe«, antwortete das Weib ruhig. »Laß kein Öl auf die Bettdecken tropfen.«

»Seine Bettdecke?« fragte Joe.

»Von wem soll sie denn sonst sein?« entgegnete das Weib. »Er wird auch ohne die nicht frieren, das behaupte ich.«

»Er starb doch nicht etwa an etwas Ansteckendem?« fragte der alte Joe bedenklich, seine Beschäftigung unterbrechend und sie anblickend.

»Das braucht Ihr nicht zu befürchten«, antwortete die Frau. »Ich hatte ihn nicht so lieb, daß ich dann bei ihm geblieben wäre um solcher Lumpen willen. Ha, Ihr könnt durch das Hemd gucken, bis Euch Eure Augen weh tun: Ihr findet kein Loch darin und keine dünne Stelle. Es ist das beste, was er hatte, und sein ist's auch. Sie hätten's verdorben, wenn ich nicht gewesen wäre.«

»Was meint Ihr mit Verderben?« fragte der alte Joe.

»Nun, ihm das Hemd in das Grab mitgeben, was sonst?« erwiderte die Frau lachend. »Es war da einer dumm genug, es ihm anzuziehen, aber ich zog's ihm wieder aus. Wenn Kattun zu so etwas nicht gut genug ist, weiß ich nicht, zu was er sonst gut wäre. Er steht einer Leiche ebensogut. Er kann nicht häßlicher aussehen, als er darin aussah.«

Scrooge hörte das Gespräch mit Grausen an. Wie sie da um ihren Raub herum in dem kärglichen Lampenlicht des Alten saßen, betrachtete er sie mit einem Ekel und einem Abscheu, der nicht größer hätte sein können, wenn es scheußliche Dämonen gewesen wären, die um die Leiche selbst feilschten.

»Ha, ha!« lachte dieselbe Frau, als der alte Joe einen alten flanellnen Geldbeutel herauslangte und jedem den Preis des Raubes auf den Fußboden hinzählte. »Das ist das Ende von der Geschichte, seht Ihr! Er scheuchte jeden von sich, solange er lebte, um uns zu nützen, da er tot ist! Hahaha!«

»Geist«, sagte Scrooge, vom Fuß bis zum Scheitel zitternd. »Ich verstehe dich. Das Los dieses Unglücklichen könnte das meinige sein. Mein Leben geht jetzt auf dieses Ziel zu. Gnädiger Himmel, was ist das?«

Er fuhr entsetzt zurück, denn die Szene hatte sich verändert, und er stand dicht vor einem Bett, einem einsamen, unverhängten Bett, in dem unter einer groben Decke etwas Verhülltes lag, das, obgleich stumm, in einer grauenerregenden Sprache verkündete, was es war.

Das Zimmer war sehr dunkel, zu dunkel, um etwas sicher erkennen zu können, obgleich sich Scrooge, einem geheimen Gefühl folgend, voll Begier umsah, um zu wissen, was

für ein Zimmer es sei. Ein bleiches Licht, das von draußen hereinströmte, fiel gerade aufs Bett; und auf diesem,
geplündert und beraubt, unbewacht und unbeweint, lag die
Leiche dieses Mannes.

Scrooge blickte die Erscheinung an. Ihre regungslose
Hand wies auf das Haupt des Leichnams. Die Decke war so
sorglos zurechtgelegt, daß das geringste Verschieben, die leiseste Berührung von Scrooges Fingern das Antlitz enthüllt
hätte. Er dachte daran, empfand, wie leicht es geschehen
könnte, und sehnte sich, es zu tun; aber er hatte ebensowenig die Kraft, die Hülle wegzuziehen, wie den Geist von
seiner Seite zu entlassen.

Oh, kalter, starrer, schrecklicher Tod, hier richte deinen
Altar auf und umgib ihn mit den Schrecken, über die du
verfügst, denn dies ist dein Reich! Aber dem geliebten und
verehrten Haupt kannst du kein Haar krümmen, von ihm
kannst du keinen Zug widerlich machen. Auch wenn die
Hand schwer ist und herabsinkt, wenn man sie fallen läßt,
auch wenn das Herz und der Puls schweigen; die Hand war
offen und barmherzig, das Herz war offen und warm und
gut und der Puls ein menschlicher. Töte, Schatten, töte! Und
sieh, wie seine guten Taten aus der Todeswunde hervorströ-
men, um in der Welt ein unsterbliches Leben auszusäen!

Es war nicht etwa eine Stimme, die diese Worte in Scrooges Ohren flüsterte, aber doch hörte er sie, während er auf
das Bett starrte. Er dachte, wenn dieser Mann jetzt wieder
erweckt werden könnte, was würde wohl sein erster Gedanke sein? Nur Geiz, Hartherzigkeit, habgierige Sorge. – Ein
schönes Ende haben sie ihm bereitet!

Er lag in dem düstern leeren Haus, und kein Mann, kein
Weib, kein Kind war da, um zu sagen: »Er war gütig gegen
mich in dem und in jenem, und dieses einen gütigen Wortes
gedenkend will ich seiner warten.« Eine Katze kratzte an

der Tür, und die Ratten nagten und raschelten unter dem Kamin. Was sie in dem Gemach des Todes wollten und warum sie so unruhig waren, wagte Scrooge nicht auszudenken.

»Geist«, sagte er, »dies ist ein schrecklicher Ort. Wenn ich ihn verlasse, werde ich nicht seine Lehre vergessen, glaube mir. Laß uns gehen.«

Immer noch wies der Geist mit regungslosem Finger auf das Haupt der Leiche.

»Ich verstehe dich«, antwortete Scrooge, »und ich täte es, wenn ich könnte. Aber ich habe die Kraft nicht dazu, Geist. Ich habe die Kraft nicht dazu.«

Wieder schien ihn der Geist anzublicken.

»Wenn irgend jemand in der Stadt ist, der bei dieses Mannes Tod etwas fühlt«, bat Scrooge ganz erschüttert, »so zeige mir ihn, Geist, ich flehe dich an.«

Die Erscheinung breitete ihren dunklen Mantel einen Augenblick vor ihm aus wie einen Fittich; und wie sie ihn wieder wegzog, sah er ein taghelles Zimmer, in dem sich eine Mutter mit ihren Kindern befand.

Sie wartete auf jemandes Kommen in ängstlicher Hoffnung, denn sie ging im Zimmer auf und ab, erschrak bei jedem Geräusch, sah zum Fenster hinaus, blickte nach der Uhr, versuchte umsonst, sich zu beschäftigen und konnte kaum die Stimmen der spielenden Kinder ertragen.

Endlich vernahm sie das langersehnte Klopfen an der Haustür, und als sie hinausgehen wollte, kam ihr der Gatte entgegen. Sein Gesicht war abgehärmt und bekümmert, obgleich er noch jung war! Es zeigte sich jetzt ein merkwürdiger Ausdruck darin: eine Art ernster Freude, deren er sich schämte und die er zu verbergen bestrebt war.

Er setzte sich zum Essen nieder, das man ihm am Feuer aufgehoben hatte; und als die Gattin ihn erst nach langem

Schweigen fragte, was er für Nachrichten bringe, schien er um Antwort verlegen zu sein.

»Sind es gute«, fragte sie, »oder schlechte?«

»Schlechte«, gab er zur Antwort.

»Sind wir ganz zugrunde gerichtet?«

»Nein, noch ist Hoffnung vorhanden, Caroline.«

»Wenn er sich erweichen läßt«, rief sie erstaunt, »dann ist noch Hoffnung da! Nichts ist hoffnungslos, wenn ein solches Wunder geschehen ist.«

»Für ihn ist es zu spät, Erbarmen zu zeigen«, sagte der Gatte. »Er ist tot.«

Wenn ihr Gesicht Wahrheit sprach, so war sie ein mildes und geduldiges Wesen; aber sie war doch dankbar dafür in ihrem Herzen und sprach es mit gefalteten Händen aus. Doch schon im nächsten Augenblick bat sie Gott, daß er ihr verzeihen möge, und bereute es; aber das erste Gefühl war die Stimme ihres Herzens gewesen.

»Was mir die halbbetrunkene Frau gestern abend meldete, als ich ihn sprechen und um eine Woche Aufschub bitten wollte, und was ich nur für einen bloßen Vorwand hielt, um mich abzuweisen, erweist sich jetzt als die reine Wahrheit. Er war nicht nur sehr krank, er lag schon im Sterben.«

»Auf wen wird unsere Schuld übergehen?«

»Ich weiß es nicht. Aber noch vor dieser Zeit werden wir das Geld haben; und selbst, wenn dies nicht einträfe, wäre es fast unwahrscheinlich großes Pech, in seinem Erben einen ebenso unbarmherzigen Gläubiger zu finden. Wir können heute Nacht leichteren Herzens schlafen, Caroline.«

Ja, sie mochten es verhehlen, wie sie wollten: Ihre Herzen waren leichter. Die Gesichter der Kinder, die sich still um die Eltern drängten, um zu hören, was sie so wenig verstanden, erhellten sich, und alle wurden glücklicher durch dieses Mannes Tod. Das einzige von diesem Ereignis hervorgerufene Gefühl, das ihm der Geist zeigen konnte, war also eins der Freude.

»Laß mich ein zärtliches, bei einem Todesfall empfundenes Gefühl sehen«, bat Scrooge, »oder mir wird dies dunkle Zimmer, das wir soeben verlassen haben, immer vor Augen bleiben.«

Nun führte ihn der Geist durch mehrere Straßen, die er oft gegangen war; und indem sie vorüberschwebten, hoffte Scrooge sich hier und da zu erblicken, aber nirgends war er zu sehen. Sie traten in Bob Cratchits Haus, dessen Wohnung sie schon früher besucht hatten, und fanden dort die Mutter mit den Kindern um das Feuer sitzen.

Alles war ruhig, alles war still, sehr still. Die lärmenden kleinen Cratchits saßen stumm, wie steinerne Bilder, in einer Ecke und sahen auf Peter, der ein Buch vor sich hatte. Mutter und Töchter nähten. Aber auch sie waren still, sehr still.

»Und er nahm ein Kind und stellte es in ihre Mitte.«

Wo hatte Scrooge diese Worte gehört? Der Knabe mußte sie gelesen haben, als er und der Geist über die Schwelle traten. Warum fuhr der Leser nicht fort?

Die Mutter legte ihre Arbeit auf den Tisch und führte die Hand gegen die Augen.

»Die Farbe tut mir weh«, sagte sie.

Die Farbe? Ach, der arme Tiny Tim!

»Es geht jetzt wieder besser«, sagte Cratchits Frau.

»Die Farbe tut mir weh bei Licht, und ich möchte nicht, daß Vater, wenn er heimkommt, meine roten Augen sieht. Es muß bald Zeit sein.«

»Fast schon vorüber«, erwiderte Peter, das Buch schließend. »Aber ich glaube, Mutter, er geht jetzt etwas langsamer als früher.«

Sie waren wieder sehr still. Endlich sagte sie mit einer ruhigen, heiteren Stimme, die nur ein einziges Mal zitterte:

»Ich weiß, daß er mit – ich weiß, daß er mit Tiny Tim auf der Schulter sehr schnell ging.«

»Ich auch«, rief Peter. »Oft.«

»Ich auch«, stimmten die andern ein.

»Aber er war sehr leicht zu tragen«, fing sie wieder an, den Blick fest auf ihre Arbeit gerichtet, »und der Vater liebte ihn so, daß es keine Last für ihn war – keine Last. Doch horch: Da kommt der Vater.«

Sie eilten ihm entgegen, und Bob mit dem Schal – der arme Kerl hatte ihn nötig – trat herein. Sein Tee stand bereit, und sie drängten sich alle herbei, und jeder wollte ihn am meisten bedienen. Dann kletterten die beiden kleinen Cratchits auf seine Knie, und jedes Kind legte eine kleine Wange an die seine, als wollten sie sagen: »Gräm dich nicht, lieber Vater, sei nicht traurig.«

Bob war sehr heiter und sprach sehr munter mit der ganzen Familie. Er besah die Arbeit auf dem Tisch und lobte den Fleiß und den Eifer seiner Frau und Töchter. Sie würden lange vor Sonntag fertig sein, meinte er.

»Sonntag!« wiederholte die Frau. »Du warst also heute dort, Robert?«

»Ja, meine Liebe«, antwortete Bob. »Ich wollte, du hättest auch hingehen können. Es würde dein Herz erfreut haben, zu sehen, wie grün es dort ist. Aber du wirst es oft sehen. Ich versprach ihm, sonntags hinzugehen. Mein liebes, liebes Kind!« meinte Bob. »Mein liebes Kind!«

Er brach auf einmal zusammen. Er konnte nicht anders. Hätte er anders gekonnt, so wären er und sein Kind einander wohl weniger nahe gewesen.

Er verließ die Stube und ging die Treppe hinauf in ein Zimmer, das hell erleuchtet und weihnachtsmäßig aufgeputzt war. Ein Stuhl stand dicht neben dem Kind und man sah, daß vor kurzem jemand dagewesen war. Der arme Bob setzte sich nieder, und als er ein wenig nachgedacht und sich gefaßt hatte, küßte er das kleine kalte Gesicht. Er war versöhnt mit dem Geschehenen und ging wieder hinunter ganz heiter.

Sie setzten sich um das Feuer und unterhielten sich; die Mädchen und Mutter arbeiteten fort. Bob erzählte ihnen von Scrooges Neffen und seiner außerordentlichen Freundlichkeit, obwohl er ihn kaum ein einziges Mal gesehen habe. Er habe ihn heute auf der Straße getroffen, und als er bemerkt, daß er ein wenig niedergeschlagen aussähe, habe er ihn gefragt, was ihn bekümmere. »Hierauf«, sagte Bob, »erzählte ich es ihm, denn er ist der freundlichste junge Herr, den ich kenne. ›Ich bedaure Sie herzlich, Mr. Cratchit‹, sagte er, ›und auch Ihre gute Frau.‹ – Übrigens, wie er das wissen kann, möchte ich wissen.«

»Was soll er wissen, mein Lieber.«

»Nun, daß du eine gute Frau bist«, antwortete Bob.

»Jedermann weiß das«, meinte Peter.

»Sehr gut bemerkt, mein Junge«, rief Bob. »Ich hoffe, es ist so. ›Herzlich bedaure ich Ihre gute Frau‹, sagte er. ›Wenn ich Ihnen auf irgendeine Weise behilflich sein kann‹, setzte er hinzu, indem er mir seine Karte gab, ›hier ist meine Adresse. Kommen Sie nur zu mir.‹ Nun ist es nicht gerade darum«, sprach Bob, »weil er etwas für uns tun könnte, sondern mehr wegen seiner herzlichen Weise, daß ich mich darüber so freute. Es schien wirklich, als habe er unsern Tiny Tim gekannt und fühle mit uns.«

»Er ist gewiß eine gute Seele«, sagte Mrs. Cratchit.

»Du würdest das noch eher erkennen, meine Liebe«, antwortete Bob, »wenn du ihn sähest und mit ihm sprächest. Es sollte mich nicht wundern, wenn er Peter eine bessere Stelle verschaffte. Denkt an meine Worte.«

»Nun höre nur, Peter«, sagte Mrs. Cratchit.

»Und dann«, rief eines der Mädchen, »wird sich Peter nach einer Frau umsehen.«

»Ach, sei still«, antwortete Peter lachend.

»Nun, das kann schon kommen«, sagte Bob, »doch bis dahin hat er noch eine Menge Zeit. Aber wie und wann wir uns auch voneinander trennen sollten, so bin ich doch überzeugt, daß keiner von uns den armen Tiny Tim vergessen wird oder diese erste Trennung, die wir erfuhren.«

»Niemals, Vater«, riefen alle.

»Und ich weiß«, sagte Bob, »ich weiß, meine Lieben, wenn wir daran denken, wie geduldig und wie sanft er war, obgleich er nur ein kleines Kind war, werden wir uns nicht so leicht zanken und den guten Tiny Tim vergessen, indem wir's tun.«

»Nein, niemals, Vater«, riefen wieder alle.

»Ich bin sehr glücklich«, sagte Bob, »sehr glücklich.«

Mrs. Cratchit küßte ihn, seine Töchter küßten ihn, die beiden kleinen Cratchits küßten ihn, und Peter und er drückten sich die Hand. Seele Tiny Tims, du warst ein Hauch von Gott.

»Geist«, sprach Scrooge, »etwas sagt mir, daß wir uns bald trennen werden. Ich weiß es, aber ich weiß nicht wie. Sag mir, wer war es, den wir auf dem Totenbett sahen?«

Der Geist der zukünftigen Weihnacht führte ihn wie zuvor – doch zu verschiedener Zeit, wie es ihm vorkam, und überhaupt schien in den letzten abwechselnden Gesichtern keine Zeitfolge stattzufinden – an die Zusammenkunftsorte der Geschäftsleute, aber er sah sich selber nicht. Der Geist hielt sich nirgends auf, sondern schwebte immer weiter, wie nach dem Ort zu, wo Scrooge die gewünschte Lösung des Rätsels finden würde, bis ihn dieser bat, einen Augenblick zu verweilen.

»Ja, dieser Hof, durch den wir jetzt eilen«, sagte Scrooge,

»war einst mein Geschäft und war es lange Jahre hindurch. Ich erkenne das Haus. Laß mich sehen, was ich in den kommenden Tagen sein werde.«

Der Geist stand still, die Hand zeigte anderswohin.

»Das Haus ist dort«, rief Scrooge. »Warum zeigst du anderswohin?«

Der unerbittliche Finger nahm keine andere Richtung an.

Scrooge eilte nach dem Fenster seines Kontors und schaute hinein. Es war noch ein Kontor, aber nicht das seinige. Die Möbel waren nicht dieselben, und die Gestalt in dem Stuhl war nicht die seine. Die Erscheinung zeigte nach derselben Richtung wie vorher.

Er trat wieder zu ihr hin und nachsinnend, warum und wohin sie gingen, begleitete er sie, bis sie eine eiserne Pforte erreichten. Er stand still, um sich vor dem Eintreten umzusehen.

Es war ein Kirchhof. Hier also lag der Unglückliche unter der Erde, dessen Namen er noch erfahren sollte. Der Ort war seiner würdig. Rings von hohen Häusern umgeben, überwuchert von Unkraut, entsprossen dem Tod, nicht dem Leben der Vegetation, vollgepfropft von zu vielen Leichen, genährt von übersättigtem Genuß.

Der Geist stand inmitten der Gräber still und deutete auf eins hinab. Scrooge näherte sich ihm bebend. Die Erscheinung war noch ganz so wie früher, aber ihm war es immer, als sähe er eine neue Bedeutung in der düsteren Gestalt.

»Ehe ich mich dem Stein nähere, den du mir zeigst«, sagte Scrooge, »beantworte mir eine Frage. Sind dies die Schatten der Dinge, die sein werden, oder nur deren, die sein können?«

Immer noch wies der Geist auf das Grab hin, vor dem sie standen.

»Die Wege des Menschen tragen ihr Ziel in sich«, mur-

melte Scrooge. »Aber schlägt er einen andern Weg ein, so ändert sich das Ziel. Sag, ist es so mit dem, was du mir zeigen wirst?«

Der Geist blieb so unbeweglich wie immer.

Scrooge näherte sich schlotternd dem Grabe, und wie er der Richtung des Fingers folgte, las er auf dem Stein seinen eigenen Namen.

EBENEZER SCROOGE

»Bin ich es, der auf jenem Bett lag?« rief er, in die Knie sinkend.

Der Finger zeigte von dem Grabe fort auf ihn und wieder zurück.

»Nein, Geist, oh nein!«

Der Finger wies unveränderlich dorthin.

»Geist«, rief Scrooge, sich fest an sein Gewand klammernd, »ich bin nicht mehr der Mensch, der ich ehedem war. Ich will ein anderer Mensch werden, als ich vor diesen Tagen gewesen bin. Warum zeigst du mir dies, wenn alle Hoffnung geschwunden ist?«

Zum ersten Male schien des Geistes Hand zu zittern.

»Guter Geist«, fuhr er fort, »dein eigenes Herz legt bittend für mich ein Wort ein und bedauert mich. Sag mir, daß ich durch ein verändertes Leben die Schattenbilder, die du mir gezeigt hast, ändern kann!«

Die gütige Hand zitterte.

»Ich will Weihnachten in meinem Herzen ehren, ich will versuchen, es zu feiern. Ich will in der Vergangenheit, in der Gegenwart und in der Zukunft leben. Die Geister von allen dreien sollen in mir lebendig sein. Ich will ihren Lehren mein Herz nicht verschließen. Oh sage mir, daß ich die Schrift auf diesem Stein tilgen kann!«

In seiner Angst ergriff Scrooge die gespenstige Hand. Sie versuchte, sich von ihm loszumachen, aber er war stark in seinem Flehen und hielt sie fest. Der Geist, noch stärker, stieß ihn zurück.

Wie Scrooge die bebenden Hände zu einem letzten Flehen um Änderung seines Schicksals in die Höhe hielt, sah er die Erscheinung sich verändern. Sie wurde kleiner und kleiner und schwand zu einem Bettpfosten zusammen.

FÜNFTE STROPHE

Das Ende

Ja, und es war sein eigener Bettpfosten. Es war sein Bett und sein Zimmer. Und was das Glücklichste und Beste war: Die Zukunft gehörte ihm, um sich zu bessern.

»Ich will in der Vergangenheit, in der Gegenwart und in der Zukunft leben«, wiederholte Scrooge, als er aus dem Bett kletterte. »Die Geister von allen dreien sollen in mir lebendig sein. Oh, Jacob Marley! Der Himmel sei dafür gepriesen und die Weihnachtszeit! Ich sage es auf meinen Knien, alter Jacob, auf meinen Knien.«

Er war von seinen guten Vorsätzen so durchflammt und außer sich, daß seine bebende Stimme auf seinen Ruf kaum antworten wollte. Während seines Ringens mit dem Geist hatte er bitterlich geweint, und sein Gesicht war noch naß von den Tränen.

»Sie sind nicht herabgerissen«, rief Scrooge, eine der Bettgardinen an die Brust drückend, »sie sind nicht herabgerissen. Sie sind da, ich bin da, die Schatten der Dinge, die da kommen, können vertrieben werden. Ja, ich weiß es, ich weiß es gewiß.«

Während dieser ganzen Zeit beschäftigten sich seine Hände mit den Kleidungsstücken: Er zog sie verkehrt an, zerriß sie, verlegte sie und machte damit allerhand tolle Sprünge.

»Ich weiß nicht, was ich tue«, rief Scrooge in einem Atem weinend und lachend und mit seinen Strümpfen einen wahren Laokoon aus sich machend. – »Ich bin leicht wie eine Feder, selig wie ein Engel, vergnügt wie ein Schulknabe, schwindlig wie ein Trunkener. Fröhliche Weihnachten allen

Menschen! Ein glückliches Neujahr der ganzen Welt! Hallo! Hussa! Hurra!«

Er war in das Wohnzimmer gesprungen und blieb jetzt drin ganz außer Atem stehen.

»Da ist die Schüssel, in der der Haferschleim war!« rief Scrooge, indem er um den Kamin herumhüpfte. »Da ist die Tür, durch die Jacob Marleys Geist hereinkam, da ist die Ecke, wo der Geist der diesjährigen Weihnacht saß, da ist das Fenster, wo ich die ruhelosen Geister sah! Es ist alles richtig, es ist alles wahr, es ist alles geschehen. Hahahaha!«

Für einen Mann, der so lange Jahre aus der Gewohnheit war, mußte man es wirklich ein vortreffliches Lachen nennen, ein herrliches Lachen. Es war der Vater einer langen, langen Reihe herrlicher Lachsalven!

»Ich weiß nicht, den Wievielten wir heute haben«, rief Scrooge. »Ich weiß nicht, wie lange ich unter den Geistern gewesen bin. Ich weiß gar nichts. Ich bin wie ein neugeborenes Kind. Es schadet nichts. Ist mir einerlei. Ich will lieber ein Kind sein. Hallo! Hussa! Hurra!«

Er wurde in seinen Freudenausbrüchen von dem Geläut der Kirchenglocken unterbrochen, die ihm so fröhlich zu klingen schienen, wie nie vorher. Bimbam, kling-klang, bimbam. Nein, es war zu herrlich, zu herrlich!

Er lief zum Fenster, öffnete es und steckte den Kopf hinaus. Kein Nebel, ein klarer, lustig-heller, frischfroher Morgen, eine Kälte, die dem Blut einen Tanz vorpfiff, goldenes Sonnenlicht, ein himmlischer Himmel, lieblich-erquickende Luft, fröhliche Glocken. Oh wie herrlich, wie herrlich!

»Was ist denn heute für ein Tag?« rief Scrooge einem Knaben in Sonntagskleidern zu, der unterm Fenster stand.

»Wie?« fragte der Knabe mit der allergrößten Verwunderung.

»Was ist heut' für ein Tag, mein Junge?« fragte Scrooge.

»Heute?« antwortete der Knabe. »Nun, Christtag.«

»Es ist Christtag«, sagte Scrooge zu sich selber. »Ich habe ihn also nicht versäumt. Die Geister haben alles in einer Nacht erledigt. Sie können alles, was sie wollen. Natürlich, natürlich. – Heda, mein Junge!«

»Was denn!« antwortete der Knabe.

»Kennst du des Geflügelhändlers Laden in der zweitnächsten Straße an der Ecke?« fragte Scrooge.

»I, warum denn nicht?« antwortete der Junge.

»Ein gescheiter Junge«, nickte Scrooge. »Ein merkwürdiger Junge! Weißt du nicht, ob der Preistruthahn, der dort hing, verkauft ist? Nicht der kleine Preistruthahn, sondern der große.«

»Was, der so groß ist wie ich?« entgegnete der Junge.

»Was für ein lieber Junge!« lächelte Scrooge. »Es ist eine Freude, mit ihm zu sprechen. Freilich wohl, mein Prachtjunge.«

»Der hängt noch dort«, antwortete der Junge.

»Ist's wahr?« sagte Scrooge. »Na, dann lauf und kaufe ihn.«

»Hat sich was«, spottete der Junge.

»Nein, nein«, sagte Scrooge, »es ist mein Ernst. Geh hin und kaufe ihn und sag, sie sollen ihn hierher bringen, daß ich ihnen die Adresse geben kann, wohin sie ihn tragen sollen. Komm mit dem Träger wieder her, und ich gebe dir einen Schilling. Kommst du rascher als in fünf Minuten zurück, bekommst du eine halbe Krone.«

Der Bengel verschwand wie ein Blitz.

»Ich will ihn Bob Cratchit schicken«, flüsterte Scrooge, sich die Hände reibend und fast vor Lachen platzend. »Er soll nicht wissen, wer ihn schickt. Er ist zweimal so groß wie Tiny Tim. Einen Witz wie den hat's noch nie gegeben.«

Als er die Adresse schrieb, zitterte seine Hand, aber er schrieb so gut es ging und stieg die Treppe hinab, um die Haustür zu öffnen und den Truthahn zu erwarten. Wie er dastand, fiel sein Auge auf den Türklopfer.

»Ich werde ihn lieb haben, solange ich lebe«, rief Scrooge, ihn streichelnd. »Früher habe ich ihn kaum angesehen. Was er für ein ehrliches Gesicht hat! Es ist ein wunderbarer Türklopfer! – Da ist der Truthahn. Hallo! Hussa! Wie geht's? Fröhliche Weihnachten!«

Das war ein Truthahn! Er hätte nicht mehr lang lebendig auf seinen Füßen stehen können. Sie wären – knix – zerbrochen wie eine Stange Siegellack.

»Was, das ist ja fast unmöglich, den nach Camden Town zu tragen!« sagte Scrooge. »Ihr müßt einen Wagen nehmen.«

Das Lachen, mit dem er dies sagte, und das Lachen, mit dem er den Truthahn bezahlte, und das Lachen, mit dem er den Wagen bezahlte, und das Lachen, mit dem er dem Jungen ein Trinkgeld gab, wurde nur von dem Lachen übertroffen, mit dem er sich atemlos in seinen Stuhl niedersetzte und lachte, bis ihm die Tränen die Backen herunterliefen.

Das Rasieren war keine Kleinigkeit, denn seine Hand zitterte immer noch sehr, und Rasieren verlangt große Aufmerksamkeit, auch wenn man nicht gerade währenddessen tanzt. Aber selbst wenn er sich die Nasenspitze weggeschnitten hätte, würde er ein Stückchen Pflaster darauf geklebt und sich damit zufrieden gegeben haben.

Er zog seine besten Kleider an und trat endlich auf die Straße. Die Leute strömten gerade aus ihren Häusern, wie er es gesehen hatte, als er den Geist der diesjährigen Weihnacht begleitete; und mit auf dem Rücken zusammengeschlagenen Händen durch die Straßen gehend, blickte Scrooge jeden mit einem freundlichen Lächeln an. Er sah so unwiderstehlich freundlich aus, daß drei oder vier lustige Leute zu ihm sagten: »Guten Morgen, Sir, fröhliche Weihnachten!«, und Scrooge sagte oft nachher, daß von allen lieblichen Klängen, die er je gehört, dieser seinem Ohr am lieblichsten geklungen hätte.

Er war nicht weit gegangen, als er denselben stattlichen Herrn auf sich zukommen sah, der am Tage vorher in sein Kontor getreten war, mit den Worten: »Scrooge und Marley, glaube ich.« Es gab ihm förmlich einen Stich ins Herz, als er dachte, wie ihn wohl der alte Herr beim Vorübergehen ansehen würde; aber er wußte, welchen Weg er zu gehen hatte, und ging ihn.

»Lieber Herr«, rief Scrooge, schneller laufend und den alten Herrn an beiden Händen ergreifend. »Wie geht es Ihnen? Ich hoffe, Sie hatten gestern einen guten Tag? Es war sehr freundlich von Ihnen. Ich wünsche Ihnen fröhliche Weihnachten, Sir.«

»Mr. Scrooge?«

»Ja«, sagte Scrooge. »So ist mein Name und ich fürchte, er klingt Ihnen nicht sehr angenehm. Erlauben Sie, daß ich Sie um Verzeihung bitte! Und wollen Sie die Güte haben«, hier flüsterte ihm Scrooge etwas ins Ohr.

»Himmel!« rief der Herr, als ob ihm der Atem ausgeblieben wäre. »Mein lieber Mr. Scrooge, ist das Ihr Ernst?«

»Wenn es Ihnen beliebt«, sagte Scrooge. »Keinen Penny weniger. Es sind viele Rückstände dabei, ich versichere es Ihnen. Wollen Sie die Güte haben?«

»Bester Herr«, sagte der andere, ihm die Hand schüttelnd. »Ich weiß nicht, was ich zu einer solchen Freigebigkeit sagen soll.«

»Ich bitte, sagen Sie gar nichts dazu«, antwortete Scrooge. »Besuchen Sie mich. – Wollen Sie mich besuchen?«

»Herzlich gern«, rief der alte Herr. Und man sah, es war ihm Ernst mit dieser Versicherung.

»Ich danke Ihnen sehr«, sagte Scrooge. »Ich bin Ihnen sehr verbunden. Ich danke Ihnen tausendmal. Leben Sie recht wohl!«

Er ging in die Kirche, ging durch die Straßen, sah die Leute hin und her laufen, klopfte Kindern die Wange, sprach mit Bettlern, spähte hinab in die Küchen und lugte hinauf zu den Fenstern der Häuser: Und er fand, daß ihm alles das Vergnügen bereiten könne. Er hätte es sich nie träumen lassen, daß ihn ein Spaziergang oder sonst etwas so glücklich machen könnte. Nachmittags lenkte er seine Schritte nach der Wohnung seines Neffen.

Er ging wohl ein dutzendmal an der Tür vorüber, ehe er den Mut hatte anzuklopfen. Endlich faßte er sich ein Herz und klopfte.

»Ist dein Herr zu Hause, liebes Kind?« sagte Scrooge zu dem Mädchen. Ein nettes Mädchen, wahrhaftig!

»Ja, Sir.«

»Wo ist er, liebes Kind?« sagte Scrooge.

»Er ist in dem Speisezimmer, Sir, mit Madame. Ich will Sie hinaufführen, wenn Sie erlauben.«

»Danke, danke. Er kennt mich«, sagte Scrooge, mit der Hand schon auf der Türklinke. »Ich will gleich eintreten, liebes Kind.«

Er machte die Tür leise auf und steckte den Kopf hinein. Sie betrachteten gerade den Speisetisch (der mit großem Aufwand gedeckt war); denn junge Hausfrauen sind immer sehr bedacht darauf und sehen gern alles in hübschester Ordnung.

»Fred«, rief Scrooge.

Heiliger Himmel, wie seine Nichte erschrak! Scrooge hatte in dem Augenblick vergessen, daß sie mit dem Fußbänkchen in der Ecke gesessen hatte, sonst hätte er es um keinen Preis getan.

»Potztausend!« rief Fred. »Wer kommt da?«

»Ich bin's. Dein Onkel Scrooge. Ich komme zum Essen. Willst du mich hereinlassen, Fred?«

Ihn hereinlassen! Es war nur gut, daß er ihm nicht den Arm abriß. Er war in fünf Minuten wie zu Hause. Nichts konnte herzlicher sein, als die Begrüßung seines Neffen. Und auch seine Nichte empfing ihn nicht minder herzlich. Auch Topper, als er kam. Auch die runde Schwester, als sie kam. Und alle, wie sie nach der Reihe kamen. Wundervolle Gesellschaft, wundervolle Spiele, wundervolle Eintracht, wundervolle Glückseligkeit!

Aber am andern Morgen war Scrooge früh in seinem Kontor. Oh, er war gar früh da. Zuerst dort zu sein und Bob Cratchit beim Zuspätkommen zu erwischen! Das war's, worauf sein Sinn stand. Und es gelang ihm wahrhaftig! Die Uhr schlug neun. Kein Bob. Ein Viertel nach neun. Kein Bob. Er kam volle achtzehn und eine halbe Minute zu spät. Scrooge hatte seine Türe weit offen stehen lassen, damit er ihn in das Verlies eintreten sähe.

Bobs Hut war vom Kopf, ehe er die Tür öffnete, auch der Schal von seinem Hals. Im Nu saß er auf seinem Stuhl und jagte mit der Feder über das Papier, als wollte er versuchen, neun Uhr einzuholen.

»Heda«, rief Scrooge, so gut es ging seine gewohnte Stimme nachahmend. »Was soll das heißen, daß Sie so spät kommen?«

»Es tut mir sehr leid, Sir«, sagte Bob. »Ich habe mich verspätet.«

»So?« sagte Scrooge. »Ja. Das kommt mir auch so vor. Hier herein, wenn's gefällig ist.«

»Es ist nur einmal im Jahr, Sir«, sagte Bob, aus dem Verlies hereintretend. »Es soll nicht wieder vorkommen. Ich war ein bißchen lustig gestern, Sir.«

»Nun, ich will Ihnen etwas sagen, Freundchen«, sagte Scrooge, »ich kann das nicht länger mit ansehen. Und daher«, fuhr er fort, von seinem Stuhl springend und Bob einen solchen Stoß vor die Brust gebend, daß er wieder in das Verlies zurückstolperte, »und daher will ich Ihr Salär erhöhen!«

Bob zitterte und trat dem Lineal etwas näher. Er hatte einen kurzen Gedanken, Scrooge damit eins auf den Kopf zu geben, ihn festzuhalten und die Leute im Hof um Beistand und um eine Zwangsjacke anzurufen.

»Fröhliche Weihnachten, Bob!« sagte Scrooge mit einem Ernst, der nicht mißverstanden werden konnte, indem er ihm auf die Achsel klopfte. »Fröhlichere Weihnachten, Bob, als ich Sie so manches Jahr habe feiern lassen. Ich will Ihr Salär erhöhen und mich bemühen, Ihrer Familie unter die Arme zu greifen. Wir wollen heute Nachmittag bei einem dampfenden Weihnachtspunsch über Ihre Angelegenheiten sprechen, Bob! Schüren Sie das Feuer an und kaufen Sie eine andere Kohlenschaufel, ehe Sie wieder einen Punkt auf ein i machen, Bob Cratchit!«

Scrooge war besser als sein Wort. Er tat nicht nur alles, was er versprochen hatte, sondern noch mehr, und für Tiny Tim, der nicht starb, wurde er ein zweiter Vater. Er wurde ein so guter Freund und ein so guter Mensch, wie nur die liebe alte City oder jedes andere liebe alte Städtchen oder Dorf in der lieben alten Welt je einen Freund und Menschen gesehen hat. Einige Leute lachten, als sie ihn so verändert sahen; aber er ließ sie lachen und kümmerte sich wenig darum, denn er war klug genug, zu wissen, daß nichts Gutes in dieser Welt geschehen kann, worüber nicht von vornherein einige Leute lachen müssen: Und da er wußte, daß solche Leute doch blind bleiben würden, so dachte er bei sich, es wäre besser, sie legten ihre Gesichter durch Lachen in Falten, als daß sie es auf weniger anziehende Weise täten. Sein eigenes Herz lachte, und damit war er vollauf zufrieden.

Er hatte keinen ferneren Verkehr mit Geistern, sondern lebte von jetzt an nach dem Grundsatz gänzlicher Enthaltsamkeit; und immer sagte man von ihm, er wisse Weihnachten recht zu feiern, wenn es überhaupt ein Mensch wisse. Möge dies auch in Wahrheit von uns allen gesagt werden können. Und so schließen wir mit Tiny Tims Worten: »Gott segne jeden von uns.«

Die Silvesterglocken

Ein Geisterreigen

Sie läuten aus das alte Jahr,
die Glocken,
und läuten ein – ein neues –

Aus dem Englischen von
Gustav Meyrink

ERSTES VIERTEL

Es gibt der Leute nicht viele, die da gern in einer Kirche schliefen. Es ist wünschenswert, daß ein Geschichtenerzähler und seine Zuhörer so rasch wie möglich sich verständigen, und daher bitte ich, zu bemerken, daß ich diese Behauptung nicht auf einige wenige beschränke, auf junges Volk oder kleines Volk, sondern auf Leute jeder Beschaffenheit ausdehne, auf groß und klein, alt und jung, auf solche, die noch wachsen, oder solche, die schon wieder kleiner werden! Kurz und gut, es gibt nicht viele Leute, die gern in einer Kirche schliefen. Ich meine nicht zur Predigtzeit bei warmen Wetter (das soll schon vorgekommen sein), sondern in der Nacht und allein. Alles würde sich riesig wundern, wenn ich sagen würde: am hellichten Tage. Ich meine aber: bei Nacht. Und ich kann meine Behauptung aufrechterhalten, in der ersten besten stürmischen Winternacht, beim ersten besten, der allein mit mir auf einen alten Kirchhof gehen will zu einer alten Kirchentür und mir erlauben, ihn bis zum frühen Morgen einzuschließen.

Der Nachtwind hat eine böse Art, um ein Gebäude solcher Gattung herumzustreichen, dabei zu seufzen und zu klagen und mit unsichtbarer Hand an Fenster und Türen zu rütteln, um ein Luftloch zu finden, durch das er hineinkommen kann. Und wenn er sich eingeschlichen hat, wimmert und heult er, als ob er etwas suche und nicht finden könne, will wieder hinaus und gibt sich nicht zufrieden damit, durch die Gänge zu fahren und um die Pfeiler zu sausen und auf die brummende Orgel zu schlagen – nein, er möchte auch noch hinauf und das Sparrenwerk zertrümmern. Dann wirft er sich wieder verzweifelt auf den steinernen Fußboden hin und steigt murmelnd in die Grabgewölbe. Heimlich kommt er wieder herauf, schleicht die Mauern entlang und liest leise flüsternd die Inschriften der Toten. Bei der einen bricht er in schrilles Gelächter aus, bei der nächsten klagt er und seufzt er. Es klingt so gespenstisch, wenn er sich hinter dem Altare versteckt und wilde Weisen singt von Übeltat und Mord, von der Anbetung der Götzen zum Trotze der Gesetzestafeln, die so glatt und schön aussehen und doch so oft schon besudelt und gebrochen wurden. Hu! Der Himmel bewahre uns und lasse uns ruhig und traulich am Feuer sitzen. Er hat eine grauenhafte Stimme, der Wind, um Mitternacht, wenn er in einer Kirche singt.

Und gar erst oben im Turm! Da saust und pfeift der ungeschlachte Geselle hoch oben im Glockenstuhl, wo er frei aus und ein kann durch luftige Bogen und Mauerritzen und sich um die Wendeltreppe wickeln und den kreischenden Wetterhahn umherwirbeln und den Turm selber zittern und beben machen kann. Hoch oben im Kirchturm, wo der Glockenbalken steht und die Eisenriegel der Rost zernagt, wo die Platten von Blei und Kupfer, gerunzelt vom wechselnden Wetter, sich krachend biegen unter ungewohntem Tritt und die Vögel schmutzige Nester in die Ecken der alten eichenen Sparren und Balken stopfen; wo der Staub alt und grau liegt und gesprenkelte Spinnen, faul und fett geworden in träger Ruhe, bei den zitternden Schwingungen der Glocken, ohne den Halt zu verlieren, in ihren aus feinen Fäden in die Luft gesponnenen Schlössern schwanken oder wie Matrosen emporklimmen oder sich hinablassen – aufgeschreckt – und ein Gewimmel von Beinen veranstalten, wenn es gilt, das bißchen Leben zu retten.

Hoch oben im Turm einer alten Kirche, hoch über dem Glanz und dem Murren der Stadt und tief unter den jagenden Wolken, ist es schaurig und gespenstisch nachts. Und

hoch oben im Turm einer alten Kirche, da hängen die Glok-
ken, von denen ich erzählen will. Es waren alte Glocken, das
sag ich euch. Vor Jahrhunderten hatten Bischöfe sie getauft,
vor soviel Jahrhunderten, daß die Urkunden darüber lange
schon verlorengegangen waren und niemand mehr ihre Namen wußte. Sie hatten ihre Gevattern und Gevatterinnen
und ihre Taufpaten gehabt – ich für meinen Teil würde auch
lieber einer Glocke als einem Jungen Pate stehen – und gewiß auch ihre silbernen Becher besessen. Aber die Zeit hat
ihre Paten hingemäht und Heinrich VIII. ihre Becher ein-
geschmolzen, und so hängen sie nun da im Kirchturm, der
Becher und der Namen beraubt …

Doch nicht ihrer Sprache! Oh nein! Sie hatten eine klare, laute, klangvolle Stimme, diese Glocken, und weithin
konnte man sie hören im Winde. Dabei waren sie viel zu
breitschulterige Glocken, als daß der Sturm ihnen etwas hätte anhaben können, und wenn er böser Laune war, dann
läuteten sie kühnlich gegen ihn an und sandten königlich
und stolz ihre fröhlichen Klänge herab in die Ohren der
Menschen. Und wenn sie sich's in den Kopf gesetzt, in einer
stürmischen Nacht von einer armen Mutter gehört zu werden, die bei ihrem kranken Kinde wachte, oder von einem
verlassenen Weibe, deren Mann auf See war, dann sollen sie
sogar den heulenden Nordwest überbrüllt haben, wie Toby
Veck behauptete.

Toby Veck, der immer Trotty Veck genannt wurde, obwohl niemand ohne besonderen Parlamentsbeschluß an
seinem Namen etwas ändern durfte, da er zu seiner Zeit
ebenso gesetzmäßig getauft worden wie die Glocken zu der
ihrigen, wenn auch nicht unter demselben Gepränge und
mit derselben Feierlichkeit. Ich für meinen Teil stehe blind
ein für Toby Vecks Behauptung, weil ich weiß, daß er genug
Gelegenheit hatte, sich seine Überzeugung zu bilden, und

was Toby Veck sagte, das sage ich auch und stelle mich an seine Seite, wiewohl er den ganzen Tag – ein schweres Stück Arbeit – vor der Kirchentüre stehen mußte.

Toby Veck war nämlich Dienstmann und wartete dort auf Aufträge. Im Winter zu warten war's freilich eine windige Stelle, wo man Gänsehaut bekam, rote Augen und blaue Nasen, und sich Zähneklappern und erfrorene Zehen holen konnte. Toby Veck wußte davon ein Lied zu singen. Der Wind blies pfeifend um die Ecke, besonders der Ost. Als wenn er von den äußersten Grenzen der Erde daherkäme, um Toby anzublasen. Und manchmal schien er ihn früher angetroffen zu haben, als er vermutet, denn wenn er um die Ecke kam und an Toby vorüberfuhr, kehrte er plötzlich wieder um, als wollte er sagen, aha, da ist er ja schon. Dann zog er ihm seine kleine, weiße Schürze über den Kopf wie einem nichtsnutzigen Buben das Röckchen, und dann zitterten Toby die Beine, und sein kleiner, schwacher Rohrstock rang vergebens gegen die Stöße und bog sich auf dem Boden krumm. Toby wurde hin und her gebeutelt, gezerrt und gezaust, geschoben und gehoben, bis er ganz schief stand, daß nicht viel mehr fehlte, und er wäre wie ein Frosch, eine Schnecke oder ein anderes tragbares Geschöpf durch die Luft geführt und wieder herabgeregnet worden in einem fremden Erdteil zum großen Erstaunen wilder Eingeborener, denen ein Dienstmann etwas Unbekanntes ist.

Trotzdem war windiges Wetter für Toby, wenn es ihn auch hart mitnahm, so eine Art Feiertag. Tatsache! Die Zeit, bis er wieder einen Sixpence verdiente, wurde ihm bei Wind nicht so lang wie bei anderer Witterung. Seine Aufmerksamkeit, wenn er mit dem ungestümen Element zu kämpfen hatte, war nicht so gespannt. Und es erfrischte ihn förmlich, wenn er hungrig und mißmutig werden wollte. Scharfer Frost oder Schneefall gehörten auch zu den »Ereignissen« und schienen ihm in ihrer Art gutzutun, wiewohl es schwer ist, zu sagen, in welcher. Also Wind und Frost und Schnee und vielleicht auch ein handfester Hagelsturm waren in Toby Vecks Kalender rotangestrichene Tage.

Bloß Regenwetter war ihm das ärgste. Die kalte, feuchte, klamme Nässe hüllte ihn dann wie in einen feuchten Mantel, die einzige Art von Mantel, die sich Toby leisten durfte, deren Entbehrung aber zu seiner Behaglichkeit nur beigetragen hätte. Nasse Tage, wenn der Regen langsam, dick und hartnäckig niederfiel, wenn die Straßen voll Nebel staken, daß er fast erstickte, und dunstende Regenschirme hin und her liefen und rotierten, wie Kreisel auf den dichtgedrängten Trottoirs aneinanderprallten und kleine Wirbel lästigen Sprühwassers von sich schleuderten; nasse Tage, wo die Rinnsteine rauschten und die vollen Dachrinnen lärmten, wo die Nässe von den vorspringenden Kanten des Kirchendachs trip, trip, trip auf Toby tropfte und das Bündel Stroh, auf dem er stand, in Schlamm verwandelte. Ja, das waren Tage, die seine Geduld arg auf die Probe stellten. Dann sah er aus seinem Versteck in der Ecke der Kirchenmauer, dem dürftigen Obdach, das in der Sommerszeit kaum so viel Schatten warf wie ein mäßiger Spazierstock, sehnsuchtsvoll bekümmert und mit langem Gesicht hervor. Wenn er aber eine Minute später herauskam, um sich durch Bewegung zu erwärmen, und einige Dutzende Male auf und nieder getrabt war, dann hellten sich seine Mienen bald wieder auf, und er kehrte versöhnt in seine Nische zurück.

Man nannte ihn Trotty oder Trotter nach seiner Gangart, die darauf zugeschnitten war, den Anschein großer Schnelligkeit vorzutäuschen. Mit ruhigen Schritten hätte er wahrscheinlich viel schneller gehen können, aber hätte man Toby seinen Trab genommen, er wäre bettlägerig geworden und gestorben. Das Traben bespritzte ihn mit Schmutz bei

kotigem Wetter, es kostete ihn unsäglich mehr Mühe und Plage als ein ruhiger, bequemer Gang, aber gerade das war ein Grund, weshalb er so hartnäckig an ihm festhielt. Ein schwacher, kleiner, dünner alter Mann in körperlicher Hinsicht, war Toby ein wahrer Herkules an gutem Willen. Es machte ihm Freude, sein Geld schwer zu verdienen, es machte ihm Vergnügen, zu glauben – er war sehr arm, und mit dem »Vergnügen« sah es spärlich aus –, daß er seinen Mann stellte. Hatte er für einen Schilling oder achtzehn Pence eine Botschaft zu besorgen oder ein kleines Paket zu tragen, dann schwoll ihm der Kamm. Wenn er dahertrabte, rief er den Eilpostboten, die vor ihm hergingen, zu, sie möchten ihm doch aus dem Wege gehen, da er davon durchdrungen war, er müsse sie selbstverständlich überholen und über den Haufen rennen. Ebenso war er der felsenfesten Überzeugung, wenn er auch nie in Versuchung kam, sich auf die Probe zu stellen, daß er alles zu tragen vermochte, was ein Sterblicher vom Boden zu lüpfen imstande sei.

So trabte Toby selbst dann, wenn er auf ein paar Schritte bei nassem Wetter aus seinem Winkel hervorkam, um sich zu wärmen. Mit seinem schadhaften Schuhwerk eine krumme Linie von aufgeweichten Fußstapfen im Straßenschmutz hinterlassend, die erstarrten Hände blasend und reibend, die von der eindringenden Kälte nur spärlich durch fadenscheinige graue Wollfäustlinge mit einer besonderen Abteilung für den Daumen und einem gemeinschaftlichen Raume für die übrigen Finger geschützt waren, mit krummen Knien und dem Rohrstock unter dem Arm, trabte Toby rastlos. Auch wenn er auf die Straße trat, um nach den Glocken zu sehen, wenn es läutete – trabte er.

Diese Sorte Ausflug machte er mehrmals am Tage, denn sie waren seine Gefährten, die Glocken, und wenn er ihre Stimme hörte, dann zog es ihn, hinaufzublicken und darüber nachzusinnen, wie sie in Bewegung gesetzt wurden und wie wohl die Hämmer aussehen möchten, die auf sie schlügen. Vielleicht interessierten ihn die Glocken auch deswegen, weil ihr Leben so viel Berührungspunkte mit dem seinigen hatte. Sie hingen dort bei Wetter und Wind, durften bloß die Außenseite der Häuser anschauen und kamen nie in die Nähe der lodernden Feuer, die durch die Fenster schimmerten oder aus den Schornsteinen herausstoben. Sie hatten auch keinen Anteil an all den guten Dingen, die dort von der Straße durch die Türen oder durch die Gitter der Küchenfenster schwelgerischen Köchen überantwortet wurden. Und zeigten sich zuweilen an den Fenstern Gesichter und verschwanden wieder – manchmal hübsche, junge, liebliche Gesichter, manchmal das Gegenteil –, Toby konnte ebensowenig – und wenn er noch so über all das nachdachte – wie die Glocken dahinterkommen, woher sie kamen oder wohin sie gingen oder ob sie ihn meinten, wenn sie freundlich die Lippen bewegten. Toby war kein Kasuist – wenigstens wußte er es nicht. Und ich will nicht behaupten, daß er alle diese Betrachtungen eine nach der anderen anstellte oder mit seinen Gedanken eine Art Heerschau abgehalten hätte, aber was ich sagen will, ist, daß – wie zum Beispiel seine leiblichen Funktionen ohne sein Wissen und seine spezielle Erlaubnis arbeiteten –, so auch seine geistigen Fähigkeiten, und daß sie seine Sympathie zu den Glocken stets lebendig hielten.

Und wenn ich gesagt hätte: »Seine Liebe lebendig erhielten«, so würde ich das Wort nicht zurücknehmen, wenn es auch seine komplizierten Empfindungen nicht vollständig ausgedrückt haben würde. Als schlichter Mann umkleidete er die Glocken mit fremdartigen und feierlichen Eigenschaften. Sie waren so geheimnisvoll. Man hörte sie oft und sah sie nie, sie hingen so hoch oben, waren so weit weg und doch so voll von tiefer, kräftiger Melodie, daß er sie mit einer Art Ehrfurcht betrachtete und, wenn er aufsah zu dem dunklen Bogenfenster im Turm, so halb und halb erwartete, etwas, was zwar keine Glocke, aber doch dasjenige wäre, was er so oft im Glockengeläute klingen hörte, werde ihm winken. Und deswegen trat Toby mit Entrüstung den Gerüchten, die im Umlaufe waren, nämlich, daß es bei den Glocken spuke, als etwas Gehässigem und Sündhaftem entgegen. Kurz, sie klangen ihm oft in den Ohren und noch öfter im Herzen, aber immer im besten Sinn, und oft bekam er einen so steifen Hals, wenn er zu lange mit offenem Munde nach dem Turme gegafft hatte, daß er nachher einmal oder zweimal mehr Trab laufen mußte, um ihn wieder loszuwerden.

Er hatte das an einem kalten Tage eben wieder getan, als der letzte schläfrige Klang der zwölften Stunde wie eine melodische Riesenbiene – aber keine geschäftige – durch den Glockenstuhl summte.

»Mittagszeit – aha«, sagte Toby und trabte vor der Kirche auf und ab. »Aha!«

Tobys Nase war sehr rot, und seine Augenlider auch. Er zwinkerte viel und zog seine Schultern so nah wie möglich an die Ohren, und seine Beine waren sehr steif, kurz, er war außerordentlich durchfroren.

»Aha, Mittagszeit«, wiederholte Toby, indem er sich mit seinen Fäustlingen wie mit Boxhandschuhen auf die Brust schlug. Zur Strafe, weil sie so kalt war. »Aha – ha – ha.«

Dann trabte er ein oder zwei Minuten schweigend auf und ab.

»Es ist nichts los«, sagte Toby, blieb dann plötzlich stehen und befühlte bestürzt seine Nase ihrer ganzen Länge nach. Da er nicht viel von einer Nase hatte, war er damit bald fertig.

»Ich dachte schon, sie wäre weg«, sagte Toby und trabte weiter. »Es ist aber alles in Ordnung. Ich hätte ihr keinen Vorwurf machen können. Sie hat einen harten Dienst bei diesem kalten Wetter und wenig vom Leben, denn – ich schnupfe nicht. Sie hat einen schweren Stand, das arme Ding, denn wenn sie einmal etwas Gutes riecht, was nicht oft geschieht, so kommt's gewöhnlich von anderer Leute Mittagessen. Es ist nichts regelmäßiger«, fuhr er fort, »als die Wiederkehr der Mittagszeit, und nichts unregelmäßiger als das Mittagessen. Da liegt der große Unterschied zwischen beiden. Ich habe lange gebraucht, um das so klar zu erfassen. Ich möchte gerne wissen, ob es sich für einen Gentleman verlohnte, diese Observatschon an die Zeitung zu verkaufen oder vors Parlament zu bringen.«

Toby meinte es nicht ernst, denn er schüttelte den Kopf dazu.

»Die Zeitungen sind voll von Observatschonen wie diese und das gleiche ist's mit dem Parlament. Hier das letzte Wochenblatt«, und er nahm eine sehr schmutzige Zeitung aus der Tasche und hielt sie vor sich hin. »Voll von Observatschonen! Voll von Observatschonen! Ich lese die Zeitungen so gern wie nur irgend jemand«, sagte Toby langsam, legte das Blatt noch kleiner zusammen und steckte es wieder in die Tasche. »Aber jetzt geht's mir schon gegen den Strich. Es jagt mir beinah Schrecken ein. Ich weiß nicht, was aus uns armen Leuten werden soll. Gott gebe, daß wir's im neuen Jahr etwas besser haben.«

»Vater, Vater!« sagte eine liebliche Stimme ganz in der Nähe.

Aber Toby hörte sie nicht und trabte auf und nieder, sinnend und mit sich selbst sprechend:

»Mir scheint, wir haben uns verirrt, gehen irr oder sind irr. Ich hatte nicht viel Schule, als ich jung war, und kann nicht ins reine kommen, haben wir etwas auf der Erde zu schaffen oder nicht? Manchmal denke ich, es müsse doch so der Fall sein. Ein bißchen wenigstens. Dann wieder denke ich, wir müssen uns hier nur so eingeschlichen haben. Manchmal bin ich so irr, daß ich nicht einmal herauskriegen kann, ob überhaupt etwas Gutes an uns ist oder ob wir von Natur böse sind. Es heißt, wir verüben schreckliche Dinge, geben Anlaß zur Klage, verbreiten Wirrnis überall – man müsse sich vor uns in acht nehmen. Immer ist die Zeitung voll von uns. Neujahrsgespräch sind wir«, sagte Toby traurig. »Ich kann so viel schleppen wie irgend jemand auf der Welt und mehr als die meisten, denn ich bin stark wie ein Löwe; die anderen sind's nicht. Aber wenn wir wirklich kein Recht auf ein neues Jahr haben und uns wirklich nur eingeschlichen haben –«

»Aber Vater, Vater!« rief die liebliche Stimme wieder. Diesmal hörte es Toby, fuhr zusammen, stand still und sah sich wieder aus seinem Nachdenken über die Möglichkeit eines aufdämmernden Lichts im kommenden Jahr in die Gegenwart zurückversetzt und seiner Tochter gegenüber. Er sah ihr in die Augen – glänzende Augen –, in denen eine Welt lag von unergründlicher Tiefe. Dunkle Augen, die die Blicke spiegelten, die sie ergründen wollten; klare, ruhige, ehrliche Augen von beständigem Glanz wie das Himmelslicht. Schöne, treue Augen, die von Hoffnung glänzten – von junger, frischer Hoffnung –, von einer Hoffnung, so erhebend kräftig und leuchtend, trotz zwanzig Jahren Arbeit und Armut, daß sie für Trotty Veck zu einer Stimme wurden und sagten: »Ich denke doch, wir haben auf Erden etwas zu schaffen – ein klein wenig.«

Trotty küßte die Lippen, die zu den Augen gehörten, und nahm das blühende Gesicht zwischen seine Hände.

»Nun, Herzblatt«, sagte Trotty, »was gibt's? Ich hab' dich

heute nicht erwartet, Meg.«

»Ich dachte auch nicht, daß ich kommen könnte, Vater«, sagte das Mädchen und nickte mit dem Kopf und lächelte. »Aber da bin ich, und nicht allein; nicht allein!«

»Du willst doch nicht sagen«, bemerkte Toby und blickte neugierig auf einen verdeckten Korb, den sie in der Hand trug, »daß du —«

»Riech doch, lieber Vater«, sagte Margaret, »riech nur.«

Trotty wollte sofort den Deckel aufheben, doch sie hielt scherzend ihre Hand darauf.

»Nein, nein, nein«, sagte sie, übermütig wie ein Kind, »zieh's noch ein bißchen in die Länge. Ich werde nur den Rand ein wenig wegschieben, den – den Rand«, sagte Meg und tat es mit größter Vorsicht und sprach so leise, als ob sie fürchtete, von irgend etwas im Korbe gehört zu werden. »Nun? Was ist drin?« Toby schnupperte, dann rief er voll Entzücken aus: »Das ist ja was Heißes!«

»Kochend heiß«, jauchzte Meg, »ha, ha, ha, siedend heiß.«

»Hahaha«, lachte Toby und machte einen Luftsprung, »siedend heiß.«

»Aber was ist drin, Vater?« fragte Meg. »Komm, du hast noch nicht geraten, was drin ist. Du mußt doch raten. Ich nehm es nicht eher heraus, bis du nicht erraten hast, was drin ist. Nur nicht so schnell, warte ein bißchen. Ich will dir den Deckel ein wenig mehr aufmachen. So, jetzt rate.«

Meg hatte die größte Angst, daß er am Ende zu bald darauf kommen könnte, und zuckte immer wieder zurück, wenn sie ihm den Korb hinhielt, zog ihre hübschen Schultern in die Höhe und hielt sich das Ohr mit der Hand zu, als könne sie dadurch das rechte Wort in Tobys Mund zurückdrängen, und lachte immerfort leise in sich hinein.

Inzwischen beugte sich Toby, auf jedem Knie eine Hand,

mit der Nase nach dem Korbe nieder und tat an dem Deckel einen langen Zug.

Sein verwirrtes Gesicht nahm einen Ausdruck an, als atme er Lachgas ein.

»Ah, das ist ja was Hochfeines«, sagte Toby, »es sind doch nicht am Ende gar polnische Würste?«

»Nein, nein, nein!« schrie Meg entzückt. »Es sind nicht polnische Würste.«

»Nein«, sagte Toby und tat einen neuen Zug. »Es ist milder als Polnische. Es riecht fabelhaft fein, es riecht immer besser und besser. Es riecht zu scharf für Kalbshaxen. Was?«

Meg war in Ekstase. Er konnte nicht noch mehr danebenraten als mit Kalbshaxen oder gar mit Polnischen.

»Leber«, sagte Toby und ging mit sich selbst zu Rate. »Nein, soviel Milde hat Leber nicht. Schweinsknöchel? Nein, es ist nicht schwach genug für Schweinsknöchel. Und für Hahnenköpfe fehlt's ihm an Schärfe. Bratwürste sind's nicht, das weiß ich. Ich will dir sagen, was es ist. Es sind – Kaldaunen!«

»Keine Spur!« schrie Meg, außer sich vor Entzücken. »Keine Spur!«

»Was mir alles durch den Kopf schießt«, sagte Toby und nahm plötzlich eine Stellung an, so schief, wie es die Gesetze der Anziehungskraft der Erde nur irgend erlaubten, »ich werde nächstens schon nicht mehr wissen, wie ich heiße. Ha! Kuttelfleck ist's.«

Richtig, Kuttelfleck war es, und Margaret versicherte hocherfreut, in einer halben Minute werde er sagen, es seien die besten Kuttelflecke, die jemals gedämpft worden seien.

»Und jetzt«, sagte Meg und machte sich vergnügt mit dem Korb zu schaffen, »will ich aufdecken, Vater, denn ich habe die Kuttelflecke in einer Schüssel gebracht und ein Taschentuch drumgebunden, und wenn ich einmal so hochfahrend bin und benütze es als Tischtuch und nenne es so, so verstößt das gegen kein Gesetz, oder doch, Vater?«

»Nicht daß ich wüßte, mein Liebling«, sagte Toby. »Wiewohl immer neue Gesetze aufkommen.«

»Weißt du noch, was ich dir neulich aus der Zeitung vorlas, Vater, was der Richter sagte! Wir armen Leute müßten alle Gesetze kennen! Nein, so was, du meine Güte, für wie gescheit sie uns halten!«

»Ja, mein Liebling!« rief Trotty, »und wie sie uns dann gerne hätten, wenn wir sie alle wüßten. Fett würden wir von der Arbeit, die wir bekämen, und heiß geliebt von den Vornehmen wären wir. Und wie!«

»Man hätte dann immer ein Mittagessen, das so gut röche wie dieses«, sagte Meg lustig. »Mach schnell, denn es ist auch eine heiße Kartoffel dabei und ein Quart Bier in der Flasche. Wo willst du essen, Vater? Auf dem Geländer oder auf den Stufen dort? Was wir für große Leute sind! Zwischen zwei Plätzen können wir wählen!«

»Heute auf den Stufen, Herzblatt«, sagte Trotty. »Bei trocknem Wetter auf den Stufen – auf dem Geländer, wenn's regnet. Auf den Stufen ist's viel bequemer von wegen des Sitzens, bei feuchtem Wetter, da gäbe es Rheumatismus.«

»Also hier«, sagte Margaret und klatschte in die Hände, nachdem sie alles vorbereitet. »Hier, hier steh's! Und wie fein es aussieht! Komm, Vater, setz dich!«

Seitdem Trotty drauf gekommen war, was der Korb enthielt, hatte er dagestanden und zerstreut sie angesehen und ebenso gesprochen, was bewies, daß, obgleich sie mit Ausschluß sogar der Kuttelflecke ihm vor Augen und Gedanken stand, er sie dennoch nicht sah, wie sie in diesem Augenblicke war, sondern daß offenbar irgendein phantastisches Bild, ein unbestimmtes Drama ihres zukünftigen Lebens ihm vorschwebte. Von ihrer muntern Aufforderung aus seinem

Traum gerissen, wollte er eben melancholisch den Kopf schütteln, bezwang sich aber und trat an ihre Seite, da läuteten gerade, wie er sich niedersetzen wollte, die Glocken.

»Amen!« sagte Trotty, nahm den Hut ab und blickte empor.

»Amen? Den Glocken, Vater?« fragte Margaret.

»Sie fielen ein wie zum Gebet, mein Liebling«, sagte Trotty und setzte sich. »Ich bin überzeugt, sie sprächen ein gutes Gebet, wenn sie's nur könnten. Viele freundliche Dinge sagen sie mir oft.«

»Die Glocken?« lachte Meg, als sie die Schüssel, Messer und Gabel vor ihm hinsetzte. »So, so.«

»Ja, bestimmt, mein Liebling«, sagte Trotty und fiel über seine Mahlzeit her. »Wenn ich sie nur höre, was ist da für ein Unterschied, ob sie da sprechen oder nicht. – Gott segne dich, mein Kind!« fuhr Toby fort und deutete mit der Gabel nach dem Turm und wurde immer lebendiger durch das Essen. »Wie oft hab' ich diese Glocken sagen hören: Toby Veck, Toby, sei guten Muts, Toby, Toby Veck, Toby Veck, sei guten Muts, Toby! Tausende Male und öfter noch.«

»So, so, ich nicht!« rief Meg.

Und doch hatte sie's aber- und abermal gehört, denn es war doch das ewige Gesprächsthema Tobys.

»Wenn die Geschäfte schlecht gehen, so ganz schlecht, ich meine, so schlecht wie nur überhaupt möglich, dann klingt's von dort her: Toby Veck, Toby Veck, bald kommt was.«

»Und es kommt auch was schließlich, Vater!« sagte Meg mit einem Anflug von Traurigkeit in ihrer lieblichen Stimme.

»Immer«, antwortete der arglose Toby. »Niemals bleibt's aus.«

Während dieser ganzen Unterhaltung setzte Toby ohne Unterlaß seinen Angriff auf das duftige Mahl fort, das vor ihm stand, und schnitt und aß, und schnitt und trank, und schnitt und kaute, und stach mit der Gabel vom Kuttel-fleck nach den Erdäpfeln und von den Erdäpfeln nach dem Kuttelfleck mit nimmer ermüdendem Appetit. Als er aber seinen Blick für den Fall, daß irgend jemand aus irgendeiner Tür oder einem Fenster nach einem Dienstmann winken sollte, rings um die Straße schweifen ließ, da fielen seine Augen auch auf Meg, die mit verschränkten Armen ge-genüber saß und ihm mit glücklichem Lächeln beim Essen zusah.

»Gott vergebe mir«, sagte Toby und ließ Messer und Ga-bel sinken, »Meg, mein Täubchen, warum machst du mich nicht aufmerksam, was ich für eine Bestie bin!«

»Wieso, Vater?«

»Ich sitze hier«, sagte Toby reuevoll, »und pfropfe und stopfe mich voll und fresse mich tot, und du sitzest vor mir und fastest und hast nichts zu essen, während —«

»Ich habe doch schon gegessen, Vater«, unterbrach ihn sei-ne Tochter lachend, »habe schon längst mein Essen unten.«

»Unsinn«, sagte Trotty, »zwei Mittagessen an einem Tag, so was gibt's nicht. – Du könntest mir ebensogut weisma-chen, daß zwei Silvester zusammenfielen oder daß ich einen Goldfuchs gehabt und ihn nie gewechselt hätte.«

»Trotzdem habe ich mein Mittagessen doch schon geges-sen, Vater«, sagte Meg und trat näher an ihn heran. »Und wenn du weiteressen willst, werde ich dir dabei erzählen, wo und wie, und wie ich zu deinem Mittagsmahl kommen konnte und es dir herbringen und – sonst noch etwas.«

Toby schien noch immer ungläubig, aber sie blickte ihm ins Gesicht mit ihren klaren Augen, legte ihm die Hand auf die Schulter und bat ihn, doch nicht aufzuhören, solange es noch heiß sei. Da nahm Trotty Messer und Gabel wieder zur Hand und ging wieder ans Werk, aber viel langsamer als vorher und kopfschüttelnd, als sei er mit sich gar nicht zufrieden.

»Vater«, sagte Meg nach einigem Zaudern, »ich habe mit – Richard gegessen. Er machte zeitig Mittag, und da er sein Essen mitbrachte, als er mich besuchte, da – da haben wir es miteinander geteilt, Vater.«

Trotty nahm einen Schluck Bier und schnalzte mit den Lippen. Dann sagte er: »Oh!« – Weil sie wartete.

»Und Richard sagt –«, nahm Meg wieder das Wort und zögerte.

»Was sagt Richard denn, Meg?« fragte Toby.

»Richard sagt, Vater«, und wieder zögerte sie.

»Daß Richard so lange braucht, um etwas zu sagen!« meinte Toby.

»Er sagt also, Vater«, fuhr Meg fort mit deutlicher Stimme, die aber ein wenig zitterte, und schlug ihre Augen auf, »er sagt, es sei schon wieder ein Jahr um, und was das für einen Nutzen hätte, von Jahr zu Jahr zu warten, wo es doch so unwahrscheinlich sei, daß wir jemals in bessere Verhältnisse kämen. Er sagt, wir wären jetzt arm, Vater, und würden es auch später sein. Jetzt aber wären wir noch jung, und die Zeit würde uns alt machen, ehe wir es merkten. Er sagte, wenn Leute wie wir warteten, bis der Weg geebnet sei, dann würde er uns gerade zum Grabe geebnet sein.«

Es hätte ein Mann von größerer Kühnheit dazu gehört als Toby Veck, um darauf etwas Stichhaltiges erwidern zu können. Daher schwieg er.

»Und wie hart ist's, Vater, alt zu werden und zu sterben und denken zu müssen, wir hätten einander erfreuen und beistehen können. Wie hart, uns unser Leben lang zu lieben und jedes für sich allein zu arbeiten und sich abzuhärmen und abzuzehren und einander alt und grau werden zu sehen. Selbst wenn ich's über mich brächte – was ich nie könnte – und ihn vergäße, oh lieber Vater, wie hart ist's doch, ein Herz im Leibe zu haben, so voll wie das meine, und es langsam verdorren zu lassen, ohne auch nur einen einzigen glücklichen Augenblick in dem Leben des Weibes gehabt zu haben, der mich trösten und besser machen könnte.«

Trotty saß ganz still. Meg trocknete ihre Augen und sagte lachend und seufzend zugleich: »Das sagt Richard, Vater. Da er nun für einige Zeit gesicherte Arbeit hat und weil ich ihn liebe und schon drei Jahre liebe – viel länger als er weiß –, so wollen wir uns am Neujahrstag, dem besten und glücklichsten Tag im Jahr, heiraten. Weil das sicher Glück bringen muß. Es ist freilich eine kurze Frist, Vater, nicht wahr? Aber es braucht ja nicht erst mein Vermögen geordnet oder mein Brautkleid gemacht zu werden wie bei großen Damen, Vater! Nicht wahr? Das sagte er alles und sagte es in seiner Weise, fest und entschlossen und doch so gut und freundlich, daß ich ihm versprach, mit dir zu reden. Und da man mir ganz unerwartet diesen Morgen meine Arbeit bezahlt hat und du eine ganze Woche so spärlich gelebt hast, so wollte ich uns aus dem heutigen Tag einen Feiertag machen und brachte dir ein kleines Festessen mit, lieber Vater, um dich zu überraschen.«

»Schau nur, wie kalt er es auf der Treppe werden läßt.« Es war die Stimme des besagten Richard, der unbemerkt herangekommen war und vor Vater und Tochter stand und auf sie niederblickte, mit einem Gesicht so rot wie das Eisen, auf das tagaus, tagein sein gewaltiger Schmiedehammer niedersauste. Ein hübscher, wohlgebauter, kraftvoller, junger Bursche war er, mit Augen, die sprühten wie die glühenden Funken der Esse, und schwarzen Haaren, die sich prächtig um seine gebräunten Schläfen lockten, und mit einem Lächeln, das Megs Lobeshymnen in sehr begreiflichem Licht erscheinen ließ.

»Schau nur, wie er es auf den Stufen kalt werden läßt«, sagte Richard. »Meg weiß nicht einmal, was er gerne ißt.«

Trotty, ganz Feuer und Flamme, reichte Richard sogleich die Hand und wollte eben etwas in großer Hast sagen, als sich die Haustüre unversehens öffnete und ein Bedienter beinahe in die Kuttelflecke trat.

»Aus dem Weg da. Müßt Ihr Euch immer auf unsere Treppen setzen! Könnt Ihr nicht einmal mit dem Haus daneben abwechseln, was! Werdet Ihr Euch wohl aus dem Weg scheren oder nicht!«

Die letzte Frage war überflüssig, denn es war bereits geschehen.

»Was gibt's? Was gibt's?« fragte der Herr, dem die Tür aufgemacht wurde und der mit dem geheuchelt mühelosen Schritt aus dem Hause trat, der einen Gentleman verrät. Einen, der mit knarrenden Stiefeln, einer Uhrkette und weißer Wäsche den Berg des Lebens bereits wieder hinabsteigt und stets eine Würde zur Schau trägt und sich immer den Anschein gibt, als stäke er mitten in wichtigen und ernsten Geschäften. »Was gibt's? Was gibt's?«

»Kniefällig soll man Euch vielleicht bitten, daß Ihr unsere Treppe in Ruhe laßt«, sagte der Bediente in großer Erregung zu Toby Veck. »Ihr könnt sie nicht in Ruhe lassen. Es kann und darf nicht sein, was?«

»Na, ist schon gut, ist schon gut«, sagte der Herr. »Hallo, Sie da! Dienstmann!« Und er winkte Toby Veck mit dem Kopfe. »Kommen Sie mal her. Was ist das? Euer Mittagessen?«

»Ja, Sir«, sagte Trotty und ließ es in einer Ecke stehen.

»Lassen Sie's nicht dort stehen. Bringen Sie es her, bringen Sie es her! So, das ist also Euer Mittagessen, was?«

»Ja, Sir«, erwiderte Trotty und blickte mit starrem Auge und wässerigem Mund nach dem Stück Kuttelfleck, das er sich als letzten Leckerbissen aufgehoben hatte und das der

Herr jetzt mit der Gabel aufspießte und umdrehte.

Zwei andere Herren waren mit jenem zugleich aus dem Hause getreten. Der eine war ein niedergeschlagener Gentleman von mittleren Jahren mit dürftiger Kleidung und unzufriedenem Gesicht; er hatte beständig die Hände in den Taschen seiner pfeffer- und salzfarbigen, engen Hose, die infolge dieser Gewohnheit weit abstanden wie Ohren. Er war nicht besonders rein gewaschen und gebürstet. Der dritte Herr dagegen war von gewichtiger Statur und sorgfältig geschniegelt. Er trug einen blauen Frack mit blanken Knöpfen und eine weiße Halsbinde. Sein Gesicht war sehr rot, als ob das ganze Blut des Körpers in seinem Kopfe kreiste. Man hatte das Gefühl, als ob er aus diesem Grunde ein kaltes Herz haben müsse.

Derjenige, der Tobys Mittagsmahl auf der Gabel herumdrehte, rief den ersten unter dem Namen Filer an, und beide steckten jetzt die Köpfe zusammen. Da Mr. Filer außerordentlich kurzsichtig war, so mußte er so nahe mit dem Gesicht an das Überbleibsel von Tobys Mittagessen heran, um es zu erkennen, daß sich dem armen Trotty fast das Herz im Leibe umdrehte. Aber Mr. Filer aß es nicht.

»Es ist eine Art animalischen, eßbaren Stoffes, Alderman«, sagte Filer und bohrte mit dem Bleistift kleine Löcher hinein, »der der Arbeiterklasse dieses Landes unter dem Namen Kuttelfleck bekannt ist.«

Der Alderman lachte und zwinkerte mit einem Auge, denn er war ein gar spaßhafter Herr, der Alderman Cute. Und ein Schlaukopf obendrein. Ein Eingeweihter! Einer, der alles wußte und alles kannte. Der tief hineinsah in des Volkes Herz. Wenn es je einer durchschaut hatte, so war es Cute.

»Wer aber ißt Kuttelfleck?« sagte Mr. Filer und blickte umher. »Kuttelfleck ist ohne Ausnahme der wenigst ökonomische, verschwenderischste Konsumartikel, den die Märkte dieses Landes möglicherweise produzieren können – überhaupt nur produzieren können. Man hat herausgefunden, daß ein Pfund Kuttelfleck beim Kochen sieben Achtel an Gewicht verliert, ein Fünftel mehr als irgendeine andere animalische Substanz. Kuttelflecke sind im eigentlichen Sinn des Wortes luxuriöser als Treibhausananas. Wenn man die Zahl der Rinder rechnet, die jährlich nur innerhalb des Stadtweichbildes geschlachtet werden, und die Quantität der Kuttelflecke, die die Leiber dieser Rinder ergeben, noch so niedrig anschlägt und den Wegfall gar nicht berechnet, so ergibt sich, daß von dem Verluste der Kuttelflecke, der durch das Kochen entsteht, eine Garnison von fünfhundert Mann fünf einunddreißigtägige Monate und einen Februar lang leben könnte. Diese Verschwendung! Diese Verschwendung!«

Trotty stand mit offenem Munde da, und die Knie schlotterten ihm. Er sah aus, als wenn er eine Garnison von fünfhundert Mann eigenhändig ausgehungert hätte.

»Wer ißt Kuttelflecke?« fragte Mr. Filer mit Wärme. »Wer ißt Kuttelflecke?«

Trotty verbeugte sich kläglich.

»Ihr? Ihr?« fragte Mr. Filer. »Dann will ich Euch etwas sagen, mein Freund. Ihr schnappt Eure Kuttelflecke den Witwen und Waisen vor dem Munde weg.«

»Ich hoffe doch nicht«, sagte Trotty schüchtern. »Da möchte ich lieber Hungers sterben!«

»Dividieren Sie die vorher erwähnte Zahl von Kuttelfleck«, fuhr Mr. Filer fort, »mit der ungefähren Zahl der Witwen und Waisen, und ein Gramm Kuttelfleck wird auf jede einzelne entfallen, Alderman! Und nicht ein Jota bleibt für den Mann übrig! Folglich ist er ein Räuber!«

Trotty war so erschüttert, daß es ihn gar nicht bekümmerte, als der Alderman das Stückchen Kuttelfleck selber verzehrte. Er war fast froh, es los zu sein.

»Und was sagen *Sie*?« fragte der Alderman aufgeräumt den Herrn mit dem roten Gesicht und dem blauen Frack. »Sie haben Freund Filer gehört. Was sagen Sie dazu?«

»Was kann man dazu sagen?« entgegnete der Gentleman. »Was läßt sich da sagen? Was soll einen an einem Kerl wie diesem«, er deutete auf Trotty, »interessieren in einer Zeit des Verfalles wie der unsrigen. Schauen Sie ihn nur an. Was für ein Geschöpf! Oh die gute, alte Zeit, die grandiose, alte Zeit! Die trefflichen alten Zeiten! Das waren so die rechten Zeiten für einen kühnen Bauernstand. Das war noch eine Zeit, mit der man etwas anfangen konnte. Heute gibt's das nicht mehr. Ach, die guten, alten Zeiten! Die guten, alten Zeiten!«

Er sprach sich nicht näher aus, was für Zeiten er meinte. Auch wollte er nicht etwa in einer Anwandlung von Selbstlosigkeit sagen, er mache der Gegenwart Vorwürfe, weil sie nichts Wichtigeres als seine Person hervorgebracht.

»Die guten, alten Zeiten! Die guten, alten Zeiten!« wiederholte er in einem fort. »Das waren noch Zeiten! Zeiten, einzig in ihrer Art! Was soll man da noch von anderen Zeiten reden oder gar diskutieren! Was für ein Volk jetzt lebt! Sie werden das doch nicht eine ›Zeit‹ nennen wollen, was jetzt ist. Sehen Sie nur einmal Strutts Trachtenbilder an, und Sie werden wissen, was ein Dienstmann war. Im guten, alten England!«

»Wenn's einem Dienstmann noch so gut ging, hatte er nicht einmal ein Hemd über den Buckel zu ziehen oder einen Strumpf auf dem Fuß, und kaum ein Gewächs in ganz England wuchs ihm für den Schnabel«, warf Mr. Filer ein. »Ich kann es durch Tabellen beweisen.«

Aber immer noch pries der Gentleman mit dem roten Gesicht die guten, alten Zeiten, die großen, alten Zeiten, die grandiosen, alten Zeiten. Er ließ sich nichts dreinreden. Er drehte sich im Kreise seiner Phrasen wie ein Eichhörnchen in seiner Käfigmühle, deren Mechanismus es ebensowenig begreift, wie der Herr mit dem roten Gesicht etwas Genaues über sein verschwundenes tausendjähriges Reich wußte.

In Trottys armem Kopf staken möglicherweise auch noch Reste von Ehrerbietung vor diesen nebelhaften, alten Zeiten, denn es war ihm ganz wirr zumute. Eins aber war ihm klar in seinem großen Trübsal, nämlich: Wenn auch diese Herren untereinander verschiedener Meinung waren, seine alten Ahnungen von heute und gestern waren also doch begründet. »Nein, nein, nein, wir haben uns verirrt vom rechten Wege«, dachte er voller Verzweiflung, »es steckt nichts Gutes in uns. Wir sind böse von Natur.«

Aber Trotty hatte auch ein väterliches Herz in der Brust, das sich trotz solchem Schicksalsbeschluß an den rechten Fleck verirrt haben mußte, denn er konnte es nicht ertragen, daß Margaret mitten in ihre Hochzeitsfreude von diesem weisen Herrn das Schicksal gesagt bekam. »Gott schütze sie«, dachte er, »sie wird's noch zeitig genug erfahren.«

Er gab daher dem jungen Schmied hastig einen Wink, er möge sie wegführen. Aber dieser war so vertieft in ein zärtliches Gespräch mit Meg, daß er erst aufmerksam wurde, als ihn bereits der Alderman Cute erblickt.

Hier hatte der Alderman seine Weisheit noch nicht anbringen können. Er war ein Philosoph, und was für ein praktischer; und da er keinen Zuhörer verlieren wollte, rief er: »Halt!«

»Sie wissen«, sagte der Alderman zu seinen beiden Freunden mit seinem gewohnten, selbstgefälligen Lächeln, »ich bin ein gerader Mann und ein Praktiker und gehe geradeaus und praktisch zu Werke. Das ist so meine Art. Für jemanden, der's versteht, mit dieser Sorte Leuten umzugehen und in ihrer eigenen Weise mit ihnen zu sprechen, ist gar kein Geheimnis dabei. Sie da, Dienstmann, kommen Sie oder sonst jemand Ihresgleichen mir nicht damit, daß Sie nicht genug zu essen hätten oder nicht vom Besten, denn ich weiß das besser. Ich habe Ihre Kuttelflecke gekostet. Mich leimen Sie nicht. Sie wissen doch, was ›leimen‹ heißt, was? Das ist gerade das richtige Wort, was? Hahaha, lieber Himmel!«, und der Alderman wandte sich wieder an seine Freunde. »Es ist blitzeinfach, mit dieser Sorte Leuten umzuspringen. Man muß sie nur zu behandeln verstehen.«

Ein ausgezeichneter Mann für die niederen Volksschichten, der Alderman Cute!

Immer aufgeräumt und guter Laune, ein Gentleman, und doch immer leutselig und umgänglich!

»Schaut her, Freund! Was für Unsinn wird da geschwatzt über Entbehrungen und ›harte Zeiten‹. Ihr kennt doch die Redensart. Hahaha, ich werde sie ausrotten. Es wird da gefaselt von Hungersnot. Ich werde das schon ausrotten. So steht die Sache. Lieber Himmel«, fuhr der Alderman fort und wandte sich wieder an seine Freunde. »Man kann bei dieser Sorte Volk alles ausrotten, man muß es nur geschickt anfangen.«

Trotty nahm Margarets Hand und zog sie, ohne sich klar zu sein warum, durch seinen Arm.

»Eure Tochter, was?« fragte der Alderman und griff dem Mädchen vertraulich unter das Kinn.

Immer leutselig mit den arbeitenden Klassen, der Alderman Cute! Er wußte, was ihnen gefiel, und war nicht im geringsten stolz.

»Und wo ist ihre Mutter?« fragte der würdige Gentleman.

»Tot«, sagte Toby. »Ihre Mutter war Wäscherin und wurde in den Himmel berufen, als das Kind geboren wurde.«

»Doch nicht, um dort Wäsche zu waschen?« scherzte der Alderman.

Mochte Toby imstande sein oder nicht, sich seine Frau im Himmel von ihrer alten Beschäftigung getrennt zu denken, so muß man sich doch fragen, wenn Mr. Alderman Cutes Gattin im Himmel gewesen wäre, hätte sie vielleicht dort die Würde einer Frau Bürgermeisterin innegehabt?

»Und Ihr macht ihr wohl den Hof, was?« sagte Cute zu dem jungen Schmied.

»Ja«, sagte Richard kurz, denn ihn ärgerte die Frage, »wir werden am Neujahrstag heiraten.«

»Was? Heiraten?« fragte Filer scharf.

»Nun ja, daran denken wir, Meister«, sagte Richard. »Wir haben es eilig, wie Sie sehen. Damit wir nicht früher – ausgerottet werden.«

»Ach«, seufzte Filer tief auf, »rotten Sie *das* doch aus, Alderman. Damit täten Sie etwas Großes! Heiraten! Heiraten! Diese Unkenntnis der ersten Grundsätze der Nationalökonomie bei diesem Volk! Diese Unüberlegtheit und Niedertracht ist, beim Himmel, genügend, um – Sehen Sie sich nur einmal dieses Paar an, tun Sie mir den Gefallen.«

Sie waren allerdings des Ansehens wert, und eine Ehe schien etwas so Vernünftiges und Anständiges für sie zu sein wie nur irgend etwas.

»Man kann so alt werden wie Methusalem«, sagte Filer, »und sich das ganze Leben abplagen und Daten auf Zahlen, Zahlen auf Daten häufen, ganze Berge hoch, und Hopfen und Malz ist verloren, wenn man ihnen dann klarmachen will, daß sie kein Recht haben zu heiraten. Und daß sie kein Recht haben, geboren zu werden. Wir wissen längst, daß sie kein Recht dazu haben. Wir haben das längst mathematisch erfaßt und zur mathematischen Gewißheit erhoben.«

Alderman Cute amüsierte sich köstlich und legte seinen

Zeigefinger an die Nase, als wollte er damit seinen beiden Freunden sagen: Jetzt gebt einmal acht, was ich tun werde. Seht einmal den Praktiker! Und er rief Meg zu sich.

»Komm hierher, Mädel«, sagte Alderman Cute.

Das Blut war während der letzten Minuten Megs Geliebtem heiß in den Kopf gestiegen, und er wollte sie nicht gehen lassen. Doch bezwang er sich und trat mit vor, als sie hinging, und stellte sich neben sie. Trotty hielt noch immer ihre Hand in seinem Arm, sah aber so verstört von einem Gesicht zum anderen wie ein Träumender.

»Ich will dir mit ein paar Worten einen guten Rat geben, Mädel«, sagte der Alderman in seiner bekannt leutseligen Weise. »Es ist mein Beruf, Rat zu erteilen, denn ich bin eine Justizperson. Du weißt, daß ich eine Justizperson bin, nicht wahr?« Meg bejahte schüchtern. Jedermann wußte doch, daß Alderman Cute eine Justizperson war, und was für eine emsige. Der Stolz der Öffentlichkeit, der Alderman Cute!

»Du willst dich also verheiraten«, fuhr der Alderman fort, »recht unschicklich und ungeziemend, da du dem weiblichen Geschlecht angehörst. Doch davon wollen wir absehen. Wenn du aber verheiratet bist, wirst du dich mit deinem Mann herumzanken und ein elendes, unglückliches Weib sein. Du bedenkst das nicht, aber es wird so kommen, weil ich es dir sage. Ich warne dich, weil ich mich entschlossen habe, die elenden und unglücklichen Weiber auszurotten. Laß dich also in solcher Gestalt nicht vor mir sehen. Du wirst Kinder haben. Sagen wir, Jungen. Diese Jungen werden natürlich wild aufwachsen und in den Straßen Unfug treiben, barfuß und in Lumpen. Merk dir, mein gutes Kind: Ich werde sie summarisch bestrafen, jeden einzelnen, denn ich bin fest entschlossen, Jungen ohne Schuhe und Strümpfe auszurotten. Vielleicht – sogar höchstwahrscheinlich – wird dein Mann jung sterben und dich mit einem Wickelkind zurücklassen. Dann wirst du vor die Tür gesetzt und treibst dich in den Straßen herum. Dann laß dich nur ja nicht so vor mir sehen, meine Liebe, denn ich bin fest entschlossen, obdachlose Mütter auszurotten. Es ist überhaupt mein Entschluß, alle jungen Mütter aufzuräumen. Komme mir dann nicht etwa mit Krankheit oder kleinen Kindern als Entschuldigungsgrund, denn alle Kranken und kleinen Kinder – ich hoffe, du kennst den Kirchengesang, ich fürchte, du kennst ihn nicht – werde ich ausrotten. Und solltest du vielleicht dich gar unterstehen, in undankbarer, gottloser und heuchlerischer Weise den Versuch zu machen, dich aufzuhängen oder zu ersäufen, so rechne nicht auf mein Mitleid, denn ich habe mich verschworen, den Selbstmord auszurotten. Untersteh dich also nicht. So liegen die Verhältnisse! Wir verstehen uns, was! Haha.«

Toby wußte nicht, ob er vor Schreck in die Erde sinken oder aufjauchzen sollte, als er sah, daß Meg, totenblaß geworden, die Hand ihres Geliebten losgelassen hatte.

»Und was dich angeht, junger Hund«, sagte der Alderman und wandte sich mit noch größerer Leutseligkeit und bürgerlicher Herablassung an den jungen Schmied, »warum willst du denn mit aller Gewalt heiraten? Weshalb brauchst du denn zu heiraten, du einfältiger Bursche. Wenn ich ein junger, hübscher, kräftiger Kerl wäre wie du, ich würde mich schämen, ein solcher Schwachkopf zu sein und mich an eine Schürze zu hängen. Wetter noch einmal! Sie ist ein altes Weib, wenn du in den besten Jahren bist. Das wird ein hübsches Bild geben, wenn eine Schlampe von Frauenzimmer und eine Herde von Schreihälsen dir auf Schritt und Tritt nachlaufen werden.«

Oh, Alderman Cute verstand gut mit gewöhnlichem Volk umzuspringen!

»Und marsch fort jetzt«, sagte der Alderman, »und geht in

euch. Laßt die Dummheit bleiben, am Neujahrstag zu heiraten. Ihr werdet ganz anders denken, wenn das nächste neue Jahr kommt. Ein hübscher, junger Bursche wie du, dem alle Mädel nachschauen! Also, marsch, fort mit euch!« Und sie gingen. Nicht Arm in Arm oder Hand in Hand oder fröhliche Blicke wechselnd, sondern sie in Tränen, er düster und niedergeschlagen. Waren das die Herzen, die noch vor kurzem aus Trübseligkeit gerissen und vor Freude außer Rand und Band waren? Nein, nein! Der Alderman, Gottes Segen auf sein Haupt, hatte ihre Freude ausgerottet.

»Da Ihr gerade hier seid«, fuhr der Alderman zu Toby gewendet fort, »könnt Ihr mir einen Brief besorgen. Könnt Ihr schnell laufen? Ihr seid ein alter Mann.«

Toby, der ganz geistesabwesend Meg nachgeblickt, beteuerte, daß er sehr schnell und außerordentlich kräftig sei.

»Wie alt?« verhörte ihn der Alderman.

»Ich bin über sechzig, Sir«, antwortete Toby.

»Oh, dieser Mann ist ein gutes Stück über das mittlere Alter hinaus«, rief Mr. Filer in einem Tone aus, als ob auch das seine Geduld auf eine harte Probe stelle und die Sache denn doch zu weit treiben heiße.

»Ich fürchte, ich bin Ihnen lästig, Sir«, sagte Toby, »ich befürchtete es schon heute morgen. Oh mein Gott!«

Der Alderman schnitt ihm kurz das Wort ab und nahm einen Brief aus der Tasche. Toby würde auch einen Schilling bekommen haben, da aber Mr. Filer klar bewies, daß man in diesem Falle eine gegebene Anzahl Personen um soundso viel per Kopf berauben würde, so bekam er nur einen Sixpence. Er war noch zu Tod froh, daß er den bekam.

Dann hängte sich der Alderman in seine beiden Freunde ein und stieg davon – aufgeblasen wie ein Truthahn. Gleich darauf aber kam er allein zurück, als hätte er etwas vergessen:

»Dienstmann!«

»Sir?«

»Haben Sie ein Auge auf Ihre Tochter. Sie ist viel zu hübsch.«

Selbst ihr hübsches Gesicht muß sie wohl jemand gestohlen haben, dachte Toby und sah sich den halben Schilling in seiner Hand an und dachte über den Kuttelfleck nach. Sie hat wahrscheinlich fünfhundert Damen jeder einen Reiz gestohlen. Es ist wirklich schrecklich.

»Sie ist viel zu hübsch, Mann«, wiederholte der Alderman. »Das wird kein gutes Ende nehmen. Passen Sie auf, was ich sage. Nehmen Sie sie gut in acht.«

Damit eilte er wieder fort.

»Unheil auf allen Wegen und Stegen – Unheil, wohin man auch blickt«, sagte Trotty und rang die Hände. »In Sünden geboren, es ist kein Geschäft auf der Welt.«

Da fielen die Glocken dröhnend ein, mit lautem, tiefem Klang. Aber sie gossen keinen Trost in sein Herz. Nein, nicht einen Tropfen.

»Sie haben einen andern Klang«, jammerte der alte Mann, »es ist kein Wort mehr drin von all den schönen Träumen. Und wozu denn auch. Es ist kein Geschäft hier unten. Im neuen Jahr nicht und nicht im alten. Ich möchte mich hinlegen und sterben.«

Und immer noch dröhnten die Glocken, daß die Luft erbebte.

»Rottet aus, gute Zeit, alte Zeit, Daten und Zahlen, Daten und Zahlen. Rottet aus, rottet aus.« Immer wieder heulten sie es in die Luft, bis Toby ganz schwindlig wurde. Er preßte seinen wirren Kopf, der ihm zu zerspringen drohte, zwischen die beiden Hände. Und das geschah zur rechten Zeit, denn in der einen Hand fand Toby den Brief, der ihn an seinen Auftrag erinnerte. Da fiel er mechanisch in seinen Trott und trabte davon.

ZWEITES VIERTEL

Der Brief, den Toby vom Alderman Cute bekommen, war an einen großen Mann in dem großen Bezirk der Stadt adressiert, in dem größten Bezirk der Stadt besser gesagt, denn er hieß bei seinen Bewohnern allgemein die »Welt«. Der Brief schien schwerer zu wiegen als je ein anderer Brief. Nicht weil der Alderman ihn mit einem großen Wappen und einer Menge Siegellack gesiegelt hatte, sondern wegen des gewichtigen Namens auf der Adresse und der schweren Menge Gold und Silber, das sich an ihn knüpfte.

»Wie verschieden von uns«, dachte Toby in tiefem Ernst und großer Einfalt, als er seine Blicke in die Richtung des Bezirkes warf. »Dividiere die Zahl der lebendigen Schildkröten im Weichbild durch die Zahl der Vornehmen, die sie kaufen können, und auf jeden fällt der richtige Teil. Den Leuten die Kuttelflecke vom Munde wegzunehmen – dazu sind sie zu erhaben.«

Mit unwillkürlicher Ehrfurcht vor der bedeutenden Person legte Toby einen Zipfel seiner Schürze zwischen den Brief und seine Finger.

»Seine Kinder –«, sagte Trotty, und ein Nebel schwamm vor seinen Augen, »seine Töchter – vornehme Herren können sich um ihre Herzen bewerben und sie heiraten, sie dürfen glückliche Frauen und Mütter werden und schön sein, wie meine liebe Me …«

Er konnte ihren Namen nicht aussprechen, der letzte Buchstabe quoll in seiner Kehle auf zur Größe des ganzen Alphabets.

»Macht nichts«, dachte der arme Trotty, »ich weiß schon, was ich meine. Das ist mehr als genug für mich«, und mit diesem ungemein tröstlichen Gedanken trabte er weiter.

Es war bitterkalt an diesem Tage. Die Luft war scharf, schneidend und klar. Die Wintersonne schien hell, wenn auch ohne Wärme, herab auf das Eis, das zu schmelzen sie zu schwach war, und warf einen strahlenden Glanz darüber hin. Ein andermal hätte Trotty aus der Wintersonne eine Lehre gezogen, die auf arme Leute gepaßt hätte, aber heute ging es ihm nicht zusammen.

Das Jahr war steinalt an diesem Tag. Es hatte geduldig die Vorwürfe und Lästerungen seiner Verleumder ertragen und getreulich seine Arbeit verrichtet. Frühling, Sommer, Herbst und Winter. Es hatte den vorgeschriebenen Kreis durchlaufen und legte jetzt müde sein Haupt nieder, um zu sterben. Ohne neue Hoffnungen, ohne heiße Triebe, ohne eigene Glückseligkeit, wohl aber ihr Bringer gewesen für andere, erhob es Anspruch darauf, daß man auch seine mühevollen Tage und langweiligen Tage im Gedächtnis bewahren möge und es jetzt in Frieden sterben lasse. Trotty hätte in dem scheidenden Jahr die Allegorie vom Leben des armen Mannes sehen können, aber jetzt war er dafür unempfänglich.

Hätte nicht auch er den gleichen Anspruch erheben können? Oder jeder beliebige englische Arbeiter die ganzen letzten siebzig verflossenen Jahre hindurch?!

Die Straßen waren voll Leben, und die Läden schimmerten bunt aufgeputzt. Das neue Jahr wurde wie ein junger Erbe der ganzen Welt mit Willkommen und hellem Jubel erwartet. Da gab es Bücher und Spiele fürs neue Jahr, glitzernde Schmucksachen fürs neue Jahr, Kleider fürs neue Jahr, Glückskarten fürs neue Jahr, Witze und Späße. Sein ganzes künftiges Leben war in Kalendern und Taschenbüchern aufgeteilt. Aufgang und Untergang des Mondes und der Sterne, Ebbe und Flut, alles wußte man schon vorher so genau bei Tag und Nacht wie Mr. Filer die Einwohnerzahl.

Neujahr! Neujahr, überall Neujahr! Das alte Jahr betrachtete man bereits als tot, und seine Habseligkeiten wurden so billig losgeschlagen wie die eines ertrunkenen Matrosen. Seine Muster und Moden galten als abgetan und wurden verschleudert, ehe es noch den Atem ausgehaucht. Seine Schätze waren wie Abfälle neben dem Reichtum seines noch ungeborenen Nachfolgers.

Trotty hatte in seinen Gedanken keinen Anteil, weder an dem neuen Jahr noch an dem alten. Rottet aus, rottet aus, Daten und Zahlen, Daten und Zahlen, gute Zeit, alte Zeit, rottet aus, rottet aus! Nach dieser Weise ging sein Trab, wollte sich keiner anderen anpassen.

Aber auch dieser schwermütige Trott brachte ihn endlich an das Ende seines Wegs, an das Haus des Parlamentsmitglieds Sir Joseph Bowley.

Ein Portier öffnete die Tür, aber was für ein Portier! Nichts von Tobys Art. Er war etwas ganz anderes. Auch er trug einen Stab, aber einen anderen als Toby.

Der Portier keuchte gewaltig, ehe er ein Wort sprechen konnte. Er war so atemlos geworden, weil er sich unvorsichtig schnell aus seinem Lehnstuhl erhoben hatte, ohne sich erst Zeit zu nehmen, nachzudenken und seine Gedanken zu sammeln. Als er die Stimme wiedergefunden, was eine geraume Zeit kostete, denn sie war weit, weit weg und lag unter einer schweren Last von Fleisch versteckt, sagte er mit einem speckigen Flüstern:

»Von wem?«

Toby verriet es ihm.

»Den müssen Sie selber reintragen«, und der Portier wies nach einem Zimmer, das am Ende der Halle lag. »Heute wird alles vorgelassen. Sie kommen noch gerade recht, der Wagen steht bereits vor der Tür. Man ist bloß auf ein paar

Stunden in die Stadt gekommen.«

Toby streifte seine Füße, obwohl sie ganz rein waren, mit größter Sorgfalt ab, schlug den bezeichneten Weg ein und machte im Gehen die Bemerkung, daß es ein schrecklich großes Haus war, in dem das tiefste Schweigen herrschte und alles in Decken gehüllt war, wahrscheinlich, weil die Familie auf dem Lande lebte. Als er an die Zimmertür klopfte, wurde »herein« gerufen, und bald befand er sich in einer geräumigen Bibliothek, wo an einem mit Rollen und Papieren bedeckten Tisch eine vornehme Dame im Hut saß und einem nicht sehr noblen Herrn in schwarzem Anzug etwas diktierte, während ein anderer älterer und viel stattlicherer Herr, dessen Hut und Stock auf dem Tisch lagen, mit der einen Hand an der Brust auf und nieder ging und von Zeit zu Zeit wohlgefällig nach seinem eigenen Porträt in Lebensgröße hinblickte, das über dem Kamin hing.

»Was ist das?« fragte der letztbezeichnete Gentleman. »Mr. Fish, wollen Sie wohl die Güte haben, die Angelegenheit zu erledigen.«

Mr. Fish bat um Verzeihung, nahm Toby den Brief ab und übergab ihn mit großer Ehrfurcht.

»Vom Alderman Cute, Sir Joseph.«

»Ist das alles? Sonst haben Sie nichts, Dienstmann?« verhörte ihn Sir Joseph.

Toby verneinte. »Haben Sie nicht irgendeine Rechnung oder so was für mich – ich heiße Bowley, Sir Joseph Bowley. Irgend etwas, das man bezahlen könnte?« fragte Sir Joseph. »Wenn Sie was haben, geben Sie's her. Dort neben Mr. Fish ist das Scheckbuch. Ich dulde nicht, daß etwas ins neue Jahr verschleppt wird. Alle Rechnungen werden in diesem Hause am Schlusse des alten Jahrs beglichen, so daß, wenn der Tod meinen Lebensfaden zer … zer …«

»… reißen sollte«, half Mr. Fish.

»… schneiden sollte, Sir«, verbesserte Sir Joseph zurechtweisend und scharf, »alle meine Angelegenheiten in tadelloser Ordnung befunden werden.«

»Mein teuerer Sir Joseph«, unterbrach die Lady, die bedeutend jünger war als ihr Gatte, »wie schrecklich!«

»Mylady«, entgegnete Sir Joseph, bei manchem Worte stotternd, offenbar wegen des großen Tiefsinnes seiner Bemerkungen, »zur Zeit der Jahreswende sollen wir an uns – uns – uns – selbst denken. Wir sollen mit uns – uns – uns – abrechnen. Wir sollen fühlen und empfinden, daß jede Rückkehr dieser wichtigen Periode in den menschlichen Angelegenheiten Geschäfte mit sich bringt von höchstem Belang zwischen dem Menschen und seinem – seinem – seinem – Bankier.« Sir Joseph sprach diese Worte, als sei er tief erschüttert von dem ungeheuren sittlichen Gehalt dessen, was er sagte, und fühlte den Wunsch, daß auch Trotty Gelegenheit haben sollte, durch seine Rede gebessert zu werden. Wahrscheinlich war dies auch der Grund, weshalb er das Siegel des Briefes immer noch nicht erbrach und Trotty sagte, er möge noch eine Minute warten.

»Hegten Sie, Mylady, nicht die Absicht, Mr. Fish sollte –«, bemerkte Sir Joseph.

»Ich dachte, Mr. Fish erwähnte es bereits«, antwortete die Lady und warf einen Blick auf den Brief. »Aber mein Wort, Sir Joseph, ich glaube nach allem doch, daß ich es nicht so aus der Hand geben kann. Es ist so ungemein teuer.«

»Was ist teuer?« fragte Sir Joseph.

»Ach, diese milde Stiftung, Geliebter. Bloß zwei Stimmen zu einer Subskription von fünf Pfund werden zugelassen. Wirklich ungeheuerlich.«

»Mylady Bowley«, entgegnete Sir Joseph, »Sie setzen mich in Erstaunen. Richtet sich die Wonne der Empfindung nach der Anzahl der Stimmen, oder rechnet nicht vielmehr ein rechtschaffenes Herz mit der Anzahl der Bittsteller und der lautern Sinnesart derselben? Ist es nicht ein Vergnügen reinster Art, zwei Stimmen unter fünfzig zur Verfügung zu haben?«

»Für mich nicht, muß ich gestehen«, antwortete die Lady. »Mir ist es eine Qual, und außerdem kann man sich seine Bekanntschaften nicht verpflichten. Freilich, Sie sind des armen Mannes Freund, Sir Joseph, Sie denken anders.«

»Ja, ich bin der armen Leute Freund«, versetzte Sir Joseph mit einem Blick auf den armen Mann, der zugegen war. »Das kann man mir zum Vorwurf machen. Das ist mir zum Vorwurf gemacht worden. Doch ich begehre keinen anderen Titel.«

»Gott segne den edlen Herrn!« dachte Trotty.

»Ich stimme zum Beispiel mit Cute hierin nicht überein«, sagte Sir Joseph und hielt den Brief in die Höhe. »Ich stimme nicht mit der Partei Filer überein. Ich stimme überhaupt nicht mit irgendeiner Partei überein. Mein Freund, der arme Mann, hat nichts mit dergleichen zu schaffen, und nichts dergleichen hat mit ihm zu schaffen. Mein Freund, der arme Mann in meinem Bezirk, ist meine Sache. Kein Mensch und keine Körperschaft haben irgendwie ein Recht, sich zwischen meinen Freund und mich zu stellen. Das ist das Fundament, auf dem ich stehe. Ich nehme eine – eine – väterliche Stellung zu meinem Freunde ein. Ich sage, guter Mann, ich will dich behandeln wie ein Vater.«

Toby hörte mit tiefem Ernste zu, und ein Gefühl von Behaglichkeit überkam ihn.

»Sie haben nur mit mir zu tun, guter Mann«, fuhr Sir Joseph fort und sah Toby zerstreut an. »Einzig und allein nur mit mir. Sie brauchen sich sonst um nichts zu kümmern. Sie brauchen sich keine Mühe zu nehmen, selber über etwas nachzudenken. Ich will schon für Sie denken. Ich weiß, was Ihnen frommt, und bin Ihr beständiger Vater. Das ist die Ordnung einer allweisen Vorsehung. Der Zweck der Schöpfung ist nicht, daß ihr schwelgen und schlemmen und wie unvernünftige Tiere in Essen und Trinken alles sehen sollt« – Toby dachte reuevoll an seine Kuttelflecke –, »sondern daß ihr die Würde der Arbeit fühlt. Gehet hinaus in die frische Morgenluft und – und – bleibet da. Lebet streng und mäßig. Seid ehrerbietig. Übet euch in der Selbstverleugnung. Haltet eure Familie im Zaum, bezahlet eure Miete regelmäßig wie die Uhr schlägt, seid pünktlich im Bezahlen eurer Auslagen (ich gebe Ihnen ein gutes Beispiel, Sie werden Mr. Fish, meinen Geheimsekretär, stets an der Kasse sehen), dann werdet Ihr in mir stets einen Freund und Vater finden.«

»Nette Kinder, wahrhaftig, Sir Joseph«, unterbrach die Lady mit einem Schauder. »Rheumatismus, Fieber, krumme Beine und Asthma und alle Art von Scheußlichkeiten!«

»Mylady«, entgegnete Sir Joseph feierlich, »und trotzdem bin ich des armen Mannes Freund und Vater, trotzdem soll er sich Mut holen bei mir. Jedes Quartal kann er mit Mr. Fish in Verbindung treten. Alle Neujahrstage werde ich mit meinen Freunden auf sein Wohl trinken. Einmal in jedem Jahr werde ich mit meinen Freunden aus tiefstem Herzen heraus eine Rede an ihn halten. Einmal in seinem Leben kann er vielleicht sogar öffentlich und vor den Augen der ganzen vornehmen Welt von meinesgleichen eine Kleinigkeit bekommen, und wenn er, von dieser Anregung und der Würde der Arbeit nicht mehr aufrecht erhalten, dereinst in sein stilles, behagliches Grab sinkt, dann, Mylady«, Sir Joseph blähte die Nasenflügel auf, »dann will ich – unter denselben Bedingungen – seinen Kindern ein Freund und Vater sein.«

Toby war tief ergriffen.

»Oh, Sie haben eine dankbare Familie, Sir Joseph«, rief seine Gattin.

»Mylady«, sagte Sir Joseph mit majestätischer Miene, »Undankbarkeit ist bekanntlich die Erbsünde dieser Menschenklasse. Ich erwarte keinen Dank.«

»Ja! Schlecht von Geburt an!« dachte Toby. »Nichts rührt uns.«

»Was ein Mensch tun kann, tue ich«, fuhr Sir Joseph fort. »Ich tue meine Schuldigkeit als des armen Mannes Freund und Vater und suche seinen Geist zu bilden, indem ich ihm bei jeder Gelegenheit die großen, sittlichen Lehren, deren seine Klasse bedarf, vor Augen halte, nämlich: gänzliche Unterordnung unter mich. Ihr habt mit euch selber gar – gar – nichts zu tun. Wenn euch schurkische und berechnende Personen etwas anderes sagen, und ihr werdet ungeduldig und unzufrieden und lasset euch widersetzliches Benehmen und schwarzen Undank zuschulden kommen, was unzweifelhaft vorkommt, so bin ich dennoch euer Freund und Vater. So ist's bestimmt in Gottes Rat. Es liegt in der Natur der Dinge.«

Mit diesen grandiosen Worten öffnete Sir Joseph den Brief des Alderman und las ihn.

»Sehr höflich und aufmerksam, in der Tat! Mylady, der Alderman ist so liebenswürdig, mich daran zu erinnern, daß er die ausgezeichnete Ehre (sehr – sehr gut) gehabt habe, mich im Hause unseres gemeinsamen Freundes, des Bankiers Deedles, zu treffen, und er erlaubt sich anzufragen, ob es mir angenehm sei, daß Will Fern eingesteckt werde.«

»Sehr angenehm«, entgegnete Lady Bowley, »das war der Allerschlimmste. Er hat hoffentlich einen Raubüberfall verübt?«

»Das gerade nicht«, sagte Sir Joseph, »das gerade nicht, nicht so ganz, aber beinah. Er kam nach London, sich nach

Arbeit umzusehen (er wollte sich verbessern, aha, da steckt der Haken), und man fand ihn nachts in einem Schuppen schlafen, nahm ihn fest und rührte ihn am nächsten Morgen vor den Alderman. Der Alderman bemerkt (sehr wichtig und vernünftig), daß er entschlossen sei, derlei gründlich auszurotten, und daß, wenn es mir angenehm wäre, es ihn glücklich machen werde, mit Will Fern einen Anfang zu machen.«

»Auf jeden Fall soll man an ihm ein Exempel statuieren, für alle Fälle«, erwiderte die Lady. »Letzten Winter, als ich das Häkeln und Stricken unter den Männern und Knaben im Dorf als hübsche Abendbeschäftigung einführte und die Verse:

Mit Freuden wollen wir dem Gutsherrn fronen,
Nebst den Verwandten, welche bei ihm wohnen,
Zufrieden sein mit unseren Portionen,
Zum Himmel flehn, er möge uns verschonen,
Mit falschem Stolz und unsere Demut lohnen;

nach dem neuen System in Musik hatte setzten lassen, damit sie sie während der Arbeit singen sollten, da greift dieser Fern – ich seh ihn noch vor mir – an seinen Hut und sagt: ›Mylady, ich bitte demütig um Verzeihung, aber bin ich nicht etwas anderes als ein großes Mädchen?‹ Ich war nicht erstaunt, denn wer kann etwas anderes als Unverschämtheit und Undank von dieser Volksklasse erwarten. Das gehört vielleicht nicht hierher, aber bitte statuieren Sie jedenfalls ein Exempel an ihm, Sir Joseph.«

»Ehüm«, hüstelte Sir Joseph. »Mr. Fish, wenn Sie die Angelegenheit erledigen möchten –«

Mr. Fish ergriff eilends die Feder und schrieb nach dem Diktat Sir Josephs: »Mein lieber Sir, ich bin Ihnen sehr verbunden für Ihre Freundlichkeit in Sachen des Subjekts Will Fern, von dem ich zu meinem Bedauern nichts Günstiges berichten kann. Ich hatte mich beständig als seinen Freund und Vater betrachtet, bin aber leider wie gewöhnlich mit Undank und fortwährender Widersetzlichkeit gegen meine guten Absichten belohnt worden. Er ist ein unruhiger, widerspenstiger Kopf. Sein Charakter verträgt keine nähere Prüfung. Nichts kann ihn bewegen, dort glücklich zu sein, wo er es zu sein hat. Angesichts solcher Umstände scheint mir, ich gestehe es, wenn er wieder vor Sie kommt, und wie Sie mir mitteilen, hat er sich morgen zu stellen versprochen, und ich glaube, daß man sich insoweit auf ihn verlassen kann, seine Einsperrung für eine Zeit als Landstreicher ein der Gesellschaft geleisteter guter Dienst zu sein, und es würde ein warnendes Beispiel abgeben in einem Lande, wo sowohl derer wegen, die unbekümmert um gute und böse Worte die Freunde und Väter der Armen sind, als auch hinsichtlich der, allgemein gesprochen, verführten Volksklassen selber, solche Exempel sehr nötig sind. Ich bin, Sir, usw. usw.«

»Es scheint«, bemerkte Sir Joseph, als er den Brief unterzeichnet hatte und Mr. Fish siegelte, »als wäre dies Vorsehung. In der Tat! Am Schluß des Jahres bringe ich meine Rechnungen in Ordnung und ziehe meine Bilanz – selbst mit William Fern.«

Trotty, der schon längst wieder in seine trübe Stimmung verfallen war, trat mit wehmütigem Gesicht vor und nahm den Brief in Empfang.

»Meinen Dank und meine Empfehlung«, sagte Sir Joseph. »Halt!«

»Halt!« rief auch das Echo Mr. Fish.

»Ihr habt vielleicht«, sagte Sir Joseph orakelhaft, »gewisse Bemerkungen gehört, die zu machen ich mich veranlaßt sah in Hinblick auf den feierlichen Zeitabschnitt, bei dem wir angelangt sind, und auf die Verpflichtung, die uns obliegt, unsere Angelegenheiten zu ordnen, um auf alles vorbereitet zu sein. Ihr habt gehört, daß ich mich nicht hinter meiner hohen Stellung in der Gesellschaft verstecke, sondern daß Mr. Fish – dieser Herr hier – stets das Scheckbuch neben sich liegen hat und deswegen hier ist, um mich in den Stand zu setzen, ein völlig neues Blatt aufzuschlagen, um in den vor uns liegenden Zeitabschnitt mit glatter Rechnung einzutreten. Nun, mein Freund, kann er die Hand aufs Herz legen und sagen, daß er sich ebenfalls auf das neue Jahr gebührend vorbereitet hat?«

»Ich fürchte sehr, Sir«, stotterte Trotty, demütig zu ihm aufblickend, »daß ich noch ein wenig bei der Welt im Rückstande bin.«

»Im Rückstande bei der Welt?« wiederholte Sir Joseph Bowley mit schrecklich bestimmtem Ton.

»Ich fürchte, Sir«, stotterte Trotty, »daß es sich noch so um zehn oder zwölf Schillinge dreht bei Mrs. Chickenstalker.«

»Bei Mrs. Chickenstalker«, wiederholte Sir Joseph in gleichem Ton wie vorher.

»Die Höcklerin«, erläuterte Toby. »Und dann eine – Kleinigkeit auf den Zins. Aber nur ganz wenig, Sir. Man soll nichts schuldig bleiben, ich weiß, aber die Not hat uns dazu getrieben.«

Sir Joseph sah seine Gemahlin und Mr. Fish und Trotty einen nach dem andern zweimal der Reihe nach an.

Dann machte er eine verzweifelte Bewegung mit beiden Händen zugleich, als gebe er es jetzt ganz auf.

»Wie ein Mann, und wenn er auch zu dieser unklugen und leichtsinnigen Menschenklasse gehört, wie ein alter Mann mit grauem Haar dem neuen Jahr entgegensehen kann, während seine Geschäftsangelegenheiten sich in einer derartigen Lage befinden! Wie er sich am Abend in sein Bett legen und am Morgen wieder aufstehen kann, ohne – da, da nehmt den Brief.« Und er drehte Trotty den Rücken zu: »Nehmt den Brief, nehmt den Brief!«

»Ich wünschte von Herzen, es wäre anders, Sir«, sagte Trotty, sich nach Kräften entschuldigend. »Wir sind schwer geprüft worden.«

Sir Joseph wiederholte nur immer: »Nehmt den Brief, nehmt den Brief!« und Mr. Fish sagte nicht bloß dasselbe, sondern verlieh der Aufforderung noch mehr Nachdruck, indem er Toby zur Türe drängte, so daß diesem nichts anderes übrigblieb, als noch schnell einen Bückling zu machen und das Haus zu verlassen. Und auf der Straße drückte der arme Trotty seinen schäbigen alten Hut über die Augen, um seinen Gram zu verbergen, weil er so gar keinen Anteil am neuen Jahr haben sollte.

Er lüftete ihn nicht einmal, um nach dem Glockenturm zu sehen, als er nach der alten Kirche zurückkam. Er blieb wohl einen Augenblick stehen aus alter Gewohnheit und erkannte, daß es dunkelte und daß der Turm sich in unbestimmten und schwachen Umrissen in die neblige Luft erhob. Er wußte auch, daß die Glocken sogleich einfallen würden und daß sie um diese Zeit in seine Träumereien wie Stimmen zu klingen pflegten. Um so mehr eilte er sich, beim Alderman den Brief abzugeben, um ihnen auszuweichen, bevor sie begännen, denn er fürchtete sich, sie zu allem noch vielleicht die Worte »Freund und Vater! Freund und Vater!« läuten hören zu müssen.

Er entledigte sich daher seines Auftrags so schnell wie möglich und trabte heimwärts. Teils wegen seines Trabs, der auf der Straße wenigstens gar nicht angebracht war, teils infolge seines Hutes, der die Sache nicht besser machte, rannte er gegen jemand an und taumelte auf den Fahrdamm hinab.

»Ich bitte vielmals um Entschuldigung«, und er riß in so großer Verwirrung an seinem Hut, daß sein Kopf zwischen der Krempe und dem zerrissenen Futter stecken blieb wie in einer Art Bienenkorb. »Hoffentlich hab ich Sie nicht verletzt, Sir.«

Was das Verletzen anbelangt, so war Toby kein solcher Simson, daß er bei einer derartigen Gelegenheit nicht viel schlechter weggekommen wäre – und in der Tat war er weggeflogen wie ein Federball –, allein er hatte eine solche Meinung von seiner Stärke, daß er in großer Besorgnis um den anderen schwebte und noch einmal fragte: »Hoffentlich habe ich Sie doch nicht verletzt.«

Der Mann, gegen den er angerannt war, ein sonnenverbrannter, sehniger Landmann mit graumeliertem Haar und einem Stoppelbart, blickte einen Augenblick argwöhnisch jenen an, ob er ihn vielleicht verhöhnen wollte, aber als er den Ernst sah, antwortete er: »Nein, Freund, Sie haben mich nicht verletzt.«

»Und das Kind hoffentlich auch nicht?« fragte Trotty.

»Das Kind auch nicht«, antwortete der Mann. »Ich danke Ihnen herzlichst.«

Dabei warf er einen Blick auf das kleine Mädchen, das in seinen Armen schlief, bedeckte das Gesichtchen mit dem langen Zipfel seines ärmlichen Halstuchs und ging langsam weiter. Der Ton, in dem er sagte: »Ich danke Ihnen herzlichst«, ging Trotty tief zu Herzen. Der Mann war so matt und müde und so schmutzig vom Wandern und fühlte sich so fremd und verlassen in der Stadt, daß es ihm ein Trost zu sein schien, irgend jemand danken zu können, und wenn es auch für gar nichts war. Toby sah ihm nach, wie er sich mühselig weiterschleppte, während das Kind den Arm um seinen Nacken legte.

Trotty blickte, blind für die ganze übrige Straße, nur der

Gestalt nach in den zerrissenen Schuhen, die nur mehr Überbleibsel waren in den rohledernen Gamaschen, in der groben Jacke und dem breitkrempigen Hut, der jenem über die Augen hing – sah nach dem Kind, das ihm die Arme um den Nacken gelegt hatte.

Ehe der Fremde in der Dunkelheit verschwand, blieb er stehen und sah sich um. Als er Trotty noch dort erblickte, schien er unschlüssig, ob er umkehren oder weitergehen sollte. Er schwankte eine Weile, dann kam er zurück, und Trotty ging ihm auf halbem Weg entgegen.

»Können Sie mir vielleicht sagen«, fragte der Mann mit einem müden Lächeln, »Ihr werdet es ja am besten wissen, wo der Alderman Cute wohnt?«

»Gleich hier in der Nähe. Ich will Sie mit Vergnügen hinführen.«

»Ich sollte ihn eigentlich erst morgen und an anderem Orte aufsuchen«, sagte der Mann und ging neben Toby her. »Aber ich möchte mich von einem Verdacht reinigen, der mich drückt, und dann gehen, wohin ich will und mir mein Brot suchen, wenn ich auch noch nicht weiß, wo. So wird er es mir nicht übelnehmen, wenn ich heut in sein Haus gehe.«

»Sie heißen doch nicht am Ende Fern?« rief Toby und fuhr zurück.

»Was?« rief der andere und sah den Dienstmann erstaunt an.

»Fern? Will Fern?« sagte Trotty.

»Das ist mein Name.«

»Nun dann«, sagte Trotty faßte den Mann am Arm und sah sich vorsichtig um, »gehen Sie um Gottes willen nicht hin. Gehen Sie nicht hin. Er wird Euch beide zugrunde richten, so wahr Ihr auf der Welt seid. Hier! Kommen Sie in diese kleine Gasse, und ich will Ihnen sagen, was ich weiß.

Gehen Sie nicht zu ihm!«

Der neue Bekannte sah Toby an, als hielte er ihn für verrückt, ging aber nichtsdestoweniger mit. Als sie sicher waren, daß sie niemand beobachten konnte, erzählte Trotty, was er wußte und wie man über Fern Bericht erstattet hatte, und alles andere.

Will Fern hörte ihm mit erstaunlicher Ruhe zu. Er widersprach nicht und unterbrach nicht ein einziges Mal. Er nickte dann und wann mit dem Kopfe, mehr zur Bekräftigung einer längst bekannten Sache, wie es schien, als zu ihrer Widerlegung, und schob nur ein- oder zweimal seinen Hut zurück, um sich mit der sommersprossigen Hand über die Stirn zu fahren, wo jede Ackerfurche, die er einst gepflügt, ihr Abbild im kleinen zurückgelassen zu haben schien. Doch weiter tat er nichts.

»Die Geschichte ist in der Hauptsache wahr genug, Mann«, sagte er endlich. »Ich könnte wohl hier und da etwas hinzufügen, aber soll es schon sein, wie's ist. Was liegt daran. Ich habe seinen Plänen zuwidergehandelt zu meinem Unglück, und ich kann mir nicht helfen, ich würde es morgen wieder tun. Was den Personalbericht anbelangt, so sucht und spioniert dieses vornehme Volk so lange herum, bis es irgendeinen kleinen Makel gefunden, bloß um keinen guten Faden an uns zu lassen. Nun, ich hoffe, sie verlieren ihren guten Ruf nicht so leicht wie unsereiner. Was mich betrifft, Mann, ich habe niemals mit dieser Hand« – er streckte sie aus – »etwas genommen, was nicht mein war und habe niemals eine Arbeit gescheut, mochte sie noch so schwer oder schlecht bezahlt sein. Wer etwas anderes sagen kann, der soll sie mir abhacken. Wenn mich aber die Arbeit nicht mehr nährt wie ein menschliches Geschöpf, wenn ich so schlecht lebe, daß ich Hunger leiden muß in und außer dem Hause, wenn ich sehe, daß das ganze Leben nichts als solche Arbeit ist, so anfängt und so endet, ohne Wechsel und Aussicht, dann sag ich zu dem vornehmen Volk: Bleibt mir vom Halse, laßt meine Hütte in Ruh. Meine Tür ist finster genug, ihr braucht sie nicht noch mehr zu verdunkeln. Ruft mich nicht in den Park, wenn ihr wieder einmal einen Geburtstag feiert, damit ich euch die Menge der Zuschauer vergrößern helfen soll. Oder wenn ihr eine feine Rede sprechen wollt oder sonst was. Haltet eure Spiele und euren Sport ab, ohne daß ich zuschauen muß, und freut euch darüber und amüsiert euch, soviel ihr wollt. Aber wir haben nichts miteinander zu schaffen. Mir ist am liebsten, man läßt mich allein.«

Als er sah, daß das Kind in seinen Armen die Augen aufgeschlagen hatte und verwundert umherblickte, hielt er inne, um ihm ein paar liebe Worte ins Ohr zu sagen, und stellte es neben sich auf den Boden. Dann wickelte er langsam eine der langen Flechten um seinen Zeigefinger wie einen Ring, während sich das Mädchen an sein bestaubtes Bein klammerte, und sagte zu Trotty: »Ich bin keine störrische Natur und leicht zufriedengestellt. Ich trage gegen niemand Böses im Sinn. Ich möchte nur leben wie ein Geschöpf des Allmächtigen. Ich kann es nicht und darf es nicht, und so ist eine Kluft gegraben zwischen mir und denen, die's dürfen und können. Und so wie ich bin, gibt's noch andere. Ihr könnt sie nach Hunderten und Tausenden zählen und nicht nach Dutzenden.«

Trotty wußte, daß Fern die Wahrheit sprach, und nickte beistimmend mit dem Kopf.

»Ich habe mir auf diese Weise einen bösen Namen geschaffen«, sagte Fern, »und fürchte, ich werde mir wahrscheinlich keinen besseren erwerben. Es ist nicht recht, daß man murrt, und ich murre. Gott weiß, daß ich lieber heiter wäre und zufrieden, wenn ich könnte. Na, ich weiß nicht, ob mir dieser Alderman viel antäte, wenn er mich einsperren ließe. Da ich niemand zum Freunde hab, der für mich ein Wort einlegen würde, täte er es gewiß, und sehen Sie das«, – und er zeigte mit dem Finger auf das Kind.

»Sie ist sehr hübsch«, sagte Trotty.

»Oh ja«, antwortete der andere mit leiser Stimme, indem er das kleine Gesichtchen mit beiden Händen sanft dem seinen zukehrte und es lange ansah. »Mir sind schon oft mancherlei Gedanken gekommen. Es hat sich mir aufgedrängt, wenn mein Herz sehr kalt war und der Brotkorb leer. Auch neulich wieder, als sie uns wie zwei Diebe aufgegriffen haben. Aber sie – sie sollen das kleine Gesichtchen mir nicht zu oft behelligen, nicht wahr, Lilly. Es kann einen Menschen in Versuchung führen.«

Er dämpfte seine Stimme und sah das Kind so ernst und sonderbar an, daß ihn Toby fragte, um ihn auf andere Gedanken zu bringen, ob sein Weib noch lebe.

»Ich habe niemals eins gehabt«, antwortete der Mann und schüttelte den Kopf. »Sie ist das Kind von meinem Bruder, eine Waise, neun Jahre alt, wenn man's ihr auch nicht ansieht. Sie ist so müde und erschöpft jetzt. Sie hätten sich ihrer vielleicht angenommen, die vom Armenverein, achtundzwanzig Meilen von dem Ort, wo wir her sind, und hätten sie zwischen vier Wände gesperrt, wie sie's mit meinem alten Vater auch gemacht haben, als er nicht mehr arbeiten konnte. – Er hat sie nicht mehr lang belästigt. – Ich nahm das Mädchen an Kindes Statt an, und seit der Zeit hat es bei mir gelebt. Ihre Mutter hat einmal hier in London eine Freundin gehabt. Wir gaben uns alle Mühe, sie ausfindig zu machen und Arbeit zu finden, aber es ist eine große Stadt. Macht nichts. Desto mehr Platz haben wir, darin herumzugehen, Lilly.«

Er sah dem Kind mit einem Lächeln in die Augen, das Toby mehr rührte als Tränen. Er faßte Fern bei der Hand.

171

»Ich weiß nicht einmal Ihren Namen«, sagte der Mann, »und habe Ihnen mein Herz ausgeschüttet, denn ich bin Ihnen dankbar und habe guten Grund dazu. Ich werde Ihrem Rat folgen und mich hüten vor dieser —«

»Justizperson«, ergänzte Toby.

»So, so,« sagte der Mann. »Ist das der Name, den man ihm gibt. Also gut, vor dieser Justizperson. Und morgen will ich versuchen, ob ich vielleicht in der Umgebung von London mehr Glück habe. Gute Nacht! Glückliches neues Jahr!«

»Halt«, rief Toby und hielt die Hand fest, als sie sich losmachen wollte, »halt! Das neue Jahr könnte mir kein Glück bringen, wenn wir so auseinandergingen. Ich hätte kein Glück, wenn ich das Kind und Sie so obdachlos herumirren ließe. Kommen Sie mit mir nach Hause. Ich bin ein armer Mann und wohne ärmlich. Aber ich kann Euch ein Nachtquartier geben, ohne daß mir deswegen etwas abginge. Kommt mit mir! So. Ich will sie tragen«, rief Trotty und hob das Kind auf. »Ein hübsches Kind. Ich könnte eine zwanzigmal schwerere Last tragen, ohne es zu spüren. Sagen Sie mir, wenn ich zu rasch gehe. Ich bin nämlich ungeheuer schnell zu Fuß. Ich war es von jeher.« Trotty sprach's und machte immer sechs seiner trabenden Schritte, wenn sein ermüdeter Begleiter nur einen brauchte, und seine dünnen Beine zitterten unter der Last, die er trug.

»Wie leicht sie ist«, sagte er und hielt seine Zunge im gleichen Trab wie seine Beine, denn er wollte nicht, daß sich der andere bedanke, und wünschte keine Pause eintreten zu lassen. »Leicht wie eine Feder. Leichter als eine Pfauenfeder, noch viel leichter. Dort um die nächste Ecke rechts müssen wir, Onkel Will. An der Pumpe vorüber und links gerade die Straße hinauf dem Wirtshaus gegenüber. Quer hinüber, Onkel Will, wo der Pastetenbäcker ist. Gleich sind wir dort. Die Marställe entlang, Onkel Will, und dann Halt gemacht an der schwarzen Tür mit dem Schild: ›T. Veck, Dienstmann‹. So, jetzt sind wir da, wirklich und leibhaftig, meine liebste Meg. Was! Da staunst du!« Mit diesen Worten setzte Trotty atemlos das Kind vor seiner Tochter in der Stube nieder.

Das kleine Mädchen sah Meg an, und da es in ihrem Gesicht nur Zutrauen erweckendes sah, lief es in ihre Arme.

»Hier sind wir und hier bleiben wir«, sagte Trotty und lief hörbar keuchend in der Stube herum. »Hier, Onkel Will, ist ein Feuer, seht Ihr! Warum kommt Ihr nicht zum Feuer? So, jetzt sind wir da. Meg, lieber Schatz, wo ist der Teekessel. So – da ist er und wird sogleich kochen!« Trotty hatte wirklich den Teekessel auf seiner wilden Jagd durch die Stube erwischt und stellte ihn jetzt an das Feuer, während Meg in einer warmen Ecke vor dem Kinde kniete und ihm die Schuhe auszog und die nassen Füße mit einem Tuch abtrocknete. Ja, und sie lächelte Trotty entgegen – so fröhlich und so heiter, daß Trotty sie hätte segnen mögen, wie sie dort kniete, denn er hatte beim Eintreten wohl bemerkt, daß sie in Tränen am Feuer gesessen.

»Ei, Vater«, sagte Meg, »bist du heute Abend wunderlich. Ich möchte gern wissen, was die Glocken dazu sagen würden. Arme, kleine Füße, wie kalt sie sind!«

»Oh, sie sind jetzt wärmer«, rief das Kind. »Sie sind schon ganz warm.«

»Nein, nein, nein,« sagte Meg, »wir haben sie noch lange nicht genug gerieben. Wir haben so viel zu tun, so viel, und wenn sie trocken sind, wollen wir das feuchte Haar kämmen, und dann wollen wir mit frischem Wasser wieder etwas Farbe in das kleine, bleiche Gesichtchen bringen, und dann wollen wir so munter und fröhlich und glücklich sein.« – Das Kind brach in Schluchzen aus, schlang den Arm um ihren Hals, streichelte mit der Hand ihre schönen Wangen und sagte: »Oh Meg, meine liebe Meg!«

Tobys Segen hätte nicht mehr tun können. Wer hätte mehr tun können!

»Nun, Vater?« sagte Margaret nach einer Pause.

»Hier bin ich, hier bleib' ich«, sagte Trotty, »mein Schatz.«

»Du lieber Gott«, rief Meg, »er ist wirklich verrückt geworden. Er hat die Haube des Kindes auf den Teekessel gesetzt und den Deckel an die Tür gehängt.«

»Ich hab's nicht mit Absicht getan, mein Liebling«, sagte Trotty und machte schleunigst sein Versehen wieder gut.

»Meg, mein Liebling!« Margaret blickte auf und sah, daß er sich hinter dem Stuhl seines Gastes aufgestellt hatte und ihr allerlei geheimnisvolle Zeichen machte und den halben Schilling in die Höhe hielt, den er verdient.

»Als ich vorhin hereinkam, sah ich draußen auf der Treppe eine halbe Unze Tee liegen und ein Stück Speck dabei, wenn ich nicht irre. Da ich mich nicht mehr genau erinnere, wo es war, will ich selber nachschauen gehen und es suchen.« Mit dieser unerhört schlauen Ausrede entfernte sich Trotty, um den besagten Proviant gegen bar bei Mrs. Chikkenstalker zu kaufen, und kam dann mit dem Vorwande, er habe das Gesuchte im Finstern nicht gleich finden können, wieder zurück.

»Hier ist es endlich«, und er packte aus. »Alles in Ordnung. Ich war meiner Sache ganz sicher, daß es Tee und Speck gewesen. Meg, mein Augapfel, wenn du Tee machen möchtest, während dein unwürdiger Vater den Speck röstet, werden wir schnell fertig sein. Es ist ein außerordentlich merkwürdiger Umstand«, und er machte sich mit der Röstgabel an die Arbeit, »ein höchst merkwürdiger Umstand, der aber allen meinen Freunden wohlbekannt ist, daß ich Speckschnitten und Tee absolut nicht leiden kann. – Ich freue mich, wenn es anderen schmeckt«, sagte Trotty sehr laut, damit es sein Gast hören möge, »aber selber essen könnte ich es absolut nicht.«

Und doch sog er den Duft des zischenden Specks ein, als wenn er ihn, ach! selber nur zu gern äße. Und als er das kochende Wasser in die Teekanne goß, blickte er liebevoll hinab in die Tiefen des blanken Kessels und ließ sich den duftigen Dampf um die Nase wirbeln und sich Kopf und Gesicht in eine dichte Wolke hüllen. Trotzdem trank er nicht und aß nicht, außer am Anfang einen Bissen – der Form wegen –, der ihm unendlich behagte, wie er aber laut erklärte, nicht im geringsten schmecken wollte. Nein!

Trottys einzige Beschäftigung war, Will Fern und Lilly beim Essen und Trinken zuzusehen, und dasselbe tat auch Meg. Niemals wohl fanden Zuschauer bei einem City-Gastmahl oder bei einem Hofbankett so viel Vergnügen daran, andere speisen zu sehen, und wären es König und Papst gewesen.

Margaret lächelte Trotty an, Trotty nickte Meg zu. Meg schüttelte den Kopf und applaudierte Trotty unhörbar, und Trotty erzählte Meg in der Taubstummensprache unverständliche Geschichten, wie und wo und wann er den Besuch gefunden. Und sie waren glücklich. Sehr glücklich.

»Trotzdem«, dachte Trotty bekümmert, als er Margarets Gesicht beobachtete, »trotzdem das Verhältnis abgebrochen ist, wie ich sehe.«

»Jetzt will ich euch etwas sagen«, sagte Trotty nach dem Tee. »Die Kleine schläft natürlich bei Meg.«

»Bei der guten Meg!« rief das Kind und liebkoste sie. »Bei Meg!«

»Recht so«, sagte Trotty »ich würde mich gar nicht wundern, wenn auch Megs Vater einen Kuß bekäme. Ich bin Megs Vater.«

Mächtig entzückt war er, als das Kind schüchtern auf ihn zukam und ihn küßte, worauf es wieder zu Margaret zurückging.

»Sie ist so feinfühlig wie Salomo«, sagte Trotty, »hier sind wir und hier – nein ich versprach mich. Wir bleiben nicht – ich – was wollte ich doch nur sagen, Meg, mein Herzblatt?«

Meg blickte den Gast an, der auf seinem Stuhle lehnte, das Gesicht abgewandt, und den Kopf des Kindes streichelte, das in ihrer Schürze halbversteckt ruhte.

»Wahrhaftig«, sagte Toby. »Wahrhaftig, ich weiß nicht, was heute mit mir los ist, meine Gedanken gehen wahrscheinlich Holz klauben im Walde. Will Fern, Ihr kommt mit mir. Ihr seid todmüde und ganz erschöpft vor Mangel an Ruhe. Ihr kommt mit mir.«

Der Mann spielte noch immer mit des Kindes Locken, lehnte immer noch auf Megs Stuhl, wandte immer noch sein Gesicht ab. Er sprach nicht, doch wie seine rauhen groben Finger zitternd in dem schönen Haar des Kindes spielten, da lag mehr Beredsamkeit in ihnen, als Worte hätten sagen können.

»Ja, ja«, sagte Trotty, unbewußt die Bitte beantwortend, die sich im Gesicht seiner Tochter ausdrückte. »Nimm sie mit dir, Meg, und bring sie zu Bett. So, fertig! Und Euch, Will, will ich zeigen, wo Ihr liegt. Es ist nicht gerade ein feiner Platz, bloß ein Heuboden, doch ich sag es immer, es ist einer der größten Vorteile, wenn man in einem Marstall wohnt, der einen Heuboden hat. Solange Remise und Stall nicht besser vermietet sind, wohnen wir hier billig. Es ist eine Menge weiches Heu oben, das einem Nachbarn gehört, und es ist so sauber, wie Meg es selber nicht sauberer machen könnte. Nur Mut, Mann, Kopf hoch und frischen Mut fürs neue Jahr allerwegen.«

Die Hand hatte des Kindes Haar losgelassen, war zitternd auf Trottys Arm gefallen, und Trotty rastlos schwatzend, führte seinen Gast so zärtlich und behutsam hinauf wie ein Kind.

Schneller als Meg zurückkommend, horchte er einen Augenblick an der Tür der kleinen Kammer, die an die Stube stieß. Das Kind sprach ein einfaches Gebet, ehe es schlafen ging, und er hörte es Megs Namen zärtlich nennen und dann innehalten und nach dem seinen fragen.

Es dauerte einige Zeit, ehe der kleine, närrische Kerl sich sammeln, das Feuer schüren und seinen Stuhl an den warmen Kamin rücken konnte. Doch als er dies getan und das Licht geputzt, nahm er seine Zeitung aus der Tasche und begann zu lesen. Sorglos zuerst und die Zeilen überfliegend, bald aber mit ernster und trauriger Aufmerksamkeit. Dieses selbige gefürchtete Zeitungsblatt lenkte Trottys Gedanken wieder in das gleiche Fahrwasser, in dem sie den ganzen Tag einhergetrieben waren, seine Gedanken, die die Ereignisse des Tages so scharf gekennzeichnet hatten. Sein Interesse an den beiden müden Wanderern hatte seinem Denken eine Zeitlang eine andere Richtung gegeben und eine glücklichere, als er aber jetzt wieder allein war und von Verbrechen und Gewalttat las, da verfiel er wieder in seinen frühern Ideengang.

In dieser Stimmung geriet er auf einen Bericht – es war nicht der erste der Art, den er gelesen – von einer Frau, die in der Verzweiflung Hand an sich und ihr Kind gelegt hatte. Ein so schreckliches Verbrechen, wenn er an seine liebe Meg dachte, schien es ihm, daß er die Zeitung fallen ließ und entsetzt in den Stuhl zurücksank.

»Unnatürlich und grausam!« sagte er. »Unnatürlich und grausam! Nur Leute, die von Herzen schlecht und von Natur böse sind und auf der Erde nichts zu suchen haben, können solche Taten begehen. Es ist nur zu wahr, was ich heute gehört habe, nur zu richtig. Wir sind böse von Geburt.«

Die Glocken nahmen ihm die Worte so plötzlich vom Munde, brüllten auf, so laut, klar und dröhnend, daß es

Toby wie ein Blitz traf.

Und was war's, das sie sagten? »Toby Veck, Toby Veck! Wir warten deiner! Warten dein! Toby Veck! – Warten dein! Warten dein! Komm zu uns! Komm zu uns! Bringt ihn her! Bringt ihn her! Plagt ihn und jagt ihn! Plagt ihn und jagt ihn! Stört ihn im Schlaf! Stört ihn im Schlaf! Toby Veck! Toby Veck! Türe auf, Toby Veck! Türe auf, Toby Veck! Türe auf! Toby! Toby! Türe auf! Toby!«

Dann fingen sie wieder von vorn an mit ihrem wilden, ungestümen Geläut und dröhnten, daß die Steine in den Wänden und der Mörtel zitterten.

Toby horchte. »Träume, Träume.« Es befiel ihn wie Reue, daß er nachmittags von ihnen weggelaufen. »Nein, nein, nein, nichts mehr dieser Art.« Aber wieder und wieder kam es, noch ein dutzendmal. »Jagt ihn und plagt ihn! Plagt ihn und jagt ihn! Bringt ihn her! Bringt ihn her!« Bis die ganze Stadt wie taub war.

»Meg«, fragte Trotty und öffnete leise ihre Tür. »Hörst du etwas?«

»Ich höre die Glocken, Vater. Sie läuten heute nacht so laut.«

»Schläft sie schon?« fragte Toby, um irgend etwas zu sagen.

»Und wie friedlich und glücklich! Sie hält meine Hand fest, ich kann noch nicht fortgehen.«

»Meg«, flüsterte Trotty, »hör nur die Glocken!«

Sie horchte, die ganze Zeit über ihr Gesicht ihm zukehrend, aber ihre Mienen veränderten sich nicht. Sie verstand die Glocken nicht. Trotty zog sich zurück, er nahm seinen Platz am Feuer wieder ein und lauschte noch einmal.

Es litt ihn nicht lange da. Er konnte es unmöglich mehr ertragen. Die Kraft der Glocken war furchtbar.

»Wenn die Turmtüre wirklich offenstünde«, sagte er, legte

hastig seine Schürze ab und vergaß dabei seinen Hut, »was könnte mich hindern, hinaufzusteigen und mir Gewißheit zu verschaffen? Wenn sie verschlossen ist, brauch ich weiter keine Gewißheit mehr. Dann weiß ich genug.«

Er war eigentlich fest überzeugt, als er leise auf die Straße hinausschlüpfte, daß die Turmtür fest verschlossen sein müsse, denn er kannte sie gar wohl und hatte sie kaum dreimal im Leben offen gesehen. Sie hatte ein niedriges, rundes Portal außen an der Kirche in einer dunkeln Ecke hinter einer Säule und so große eiserne Angeln und ein so ungeheures Schloß, daß man mehr von den Angeln und dem Schlosse sah als von der ganzen Türe. Aber wie groß war Trottys Erstaunen, als er jetzt barhäuptig zur Kirche kam, die Hand suchend in den dunkeln Winkel streckte, schaudernd vor Furcht, es könne sie jemand unversehens packen, und bereit, sie jeden Augenblick zurückzuziehen – und die Tür offen fand. Im ersten Schrecken wollte er umkehren und ein Licht oder einen Begleiter holen. – Bald jedoch fand er seinen Mut wieder.

»Was hab ich denn zu fürchten?« fragte er sich. »Es ist doch eine Kirche, und wahrscheinlich ist der Mesner drin und hat die Tür vergessen zu schließen.«

So ging er denn hinein und tappte sich vorwärts, wie ein Blinder, denn es war stockfinster. Totenstille. Die Glocken schwiegen.

Den Staub von der Straße hatte es hereingeweht. Er lag dort fußtief, daß Toby wie auf Sammet ging. Es war etwas Beängstigendes, Unheimliches dabei. Die enge Treppe stieß so dicht an die Tür, daß Toby bei der ersten Stufe stolperte, sie im Fallen hinter sich zuwarf und dann nicht mehr aufklinken konnte.

Das war ihm nur ein Grund mehr, vorwärts zu gehen. Er tastete sich aufwärts, immer aufwärts, im Kreise herum, immer höher, immer höher und höher.

Es war eine böse Treppe, so niedrig und schmal, daß seine tastende Hand immer an etwas stieß. Und es fühlte sich so oft an wie eine gespenstische Gestalt, die aufrecht stand und ihm auswich, um nicht entdeckt zu werden, daß er oft an der glatten Mauer in die Höhe fühlte, um nach dem Gesicht zu suchen, während ihn eine Gänsehaut überlief. Zweimal oder dreimal unterbrach eine Nische, die ihm so groß vorkam wie die ganze Kirche, die einförmige Mauerfläche. Dann glaubte er am Rand eines Abgrunds zu stehen und kopfüber hinunterstürzen zu müssen, bis er die Wand wiederfand. Immer hinauf, hinauf und hinauf, im Kreise herum und hinauf, hinauf, hinauf, höher, höher und höher hinauf. Allmählich wurde die dumpfe, erstickende Luft frischer – Zugluft wehte, und endlich blies der Wind so stark, daß Toby sich kaum auf den Beinen halten konnte. Endlich gelangte er an ein Bogenfenster in dem Turm wie an eine Brustwehr und hielt sich fest und sah hinab auf die Giebel der Häuser, die rauchenden Schornsteine, auf die Lichtflekken und Strahlenmassen (in der Gegend, wo Margaret sich jetzt wahrscheinlich wunderte, wo er nur sein möchte, und vielleicht nach ihm rief, die wie in einen Teig von Nebel und Finsternis eingeknetet waren.

Das war die Glockenstube, wohin der Mesner kam. Toby hatte eins von den zerschlissenen Seilen erfaßt, die durch Öffnungen von der eichenen Decke herunterhingen. Zuerst fuhr er zurück, denn es fühlte sich an wie ein Haarbüschel. Dann zitterte er bei dem bloßen Gedanken, daß er die dumpfe Glocke aufwecken könnte.

Die Glocken selber hingen höher! Und höher hinauf tastete sich Trotty in seiner Betäubung oder unter dem Einfluß des Spuks. Über Leitern, steil und beschwerlich, wo die Füße kaum mehr Halt fanden, und hinauf, hinauf, hinauf sich klammernd und klimmend, hinauf, hinauf, hinauf, höher, höher, höher hinauf!

Bis er durch die Luke klomm und mit dem Kopf über dem Balken war. Da hing er mitten unter den Glocken. Es war kaum möglich, in der Dunkelheit ihre gewaltigen Umrisse zu unterscheiden, aber da waren sie, da hingen sie, schattenhaft, finster und stumm.

Ein bleiernes Gefühl von Furcht und Einsamkeit überfiel ihn augenblicklich, als er in dies luftige Nest von Gestein und Erz emporklomm. Ihn schwindelte. Er lauschte. Dann rief er ein wildes »Hallo!«

»Hallo!« dehnte traurig das Echo.

Schwindelnd, verwirrt, außer Atem und von Entsetzen geschüttelt, blickte Toby ins Leere und sank ohnmächtig zusammen.

DRITTES VIERTEL

Schwarz brüten die Wolken, und es kochen die Wasser der Tiefe, wenn die tobende Gedankensee ihre Toten herausgibt nach tiefer Windstille. Ungeheuer, so wild und ungeschlacht, tauchen auf in einer vorzeitigen, lückenhaften Auferstehung, die mancherlei Glieder und Teile der verschiedensten Dinge in ein Ganzes vereint, wie der Zufall es fügt. Nach welchen Gesetzen sich die Glieder trennen, vermischen und zusammenfinden, um Sinn und Form zu bilden zu neuem Leben, das kann der Mensch nimmer erfassen, und ist er auch jetzt und immerdar der Gral des großen Mysteriums, der dieses Geheimnis birgt. Und wann und wie sich die Finsternis der nachtschwarzen Kuppel zum schimmernden Licht wandelte, wann und wieso sich der einsame Turm mit Milliarden Gestalten bevölkerte, wann und wieso das durch Trottys Schlaf und Ohnmacht wispernde »Plagt ihn und jagt ihn« zu der Stimme wurde, die in seine wachen Ohren rief: »Stört ihn im Schlaf!«; wann und wieso er aufhörte, in seiner verworrenen Vorstellung die Scharen der Dinge, die da waren, mit den Scharen der Dinge, die nur zu sein schienen, miteinander zu verwechseln, das zu erfahren, gibt es nicht Weg noch Steg. Als er aber wieder aufgewacht mit beiden Beinen auf den Brettern stand, da sah er folgenden gespenstischen Spuk.

Er sah den Turm, wohinauf ein Zauber seine Schritte gelenkt, wimmeln von zwerghaften Phantomen, von den Geistern, Kobolden und Elfen der Glocken. Er sah sie unaufhörlich und ohne Unterlaß aus den Glocken springen, fliegen, fallen, stürzen. Er sah sie rings um sich her auf dem Boden, über sich in der Luft; sah sie die Seile hinabklettern; sah, wie sie von den schweren, eisengegürteten Balken herniederblickten, durch die Ritzen und Löcher in den Mauern auf ihn hereinschielten, in schwingendem Reigen wegzogen von ihm, weiter und weiter, wie die kräuselnden Wasserringe wegfliehen von einem plumpen Steine, der plötzlich in sie hineinplatscht. Er sah sie in jeder Art und Gestalt, häßliche und hübsche, verkrüppelte und schlanke; er sah sie jung, er sah sie alt, gütig und grausam, fröhlich und mürrisch; er sah ihren Tanz und hörte sie singen. Manche rauften sich das Haar, und er hörte ihr Heulen. Es wimmelte die Luft von ihnen. Er sah sie kommen und gehen ohne Unterlaß. Er sah sie abwärts reiten und in die Höhe fliegen, sah, wie sie von dannen segelten und dicht neben ihm hockten; alle ruhelos und in wilder Bewegung. Granit und Ziegel, Schiefer und Holz wurden für ihn wie für sie zu Glas. Er sah sie drinnen in den Häusern geschäftig an der Schläfer Betten. Er sah sie den Menschen Linderung bringen in ihre Träume, sah, wie sie andere mit knotigen Geißeln schlugen. Er sah sie ihnen in die Ohren gellen oder leise, zarte Musik auf ihren Pfühlen spielen. Er sah, wie sie dem einen mit Vogelgesang und Blumenduft das Herz froh machten, dem anderen aus Zauberspiegeln, die sie in den Händen hielten, grauenhafte Gesichter in die gestörte Ruhe warfen.

Er sah diese gespenstischen Wesen auch unter wachen Menschen die verschiedensten und miteinander unverträglichsten Dinge treiben und die seltsamsten Veränderungen an sich vornehmen. Er sah, wie der eine sich Flügel ohne Zahl anschnallte, um seine Geschwindigkeit zu vergrößern, und ein anderer sich mit Ketten und Gewichten beschwerte, um die seine zu hemmen. Er sah, wie manche die Zeiger an den Turmuhren vorrückten; wie andere sie festhielten, um die Zeit zum Stehen zu bringen. Er sah, wie die einen eine Hochzeit feierten und andere zum Begräbnis gingen. Wie sie hier einen Ball aufführten und dort um die Wahlurne tanzten. Und überall ruheloses und unermüdliches Hasten und Jagen.

Verwirrt von der Menge der wechselnden, sonderbaren Gestalten wie durch das Dröhnen der Glocken, die über ihm läuteten ohne Rast, ohne Ruh, klammerte sich Trotty an einen hölzernen Stützpfeiler und wandte sein kreideweißes Gesicht hierhin und dorthin in stummem versteinertem Staunen.

Und mitten in seinem Staunen hielt plötzlich das Läuten still, und blitzschnell wandelte sich das Bild. Der Schwarm zerstob, die Gestalten fielen in sich zusammen. Ihre Schnelligkeit ließ sie im Stich, sie suchten zu fliehen, aber über ihrem Fallen und Stürzen starben sie hin und zergingen in der Luft. Kein neuer Zuzug ergänzte ihre Zahl. Ein einziger Nachzügler noch sprang eilig aus der großen Glocke heraus und kam auf die Füße zu stehen. Doch er war tot und gestorben, ehe er sich umdrehen konnte. Einige von denen, die im Turme rumort und Luftsprünge gemacht hatten, blieben ein Weilchen und drehten sich noch. Doch bei jedem Sprung wurden sie schwächer und ihre Zahl kleiner und kleiner, und sie gingen bald den Weg, den alle übrigen gegangen. Der letzte von allen, das war ein kleiner Kerl mit einem Buckel; er hatte sich in einem Schallwinkel verkrochen, wo er quirlte und quirlte und sich noch lange in drehender Bewegung hielt und mit solcher Ausdauer, daß zuletzt von ihm ein Bein, dann bloß nur ein Fuß blieb, bis endlich gar nichts mehr von ihm übrig war. Dann lag der Turm in Todesschweigen. Da erblickte Trotty – was er vorher nicht gesehen – in jeder Glocke eine bärtige Gestalt, so hoch und breit wie die Glocke selbst. Etwas Unbegreifliches: eine Gestalt und doch die Glocke selbst. Von riesenhafter Größe, die ernsten, finsteren Blicke auf ihn gerichtet, wie er so an den Boden gewurzelt stand.

Geheimnisvolle und furchtbare Gestalten, die auf nichts standen, in der Nachtluft des Turmes hingen und mit ihren bedeckten und bekappten Häuptern bis an die dunkle Decke ragten, bewegungslos und schattenhaft. Schattenhaft und dunkel, wie von einem Schein umwoben, der von ihnen selbst ausging – die verhüllte Hand auf den gespenstischen Mund gelegt. Er wollte sich schnell durch die Öffnung im Boden hinunterlassen, aber die Kraft, sich zu bewegen, war von ihm genommen. Er hätte sich kopfüber in die Tiefe gestürzt, um aus dem Bannkreis der Augen dieser schrecklichen Gestalten zu entkommen, die ihn bewachten und bewachten und den Blick nicht von ihm gewandt hätten, würde man ihnen auch die Augäpfel herausgenommen haben. Wieder und wieder schlug ihm das Grausen und Entsetzen der einsamen Stätte und der wilden, furchtbaren Nacht, die hier herrschte, wie mit Geisterhand ins Genick. Fern von jeglicher Hilfe und der lange, finstere, im Kreise gehende Weg voll Gespenstern zwischen ihm und der Erde der Menschen, hier oben, hoch, hoch, hoch oben, in der Kuppel des Turms, den bei Tage die Vögel umkreisen in schwindelnder Höhe; abgeschnitten von allen guten Menschen, die zu solcher Stunde in ihren Betten lagen und schliefen. Eiskalt überrieselte es ihn. Nicht wie ein Gedanke: wie lebendige, körperliche Empfindung. Seine Augen hingen furchtsam an den riesigen Wächtern, die nicht wie Gestalten waren von dieser Welt, in ihren Hüllen aus tiefer Dunkelheit gewebt, in ihrem unirdischen Aussehen und in übernatürlicher Weise über dem Boden schwebend. Die dunkel und doch so deutlich waren wie die starken Sparren aus Eichenholz; die Kreuzstücke, Balken und Bäume, die hier oben standen als Stützen und Träger der Glocken. Wie in einem Walde von behauenem Holz standen die Riesen und hielten ihre düstere, reglose Wacht inmitten dieser Verschlingungen und

Verkreuzungen von toten Ästen, die verdorrt waren durch die gespenstische Nähe.

Ein Luftzug, kalt und schneidend, fuhr stöhnend durch den Turm. Als er vorüber war, da hob der Geist der großen Glocke zu sprechen an:

»Was ist das für ein Gast?«

Die Stimme klang tief und dumpf, und Trotty schien es, als töne sie nach in den andern Gestalten.

»Ich dachte, man habe mich beim Namen gerufen«, sagte Trotty und hob bittend die Hände auf. »Ich weiß nicht, warum ich hier bin und warum ich kam. Ich habe auf die Glocken gehorcht so manches Jahr, und es hat mir das Herz erleichtert.«

»Und hast du ihnen gedankt?« fragte die Glocke.

»Oh tausendmal!« schrie Trotty.

»Wie?«

»Ich bin ein armer Mann«, stotterte Trotty, »und konnte bloß mit Worten danken.«

»Und hast du ihnen immer gedankt?« fragte der Geist der Glocke. »Hast du uns niemals gelästert in Worten?«

»Nie«, schrie Trotty eifrig.

»Niemals uns Schlimmes und Falsches nachgesagt und uns boshaft und böse genannt?«

»Niemals«, wollte Trotty antworten, doch schwieg er plötzlich bestürzt.

»Die Stimme der Zeit«, sagte das Phantom, »ruft dem Menschen zu: Vorwärts! Die Zeit will, daß er vorwärts schreite, will, daß er sich vervollkommne und seinen Wert erhöhe, sein Glück mehre und sein Leben besser gestalte und dem Ziele zuschreite, das vor seinen Augen liegt und abgesteckt wurde, als die Zeit und er begannen. Jahre der Dunkelheit, des Greuels und der Gewalttat sind gekommen und gegangen. Unzählbare Millionen haben gelitten, gelebt und sind gestorben. Um den Weg zu zeigen, der vorwärts führt. Wer stehenbleibt und den Gang der Zeit hemmen will, der greift in eine mächtige Maschine, die alle erschlägt, die im Wege stehen, und nach dem Stillstand eines Augenblicks nur um so ungestümer und rascher vorwärts treibt.«

»Das hab ich nie getan, soviel ich weiß, Sir«, sagte Trotty. »Wenn ich es getan habe, so geschah es unabsichtlich. Ich würde so etwas bestimmt nicht tun.«

»Wer fälschlich der Zeit und ihren Dienern in den Mund einen Klageruf legt um die Tage, die geprüft und zu leicht gefunden wurden und die Spuren zurückgelassen haben, so tief, daß sie ein Blinder sehen kann – einen Klageruf, der der Gegenwart nur so weit dienen könnte, als er der Menschheit zeigt, wie sehr Hilfe not tut –, wer dies tut, der tut unrecht. Und dieses Unrecht hast du uns, den Glocken, getan.«

Trottys ärgste Furcht war geschwunden. Er hatte eine zärtliche und dankbare Neigung zu den Glocken gehabt, und als er hörte, daß man ihn einer so schweren Kränkung bezichtigte, erfüllte sich sein Herz mit Reue und Leid.

»Wenn Ihr wüßtet«, sagte Trotty und faltete inbrünstig die Hände, »– oder vielleicht wißt Ihr es –, wie oft Ihr mir Gesellschaft geleistet, wie oft Ihr mich aufgerichtet habt, wenn ich niedergeschlagen war, wie Ihr das einzige Spielzeug meiner kleinen Meg waret, als ihre Mutter gestorben und sie und ich allein zurückgeblieben, würdet Ihr mir wegen eines einzigen übereilten Wortes nicht gram sein …«

»Wer in unserem Klang ein Echo hört menschlicher Leidenschaft und der Sorge um elende Nahrung, um die die Menschen welken und sich grämen, der fügt uns Unrecht zu. Dies Unrecht hast du uns getan«, sagte die Glocke.

»Das habe ich getan«, sagte Trotty. »Oh, verzeiht mir.«

»Wer in unserem Dröhnen jenes elende Erdgewürm reden hört, die Unterdrücker der Gedemütigten und Niedergebrochenen, die da bestimmt sind, höher erhoben zu werden, als jene Maden der Zeit kriechen können«, fuhr der Geist der Glocke fort, »wer also tut, der tut uns Unrecht. Und du hast uns Unrecht getan.«

»Nicht mit Absicht«, sagte Trotty, »in meiner Unwissenheit. Nicht mit Absicht.«

»Zuletzt und zumeist«, fuhr die Glocke fort, »wer den Gefallenen und Entstellten seiner Art und Gattung den Rücken kehrt, von ihnen als niedrig und gemein die Hand abzieht und den Abgrund nicht sehen will mit mitleidigem Auge, in den sie stürzten, in ihrem Falle noch huschend nach Büschel und Schollen von jenem Erdreich, dessen sie verlustig gingen, daran hängend, sich daran klammernd – den Abgrund, in dem sie zermalmt und sterbend liegen –, wer solches tut, der fügt dem Himmel und der Menschheit, der Zeit und der Ewigkeit Unrecht zu. Und solches Unrecht hast du auch getan.«

»Schone mich«, rief Trotty und sank in die Knie, »um der Barmherzigkeit willen.«

»Horch!« sagte der Schatten.

»Horch!« riefen die andern Schatten.

»Horch!« sagte eine klare, kindliche Stimme, die Trotty bekannt vorkam.

Die Orgel tönte leise in der Kirche unten, und ihr Ton schwoll an, und die Melodie drang zum Dache hinauf und füllte Chor und Schiff. Sie breitete sich aus, mehr und mehr, sie stieg hinauf, hinauf, hinauf, hinauf, höher und höher und höher hinauf und weckte fühlende Herzen auf in den Eichenpfeilern, in der Höhlung der Glocken, in den eisengegürteten Türen, in den Treppen aus festem Gestein, bis die Mauern des Turms sie nicht mehr fassen konnten und sie sich aufwärts schwang zum Firmament.

Kein Wunder, daß eines alten Mannes Brust den mächtigen, ungeheuern Klang nicht fassen konnte; der Schall sprengte das enge Gefängnis mit einem Strom von Tränen, und Trotty schlug die Hände vor sein Gesicht.

»Horch!« sagte der Schatten.

»Horch!« sagten die andern Schatten.

»Horch!« sagte des Kindes Stimme.

Eine feierliche, vielstimmige Weise stieg in den Turm empor. Es war eine sehr traurige, düstere Weise: ein Totenlied.

Und als Trotty lauschte, da hörte er seiner Tochter Stimme unter den Singenden.

»Sie ist tot«, schrie der alte Mann. »Meg ist tot. Ihr Geist ruft nach mir. Ich höre ihn!«

»Der Geist deines Kindes weint um die Toten und mischt sich unter die Toten mit toten Hoffnungen, toten Vorstellungen, toten Träumen der Jugend«, antwortete die Glocke. »Sie selbst aber lebt. Lerne aus ihrem Leben eine lebendige Wahrheit. Lerne von dem Wesen, das deinem Herzen am nächsten steht, wie böse die Bösen geboren sind. Sieh, wie elend und kahl der schönste Blumenstengel wird, reißt man die Knospen aus und Blatt um Blatt. Folge ihr in die Verzweiflung nach!«

Jeder der Schatten reckte den rechten Arm aus und wies niederwärts.

»Der Geist der Glocken ist dein Begleiter«, sagte die Gestalt. »Geh! Er steht hinter dir.«

Trotty sah sich um und sah – das kleine Mädchen? Das kleine Mädchen, das Will Fern durch die Straßen getragen, das kleine Mädchen, das Meg bewacht und das jetzt im Schlummer lag.

»Ich selbst trug sie, diese Nacht«, sagte Trotty »in meinen Armen.«

»Zeig ihm, was er nennt: Ich selbst«, sagten die dunklen Gestalten aus einem Munde.

Der Turm tat sich auf zu seinen Füßen. Trotty blickte nieder und sah sich selbst auf dem Boden liegen, draußen vor dem Turm, zerschmettert und regungslos.

»Nicht mehr unter den Lebenden«, schrie er auf. »Tot.«

»Tot«, sagten die Gestalten aus einem Munde.

»Barmherziger Himmel! Und das neue Jahr —«

»Vorbei«, sagten die Gestalten.

»Was!« schrie er mit Schaudern. »Ich verfehlte den Weg, trat im Finstern heraus aus dem Turm in die Nacht und fiel herab – vor einem Jahr?«

»Vor neun Jahren«, erwiderten die Gestalten.

Und wie sie diese Antworten gaben, zogen sie ihre ausgestreckten Hände zurück, und wo ihre Gestalten gewesen, da hingen die Glocken.

Und sie läuteten, da ihre Zeit wiedergekommen; und wieder erwachten ungeheure Scharen von Phantomen zum Leben, wieder wie damals geschäftig, wieder wie damals hinschwindend und in ein Nichts zusammenschrumpfend, als das Dröhnen verstummte.

»Was sind sie?« fragte Trotty seine Führerin. »Wenn ich nicht wahnsinnig werden soll, sag, was sind sie?«

»Kobolde der Glocken. Ihre Klänge auf den Fittichen der Luft«, antwortete das Kind. »Sie nehmen Form an und handeln, wie die Gedanken und Hoffnungen der Sterblichen es ihnen eingeben.«

»Und du«, sagte Trotty verwirrt, »was bist du?«

»Pst! Pst!« antwortete das Kind. »Schau her!« In einer ärmlichen niedrigen Stube an derselben Stickerei arbeitend, die er so oft und oft von ihr gesehen, zeigte sich ihm Meg, seine eigene geliebte Tochter. Er versuchte nicht, ihr Küsse auf die Wange zu drücken und sie an sein liebendes Herz zu schließen. Er wußte, daß solche Zärtlichkeit nicht mehr für ihn war. Er hielt nur seinen zitternden Atem an und wischte nur die Tränen weg, die sein Auge blendeten, damit er sie sehen könnte.

Oh wie verändert, wie verändert war sie! Das Licht des klaren Auges wie trübe! Die Rosen ihrer Wangen verwelkt. Schön war sie noch immer, aber die Hoffnung, die Hoffnung, die Hoffnung war gestorben, die Hoffnung, die fröhliche Hoffnung, die einst zu ihm gesprochen wie eine Stimme.

Sie blickte von der Arbeit auf nach ihrer Gefährtin. Der alte Mann folgte ihrem Auge und fuhr zurück.

Sofort erkannte er das jetzt erwachsene Mädchen wieder. In den langen seidenen Locken erkannte er die alten Ringel wieder, und um die Lippen schwebte noch derselbe kindliche Ausdruck. Siehe, in den Augen, die forschend auf Margarets Gesicht ruhten, strahlte noch derselbe Blick, den er in ihren Zügen gelesen, als er sie damals in sein Haus getragen hatte.

Was war aber das neben ihm? Mit Scheu in das kindliche Gesicht blickend, sah er etwas in den Zügen, ein feierliches, unbestimmtes, unerklärliches Etwas, das kaum mehr als eine Erinnerung an jenes Kind ausdrückte, das es wohl der Gestalt nach sein konnte, und doch war es dasselbe Kind, dasselbe und trug auch seine Kleidung.

Horch, sie sprachen miteinander.

»Meg«, sagte Lilly mit Zögern, »wie oft du aufblickst von deiner Arbeit, um mich anzusehen.«

»Hat sich mein Aussehen so geändert, daß es dich erschreckt?«

»Gewiß nicht, liebe Meg. Du glaubst es gewiß selbst nicht. Aber warum lächelst du nicht mehr, wenn du mich anblickst, Meg?«

»Das tue ich doch, oder nicht?« Sie antwortete und lächelte sie an.

»Jetzt wohl«, sagte Lilly »aber gewöhnlich nicht. Wenn du zuweilen denkst, ich sei beschäftigt und bemerke es nicht, dann siehst du so ängstlich und besorgt aus, daß ich kaum wage, die Augen aufzuschlagen. Wohl haben wir bei diesem harten mühseligen Leben wenig Ursache zu lächeln, aber du warst doch sonst so heiter.«

»Bin ich es nicht noch?« fragte Meg mit seltsamer Unruhe und stand auf und umarmte sie. »Mache ich dir unser mühseliges Leben noch mühseliger, Lilly?«

»Du warst doch das einzige Wesen«, sagte Lilly und küßte sie heiß, »das mir das Leben erhielt, bisweilen das einzige Wesen, dessentwegen ich weiterlebte, Meg. Diese Arbeit, diese Arbeit! Die vielen Stunden und Tage, die langen, langen Nächte hoffnungsloser, freudenarmer, nimmer endender Arbeit – nicht um Vermögen zu sammeln, vornehm oder fröhlich zu leben, nicht einmal um bescheiden, wenn auch noch so notdürftig zu leben, nur gerade, um trocknes Brot zu verdienen, um gerade so viel zu erübrigen, um davon darben zu können und in uns das Bewußtsein unseres harten Schicksals lebendig zu erhalten. Oh Meg, Meg!« schrie sie und schlang schmerzerfüllt ihre Arme um sie. »Wie kann die grausame Welt ein solches Leben so lange mit ansehen.«

»Lilly!« sagte Meg, sie beruhigend und strich ihr das Haar aus dem tränenfeuchten Gesicht. »Aber Lilly, du, so hübsch und so jung!«

»Oh Meg«, unterbrach sie Lilly und beugte sich weg von ihr auf Armeslänge und sah ihr flehend ins Gesicht. »Das ist gerade das Schlimmste von allem. Wäre ich alt, Meg, wäre ich welk und runzlig, dann wäre ich frei von den schrecklichen Gedanken, die mich so in Versuchung führen in meiner Jugend.«

Trotty wandte sich um nach seiner Führerin. Doch der

Geist des Kindes hatte die Flucht ergriffen. Er war fort.

Auch er selbst blieb nicht.

Denn Sir Joseph Bowley, der Freund und Vater der Armen, hielt ein großes Fest in Bowley Hall zur Geburtstagsfeier der Lady Bowley. Und da Lady Bowley am Neujahrstag geboren war – die Lokalblätter sahen das als einen besonderen Fingerzeig der Vorsehung an und spielten darauf an, daß die Zahl »I« der Lady Bowley auch zugleich die bekannte Schöpfungszahl »I« sei, so fand dieses Fest an einem Neujahrstage statt.

Bowley Hall war voll von Gästen. Der Gentleman mit dem roten Gesicht war da. Mr. Filer war da. Der große Alderman Cute war da. Alderman Cute hatte eine große Vorliebe für vornehme Leute, und sein Verhältnis zu Sir Joseph Bowley hatte sich infolge seines damaligen aufmerksamen Briefes außerordentlich gefestigt. Er war seit der Zeit geradezu ein Freund der Familie geworden. – Und viele Gäste waren da. Trottys Geist war da, und das arme Gespenst wanderte trübselig herum und suchte nach seiner Führerin.

In der großen Halle sollte das prunkhafte Dinner stattfinden, bei dem Sir Joseph Bowley in seiner berühmten Stellung als Freund und Vater der Armen seine große Rede halten sollte. Eine Reihe Plumpuddings sollten zuerst von seinen »Freunden« und deren Kindern in einer andern Halle gegessen werden, und auf ein gegebenes Zeichen sollten sich diese Freunde und Kinder unter ihre Freunde und Väter mischen und so eine Familienversammlung bilden, daß vor lauter Rührung nicht einmal ein männliches Auge trokken bleiben sollte.

Aber noch mehr war vorgesehen. Sogar noch mehr als das. Sir Joseph Bowley, Baronet und Parlamentsmitglied, wollte mit seinen Knechten eine Partie Kegel, eine wirkliche Partie Kegel schieben.

»Es erinnert einen förmlich«, sagte Alderman Cute, »an die Tage des alten Königs Heinz, des starken Königs Heinz, des dicken Königs Heinz.«

»Ja, das war ein edler Charakter!«

»Ja, ein sehr edler«, sagte Mr. Filer trocken. »Besonders was das Heiraten und Ermorden seiner Frauen anbelangt. Nebenbei gesagt, gibt's mehr Frauen als Männer.«

»Nicht wahr, du wirst die schönen Damen bloß heiraten und sie nicht ermorden, was«, sagte Alderman Cute zu dem zwölfjährigen Erben Bowleys. »Ein süßer Junge. Wir werden diesen kleinen Gentleman im Parlament haben, ehe wir uns versehen«, sagte der Alderman, nahm ihn bei den Schultern und sah ihn so nachdenklich, wie er nur irgend konnte, an. »Wir werden von seinen Erfolgen bei den Wahlen hören, von seinen Reden im Parlament, von den Angeboten seitens der Regierung und seinen brillanten Leistungen auf allen Gebieten; oh wir werden ihm unsere geringen Huldigungen im Gemeinderat darbringen, das weiß ich, eher als wir denken.«

»Oh, das machen die Schuhe und Strümpfe«, dachte Trotty, aber sein Herz schlug dem Kinde entgegen, um der Liebe willen zu den schuh- und strumpflosen Jungen, denen der Alderman an jenem Mittag die Laufbahn von Taugenichtsen vorausgesagt und die seiner armen Meg Kinder hätten sein können.

»Richard«, stöhnte er und durchstreifte die Gesellschaft. »Wo ist er nur? Ich kann Richard nicht finden. Wo ist Richard?«

Hier wahrscheinlich nicht, wenn er noch lebte!

Schmerz und Einsamkeit verwirrten Trotty. Er wanderte immer noch unstet in der vornehmen Gesellschaft herum, suchte seine Führerin und sagte unablässig: »Wo ist nur Richard? Zeig mir Richard!«

Als er so herumlief, begegnete er Mr. Fish, dem Geheimsekretär, der in großer Aufregung war. »Gott steh mir bei!« rief Mr. Fish. »Wo ist nur der Alderman Cute? Hat niemand den Alderman gesehen?«

Den Alderman gesehen? Lieber Himmel, wer konnte den Alderman nicht sehen. Er war so fürsorglich, so leutselig – sich des begreiflichen Wunsches der Menge, seiner ansichtig zu sein, so bewußt, daß er sich immerwährend vor allen Augen hielt. Und wo vornehme Leute waren, da war bestimmt auch Cute, angezogen von der Sympathie, die große Seelen verbindet.

Mehrere Stimmen sagten, daß er sich in dem Kreise befände, der um Sir Joseph stand. Mr. Fish bahnte sich einen Weg, fand ihn und zog ihn in eine Fensternische, um ihm heimlich etwas zu sagen. Trotty gesellte sich zu ihnen. Nicht aus eigenem Antrieb. Er fühlte, daß sich seine Schritte von selbst dorthin lenkten.

»Mein lieber Alderman Cute«, sagte Mr. Fish, »noch ein bißchen weiter zum Fenster. Etwas Schreckliches ist vorgefallen. Ich habe es in diesem Augenblick erfahren. Ich dächte, es wäre das beste, Sir Joseph nichts mitzuteilen, bis der Tag vorüber ist. Sie kennen Sir Joseph, und ich bitte Sie um Ihre Meinung. Ein außerordentlich schreckliches und beklagenswertes Ereignis!«

»Fish«, entgegnete der Alderman, »Fish, lieber Freund, was ist geschehen? Doch keine Revolution, will ich hoffen. Keine – keine Widersetzlichkeit gegen die Obrigkeit?«

»Deedles, der Bankier«, der Sekretär schnappte nach Luft, »Gebrüder Deedles, der heute hätte hiersein sollen, der im höchsten Ansehen steht an der Börse –«

»Umgeschmissen!« sagte der Alderman. »Das kann nicht sein.«

»Erschossen hat er sich«

»Großer Gott!«

»Hat sich eine Doppelpistole in seinem eigenen Bankhause an den Mund gesetzt«, sagte Mr. Fish, »und sich das Gehirn herausgeschossen. Und ohne Grund – fürstliche Verhältnisse.«

»Verhältnisse!« rief der Alderman aus. »Ein Mann mit fürstlichem Vermögen. Einer der allerrespektabelsten Menschen. Selbstmord, Mr. Fish. Mit eigener Hand.«

»An diesem Morgen«, entgegnete Mr. Fish.

»Oh das Gehirn, das Gehirn!« Und der fromme Alderman hob die Hände zum Himmel. »Oh die Nerven, die Nerven; die Geheimnisse der Maschine, die wir Mensch nennen. Das Unscheinbarste hebt sie aus den Angeln! Armselige Geschöpfe, die wir sind! Vielleicht eine schwerverdauliche Speise, Mr. Fish. Vielleicht das Betragen seines Sohnes, der, wie ich hörte, ein wüstes Leben führt und ohne die mindeste Erlaubnis seines Vaters Wechsel auf ihn zu ziehen pflegte! Einer der angesehensten Leute, die ich jemals kennengelernt habe! Ein beklagenswerter Umstand, Mr. Fish. Ein öffentliches Unglück. Ich werde beantragen, daß man die tiefste Trauer trägt. Ein außerordentlich angesehener Mann, aber es lebt Einer über uns. Wir müssen uns unterwerfen, Mr. Fish. Wir müssen uns beugen in Demut.«

»Was, Alderman! Kein Wort von Ausrotten? Denke an deinen hohen sittlichen Standpunkt und deinen Stolz. Komm, Alderman! Nimm einmal die Waage. Wirf in diese Schale, die leere – gar keine schwerverdauliche Speise, nur das Bild der versiegten Natur, ein armes Weib ohne Brot für ihr Kind, das doch ein Recht darauf hat seit der heiligen Mutter Evas Zeiten. Wäge die zwei, du Daniel! Und tritt zum Richterstuhl, wenn dein Tag gekommen sein wird. Wäge sie vor den Augen der leidenden Tausende und sie werden sich der greulichen Posse, die du spieltest, erinnern. Oder angenommen, du verlörest deine fünf Sinne – der Weg dahin ist kürzer als du denkst – und legtest Hand an deine eigene Gurgel zur Warnung für deine Genossen, wenn sie in ihrer sattgefressenen Verderbtheit andern vorkrächzen, was dann!«

Die Worte kamen aus Trottys Brust, wie wenn sie eine andere Stimme in ihm gesprochen hätte. Alderman Cute versprach Mr. Fish, daß er ihm behilflich sein wollte, die traurige Kunde Sir Joseph beizubringen, wenn der Tag vorüber wäre. Dann, bevor sie schieden, drückte er Mr. Fish die Hand in der Bitternis seines Schmerzes und sagte: »Ein außerordentlich angesehener Mann!« und fügte hinzu, daß er nicht begreifen könne (nicht einmal er), warum solche Trübsal auf Erden zugelassen werde.

»Man könnte fast denken, wenn man es nicht besser wüßte«, sagte Alderman Cute, »daß manchmal in der allgemeinen Einrichtung des sozialen Gebäudes sich etwas wie eine heftige Erschütterung vollzieht. Gebrüder Deedles!«

Das Kegelschieben ging unter ungeheurem Beifall vor sich. Sir Joseph schob meisterhaft. Der junge Bowley tat auch mit auf kürzeren Stand, und allgemein war man der Meinung, daß jetzt, wo ein Baronet und der Sohn eines Baronets Kegel schöben, das Land unbedingt wieder auf die Beine kommen müßte, und in so kurzer Zeit, daß man staunen werde. Genau zur üblichen Stunde wurde das Bankett serviert. Trotty ging unfreiwillig mit den übrigen in den Saal, denn er fühlte sich von einem mächtigeren Drang als seinem eigenen Willen dorthin getrieben.

Es war ein prächtiges Schauspiel; die Damen waren sehr schön; die Gäste entzückt, fröhlich und bester Laune. Als sich die unteren Türen auftaten und das Volk hereinströmte in ländlicher Tracht, da erreichte die Schönheit der Szene ihren Höhepunkt. Nur Trotty murmelte immerwährend vor sich hin: »Wo ist nur Richard? Er soll ihr doch helfen und sie trösten. Ich kann Richard nicht sehen.«

Es wurden einige Reden gehalten und auf Lady Bowleys Gesundheit getrunken. Und Sir Joseph Bowley hatte gedankt und seine große Rede gehalten, in der er nachgewiesen, daß er der geborene Freund und Vater und so weiter sei und hatte als Toast die Freunde und Kinder und die Würde der Arbeit ausgebracht, da zog im Hintergrund des Saales eine kleine Störung Tobys Aufmerksamkeit auf sich. Nach einigem Wirrwarr, Lärm und Widerstand bahnte sich ein Mann den Weg durch die Menge und trat vor.

Es war nicht Richard, aber einer, an den Trotty schon öfter hatte denken müssen. Bei einer schwächern Beleuchtung hätte er vielleicht an der Identität des abgezehrten, alten, grauen und gebeugten Mannes gezweifelt, hier aber bei dem hellen Lichterschein, der auf den eckigen, knorrigen Kopf fiel, erkannte er sofort Will Fern, als dieser den ersten Schritt vorwärts tat.

»Was ist das?« rief Sir Joseph, sich erhebend. »Wer ließ den Mann herein? Es ist ein Verbrecher aus dem Gefängnis! Mr. Fish, möchten Sie nicht die Güte haben –«

»Eine Minute«, sagte Will Fern, »eine Minute! Mylady! Sie haben heute zugleich mit dem neuen Jahr Geburtstag. Gestatten Sie mir, nur eine Minute zu sprechen.«

Sie verwendete sich für ihn. Sir Joseph nahm seinen Sitz wieder ein mit angeborener Würde.

Der zerlumpte Gast sah sich in der Gesellschaft um und bezeigte ihr seine Ehrerbietung, indem er sich tief verbeugte.

»Vornehme Herrschaften!« sagte er. »Sie haben soeben auf das Wohl der Arbeiter getrunken. Sehen Sie auf mich!«

»Geradenwegs aus dem Gefängnis«, sagte Mr. Fish. »Geradenwegs aus dem Gefängnis«, sagte Will. »Und nicht zum ersten oder zweiten oder dritten Mal, auch nicht zum

vierten Mal.«

Man hörte Mr. Filer sagen, daß viermal bereits die Durchschnittszahl übersteige. Es wäre eine Schamlosigkeit.

»Vornehme Herrschaften!« wiederholte Will Fern. »Sehen Sie mich an. Sie sehen, ich bin auf der untersten Stufe angekommen, man kann mich nicht mehr beleidigen oder mir schaden und kann mir nicht mehr helfen. Denn die Zeit, wo mir Ihre freundlichen Worte oder Taten hätten helfen können«, er schlug sich mit der Hand auf die Brust und schüttelte den Kopf, »ist vorbei wie der Duft der Bohnenblüten oder des Klees vom vergangenen Jahr. Lassen Sie mich ein Wort für diese sprechen.« Und er wies auf die Arbeiterschaft im Saal. »Und da Sie so schön beisammen sind, so hören Sie einmal die wirkliche Wahrheit an.«

»Es ist nicht ein Mensch hier«, sagte der Gastgeber, »der Euch zum Fürsprecher haben möchte.«

»Sehr möglich, Sir Joseph. Ich glaube es auch. Deswegen ist aber, was ich sage, nicht weniger wahr. Vielleicht ist es sogar ein Beweis dafür. Meine vornehmen Herrschaften! Ich habe viele Jahre in diesem Orte gelebt. Sie können die Hütte von der eingefallenen Hürde drüben sehen. Ich habe die Damen sie wohl hundertmal in ihre Skizzenbücher zeichnen sehen. Sie soll sich so hübsch ausnehmen in einem Bilde. Aber bei Gemälden ist das Wetter nicht mit drauf, und wahrscheinlich ist es leichter, sie abzuzeichnen als drin zu leben. Gut. Ich lebte drin. Wie hart, wie bitter hart ich drin lebte und wohnte, davon will ich nicht reden. Jeden Tag im Jahr können Sie sich ja selbst überzeugen.«

Er sprach, wie er an dem Abend gesprochen, als Trotty ihn auf der Straße gefunden hatte. Seine Stimme war tiefer und rauher und bebte dann und wann. Doch er erhob sie niemals leidenschaftlich, und selten sprach er lauter, als es das ernste Thema erforderte.

»Es ist härter, als Sie sich denken, vornehme Gesellschaft, in Ehren aufzuwachsen, ich meine, in den allergewöhnlichsten Ehren, an einem solchen Orte. Daß ich als Mensch aufwuchs und nicht als Tier, spricht einigermaßen für mich, wenn man bedenkt, wie's mir damals ging. Wie ich jetzt dastehe, läßt sich für mich nichts mehr sagen oder tun. Ich bin darüber hinaus.«

»Ich bin sehr froh, daß dieser Mann gekommen ist«, bemerkte Sir Joseph heiter umherblickend. »Man störe ihn nicht, es scheint die Vorsehung die Hand im Spiel zu haben. Er ist ein Exempel, ein lebendes Exempel. Ich glaube und hoffe zuversichtlich und erwarte bestimmt, daß es für meine Freunde hier nicht verloren sein wird.«

»Ich schleppte mich durch«, sagte Fern nach einem Augenblick Stillschweigen, »irgendwie. Weder ich noch irgend jemand kann sagen, wie, aber so schwer, daß man es mir am Gesicht ansah, was ich war. Nun, meine Herren, Ihr Herren, die Sie zu Gericht sitzen, wenn Sie einen Mann, dem die Unzufriedenheit ins Gesicht geschrieben steht, sehen, dann sagen Sie zueinander, er ist verdächtig, ich mißtraue ihm, diesem – Will Fern. Bewacht den Kerl! Ich sage nicht, daß das nicht selbstverständlich wäre, ich sage nur, es ist so. Und von dieser Stunde an muß dem Will Fern alles schiefgehen, mag er tun oder lassen, was er will.«

Alderman Cute steckte die Daumen in seine Westentaschen, lehnte sich in seinen Stuhl zurück; lächelte – und zwinkerte in das Licht eines in der Nähe stehenden Armleuchters. Womit er soviel sagen wollte wie: Nun natürlich! Ich hab's ja immer gesagt, das gewöhnliche Gejammer. Du lieber Himmel, wir sind über derlei schon hinaus – ich und die menschliche Natur.

»Nun, Gentlemen«, sagte Will Fern, streckte seine Hände aus, und einen Augenblick stieg ihm das Blut in sein abgezehrtes Gesicht. »Sehen Sie, wie Ihre Gesetze gemacht sind, uns Fallen zu stellen und uns niederzuhetzen, wenn wir so weit gekommen sind. Ich versuche anderswo zu leben, folglich bin ich ein Vagabund. Ins Gefängnis mit mir. Ich komm wieder zurück, schlag mir in euern Wäldern ein paar Nüsse vom Baum, liegt denn was dran? Ins Gefängnis mit mir. Einer eurer Wildhüter sieht mich am hellen, lichten Tag in der Nähe meines eigenen Strichs Garten mit einer Flinte: Ins Gefängnis mit mir! Ich spreche natürlich mit dem Mann ein Wörtchen, als ich wieder freikomme: Ins Gefängnis mit mir. Ich schneide mir einen Stock ab: Ins Gefängnis mit mir. Ich esse einen faulen Apfel oder eine Rübe: Ins Gefängnis mit mir. Es ist zwanzig Meilen von hier, und als ich zurückkomme, bettle ich um eine Kleinigkeit auf der Straße: Ins

Gefängnis mit mir. Kurz, der Gendarm, der Wildhüter – irgend jemand – findet mich irgendwo bei irgendwas. Also ins Gefängnis mit mir, denn ich bin doch ein Vagabund und ein bekannter Galgenvogel; und das Gefängnis ist meine einzige Heimat geworden.«

Der Alderman nickte beredt mit dem Kopfe, als wollte er sagen: »Und was für eine gute Heimat«.

»Sag ich das um meinetwillen? Wer kann mir meine Freiheit zurückgeben? Wer gibt mir meinen guten Namen zurück? Wer kann mir meine unschuldige Nichte zurückgeben? Nicht alle die Lords und Ladys im weiten England. Aber, Gentlemen, Gentlemen, wenn Ihr Euch wieder mit Menschen befaßt von meinesgleichen, dann faßt's am rechten Ende an. Gebt uns um Gottes willen bessere Wohnungen als die, in denen wir liegen von der Wiege an. Gebt uns bessere Nahrung, wenn wir uns um unser Leben schinden. Gebt uns mildere Gesetze, daß wir zurückkönnen, wenn wir auf falschem Wege sind. Und stellt uns nicht immer Kerker, Kerker, Kerker hin, wohin wir uns auch wenden mögen. Dann könnt Ihr dem Arbeiter jegliche Herablassung zeigen, die Ihr wollt. Er wird sie so bereitwillig und dankbar hinnehmen, wie ein Mann es nur tun kann, denn er hat ein geduldiges, friedliches, williges Herz. Aber Ihr müßt zuerst den rechten Geist in ihn einpflanzen. Denn ob er nun ein Wrack oder eine Ruine geworden sein mag wie ich, oder einer von denen ist, die dort stehen, sein Herz ist Euch entfremdet in der jetzigen Zeit. Bringt es zurück, Ihr Vornehmen, bringt es zurück! Bringt es zurück, ehe der Tag kommt, wo selbst die Worte der Bibel in seinem verirrten Sinn sich verwirren und ihm so zu klingen scheinen, wie sie mir zuweilen zu klingen schienen im Gefängnis: ›Wohin du gehst, da kann ich nicht hingehen. Wo du wohnst, da wohne ich nicht. Dein Volk ist nicht mein Volk und dein Gott ist nicht mein Gott!‹«

Ein plötzlicher Aufruhr und eine Erregung erhob sich in dem Saale. Trotty dachte zuerst, daß sich mehrere erhoben hätten, um den Mann hinauszuwerfen, und daher käme der plötzliche Wandel der Szene. Aber der nächste Augenblick zeigte ihm, daß Saal und Gesellschaft verschwunden waren und daß seine Tochter wieder vor ihm saß, die Arbeit in der Hand. Aber in einem ärmern, noch niedrigeren Stübchen als vorher und ohne Lilly zur Seite.

Der Stickrahmen, an dem sie gearbeitet hatte, war beiseite gelegt und zugedeckt. Der Stuhl, in dem Lilly gesessen, stand zur Wand gekehrt.

Eine lange Geschichte sprach aus diesen kleinen Dingen und aus Megs gramgefurchtem Gesicht. Wer hätte sie nicht lesen können?

Meg heftete ihre Augen auf ihre Arbeit, bis es zu dunkel geworden war, die Fäden zu unterscheiden, und als die Nacht sank, da zündete sie die dünne Kerze an und arbeitete weiter. Noch immer stand ihr alter Vater unsichtbar bei ihr, blickte auf sie herab voll zärtlicher, inniger Liebe und sprach zu ihr von den alten Zeiten und den Glocken, wiewohl er wußte, der arme Trotty daß sie ihn nicht hören konnte.

Der Abend war zum großen Teil verstrichen, als es an die Tür klopfte. Sie öffnete. Ein Mann stand auf der Schwelle. Schlottrig, betrunken und schmutzig, von Laster und Unmäßigkeit verwüstet, mit wirrem Haar und ungeschorenem Bart.

Nur noch Spuren davon standen in seinem Gesicht, daß er einstmals in seiner Jugend ein stattlicher Mann gewesen sein mochte, gut gewachsen und mit hübschen Zügen.

Er blieb stehen, bis sie ihm erlaubte einzutreten; sie wich ein bis zwei Schritte von der offenen Tür zurück und sah ihn stumm und voller Trauer an.

Trottys Wunsch war erfüllt: Er sah Richard.

»Kann ich hereinkommen, Margaret?«

»Ja, komm herein, komm herein.«

Hätte ihn Trotty nicht vor diesen Worten schon erkannt, wäre er im Zweifel geblieben, denn nach der heiseren, rauhen Stimme hätte er ihn für einen ganz Fremden halten müssen.

Es standen nur zwei Stühle im Zimmer. Sie gab ihm ihren und blieb von ihm entfernt stehen, abwartend, was er zu sagen habe.

Er saß da und starrte mit nichtssagendem stupidem Lächeln auf den Boden. Ein Bild so tiefer Herabgekommenheit und völliger Hoffnungslosigkeit, von so elender Verkommenheit, daß sie ihr Gesicht mit den Händen bedeckte und sich abwandte, damit er nicht sehen sollte, wie sehr es sie erschütterte. Durch das Rascheln ihres Kleides oder sonst ein Geräusch erwachend, erhob er den Kopf und begann in einer Weise zu sprechen, als ob seit seinem Eintritt gar keine Pause geherrscht hätte.

»Immer noch bei der Arbeit, Margaret? Du arbeitest spät.«

»Ich tu es immer.«

»Auch früh?«

»Auch früh!«

»*Sie* sagte das auch; *sie* sagte, du würdest niemals müde oder wolltest nicht eingestehen, daß du müde wärest. Die ganze Zeitlang, als ihr zusammen lebtet. Selbst dann nicht, wenn dich die Kraft verließ zwischen Arbeit und Hunger. Doch das erzählte ich dir ja schon, als ich das letztemal hier war.«

»Ja«, antwortete sie, »und ich bat dich, davon nichts mehr zu reden. Und du versprachst es mir feierlich, Richard, daß du davon niemals mehr sprechen wolltest.«

»Ein feierliches Versprechen«, lallte er mit einem blödsinnigen Lachen und ins Leere starrend. »Ein feierliches Versprechen. So, so.« Nach einiger Zeit wieder erwachend wie vorher, sagte er mit plötzlicher Lebhaftigkeit:

»Was kann ich tun, Margaret, was kann ich dafür, sie ist wieder bei mir gewesen.«

»Wieder«, rief Meg und krampfte die Hände. »Denkt sie so oft an mich. Schon wieder ist sie dagewesen.«

»An die zwanzigmal«, sagte Richard, »Margaret. Sie verfolgt mich auf Schritt und Tritt. Sie kommt auf der Straße hinter mir drein und steckt es mir in die Hand. Ich höre ihren Fuß in der Asche, wenn ich bei der Arbeit bin (ha, ha, das kommt nicht oft vor), und bevor ich mich umsehen kann, flüstert mir ihre Stimme ins Ohr und sagt: ›Richard, schau dich nicht um. Um Gottes willen gib ihr das – das –.‹ Sie bringt mir's in die Wohnung, schickt es mir im Brief, sie klopft an die Scheiben und legt es aufs Fensterbrett. Was kann ich tun dagegen? Da schau her.«

Er hielt ihr eine kleine Börse hin und klimperte mit dem Gelde.

»Gib sie weg«, sagte Meg. »Gib es weg. Wenn sie wiederkommt, sag ihr, Richard, daß ich sie liebe von ganzem Herzen. Daß ich mich niemals schlafen lege, ohne sie zu segnen und für sie zu beten. Daß ich bei meiner einsamen Arbeit beständig an sie denke. Daß sie bei mir ist bei Tag und Nacht. Daß ich ihrer gedenken würde mit meinem letzten Atemzug, wenn ich morgen sterben müßte, aber daß ich's nicht mit anschauen kann.«

Er zog die Hand langsam zurück und sagte, die Börse mit den Fingern zusammendrückend, in einer Art schläfriger Nachdenklichkeit:

»Ich hab es ihr schon gesagt; ich hab es ihr gesagt, so klar und deutlich, wie man es mit Worten nur kann. Ich hab ihr das Geschenk zurückgegeben und vor ihrer Tür liegenlas-

sen, wohl schon dutzendemal. Und wenn sie dann wieder-
kam und vor mir stand, Auge in Auge, was konnte ich da
tun?«

»Du sahst sie«, rief Meg, »du hast sie gesehen? Oh Lilly,
meine liebe, süße Lilly! Lilly! Oh Lilly, Lilly!«

»Ich hab sie gesehen«, fuhr er fort, nicht als Antwort, sondern immer noch mit seinen eigenen Gedanken beschäftigt.
»Lilly stand da und zitterte: ›Wie sieht Meg aus, Richard?
Spricht sie noch von mir? Ist sie magerer geworden? Mein
alter Platz am Tisch! Wer sitzt an meinem Platze? Und der
Stickrahmen, auf dem sie mich die Arbeit lehrte – hat sie
ihn verbrannt, Richard?‹ – Das sagte Lilly, ich hörte sie das
sagen.«

Meg unterdrückte ihr Schluchzen. Mit strömenden Tränen beugte sie sich über ihn, um zu lauschen. Nicht einen
Atemzug seines Mundes wollte sie verlieren.

Und er fuhr fort, die Arme auf die Knie gestützt und
vor sich hinstarrend, als wenn alles, was er sagte, auf dem
Fußboden stünde in halb unleserlichen Zügen und als ob
er damit beschäftigt wäre, die Schrift zu entziffern und ab-
zulesen:

»›Richard‹, hat sie gesagt, ›ich bin sehr tief gesunken, und
du kannst dir denken, was ich gelitten habe, als ich das zu-
rückgeschickt bekam und doch wiederkomme, um es dir
nochmals zu geben. Doch du liebtest sie einst, wie ich mich
selbst noch erinnern kann. Andere traten zwischen euch.
Ungewißheit, Eifersucht und Zweifel und Nichtigkeiten
entfremdeten dich ihr. Doch du liebtest sie, daran kann ich
mich selbst noch erinnern.‹ Ich glaube, es ist wahr«, fügte
er hinzu, sich selbst unterbrechend, »doch das gehört nicht
hierher. – ›Oh Richard, wenn du sie jemals liebtest und noch
eine Erinnerung hast an das, was dahin und vorbei, so nimm
das noch einmal und bringe es ihr. Noch einmal! Sag ihr, wie

ich dich bettelte und bat. Sag ihr, daß ich meinen Kopf auf deine Schulter gelegt habe, wo vielleicht ihr Haupt gelegen, und wie ich dich demütig darum bat, Richard. Sag ihr, daß du mir ins Gesicht gesehen hast und daß die Schönheit, die sie immer so pries, verblaßt und vergangen ist, vergangen und dahin, und an ihrer Stelle magere, hohle Wangen sind, daß sie Tränen vergießen würde bei ihrem Anblick. Sag ihr alles und nimm's wieder mit, und sie wird es nicht zurückweisen. Sie wird es nicht übers Herz bringen.«

So saß er sinnend da und wiederholte die letzten Worte, bis er plötzlich wieder zu sich kam und aufstand.

»Du willst es nicht nehmen, Margaret?«

Sie schüttelte den Kopf und bat ihn durch eine Gebärde zu gehen.

»Gute Nacht, Margaret.«

»Gute Nacht.«

Er wandte sich um nach ihr und war betroffen von ihrem Schmerz und vielleicht von dem Mitleiden für ihn selber, das in ihrer Stimme zitterte. Es war eine plötzliche Regung, und für einen Augenblick belebte etwas sein Gesicht, wie ein Blitz aus seinem frühern Wesen. Doch im nächsten Moment ging er, wie er gekommen war. Das Aufglimmen eines längst erloschenen Feuers leuchtete nicht hinab in die Tiefen seiner rettungslosen Erniedrigung.

Bei jeder Stimmung, jedem Kummer, in allen Qualen des Geistes und Körpers mußte Meg fortarbeiten. Sie setzte sich wieder nieder und stickte. Nacht, Mitternacht! Immer noch saß sie an der Arbeit.

Sie hatte ein dürftiges Feuer. Die Nacht war sehr kalt, und von Zeit zu Zeit stand sie auf, es zu schüren. Die Glocken läuteten halb ein Uhr, und immer noch arbeitete sie, und als die Töne verklangen, da klopfte etwas leise an die Tür. Ehe sie noch darüber nachdenken konnte, wer es wohl sein möchte zu dieser späten Stunde noch, tat sich die Türe auf. Sie sah die Gestalt, die hereintrat, rief ihren Namen und schrie auf: »Lilly!«

Und schon sank die Gestalt von ihr in die Knie und klammerte sich an ihr Kleid.

»Steh auf, mein Lieb, steh auf, Lilly. Mein einziger Liebling.«

»Nie mehr, Meg, nie mehr! Hier! Hier! An dich geschmiegt will ich sein, mich klammern an dich, ich will deinen lieben Atem auf meinem Gesicht fühlen.«

»Süße Lilly! Lilly, mein Liebling! Kind meines Herzens – keiner Mutter Liebe kann inniger sein – leg deinen Kopf an meine Brust.«

»Nie mehr, Meg, nie mehr! Als ich zum erstenmal dein Gesicht erblickte, knietest du vor mir. Auf meinen Knien vor dir laß mich sterben, hier sterben!«

»Du bist zurückgekommen. Mein alles! Wir wollen zusammen leben, zusammen ringen, hoffen, miteinander sterben.«

»Oh küsse meine Lippen, Meg! Lege deine Arme um mich, drück mich an deine Brust! Sieh freundlich auf mich nieder – doch hebe mich nicht auf. Laß mich hier sterben. Laß mich hier liegen auf meinen Knien, dein liebes Gesicht zum letztenmal sehen! Vergib mir, Meg! Oh Liebe, Liebe, vergib mir. Ich weiß, du tust es, ich sehe, du tust es, doch sage es mir auch, Meg.«

Und Margaret sagte es mit den Lippen auf Lillys Wangen. Und sie hielt in den Armen – sie fühlte es wohl – ein gebrochenes Herz.

»Gott segne dich, mein teuerstes Lieb! Küsse mich noch einmal! Auch Er duldete, daß sie zu Seinen Füßen saß und sie trocknete mit ihrem Haar. Oh Meg, welche Gnade und welch Erbarmen!«

Und wie sie starb, da berührte der Geist des wiederkehrenden Kindes unschuldig und strahlend den alten Mann mit seiner Hand und winkte ihm zu kommen.

VIERTES VIERTEL

Verschwommen kam es Trotty zum Bewußtsein, daß die Glocken wieder läuteten, daß sich der Schwarm der Phantome wieder bildete und neu gestaltete, daß wieder die Gespenster aus den Glocken sprangen, bis sich die Erinnerung an sie in dem Gewirr ihrer Zahl von selbst verlor. So etwas wie ein Bewußtsein, das während mehrerer Jahre geschwunden gewesen sein mußte, kam über ihn, und ohne daß er wußte wie, stand der Geist des Kindes wieder neben ihm, und sie blickten wieder auf eine Gesellschaft von Sterblichen.

Eine frohe Gesellschaft, eine rotbackige, behäbige Gesellschaft. Es waren nur zwei Menschen, aber sie waren rotbackig genug für zehn. Sie saßen an einem hellen Feuer, zwischen sich einen kleinen, niedrigen Tisch, und wenn nicht der Duft von heißem Tee und geröstetem Brot in diesem Zimmer länger anhielt als irgendwo anders, dann mußte der Tisch soeben erst gedeckt worden sein. Da aber alle Ober- und Untertassen sauber waren und auf den richtigen Plätzen im Eckschrank standen und die kupferne Röstgabel ruhig in ihrem Winkel hing, die vier müßigen Zinken gespreizt, als wolle sie sich Maß für einen Handschuh nehmen lassen, so blieben keine anderen sichtbaren Zeichen einer eben beendeten Mahlzeit als höchstens die, daß sich die schnurrende Hauskatze den Bart leckte und die Gesichter ihrer Herrschaft vor Fröhlichkeit, wenn nicht zu sagen vor Fett, glänzten.

Das behäbige Paar – offenbar verheiratet – hatte sich redlich in das Feuer geteilt und war versunken in dem Anblick der sprühenden Funken, die durch den Rost hinabfielen.

Bald nickte es in halbem Schlummer, dann erwachte es wieder, wenn eine heiße Kohle, lauter prasselnd als die andern, herabfiel und einen Lärm machte, als ob das ganze Feuer herauskommen wollte.

Es lag indessen keine Gefahr vor, daß es plötzlich auslöschen würde, denn es flackerte nicht bloß in der kleinen Stube und auf den Glasscheiben der Tür und auf den Zuggardinen, die die Scheibe zur Hälfte verdeckten, sondern leuchtete auch noch in den kleinen Laden hinein. Ein kleiner Laden, ganz vollgestopft und -gepfropft mit Vorräten, ein geradezu gefräßiger kleiner Laden mit einem Magen, so dehnbar und voll wie der eines Haifischs. Käse, Butter, Feuerholz, Seife, Pökelfleisch, Dochte, Speck, Flaschenbier, Kreisel, Zuckerwerk, Kinderdrachen, Vogelfutter, roher Schinken, Rutenbesen, Herdkacheln, Salz, Essig, Wichse, Salzheringe, Schreibmaterialien, Schwammsauce, Schnürband, Brotlaibe, Federbälle, Eier und Schiefergriffel – alles galt als Fisch, was in das Netz dieses gierigen kleinen Ladens kam, und alles hing in Netzen herum. Wieviel andere Arten von Kleinwaren noch da waren, ließe sich schwer sagen; doch Knäuel von Paketschnur, Ketten von Zwiebeln, Bündel von Kerzen, Krautnetze und Bürsten hingen in Büscheln von der Decke herab wie seltene Früchte, während verschiedene, sonderbare Töpfe, denen aromatische Düfte entströmten, die Wahrheit der Inschrift über der Außentür bestätigten, die das Publikum belehrte, daß der Inhaber dieses kleinen Ladens ein privilegierter Tee-, Kaffee-, Tabak-, Pfeffer- und Schnupftabakhändler sei. Trotty fielen von all den Gegenständen diejenigen am meisten ins Auge, die im Schein des Feuers standen oder in dem weniger hellen Licht von zwei rauchigen Lampen, die nur trübe brannten, als ob ihnen die Vollblütigkeit des Ladens schwer auf die Lungen drückte. Er warf dann noch einen Blick auf die beiden Gesichter in der Wohnstube und hatte keine große Mühe mehr, in der umfangreichen alten Dame Mrs. Chickenstalker zu erkennen, die von jeher zur Beleibtheit geneigt hatte – in den Tagen schon, als er mit einer kleinen Rechnung noch in ihrem Schuldbuch stand.

Die Züge ihres Gefährten waren ihm weniger vertraut. Das große, breite Kinn mit Speckfalten, so tief, daß man einen Finger hätte hineinlegen können, die erstaunten Augen, die miteinander wetteiferten, so tief wie möglich in die Fettpolster des schwammigen Gesichts zu versinken – die mit der gemeinhin Stockschnupfen genannten Störung behaftete Nase, der kurze, dicke Hals und der schwer arbeitende Brustkasten in Verbindung mit anderen Schönheiten ähnlicher Art waren wohl Dinge, die geeignet schienen, sich dem Gedächtnis einzuprägen. Aber Trotty wußte zuerst doch nicht, wohin er sie in seiner Erinnerung tun sollte. Endlich erkannte er in dem Gefährten, den sich Mrs. Chickenstalker auf der krummen, exzentrischen Lebensbahn zugelegt, den frühern Portier Sir Joseph Bowleys. Eine schlagflüssige Unschuld, die er schon früher unbewußt im Geiste mit Mrs. Chickenstalker in Verbindung gebracht hatte. Wahrscheinlich deswegen, weil er in dem feinen Hause, das ihm der Portier geöffnet, seine Verpflichtungen gegen diese Dame gebeichtet und schweren, ernsten Vorwurf deshalb auf sein unglückliches Haupt geladen hatte.

Trotty fühlte wenig Interesse an einer Veränderung wie dieser nach all den einschneidenden Erlebnissen, die er mit angesehen hatte; aber oft ist die Art, wie sich Ideen verknüpfen, sehr machtvoll, und er blickte unwillkürlich hinter die Tür, wo die Schulden der Kunden angekreidet waren. Sein Name stand nicht dort. Wohl einige andere, aber sie waren ihm fremd. Und es waren ihrer unendlich viel weniger als in früheren Zeiten, woraus er schloß, daß der Portier das Bargeschäft über alles liebte und seit seinem Eintritt ins Geschäft den Schuldnern der Mrs. Chickenstalker ziemlich scharf auf die Finger gesehen haben mußte.

Trotty war so verzweifelt und tief betrübt über das traurige Schicksal seines unglücklichen Kindes, daß es ihm neue Sorge bereitete, seinen Namen als Schuldner auf dem schwarzen Brett der Mrs. Chickenstalker ausgelöscht zu wissen.

»Was für Wetter ist denn heute nacht draußen, Anna?« fragte der frühere Portier des Sir Joseph Bowley, indem er seine Beine vor dem Feuer ausstreckte und sich kratzte, so weit er mit seinen kurzen Armen reichen konnte, und mit einer Miene, die zu sagen schien: Ich bleibe hier, wenn's draußen schlechtes Wetter ist, und selbst, wenn's gutes wäre, brauchte ich nicht hinauszugehen.

»Der Wind geht, und es graupelt«, antwortete seine Frau, »der Himmel hängt voller Schnee. Dunkel ist's und sehr kalt.«

»Ich freue mich, daß wir geröstete Semmeln gehabt haben«, sagte der ehemalige Portier, wie jemand, der sein Gewissen beruhigt weiß. »Es ist eine Nacht, wie für geröstete Semmeln geschaffen, oder für Pfannkuchen, oder für Zwieback.« Der frühere Portier zählte noch einige Speisen auf, als wolle er sich guter Taten rühmen. Dann kratzte er sich seine fetten Beine wie zuvor und drehte sie in den Kniegelenken, um die Wärme des Feuers auch an die noch ungerösteten Fleischteile kommen zu lassen. Dabei lachte er, als ob ihn jemand kitzelte.

»Du bist heute gut aufgelegt, Tugby, mein Liebling«, bemerkte seine Frau.

Die Firma lautete jetzt: »Tugby, vorm. Chickenstalker.«

»Nein«, sagte Tugby, »nein. Nicht besonders. Ich bin nur ein wenig gehobener Stimmung. Die Röstschnitten waren so schön.«

Dabei gluckste er, bis er ganz schwarz im Gesicht war. Er hatte lange zu tun und mußte seine fetten Beine die wunderlichsten Verrenkungen machen lassen, bis er wieder eine bessere Farbe bekam. Er hatte auch nicht eher ein menschliches Aussehen, bis ihn Mrs. Tugby heftig in den Rücken geboxt und ihn geschüttelt hatte wie eine große Flasche.

»Gott, gütiger Himmel! Allbarmherziger Gott, erbarme dich dieses Mannes«, schrie Mrs. Tugby in großem Schrekken. »Was macht er nur?«

Mr. Tugby wischte sich die Augen und wiederholte mit schwacher Stimme, er sei nur ein wenig gehobener Stimmung.

»Dann, bitte, sei das nicht wieder«, sagte Mrs. Tugby »wenn du mich nicht zu Tod erschrecken willst mit deinem Strampeln und Herumfuchteln.«

Mr. Tugby sagte, er wolle es nicht wieder tun. Aber eigentlich war sein ganzes Dasein eine Art Gefecht, bei dem er, nach der ständig zunehmenden Kürze seines Atems und der Purpurfarbe seines Gesichts zu schließen, den Kürzeren zu ziehen schien.

»Also, draußen geht der Wind, und es graupelt, und der Himmel droht mit Schnee, und es ist dunkel und sehr kalt, nicht wahr, mein Herz«, sagte Mr. Tugby indem er ins Feuer sah und wieder an den Ursprung seiner gegenwärtigen Heiterkeit dachte.

»Ja. Rauhes Wetter, wahrhaftig«, erwiderte seine Frau und schüttelte den Kopf.

»Ja, ja, die Jahre sind wie die Christen in dieser Hinsicht«, sagte Mr. Tugby. »Einige sterben schwer und andere leicht. Das heurige hat nicht mehr viel Tage zu leben und kämpft sich doch mächtig ab dafür. Es gefällt mir deswegen nur umso besser. Es ist eine Kundschaft da, mein Schatz.«

Als Mr. Tugby die Türe knarren hörte, war Mrs. Tugby

bereits aufgestanden.

»Also, was wünschen Sie denn«, sagte diese Dame und trat in den kleinen Laden hinaus. »Was wünschen Sie denn? Ach entschuldigen Sie, Sir. Ich wußte nicht, daß Sie es sind.« Sie entschuldigte sich bei einem Herrn in Schwarz, der, den Rockkragen hochgeschlagen und mit nachlässig schiefsitzendem Hute, die beiden Hände in den Taschen, sich quer über das Tafelbierfaß gesetzt hatte und zur Erwiderung nickte.

»Es steht schlecht oben, Mrs. Tugby«, sagte der Gentleman, »der Mann wird nicht am Leben bleiben.«

»Was, der Dachstübler?« fragte Mr. Tugby und kam heraus in den Laden, um an der Konferenz teilzunehmen.

»Der Dachstübler, Mr. Tugby«, sagte der Gentleman, »kommt eilig die Treppen herunter und wird bald – unterhalb des Erdgeschosses angelangt sein.«

Abwechselnd Tugby und seine Frau ansehend, klopfte der Gentleman mit den Knöcheln auf das Faß, um aus dem Ton zu schließen, wieviel Bier noch darin sei. Dann trommelte er, als er das ergründet, einen Marsch auf dem leeren Teile.

»Der Dachstübler, Mr. Tugby«, sagte er, nachdem Tugby einige Zeit in stummer Bestürzung dagestanden, »– fährt ab.«

»Dann«, sagte Tugby, zu seiner Frau gewandt, »muß er aus dem Hause raus, noch ehe er aus der Haut draußen ist.«

»Ich glaube nicht, daß Sie ihn transportieren können«, sagte der Gentleman kopfschüttelnd, »ich möchte die Verantwortung nicht übernehmen und sagen, man könne es probieren. Lassen Sie ihn lieber, wo er ist. Er kann's nicht mehr lange machen.«

»Das ist das einzige Thema«, sagte Tugby und wog so lange seine Faust in der Butterwaage ab, bis sie krachend auf den Ladentisch fiel, »über das wir uns herumgezankt haben, sie und ich; und worauf läuft's jetzt hinaus? Nun stirbt er eben doch noch hier. Stirbt auf unserem Grund und Boden. Stirbt in unserem Haus.«

»Und wo hätte er denn sonst sterben sollen, Tugby?« fragte seine Frau.

»Im Armenhaus«, gab er zur Antwort. »Wozu sind denn die Armenhäuser gebaut worden?«

»Dazu nicht«, sagte Mrs. Tugby mit großer Energie, »dazu nicht. Deswegen habe ich dich auch nicht geheiratet. Gib dich keiner Täuschung hin, Tugby. Ich will es nicht haben. Ich erlaube es nicht. Eher laß ich mich scheiden und werde dein Gesicht nie mehr wiedersehen. Als noch mein Witwenname über der Tür stand, viele Jahre hindurch, war dieses Haus als das der Mrs. Chickenstalker weit und breit bekannt, und immer stand es in gutem Ruf und großem Ansehen. Als mein Witwenname noch über der Tür stand, habe ich ihn als hübschen, kräftigen, männlichen und ungenierten Burschen gekannt; ich kannte sie als das liebenswürdigste, niedlichste Mädchen, das jemals ein Auge erblickt hat; ich kannte ihren Vater (armer Teufel, er fiel vom Turm herunter, auf den er einmal im Schlafwandeln gestiegen war) als den schlichtesten, arbeitsamsten und gutherzigsten Mann, der je geatmet hat, und wenn ich sie aus dem Hause jage, dann sollen mich die Engel dereinst aus dem Himmel jagen. Sie würden's tun. Und recht geschähe mir.«

Ihr altes Gesicht, das ehemals rund gewesen war und Grübchen in den Wangen gehabt hatte in früheren Zeiten, schien wie ehemals hervorzuleuchten aus ihren Zügen. Als sie diese Worte sagte, sich die Augen trocknete und gegen Tugby den Kopf und zugleich das Taschentuch schüttelte mit dem Ausdruck einer Entschiedenheit, der offenbar nicht leicht zu widerstehen war, da sagte Trotty: »Gott segne sie! Gott segne sie!«

Dann horchte er mit klopfendem Herzen auf das, was folgen würde, denn er wußte weiter noch nichts, als daß sie von Margaret sprachen. Wenn Tugby im Wohnzimmer drüben ein wenig gehobener Stimmung gewesen, so glich er diesen Überschuß mehr als aus dadurch, daß er jetzt im Laden nicht wenig niedergeschlagen war und seine Gattin anstarrte, ohne eine Antwort finden zu können. Im geheimen aber versenkte er, entweder in einem Anfall von Zerstreutheit oder als vorsichtige Maßregel für alle Fälle, das ganze Geld aus der Ladenkasse in seine Taschen.

Der Gentleman auf der Biertonne, der ein autorisierter Armenassistenzarzt zu sein schien, war offenbar viel zu sehr an kleine Meinungsverschiedenheiten zwischen Mann und Frau gewöhnt, als daß er seinerseits irgendwelche Bemerkung hätte fallenlassen. Er saß leise pfeifend auf seinem Faß und ließ kleine Tropfen Bieres aus dem Hahn auf den Boden fallen, bis vollständiges Stillschweigen eingetreten war. Dann erhob er den Kopf und sagte zu Mrs. Tugby, verwitwete Chickenstalker:

»Die Frau hat selbst jetzt noch etwas recht Interessantes. Wie kam sie dazu, ihn zu heiraten?«

»Na, das«, sagte Mrs. Tugby und ließ sich in seiner Nähe nieder, »ist der bitterste Teil ihrer Geschichte, Sir. Sehen Sie, sie und Richard hielten es miteinander vor vielen Jahren. Als sie noch ein junges, schönes Paar waren, war alles schon geordnet, und sie sollten sich an einem Neujahrstag heiraten. Da setzte sich's Richard in den Kopf, weil es ihm vornehme Leute eingeredet hatten, daß er was Besseres tun könnte und daß er's bald bereuen würde. Daß sie nicht gut genug für ihn wäre und daß ein junger Mann, der Grütze im Kopfe hätte, etwas Gescheiteres tun könnte als heiraten. Und die vornehmen Leute hatten ihr Angst eingejagt, daß er sie im Stich lassen würde und daß ihre Kinder an den Galgen kommen müßten und daß es gottlos wäre, zu heiraten, und ähnliches Zeug mehr. Und kurz und gut, sie schoben's auf und schoben's auf, und ihr Vertrauen zueinander war begraben, und so löste sich am Ende das Verhältnis auf. Aber durch seine Schuld. Sie hätte ihn geheiratet, Sir, mit Freuden. Ich habe sie oft nachher gesehen, wie ihr das Herz bebte, wenn er hochmütig und unbekümmert an ihr vorbeiging, und niemals hat sich ein Weib mehr eines Mannes wegen gegrämt als sie sich um Richard, als er das erstemal auf Irrwege geriet.«

»Oh, ist er auf schlechte Wege geraten?« fragte der Gentleman, den Holzstöpsel aus dem Fasse ziehend, um durch das Spundloch hineinzuspähen.

»Sehen Sie, ich glaube, daß er nicht recht wußte, was er wollte. Ich glaube, er hatte sich's zu Herzen genommen, daß sie miteinander abgebrochen, und er wäre, wenn er sich nicht der vornehmen Herren wegen geschämt hätte und vielleicht auch, weil er unsicher war, wie sie es aufnehmen würde, gerne eine Probe eingegangen, um Margarets Hand wiederzugewinnen. Das ist mein Glaube. Er sagte nie etwas. Und das war desto schlimmer. Er ergab sich dem Trunke, dem Müßiggang und schlechter Gesellschaft. Lauter Vergnügungen, die soundso viel besser für ihn sein sollten als der häusliche Herd, den er hätte haben können. Er verlor sein gutes Aussehen, seine Willenskraft, seine Gesundheit, seine Körperstärke, seine Freunde, seine Arbeit, kurz: alles.«

»Er verlor nicht alles, Mrs. Tugby«, entgegnete der Gentleman, »denn er gewann eine Frau, und ich möchte gerne wissen, wie er sie gewann.«

»Ich komme schon dazu, Sir, im Augenblick. Dies ging jahrelang so fort, er sank tiefer und tiefer. Sie, das arme Wesen, litt Not genug, bloß um das Leben zu fristen. Endlich war er so herabgekommen, daß ihm niemand mehr Arbeit geben wollte und Notiz von ihm nahm. Die Türen wurden vor ihm zugeschlagen, er mochte gehen, wohin er wollte. Er wandte sich von Ort zu Ort und von Tür zu Tür, und als er nun zum hundertsten Male zu einem Herrn kam, der es immer wieder mit ihm versucht hatte, denn er war ein guter Arbeiter bis zuletzt, da sagte der Herr, der seine Geschichte kannte: ›Ich glaube, Ihr seid unverbesserlich. Es gibt nur eine Person in der Welt, die Euch möglicherweise retten könnte. Verlangt von mir nicht eher Vertrauen, als bis sie es mit Euch versucht hat.‹«

»So«, sagte der Gentleman, »und weiter?«

»Nun, er ging zu ihr und kniete vor ihr nieder; sagte, es sei so und so; sagte, es sei immer so gewesen und bat sie, ihn zu retten.«

»Und sie –? Lassen Sie sich es nicht so zu Herzen gehen, Mrs. Tugby.«

»Sie kam an dem Abend zu mir und fragte mich wegen der Wohnung. ›Was er mir einst war, liegt im Grab neben dem‹, sagte sie, ›was ich ihm einst war, aber ich hab es mir überlegt und will den Versuch machen. Hoffentlich kann ich ihn retten um der Liebe des frohherzigen Mädchens von damals willen (Erinnern Sie sich ihrer?), die an einem Neujahrstag heiraten sollte und um der Liebe ihres Richard willen.‹ Und sie sagte, er wäre von Lilly zu ihr gekommen, und erzählte, wie Lilly ihm immer vertraut habe, und sie wolle das niemals vergessen. So heirateten sie denn, und als sie nach Hause kamen und ich sie sah, da wünschte ich, daß Prophezeiungen wie die, die sie auseinandergebracht hatten, als sie noch jung gewesen, nicht oft sich so erfüllen möchten, wie es in diesem Fall geschehen ist. Ich für meinen Teil möchte nicht um einen Berg Gold den Mund aufmachen, um Prophezeiungen solcher Art jemandem mit auf den Weg zu geben.«

Der Gentleman stand von dem Fasse auf und reckte sich, indem er die Bemerkung machte:

»Er mißhandelte sie wohl, als sie seine Frau geworden war?«

»Ich glaube nicht, daß er es jemals getan hat«, sagte Mrs. Tugby, ihre Augen wischend, und schüttelte den Kopf. »Eine Zeitlang ging es besser mit ihm, aber seine Gewohnheiten waren schon zu sehr eingewurzelt, als daß er sie noch hätte ausreißen können. Er bekam Rückfälle, und es fing an, wieder mit ihm abwärtszugehen, als die Krankheit über ihn kam. Ich glaube, er hat immer ein tiefes Gefühl für Margaret gehabt. Ich weiß es. Ich habe ihn gesehen, wie er weinend und bebend ihre Hand zu küssen suchte, und ich habe gehört, wie er sie ›Meg‹ rief und sagte, es wäre ihr neunzehnter Geburtstag; und dann lag er da, Wochen und Monate. Von ihm und ihrem kleinen Kind fortwährend in Anspruch genommen, ist sie nicht imstande gewesen, ihre alte Arbeit verrichten zu können, und da sie sie nicht regelmäßig abliefern konnte, mußte sie sie ganz verlieren, selbst wenn sie sie hätte fertigstellen können. Wie sie gelebt haben, das kann ich mir gar nicht vorstellen.«

»Ich ja« murmelte Mr. Tugby blickte auf die Kassenschublade, im Laden umher und auf seine Frau und wiegte den Kopf mit dem Ausdruck unendlicher Intelligenz. »Wie Kampfhähne.«

Ein Schrei unterbrach ihn – ein Klageruf aus dem obern Stockwerk des Hauses. Der Gentleman eilte nach der Tür:

»Meine Freunde«, sagte er und warf einen Blick zurück, »Ihr braucht Euch jetzt nicht mehr zu streiten, ob er fortgeschafft werden soll oder nicht. Er hat Euch, glaub ich, diese Mühe erspart.«

Und schon rannte er die Treppen hinauf, Mrs. Tugby hinter ihm her; und Mr. Tugby keuchte und ächzte, kurzatmiger noch als gewöhnlich, mit dem Inhalte der Geldschublade beladen, in der sich außergewöhnlich viel Kupfer befunden hatte. Trotty mit dem Geist des Kindes an seiner Seite wehte die Stiegen hinauf wie ein Lufthauch.

»Folg ihr, folg, folg ihr.« Er hörte die gespenstigen Stimmen in den Glocken die Worte wiederholen, als er hinaufstieg. »Lern es von dem Wesen, das deinem Herzen am teuersten ist.«

Vorüber! Vorüber! Und das war sie, einst ihres Vaters Stolz und Freude, dieses hagere, abgehärmte Weib, das an der Lagerstätte, die nicht den Namen Bett verdiente, weinte und ein Kind an die Brust drückte und den Kopf auf dieses Kind hatte niedersinken lassen. Was es für ein jämmerliches, mageres, kränkliches, kleines Geschöpf war! Doch wie teuer und lieb es ihr war!

»Gott sei Dank«, sagte Toby und faltete die Hände. »Gott sei Dank, sie liebt ihr Kind!«

Der Gentleman, der weiter nicht hartherzig oder gleichgültig gegen solche Szenen war, sie nur täglich vor Augen hatte und wußte, es waren bedeutungslose Ziffern in den Filerschen Berechnungen, legte die Hand auf das Herz, das nicht mehr schlug, lauschte auf den Atem und sagte: »Sein Leid ist vorüber. Es ist besser so.« Mrs. Tugby suchte Meg mit liebevollen Worten zu trösten. Mr. Tugby mit philosophischen Gründen.

»Schauen Sie her!« sagte er, die Hände in den Taschen. »Sie dürfen nicht verzweifeln. Das nützt nichts. Sie müssen dagegen ankämpfen. Was würde aus mir geworden sein, wenn ich verzweifelt wäre, als ich noch Portier war und oft sechsmal in der Nacht im Galopp einhersausende Zweispännerequipagen vor unserem Tore hielten! Ich stützte mich auf meine Seelenstärke und machte nicht auf.«

Und wiederum hörte Trotty die Stimmen sagen: »Folge

ihr!« Er wandte sich zu seiner Führerin und sah, wie sie von ihm wegschwebte und durch die Luft glitt. »Folge ihr!« sagte sie und verschwand. Trotty umschwebte Meg, setzte sich zu ihren Füßen nieder und suchte in ihrem Gesicht nach einer Spur ihres frühern Aussehens, lauschte auf einen Ton ihrer einst so lieblichen Stimme. Er umschwebte das Kind, das so schwächlich war, so frühzeitig alt, so schrecklich in seinem Ernst und so kläglich in seinem schwachen, traurigen, jammervollen Weinen. Er betete es förmlich an. Er umklammerte es als einziger Beschützer, den es hatte. Das Kind war doch das letzte unzerrissene Band, das Meg noch an das Leben fesselte. Er setzte seine väterliche Hoffnung und sein Vertrauen auf das schwache Kind und bewachte die Mutter mit jedem Blick, als sie es so in den Armen hielt, und sagte tausendmal: »Sie liebt es, Gott sei Dank! Sie liebt es!« Er sah, wie die Frau sie in der Nacht pflegte und zu ihr kam, wenn der brummende Gatte schlief und alles still war, – sie ermutigte, mit ihr weinte und ihr Nahrung reichte. Er sah den Tag kommen und die Nacht, und Tag und Nacht entschwinden und die Zeit vergehen. Er sah das Todeshaus des Toten entledigt, das Zimmer ihr und dem Kinde überlassen. Er hörte das Kleine wimmern und weinen. Er sah, wie es Meg quälte und sie wieder zum Bewußtsein ihrer Lage zurückrief, wenn sie kaum eingeschlummert war, und sie mit seinen kleinen Händen auf die Folter spannte. Doch sie war beständig mild und geduldig mit dem Kind. So geduldig. War ihm eine liebende Mutter im innersten Herzen, und sein Leben schien mit dem ihren so innig verknüpft, als wenn sie es noch unter dem Herzen trüge.

Die ganze Zeit hindurch litt sie Mangel, schmachtete in Elend und bitterster Not. Mit dem Kind im Arm wanderte sie hierhin und dorthin, immer auf der Suche nach Arbeit; und während des Kindes abgezehrtes Gesicht in ihrem

Schoße lag und sie ansah, arbeitete sie für jämmerlichen Lohn einen Tag und eine Nacht für so viel Pfennige, als das Zifferblatt Stunden hat. Ob sie je das Kind gescholten, es vernachlässigt oder in augenblicklichem Hasse angesehen, ob sie es je in einem Anfall geschlagen hätte! Nie. Und Trottys Trost war: Sie liebte es immer.

Sie sprach zu niemand von ihrer Not und war den ganzen Tag auf der Wanderschaft, um nicht von ihrer einzigen Freundin gefragt zu werden. Denn jede Hilfe, die sie aus ihrer Hand empfing, entfachte neuen Streit zwischen der guten Frau und ihrem Mann, und es war für Meg nur neues Leid, täglich die Veranlassung zu Hader und Zwietracht zu sein in einem Hause, dem sie so viel Dank schuldete.

Sie liebte das Kind immer noch, sie liebte es mehr und mehr, doch ihre Liebe nahm eine andere Form an, eines Nachts!

Sie sang das Kind gerade leise in Schlaf und ging auf und ab, als sich die Tür vorsichtig öffnete und ein Mann hereinsah.

»Zum letztenmal«, sagte er.

»William Fern!«

»Zum letztenmal.« Er lauschte wie jemand, der verfolgt wird, und sprach flüsternd:

»Margaret, meine Zeit ist abgelaufen. Ich wollte noch Abschied von dir nehmen, dir ein Wort des Dankes sagen, bevor's vorbei ist.«

»Was hast du getan?« fragte sie und sah ihn entsetzt an.

Er warf ihr einen Blick zu, aber gab keine Antwort.

Nach kurzem Schweigen machte er eine Handbewegung, als wollte er ihre Frage beiseite schieben oder sie weglöschen, und sagte: »Jene Nacht ist lange, lange schon vorbei, Margaret, aber sie steht noch so klar vor meinen Augen wie je. Da dachten wir nicht, daß wir uns jemals so wiedersehen würden.« Er sah um sich. »Dein Kind, Margaret? Laß mich dein Kind in die Arme nehmen!« Er legte seinen Hut auf den Boden und nahm es. Und er zitterte, als er es nahm, vom Kopf bis zu den Füßen.

»Ist es ein Mädchen?«

»Ja.«

Er bedeckte das kleine Gesicht mit der Hand.

»Sieh, wie schwach ich geworden bin, Margaret. Ich hab nicht den Mut mehr, es anzusehen. Es ist lange her, doch – wie heißt sie?«

»Margaret«, antwortete sie schnell.

»Das freut mich! Das freut mich!« sagte er.

Er schien aufzuatmen; nach kurzer Pause nahm er die Hand weg und sah dem Kind ins Gesicht.

Doch sogleich bedeckte er es wieder.

»Margaret«, sagte er und gab ihr das Kind zurück, »es sind Lillys Züge.«

»Lillys Züge?«

»Ich hielt dasselbe Gesicht in meinen Armen, als Lillys Mutter starb und mir sie zurückließ.«

»Als Lillys Mutter starb und sie zurückließ«, wiederholte Margaret verstört.

»Wie schrill du sprichst! Warum siehst du mich so an, Margaret!?«

Meg sank auf einen Stuhl nieder, preßte das Kind an die Brust und weinte. Bisweilen ließ sie es aus ihren Armen los, um ängstlich in das kleine Gesicht zu sehen. Dann preßte sie es wieder an die Brust. Wenn sie es anblickte, dann mischte sich etwas Wildes und Schreckliches in ihre Liebe. Dann weinte ihr alter Vater.

»Folg ihr!« dröhnte es durch das Haus. »Lern es von dem Wesen, das deinem Herzen am teuersten ist!«

»Margaret«, sagte Fern, beugte sich über sie und küßte sie

auf die Stirn, »ich danke dir zum letztenmal. Gute Nacht! Leb wohl! Gib mir die Hand und sag mir, daß du mich von dieser Stunde an vergessen willst und denken, es habe mit mir ein Ende genommen.«

»Was hast du getan?« fragte sie wiederum.

»Es wird heute nacht ein Feuer sein«, sagte Will Fern und trat von ihr zurück. »Es wird viele Feuer geben diesen Winter, um die – dunkeln Nächte zu erleuchten. Im Osten, Westen, Norden und Süden. Wenn du siehst, daß sich der Himmel in der Ferne rötet, dann lodern sie auf. Wenn du siehst, daß sich der Himmel in der Ferne rötet, dann denke nicht mehr an mich, oder wenn du nicht anders kannst, dann stell dir vor, daß die Flammen der Hölle in meinem Innern sich in den Wolken spiegeln. Gute Nacht! Leb wohl!«

Sie rief nach ihm, doch er war fort. Sie saß ganz stumpf da, bis ihr Kind sie aufweckte zum Bewußtsein des Hungers, der Kälte und der Dunkelheit. Sie ging im Zimmer auf und ab die ganze nicht endenwollende Nacht hindurch und wiegte es in den Armen und beruhigte es. Von Zeit zu Zeit sagte sie: »Wie Lilly, als ihre Mutter starb und sie zurückließ.« Und wenn sie diese Worte wiederholte, da wurde ihr Schritt schneller, ihr Auge so entsetzt, ihre Liebe so wild und schrecklich.

»Aber es ist Liebe immer noch«, sagte Trotty. »Es ist Liebe. Sie wird niemals aufhören, es zu lieben. Meine liebe Meg.«

Sie zog am nächsten Morgen das Kind mit ungewöhnlicher Sorgfalt an. Eine vergebliche Mühe bei den elenden Lumpen – und versuchte noch einmal, sich Lebensmittel zu verschaffen. Es war der letzte Tag im alten Jahr. Sie suchte herum, bis die Nacht anbrach, und fand keinen Bissen Brot. Alles war vergeblich. Sie mischte sich unter die Elenden, die harrend im Schnee standen, bis es einem Beamten, der die öffentlichen Almosen verteilen sollte (das gesetzliche nämlich, nicht das, von dem in der Bergpredigt die Rede ist), gefällig sein würde, die Leute hereinzurufen und auszufragen und diesem zu sagen: »Geh da- und dorthin«, zu dem ändern: »Komm nächste Woche«, eine Art Fußball aus einem ändern Unglücklichen zu machen und ihn da- und dorthin zu treten, von Fuß zu Fuß, von Haus zu Haus, bis er matt und müde geworden sich hinlegte, um zu sterben, oder sich aufraffte zu einem Raub und sich dadurch zu jenem Verbrecherstand aufschwang, dessen Ansprüche keinen Aufschub dulden. Auch hier war sie vergebens. Sie liebte ihr Kind und wünschte nur noch, es an ihrem Herzen liegen zu haben. Das war ihr schon genug.

Es war Nacht, eine frostiger finstere, schneidend kalte Nacht, als sie, das Kind fest an sich drückend, um es zu erwärmen, an ihre Schwelle kam. Sie war so matt und schwach, daß sie nicht sah, daß im Torweg jemand stand, und es erst bemerkte, als sie in die Türe treten wollte. Da erkannte sie den Eigentümer des Hauses, der sich so im Torweg hingestellt hatte, daß er den ganzen Eingang ausfüllte. Bei seiner Gestalt fiel ihm das nicht schwer.

»Oh«, sagte er leise, »Sie sind zurückgekommen?«

Sie warf einen Blick auf das Kind und nickte mit dem Kopf.

»Glauben Sie nicht, daß Sie lange genug hier gelebt haben, ohne Zins zu bezahlen? Glauben Sie nicht, daß Sie, ohne zu zahlen, ein recht fleißiger Kunde in meinem Laden gewesen sind?« fragte Mr. Tugby.

Sie wiederholte dieselbe stumme Bewegung.

»Wie wär's, wenn Sie versuchten, einmal anderswo zu kaufen«, sagte er. »Wie wär's, wenn Sie sich nach einer andern Wohnung umsehen würden? Was meinen Sie dazu?«

Sie sagte mit leiser Stimme, es sei schon so spät. Morgen.

»Ich weiß schon, worauf Sie hinauswollen«, sagte Tugby,

»und was Sie eigentlich vorhaben. Sie wissen ganz gut, daß Ihretwegen zwei Parteien im Hause sind, und Sie möchten gern, daß sie sich in den Haaren liegen Ihretwegen. Ich kann Streit nicht leiden und spreche leise, um Streit zu vermeiden, aber wenn Sie sich jetzt nicht fortscheren, dann will ich einmal laut sprechen und Ihnen ein paar Worte sagen, die laut genug sein werden, daß Sie sie hören können. Hereinkommen werden Sie mir nicht. Ich stehe Ihnen gut dafür.«

Sie strich ihre Haare mit der Hand zurück und warf einen jähen Blick zum Himmel hinauf und in die dunkeln, drohenden Wolken.

»Es ist der letzte Abend im alten Jahr, und ich will nicht böses Blut und Streit und Zank ins neue hinübernehmen, weder Ihnen, noch sonst jemand zu Gefallen«, sagte Tugby, der ein Freund und Vater im kleinen war – im Krämerstil. »Ich begreife nur nicht, daß Sie sich nicht schämen, Ihre Schliche und Ränke ins neue Jahr hinüberzunehmen. Wenn Sie sonst nichts in der Welt zu tun haben, als immer zu verzweifeln und immer Zwietracht zwischen Mann und Frau zu stiften, dann wäre es besser, Sie würden abfahren. Schauen Sie, daß Sie weiterkommen!«

»Folge ihr! In der Verzweiflung!«

Wieder hörte der alte Mann die Stimme. Er blickte auf und sah die Gestalten in der Luft schweben, und sie zeigten ihm den Weg, den Margaret einschlug, die dunkeln Straßen hinab.

»Sie liebt es doch«, rief er in angstvoller Fürbitte. »Ihr Glocken! Sie liebt es immer noch.«

»Folg ihr!« Die Schatten schwebten über den Weg, den sie genommen, wie Wolken.

Er folgte ihr und hielt sich dicht an ihrer Seite. Er blickte ihr ins Gesicht. Er sah, wie sich wieder der wilde, schreckliche Ausdruck in ihre Liebe mischte und in ihren Augen flackerte. Er hörte sie sagen: »Wie Lilly! Um sich zu ändern – wie Lilly!« Und sie verdoppelte ihre Eile.

»Wenn es nur etwas gäbe, um sie zu erwecken. Einen Anblick, einen Ton, einen Duft, um in ihrem fiebernden Hirn eine zärtliche Erinnerung zu erwecken. Wenn nur ein einziges freundliches Bild aus der Vergangenheit in ihr aufstiege!«

»Ich war ihr Vater, ich war ihr Vater«, schrie der alte Mann und streckte die Hände aus nach den dunklen Schatten, die über ihm hinflogen. »Habt doch Erbarmen mit ihr und mit mir. Wo geht sie hin, reißt sie zurück! Ich war ihr Vater!«

Aber sie wiesen nur auf sie, wie sie dahineilte, und sagten: »Verzweiflung! Lern es von dem Wesen, das deinem Herzen am teuersten ist.«

Hundert Stimmen hallten es wider. Die Luft bestand nur aus Atem, auf dem diese Worte schwebten. Er schien sie einzusaugen bei jeder Bewegung seiner Lungen. Sie waren überall, und es gab kein Entrinnen. Und immer noch jagte Margaret weiter, immer dasselbe flackernde Licht in den Augen, dieselben Worte auf den Lippen: »Wie Lilly! Um zu verderben wie Lilly!«

Plötzlich blieb sie stehen.

»Reißt sie zurück!« schrie der alte Mann und raufte sich das weiße Haar. »Mein Kind! Meg! Laß sie umkehren! Großer Vater, laß sie umkehren!«

Sie hüllte das Kind in ihren zerrissenen Schal. Mit fiebrigen Händen streichelte sie ihm die Glieder, rückte sein Köpfchen zurecht und ordnete die spärlichen Lappen. In ihren welken Armen hielt sie es fest, als wolle sie es nie mehr loslassen. Und mit ihren verdorrten Lippen küßte sie es im letzten Schmerz und in verzweifelter Liebe.

Sie zog die kleine Hand an sich und hielt sie fest unter den Lumpen, ganz nahe an ihr zermartertes Herz; preßte das schlafende Gesicht an sich, dicht und fest an ihre Wangen, und lief weiter hin zum Flusse.

Hin zu dem wogenden Flusse, dem schnellen und trüben, wo brütend die Winternacht saß wie der letzte finstere Gedanke vieler, die dort Zuflucht gesucht. Wo vereinzelte Lichter an den Ufern glommen, düster und rot, wie Fackeln, die brennen, um den Pfad zum Tod zu weisen. Wo keine menschlichen Wohnungen ihre Schatten warfen in die tiefe, undurchdringliche, melancholische Finsternis.

Zum Flusse hin, zu der Pforte der Ewigkeit hin eilten ihre verzweifelten Schritte, beflügelt wie die reißenden Wasser, die dem Meere zuströmen. Er wollte sie berühren, als sie an ihm vorüber zu der dunklen Fläche hinabeilte, doch die wilde, verzweifelte Gestalt im Rasen ihrer schrecklichen Liebe fegte an ihm vorbei wie der Wind. Die Verzweiflung hatte alle Hemmungen menschlichen Denkens zerrissen. Er folgte ihr. Sie stand einen Augenblick am Rande des Wassers still, ehe sie den gräßlichen Sprung tat. Er fiel auf die Knie und schrie zu den Gestalten in den Glocken, die jetzt über ihm schwebten: »Ich habe es gelernt von dem Wesen, das meinem Herzen am teuersten ist! Oh rettet sie! Rettet sie!«

Da konnte er seine Finger in ihr Gewand einkrallen, sie festhalten. Wie die Worte seinem Munde entflohen, fühlte er seinen Tastsinn zurückkehren und wußte, daß er sie festhielt.

Die Gestalten blickten unverwandt herab auf ihn.

»Ich habe es gelernt«, rief der alte Mann. »Vergebt mir in dieser Stunde, wenn ich in meiner Liebe zu ihr, die so jung, so gut gewesen, die Natur in dem Herzen verzweifelnder Mütter verkannte. Seht nicht an meine Vermessenheit, meine Bosheit und mein Unwissen, und rettet sie!« Er fühlte, wie seine Hand, mit der er sie hielt, erlahmte. Die Gestalten schwiegen noch immer.

»Habt Erbarmen mit ihr«, schrie er. »Dies schreckliche Verbrechen wächst hervor aus verkehrter, verzerrter Liebe, aus der stärksten, tiefsten Liebe, die wir gefallenen Geschöpfe kennen. Bedenket, wie tief ihr Elend gewesen sein muß, wenn seine Saat solche Frucht trägt. Der Himmel hat sie zum Guten bestimmt. Es gibt keine lebende Mutter auf der Erde, die nicht auch zu solchem Ende käme, wenn ein solches Leben vorhergeht. Oh habt Erbarmen mit meinem Kinde, das selbst in diesem Augenblick Erbarmen mit ihrem eigenen hat und selber stirbt und ihre eigene unsterbliche Seele in die Waagschale wirft, um es zu erlösen.«

Sie lag in seinen Armen. Er hielt sie fest. Er hatte die Kraft eines Riesen.

»Ich sehe den Geist der Glocken unter euch«, sagte der alte Mann, und seine Blicke erspähten das Kind. Er redete wie in Verzückung. »Ich weiß, daß unser Erbteil uns erwartet in den Händen der Zeit. Ich weiß, daß der Tag kommt, wo das Meer der Zeit aus seinen Ufern tritt und wie dürres Laub wegschwemmen wird alle, die uns unterdrücken und uns Unrecht tun. Ich sehe es, wie es daherflutet. Ich habe erkannt, daß wir vertrauen und hoffen müssen und nicht an uns verzweifeln sollen und an dem Guten, das in den ändern lebt. Ich habe es gelernt von dem Wesen, das meinem Herzen am teuersten ist. Ich halte sie fest in meinen Armen. Oh ihr gütigen und erbarmensreichen Geister, meine Seele ist voll des Dankes!«

Er hätte noch weiter gesprochen, wenn nicht die Glocken, die alten, vertrauten Glocken, seine guten, treuen, beständigen Freunde – die Glocken –, ihr Freudenläuten zum neuen Jahr begonnen hätten. So fröhlich und glücklich und heiter, daß er auf die Füße sprang und damit den Zauber brach, der ihn im Bann gehalten hatte.

»Niemals wieder, Vater«, sagte Meg, »darfst du mir Kuttelfleck essen, ohne vorher den Doktor zu fragen, ob sie dir auch bekommen werden. Wie hast du dich nur gebärdet! Gütiger Himmel.«

Sie saß an dem kleinen Tisch am Feuer und nähte an ihr einfaches Hochzeitskleid bunte Bänder. So selig und glücklich und in blühender Jugendfrische, so verheißungsvoll –, daß er laut aufschrie, wie wenn er einen Engel in seinem Zimmer sähe. Dann sprang er auf, um sie in seine Arme zu schließen.

Doch er verwickelte sich mit den Füßen in den Zeitungsblättern, die heruntergefallen waren, und jemand trat unvermutet ins Zimmer.

»Nein«, sagte die Stimme dieses Jemand, und es war eine helle, fröhliche Stimme. »Oh nein, nicht du. Nicht du. Der erste Kuß Megs im neuen Jahre gehört mein. Mein! Ich habe draußen vor der Türe gewartet, bis die Glocken anfingen zu läuten, und komme jetzt, mir mein Recht holen. Meg, mein einziges Kleinod, ein glückliches neues Jahr! Ein ganzes Leben von glücklichen Jahren, mein geliebtes Weib!«

Und Richard erstickte sie fast mit seinen Küssen. Man konnte keinen glücklicheren Menschen sehen als Trotty. Er setzte sich auf seinen Stuhl, schlug sich auf die Knie und weinte; er saß in seinem Stuhl, schlug sich auf die Knie und lachte; saß in seinem Stuhl, schlug sich auf die Knie und lachte und weinte zugleich; er sprang von seinem Stuhl auf und umarmte Meg; er sprang von seinem Stuhl auf und streichelte Richard; er sprang von seinem Stuhl auf und liebkoste sie beide; er lief zu Meg hin und nahm ihr frisches Gesicht zwischen seine Hände und küßte sie und ging rückwärts, um sie nicht aus den Augen zu verlieren, und lief wieder auf sie zu, auf und ab wie eine Figur in einer Zauberlaterne – und setzte sich immer wieder in seinen Stuhl, blieb aber nicht einen Augenblick sitzen. Genug, er war außer sich vor Freude.

»Und morgen ist dein Hochzeitstag, mein Herzblatt, dein wirklicher, glücklicher Hochzeitstag!«

»Heute!« schrie Richard und schüttelte Trotty die Hand. »Die Glocken läuten das neue Jahr ein. Hört ihr sie?«

Ja, sie läuteten! Gott segne ihre starken Herzen! Ja, sie läuteten! Die großen Glocken – mit tiefem Klang und voller Melodie. Edle Glocken! Nicht aus gemeinem Erz, von keinem gewöhnlichen Gießer geschaffen. Wann hatten sie jemals geläutet wie heute!

»Du hattest doch, mein Herzblatt«, sagte Trotty »einen Wortwechsel heute?«

»Weil er ein so böser Mensch ist, Vater«, sagte Meg, »nicht wahr, Richard. So ein halsstarriger Gewaltsmensch! Wollte er doch mit dem großen Alderman ›aufräumen‹ und sich so wenig zurückhalten, als –«

»Dich zu küssen, Meg«, fiel ihr Richard in die Rede, und tat es sogleich.

»Nein, wahrhaftig nicht ein bißchen mehr. Doch ich wollte ihn nicht lassen, Vater. Was hätte es für einen Zweck gehabt!«

»Richard, mein Junge«, schrie Trotty. »Du warst immer ein Kapitalbursche, und das mußt du bleiben bis an dein seliges Ende! Aber du hast doch heute abend am Feuer geweint, mein Herzblatt, als ich nach Hause kam. Warum weintest du denn am Feuer?«

»Ich habe an die Jahre denken müssen, die wir zusammen verbracht haben, Vater. Bloß deswegen. Und ich dachte, du würdest mich recht vermissen und so einsam sein.«

Trotty kehrte wieder zu seinem geliebten Stuhl zurück, als das Kind, durch den Lärm aufgeweckt, halb angezogen hereinkam.

»Aber da ist sie ja!« schrie Trotty und fing sie auf. »Hier ist ja die kleine Lilly! Hahaha! Hier sind wir und hier bleiben wir, und nochmals: Hier sind wir und hier bleiben wir! Und hier sind wir und hier bleiben wir. Und Onkel Will dazu.« Er unterbrach seinen Trab, um Fern herzlich zu beglückwünschen. »Oh Onkel Will, die Visionen, die ich heute nacht hatte, weil ich Euch beherbergt habe! Ach Onkel Will, wie bin ich Euch verpflichtet, daß Ihr gekommen seid, mein guter Freund.«

Ehe Will Fern die mindeste Antwort geben konnte, platzte eine Musikbande in das Zimmer in Begleitung einer Menge Nachbarn, die alle »Glückliches neues Jahr, Meg! Fröhliche Hochzeit! Noch lange Jahre!« und andere gute Wünsche in Bruchstückform hereinriefen. Die große Trommel (die ein intimer Freund Trottys war) trat einen Schritt vor und sprach:

»Trotty Veck, mein Junge, wir haben es herausgekriegt, daß deine Tochter morgen heiratet. Nicht eine Seele, die dich kennt und dir nicht alles Glück wünscht, oder die sie kennt und ihr nicht Glück wünscht, oder die euch beide kennt und nicht euch beiden alles Glück wünscht, was das neue Jahr bringen kann, und wir sind hier, um es gebührend einzuspielen und einzutanzen.«

Was mit allgemeinem Jubel aufgenommen wurde.

Die große Trommel war ein bißchen betrunken, aber man merkte es nicht.

»Was das für ein Glück ist, weiß Gott, so hochgeachtet zu sein. Wie freundschaftlich und nachbarlich sie alle zu mir sind. Es geschieht alles meiner lieben Tochter wegen. Sie verdient es!«

Man war zum Tanze gestellt in einer halben Sekunde (Meg und Richard an der Spitze). Und die große Trommel war eben im Begriff, draufloszuledern mit aller Macht, da wurde draußen ein Gemisch der wunderbarsten Töne laut, und eine stattlich aussehende lustige Frau von fünfzig Jahren oder so drum herum kam herein und neben ihr ein Mann, der ein Steingefäß von furchterregender Größe schleppte. Beiden dicht auf dem Fuß die übliche Katzenmusik mit hohlen Knochen und Kinderklappern und Glocken. Nicht den großen Glocken – den Silvesterglocken –, sondern tragbaren, aus Glas, zum Trinken.

Trotty sagte: »Es ist Mrs. Chickenstalker«, und setzte sich nieder und schlug sich wieder auf die Knie.

»Zu heiraten und mir nichts davon zu sagen«, rief die gute Frau.

»So was! Ich hätte den letzten Abend des alten Jahres nicht verbringen können, ohne dir Glück zu wünschen. Das hätte ich nicht zuweg gebracht, Meg, und wenn ich krank im Bette gelegen wäre. So, jetzt bin ich hier, und da es Neujahr und zugleich Polterabend ist, habe ich ein – wenig Grog gemacht und ihn gleich mitgebracht.«

Mrs. Chickenstalkers Ansicht von ein »wenig Grog« tat ihrem Charakter alle Ehre an. Der Steinkrug dampfte und rauchte wie ein Vulkan. Der Mann, der ihn trug, war schon halb ohnmächtig. »Mrs. Tugby«, sagte Trotty, der ganz entzückt um sie herumtrabte, »ich wollte sagen, Mrs. Chickenstalker, Gottes Segen auf Ihr Haupt! Ein glückliches neues Jahr und noch viele, viele solche.«

»Mrs. Tugby«, fuhr er fort, als er sie zum Gruß geküßt hatte, »das heißt Mrs. Chickenstalker, dies sind William Fern und Lilly.« Zu seiner großen Überraschung wurde die würdige Dame abwechselnd blaß und rot.

»Doch nicht Lilly Fern, deren Mutter in Dorsetshire starb?« rief sie. Lillys Onkel bejahte, und beide wechselten schnell einige Worte miteinander, deren Ergebnis war, daß Mrs. Chickenstalker Will die Hände schüttelte, Trotty aus freiem Entschluß abermals auf die Wange küßte und das Kind an ihren umfangreichen Busen zog.

»Will Fern«, sagte Trotty, indem er seinen rechten Fäustling anzog, »doch nicht das Freundesherz, das Sie zu finden hofften?«

»Freilich«, antwortete Willy und legte Trotty beide Hände auf die Schultern. »Wie es scheint, ein ebenso gutes Freundesherz, wenn das sein kann, wie ich bereits in Ihnen eins gefunden.«

»Oh«, sagte Trotty, »spielt doch endlich eins auf. Möchtet ihr nicht die Güte haben?«

Zu den Klängen der Musikbande, der Kinderklappern und der Katzenmusik und während noch die Glocken fröhlich vom Turme schallten, führte Trotty mit Mrs. Chickenstalker – nach Meg und Richard das zweite Paar – einen Tanz auf in einer Art Walzerschritt, den weder vorher noch nachher jemals ein menschliches Auge gesehen hatte und der auf dem ihm so eigentümlichen Dienstmannstrab aufgebaut schien.

Hatte Trotty geträumt? Oder sind seine Freuden und Leiden und die handelnden Personen nur ein Traum gewesen? Er selber nur ein Traum? Und der Erzähler dieser Geschichte – ein Träumer, der eben erwacht? Sollte dies auch so sein, dann präget ihr, die ihr ihm zuhörtet, die ernsten Wirklichkeiten, aus denen diese Schatten entsprangen, euerer Seele ein und sucht in euerer Sphäre – keine ist zu weit und keine zu eng für solch einen Zweck – sie besser zu gestalten und minder drückend. Möge das neue Jahr ein glückliches für euch sein und ein glückliches für alle die, deren Glück von euch abhängt. So möge denn jegliches Jahr glücklicher sein als das vorherige, und nicht der geringste unserer Brüder oder Schwestern soll ausgeschlossen bleiben von dem gerechten Anteil an Freude, zu dessen Genuß der große Schöpfer ihn schuf.

Das Heimchen am Herd

Ein Hausmärchen

Aus dem Englischen von
Carl Kolb und Julius Seybt

ERSTES ZIRPEN

Der Kessel fing an! Sprecht mir nicht davon, was Mrs. Peerybingle behauptet hat. Natürlich weiß ich es besser als sie.
Für ewige Zeiten mag Mrs. Peerybingle es vor Gericht zu
Protokoll geben, daß sie nicht imstande sei, auszusagen, wer
von ihnen beiden den Anfang gemacht hat – ich behaupte, daß der Kessel es war. Wer sollte es denn sonst wissen,
wenn nicht ich. Dort in der Ecke steht eine kleine Schwarz-
wälderuhr, und deren Wachsgesicht zeigte an, daß der Kessel ganze fünf Minuten vorher angefangen hat, bevor das
Heimchen überhaupt zu zirpen begann.

Gerade als hätte die Uhr nicht voll ausgeschlagen und als
hätte der kleine Landmann oben drauf, der mit seiner Sense vor einem maurischen Schloß rechts und links drauflos
arbeitete, nicht einen halben Morgen Gras abgemäht – das,
nebenbei gesagt, gar nicht da war, bevor das Heimchen
überhaupt daran dachte, einzufallen.

Nicht, daß ich von Natur aus immer recht haben will. Alle
Welt weiß das. Um nichts in der Welt möchte ich Mrs. Peerybingle widersprechen, wenn ich nicht vollkommen von der
Wahrheit meiner Aussage überzeugt wäre. Wahrlich, nichts
könnte mich dazu veranlassen. Hier jedoch sprechen Tatsachen. Und Tatsache ist, daß der Kessel mindestens fünf
Minuten vorher begann, bevor das Heimchen überhaupt ein
Lebenszeichen von sich gab. Wenn mir jetzt jemand wider-
spricht, so sage ich zehn!

Erlaubt jetzt, daß ich exakt erzähle, wie es geschah. Freilich hätte ich das gleich tun sollen, – aber das ist einfach
so: Soll ich eine Geschichte erzählen, so habe ich mit dem
Anfang anzufangen – und wie kann ich mit dem Anfang

anfangen, wenn ich nicht mit dem Kessel beginne?

Ist es nicht gerade, als handelte es sich um eine Wette oder ein musikalisches Preisringen? Natürlich zwischen dem Kessel und dem Heimchen. Und nun erzähle ich auch, wie es zugegangen ist und wie sich die Sache verhält.

Mrs. Peerybingle ging in die unheimliche Dämmerung hinaus und klapperte mit ihren Pantoffeln, unendlich viele rohe Abdrücke des ersten Euklidischen Lehrsatzes auf dem Hofe zurücklassend, über die nassen Steine, um den Kessel aus dem Wasserfaß zu füllen. Sodann kehrte sie in das Haus zurück, d. h. ohne die Pantoffel – und das ist ein großer Unterschied, denn die Pantoffel waren hoch und Mrs. Peerybingle war klein –, und nun stellte sie den Kessel ans Feuer. Dabei verschwand ihre gute Laune, oder Mrs. Peerybingle hatte sie beiseite gelegt. Denn das Wasser auf dem Hofe – das sehr kalt war und außerdem so klebrig und glitschig, daß es alle möglichen Stoffe, selbst Pantoffel nicht ausgenommen, durchdringt – hatte Mrs. Peerybingles Füße nicht geschont und selbst ihre Waden bespritzt. Bilden wir uns aber nun – und das mit Fug und Recht – etwas auf unsere Beine ein und sind wir obendrein sehr eigen, was Sauberkeit und saubere Strümpfe betrifft, so empfinden wir das natürlich zunächst als eine große Unannehmlichkeit.

Nun kommt noch dazu, daß auch der Kessel überaus widerspenstig war. Er wollte auf der Eisenstange nicht sitzen bleiben: Er wollte nichts davon wissen, sich den Kohlen freundlich anzubequemen. Er beugte sich absolut wie ein Betrunkener vornüber und, als richtiger Einfaltspinsel von einem Kessel, ließ er seinen Inhalt auf den Herd tröpfeln.

Er war streitsüchtig und zischte und sprudelte mürrisch über dem Feuer. Schließlich widersetzte sich auch der Dekkel Mrs. Peerybingles Fingern; erst schlug er einen Purzelbaum und dann fiel er mit boshafter Hartnäckigkeit, die

einer besseren Sache würdig gewesen, seitwärts bis auf den Grund des Kessels hinunter. Sogar der Rumpf des »Königlichen Georg« hat, um aus den Tiefen des Meeres gehoben zu werden, den Ingenieuren nicht halb soviel Widerstand geleistet, als dieser widerspenstige Kesseldeckel den Fingern der Mrs. Peerybingle.

Auch dann noch erwies sich der Kessel widerspenstig und dickköpfig; streckte seinen Henkel keck empor und schien seine Schnauze impertinent und höhnisch gegen Mrs. Peerybingle zu rümpfen, als wollte er sagen:

»Ich will nicht kochen. Nichts kann mich dazu bewegen!«

Aber Mrs. Peerybingle hatte ihre gute Laune wiedergefunden: Sie rieb ihre molligen rundlichen Hände aneinander und setzte sich vergnügt vor den Kessel. Inzwischen schlug die Flamme fröhlich empor und beleuchtete freundlich den kleinen Grasmäher auf der Schwarzwälder Uhr, so daß man hätte glauben können, er stehe stockstill vor dem maurischen Palast und nur die Flamme sei in Bewegung.

Allein er bewegte sich doch; er hatte noch ganz richtig und regelmäßig seine Anfälle, immer zwei in der Sekunde. Aber es war schrecklich, seine Leiden anzusehen, wenn die Uhr im Begriff war zu schlagen, und sooft der Kuckuck aus seiner Klapptür im Palast herausguckte und sechsmal einsetzte, schüttelte es ihn jedesmal wie eine Gespensterstimme, oder wie ein Eisendraht, der an seinen Beinen zerrte.

Erst nach einer heftigen Erschütterung, und nachdem das Schnarren und Rasseln der Gewichte und der Schnüre unter ihm vollständig aufgehört hatte, kam der geängstete Grasmäher wieder zu sich. Sein Schrecken war übrigens begründet gewesen; denn die rasselnden Knochengerippe von Uhren sind mit ihrer lärmenden Tätigkeit ganz danach angetan, jeden außer Fassung zu bringen, und es wundert mich sehr, wie sich irgendein Mensch, ganz besonders aber ein Schwabe, daran ein Vergnügen finden konnte, sie zu erfinden. Behauptet man doch überhaupt, die Schwaben liebten weite Gehäuse und viel Kleidungsstoff für die unteren Teile ihres Körpers, und sie hätten darum schon der Übereinstimmung wegen ihre Uhren nach unten zu nicht so ganz nackt und unbekleidet lassen sollen.

Aber dies war der Augenblick, wo der Kessel sich zu amüsieren anfing. Dies war der Augenblick, wo der Kessel, sanft und musikalisch werdend, in seiner Kehle ein ununterdrückbares Gurgeln zu bekommen begann und kurze Schnaubetöne hören ließ, die er jedoch sofort erstickte, als wüßte er selbst noch nicht, ob er ein angenehmer Gesellschafter wäre. Dies war der Augenblick, wo er, nach zwei oder drei vergeblichen Anläufen seine zutraulichen Gefühle nicht zu verraten, alle üble Laune, alle Zurückhaltung beiseite schob und plötzlich in so fröhliche, trauliche Melodien ausbrach, daß sogar die sentimentalste Nachtigall ihn darum beneidet hätte.

Und wie einfach war der Gesang! Gott, ihr hättet ihn verstanden wie ein Buch – ja vielleicht besser als gewisse Bücher, die ich nicht nennen will. Während er seinen warmen Atem in einer lichten Wolke ausströmte, der fröhlich und anmutig einige Fuß emporstieg, und dann in der Kaminecke als an seinem Privathimmel hängen blieb, trällerte der Kessel sein Lied mit solchem Elan und einer Begeisterung, daß sein metallischer Körper auf dem Feuer summte und vor Freude schaukelte; und selbst der Deckel, der vorhin so widerspenstige Deckel – so viel vermag ein gutes Beispiel! – führte eine Art von Polka auf und klapperte wie ein taubstummes junges Zimbelbecken, das nie etwas von den Gewohnheiten seines Zwillingsbruders gehört hat.

Daß dieser Gesang des Kessels ein Einladungs- und Willkommensgruß für jedermann da draußen war, für jemand, der sich in diesem Augenblick dem kleinen behaglichen Hause und dem flackernden Feuer näherte, darüber kann gar kein Zweifel bestehen. Mrs. Peerybingle wußte das freilich sehr gut, während sie nachdenklich vor dem Herde saß.

Die Nacht ist finster, sang der Kessel, und dürre Blätter liegen am Wege; und oben ist alles Nebel und Dunkelheit, unten alles Schmutz und Schlamm; nur einen hellen Punkt gibt es in der traurigen düsteren Luft, doch ich weiß nicht einmal, ob es einer ist, denn er scheint nur ein dunkelroter, zorniger Schimmer an der Stelle zu sein, wo Sonne und Wind gemeinsam den Wolken ein Brandmal aufdrücken, um sie wegen eines solchen Wetters zu strafen; und wohin man sieht, ist die Landschaft nur ein einziger trübseliger schwarzer Streifen; und Reif bedeckt den Wegweiser und Glatteis die Pfade; und das Eis ist kein Wasser und das Wasser kann nicht fließen und kein Wesen kann sagen, daß etwas sei, wie es sein sollte; aber er kommt, kommt, kommt! ...

Und hier, wenn ihr erlaubt, stimmte das Heimchen ein mit einem Zirp–zirp–zirp von einer Großartigkeit wie ein Chor – mit einer Stimme, die in einem so fabelhaften Mißverhältnis stand zu seiner Größe im Vergleich mit der des Kessels – (Was sag' ich Größe! Man konnte es ja nicht einmal sehen!) –, daß, wenn es geplatzt wäre wie ein zu stark geladenes Gewehr, es als ein Opfer seines Fleißes auf der Stelle geblieben wäre und seinen kleinen Körper in tausend Splitter zerzirpt hätte – es würde euch das nur als eine natürliche und unvermeidliche Folge erschienen sein, auf die es extra losgearbeitet hatte.

Bei dem Kessel war es aus mit seinem Solo. Allerdings fuhr er mit ungeschwächter Anstrengung fort; aber das Heimchen spielte jetzt die erste Violine und behielt sie. Gott, wie das zirpte! Seine schrille, harte, durchdringende Stimme tönte durch das ganze Haus und schien in der Dunkelheit

draußen zu scheinen wie ein Stern. Es lag ein unbeschreibliches Trillern und Tremulieren in seinen höchsten Noten, das auf den Gedanken brachte, es sei ihm, hingerissen von dem Feuer seiner Begeisterung, nicht mehr möglich, sich aufrecht zu erhalten und müsse nun immer hüpfen und springen. Doch stimmten sie ganz ausgezeichnet zusammen, das Heimchen und der Kessel. Der Refrain des Liedes war immer derselbe, und lauter, lauter, immer lauter sangen sie in ihrem Wetteifer.

Die hübsche kleine Zuhörerin – denn hübsch war sie und jung, obgleich ein wenig rundlich, was mir persönlich aber durchaus nicht unsympathisch ist –, die hübsche kleine Zuhörerin zündete ein Licht an, warf einen Blick nach dem Heumäher oben auf der Uhr, der schon eine recht schöne Mittelernte von Minuten geerntet hatte, und blickte dann zum Fenster hinaus, wo sie jedoch dank der Finsternis nichts sah als ihr eigenes Gesicht, das sich in den Scheiben spiegelte. Allerdings ist meine Ansicht – und ich glaube, auch die eure –: sie hätte lange hinausblicken können, ehe sie nur etwas halb so Anmutiges gesehen hätte.

Als sie auf ihren alten Sitz am Herde zurückkehrte, waren das Heimchen und der Kessel noch immer am Musizieren in einer Art wütenden Wettstreites – offenbar war die schwache Seite des Kessels die, daß er nicht wußte, wann er besiegt war.

Eine Aufregung, ganz wie bei einem Wettrennen. Zirp, zirp, zirp! Heimchen eine Weile voran Sum, sum, sum–m–m! Kessel tapfer hinterdrein, gerade wie ein großer Brummkreisel. Zirp, zirp, zirp! Heimchen biegt um die Ecke. Sum, sum, sum–m–m! Kessel folgt natürlich: kein Gedanke, sich für besiegt zu halten. Zirp, zirp, zirp! Heimchen lustiger als je. Sum, sum, sum–m–m! Kessel bedächtig, aber beharrlich! Zirp, zirp, zirp! Heimchen legte sich ins Geschirr, um ihm den Garaus zu machen. Sum, sum, sum–m–m! Kessel gibt nicht nach – bis sie schließlich im Holterpolter des Wettrennens sich so miteinander vermischen, daß, um einigermaßen sicher zu entscheiden, ob der Kessel zirpte und das Heimchen summte, oder ob das Heimchen zirpte und der Kessel summte, oder ob sie beide zirpten und beide summten, ein hellerer Kopf als der eure und der meine dazu nötig gewesen wäre. – Darüber kann jedoch kein Zweifel bestehen: Daß der Kessel und das Heimchen genau in demselben Augenblick und vermöge einer ihnen allein bekannten Harmonie ihren Herdgesang auf den Flügeln eines Lichtstrahls, der durch das Fenster drang, die ganze Straße hinunter sandten. Und dieser Strahl, der auf einen gewissen Jemand fiel, der sich in der Dunkelheit dem Hause näherte, teilte ihm sofort die ganze Sache mit und rief: »Willkommen zu Hause, alter

Knabe! Willkommen, lieber Freund!«

Gerade als dies Ziel erreicht war, kochte der Kessel, vollständig besiegt, über und wurde schnell vom Feuer genommen. Dann lief Mrs. Peerybingle nach der Tür, und bei dem Gerassel von Wagenrädern, dem Stampfen eines Pferdes, dem Rufen eines Mannes, dem Drauflosstürmen eines aufgeschreckten Hundes und dem ebenso überraschenden wie geheimnisvollen Erscheinen eines Wickelkindes wußte sie bald gar nicht mehr, wo ihr der Kopf stand.

Woher das Wickelkind kam oder wo Mrs. Peerybingle es nur so im Handumdrehen herbekommen, das kann ich beim besten Willen nicht erzählen. Jedenfalls aber lag ein lebendiges Wickelkind in Mrs. Peerybingles Armen, und sie schien sogar glücklich und stolz darauf zu sein, als sie von der robusten Gestalt eines Mannes sanft ans Feuer gezogen wurde, der viel größer und viel älter als sie war; er mußte sich tief herabbücken, um sie zu küssen. Aber es war auch der Mühe wert. Sogar für einen Mann von sechs Fuß sechs Zoll lohnte es sich, ja, wäre er noch obendrein mit Kreuzschmerzen behaftet gewesen!

»Herr, mein Gott!« sagte Mrs. Peerybingle. »Wie siehst du aus, bei dem Wetter!«

Man konnte in der Tat nicht leugnen, daß er recht schlimm aussah, der dicke Nebel hing in großen Tropfen an seinen Augenwimpern wie gefrorener Tau, und das Feuer und die Nässe ließen richtige Regenbogen in seinem Backenbart spielen.

»Ja, siehst du, Dot«, sagte John langsam, während er einen Schal von seinem Halse wickelte und sich die Hände rieb, »ja, … Sommerwetter haben wir gerade nicht. Da ist's also nicht zu verwundern.«

»Ich bitte dich, John, nenne mich nicht Dot. Wirklich, der Name ist mir unleidlich«, sagte Mrs. Peerybingle und verzog das Mäulchen in einer Weise, die klar zeigte, daß sie ihn im Gegenteil sehr gern leiden mochte. »Na, und was bist du denn sonst?« erwiderte John, indem er lächelnd auf sie herabblickte und ihre Taille so sanft drückte, wie seine große Hand und sein starker Arm zuließen. »Was bist du denn sonst als ein Pünktchen und« – hier blickte er das Kind an – »ein Pünktchen und ein Klexchen … Aber nein, ich sag's nicht, es würde mir doch nicht gelingen; aber ich war nahe daran, einen Witz zu machen; ich glaube, ich war noch nie so nahe daran.«

Nach seiner Behauptung war er überhaupt oft nahe daran, etwas sehr Gescheites zu sagen, dieser unbeholfene, langsame, ehrliche John; dieser John mit seinem schwerfälligen Kopf und so hellem Herzen, mit so rauher Schale und so mildem Kern; außen so schläfrig und innen so lebhaft, so einfältig und doch so gut! Oh Mutter Natur, gib deinen Kindern die echte Poesie des Herzens, wie sie die Brust dieses armen Fuhrmanns in sich barg – denn nebenbei gesagt, er war nur ein Fuhrmann –, und dann können sie gern in Prosa reden und ein prosaisches Leben führen, wir werden dich doch segnen für solche Gesellschaft!

Es war ein Vergnügen, Dot zu sehen, so klein und so rundlich, mit ihrem Wickelkinde auf den Armen, ein richtiges Püppchen von einem Wickelkinde – wie sie mit koketter Nachdenklichkeit ins Feuer sah und ihr feines Köpfchen grade genug auf die Seite neigte und es in seltsamer, halb natürlicher, halb gezierter, aber ganz anmutiger Weise, gleichsam wie ein kleines Nest an die breite rauhe Gestalt des Fuhrmanns schmiegte. Es war ein Vergnügen zu sehen, wie er in seiner zärtlichen Unbeholfenheit sich bemühte, seine rauhe Stütze ihren leichten Bedürfnissen anzupassen und seine kräftige Männlichkeit zu einem nicht unangemessenen Stabe für ihre blühende Jugend zu machen. Es war ein Ver-

gnügen zu sehen, wie Tilly Tolpatsch, die im Hintergrunde auf das Kind wartete, trotz ihrer angehenden fünfzehn Jahre sich die Gruppe ganz genau ansah und, Mund und Augen weit offen und den Kopf vorgestreckt, dastand – in einer Weise, als ob sie begierig Luft einatme. Nicht weniger erfreulich war es zu sehen, wie John, der Fuhrmann, auf einige Worte, die Dot bezüglich vorerwähnten Kindes sagte, seine Hand in demselben Augenblick zurückzog, als er es berühren wollte, als hätte er Furcht, es zu zerdrücken, und sich damit begnügte, es mit vorgeneigtem Oberkörper aus der Ferne zu betrachten, und zwar mit einer Mischung von Stolz und Verlegenheit – wie wohl ein liebenswürdiger Bullenbeißer dreingeschaut hätte, wenn er eines schönen Tages herausgefunden hätte, daß er Vater eines jungen Kanarienvogels sei.

»Ist er nicht hübsch, John? Sieht er nicht reizend aus, wenn er schläft?«

»Ganz reizend«, sagte John. »Ja, ja, ganz reizend. Er schläft wohl überhaupt die meiste Zeit, nicht wahr?«

»Aber mein Gott, John! Bewahre, nein!«

»Oh!« sagte John nachdenklich. »Ich dachte, er hätte seine Augen meistens geschlossen. Halloh!«

»Du lieber Gott, John, wie du einen erschreckst!«

»Es ist nicht gut, daß er die Augen so verdreht!« sagte der erschreckte Fuhrmann. »Nicht wahr? Sieh, wie er mit beiden zugleich blinzelt! Und sieh nur den kleinen Mund an! Wie er schnappt, – gerade wie ein Goldfisch!«

»Du verdienst gar nicht, Vater zu sein, durchaus nicht«, sagte Dot mit der ganzen Würde einer erfahrenen Matrone. »Aber wie solltest du auch wissen, John, wieviel kleine Schmerzen so ein Kindchen leiden muß! Du weißt nicht einmal ihren Namen, du dummer Mann!«

Und nachdem sie das Kind auf den linken Arm genom-

men und ihm als eine Art Herzstärkung den Rücken geklopft hatte, zupfte sie lachend ihren Mann am Ohr.

»Nein«, sagte John, indem er seinen Überrock auszog. »Du
hast recht, Dot, ich verstehe mich nicht besonders auf dergleichen. Ich weiß nur, daß ich heut abend tüchtig mit dem
Wind habe kämpfen müssen. Er kam von Nordost gerade
in den Wagen herein, auf dem ganzen Heimweg.«

»Ach ja, mein armer, guter Mann!« rief Mrs. Peerybingle
und wurde sofort außerordentlich beweglich. »Da, nimm
den kostbaren Schatz, Tilly, während ich etwas Nützliches
tue. Du lieber Gott, ich glaube, ich könnte ihn schier totküs-
sen! Kusch dich, gutes Tier. Kusch dich, Boxer! Erst sollst
du deinen Tee haben, John, und dann will ich dir bei den
Paketen helfen, wie eine fleißige Biene: ›Wie das kleine Bienchen‹ – und so weiter, du weißt ja, John. Hast du je ›Wie das
kleine Bienchen‹ gelernt, John, als du in die Schule gingst?«

»Nicht alle Verse«, antwortete John. »Ich war einmal sehr
nahe daran, sie alle zu lernen. Aber ich hätte es doch nur
verdorben.«

»Ha, ha, ha!« lachte Dot. Es war das lustigste Lachen von
der Welt. »Was für ein guter, lieber, alter Dummkopf du
doch bist, John!«

Ohne auf diese Behauptung irgend etwas einzuwenden,
ging John hinaus, um nach dem Jungen mit der Laterne zu
sehen, die wie ein Irrlicht vor Tür und Fenster hin und her
hüpfte, ob er auch ordentlich für das Pferd sorge – und
dieses Pferd war dicker und fetter, als ihr glauben würdet,
wenn ich euch seinen Umfang angäbe, und so alt, daß sein
Geburtstag sich in der grauen, dunklen Vorzeit verlor. Boxer, welcher wußte, daß die ganze Familie auf seine Aufmerksamkeit Anspruch hatte, und diese unparteiisch unter
die einzelnen Mitglieder derselben verteilen wollte, stürmte
überall beunruhigend ein und aus – bald bellte er rund um

das Pferd herum, während dieses an der Stalltür gestriegelt wurde, bald stellte er sich, als wolle er sich wie toll auf seine Herrin stürzen, und machte dann plötzlich in ergötzlicher Weise halt, dann wieder der Tilly Tolpatsch, die auf einem Schemel am Feuer saß, einen Schrei entlockte, indem er ihr mit seiner feuchten Schnauze unvermutet im Gesicht herumfuchtelte; bald ein aufdringliches Interesse für das Wickelkind zeigte; bald rund um den Herd ging und sich niederlegte, als wolle er sich für die Nacht niederlassen; bald wieder aufstand und sein bißchen Schwanz in die Nacht hinaustrug, als habe er sich gerade eines Stelldicheins erinnert, und fort war er im raschen Trabe, um es nicht zu versäumen.

»Da, da ist der Tee, die Kanne steht auf dem Herdrand«, sagte Dot mit der ernsten Geschäftigkeit eines Kindes, das Hausfrau spielt. »Und da ist der kalte Schinken und da Butter und da Brot und all das andere! Hier ist ein Waschkorb für die kleinen Pakete, John, wenn du welche hast – aber wo bist du denn, John? Tu, was du tust, aber laß das liebe Kind nicht auf den Rost fallen, Tilly!«

Es muß hier bemerkt werden, daß Fräulein Tolpatsch trotz des Protestes, den sie gegen diese Möglichkeit einlegte, ein seltenes und ganz überraschendes Talent dafür besaß, das Wickelkind in allerlei Gefahren zu bringen, und mehr als einmal sein junges Leben mit einer nur ihr eigentümlichen Kaltblütigkeit aufs Spiel gesetzt hatte. Sie war von schmächtiger, hoher Gestalt, diese junge Dame, so, daß ihre Kleider in beständiger Gefahr zu sein schienen, von ihren spitzen Schultern, an denen sie nur lose hingen, herabzugleiten. An ihrem Kostüm war das Merkwürdige, daß es an allen möglichen Stellen gewisse Stückchen Flanell sehen ließ, und in der Gegend des Rückens ein Korsett von verschossenem Grün sichtbar wurde. Da Fräulein Tolpatsch stets in einem Zustande war, wo sie alles Denkbare begaffte und bewunderte und zudem in fortwährende Betrachtung der Vollkommenheiten ihrer Herrin und des Wickelkindes versunken war, so kann man wohl sagen, daß die kleinen Irrtümer ihres Verstandes ebensosehr ihrem Kopfe wie ihrem Herzen Ehre machten; und obgleich sie dem Köpfchen des Wickelkindes weniger Ehre machten, das sie gelegentlich in Berührung brachten mit Türkanten, Tischecken, Treppengeländern, Bettpfosten und andern fremdartigen Gegenständen, so waren sie doch nur das ehrliche Resultat von Tillys beständigem Erstaunen darüber, daß man sie so freundlich behandelte und sie in einem so behaglichen Hause untergebracht war. Denn die Tolpatsch, Vater und Mutter, waren der Fama beide gleich unbekannt. Tilly war durch öffentliche Barmherzigkeit aufgezogen worden, da sie ein Findling war, und dieses Wort, obgleich es grad so viel Buchstaben besitzt wie Liebling, hat doch einen ganz anderen Sinn und bezeichnet etwas durchaus anderes. – Es würde euch fast ebensosehr ergötzt haben wie John, wenn ihr selbst die kleine Mrs. Peerybingle mit ihrem Manne hättet zurückkommen sehen, wie sie an dem Waschkorbe zog und die tapfersten Anstrengungen machte, nichts zu tun – denn er trug ihn ja. Und soviel ich weiß, amüsierte es auch das Heimchen, wenigstens fing es jetzt mit einer gewissen Heftigkeit wieder zu zirpen an.

»Hallo!« sagte John in seiner langsamen Weise. »'S ist heut abend lustiger als je, scheint mir.«

»Und es bringt uns sicherlich Glück, John! Das hat's immer getan. Ein Heimchen am Herd zu haben, ist das größte Glück von der Welt!«

John sah sie an, als wäre er nahe daran, auf den Gedanken zu kommen, sie sei sein Oberheimchen, und war vollständig mit ihr einverstanden. Aber es war vermutlich wieder eine jener Gelegenheiten, wo er nahe daran war, einen Witz zu machen, denn er sagte nichts.

»Das erstemal, daß ich seinen munteren lieben Gesang hörte, das war an jenem Abend, John, da du mich in dein Haus – in mein neues Heim brachtest, als seine kleine Herrin. Es ist nahezu ein Jahr her. Du erinnerst dich doch, John!«

Oh ja, John erinnerte sich! »Das sollte ich meinen!«

»Sein Zirpen war mir ein so lieblicher Willkommensgruß! Es schien so voller Verheißung und Ermutigung! Es war, als wolle es mir sagen, du würdest gut und freundlich gegen mich sein und nicht erwarten – das fürchtete ich damals, John – einen alten Kopf auf den Schultern deiner dummen kleinen Frau zu finden.«

John klopfte nachdenklich eine dieser Schultern und streichelte dann ihren Kopf, als wollte er sagen: »Nein, nein, ich hatte so etwas nicht erwartet; ich bin mit diesem Kopf und diesen Schultern ganz zufrieden.« Und er hatte durchaus recht: sie waren allerliebst.

»Es sagte die Wahrheit, John, als es zu sprechen schien; denn du bist mir immer der beste, der nachsichtigste, der liebevollste Gatte gewesen. Du hast mir dieses Haus zu einem glücklichen Heim gemacht, John, und ich liebe das Heimchen darum.«

»Na, dann ich auch«, sagte der Fuhrmann. »Dann ich auch, Dot.«

»Ich liebe es, weil ich es so oft gehört habe und wegen der vielen guten Gedanken, die seine unschuldige Musik in mir angeregt hat. Wenn ich mich abends in der Dämmerung bisweilen ein wenig verlassen und niedergeschlagen fühlte, John – nämlich ehe das Kindchen kam, um mir Gesellschaft zu leisten und es fröhlich im Hause zu machen –, wenn ich bedachte, wie einsam du sein würdest, wenn ich stürbe, wie trostlos ich sein würde, wenn ich es wissen könnte, daß du

mich verloren hättest, Liebster: da schien sein Zirp – zirp –
zirp auf dem Herde mir von einem andern Stimmchen zu
erzählen, von einem so süßen, meinem Herzen so teuren
Stimmchen, daß dessen zukünftiger Klang meinen Kummer bald wie einen Traum verschwinden ließ. Und wenn
ich sonst fürchtete – und ich fürchtete es anfangs wirklich,
John, denn du weißt ja, ich war noch sehr jung –, wir könnten als ein schlechtes Ehepaar zusammenleben, da ich fast
nur ein Kind war und du mehr aussahst wie mein Vormund
als wie mein Mann, und daß du, welche Mühe du dir gäbest,
doch nicht imstande wärest, mich so lieben zu lernen, wie
du hofftest und wünschtest; dann heiterte sein Zirp-zirp-
zirp mich wieder auf und gab mir frischen Mut und neues
Vertrauen. An all diese Dinge dacht' ich heute abend, Lieber, als ich dasaß und dich erwartete; und das ist's, warum
ich das Heimchen so lieb habe!«

»Dann ich auch«, wiederholte John. »Aber Dot ... ich
erst hoffen und wünschen, daß ich dich lieben lernte! Wie
du nur reden magst! Das hatte ich längst gelernt, ehe ich
dich hierher brachte, damit du des Heimchens kleine Herrin
seist, Dot!«

Sie legte ihre Hand einen Augenblick auf seinen Arm und
schaute mit erregtem Gesicht zu ihm auf, als hätte sie ihm
etwas sagen wollen. Am nächsten Augenblick jedoch lag sie
vor dem Korbe auf den Knien, plauderte mit ihrer angenehmen Stimme fröhlich und eifrig, während sie sich mit
den Paketen beschäftigte.

»Es sind heute abend nicht viele, John; aber ich habe soeben hinten auf dem Wagen einige Ballen gesehen, und
wenn sie auch mehr Arbeit machen, so bringen sie doch
auch mehr ein; wir haben also nichts, worüber wir uns zu
beklagen hätten, nicht wahr? Und zudem hast du gewiß auf
dem Heimweg schon einiges abgeliefert, nicht?«

»Jawohl«, sagte John. »Eine recht hübsche Anzahl.«

»Aber was ist dies für eine runde Schachtel? Du meine Güte, John, das ist ja ein Hochzeitskuchen!«

»Sowas kann nur eine Frau erraten!« sagte John voll Bewunderung. »Ja, ein Mann wäre gar nicht auf solche Gedanken gekommen! Man packe nur einen Hochzeitskuchen in eine Teekiste, in eine auseinandergenommene Bettstelle, in ein Lachsfäßchen oder in irgendein anderes unwahrscheinliches Ding, ich wette, eine Frau findet ihn sofort heraus … Ja, das ist richtig, ich habe ihn von dem Konditor mitgebracht.«

»Und er wiegt, ich weiß nicht wie viele … ganze hundert Pfund!« rief Dot, indem sie große Anstrengungen machte, ihn aufzuheben. »Für wen ist er, John? Wo soll er hin?«

»Lies die Adresse auf der anderen Seite«, erwiderte John.

»Wie, John! Du meine Güte, John!«

»Ja, wer hätte das gedacht!« versetzte John.

»Du meinst doch nicht etwa«, fuhr Dot fort, indem sie sich auf den Boden setzte und den Kopf schüttelte, »daß er für Gruff und Tackleton, den Spielwarenhändler, ist!«

John nickte.

Mrs. Peerybingle nickte ebenfalls, wenigstens fünfzigmal. Nicht zum Zeichen der Zustimmung, sondern in stummer, mitleidiger Überraschung, und inzwischen zog sie mit all ihrer geringen Kraft ihre Lippen spitz zusammen – sie waren gar nicht für das Spitzzusammenziehen geschaffen, das ist mir klar – und blickte in Gedanken verloren den guten Fuhrmann gleichsam durch und durch an. Inzwischen fragte Fräulein Tolpatsch, die ein ungeheures Talent dafür hatte, aus dem Fluß der Unterhaltung einige Brocken zum Vergnügen des Wickelkindes herauszufischen, wobei sie sie jedoch alles Sinnes beraubte und fast sämtliche Wörter ins Diminutiv verwandelte, um sie diesem jungen Geschöpfchen anzupassen: »Wirklich für Gruffchen und Tapleton-

chen, das Spielwarenhändlerchen? Wollte bei dem Pasteten-
bäckerchen Hochzeitküchelchen holen? Und Mütterchen
wirklich Schächtelchen sofortchen erkanntchen, als Väterchen sie heimchen gebracht!« und so weiter.

»Und die Heirat soll also wirklich zustande kommen!« sagte Dot. »Gott, wir sind zusammen in die Schule gegangen,
John.«

John dachte ohne Zweifel an sie, oder war vielleicht nahe
daran zu denken, wie sie in jener Schulzeit ausgesehen habe.
Er sah sie mit nachdenklichem Wohlgefallen an, ohne jedoch zu antworten.

»Und er ist so alt –! Ihr so ungleich –! ... Sag doch mal,
John, wie viel Jahre ist Gruff und Tackleton wohl älter als
du?«

»Wieviel Tassen Tee soll ich heute abend in einer Sitzung
wohl mehr trinken als Gruff und Tackleton je in vier Sitzungen getrunken hat?« versetzte John gutgelaunt, indem
er einen Stuhl an den runden Tisch rückte und den kalten Schinken in Angriff nahm. »Was das Essen anbelangt,
Dot, so esse ich nur wenig, aber dieses Wenige lass ich mir
schmecken.«

Selbst dieser sein gewöhnlicher Trinkspruch, eine seiner
unschuldigen Selbsttäuschungen – denn sein Appetit war
stets hartnäckig und strafte ihn augensichtlich Lügen –, rief
kein Lächeln auf das Gesicht seines kleinen Weibchens,
das zwischen den Paketen stand und die Kuchenschachteln
langsam mit dem Fuße von sich stieß, ohne ihrem zierlichen
Schuh, dem sie sonst so viel Beachtung schenkte, auch nur
einen Blick zu gönnen, obgleich ihre Augen ebenfalls niedergeschlagen waren. In Gedanken verloren stand sie da,
dachte ebensowenig an den Tee wie an John – obwohl er sie
anrief und mit dem Messer auf den Tisch klopfte, um ihre
Aufmerksamkeit zu erregen – bis er endlich aufstand und

ihren Arm berührte. Da schaute sie ihn einen Augenblick an und eilte, über ihre Nachlässigkeit lachend, auf ihren Platz hinter dem Teebrett. Aber sie lachte nicht wie früher. Die Art und Weise sowohl wie der Klang hatten sich ganz verändert.

Auch das Heimchen war verstummt. Das Zimmer war irgendwie nicht mehr so gemütlich wie früher. Gar nicht mehr.

»Dies sind also sämtliche Pakete, John?« sagte sie und unterbrach ein langes Schweigen, das der ehrliche Fuhrmann der praktischen Illustration des einen Teils seines beliebten Trinkspruches gewidmet hatte – indem er in der Tat bewies, daß er mit Appetit aß, wenn auch nicht zugegeben werden konnte, daß er nur wenig aß. »Dies sind also sämtliche Pakete, John?«

»Das ist alles«, versetzte John. »Aber – nein – ich –«, setzte er hinzu, indem er Messer und Gabel niederlegte und tief ausatmete. »In der Tat, ich habe den alten Herrn rein vergessen!«

»Den alten Herrn?«

»Im Wagen«, sagte John. »Er war im Stroh eingeschlafen, als ich ihn zum letztenmal sah. Ich bin zweimal ganz nahe daran gewesen, mich seiner zu erinnern, seit ich hier bin; aber er ist mir wieder aus dem Kopfe gekommen. Holla! Heda, Ihr dort! Aufgestanden, guter Freund!«

John sagte diese letzten Worte vor der Tür, wohin er mit dem Licht in der Hand geeilt war.

Fräulein Tolpatsch, überzeugt, daß hinter dem Namen »alter Herr« irgendein Geheimnis stecke, und die in ihrer verworrenen Phantasie gewisse Vorstellungen religiöser Natur mit diesem Ausdruck verband, geriet so in Aufregung, daß sie hurtig von ihrem Schemel am Feuer aufstand, um Schutz hinter der Schürze ihrer Herrin zu suchen. Aber in dem Augenblick, als sie an der Tür vorübereilte, kam sie in Berührung mit einem unbekannten Greise und machte sofort instinktiv einen Angriff auf ihn mit der einzigen Waffe, die ihr gerade zu Gebote stand. Da diese Waffe zufällig das Wickelkind war, so entstand große Aufregung und Bestürzung, die Boxers Scharfsinn nur noch vermehrte; denn dieser brave Hund, achtsamer als sein Herr, hatte allem Anschein nach den alten Herrn in seinem Schlaf bewacht, damit er sich nicht mit ein paar jungen Pappeln davonmachte, die hinten auf den Wagen gebunden waren, und auch jetzt noch blieb er ihm hart auf den Fersen, zauste beständig an seinen Gamaschen und machte verzweifelte Angriffe auf seine Knöpfe.

»Na, Herr, Ihr versteht das Schlafen, das kann man nicht anders sagen«, sprach John, als die Ruhe wieder hergestellt war.

Während dieser Zeit hatte der alte Herr barhaupt und regungslos mitten im Zimmer gestanden.

»So ausgezeichnet versteht Ihr's, daß ich Euch fast fragen möchte, wo denn die andern sechs sind. Aber das gäbe ja beinahe einen Witz und ich würde ihn gewiß nur verderben. Übrigens nahe daran«, murmelte der Fuhrmann lachend, »ganz nahe daran!«

Der Fremde, der langes weißes Haar, schöne und für einen Greis merkwürdig stolze und ausdrucksvolle Züge und glänzende durchdringende dunkle Augen hatte, sah sich freundlich lachend um und grüßte des Fuhrmanns Frau mit würdevollem Kopfnicken.

Sein Anzug war zwar einfach, aber sehr komisch – er war schon längst aus der Mode gekommen. Er war ganz von brauner Farbe. In der Hand hielt er einen großen ebenfalls braunen Knüttel oder eine Art Spazierstock. Da geschah etwas Merkwürdiges: Als er damit auf den Boden stieß, fiel er auseinander und wurde ein Stuhl, auf den er sich mit der größten Gelassenheit setzte.

»Sieh nur!« sagte der Fuhrmann, indem er sich zu seiner Frau umwandte. »Gerade so fand ich ihn am Wege sitzend. Aufrecht wie ein Meilenzeiger. Und beinahe ebenso taub!«

»Er saß im Freien, John?«

»Ganz im Freien«, erwiderte der Fuhrmann, »just als die Nacht hereinbrach. ›Fahrgeld‹, sagte er und gab mir einundeinenhalben Schilling. Dann stieg er ein. Und jetzt ist er da.«

»Er wird doch wohl bald gehen wollen, John?«

Aber nein. Er wollte nur reden.

»Mit Eurer Erlaubnis«, sagte der Fremde sanft, »ich soll abgeholt werden. Tut, als wenn ich gar nicht da wäre.«

Damit nahm er aus einer seiner weiten Taschen eine Brille und aus einer andern ein Buch und begann behäbig zu lesen, wobei er sich um Boxer nicht mehr kümmerte, als wäre er ein Lämmchen gewesen.

Der Fuhrmann und seine Frau wechselten einen bestürzten Blick. Der Fremde erhob sein Haupt, blickte von der letzteren auf den ersteren, und sagte:

»Eure Tochter, guter Freund?«

»Frau«, erwiderte John.

»Nichte?« fragte der Fremde.

»Frau!« schrie John.

»Wirklich?« versetzte der Fremde. »In der Tat, sehr jung!«

Dann schlug er gemütlich einige Blätter um und setzte seine Lektüre fort. Aber kaum hatte er zwei Zeilen gelesen, da unterbrach er sich wieder und fragte:

»Und das Kind – Euer?«

John machte mit dem Kopfe ein gar nicht mißzuverstehendes Zeichen der Bejahung – mit Hilfe eines Sprachrohrs hätte er nicht verständlicher antworten können.

»Mädchen?«

»Kna-a-be!« schrie John.

»Auch noch sehr jung, he?«

Sofort meldete sich Mrs. Peerybingle zum Wort.

»Zwei Monate und drei Ta-a-ge! Vor sechs Wochen wurde er gerade gei-i-mpft! Pocken sehr schön bekommen! Doktor sagte, ein merkwürdig schönes Ki-i-nd! So kräftig wie sonst nur Kinder von fünf Mo-o-nden! Seine Klugheit ganz wu-un-derbar! Wird Ihnen unglaublich scheinen, aber kann schon auf seinen Beinchen ste-e-hen!« Hier hielt die atemlose kleine Mutter, die diese kurzen Sätze dem Greise ins Ohr geschrien, bis ihr hübsches Gesicht feuerrot geworden, das Kindchen vor ihn hin, als einen unumstößlichen triumphierenden Beweis ihrer Behauptung, während Tilly mit dem melodischen Rufe »Ätsch, ätsch«, die geheimnisvollen Worte wie das Niesen eines kräftigen Mannes klangen – wie ein junges Kalb um das unschuldige Kindchen herumtanzte.

»Horch! Da wird er gewiß abgeholt«, sagte John. »Da ist jemand an der Tür. Mach' auf, Tilly!«

Ehe sie jedoch die Tür erreicht hatte, wurde sie von außen geöffnet; denn es war eine jener altmodischen Türen mit Klinke, die jeder öffnen konnte, der Lust hatte – und gar mancher hatte Lust dazu; denn alle möglichen Nachbarn wechselten gern ein paar gemütliche Worte mit dem Fuhrmann, obgleich er gerade nicht sehr redselig war. Es trat ein kleiner dummer Mann mit nachdenklichem braunen welken Gesicht herein, der sich aus Packleinwand, in die wohl mal eine alte Kiste eingenäht worden war, selbst einen Überrock gemacht zu haben schien; denn als er sich umwandte, um die Tür zu schließen, damit das Wetter nicht hereinschlage, zeigte er auf der Rückseite seines Rocks in großen schwarzen Buchstaben die Aufschrift »G. & T.«, sowie in energischen Schriftzügen das Wort »Glas!«

»Guten Abend, John«, sagte der kleine Mann. »Guten Abend, junge Frau. Guten Abend, Tilly. Guten Abend, Unbekannter. Was macht das Kindchen, junge Frau? Und Boxer hoffentlich gesund?«

»Alles bei bestem Wohlsein, Kaleb.« antwortete Dot. »Um Euch davon zu überzeugen, braucht Ihr nur unseren lieben Jungen anzusehen.«

»Und Euch, dann weiß ich's noch mal«, versetzte Kaleb.

Er sah sie jedoch nicht an; denn er hatte ein unruhiges, nachdenkliches Auge, das immer in einer andern Zeit und einem andern Raume schien, wie denn seine Stimme auch niemals bei der Sache zu sein schien.

»Oder John, dann weiß ich's nochmal«, sagte Kaleb.

»Oder Tilly, soweit das möglich; oder auch Boxer.«

»Gerade viel zu tun, Kaleb?« fragte der Fuhrmann.

»Oh ja, ziemlich viel, John«, erwiderte dieser mit der zerstreuten Miene eines Mannes, der nicht weniger als den Stein der Weisen sucht. »Ja, ziemlich viel. Es ist jetzt starke Nachfrage nach Noahs Archen. Ich möchte die Noah'sche Familie gern vollkommener machen, aber ich weiß nicht, wie es bei dem Preise möglich ist. Es würde mir Freude machen, wenn die Sems von den Hams, und die Männer von den Weibern deutlicher unterschieden werden könnten. Die Fliegen haben auch nicht das richtige Maß – wißt Ihr, wenn man sie mit den Elefanten vergleicht! Was ich sagen wollte, John, habt Ihr etwas unter den Paketen für mich?«

Der Fuhrmann steckte seine Hand in eine Tasche des Rockes, den er ausgezogen hatte, und brachte, sorgfältig in Moos und Papier gewickelt, einen kleinen Blumentopf zum Vorschein.

»Da ist's!« sagte er, ihn mit der größten Sorgfalt auspakkend. »Es ist nicht ein einziges Blatt beschädigt. Ganz voller Knospen.«

Kalebs trübes Auge erhellte sich, als er ihn entgegennahm und dem Fuhrmann dankte.

»Teuer, Kaleb«, sagte der Fuhrmann, »sehr teuer um diese Jahreszeit.«

»Macht nichts, mir würde er immer billig sein, was er auch kosten mag«, erwiderte der kleine Mann. »Sonst noch was, John?«

»Eine kleine Schachtel«, erwiderte der Fuhrmann. »Da ist sie.«

»An Kaleb Plummer«, sagte der kleine Mann, die Adresse buchstabierend. »Mit Vorschuß, John? Ich glaube nicht, daß das für mich ist.«

»Mit Vorsicht«, entgegnete der Fuhrmann, ihm über die Schulter blickend. »Wie lest Ihr denn Vorschuß heraus?«

»Ach ja, richtig!« sagte Kaleb. »Ja, ja, richtig, mit Vorsicht! Jawohl, es ist für mich. Es hätte übrigens auch ›mit Vorschuß‹ heißen können, John, wenn mein lieber Junge, der nach dem goldenen Südamerika ging, noch lebte. Ihr liebtet ihn wie einen Sohn, nicht wahr? Ihr braucht nicht ja zu sagen. Ich weiß es ohnehin. An Kaleb Plummer, ›mit Vorsicht‹. Ja ja, ist ganz richtig. 'S ist eine Schachtel mit Puppenaugen für die Arbeit meiner Tochter. Ich wollte, John, es wären Augen für sie selbst in der Schachtel.«

»Ich auch!« rief der Fuhrmann. »Oder doch, daß es so sein könnte!«

»Danke für den Wunsch«, sagte der kleine Mann. »Was Ihr sagt, kommt von Herzen. Wenn man so denkt, daß sie nie die Puppen sehen kann … und daß sie sie den ganzen lieben langen Tag so unverwandt anblicken! Das ist das Traurige dabei. Was bin ich Euch schuldig, John?«

»Das werdet Ihr gleich merken«, sagte John, »wenn Ihr sowas noch mal fragt. Dot, sehr nahe daran, he?«

»Ja, das sieht Euch ganz ähnlich«, bemerkte der kleine

Mann. »Das ist so Eure freundliche Weise. Ich glaube, das wäre nun alles.«

»Ich glaub's nicht«, sagte der Fuhrmann. »Ratet noch mal.«

»Etwas für unsern Prinzipal, he?« sagte Kaleb nach kurzem Besinnen. »Jawohl, das ist's, warum ich herkam; aber mein Kopf steckt so voll Archen Noahs und dergleichen ... Er ist doch nicht hier gewesen, nicht wahr?«

»Der!« versetzte der Fuhrmann. »Der hat den Kopf voll mit Heiraten.«

»Er muß jedoch herkommen«, sagte Kaleb, »denn er sagte mir, ich sollte auf dem Heimwege an der linken Seite gehen, und es gilt zehn gegen eins, daß er mich einholt. Übrigens, es ist wohl am besten, ich gehe ... Möchtet Ihr wohl die Freundlichkeit haben, junge Frau, mich einen Augenblick Boxer in den Schwanz kneipen zu lassen – ja?«

»Aber Kaleb! Was fällt Euch ein!«

»Oh, es hat nichts zu bedeuten, junge Frau«, sagte der kleine Mann. »Er könnte es mir ja auch übelnehmen. Seht, ich habe da gerade einen ziemlich großen Auftrag auf bellende Hunde bekommen, und da möchte ich es so natürlich herstellen, wie es sich für fünf Groschen machen läßt. Nichts für ungut, junge Frau.«

Da traf es sich glücklicherweise, daß Boxer, ohne, wie vorgeschlagen, gekniffen zu werden, mit großem Eifer zu bellen begann. Aber da dieses Bellen die Nähe eines neuen Besuches anzeigte, so lud sich Kaleb, indem er seine Studien nach der Natur auf günstigere Gelegenheit verschob, die runde Schachtel auf die Schulter und nahm hastig Abschied. Er hätte sich die Mühe sparen können, denn auf der Schwelle begegnete er bereits dem neuen Besuch.

»So, Ihr seid noch hier? Hm! Wartet ein Weilchen, ich werde Euch nach Hause bringen. John Peerybingle, Euer Diener; und vor allem der gehorsamste Diener Eures hübschen Weibchens. Alle Tage schöner! Auch besser, wenn möglich! Und jünger«, murmelte der Redner leise. »Das ist gerade der Teufel!«

»Ich würde mich wundern, daß Ihr so mit Komplimenten um Euch werft, Mr. Tackleton«, sagte Dot gerade nicht sehr gnädig, »wenn Eure neue Lage uns die Sache nicht erklärte.«

»Ihr wißt es also schon?«

»Ich hab's endlich fertiggebracht, es zu glauben«, sagte Dot.

»Vermutlich nach einem sehr heißen Kampf?«

»Nach einem sehr heißen.«

Tackleton, der Spielwarenhändler, ziemlich allgemein bekannt als Gruff und Tackleton – denn so hieß die Firma, obgleich Gruff schon längst ausgetreten war, seinem ehemaligen Kompagnon nur seinen Namen und seinem Geschäft, wie manche behaupteten, die Eigenschaft, die das Wörterbuch mit diesem Worte bezeichnet, lassend – Tackleton, der Spielwarenhändler, war ein Mensch, dessen Beruf von seinen Eltern und Vormündern völlig mißverstanden worden war. Hätten sie einen Pfandleiher, einen Exekutor oder Makler aus ihm gemacht, so hätte er, wenn er seine widerwärtigen Hörner in der Jugend abgestoßen, und nachdem er die Bosheit seines Naturells in menschenfeindlichen Handlungen erschöpft, schließlich noch ein liebenswürdiger Mensch werden können, wäre es auch nur gewesen, weil es etwas ganz Neues für ihn bedeutet hätte. Aber das Schicksal hatte ihn dazu bestimmt, sich die Galle zu erhitzen in der friedlichen Beschäftigung eines Spielwarenhändlers, und so wurde er ein wahrer Hausteufel, der sein ganzes Leben lang von Kindern lebte, ohne darum aufzuhören, ihr unversöhnlicher Feind zu sein. Alle Spielsachen waren ihm ein Greuel, und er würde um alles in der Welt keine gekauft haben. Er fand in seiner Bosheit ein eigentümliches Vergnügen daran, den pappdeckelnen Pächtern, die ihre Schweine zu Markt trieben, den öffentlichen Ausrufern, die denjenigen, die verlorengegangene Advokatengewissen wiederfänden, eine angemessene Belohnung versprachen, den zappeligen alten Damen, die Strümpfe stopften oder Pasteten zerschnitten, und andern Figuren seines Lagers wilde, ingrimmige Gesichter zu geben. Es war ein wahrer Hochgenuß für ihn, schrecklich häßliche Fratzen zu erfinden, sowie häßliche, mit Haaren bedeckte, rotäugige Schachtelmännchen, vampirartige Papierdrachen, dämonische Springer, die nicht liegen bleiben wollten, sondern immer wieder jedem ins Gesicht sprangen und die Kinder bis zum Tode erschreckten. Sie waren sein einziger Trost und sozusagen der Kanal, der seine überströmende Bosheit abführte. Er war groß in solchen Erfindungen. Die Idee irgendeines Kinderälpchens war für ihn die Quelle eines unbeschreiblichen Entzückens. Er hatte sogar Geld dafür ausgegeben – und dies war das einzige Spielzeug, das er zärtlich liebte –, um Schiebegläser für Zauberlaternen zu bekommen, worauf die Mächte der Hölle als eine Art übernatürlicher Seekrebse mit menschlichen Gesichtern abgemalt waren. Auch hatte er ein kleines Kapital fest dafür angelegt, um Riesen von übernatürlicher Größe herzustellen, und obgleich nicht selbst Maler, verstand er doch, zur Belehrung der Fabrikanten, bei denen er seine Waren bestellte, mit einem Stück Kreide gewisse versteckte Züge anzudeuten, dazu angetan, die Gesichter jener Ungeheuer in einer Weise zu verändern, daß ihr Blick dann imstande war, alle jungen Herren zwischen sechs und elf Jahren während der ganzen Dauer der Weihnachts- und Hundstagsferien um ihre Seelenruhe zu bringen.

Wie er in Spielsachen war, so war er auch – wie die meisten Menschen – in allen andern Dingen. – Man kann sich daher leicht vorstellen, daß in dem großen, grünen Überzieher, der ihm bis über die Waden reichte, bis ans Kinn hinan ein möglichst unangenehmer Gesell steckte und daß er ein so auserlesener Patron und angenehmer Gesellschafter war, wie je einer in ein Paar Stiefeln, die wie Bullenbeißer aussahen, mit mahagonifarbigen Stulpen daran.

Und doch war Tackleton, der Spielwarenhändler, im Begriff, sich zu verheiraten. Ja, trotz alledem war er im Begriff, sich zu verheiraten. Und noch dazu mit einem jungen Mädchen, mit einem schönen jungen Mädchen.

Man sah ihm den Bräutigam wirklich nicht an, wie er so dastand in der Küche des Fuhrmanns mit seinem verzerrten, eingetrockneten Gesicht, seinem spiralartigen Körper, den Hut auf die Brücke von Nase herabgedrückt, die Hände bis auf den Grund der Taschen vergraben und seine ganz boshafte, spöttische Natur aus einer kleinen Ecke seines kleinen Auges hervorlauernd, so daß man unwillkürlich an soundsoviel Raben denken mußte. Und dennoch wollte er einen Bräutigam vorstellen.

»Nur noch drei Tage«, sagte Tackleton. »Nächsten Donnerstag. Der letzte Tag des ersten Monats im Jahr. Das ist mein Hochzeitstag.«

Habe ich bereits erwähnt, daß das eine Auge stets weit offenstand und er das andere beinahe geschlossen hielt, und daß das fast geschlossene Auge immer das ausdrucksvollere Auge war? Ich glaube nicht.

»Das ist mein Hochzeitstag!« sagte Tackleton, mit seinem Gelde klimpernd.

»Ei, ei, das ist auch unser Hochzeitstag«, rief der Fuhrmann.

»Ha, ha!« lachte Tackleton. »Merkwürdig! Ihr seid just auch so ein Pärchen. Just so eins!«

Das Entsetzen Dots über diese anmaßende Behauptung war unbeschreiblich. Es fehlte nur noch, daß seine Einbildung so weit ging, sogar die Möglichkeit eines solchen Wikkelkindes, wie das ihre, vorauszusetzen. Der Mann war nicht richtig im Oberstübchen!

»Hört einmal! Auf ein Wörtchen!« flüsterte Tackleton, indem er den Fuhrmann mit dem Ellenbogen anstieß und ihn ein wenig auf die Seite nahm. »Ihr kommt doch zur Hochzeit? Wir befinden uns ja in der gleichen Patsche, wißt Ihr!«

»Wieso in der gleichen Patsche?« fragte der Fuhrmann.

»Was die kleine Ungleichheit der Jahre anbetrifft, wißt Ihr«, sagte Tackleton, indem er ihm wieder einen Rippenstoß versetzte, »so kommt und bringt vorläufig einen Abend bei uns zu.«

»Warum?« fragte John, erstaunt über diese drängende Gastfreundschaft.

»Warum?« versetzte der andere. »Das ist ja eine ganz neue Art, Einladungen anzunehmen. Warum? Ei, des Vergnügens halber – um der Geselligkeit willen und all dergleichen, wißt Ihr?«

»Ich dachte, Ihr wäret niemals gesellig«, sagte John in seiner ehrlichen Weise.

»Nun, nun, ich sehe, bei Euch bleibt einem nichts übrig, als frei von der Leber weg zu reden«, versetzte Tackleton.

»Nun also, die Wahrheit ist, Ihr – Ihr und Eure Frau – habt ein … was die Teetrinker ein gewisses gemütliches Verhältnis nennen. Wir wissen das besser, versteht Ihr, aber …«

»Nein, wir wissen das nicht besser«, fiel ihm John in die Rede. »Wovon redet Ihr denn?«

»Gut, wir wissen's nicht besser«, sagte Tackleton. »Wir wollen also sagen, wir wissen's *nicht* besser. Wie Ihr wollt; was tut's? Ich wollte also sagen, da Ihr nun einmal einen solchen Eindruck macht, so wird Eure Gesellschaft einen günstigen

Einfluß auf die zukünftige Mrs. Tackleton ausüben. Und obgleich ich nicht glaube, daß Eure liebe Frau in dieser Hinsicht sehr freundschaftlich gegen mich gesinnt ist, so kann sie gar nicht anders, als meinen Absichten dienen, denn sie hat in ihrer Erscheinung etwas so Vernünftiges und Behagliches, das immer eine gute Wirkung hervorbringt, selbst in gleichgültigen Dingen. Also Ihr kommt, nicht wahr?«

»Wir haben beschlossen, unsern Hochzeitstag zu Hause zu feiern, soweit bei uns von Feiern überhaupt die Rede sein kann«, sagte John. »Es ist nun schon ein halbes Jahr, daß wir uns dieses vorgenommen haben. Seht Ihr, wir meinen zu Hause ...«

»Bah! Was zu Hause!« rief Tackleton. »Vier Wände und eine Decke – warum schlagt Ihr das Heimchen nicht tot? Ich tät's. Ich tu es immer. Der Lärm ist nur unerträglich ... Auch bei mir gibt's vier Wände und eine Decke. Kommt also!«

»Was, Ihr schlagt Eure Heimchen tot?« sagte John.

»Zertrete sie«, versetzte der andere, mit dem Absatz fest auf die Diele tretend. »Aber nun sagt ja! Es ist ebenso sehr in Eurem als in meinem Interesse, wißt Ihr, daß unsere Weiber einander einreden, sie seien durchaus glücklich und zufrieden und könnten es gar nicht besser haben. Ich kenne die Weiber. Wenn die eine Frau sich rühmt, macht es ihr die andere gleich nach. Es herrscht unter ihnen, mein Lieber, ein solcher Wetteifer, daß, wenn zum Beispiel Eure Frau zu meiner sagt: ›Ich bin die glücklichste Frau von der Welt und habe den besten Mann von der Welt und bete ihn förmlich an‹, so wird meine Frau dasselbe zu der Eurigen sagen oder noch mehr, und sie glaubt es sogar halbwegs.«

»Ihr meint also, daß sie das nicht tut?« fragte der Fuhrmann.

»Nicht tun!« rief Tackleton, mit einem kurzen, scharfen Lachen. »Was nicht tun?«

Der Fuhrmann hatte halb die Absicht gehabt, hinzuzufügen: »daß sie Euch nicht anbetet.« Aber als er zufällig das halbgeschlossene Auge sah, in dem Augenblick, als es sich blinzelnd auf ihn heftete über den aufgeschlagenen Mantelkragen hin, dessen Spitze es ihm beinahe ausstach, da fühlte John, daß in diesem Menschen so wenig Anbetungswürdiges war, daß er stattdessen sagte: »daß sie es nicht selbst glaubt.«

»Ha, ha! Ihr seid ein Schelm! Ihr scherzt!« sagte Tackleton.

Aber der Fuhrmann, obgleich er nur langsam die ganze Tragweite dessen begriff, was er gesagt, sah ihn mit einer so ernsten Miene an, daß Tackleton genötigt war, sich etwas deutlicher zu erklären.

»Ich habe Lust«, sagte er, indem er die Finger seiner linken Hand emporhielt und den Zeigefinger anfaßte, als wollte er sagen: »Das bin ich, Tackleton nämlich« … »Ich habe Lust, mein Bester, mir ein Weibchen zu nehmen, und zwar ein junges Weibchen, und ein schönes Weibchen« – hier klopfte er auf seinen kleinen Finger, der gleichsam die Braut präsentierte, und zwar recht empfindlich, wie um sich als Herr zu zeigen. »Ich bin ganz der Mann danach, diesen Gedanken zur Ausführung zu bringen, und ich tue es auch. Das ist nun einmal meine Laune. Aber – seht mal dort!«

Er deutete auf Dot, die nachdenklich am Feuer saß, ihr Kinn mit dem Grübchen auf die Hand stützte und in die helle Glut schaute. Der Fuhrmann sah sie an, und dann ihn, und dann sie, und dann wieder ihn.

»Ohne Zweifel ehrt sie Euch und gehorcht Euch, wie es ihre Pflicht und Schuldigkeit ist«, sagte Tackleton, »und da ich kein Mann von schönen Phantastereien bin, so genügt mir das auch vollständig. Meint Ihr etwa, daß noch sonst etwas dabei ist?«

»Ich meine«, bemerkte der Fuhrmann, »daß ich jeden zum Fenster hinauswerfen würde, der das Gegenteil behaupten wollte.«

»Richtig, richtig!« beeilte sich der andere mit ungewöhnlicher Lebhaftigkeit zuzustimmen. »Gewiß, versteht sich! Ohne Zweifel würdet Ihr das. Ganz selbstredend. Bin vollkommen davon überzeugt! Gute Nacht. Angenehme Träume!«

Der gute Fuhrmann war verlegen und empfand, er mochte wollen oder nicht, ein gewisses Unbehagen und etwas wie Unsicherheit. Er konnte nicht anders, als es in seiner Weise zu zeigen.

»Gute Nacht, lieber Freund!« sagte Tackleton in mitleidigem Ton. »Ich gehe. Wir sind natürlich vollständig der gleichen Meinung, wie ich sehe. Ihr wollt uns also morgen Abend nicht die Freude machen? Gut, übermorgen macht Ihr einen Besuch, wie ich weiß. Ich werde Euch dort treffen und meine Braut mitbringen. Sie wird sich freuen. Einverstanden? Danke! ... Was ist das!«

Es war ein lauter Schrei, den des Fuhrmanns Frau ausstieß: ein lauter schriller, plötzlicher Schrei, der durch das Zimmer klang wie eine Glasglocke. Sie war aufgestanden und stand da wie versteinert von Schreck und Überraschung. Der Fremde war näher an das Feuer getreten, um sich zu wärmen, und stand einen Schritt von ihrem Stuhl entfernt, aber ganz still und schweigsam.

»Dot!« schrie der Fuhrmann. »Marie! Mein Liebling! Was ist dir?« Im Augenblick waren alle um sie. Kaleb, der auf der Kuchenschachtel eingeschlummert war, ergriff im ersten unvollständigen Zusammensuchen seiner zeitweilig aufgehobenen Geistesgegenwart Fräulein Tolpatsch bei ihrem Haar, bat aber sofort um Entschuldigung.

»Marie!« rief der Fuhrmann, indem er sie in seine Arme

nahm. »Bist du krank? Was fehlt dir? So rede doch, mein Herz!«

Ihre ganze Antwort bestand darin, daß sie die Hände zusammenschlug und in ein unaufhaltsames Lachen ausbrach. Dann glitt sie aus seinen Armen, bedeckte ihr Gesicht mit der Schürze und fing an, bitterlich zu weinen. Hierauf begann sie wieder zu lachen, dann wieder zu weinen, und sagte, es sei kalt und ließ sich an das Feuer führen, wo sie sich wieder, wie vorhin, niedersetzte.

Der alte Mann stand noch da, ganz gelassen wie zuvor.

»Mir ist besser, John« sagte sie. »Mir ist jetzt wieder ganz wohl … mir …«

Aber John stand an der anderen Seite der Stube. Warum sah sie nur den alten Herrn an, als ob sie mit ihm redete! War sie nicht bei Verstand?

»Nichts als Einbildung, lieber John … eine Art Erschütterung … etwas wie eine plötzliche Erscheinung … ich weiß nicht recht, was … es ist ganz vorüber, ganz vorüber.«

»Es freut mich, daß es ganz vorüber ist«, murmelte Tackleton, indem er das sorgenvolle Auge im ganzen Zimmer umherwandeln ließ. »Ich möchte wissen, wie es verschwunden ist und was es war. Hm! Kaleb, kommt mal her! Wer ist denn der Graukopf da?«

»Ich weiß nicht, Herr«, erwiderte Kaleb flüsternd.

»Ihn früher nie gesehen; in meinem ganzen Leben nicht. Herrliche Figur für einen Nußknacker, ganz neues Modell. Mit einem Hängemaul, das bis auf den Bauch hinunter aufginge, würde er ganz prachtvoll sein.«

»Nicht häßlich genug«, sagte Tackleton.

»Oder auch für eine Streichholzbüchse«, bemerkte Kaleb, der in tiefe Betrachtung versank. »Welch ein Modell! Den Kopf abgeschraubt, um die Streichhölzer hineinzutun; umgewendet, und das Streichholz an den Absätzen angestrichen; welch eine Streichholzbüchse für den Kaminsims in einem Salon, wie er gerade so dasteht!«

»Lange, lange nicht häßlich genug!« versetzte Tackleton. »Aus dem ist gar nichts zu machen. Kommt! Nehmt die Kuchenschachtel mit! – Alles in Ordnung jetzt, hoff ich?«

»Oh, es ist ganz vorüber! Ganz vorüber!« sagte die kleine Frau und winkte ihn hastig fort. »Gute Nacht!«

»Gute Nacht!« sagte Tackleton. »Gute Nacht, John Peerybingle! Paßt gut auf die Schachtel, Kaleb! Laßt Ihr sie fallen, so schlage ich Euch tot! Rabenschwarze Nacht, und das Wetter schlechter als je. Gute Nacht!«

Und nachdem er noch einen scharfen Blick im Zimmer umhergeworfen, ging er zur Tür hinaus, gefolgt von Kaleb, der den Hochzeitskuchen auf dem Kopfe trug.

Der Fuhrmann war so entsetzt über das, was seiner kleinen Frau zugestoßen war, und so damit beschäftigt, sie zu beruhigen und ihr zu helfen, daß er die Anwesenheit des Fremden fast vollständig vergessen hatte, und ihn erst jetzt, als die übrigen fort waren, wieder dastehen sah.

»Er gehört nicht zu ihnen, siehst du«, sagte John. »Ich muß ihm einen Wink geben, daß er geht.«

»Ich bitte um Verzeihung, Freund«, sagte der Greis, indem er auf ihn zutrat, »um so mehr, als ich fürchte, daß Eure Frau etwas unwohl geworden ist, aber da die Person nicht kommt, die mein Leiden« – hier zeigte er auf seine Ohren und schüttelte den Kopf – »mir fast unentbehrlich macht, so fürchte ich, daß ein Mißverständnis vorliegt. Das schlechte Wetter, das mir heute abend den Schutz Eures bequemen Wagens – möchte ich nie einen schlechteren finden – so angenehm machte, ist abscheulicher als je. Würdet Ihr wohl so freundlich sein, mir gegen Entgelt ein Bett zu vermieten?«

»Ja, ja!« rief Dot. »Ja gewiß!«

»Oh!« sagte der Fuhrmann, überrascht von dieser sofortigen Einwilligung. »Nun, ich habe nichts dagegen; indes weiß ich nicht ganz bestimmt, ob …«

»Pst!« unterbrach sie ihn. »Lieber John!«

»I was, er ist ja stocktaub!« wendete John ein.

»Das weiß ich, aber – ja Herr, gewiß. Ja gewiß! Ich will ihm sofort ein Bett zurecht machen, John.«

Als sie davoneilte, um sich sofort an die Arbeit zu machen, hatten ihre Aufregung und die Sonderbarkeit ihres Verhaltens etwas so Eigentümliches, daß der Fuhrmann ihr ganz bestürzt nachblickte.

»Und Mütterchen ihm nunchen Bettchen machelchen?« sang Tilly Tolpatsch dem Wickelkinde vor. »Und Härchen ihm wurden braunchen und krauschen, als Mützchen ein bissel er abchen genommen? Und hat's liebe Herzchen in Schreckchen gebracht, als es so stillchen am Feuerchen saß?«

Infolge jenes unerklärlichen Instinkts, der oft die geringfügigsten Belanglosigkeiten auf ein von Verwirrung und Zweifel gequältes Gemüt ausüben, überraschte sich der Fuhrmann dabei, während er langsam hin und her ging, wie er in Gedanken mehrmals jene sinnlosen Worte wiederholte, so oft, daß er sie auswendig wußte, und sie wie eine Lektion immer wieder hersagte, während Tilly, nachdem sie mit der flachen Hand das kleine Kahlköpfchen, wie Wärterinnen zu tun pflegen, so lange gerieben, als sie es für notwendig für seine Gesundheit hielt, dem Kindchen das Mützchen wieder aufsetzte.

»Und hat's liebe Herzchen in Schreckchen gebracht, als es so stillchen am Feuerchen saß?«

»Aber was hat denn nur Dot erschreckt!« murmelte der Fuhrmann, indem er immer wieder im Zimmer auf und ab ging.

Er verbannte mit Entrüstung aus seinem Herzen die Andeutungen des Spielwarenhändlers, und doch erfüllten sie ihn mit einer unbestimmten Unruhe. Denn Tackleton hatte einen raschen, schlauen Kopf, während er selbst das peinliche Gefühl hatte, ein Mann von langsamen Begriffen zu sein, so daß ein halb hingeworfener Wink ihn stets verwirrte. Er wollte durchaus nicht das, was Tackleton gesagt, mit dem merkwürdigen Verhalten seiner Frau in Verbindung bringen; aber diese beiden Gegenstände des Nachdenkens drängten sich seinen Gedanken zugleich auf, und es war ihm unmöglich, sie auseinanderzuhalten.

Das Bett war bald zurechtgemacht; und der Gast, der außer einer Tasse Tee jede Erfrischung ablehnte, zog sich zurück. Dann stellte Dot – wieder ganz wohl, wie sie sagte, wieder ganz wohl – den großen Stuhl in die Kaminecke für ihren Mann, stopfte seine Pfeife, reichte sie ihm und nahm ihren gewöhnlichen kleinen Sessel neben ihm am Herde ein.

Sie setzte sich immer auf diesen kleinen Sessel; ich glaube, sie mußte es wissen, daß dieser kleine Sessel vorzüglich zu ihr paßte und sie lieblich erscheinen ließ.

Übrigens muß ich sagen, daß Dot die beste Pfeifenstopferin war, die man in allen fünf Weltteilen hätte finden können. Es war allerliebst, zu beobachten, wie sie das feste runde Fingerchen in den Pfeifenkopf steckte und dann in das Rohr blies, um es zu reinigen, und wie sie dann, als dies vollbracht war, tat, als sei wirklich etwas in dem Rohr, und wohl ein dutzendmal hineinblies, es wie ein Fernrohr vor das Auge hielt und mit einem höchst reizenden Zwinkern in ihrem hübschen Gesicht hindurchblickte. Was den Tabak betrifft, so war sie in diesem Artikel eine vollkommene Meisterin. Und wie sie mit einem Fidibus die Pfeife anzündete, wenn der Fuhrmann sie in den Mund gesteckt hatte – seiner Nase ganz nahe kam und sie doch nicht versengte –, das war Kunst, vollendete Kunst!

Und wie das Heimchen und der Kessel, indem sie ihr Lied wieder anstimmten, dies anerkannten! Auch das helle Feuer, indem es plötzlich wieder aufflammte, erkannte es an! Und der kleine Mäher auf der Uhr, der unbeachtet seine Arbeit fortsetzte, erkannte es ebenfalls an. Und der Fuhrmann mit der wieder geglätteten Stirn und dem hellen Gesicht war der allererste, es anzuerkennen!

Und während er ernst und nachdenklich seine alte Pfeife schmauchte, und die Schwarzwälder Uhr tickte, und das rote Feuer flackerte, und das Heimchen zirpte, da kam jener Genius des Herdes und des Hauses – denn das war das Heimchen – in Feengestalt, und zauberte eine Menge Bilder häuslichen Glückes um ihn her. Dots jeden Alters und jeder Größe erfüllten das Zimmer. Dots, die als fröhliche Kinder die Blumen pflückten, über die Felder dahinrannten; verschämte Dots, die sich der Werbung seines eigenen rauhen Ebenbildes halb entzogen, halb ihr nachgaben; jung verheiratete Dots, die an der Tür abstiegen und verwundert ihre Wirtschaftsschlüssel in Empfang nahmen; kleine mütterliche Dots, gefolgt von traumhaften tolpatschigen Mädchen, die Wickelkinder zur Taufe trugen; matronenhafte Dots, die, immer noch jung und blühend, andere Dots, ihre Töchter, zu ländlichen Tänzen begleiteten; wohlbeleibte Dots, umringt und belagert von Scharen rosiger Enkel; verwelkte Dots, die sich auf Krücken lehnten und unsicheren Schrittes langsam dahinschlichen. Auch alte Fuhrleute erschienen, mit blinden alten Boxern zu ihren Füßen; und neuere Fuhrwerke mit jüngeren Lenkern (»Gebrüder Peerybingle« stand auf der Wagendecke); und kranke alte Fuhrleute, gepflegt von den liebevollsten Händen, und Gräber mit längst heimgegangenen Fuhrleuten, die bedeckt waren mit grünen Friedhofsrasen. Und als das Heimchen ihm alle diese Dinge zeigte – denn er sah sie ganz deutlich, obgleich seine Augen

auf das Feuer gerichtet waren –, da wurde dem Fuhrmann das Herz leicht und glücklich, und er dankte seinen Hausgöttern von ganzem Herzen, und kümmerte sich um Gruff und Tackleton nicht mehr, als ihr es tut.

Aber was war das für eine Gestalt von einem jungen Mann, den dasselbe Feenheimchen ihrem Stuhl so nahe stellte, und der dort ganz einsam und allein stehenblieb? Warum weilte er noch immer so nahe bei ihr, den Arm auf den Kaminsims gestützt und wiederholte beständig: »Verheiratet! Verheiratet! Und nicht mit mir!«

Oh Dot! Oh schwache Dot! Solltest du deine Pflichten ... Aber nein, für den Gedanken ist kein Raum in allen Träumen deines Mannes. Doch warum ist dieser Schatten auf seinen Herd gefallen?

ZWEITES ZIRPEN

Kaleb Plummer und seine blinde Tochter lebten ganz allein miteinander, wie die Märchenbücher sagen – und meinen Segen und auch hoffentlich den eurigen über die Märchenbücher, daß sie uns noch etwas zu sagen haben in dieser Alltagswelt! – Kaleb Plummer und seine blinde Tochter lebten ganz allein miteinander in einer zerknackten Nußschale von einem Häuschen, das eigentlich nichts Besseres war als ein Pickel auf der hervorragenden Backsteinnase von Gruff und Tackleton. Die Gebäude von Gruff und Tackleton nahmen die große Vorderseite der Straße ein, aber Kaleb Plummers Häuschen hätte man mit ein paar Hammerschlägen niederschlagen und die Stücke in einem Schubkarren fortschaffen können.

Wenn irgend jemand der Wohnung Kaleb Plummers nach einem solchen Gewaltstreich die Ehre angetan hätte, sie zu vermissen, so wäre es ohne Zweifel nur geschehen, um ihre Zerstörung als eine bedeutende Verbesserung zu preisen. Sie klebte an dem Gewese von Gruff und Tackleton wie eine Klette an einem Schiffskiel, oder wie eine Schnecke an einer Tür, oder wie ein kleines Häufchen Pilze an einem Baumstamm. Und doch war es der Keim, aus dem der hohe kräftige Stamm von Gruff und Tackleton aufgewachsen war; und unter seinem zerfallenen Dache hatte der vorletzte Gruff in ganz kleinem Maßstabe Spielzeug für eine Generation von seitdem alt gewordenen Knaben und Mädchen angefertigt, die damit gespielt, sie ausgenutzt, zerbrochen, und dann auf ihnen sich schlafen gelegt hatten.

Ich sagte, daß Kaleb und seine arme blinde Tochter hier lebten. Aber ich hätte sagen sollen, Kaleb lebte hier und seine arme blinde Tochter irgendwo in einem Zauberschlosse von Kalebs Schöpfung, wo man von Armut und Not nichts spürte und die Sorge nie Einlaß hielt. Kaleb war kein Zauberer, aber in der einzigen Zauberkunst, die uns noch übriggeblieben ist, in der Zauberkunst hingebender, unerschöpflicher Liebe, war die Natur seine Lehrerin gewesen, und aus ihren Lehren blühten all diese Wunder auf.

Das blinde Mädchen erfuhr nie, daß die Decke verblichen, die Wände schwarz und stellenweise vom Mörtel entblößt waren; daß große Risse sich gebildet hatten und mit jedem Tag sich erweiterten; daß die Balken vermoderten und sich senkten. Das blinde Mädchen erfuhr nie, daß auf den Wandborden nur die häßlichen Gestalten von Töpferwaren standen; daß Sorge und Mutlosigkeit im Hause waren; daß Kalebs spärliche Haare vor ihren erloschenen Augen grauer und immer grauer wurden. Das blinde Mädchen erfuhr nie, daß sie einen kalten, anspruchsvollen, gefühllosen Herrn hatte, kurz, daß Tackleton Tackleton war, sondern lebte in dem Glauben an einen gutmütigen Kerl, der gern seinen Spaß mit ihnen trieb, und der, während er der Schutzengel ihres Daseins war, es verschmähte, ein Wort der Dankbarkeit von ihnen zu hören.

Und das alles war Kalebs Werk, das Werk ihres schlichten Vaters! Aber auch er hatte ein Heimchen an seinem Herde; und als er einst, da das mutterlose blinde Kind noch sehr jung war, mit schwerem Herzen auf sein Zirpen lauschte, da hatte ihm dieser Schutzgeist den Gedanken eingeflößt, daß selbst ihr großes Unglück fast in einen Segen verwandelt und das Mädchen mit diesem traurigen Mittel glücklich gemacht werden könne. Denn das ganze Heimchengeschlecht besteht aus mächtigen Geistern, wenn auch die Menschen, die mit ihnen verkehren, es fast nie wissen (und dies ist häufig der Fall), und es gibt in der unsichtbaren Welt keine lieb-

licheren und wahreren Stimmen, denen man bedingungslo-
ser vertrauen könnte, und die so sicher nur den liebevollsten
Rat erteilen, als die Stimmen, deren sich die Schutzengel des
häuslichen Herdes in ihrem Verkehr mit dem Menschenge-
schlecht bedienen.

Kaleb und seine Tochter waren zusammen bei der Arbeit in ihrer gewöhnlichen Arbeitsstube, die ihnen auch als
Wohnstube diente. Und ein merkwürdiger Ort war es. Da
standen Häuser, fertige und halbfertige, für Puppen jeden
Ranges. Vorstadthäuser für Puppen von beschränkten Mit-
teln; Küchen und einzelne Zimmer für Puppen der niederen
Klassen; großstädtische Paläste für Puppen aus vornehmen
Kreisen. Einige dieser Wohnungen waren bereits möbliert,
je nach den Verhältnissen und dem Geschmack von Puppen
von beschränktem Einkommen; andere konnten in kürzester Frist auf das kostspieligste eingerichtet werden; man
brauchte nur von den Gestellen Stühle, Tische, Sofas, Bett-
stellen, und was sonst zu einer fein möblierten Wohnung
gehört, herunterzunehmen. Der hohe und niedere Adel und
das große Publikum, für die diese Wohnungen bestimmt
waren, lagen da und dort, die Augen starr nach der Decke
gerichtet, in Körben herum; aber je nachdem die Verferti-
ger dieser Puppen ihnen die verschiedenen Stufen auf der
gesellschaftlichen Leiter anwiesen und jeden auf seinen entsprechenden Platz stellten – was, wie die Erfahrung lehrt,
im wirklichen Leben beklagenswert schwierig ist –, waren
sie weit geschickter gewesen, als die Natur, die oft so lau-
nisch und verderbt ist; denn statt sich mit so willkürlichen
Unterscheidungen wie Atlas, Kattun und Lumpen zu be-
gnügen, hatten sie auffällig persönliche Unterscheidungen,
bei denen ein Irrtum ausgeschlossen war, hinzugefügt. So
hatte die Puppendame von vornehmer Herkunft Wachsglie-
der von vollendetem Ebenmaß – ein Vorzug, wie er nur ihr

und ihren Adelsgenossen gebührte. Der nächste Grad auf der gesellschaftlichen Leiter war von Leder, und wieder der nächste von grober Leinwand. Was das gemeine Volk betraf, so war das Material zu ihren Armen und Beinen aus Streichholzbüchsen genommen – und so stand es nun da, von Anbeginn in die ihm zukommende Sphäre gewiesen, ohne die Möglichkeit, je aus derselben herauszukommen.

Außer den Puppen enthielt Kalebs Zimmer noch verschiedene andere Proben seiner Kunstfertigkeit. Da waren Archen Noahs, in denen Vögel und Tiere ungewöhnlich eng untergebracht waren, das kann ich euch versichern; obwohl sie durch ein Loch im Dach hineingestopft waren, so konnten sie doch auf einen beliebig kleinen Raum zusammengeschüttelt und gerüttelt werden. Vermöge einer erfinderischen poetischen Freiheit hatten die meisten dieser Noahs Aärchen Klopfer an den Türen – wenig passende Anhängsel vielleicht, da sie an Morgenbesuche und Briefträger erinnerten; indes gaben sie in netter Weise dem Äußeren des Gebäudes die Schlußzierde. Da waren ganze Schocke melancholischer kleiner Karren, die, wenn die Räder sich drehten, eine höchst klägliche Musik machten. Viele kleine Geigen, Trommeln und andere Folterwerkzeuge, auch eine unzählige Masse von Kanonen, Schilden, Schwertern, Lanzen und Flinten. Da waren kleine Purzelmännchen in roten Hosen, die unaufhörlich an hohen aufgespannten roten Bändern hinaufkletterten und auf der anderen Seite kopfüber wieder herunterkamen; da waren auch unzählige alte Herren von hochachtbarem, um nicht zu sagen ehrwürdigem Äußeren, die sich wie toll um waagerechte Pflöcke herumschwangen, die einzig zu diesem Zwecke mitten in ihrer Haustüre angebracht waren. Da waren Tiere jeder Gattung, besonders Pferde jeder Rasse, von gefleckten Zylindern auf vier Pflöckchen, mit einem kleinen Streifchen als Mähne, bis zu

Vollblutswiegenpferden von feurigstem Temperament. Es wäre schwer gewesen, die Dutzende und Aberdutzende seltsamer Figuren zu zählen, die allezeit bereit waren, bei dem Drehen eines Griffes alle möglichen Albernheiten zu begehen; auch würde es keine leichte Aufgabe gewesen sein, eine menschliche Torheit, Untugend oder Schwäche zu nennen, die in Kaleb Plummers Zimmer nicht ihren mehr oder weniger treuen Typus gefunden hätte. Und alles das durchaus nicht in übertriebener Form; denn es bedarf ja keiner sehr künstlichen Handhabe, um uns alle, Männer wie Frauen, zu nicht weniger seltsamen Streichen zu bewegen, als die, die je von einem Spielzeug ausgeführt wurden.

Inmitten all dieser Gegenstände saßen Kaleb und seine Tochter bei der Arbeit. Das blinde Mädchen, beschäftigt als Puppenschneiderin, Kaleb die vierfenstrige Front eines ansehnlichen Bürgerhauses bemalend und mit Glas versehend.

Die Sorge, deren Spuren Kalebs Gesichtszügen aufgedrückt war, sein zerstreutes und träumerisches Wesen, das einem Alchimisten oder einem Jünger der dunklen Wissenschaft sehr gut gestanden hätte, bildeten auf den ersten Blick einen merkwürdigen Kontrast zu seiner Beschäftigung und den Nichtigkeiten um ihn her. Aber so alltäglich die Dinge auch an sich sein mögen, wenn man sie erfindet und anfertigt, um sich sein tägliches Brot damit zu verdienen, dann werden sie etwas sehr Ernsthaftes; und ganz abgesehen von dieser Betrachtung, kann ich durchaus nicht sagen, ob Kaleb, wenn er Minister oder Parlamentsmitglied oder Advokat oder gar ein großer Spekulant gewesen, sich mit weniger launischen Spielereien beschäftigt hätte, während ich gar sehr bezweifle, ob sie ebenso harmlos gewesen wären.

»Du warst also gestern Abend draußen im Regen, Vater, in deinem schönen neuen Überzieher?« fragte Kalebs Tochter.

»Mit meinem schönen neuen Überzieher«, antwortete Kaleb, indem er einen Blick nach der Wäscheleine warf, auf der das vorhin beschriebene Gewand von Packleinewand sorgfältig zum Trocknen aufgehängt war.

»Wie froh bin ich, Vater, daß du ihn dir gekauft hast!«

»Und obendrein von einem so tüchtigen Schneider«, sagte Kaleb. »Ein vollendeter Modeschneider. Er ist zu gut für mich.«

Das blinde Mädchen unterbrach ihre Arbeit und fing an fröhlich zu lachen.

»Zu gut, Vater! Könnte denn etwas zu gut für dich sein?«

»Aber ich schäme mich fast, ihn zu tragen«, sagte Kaleb, die Wirkung seiner Worte auf ihrem freudestrahlenden Gesicht beobachtend. »Auf mein Wort, wenn ich die Jungen und die Leute hinter mir sagen höre: ›Hallo, seht mal den Gecken an!‹, dann weiß ich nicht, wo ich meine Augen lassen soll. Und als gestern abend der Bettler gar nicht fortgehen wollte, und ich ihm sagte, ich sei ein ganz gewöhnlicher Mann, da antwortete er: ›Aber nein, Euer Gnaden! Das glaube ich Euer Gnaden nicht.‹ Mir war, als hätte ich kein Recht, ihn zu tragen.«

Glückliches blindes Mädchen! Wie fröhlich sie war in ihrem Entzücken.

»Ich sehe dich, Vater«, sagte sie, in die Hände klatschend, »so deutlich, als wenn ich die Augen hätte, die ich nie vermisse, wenn du bei mir bist. Ein blauer Rock …«

»Hellblau«, sagte Kaleb.

»Ja, ja, hellblau!« rief das Mädchen, ihr freudestrahlendes Gesicht emporrichtend. »Ganz die Farbe, deren ich mich noch von dem lieben Himmel her erinnere! Du sagtest mir früher, er sei blau! Also ein hellblauer Rock …«

»Und halb anschließend«, setzte Kaleb hinzu.

»Halb anschließend!« rief das blinde Mädchen mit herzlichem Lachen. »Und du in diesem Rock, lieber Vater, mit deinen fröhlichen Augen, deinem lächelnden Gesicht, deinem leichten Schritt und deinem dunklen Haar. – Du siehst so schön und jung aus!«

»Hallo, hallo!« sagte Kaleb. »Ich werde noch ganz eitel.«

»Ich glaube, du bist es schon!« rief das blinde Mädchen, ihm in ihrem Entzücken mit dem Finger drohend. »Ich kenne dich, Vater! Ha, ha, ha! Siehst du, da habe ich dich ertappt!«

Wie ganz verschieden war das Bild in ihrem Geiste von dem Kaleb, wie er dasaß und sie beobachtete! Sie hatte von seinem leichten Schritt gesprochen. Damit hatte sie recht. Seit vielen Jahren hatte er nicht ein einziges Mal die Schwelle dieser Tür mit dem ihm natürlichen langsamen, schwerfälligen Gange überschritten, sondern mit einem erkünstelten Schritt, der das Ohr seines Kindes täuschen sollte, und niemals hatte er, wenn sein Herz auch noch so schwer war, diesen leichten Gang vergessen, der ihr Herz so froh und mutig machte!

Nur Gott weiß es, aber ich glaube, Kalebs verwirrtes Wesen hatte zum Teil seinen Grund darin, daß er sich aus Liebe zu seiner blinden Tochter immer verstellt hatte. Wie hätte der kleine Mann nicht verwirrt sein sollen, nachdem er so viele Jahre daran gearbeitet hatte, seine eigene Identität und all die Gegenstände, die darauf Bezug hatten, zu zerstören!

»So weit wären wir«, sagte Kaleb, ein paar Schritte zurücktretend, um sich besser von der Vortrefflichkeit seiner Arbeit überzeugen zu können, »der Wirklichkeit so ähnlich, wie eine halbe Mark einem Fünfgroschenstück. Wie schade, daß die ganze Front des Hauses auf einmal aufgeht! Wenn nur eine Treppe und ordentliche Türen da wären, um in die Zimmer zu gelangen! Aber das ist das Schlimme an meinem Beruf; ich betrüge und beschwindle mich in einem fort selbst.«

»Du sprichst ja ganz leise, Vater. Bist du müde?«

»Müde!« wiederholte Kaleb mit einem kräftigen Ausdruck von Energie. »Was sollte mich denn müde machen, Bertha? Ich bin noch nie müde gewesen. Was willst du damit sagen?«

Um seinen Worten mehr Nachdruck zu geben, unterbrach er sich plötzlich, als er unwillkürlich zwei Kniestücke nachahmen wollte, die sich auf dem Kaminsims dehnten und gähnten, vollkommene Darstellungen ewiger Müdigkeit, und begann dann einen Vers eines Liedes zu summen. Es war ein Trinklied und handelte von etwas wie einem schäumenden Becher. Er sang es mit ganz verwegenem Schwung, der sein Gesicht noch tausendmal magerer und sorgenvoller als gewöhnlich erscheinen ließ.

»Wie, was, Ihr singt!« sagte Tackleton, seinen Kopf zur Tür hereinsteckend. »Nur zu! Ich kann nicht singen.«

In der Tat würde das niemand bei ihm vermutet haben. Sein Gesicht sah wirklich nicht nach Singen aus.

»Ich kann mir den Luxus des Singens nicht gönnen«, sagte Tackleton. »Es freut mich, daß Ihr es könnt. Will nur hoffen, daß Euch das nicht am Arbeiten hindert. Beides läßt sich schwer vereinigen, scheint mir.«

»Wenn du ihn nur sehen könntest, Bertha, wie er mir zunickt!« flüsterte Kaleb. »So ein Spaßmacher! Wenn du ihn nicht kenntest, so könntest du glauben, es sei ihm ernst, – nicht wahr?«

Das blinde Mädchen lächelte und nickte.

»Wenn der Vogel singen kann und nicht will, so muß man ihn zwingen, sagt das Sprichwort«, brummte Tackleton. »Wenn nun aber die Eule, die nicht singen kann und nicht singen soll, trotzdem singen will, was muß man dann mit ihr machen?«

»Oh, und wie er mir jetzt wieder winkt!« flüsterte Kaleb seiner Tochter ins Ohr. »Oh du grundgütiger Himmel!«

»Immer fröhlich und gut gelaunt bei uns!« rief Bertha lachend.

»Ah, bist du auch da, wirklich!« versetzte Tackleton. »Arme Blödsinnige!«

Er glaubte in der Tat, sie sei schwachsinnig; und er gründete seinen Glauben – ich weiß nicht, ob bewußt oder unbewußt – darauf, daß sie ihn gern leiden mochte.

»Wohlan … da du einmal da bist … wie geht's?« fragte Tackleton in seiner mürrischen Weise.

»Oh gut, ganz gut! Und so glücklich, wie Sie es mir nur wünschen können. So glücklich, wie Sie die ganze Welt machen möchten, wenn Sie es könnten!«

»Arme Blödsinnige!« murmelte Tackleton. »Kein Funken Vernunft. Nicht ein Fünkchen!«

Das blinde Mädchen ergriff seine Hand und küßte sie – sie hielt sie einen Augenblick zwischen ihren Händen und legte zärtlich ihre Wange darauf, bevor sie sie wieder losließ. Es lag in dieser Handlung etwas so unaussprechlich Zärtliches, eine so feurige Dankbarkeit, daß selbst Tackleton sich bewogen fand, in einem weniger rauhen Brummton zu sagen:

»Na, was gibt's denn nun?«

»Ich stellte es dicht neben mein Kopfkissen, als ich gestern Abend zu Bett ging und träumte dann davon. Und als der Tag anbrach und die herrliche rote Sonne – die *rote* Sonne, Vater?«

»Rot am Morgen und am Abend, Bertha«, sagte der arme Kaleb mit einem traurigen Blick auf seinen Brotherrn.

»Als sie aufging und das helle Licht, an das ich mich fast im Gehen zu stoßen fürchtete, in das Zimmer drang, wandte ich ihm den kleinen Rosenstock zu und dankte dem Himmel, daß er so schöne Dinge geschaffen, und segne Sie, daß Sie ihn mir geschenkt, um mich aufzuheitern.«

»Das Tollhaus ist los!« murmelte Tackleton für sich. »Wir werden bald bei der Zwangsjacke und den Fausthandschuhen angekommen sein. Wir machen Fortschritte!«

Kaleb, die Hände lose ineinandergelegt, starrte vor sich hin, während seine Tochter sprach, als ob er wirklich nicht sicher sei – und ich glaube, er war es auch nicht –, ob Tackleton etwas getan, was ihren Dank verdiente oder nicht. Hätte er mit vollkommen freiem Willen handeln können, und hätte er in diesem Augenblick bei Todesstrafe sich dafür entscheiden müssen, den Spielwarenhändler mit Fußtritten fortzujagen, wie er es verdient hätte, oder sich ihm zu Füßen zu werfen, um ihm für seine Wohltaten zu danken, ich glaube, die Möglichkeit wäre nach beiden Seiten hin gleich groß gewesen. Und doch wußte Kaleb, daß er mit eigenen Händen so sorgsam den kleinen Rosenstock für sie mitgebracht, und daß er mit seinen eigenen Lippen die unschuldige Täuschung hervorgerufen hatte, die ihm helfen sollte, sie vor dem Gedanken zu bewahren, wie viele, wie so sehr viele Entbehrungen er sich täglich auferlegte, um sie glücklich zu sehen.

»Bertha!« sagte Tackleton, dies eine Mal ein wenig Herzlichkeit in seine Stimme legend. »Komm mal her!«

»Oh!« antwortete sie. »Ich kann gerade auf Sie zukommen! Sie brauchen mich gar nicht zu führen!«

»Soll ich dir ein Geheimnis mitteilen, Bertha?«

»Wenn Sie wollen«, antwortete sie eifrig.

Wie strahlend dieses umnachtete Antlitz wurde! Wie ein Lichtschein lag es über diesem lauschenden Haupt!

»Heute ist der Tag, an dem die kleine, wie ist doch gleich ihr Name? –, das verzogene Kind, Peerybingles Frau, Euch ihren gewöhnlichen Besuch macht – ihr närrisches Picknick hier veranstaltet, nicht wahr«, sagte Tackleton mit einem starken Ausdruck von Widerwillen gegen die ganze Sache.

»Ja«, sagte Bertha, »heut ist der Tag.«

»Ich dachte es mir!« versetzte Tackleton. »Nun wohl, ich möchte gern dabei sein.«

»Hörst du, Vater!« rief das blinde Mädchen außer sich vor Freude.

»Ja, ja, ich hör’ es«, murmelte Kaleb mit dem starren Blikke eines Nachtwandlers! »aber ich glaub’s nicht. Es ist gewiß wieder eine meiner Selbsttäuschungen.«

»Seht, ich … ich möchte die Peerybingles gern ein wenig mehr mit May Fielding zusammenbringen«, sagte Tackleton. »Ich habe beschlossen, May zu heiraten.«

»Zu heiraten!« rief das blinde Mädchen, plötzlich von ihm zurückweichend.

»Sie ist ein so entsetzlich blödsinniges Ding«, brummte Tackleton, »daß ich befürchte, sie würde nichts davon begreifen. Ja, Bertha, heiraten! Kirche, Pfarrer, Küster, Kirchenvogt, Staatskutsche, Glocken, Hochzeitsmahl, Hochzeitskuchen, Rosetten und Bänder und Polterabendmusik und all die übrigen Hanswurstereien. Eine Hochzeit, weißt du, was eine Hochzeit ist?«

»Ich weiß es«, versetzte das blinde Mädchen in leisem Tone. »Ich verstehe!«

»Wirklich?« murmelte Tackleton. »Das ist mehr, als ich erwartet hatte. Nun gut, das ist der Grund, weshalb ich dabei sein und May und ihre Mutter mitbringen möchte. Ich werde am Vormittag die eine oder andre Kleinigkeit herschicken. Eine kalte Hammelkeule oder eine ähnliche kleine Erfrischung. Ihr erwartet mich also?«

»Ja«, antwortete sie.

Sie hatte ihren Kopf geneigt und wandte sich ab. Und so stand sie nun da mit gefalteten Händen, unbeweglich und träumerisch.

»Es scheint mir nicht, daß sie will«, murmelte Tackleton,

indem er sie ansah, »denn es scheint mir, als ob sie es schon gänzlich wieder vergessen hätte … Kaleb!«

»Ich darf mir wohl erlauben zu sagen, daß ich hier bin«, dachte Kaleb. »Was befehlt Ihr?«

»Sorgt dafür, daß sie nicht vergißt, was ich ihr gesagt habe.«

»Oh, *sie* vergißt nichts«, erwiderte Kaleb. »Das ist fast das einzige, was sie nicht versteht.«

»Jeder hält seine Gänse für Schwäne«, bemerkte der Spielwarenhändler mit einem Achselzucken. »Armer Teufel!«

Und nachdem er mit unendlicher Verachtung diese boshafte Bemerkung gemacht hatte, zog der alte Gruff und Tackleton ab.

Bertha blieb an derselben Stelle, wo er sie gelassen hatte, stehen, ganz in trauriges Sinnen verloren. Die Fröhlichkeit war von ihrem gesenkten Antlitz verschwunden; eine tiefe Traurigkeit lag auf demselben. Drei- oder viermal schüttelte sie den Kopf, als traure sie über eine Erinnerung oder einen Verlust; aber ihr schmerzliches Nachdenken fand keine Worte, um sich Luft zu machen.

Kaleb war seit einiger Zeit damit beschäftigt, ein Gespann Pferde vor einem Wagen zu befestigen, indem er durch ein höchst summarisches Verfahren das Geschirr an die edlen Teile ihrer Körper festnagelte; er war gerade fertig, als seine Tochter sich seinem Arbeitsstuhl näherte, sich neben ihn setzte und sagte:

»Vater, ich bin ganz allein in der Finsternis. Ich bedarf meiner Augen, meiner geduldigen, immer willigen Augen.«

»Hier sind sie«, sagte Kaleb. »Immer bereit. Sie gehören mehr dir als mir, in jedem Augenblick während der vierundzwanzig Stunden des Tages. Was sollen deine Augen für dich tun, mein gutes Kind?«

»Blick im Zimmer umher, Vater.«

»Gern«, sagte Kaleb. »Gesagt, getan, Bertha.«

»Beschreib es mir.«

»Es ist genau so wie immer«, versetzte Kaleb. »Einfach, aber sehr behaglich. An den Wänden die lebhaften Farben; auf Schüsseln und Tellern die glänzenden Blumen, das Holz poliert und glänzend überall, wo Balken und Getäfele sind, die allgemeine Heiterkeit und Sauberkeit der Wohnung machen es wirklich sehr hübsch.«

Wirklich war es heiter und sauber überall, wo Berthas Hände geschäftig sein konnten. Aber sonst gab es nirgends Heiterkeit und Sauberkeit in der alten verfallenen Hütte, die Kalebs Phantasie so zu verwandeln wußte.

»Du hast deinen Arbeitsrock an und bist nicht so elegant gekleidet, als wenn du deinen schönen Überzieher trägst?« fragte Bertha, indem sie ihm die Hand auf die Schulter legte.

»Nicht ganz so elegant«, antwortete Kaleb. »Aber doch auch ganz hübsch.«

»Vater«, sagte das blinde Mädchen, indem sie sich ihm näherte und unvermerkt einen Arm um seinen Hals legte, »erzähle mir etwas von May. Ist sie sehr schön?«

»Das ist sie in der Tat«, sagte Kaleb.

Und das war wirklich der Fall. Es war nur selten, daß Kaleb nicht zu seiner Phantasie die Zuflucht nehmen mußte.

»Ihr Haar ist dunkel«, sagte Bertha nachdenklich, »dunkler als meines. Ihre Stimme ist süß und melodisch, das weiß ich. Ich habe sie oft und gern gehört. Ihre Gestalt …«

»Im ganzen Zimmer ist keine Puppe, die mit ihr verglichen werden könnte«, sagte Kaleb. »Und ihre Augen …!«

Er hielt inne; denn Bertha hatte ihn noch fester umschlungen, und von dem Arm, der ihn umgab, kam ein warnendes Zucken, das er nur allzugut verstand.

Er hüstelte einen Augenblick, hämmerte einen Augen-

blick und kam dann wieder auf das Lied von dem schäumenden Becher zurück – sein unfehlbares Hilfsmittel in
allen Schwierigkeiten dieser Art.

»Unser Freund, Vater, unser Wohltäter. Du weißt, ich werde nie müde von ihm zu hören, – oder ward ich's je?« setzte
sie hastig hinzu.

»Nein, gewiß nicht«, antwortete Kaleb; »und mit Recht.«

»Oh, wie sehr mit Recht!« rief das blinde Mädchen mit
solcher Begeisterung, daß Kaleb trotz der Reinheit seiner
Absichten es nicht wagte, ihr ins Gesicht zu blicken, sondern die Augen zu Boden senkte, als hätte sie in denselben
seine unschuldigen Lügen lesen können.

»Dann erzähl' mir wieder von ihm, lieber Vater«, sagte Bertha. »Noch recht oft! Sein Gesicht ist wohlwollend,
freundlich und liebevoll, aufrichtig und wahr, das weiß ich
gewiß. Das männliche Herz, das all seine Wohltaten unter
einer rauhen und widerwilligen Schale zu verbergen sucht,
verrät sich in jedem seiner Züge.«

»Und veredelt sie«, setzte Kaleb in seiner stillen Verzweiflung hinzu.

»Und veredelt sie!« rief das blinde Mädchen. »Er ist älter
als May.«

»Ja-a«, sagte Kaleb zögernd. »Er ist ein wenig älter als May.
Aber das hat gar nichts zu sagen.«

»Oh doch, Vater! Seine geduldige Gefährtin in Gebrechlichkeit und Alter, seine sanfte Wärterin in Krankheiten, und
seine treue Freundin in Kummer und Sorgen zu sein, keine
Ermüdung zu kennen in der Arbeit für ihn, bei ihm zu wachen, ihn zu pflegen, an seinem Bett zu sitzen und mit ihm zu
reden, wenn er wach ist, und für ihn zu beten, wenn er schläft:
welch großes Vorrecht würde das für seine Frau sein! Wie oft
kann sie ihm alle ihre Treue und Ergebenheit beweisen! Und
glaubst du, lieber Vater, daß sie dies alles tun wird?«

»Ohne Zweifel«, sagte Kaleb.

»Dann liebe ich sie, Vater; ich liebe sie von ganzem Herzen!« rief das blinde Mädchen.

Und mit diesen Worten legte sie ihr armes blindes Antlitz auf Kalebs Schulter und weinte so bitterlich, daß es ihn fast gereute, sie in ein so tränenvolles Glück versetzt zu haben.

Um dieselbe Zeit hatte es bei John Peerybingle viel Trubel gegeben. Denn die kleine Mrs. Peerybingle konnte natürlich nicht daran denken, irgendwohin zu gehen ohne das Baby; und das Wickelkind flottmachen erforderte Zeit. Nicht, daß das Baby viel zu schaffen gemacht hätte hinsichtlich des Gewichtes und des Umfanges, aber es gab unendlich viel daran zu tun, und das alles mußte vorsichtig und langsam gemacht werden. Zum Beispiel wenn das kleine Kind endlich mit Ach und Weh so weit mit seiner Toilette fertig war, und man vernünftigerweise hätte voraussetzen können, im Handumdrehen werde es fix und fertig auf und in ein solches Prachtexemplar von einem Wikkelkind verwandelt sein, daß es kühn die ganze Welt hätte herausfordern können, ob je eins schöner war, so wurde es ganz plötzlich in ein Flanellmützchen versteckt und zu Bett gebracht, wo es zwischen zwei Decken nahezu eine Stunde lang schmorte, wenn ich mich so ausdrücken darf. Aus diesem Zustande der Untätigkeit wurde es dann, rot wie ein Krebs und indem es laut schrie, wieder herausgerissen, um teilzunehmen an – na, ich möchte sagen, wenn ihr mir erlauben wollt, mich so allgemein auszudrücken – einer kleinen Mahlzeit. Alsdann ging es wieder schlafen. Mrs. Peerybingle nahm dies Intermezzo wahr, um sich in ihrer Weise so schmuck herauszuputzen, wie ihr es euch nur vorstellen könnt; und während desselben kurzen Waffenstillstandes arbeitete Fräulein Tolpatsch in einem Gewand von so überraschender und sinnreicher Form, daß es weder zu ihr, noch überhaupt zu irgendeinem Menschenkinde in irgendeiner Beziehung stand; es war ein so zusammengeschrumpftes, hundsohrenartig herabhängendes Etwas, das seinen einsamen Gang ohne die mindeste Rücksicht auf seine Trägerin ging. Jetzt wurde das Baby, das bereits wieder wach geworden war, durch die vereinten Bemühungen von Mrs. Peerybingle und Tilly mit einem butterfarbigen Mäntelchen und einer pastetenförmigen Nankingmütze fertig angeputzt; und so kamen sie alle drei im Laufe der Zeit an die Tür, wo das alte Pferd sich bereits mehr als vollständig bezahlt gemacht hatte für sein heutiges Wegegeld an dem Schlagbaum, indem es die Straße mit seinen ungeduldigen Hufen aushöhlte, während Boxer in weiter Ferne kaum zu bemerken war, wie er dastand und nach seinem Gefährten zurücksah, als wolle er ihn verführen, nachzukommen, ohne erst weitere Befehle abzuwarten.

Wenn ihr glaubt, daß es eines Stuhls oder eines andern Gegenstandes dieser Art bedurft hätte, um Mrs. Peerybingle in den Wagen zu helfen, so kennt ihr John wirklich sehr schlecht. Ehe ihr ihn hättet sehen können, sie vom Boden aufheben, saß sie schon da auf ihrem Platz, frisch und rot, und sagte:

»Aber John! Wie kannst du nur! Denk doch an Tilly!«

Wenn ich mir irgendwie erlauben dürfte, von den Beinen einer jungen Dame zu reden, so würde ich bezüglich derjenigen des Fräulein Tolpatsch bemerken, daß sie infolge eines eigentümlich fatalen Umstandes beständig in Gefahr schwebten, gestreift zu werden, und daß sie nie den kleinsten Auf- oder Abstieg ausführen konnte, ohne das Ereignis an den Beinen mit einem Kerbstrich zu notieren, gerade wie Robinson Crusoe die Tage in seinen Holzkalender einkerbte. Aber da dies unpassend erscheinen möchte, so will ich es nur in Gedanken tun.

»John«, sagte Dot, »hast du den Korb mit der Kalbs- und Schinkenpastete und den übrigen Sachen und den Bierflaschen auch nicht vergessen? Dann mußt du augenblicklich wieder umkehren und sie holen.«

»Du bist mir eine nette Person«, versetzte der Fuhrmann, »mir von einer Umkehr zu reden, nachdem du schuld bist, daß wir eine gute Viertelstunde zu spät kommen.«

»Das tut mir leid, John«, sagte Dot sehr verwirrt, »aber ich möchte wirklich nicht daran denken, zu Bertha zu gehen … ich würde es unter keinen Umständen tun, John … ohne die Kalbs- und Schinkenpastete und die andern Sachen und die Bierflaschen … Hü!«

Dies einsilbige Wörtchen galt dem Pferde, das ihm aber nicht die geringste Beachtung schenkte.

»So sag' du doch ›Hü‹, John!« sagte Mrs. Peerybingle. »Ich bitte dich drum, John!«

»Da werden wir noch Zeit genug zu haben«, versetzte John, »wenn ich einmal was vergessen habe. Hier ist der Korb sicher genug.«

»Was für ein hartherziges Ungeheuer bist du doch, John, daß du mir das nicht gleich gesagt und mir einen solchen Schrecken nicht erspart hast! Ich erkläre, daß ich um alles in der Welt ohne die Kalbs- und Schinkenpastete und die andern Sachen und die Bierflaschen nicht zu Bertha gegangen wäre. Regelmäßig alle vierzehn Tage seit unserer Heirat, John, haben wir dort unser kleines Picknick gehalten. Wenn einmal bei diesem kleinen Fest etwas verkehrt wäre, so würde ich fast glauben, wir könnten nie wieder ganz glücklich sein.«

»Es war gleich ein schöner Gedanke«, sagte der Fuhrmann, »ich habe daher allen Respekt vor dir, Frauchen.«

»Mein lieber John«, versetzte Dot, über und über errötend, »rede doch nicht von Respekt vor mir! Du lieber Gott!«

»Beiläufig ...« bemerkte der Fuhrmann. »Jener alte Herr ...«

Neue Verlegenheit Dots, und zwar eine sehr auffällige.

»Er ist ein komischer Kauz«, sagte der Fuhrmann, grade vor sich hin die Straße entlang blickend. »Ich kann nicht klug aus ihm werden. Ich will jedoch hoffen, daß man nichts von ihm zu fürchten hat.«

»Oh durchaus nicht. Ich ... ich bin überzeugt ... durchaus nicht.«

»Nein«, sagte der Fuhrmann, dessen Augen sich infolge ihres großen Ernstes auf ihr Antlitz geheftet hatten. »Es freut mich, daß du in der Sache so sicher bist, denn das ist eine Bestätigung für mich. Aber es ist doch seltsam, daß es ihm in den Kopf kam, uns um ein Nachtlager zu bitten, nicht wahr? Es geschehen oft wunderliche Dinge in der Welt!«

»Ja, sehr wunderliche«, bestätigte sie mit leiser, kaum vernehmlicher Stimme.

»Bei alledem ist er ein gutmütiger alter Herr«, fuhr John fort, »und er zahlt auch anständig wie ein Herr, und so glaube ich auch, daß man sich auf sein Wort verlassen kann wie auf das eines Ehrenmannes. Ich hatte heute morgen eine ganz lange Unterredung mit ihm. Er kann mich bereits besser verstehen, sagt er, da er sich mehr an meine Stimme gewöhnt hat. Er hat mir sehr viel von sich erzählt, und ich habe ihm viel von mir gesprochen, und er fragte mich nach einer Unmenge von Dingen. Ich teilte ihm mit, daß ich in meinem Geschäft zwei Touren zu machen hätte; an dem einen Tage rechts von unserm Hause aus und wieder zurück, an dem andern links von unserm Hause aus und wieder zurück – denn er ist ein Fremder hierzulande und kennt nicht die Namen der Plätze hier herum –, und das schien ihm viel Vergnügen zu machen. ›Na‹ sagte er, ›dann kehre ich ja heute abend denselben Weg nach Hause zurück, während ich doch glaubte, Ihr würdet in ganz entgegengesetzter Richtung zurückkommen. Das ist ja ganz schön! Ich werde Euch da vielleicht noch einmal um einen Platz in Eurem Wagen bitten, aber ich verspreche Euch, nicht wieder so einzuschlafen.‹ In der Tat, er schlief sehr fest! … Dot, woran denkst du?«

»Woran ich denke, John? Ich … hörte dir zu.«

»Ah so! Gut, gut«, sagte der ehrliche Fuhrmann. »Nach deinen zerstreuten Blicken zu urteilen, fürchtete ich schon, ich hätte so lange geschwatzt, daß du schließlich an ganz andere Dinge gedacht hättest. Ganz gewiß, ich war sehr nahe daran.«

Da Dot nicht antwortete, trotteten sie eine Zeitlang schweigend dahin. Aber es war nicht leicht, in John Peerybingles Wagen lange still zu sein; denn alle, denen man begegnete, hatten ihm etwas zu sagen, und war es auch weiter nichts als ein »Wie geht's?« Und wirklich, sehr oft war es weiter nichts. Indes, um ihnen in dem richtigen Geiste der Herzlichkeit ihren Gruß zurückzugeben, war nicht nur ein Kopfnicken und Lächeln nötig, sondern es war auch eine ebenso heilsame Lungenübung, wie es eine langatmige Parlamentsrede ist. Bisweilen gingen Reisende zu Fuß oder zu Pferde eine kleine Strecke neben dem Wagen her, einzig zu dem Zweck, ein wenig zu plaudern; und dann gab es von beiden Seiten gar mancherlei zu sagen.

Sodann gab Boxer Gelegenheit zu mehr freundschaftlichen Erkennungsszenen, als ein halb Dutzend Christenmenschen es gekonnt hätten. Alle Welt kannte ihn längs des Weges – besonders die Hühner und Schweine, die, wenn sie ihn herankommen sahen mit seinem windschiefen Körper und die Ohren zum Horchen gespitzt, und indem er sich sehr wichtig machte mit dem aufgerichteten Schwanzrest,

sich sofort in die entferntesten Ecken ihres Quartiers zu-
rückzogen, ohne die Ehre einer näheren Bekanntschaft abzuwarten. Boxer hatte überall etwas zu tun; er ging in alle
Querstraßen, blickte in alle Brunnen, stürzte in alle Hütten,
trabte in alle Mädchenschulen hinein, scheuchte alle Tauben auf, bewirkte, daß sich sämtliche Katzenschwänze steil
aufrichteten, und lief wie ein Stammgast in alle Schenken
hinein. Wo immer er erschien, hörte man jemand rufen:
»Holla, da ist Boxer!« Und heraus kam sofort dieser Jemand,
begleitet von mindestens zwei oder drei andern Jemands,
um John Peerybingle und seinem hübschen Weibchen guten
Tag zu sagen.

Die großen Ballen und die kleinen Pakete für den Boten-
wagen waren sehr zahlreich, und dies nötigte sie, häufig halt
zu machen, um sie in Empfang zu nehmen oder sie abzulie-
fern; und diese Unterbrechungen bildeten keineswegs den
am wenigsten angenehmen Teil der Reise. Manche Leute
erwarteten ihre Pakete mit solcher Ungeduld, und andere
waren sehr erstaunt, überhaupt welche zu bekommen, und
wieder andere waren unerschöpflich, Anweisungen für die
ihrigen zu geben, und John nahm ein so lebhaftes Interesse an den Paketen, daß es fast wie in der Komödie war.

Und dann waren da Gegenstände, die John nicht mit gutem Gewissen annehmen konnte, ohne vorher alles genau zu überlegen und mit den Absendern alles zu besprechen, und da fanden denn zwischen diesen und dem Fuhrmann lange Beratungen statt. – Beratungen, denen Boxer in der Regel beiwohnte, und zwar durch kurze Anfälle sehr ernster Aufmerksamkeit und besonders durch lange Anfälle von Narrheit, während denen er wie toll um die versammelten Weisen herumsprang und bis zum Heiserwerden bellte. Dot, die unbeweglich auf ihrem Platz im Wagen saß, amüsierte sich über all diese kleinen Zwischenfälle, deren aufmerksame Zuschauerin sie war; und wie sie so dasaß und um sich schaute – ein reizendes kleines Bild, wundervoll eingerahmt von den Rahmen der Wagendecke –, da fehlte es nicht an Rippenstößen und Blicken und neidischem Flüstern unter dem jüngeren Volk, das versichere ich euch. Und den glücklichen Fuhrmann John entzückte das alles außerordentlich; denn er war stolz darauf, sein kleines Weibchen bewundert zu sehen, da er ja wußte, daß sie sich nichts daraus machte – wenn sie auch vielleicht gerade keinen Widerwillen davor hatte.

Die kleine Reise ging in dem Januarwetter allerdings nicht ohne ein wenig Nebel vonstatten; denn es war rauh und kalt. Aber wer kehrte sich an solche Kleinigkeiten? Dot sicherlich nicht. Auch Tilly nicht, denn für sie war das Fahren, gleichviel unter welchen Umständen, der Gipfel menschlichen Glücks, die Krone irdischer Hoffnungen. Auch das Wickelkind nicht, auf mein Wort, denn es liegt nicht in der Natur eines Wickelkindes, wärmer und fester zu schlafen, obgleich seine Befähigung in beiden Beziehungen sehr groß ist, als es bei diesem glücklichen jungen Peerybingle während des ganzen Weges der Fall war.

Man konnte freilich in dem Nebel nicht weit vor sich sehen, aber doch immerhin viel, sehr viel! Es ist erstaunlich, wieviel man selbst in einem dickeren Nebel als diesem sehen kann, wenn man sich nur die Mühe nehmen will, um sich zu blicken. Ja, selbst wenn man von seinem Platze aus nur die Elfenringe auf den Feldern und die bereiften Stellen, die noch im Schatten neben Hecken und Bäumen geblieben sind, beobachtete, so war das schon eine angenehme Beschäftigung – nicht zu reden von den überraschenden Gestalten, als welche die Bäume sich plötzlich darstellten, indem sie sich aus dem Nebel loslösten und bevor sie wieder in denselben hineinglitten. Die Hecken waren kahl und nackt und ließen viele verwelkte Kränze im Winde flattern; aber es lag nichts Trübseliges in diesem Anblick. Es war im Gegenteil ein angenehmes Schauspiel; denn es machte den Herd, den man daheim hatte, wärmer und den Sommer, den man erwartete, grüner. Der Fluß sah eisig aus, aber er war in Bewegung, und zwar in kräftiger Bewegung – und das will schon etwas heißen. Der Kanal war ein wenig langsam und müde, das läßt sich nicht leugnen. Aber was tut's, er mußte um so rascher zufrieren, wenn ordentliche Kälte eintrat, und dann konnte man Schlitten fahren und Schlittschuh laufen, und die schwerfälligen, alten Kähne, die irgendwo in der Nähe der Werft eingefroren waren, rauchten dann den ganzen Tag ihre verrosteten, eisernen Schornsteinpfeifen und machten sich einen guten Tag.

An einer Stelle da drüben brannte ein großer Haufen Unkraut oder Stoppeln. Und sie sahen dem Feuer zu, wie es am Tage so weiß durch den Nebel schimmerte und nur hin und wieder einen roten Strahl aufzucken ließ, bis Tilly Tolpatsch infolge der Wahrnehmung, daß der Rauch ihr in die Nase steige, zu ersticken anfing – was sie freilich bei der geringsten Veranlassung konnte – und das Kind weckte, das nun nicht wieder einschlafen wollte. Aber Boxer, der wohl fünf Minuten voraus war, hatte schon die ersten Häuser der Stadt hinter sich und die Ecke der Straße erreicht, wo Kaleb mit seiner Tochter wohnte; und lange bevor sie das Haus erreichten, standen er und das blinde Mädchen auf dem Trottoir, um sie zu empfangen.

Boxer machte, nebenbei gesagt, gewisse zarte Unterscheidungen in seinem Verkehr mit Bertha, und ich bin daher vollständig überzeugt, daß er wußte, daß sie blind war. Er suchte nie ihre Aufmerksamkeit auf sich zu ziehen, indem er sie anblickte, wie er es oft andern Leuten gegenüber tat, sondern stieß sie dann jedesmal leise an. Welche Erfahrungen er bei blinden Menschen oder blinden Hunden gesammelt haben konnte, weiß ich nicht. Er hatte nie einen blinden Herrn gehabt, auch waren, soviel mir bekannt geworden, weder Herr Boxer Vater noch Frau Boxer noch irgendein anderes Mitglied seiner ehrenwerten Familie, sei es von väterlicher, sei es von mütterlicher Seite, jemals von Blindheit heimgesucht worden. Vielleicht hatte er's selbst herausgefunden; jedenfalls verstand er sich auf den Verkehr mit Blinden, und darum hielt er auch Bertha am Rock fest, und zwar so lange, bis Mrs. Peerybingle und das Wickelkind und Tilly und der Korb samt und sonders im Hause in Sicherheit waren.

May Fielding war bereits da, ebenso ihre Mutter – eine kleine, zänkische Person, eine alte Dame mit mürrischem Gesicht –, die, weil sie sich eine Taille wie ein Bettpfosten bewahrt hatte, für eine Frau von höchst vornehmen Manieren galt, und die, weil sie früher in besseren Verhältnissen gewesen oder doch an der Vorstellung litt, sie hätte in besseren Verhältnissen gewesen sein können, wenn ein gewisses Etwas sich ereignet hätte, das sich aber nie ereignete und niemals besondere Aussicht gehabt zu haben schien, sich jemals zu ereignen – was übrigens ganz dasselbe ist –, sehr

vornehm und herablassend tat. Gruff und Tackleton waren ebenfalls da und spielten den Schwerenöter mit der Miene eines Menschen, der sich so vollständig zu Hause und so unbestreitbar in seinem Element fühlt, wie ein frischer, junger Lachs oben auf der großen Pyramide.

»May! Meine liebe, teure Freundin!« rief Dot, ihr entgegeneilend. »Welch ein Glück, dich wiederzusehen!«

Ihre liebe, teure Freundin war ganz ebenso entzückt und erfreut wie sie, und es war, ihr könnt mir's glauben, ein ganz reizender Anblick, wie sie sich umarmten.

Tackleton war ein Mann von Geschmack, daran ist gar nicht zu zweifeln: May war sehr schön.

Ihr wißt, wenn ihr an ein schönes Gesicht gewöhnt seid und es sich zufällig neben einem andern schönen Gesicht befindet, so scheint es bisweilen bei dem ersten Vergleich gewöhnlich und alltäglich und die hohe Meinung kaum zu verdienen, die ihr von ihm gehabt habt. Nun, das war hier gar nicht der Fall, weder bei Dot noch May; denn Mays Gesicht ließ dasjenige Dots schöner erscheinen und Dots Gesicht hob dasjenige Mays hervor, und zwar in so natürlicher und angenehmer Weise, daß, wie John Peerybingle sehr nahe daran war zu sagen, als er ins Zimmer trat, sie geborene Schwestern hätten sein können. – Und das wäre die einzige Verbesserung gewesen, die hätte ersonnen werden können.

Tackleton hatte seine Hammelkeule gebracht und außerdem noch, fast unglaublich zu sagen, eine Torte – aber wir gestatten uns schon eine kleine Verschwendung, wenn unsere Bräute mit dabei im Spiel sind, wir heiraten ja nicht alle Tage! –, und zu diesen Leckerbissen kamen die Kalbs- und Schinkenpasteten und die andern »Dingerchen«, wie Mrs. Peerybingle sie nannte, das heißt Nüsse, Orangen und Kuchen und derlei Kleinigkeiten. Als das Mahl aufgetragen war, gemeinsam mit Kalebs Beiträgen, die in einer großen Holzschüssel voll dampfender Kartoffeln bestanden – es war ihm kraft eines feierlichen Vertrags verboten, andere Lebensmittel zu liefern –, führte Tackleton seine zukünftige Schwiegermutter auf den Ehrenplatz. Um sich bei dem hohen Feste dieses Platzes würdiger zu zeigen, hatte sich die majestätische alte Seele mit einer Haube geschmückt, die darauf berechnet war, selbst die Gleichgültigsten mit Gefühlen der Ehrfurcht zu erfüllen. Auch hatte sie Handschuhe an. Sie muß vornehm sein – sonst lieber sterben!

Kaleb saß neben seiner Tochter, Dot neben ihrer alten Schulgenossin, der gute Fuhrmann nahm von dem untern Ende des Tisches Besitz. Fräulein Tolpatsch wurde zunächst von jedem Stück Möbel entfernt, ausgenommen der Stuhl, auf dem sie saß, damit sie keinen andern Gegenstand in der Nähe hätte, an den sie den Kopf des Kindes stoßen könnte.

Wie Tilly die Puppen und Spielsachen um sich her anstarrte, so starrten diese ihrerseits sie und die Gesellschaft wieder an. Die ehrwürdigen alten Herren vor den Haustüren – alle in voller Tätigkeit – zeigten ein ganz besonderes Interesse an diesem kleinen Fest; bisweilen warteten sie ein wenig, bevor sie sprangen, als wenn sie der Unterhaltung lauschten, und sprangen dann wieder, ich weiß nicht wie oft, wild darauf los, ohne sich nur Zeit zum Atemholen zu lassen – als wenn diese unaufhörlichen Bocksprünge ihnen ein unendliches Vergnügen machten.

Wirklich, wenn diese alten Herren es darauf abgesehen hatten, bei der Betrachtung von Tackletons Unbehagen eine boshafte Freude zu empfinden, so hatten sie allen Grund, zufrieden zu sein.

Tackleton konnte gar nicht in Stimmung kommen; und je heiterer seine Verlobte in Dots Gesellschaft wurde, um so weniger Freude empfand er darüber, obgleich er sie zu diesem Zweck zusammengebracht hatte. Denn er war ein neidischer, mißgünstiger Mensch, dieser Tackleton; und wenn sie lachten, ohne daß er wußte warum, so setzte er sich's sofort in den Kopf, sie lachten über ihn.

»Ach May!« sagte Dot. »Du lieber Gott, wie sich alles geändert hat! Es macht einen ordentlich wieder jung, wenn man so von den glücklichen Schultagen plaudern kann.«

»Na, so besonders alt seid Ihr denn doch noch nicht, scheint mir«, sagte Tackleton.

»Seht nur, wie gesetzt und würdevoll mein Ehemann da ist«, versetzte Dot. »Er hat meinem Alter wenigstens zwanzig Jahre zugelegt. Nicht wahr, John?«

»Vierzig«, erwiderte John.

»Und wieviel Ihr Mays Alter zulegen werdet, daß weiß ich wahrhaftig nicht«, sagte Dot lachend. »Aber sie wird an ihrem nächsten Geburtstage nicht viel weniger als hundert Jahre alt sein.«

»Ha ha!« lachte Tackleton. Aber es klang hohl wie aus einer Trommel. Und dabei warf er einen Blick auf Dot, als hätte er ihr mit der größten Behaglichkeit den Hals umdrehen können.

»Du lieber Gott«, sagte Dot, »wenn ich noch daran denke, wie wir in der Schule von den Männern redeten, die wir uns wählen wollten. Ich weiß nicht mehr, wie jung und wie hübsch und wie vergnügt und wie liebenswürdig der meine sein sollte! Und was Mays Zukünftigen betraf …! Gott, ich weiß nicht, soll ich lachen oder weinen, wenn ich daran denke, wie albern wir als Mädchen waren.«

May schien zu wissen, was sie tun sollte; denn ihre Wangen färbten sich mit einem lebhaften Rot, und die Tränen standen ihr in den Augen.

»Und sogar auf Personen – auf wirkliche junge Männer

von Fleisch und Blut – richteten wir zuweilen unsere Gedanken«, fuhr Dot fort. »Wie wenig dachten wir daran, wie sehr sich alles ändern würde. Ich hatte nicht im entferntesten an John gedacht, das ist gewiß; auch nicht im entferntesten hatte ich an ihn gedacht. Und wenn ich dir damals gesagt hätte, du würdest noch einmal Herrn Tackleton heiraten, so hättest du mir vielleicht eine Backpfeife verabreicht! Nicht wahr, May?«

Obgleich May nicht ja sagte, so sagte sie sicherlich auch nicht nein, noch deutete sie es irgendwie an.

Tackleton lachte – ja er schrie förmlich, so laut lachte er. John Peerybingle lachte ebenfalls, aber in seiner gewöhnlichen gutmütigen und zufriedenen Weise, sein Lachen war ein Flüstern im Vergleich zu dem von Tackleton.

»Und trotzdem«, sagte dieser, »habt ihr nicht anders können. Ihr konntet uns nicht widerstehen, seht ihr! Da habt ihr uns nun! Wo sind nun eure vergnügten, liebenswerten, jungen Bräutigame?«

»Einige von ihnen sind tot«, entgegnete Dot, »und andere vergessen. Wenn jetzt einer von ihnen in diesem Augenblick in unserer Mitte erschiene, er würde gar nicht glauben, daß wir dieselben Geschöpfe sind; nicht glauben, daß das, was er sähe und hörte, Wirklichkeit sei und daß wir sie so hätten vergessen *können*. Nein, nichts würden sie davon glauben!«

»Aber Dot!« rief der Fuhrmann. »Kleine Frau!«

Sie hatte mit solcher Lebhaftigkeit und solchem Feuer gesprochen, daß sie ohne Zweifel zu sich selbst zurückgerufen werden mußte. Die Unterbrechung ihres Mannes geschah sehr sanft, denn er mischte sich nur ein, wie er glaubte, um den alten Tackleton zu schützen; aber er erreichte seinen Zweck, denn sie schwieg und sagte kein Wort weiter. Doch lag selbst in ihrem Schweigen eine ungewöhnliche Aufregung, wie der schlaue Tackleton, der sein halb geschlossenes

Auge auf sie gerichtet hielt, sehr wohl merkte, um sich bei guter Gelegenheit daran zu erinnern.

May sagte kein Wort, weder ein gutes noch ein böses, sie saß da ganz still, die Augen niedergeschlagen, und legte durch kein Zeichen irgendwelches Interesse an dem, was gesprochen worden war, an den Tag. Aber die gute Dame, ihre Mutter, mischte sich jetzt hinein, indem sie erstlich bemerkte, Mädchen seien Mädchen, und was geschehen sei, sei geschehen, und solange junge Leute jung und leichtsinnig seien, würden sie sich wahrscheinlich auch wie junge, leichtsinnige Leute betragen. Nachdem sie zweitens und drittens noch einige andere Behauptungen von nicht weniger tiefer und unumstößlicher Weisheit aufgestellt hatte, machte sie dann mit frommer Miene die Bemerkung, sie danke dem Himmel, daß sie allzeit in ihrer Tochter May ein pflichtgetreues und gehorsames Kind gefunden habe, was sie sich nicht als Verdienst anrechne, obgleich sie allen Grund habe zu glauben, daß sie es nur ganz sich selbst zu verdanken habe. Was Herrn Tackleton betreffe, so sagte sie, vom moralischen Gesichtspunkte sei er ein unleugbares Individuum und vom Gesichtspunkt einer Heirat aus ein durchaus wünschenswerter Schwiegersohn, das könne kein vernünftiger Mensch bezweifeln. (Hier wurde sie sehr emphatisch.) Was die Familie angehe, in die er nach einigem Werben aufgenommen worden sei, so glaube sie, es sei Herrn Tackleton nicht unbekannt, daß dieselbe, obgleich den Reichtum betreffend ein wenig zurückgekommen, immerhin Ansprüche auf vornehmen Stand habe. Und wenn gewisse Umstände, die dem Indigohandel nicht ganz fern lägen – denn sie wolle den Ursprung des Übels nur andeuten, ohne sich jedoch in die Einzelheiten der Frage einzulassen –, ganz anders gekommen wären, so hätte die Familie vielleicht ein ansehnliches Vermögen besessen.

Dann bemerkte sie, von der Vergangenheit wolle sie nicht sprechen und nicht daran erinnern, daß ihre Tochter eine Zeitlang die Anträge des Herrn Tackleton zurückgewiesen und daß sie noch eine große Anzahl anderer Dinge unberührt lassen wolle, was sie aber dennoch in aller Ausführlichkeit tat. Endlich behauptete sie als das Ergebnis ihrer Beobachtung und Erfahrung, daß diejenigen Ehen, in denen es sich am wenigsten um das handle, was man romantischer- und törichterweise Liebe nenne, stets die glücklichsten seien; und daß sie darum bei demjenigen Paar, dessen Hochzeit bevorstehe, die größtmögliche Summe von Glück voraussehe – nicht jenes verzückte Glück, sondern den soliden, gangbaren Artikel. Sie schloß damit, daß sie der Gesellschaft mitteilte, morgen sei der Tag, für den sie ausschließlich gelebt habe, und daß, wenn er vorüber, sie nichts weiter wünsche, als eingepackt und an irgendeinem netten Kirchhofsplätzchen untergebracht zu werden.

Da auf diese Bemerkungen gar nichts zu antworten war – das glückliche Vorrecht aller Bemerkungen, die sich möglichst weit von der Sache halten –, so änderte man den Lauf der Unterhaltung und lenkte die allgemeine Aufmerksamkeit auf die Kalbs- und Schinkenpastete, die Hammelkeule, die Kartoffeln und die Torte. Damit die Bierflaschen nicht vernachlässigt wurden, brachte John Peerybingle auf den morgigen Tag, den Hochzeitstag, einen Toast aus und forderte alle auf, ein volles Glas darauf zu leeren, bevor er seine Fahrt fortsetze.

Denn ihr müßt wissen, daß er hier nur halt gemacht hatte, um sein altes Pferd zu füttern. Er hatte noch etwa eine Stunde weit zu fahren, und wenn er abends zurückkam, so holte er Dot ab und machte noch einmal halt, bevor er heimkehrte. Dies war die Tagesordnung bei allen Picknicks, und sie war seit Einrichtung derselben immer getreulich beobachtet worden.

Es waren außer Braut und Bräutigam noch zwei Personen zugegen, die dem Trinkspruch kaum Ehre erwiesen. Die eine war Dot, die zu sehr erregt und beunruhigt war, um an den kleinen Zwischenfällen des Festes teilzunehmen, die andere Bertha, die hastig vor den andern aufstand und den Tisch verließ.

»Auf Wiedersehen!« sagte der robuste John Peerybingle, seinen allem trotzenden Flausrock anziehend. »Zur gewöhnlichen Zeit werde ich wieder hier sein. Laßt es euch allen inzwischen gut gehen!«

»Auf Wiedersehen, John!« antwortete Kaleb.

Er sagte das mechanisch, und auch mit der Hand winkte er nur gleichsam unbewußt; denn er beobachtete Bertha mit einem ängstlich staunenden Gesicht, das seinen Ausdruck kaum änderte.

»Adieu, kleines Bürschchen!« sagte der lustige Fuhrmann, indem er sich herabneigte, um das Kind zu küssen, das Tilly, jetzt ausschließlich mit Messer und Gabel beschäftigt, schlafend – und ausnahmsweise ohne Schaden! – in ein kleines, von Bertha möbliertes Häuschen gelegt hatte. »Adieu! Hoffentlich kommt einmal die Zeit, wo du, mein kleiner Freund, hinausziehst in Wind und Wetter, um deinen alten Vater hinter dem Ofen seine Pfeife rauchen und seinen Rheumatismus pflegen zu lassen, he? Wo ist Dot?«

»Hier bin ich, John!« sagte sie, indem sie erschrak.

»Weiter, weiter!« erwiderte der Fuhrmann, indem er kräftig in die Hände schlug. »Wo ist die Pfeife?«

»Die Pfeife habe ich ganz vergessen, John.«

»Die Pfeife vergessen! Hat man je so etwas erlebt! Sieh! Dot! Die Pfeife vergessen!«

»Ich … ich will sie gleich stopfen. Es ist bald geschehen.«

Es war jedoch nicht so bald geschehen. Sie war an ihrem gewöhnlichen Platze – in des Fuhrmanns Flausrocktasche – neben dem kleinen Tabaksbeutel, einem Werk ihrer Hände, aus dem sie die Pfeife zu stopfen pflegte; aber ihre Hand zitterte so sehr, daß sie nicht hineinkommen konnte (und doch war diese Hand wahrhaftig klein genug, um ohne Mühe herauszukommen), und so stümperte sie bei ihrer Arbeit. Das Stopfen und Anzünden, kurz all die kleinen Dienste, die sie meiner Meinung nach, wie ihr euch erinnern werdet, so vorzüglich verstand, wurden miserabel ausgeführt von Anfang bis zu Ende. Während des ganzen Verfahrens sah Tackleton sie mit dem halbgeschlossenen Auge boshaft an, und dies, wenn es den ihren begegnete – oder es auffing; denn man kann schwerlich sagen, daß es je einem andern Auge begegnete, war es doch vielmehr eine Art Falle, worin andere sich fingen –, so vermehrte das ihre Verwirrung in durchaus merkwürdiger Weise.

»Na, was für eine ungeschickte Dot du heute nachmittag bist!« sagte John. »Ich glaube wahrhaftig, ich selber hätte es besser gemacht!«

Mit diesen gutmütigen Worten schritt er von dannen, und man hörte ihn bald in Gemeinschaft mit Boxer und dem alten Pferd und dem Wagen eine fröhliche Musik die Straße hinunter machen.

Und inzwischen beobachtete Kaleb noch immer seine blinde Tochter mit demselben gedankenvollen Ausdruck in seinem Gesicht. »Bertha«, sagte er sanft. »Was ist geschehen? Wie hast du dich, mein gutes Kind, in ein paar Stunden – seit heute früh – verändert! Den ganzen Tag bist du traurig und still gewesen! Was fehlt dir? Sage es mir!«

»Oh Vater, Vater!« rief das blinde Mädchen, in Tränen ausbrechend. »Oh mein hartes, grausames Schicksal!«

Kaleb fuhr sich mit der Hand über die Augen, bevor er antwortete.

»Aber denke doch daran, Bertha, wie fröhlich und glücklich du immer gewesen bist! Wie gut und wie geliebt von so vielen Menschen!«

»Das eben kränkt mich bis in das Herz, lieber Vater! Immer so aufmerksam, immer so freundlich gegen mich!«

Kaleb war viel zu verwirrt, um sie zu verstehen.

»Blind ... blind zu sein, Bertha, mein armes, liebes Kind«, stotterte er, »ist gewiß ein großer Schmerz, indes ...«

»Ich habe das nie empfunden!« rief das blinde Mädchen. »Ich habe das nie empfunden, wenigstens nicht in seiner ganzen Schwere. Nie! Bisweilen habe ich gewünscht, ich könnte dich sehen, oder ihn – nur ein einziges Mal, Vater, nur einen einzigen kleinen Augenblick –, damit ich wüßte, was es sei, was ich hier«, – sie legte die Hand auf die Brust – »was ich hier als mein köstlichstes Gut bewahre, damit ich wüßte, ob ich mich auch nicht geirrt habe! Und manchmal (aber da war ich noch ein Kind) habe ich abends bei meinen Gebeten geweint, wenn ich dachte, daß eure Bilder, wie sie aus meinem Herzen zum Himmel stiegen, keine genaue Ähnlichkeit mit euch haben möchten. Aber ich habe diese Gefühle nicht lange gehabt. Sie sind verschwunden, und ich war wieder ruhig und zufrieden.«

»Und sie werden auch jetzt wieder verschwinden«, sagte Kaleb.

»Aber Vater! Oh guter, liebster Vater, habe Geduld mit mir, wenn ich schlecht bin!« sagte das blinde Mädchen. »Das ist der Kummer nicht, der mich so niederdrückt!«

Ihr Vater konnte die Tränen nicht mehr zurückhalten, die ihm in die Augen gestiegen waren, in so bewegtem und traurigem Tone sprach sie. Indes verstand er sie noch nicht.

»Bringe sie zu mir«, sagte Bertha. »Ich kann es nicht in

meiner Brust verschließen. Hole sie mir, Vater.«

Sie merkte, daß er zauderte, und setzte hinzu:

»May. Hole mir May!«

May hörte ihren Namen nennen, trat still an sie heran und berührte ihren Arm. Das blinde Mädchen wandte sich sofort um und ergriff ihre beiden Hände.

»Schau mir ins Gesicht, liebste, beste Freundin!« sagte Bertha, »lies darin mit deinen schönen Augen und sage mir, ob die Wahrheit darin geschrieben steht.«

»Liebe Bertha, ja!«

Das blinde Mädchen, ihr lichtloses Antlitz emporhebend, über das die Tränen flossen, sagte folgendes zu ihr:

»Kein Wunsch oder Gedanke ist in meiner Seele, der nicht auch deinem Glück gälte, schöne May! Keine dankbare Erinnerung ist tiefer in meine Seele eingegraben als die zahlreichen Beweise von Freundlichkeit, die du, die du stolz sein konntest auf deine hellblickenden Augen und auf deine Schönheit, der armen, blinden Bertha geschenkt hast, selbst damals, als wir beide noch Kinder waren – wenn es für ein blindes Kind überhaupt eine Kindheit geben kann! Alles Glück auf dein Haupt! Möge dein Lebensweg hell und glücklich sein! Und darum nicht weniger, liebe Freundin«, – und sie schmiegte sich noch enger an sie und drückte noch fester ihre Hände –, »und darum nicht weniger, liebe May, weil die heutige Nachricht, du solltest *seine* Frau werden, mir fast das Herz gebrochen hat! Vater, May, liebe May, oh verzeiht mir, daß es so ist, um alles dessen willen, was er getan hat, um mir das Los meines finstern Lebens zu erleichtern, und um des Vertrauens willen, das er zu mir hat, wenn ich den Himmel zum Zeugen anrufe, daß ich ihm kein Weib wünschen könnte, das seiner Herzensgüte würdiger wäre!«

Während sie sprach, hatte sie May Fieldings Hände losgelassen, um ihre Kleider zu umfassen, in einer halb bittenden, halb zärtlichen Stellung, bis sie, immer tiefer herabgleitend, je weiter sie kam in ihrer seltsamen Beichte, sich endlich zu den Füßen ihrer Freundin niederließ und ihr blindes Antlitz in den Falten ihres Kleides verbarg.

»Großer Gott!« rief ihr Vater, dem plötzlich wie ein Blitz die Wahrheit aufleuchtete, »habe ich sie darum von der Wiege an getäuscht, um ihr schließlich das Herz zu brechen!«

Es war ein Glück für alle, daß Dot, diese strahlende, nützliche, geschäftige, kleine Dot – denn das alles war sie, trotz all' ihrer Fehler, von denen ihr bald genug lernen werdet, sie zu verachten –, es war ein Glück für alle, sag ich, daß sie da war, sonst wäre schwer zu sagen, wie das geendet hätte. Aber Dot, die ihre Geistesgegenwart wiedergewonnen hatte, fiel hier ein, ehe May antworten oder Kaleb noch sonst etwas sagen konnte.

»Komm, komm, liebe Bertha! Komm mit mir! Reich ihr den Arm, May. So! Seht, wie sie sich schon wieder beruhigt hat und wie brav es von ihr ist, zu tun, was wir sagen«, sagte die fröhliche, kleine Frau und küßte sie auf die Stirn. »Komm mit, komm, liebe Bertha! Und ihr guter Vater hier kommt auch mit, nicht wahr, Kaleb? Natürlich!«

Ja, ja, sie war eine herrliche, kleine Dot bei solchen Gelegenheiten, diese Dot, und es hätte schon eine sehr verstockte Natur dazu gehört, ihrem Einfluß zu widerstehen. Als sie den armen Kaleb und seine Bertha hinausgebracht, damit sie einander trösten und ermutigen könnten – sie wußte ja, daß sie dazu nur allein imstande waren! –, eilte sie sofort mit einem Sprunge zurück, frisch wie eine Maiblume, pflegt man zu sagen, ich aber sage: noch weit frischer, um bei dieser vornehmen Person in Mütze und Handschuhen Wache zu halten und zu verhüten, daß das liebe, alte Geschöpf unangenehme Entdeckungen mache.

»Nun bring mir den köstlichen Jungen, Tilly«, sagte sie,

indem sie einen Stuhl ans Feuer zog, »und während ich ihn auf dem Schoß habe, wird Mrs. Fielding hier mir sagen, wie man solche Wickelkinder behandeln muß und mir in zwanzig Dingen, worin ich so ungeschickt wie möglich bin, Rat erteilen. Nicht wahr, Mrs. Fielding?«

Nicht einmal der Walliser Riese, der der volkstümlichen Sage zufolge so schwer von Begriffen war, eine verhängnisvolle chirurgische Operation an seinem eigenen Körper vorzunehmen, um den Streich, den sein Erzfeind beim Frühstück ihm vorgeschwindelt, nachzuahmen –, nicht einmal der fiel halb so schnell in die ihm gelegte Falle, wie die alte Dame in diese kunstvolle Grube. Die Tatsache, daß Tackleton fortgegangen und daß ferner zwei oder drei Personen in einiger Entfernung von ihr miteinander geflüstert und sie sich selbst überlassen hatten, hätte vollständig genügt, sie an ihre verletzte Würde zu erinnern und sie vierundzwanzig Stunden lang den Ausdruck ihres Bedauerns über jene geheimnisvolle Wendung in dem Indigohandel erneuern zu lassen. Aber ein so tiefer Respekt vor ihrer Erfahrung seitens der jungen Mutter war so unwiderstehlich, daß sie, nachdem sie einiges, bescheidene Sträuben vorgetäuscht hatte, anfing, sie mit der gnädigsten Miene von der Welt zu belehren, und, sich aufrecht vor die boshafte kleine Dot setzend, gab sie in einer halben Stunde mehr unfehlbare Hausrezepte und Ratschläge, als nötig gewesen wären, um den jungen Peerybingle in eine andere Welt zu befördern, und wäre er auch ein Simson in der Wiege gewesen.

Um ein wenig abzulenken, nahm Dot ihr Nähzeug zur Hand – wie sie es anfing, weiß ich nicht, aber sie trug immer den Inhalt eines ganzen Arbeitsbeutels in ihrer Tasche –, dann stillte sie ein wenig das Kind; darauf nahm sie wieder ein Weilchen ihre Arbeit zur Hand, worauf sie, während die alte Dame schlummerte, ein kleines Flüsterduett mit May begann. Und so brachte sie, stets in geschäftiger Rührigkeit, wie das so ihre Art war, sehr rasch den Nachmittag hin. Und als es dann dunkel wurde, schürte sie – da es eine der feierlichen Vereinbarungen dieser Picknickeinrichtung war, daß sie an diesem Tage Berthas Haushalt besorge – das Feuer, fegte den Herd, deckte den Teetisch, zog die Vorhänge zusammen und steckte Licht an. Dann spielte sie ein paar Lieder auf einer Art Harfe, die Kaleb für seine Tochter fabriziert hatte; und sie spielte sehr hübsch, denn die Natur hatte ihr zartes, kleines Ohr ebenso vollkommen für Musik ausgebildet, wie für Juwelen, wenn sie welche zu tragen gehabt hätte. Da jetzt die für den Tee angesetzte Zeit gekommen war, erschien auch Tackleton wieder, um an dem Mahl teilzunehmen und sich des Abends zu erfreuen.

Kaleb und Bertha waren seit einiger Zeit zurückgekehrt, und Kaleb hatte die unterbrochene Nachmittagsarbeit wieder aufgenommen. Aber er konnte nichts zuwege bringen, der arme Teufel, so voll Angst war er und solche Gewissensbisse empfand er wegen seiner Tochter. Es war rührend, ihn müßig auf seinem Arbeitsschemel sitzen zu sehen, indem er traurig die Blicke auf sie gerichtet hatte und in einem fort für sich hinsagte:

»Habe ich sie denn nur darum von der Wiege an getäuscht, um ihr schließlich das Herz zu brechen?«

Als es ganz dunkel wurde und der Tee eingenommen war und Dot nichts mehr an den Tassen zu waschen hatte, mit einem Wort – denn ich muß es geradeheraus sagen, und es hat keinen Sinn, es hinauszuschieben –, als die Zeit nahte, wo jedes ferne Wagengerassel ihnen ankündete, daß sie die nahe Ankunft des Fuhrmanns zu erwarten hätten, veränderte sich abermals Dots ganzes Wesen. Sie wurde bald rot, bald blaß und war vollständig rastlos. Nicht so, wie gute Frauen sind, wenn sie ihre Männer erwarten. Nein, nein,

nein! Es war eine ganz andere Art von Unruhe.

Wagengerassel. Hufklappern. Hundegebell. Allmähliches Näherkommen all dieser Töne. Boxers scharrende Pfote an der Tür!

»Wessen Tritt ist das!« rief Bertha auffahrend.

»Wessen Tritt?« versetzte der Fuhrmann, auf der Schwelle erscheinend, das braune Gesicht von der scharfen Nachtluft gerötet wie eine Winterbeere. »Na, meiner!«

»Der andere Tritt?« sagte Bertha. »Der Männertritt hinter Euch?«

»Sie ist gar nicht zu täuschen«, bemerkte der Fuhrmann lachend. »Spaziert nur herein, Herr. Ihr werdet willkommen sein; seid ohne Sorgen!«

Er sprach das in lautem Ton, und während er sprach, trat der alte, taube Herr ins Zimmer.

»Er ist Euch nicht ganz fremd, Kaleb; Ihr habt ihn schon mal gesehen«, sagte der Fuhrmann. »Wollt Ihr ihm Obdach geben, bis wir gehen?«

»Oh gewiß, John, ich rechne mir's zur Ehre.«

»Er ist übrigens der beste Gesellschafter, den man sich nur wünschen kann, wenn man sich Geheimnisse zu erzählen hat«, sagte John. »Ich habe anständig gute Lungen, aber er stellt sie auf die Probe, das kann ich Euch versichern. Setzt Euch, Herr. Lauter gute Freunde hier, die sich freuen, Euch zu sehen.«

Nachdem er dem Fremden diese Versicherung mit einer Stimme gegeben, die vollkommen bestätigte, was er von seinen Lungen gesagt, setzte er in seinem natürlichen Tone hinzu:

»Ein Stuhl in der Kaminecke und die Erlaubnis, ganz still dazusitzen und sich vergnügt umzusehen, das ist alles, was er verlangt. Es ist leicht, ihn zufriedenzustellen.«

Bertha hatte aufmerksam zugehört. Sie rief Kaleb zu sich,

als er den Stuhl hingestellt hatte, und bat ihn leise, ihr den Fremden zu beschreiben. Als er das getan – und diesmal ganz wahrheitsgemäß, mit gewissenhafter Treue – machte sie eine Bewegung, das erstemal, seit er eingetreten war, seufzte und schien ferner kein Interesse mehr für ihn zu haben.

Der Fuhrmann war in sehr fideler Stimmung, der gute Gesell, und verliebter in seine kleine Frau als je.

»War das aber eine ungeschickte Dot heute nachmittag!« sagte er, indem er seinen starken Arm um sie legte, während sie von den anderen Gästen etwas abseits stand, »und doch hab ich sie gern. Schau mal dorthin, Dot!«

Er zeigte auf den alten Mann. Sie senkte die Augen. Ich glaube sogar, sie zitterte.

»Er ist ... *hahaha!* ... ist voller Bewunderung für dich!« sagte der Fuhrmann. »Plauderte von nichts anderem, den ganzen Weg entlang. Na, er ist ein braver alter Bursche. Das gefällt mir an ihm!«

»Ich wollte, er hätte sich einen bessern Gegenstand gewählt, John«, sagte sie, einen beunruhigten Blick im Zimmer umherwerfend; er war besonders nach Tackletons Seite gerichtet.

»Einen bessern Gegenstand!« rief John vergnügt. »Den gibt's gar nicht. Nun, weg mit dem Überzieher, fort mit dem Tuche, fort mit den schweren Gamaschen und dann ein gemütliches halbes Stündchen am Feuer! Gehorsamer Diener, Madam. Wollen wir beide eine Partie Piquet machen? Ich stehe zu Diensten. Dot, die Karten und das Brett. Und auch ein Glas Bier, wenn noch was da ist, kleine Frau!«

Seine Aufforderung war an die alte Dame gerichtet, und da sie mit gnädiger Bereitwilligkeit annahm, waren sie bald in das Spiel vertieft. Anfangs blickte der Fuhrmann bisweilen mit einem Lächeln um sich, oder rief von Zeit zu

Zeit Dot herbei, daß sie ihm in schwierigen Fällen rate. Da jedoch seine Gegnerin sehr streng auf Disziplin hielt und zudem der Schwäche unterworfen war, gelegentlich mehr zu markieren als sie berechtigt war, so mußte er seinerseits so scharf aufpassen, daß ihm für etwas anderes weder Auge noch Ohr blieb. Allmählich nahmen die Karten seine ganze Aufmerksamkeit in Anspruch, und er dachte an nichts weiter, bis eine Hand auf seiner Schulter ihn daran erinnerte, daß ein Tackleton auf der Welt war.

»Bedaure Euch stören zu müssen – nur auf ein Wort, aber gleich.«

»Ich bin gerade am Geben«, versetzte der Fuhrmann. »Der Augenblick ist kritisch.«

»Das ist er«, sagte Tackleton. »Kommt mal her, mein Lieber!« Es lag ein Ausdruck in seinem bleichen Gesicht, der den andern veranlaßte, sofort aufzustehen und ihn hastig zu fragen, was los wäre.

»Pst! John Peerybingle!« sagte Tackleton. »Es tut mir leid. Wahrhaftig. Ich hab's befürchtet. Ich hab' ihn gleich vom ersten Augenblick an im Verdacht gehabt.«

»Was ist denn los?« fragte der Fuhrmann mit erschrecktem Gesicht.

»Pst! Das will ich Euch zeigen, wenn Ihr mit mir kommen wollt.«

Der Fuhrmann begleitete ihn, ohne noch ein Wort zu sagen. Sie gingen über einen Hof, wo die Sterne schienen, und traten durch eine kleine Hintertür in Tackletons Bureau, von wo man durch eine Glastür, die des Nachts geschlossen war, in den Laden sehen konnte. Im Büro war kein Licht, aber es brannten Lampen in dem langen schmalen Warenlager, so daß das Fenster erleuchtet war.

»Einen Augenblick!« sagte Tackleton. »Könnt Ihr durch das Fenster blicken? Glaubt Ihr, Ihr könntet's?«

»Warum nicht?« versetzte der Fuhrmann.

»Noch einen Augenblick«, sagte Tackleton. »Begeht keine Gewalttat. Würde nichts nützen. Ist zudem gefährlich. Ihr seid ein kräftiger Mann und könntet einen Mord begehen, bevor Ihr es selbst wißt.«

Der Fuhrmann sah ihm ins Gesicht und wich einen Schritt zurück, als hätte er einen Schlag bekommen. Mit einem Sprung war er an der Glastür und sah … Oh welch ein Schatten auf dem Herde! Oh treues Heimchen! Oh treuloses Weib!

Er sah sie mit dem alten Mann – was sag' ich! alt! Keineswegs! Jung und gerade und schön war er, in der Hand die falschen weißen Haare haltend, die ihm Zugang verschafft zu ihrem fortan einsamen und traurigen Herd. Er sah, wie sie ihm lauschte, während er sich zu ihr herabneigte, um ihr ins Ohr zu flüstern; wie sie ihn seine Hand um ihre Taille legen ließ, während sie langsam die dunkle Holzgalerie auf die Tür zugingen, durch die sie eingetreten waren. Er sah sie stehenbleiben, er sah seine Frau sich umwenden – oh, dieses Gesicht sich so gegenüber zu sehen, dieses Gesicht, das er so sehr liebte! … Und er sah sie mit ihren eigenen Händen ihm die täuschende Perücke auf dem Kopfe zurechtrücken … und sie lachte, während sie dies tat, lachte ohne Zweifel über die vertrauensvolle, leichtgläubige Natur ihres Mannes!

Anfangs ballte er seine starke Rechte, als wolle er einen Löwen niederschlagen. Aber er öffnete sie sofort wieder und hielt sie vor Tackletons Augen – denn er liebte sie noch, liebte sie selbst noch in diesem Augenblick; und dann, als sie verschwunden waren, sank er auf ein Pult nieder und weinte wie ein kleines Kind …

Er war schon bis ans Kinn eingehüllt und mit dem Pferde und den Paketen beschäftigt, als Dot wieder in das Zimmer trat, um sich zur Heimfahrt zu rüsten.

»Nun vorwärts, lieber John! ... Gute Nacht, May! Gute Nacht, Bertha!«

Hatte sie noch das Herz, sie zu küssen? Konnte sie beim Abschied noch vergnügt und guter Laune sein? Hatte sie noch die Stirn, ihnen ohne Erröten ins Gesicht zu sehen? Ja, Tackleton beobachtete sie genau – und zu alledem hatte sie den Mut.

Tilly summte das Kindchen in Schlaf, und sie ging immer wieder am Tackleton vorüber, wohl ein dutzendmal, und wiederholte schläfrig:

»Hat denn, daß sie sein Weibchen soll werden, fast ihr gebrochen das Herzchen entzwei? Und hat Väterchen vom Wiegelchen an sie getäuscht, um endlich ihr Herzchen zu brechen?«

»Nun, Tilly, gib mir das Kind. Gute Nacht, Mr. Tackleton. Wo ist John? Gott, wo ist er denn?«

»Er will zu Fuß gehen, vorn neben dem Pferde her«, sagte Tackleton, der ihr auf den Wagen half.

»Aber lieber John, zu Fuß gehen? Bei Nacht!«

Die vermummte Gestalt ihres Mannes machte ein hastiges Zeichen der Bejahung; und als auch der verräterische Fremde und die kleine Wärterin ihre Plätze eingenommen hatten, setzte sich das alte Pferd in Trab, der nichtsahnende Boxer lief voraus, lief wieder zurück, lief immer von neuem um den Wagen und bellte dabei so triumphierend und lustig wie immer.

Als auch Tackleton sich entfernt hatte, um May und ihre Mutter nach Hause zu begleiten, setzte sich der arme Kaleb neben seine Tochter ans Feuer, das Herz zerrissen von Angst und Gewissensbissen, und in einem fort, während er sie traurig ansah flüsterte er vor sich hin:

»Hab' ich sie denn nur darum von der Wiege an getäuscht,

um ihr am Ende das Herz zu brechen!«

Die Spielsachen, die man, um das Kindchen zu amüsieren, in Bewegung gesetzt hatte, waren alle längst stehengeblieben und abgelaufen. In dem Dämmerlicht und der Stille machten die Puppen mit ihrer unerschütterlichen Ruhe, die vorhin so wilden Schaukelpferde mit den weit geöffneten Augen und Nüstern; die alten Herren, die, auf ihren Knien und Schenkeln halb zusammengeklappt, an den Straßentüren standen; die Nußknacker mit ihren Grimassen, ja sogar die Tiere, die paarweise in die Arche spazierten, wie wenn eine Pension spazieren geführt wird – sie alle machten ein Gesicht, als wären sie mit phantastischer Unbeweglichkeit geschlagen worden, als sie das doppelte Wunder einer treulosen Dot und eines geliebten Tackleton, unter welchem Zusammentreffen von Umständen auch immer, sahen.

DRITTES ZIRPEN

Die Schwarzwälder Uhr in der Ecke schlug zehn, als der Fuhrmann sich wieder an seinem Herde niederließ. So verstört und kummervoll, daß er sogar den Kuckuck zu erschrecken schien, der, nachdem er seine zehn melodischen Ankündigungen so kurz wie möglich geschlagen, rasch in den maurischen Palast zurückstürzte und seine kleine Tür hinter sich zuschloß, als könne er es nicht ertragen, dies ungewohnte Schauspiel länger mit anzusehen.

Wäre der kleine Heumäher mit der schärfsten aller Sensen bewaffnet gewesen und hätte er sie bei jedem Schlage dem Fuhrmann ins Herz gestoßen, er hätte es nimmer so grausam zerreißen und verwunden können, wie Dot getan hatte.

Es war ein Herz so voll Liebe zu ihr, so eng und fest vereinigt mit dem ihren durch unzählige Fäden liebevoller Erinnerungen gesponnen aus ihren Vorzügen, die ebenso zahlreich wie fesselnd, die darauf zielten, es mit jedem Tage fester zu machen; es war ein Herz, so einfach und so wahr, so stark im Guten, so schwach im Bösen, daß es anfangs weder Zorn noch Rache hegen konnte und nur noch existierte, um darin das zerbrochene Bild seines Abgottes zu bewahren.

Aber allmählich, wie der Fuhrmann nachdenklich an seinem jetzt kalten und finstern Herde saß, begann ein anderer wilderer Gedanke sich seiner Gedanken zu bemächtigen, wie ein böser Sturmwind sich mitten in der Nacht erhebt. Der Fremde befand sich unter seinem entehrten Dache. Drei Schritte führten ihn an seine Tür. Ein einziger Schlag genügte, sie einzustoßen. »Ihr könntet einen Mord begehen,

bevor Ihr daran denkt«, hatte Tackleton gesagt. Wie konnte es ein Mord sein, wenn er dem Elenden Gelegenheit gab, mit ihm Brust an Brust zu ringen! War er nicht jünger?

Es war ein schlimmer Gedanke, doppelt schlimm bei der finstern Stimmung seines Gemüts. Es war ein böser Gedanke, der ihn zu einer Rachetat verleiten wollte, die seine fröhliche Behausung in eine jener berüchtigten Höhlen verwandeln würde, vor der einsame Wanderer in der Nacht vorüberzugehen sich fürchten und wo der Furchtsame durch die zerschlagenen Fenster Schatten sehen will, wenn der Mond sich hinter Wolken versteckt und wo man bei stürmischem Wetter wilde Stimmen hören kann.

Er war jünger! Ja, ja, ein Geliebter, der das Herz gewonnen hatte, das nie für »ihn« geschlagen hatte. Irgendein Geliebter aus früherer Zeit, an den sie gedacht und von dem sie geträumt, nach dem sie geschmachtet und geseufzt hatte, während er sich eingebildet hatte, daß sie an seiner Seite glücklich sei! Oh welche Herzensangst, nur daran zu denken!

Sie war mit dem Kinde hinaufgegangen, um es zu Bett zu bringen. Während er da brütend am Herde saß, kam sie dicht an seine Seite, ohne daß er sie auch nur bemerkte in den Folterqualen seines großen Elends hatte er den Sinn für alle anderen Töne verloren und stellte ihren kleinen Stuhl neben seine Füße. Er bemerkte es erst, als er ihre Hand auf der seinen fühlte und ihre Augen nach seinem Gesicht emporblicken sah.

Mit Erstaunen? Nein. Das war sein erster Eindruck, und er mußte sie noch einmal ansehen, um sich zu überzeugen, daß es wirklich so war. Nein, nicht mit Erstaunen. Mit einem neugierig fragenden Blick; aber nicht mit Erstaunen. Anfangs war dieser Blick unruhig und ernst; dann machte er einem seltsamen, wilden, schrecklichen Lächeln Platz, als ob sie seine Gedanken erraten hätte; dann nichts anderes als ihre über der Stirn gekreuzten Hände und ihr geneigtes Haupt und die herabfallenden Haare.

Wenn John in diesem Augenblick selbst über die Allmacht Gottes hätte verfügen können: Er hatte in seiner Brust zu viel von ihrer noch göttlicheren Eigenschaft, der Barmherzigkeit, um auch nur auf Dot das Gewicht einer Feder fallen zu lassen. Aber er konnte es nicht ertragen, sie auf dem kleinen Sitz kauern zu sehen, auf dem er sie so oft mit Stolz und Liebe betrachtet hatte, wie sie so unschuldig und so froh dasaß; und als sie aufstand und sich schluchzend von ihm entfernte, da fühlte er sich erleichtert: Der leere Platz an seiner Seite war ihm lieber, als ihre sonst so teure Gegenwart. Dies war sein größter Schmerz, denn es erinnerte ihn daran, wie unglücklich er geworden und wie das große Band, das ihm das Leben wert gemacht hatte, zerrissen war.

Je mehr er hieran dachte, desto mehr fühlte er, daß er sie lieber frühzeitig tot, mit ihrem Kinde in den Armen vor sich liegen gesehen hätte, und desto heftiger wurde die Wut gegen seinen Feind. Er sah sich nach einer Waffe um.

Da hing eine Flinte an der Wand. Er nahm sie herab und tat einige Schritte auf die Tür des Zimmers zu, in dem sich der verräterische Fremde befand. Er wußte, daß das Gewehr geladen war. Eine unbestimmte Vorstellung, daß er ein Recht habe, diesen Menschen wie ein wildes Tier niederzuschießen, bemächtigte sich seines Geistes und ergriff ihn ganz und gar wie ein furchtbarer Dämon, der keine mildern Regungen aufkommen ließ und seine unbeschränkte Herrschaft geltend zu machen begann.

Nein, das wollte ich nicht sagen. Diese Vorstellung verbannte nicht alle milderen Gedanken aus seinem Herzen: Sie verwandelte sie mit teuflischer Kunst, verwandelte sie in Nadeln, um ihn aufzuhetzen; wandelte Wasser in Blut,

Liebe in Haß, Milde in blinde Raserei. Ihr Bild, trauernd, gedemütigt, aber immer noch mit unwiderstehlicher Macht an seine Zärtlichkeit und Barmherzigkeit appellierend, kam ihm nie aus der Seele; aber die Erinnerung schon an dieses Bild genügte, um ihn an die Tür zu treiben, die Waffe an seine Schulter zu heben, seine Finger an den Hahn zu legen und ihm zuzurufen: Töte ihn! In seinem Bette!

Er kehrte das Gewehr um, die Tür mit dem Kolben einzuschlagen; schon schwang er es hoch in der Luft; er fühlte, wie es ihm auf den Lippen lag, dem da drinnen zuzurufen: Fliehe, um Gottes willen, fliehe, durch das Fenster!

Da plötzlich glimmte das erlöschende Feuer auf, erhellte den ganzen Kamin mit einem Lichtschein, und das Heimchen am Herde begann zu zirpen!

Kein Ton, den er hätte hören können, keine menschliche Stimme, nicht einmal die ihre, würde ihn so bewegt, erschüttert und beruhigt haben. Die kunstlosen Worte, mit denen sie ihm von ihrer Liebe zu diesem Heimchen gesprochen hatte, hört er noch ganz frisch in den Ohren; er sah sie wieder vor sich mit ihrem ernsten Wesen, ihrer lieblichen Stimme, oh welch eine Stimme es war, so ganz dazu angetan, mit ihrer traulichen Musik einen ehrlichen Mann am häuslichen Herde zu erfreuen! Das alles durchbebte bis ins Innerste seine bessere Natur und wurde zu Leben und Bewegung.

Er wich von der Tür zurück wie ein Schlafwandler, der aus einem schrecklichen Traum aufwacht. Er stellte das Gewehr weg; dann bedeckte er das Gesicht mit den Händen, setzte sich wieder ans Feuer und erleichterte sein Gemüt in Tränen.

Das Heimchen am Herde kam hinein ins Zimmer und stand in Feengestalt vor ihm.

»Ich liebe es!« sang die Feenstimme, die Worte wiederholend, deren es sich so wohl erinnerte, »ich liebe es, weil ich es so oft gehört, und wegen der vielen guten Gedanken, die seine unschuldige Musik in mir angeregt hat.«

»So sagte sie!« rief der Fuhrmann. »Und es ist wahr!«

»Es ist ein glückliches Daheim für mich gewesen, John, und darum liebe ich das Heimchen!«

»Ja, das ist es gewesen, Gott weiß es«, versetzte der Fuhrmann. »Sie hat dieses Haus glücklich gemacht, immer ... bis heute.«

»So lieblich, so sanft, so häuslich, vergnügt, geschäftig und leichtherzig!« sang die Stimme.

»Sonst hätte ich sie nie so lieben können, wie ich sie liebte!« erwiderte der Fuhrmann.

»Sage doch vielmehr: wie ich sie liebe!« verbesserte die Stimme.

»Wie ich sie liebte!« wiederholte der Fuhrmann. Aber nicht in festem Tone. Seine etwas unsichere Zunge widerstand seinem Willen und redete in ihrer eigenen Weise, für sich selbst und für ihn.

Die Erscheinung erhob feierlich die Hand und sagte:

»An deinem Herde ...«

»Den sie geschändet hat«, unterbrach der Fuhrmann.

»Den sie und wie oft gesegnet und erhellt hat«, sagte das Heimchen, »an dem Herde, der sonst nur Kalk und Ziegelsteine und rostige Eisenstangen war, der aber durch sie dein Hausaltar geworden, der Altar, auf den du jeden Abend irgendeine kleine Leidenschaft, irgendeine Selbstsucht oder Sorge gelegt hast, um darauf das Opfer eines ruhigen Herzens, einer vertrauenden Seele und eines überströmenden Gemüts darzubringen, so daß der Rauch mit einem lieblicheren Duft als der kostbarste Weihrauch, vor dem kostbarsten Schrein in den herrlichsten Tempeln der Welt verbrannt, von deinem armseligen Kamin emporstieg! ... Bei deinem Herde, bei deinem friedlichen Heiligtum, umgeben von allen schönen Einflüssen und Erinnerungen: Höre sie! Höre mich! Höre alles, was die Sprache deines häuslichen Herdes redet!«

»Und zu ihren Gunsten spricht?« fragte der Fuhrmann.

»Alles, was die Sprache deines häuslichen Herdes redet, kann gar nicht anders als zu ihren Gunsten sprechen!« versetzte das Heimchen. »Denn diese Sprache kann nicht lügen.«

Und während der Fuhrmann, der den Kopf auf die Hände sinken ließ, auf seinem Stuhl zu träumen fortfuhr, stand ihr Bild neben ihm, gab ihm seine Gedanken durch seine übernatürliche Macht ein und stellte sie wieder in einem Spiegel oder in einem Gemälde vor ihn hin.

Die Erscheinung blieb nicht allein. Aus der Herdplatte, dem Kamin, der Uhr, der Pfeife, dem Kessel, der Wiege; aus dem Fußboden, den Wänden, der Decke und der Treppe; aus dem Wagen draußen und dem Schrank drinnen, aus den Haushaltsgegenständen, aus jedem Ding und jeder Stelle, mit dem Dot zu tun gehabt hatte und woran sich eine Erinnerung an sie in dem Geiste ihres unglücklichen Mannes knüpfte, kamen in ganzen Scharen Feen hervor. Nicht, um wie das Heimchen unbeweglich neben ihm zu bleiben, sondern um sich zu rühren und sich zu beschäftigen; um ihrem Bilde alle Ehre zu erweisen, ihn an den Rockschößen zu zerren und ihm zu zeigen, wie sie erschienen; um sich um sie herumzustellen, sie in ihre Arme zu nehmen und Blumen auf ihren Weg zu streuen. Um zu versuchen, ihr schönes Haupt mit ihren zarten Händen zu bekränzen. Um ihr zu zeigen, wie innig sie sie liebten, und daß es kein einziges, häßliches, boshaftes oder anklagendes Wesen gab, das sich rühmen konnte, sie zu kennen. Niemand als sie, ihre getreuen Gefährtinnen, kannten sie und ihren Wert!

Seine Gedanken folgten unablässig ihrem Bilde. Es war

immer zur Stelle.

Vor dem Feuer sitzend arbeitete sie mit der Nadel und sang vor sich hin. Welch ein heiteres, tätiges und ausdauerndes Geschöpf war diese kleine Dot! Die Feengestalten wandten sich alle zugleich ihr zu, richteten mit einer einzigen Bewegung, einen einzigen Blick auf sie und schienen voller Stolz zu sagen:

»Ist das die leichtsinnige Frau, um die du trauerst?«

Da hörte man von draußen die fröhlichen Töne von Musikinstrumenten, lärmenden Stimmen und hellem Lachen. Ein Schwarm junger, lustiger Leute kam plötzlich ins Haus; unter ihnen Mary Fielding mit einigen zwanzig ebenso hübschen jungen Mädchen. Dot war die schönste von allen, und auch so jung wie irgendeine von ihnen. Sie kamen, um sie einzuladen, an ihrem Feste teilzunehmen. Es handelte sich um einen Tanz. Waren je kleine Füße zum Tanzen geschaffen, so sicherlich die ihren. Aber sie lachte, schüttelte den Kopf und zeigte auf das Essen am Feuer und den bereits gedeckten Tisch; mit einer so herausfordernden Miene, daß sie nur noch reizender aussah. Und so verabschiedete sie sie denn ganz vergnügt, ihren Möchtegern-Tänzern einem nach dem andern zunickend, während sie fortgingen, aber mit einer so komischen Gleichgültigkeit, die sie hätte veranlassen können, sofort hinzugehen und sich vor Verzweiflung ins Wasser zu stürzen, wenn sie zu ihren Bewunderern gehörten und das waren wohl mehr oder weniger alle, aber das war eben nicht anders möglich. Und doch war von Gleichgültigkeit nichts in ihrem Wesen. Oh nein, denn in diesem Augenblick kam ein gewisser Fuhrmann und Gott weiß, welch ein Willkomm sie ihm gab!

Wiederum wandten sich die Feengestalten ihm gleichzeitig zu und schienen zu sagen:

»Ist das die Frau, die dich verlassen hat?«

Ein Schatten fiel auf den Spiegel oder das Bild – nennt es, wie ihr wollt. Ein großer Schatten, der Schatten des Fremden, wie er zuerst unter ihrem Dache erschien, bedeckte seine ganze Oberfläche, und löschte alle anderen Gegenstände aus. Aber die gewandten Feen arbeiteten wie Bienen, um ihn wieder wegzuwischen, und da war Dot wieder schön und glänzend wie vorher.

Sie wiegte ihr Kind, sang ihm leise ein Liedchen vor, lehnte das Haupt auf seine Schulter, die ihre Gegenstütze in der sinnenden Gestalt hatte, neben der das Feenheimchen stand.

Die Nacht – ich meine die wirkliche Nacht, nicht diejenige, die sich nach den Uhren der Elfen richtet –, die Nacht rückte allmählich vor; und in diesem Stadium der Gedanken des Fuhrmanns kam hell und klar der Mond hinter den Wolken hervor. Vielleicht war in seiner Seele ebenfalls ein stilles ruhiges Licht aufgegangen, und er konnte mit mehr Ruhe nachdenken über das, was geschehen war.

Wenn auch der Schatten des Fremden von Zeit zu Zeit über den Spiegel glitt, immer deutlich, greifbar und genau ausgeprägt, so zeigte er sich doch nicht wieder so finster wie das erstemal. Sooft er erschien, stießen die Feen alle miteinander einen Schrei des Schreckens aus und setzten mit unbegreiflicher Behendigkeit ihre Ärmchen und Beinchen in Bewegung, um ihn auszuwischen. Und wenn sie sich dann wieder zu Dot wandten und sie ihm wieder zeigten, strahlend und schön, so legten sie in der begeisterndsten Weise ihre Freude an den Tag.

Sie zeigten sie nie anders als glänzend und schön, denn sie waren Hausgeister, für die die Lüge ein Nichts ist, und Dot war für sie nichts anderes als das tätige, fröhliche, liebliche, kleine Wesen, das immer das Licht und die Sonne in des Fuhrmanns Hause gewesen war!

Die Feen waren wunderbar eifrig, wenn sie sie mit dem Kinde zeigten, wie sie in einer Versammlung weiser alter Matronen plauderte und tat, als sei sie selbst so wunderbar weise und matronenhaft, und sich mit gesetzter, ernster und einer alten Dame würdigen Miene auf ihres Mannes Arm stützte, indem sie versuchte sie, eine kleine Knospe von einer kleinen Frau versuchte, ihnen die Meinung beizubringen, sie hätte die Eitelkeiten der Welt alle miteinander abgeschworen und sie gehöre zu jener Klasse von reiferen Personen, denen es gar nichts Neues ist, Mutter zu sein, doch in demselben Augenblick zeigten sie sie wieder, wie sie über die Ungeschicklichkeit des Fuhrmanns lachte und ihm den Hemdkragen ordnete, um etwas wie einen Stutzer aus ihm zu machen, und ihn fröhlich mit sich durch das Zimmer zog, um ihn tanzen zu lehren!

Sie wandten sich mehr denn je ihm zu und sahen ihn mit ungewöhnlich weit geöffneten Augen an, als sie sie ihm neben dem blinden Mädchen zeigten; denn wenn sie auch überall Leben und Heiterkeit mit sich brachte, wohin sie ging, so war ihr Einfluß doch ganz besonders groß in Kaleb Plummers Heim. Des blinden Mädchens Liebe zu ihr, die zarte Weise, in der sie Berthas Dank zurückzuweisen verstand; wie sie zu mancher kleinen List ihre Zuflucht nahm, um jeden Augenblick ihres Besuches so auszufüllen, daß er Kalebs Hause zugute kam und unter dem Vorwand, sich einen Tag köstlich zu amüsieren, wirklich schwer arbeitete; ihre großmütige Sorge für jene verabredeten Leckereien, die Kalbs- und Schinkenpastete und die Bierflaschen; ihr heiteres Gesicht, wenn sie an der Tür erschien und wenn sie Abschied nahm; dieser wundervolle Ausdruck in ihrem ganzen Wesen, von ihrem allerliebsten Fuß an bis zu ihrem Köpfchen, daß sie die Bedeutung ihrer Rolle bei diesem von ihr gegründeten Feste fühle, daß sie dort notwendig, unentbehrlich sei; das alles erhöhte die Freude der Feen und verdoppelte ihre Liebe zu ihr. Und noch einmal sahen sie den Fuhrmann alle zugleich an, gleichsam flehend und als schienen sie ihm zu sagen, während einige von ihnen sich in die Falten ihres Kleides nestelten, um sie besser liebkosen zu können:

»Ist das die Frau, die dein Vertrauen getäuscht hat?«

Mehr als ein- oder zwei- oder dreimal während der langen gedankenvollen Nacht zeigten sie sie ihm auch, wie sie auf ihrem Lieblingsstuhl saß, vorgeneigt den Kopf, mit über der Stirn gefalteten Händen und aufgelöstem Haar, wie er sie zuletzt gesehen hatte. Wenn sie sie so fanden, dann kümmerten sie sich gar nicht um ihn, sondern drängten sich um sie und trösteten und küßten sie und beeilten sich um die Wette, ihre Teilnahme und ihr Wohlwollen zu zeigen, während sie ihn vollständig vergaßen.

So verging die Nacht. Der Mond ging unter, die Sterne verblaßten, der kalte Tag brach an, die Sonne ging auf. Noch immer saß der Fuhrmann gedankenvoll in der Kaminecke. Er hatte dort, den Kopf auf die Hände gestützt, die ganze Nacht gesessen. Die ganze Nacht hatte das treue Heimchen auf dem Herde sein Zirp-zirp-zirp gesungen. Die ganze Nacht waren die Hausfeen mit ihm beschäftigt gewesen. Die ganze Nacht war sie liebenswert und makellos gewesen, ausgenommen in den Augenblicken, wo jener Schatten darauf fiel.

Als es heller Tag war, stand er auf, wusch sich und kleidete sich an. Er konnte seinem gewöhnlichen ihm so lieb gewordenen Beruf nicht nachgehen, dazu fehlte es ihm an Mut, aber es hatte das nichts zu bedeuten; da Teckletons Hochzeit war, hatte er sich darauf eingerichtet, seine Touren durch jemand anders machen zu lassen. Es war seine Absicht gewesen, heiter mit Dot zur Kirche zu gehen. Aber an so etwas war jetzt nicht mehr zu denken. Es war auch ihr Hochzeitstag. Oh wie wenig hatte er erwartet, daß dieses Jahr so enden könnte!

Der Fuhrmann hatte von Tackleton einen Morgenbesuch erwartet, und er irrte sich nicht. Kaum hatte er vor seiner Tür angefangen, auf und ab zu gehen, als er den Spielwarenhändler in seinem Wagen daherkommen sah. Als die Chaise näher kam, bemerkte er, daß Tackleton bereits hochzeitlich geschmückt war und daß er den Kopf des Pferdes mit Blumen und Bändern geschmückt hatte.

Das Pferd sah einem Bräutigam viel mehr ähnlich als Tackleton, dessen halbgeschlossenes Auge einen unangenehmeren Ausdruck hatte als je. Aber der Fuhrmann achtete wenig darauf. Seine Gedanken gingen in ganz anderer Richtung.

»John Peerybingle!« sagte Tackleton mit einer Trauermiene. »Armer Freund, wie geht es Euch heute morgen?«

»Ich habe eine schlechte Nacht gehabt, Mr. Tackleton«, erwiderte der Fuhrmann und schüttelte den Kopf, »denn mir ist allerhand durch den Sinn gegangen. Aber es ist jetzt vorüber. Habt Ihr etwa ein halbes Stündchen für mich übrig? Zu einer privaten Unterredung … ?«

»Dazu bin ich gerade gekommen«, erwiderte Tackleton, indem er vom Wagen stieg. »Kümmert Euch nur nicht um das Pferd. Es wird schon still stehen, wenn man die Zügel hier befestigt und Ihr ihm eine Handvoll Heu geben wollt.«

Nachdem der Fuhrmann dies aus dem Stalle geholt und es dem Pferde gegeben hatte, traten sie in das Haus.

»Die Trauung findet wohl nicht vor Mittag statt?« sagte John.

»Nein«, erwiderte Tackleton. »Zeit genug. Zeit genug.«

Als sie in die Küche traten, klopfte Tilly gerade an die Tür des Fremden; sie war nur einen halben Schritt davon entfernt. Das eine ihrer roten Augen denn Tilly hatte die ganze Nacht geweint und natürlich nur, weil ihre Herrin weinte hatte sie an das Schlüsselloch gelegt; sie klopfte sehr laut und schien gar sehr erschreckt.

»Wenn's erlauben«, rief sie hinein, »ich kann niemand hören. Wenn's erlauben. Sie sind doch am Ende nicht gestorben?«

Diese philantropischen Worte begleitete Fräulein Tolpatsch nachdrücklich durch mehrmaliges Klopfen und durch Fußtritte gegen die Tür, ohne jedoch irgendein Resultat zu erzielen.

»Soll ich nachsehen?« fragte Tackleton. »Der Fall ist wichtig.«

Der Fuhrmann, der sein Gesicht von der Tür abgewendet hatte, gab ihm ein Zeichen, er solle nur nachsehen, wenn er wolle.

Tackleton löste also Tilly ab; er trat und klopfte ebenfalls gegen die Tür, aber es gelang ihm ebensowenig, irgendwelche Antwort zu erhalten. Aber da kam er auf den Einfall, den Drehknopf der Tür zu probieren; und da sie leicht aufging, schaute er hinein und steckte den Kopf in die Stube, prallte aber rasch wieder zurück.

»John Peerybingle«, sagte er ihm ins Ohr. »Da ist doch heute nacht nichts nichts Gewaltsames geschehen?«

Der Fuhrmann wandte sich rasch zu ihm um.

»Er ist nämlich fort!« sagte Tackleton. »Und das Fenster ist offen. Ich sehe gar keine Spur … Allerdings liegt das Zimmer fast in gleicher Höhe mit dem Garten … Aber ich befürchte … es könnte irgendein … kleiner Streit, he?«

Er schloß das ausdrucksvolle Auge fast ganz und sah John durchdringend an. Sein Auge, sein Gesicht, ja seine ganze Gestalt bekam ein heftiges Zucken als hätte er die Wahrheit aus ihm herausschneiden wollen.

»Beruhigt Euch«, sagte der Fuhrmann. »Er trat gestern abend in dies Zimmer, ohne daß ich ihm mit Worten oder Werken etwas zuleide getan habe; und niemand ist seitdem darin gewesen. Er ist aus freiem Willen fortgegangen. Auch ich möchte mit Freuden dies Haus verlassen, um von Tür zu Tür mein Brot zu erbetteln, wenn ich um diesen Preis fertigbringen könnte, daß er nie hier eingetreten wäre. Aber er ist gekommen und gegangen. Und nun habe ich nichts nicht mit ihm zu schaffen!«

»Ah!… Na, mir scheint, er ist ziemlich leicht davongekommen«, sagte Tackleton und nahm sich einen Stuhl.

Sein höhnisches Lachen ging dem Fuhrmann verloren, der sich ebenfalls setzte und, bevor er fortfuhr, einen Augenblick sein Gesicht mit seiner Hand beschattete.

»Ihr zeigtet mir gestern abend«, sagte er endlich, »meine Frau, die ich liebe … wie sie heimlich …«

»Und zärtlich …« ergänzte Tackleton.

»Jenem Manne half, sich zu verkleiden, und ihm Gelegenheit gab, sie allein zu sprechen. Es gibt nichts, das ich nicht lieber gesehen hätte, als gerade das. Und es gibt wohl keinen Menschen in der Welt, von dem ich's mir nicht lieber hätte zeigen lassen.«

»Ich gestehe, daß ich stets meinen Verdacht gehabt habe«, sagte Tackleton, »und ich weiß, das ist's auch, was mich hier mißliebig gemacht hat.«

»Aber da Ihr es mir nun einmal gezeigt habt«, sagte der Fuhrmann, ohne auf seine Worte zu achten, »und da Ihr sie gesehen habt, meine Frau, meine Frau, die ich liebe«, seine Stimme, sein Blick, seine Hand wurden fester und gleichsam sicherer, als er diese Worte sprach: ein offenbarer Beweis, daß er einen festen Entschluß gefaßt, »da Ihr sie in dieser ungünstigen Stellung gesehen, so ist es nur in Ordnung, daß Ihr sie auch mit meinen Augen seht und in meine Brust schaut, um zu erfahren, wie ich hierüber denke, denn mein Entschluß ist gefaßt«, sagte der Fuhrmann, ihn aufmerksam anblickend. »Und nichts kann ihn jetzt mehr erschüttern.«

Tackleton murmelte einige allgemeine Worte der Zustimmung hinsichtlich der Notwendigkeit, an irgend jemand Rache zu üben; aber das Benehmen des Fuhrmanns flößte ihm beinahe Ehrfurcht ein.

Wie einfach und schlicht es auch war, es lag etwas Würdevolles und Stolzes darin, das nur der edleren und großmütigeren Seele dieses Mannes entspringen konnte.

»Ich bin ein einfacher, ungebildeter Mensch«, fuhr der Fuhrmann fort, »ich habe wenig Vorzüge. Ich bin nicht gerade ein liebenswürdiger Mann, wie Ihr sehr wohl wißt. Ich bin auch kein junger Mann. Ich liebte meine kleine Dot, weil ich sie von Kindheit an im Hause ihres Vaters hatte aufwachsen sehen; weil ich wußte, wie vortrefflich sie war; weil sie seit vielen Jahren mein Leben und mein Alles gewesen. Es gibt gewiß viele Menschen, mit denen ich mich nicht vergleichen kann, die aber sicherlich meine kleine Dot nicht so hätten lieben können wie ich.«

Er hielt inne und stieß einige Augenblicke sanft auf den Fußboden, bevor er fortfuhr.

»Ich habe oft gedacht, daß ich, wenn ich auch nicht gut genug für sie sei, doch ein freundlicher Ehemann gegen sie sein möchte und ihren Wert vielleicht besser zu schätzen wisse, als irgendein anderer, und so fand ich mich damit ab und dachte so in meinem Sinn, daß unsere Heirat doch wohl nicht ganz unvernünftig sein könnte. Und so geschah es, und wir heirateten uns.«

»Freilich«, sagte Tackleton mit einem bedeutsamen Kopfschütteln.

»Ich hatte mich kennenzulernen gesucht; ich hatte mir alle möglichen Fragen vorgelegt, ich wußte, wie sehr ich sie liebte und wie glücklich ich sein würde«, setzte der Fuhrmann hinzu. »Aber ich hatte, das fühle ich jetzt, sie selbst nicht genug in Erwägung gezogen.«

»Natürlich nicht!« sagte Tackleton. »Eitelkeit, Leichtsinn, Unbeständigkeit, Koketterie. Nicht genug bedacht! Alles aus den Augen gelassen! Ja, ja!«

»Ihr tätet besser, mich nicht zu unterbrechen«, sagte der Fuhrmann mit gerunzelter Stirn, »bis Ihr mich verstanden habt, und davon seid Ihr noch weit entfernt. Wenn ich gestern jeden mit einem Schlage getötet hätte, der sich herausgenommen hätte, auch nur ein Wort gegen sie zu sagen, heute würde ich ihm den Kopf mit meinem Fuß zertreten, und wenn es mein Bruder wäre!«

Der Spielwarenhändler sah ihn bestürzt an. John fuhr in sanfterem Tone fort:

»Hatte ich bedacht, daß ich sie in ihrem Alter und mit ihrer Schönheit aus der Mitte ihrer jungen Freundinnen und aus den Kreisen wegnahm, deren Schmuck, deren hellster Stern sie war, um sie für immer in mein langweiliges Haus zu verschließen und sie an meine trübselige Gesellschaft zu fesseln? Hatte ich bedacht, wie wenig ich zu ihrer Lebhaftigkeit paßte und wie unerträglich ein Mann von so langsamen Begriffen wie ich für eine Frau von so schnellem Verstande wie sie sein mußte? Hatte ich bedacht, daß ich gar keine Vorzüge oder Ansprüche hatte, daß ich sie liebte, da alle, die sie kannten, sie lieben mußten? Nein, nie! Ich nutzte ihre arglose Natur und ihr liebevolles Temperament zu meinen Gunsten aus und heiratete sie. Ich wollte, ich hätte es nie getan! Um ihretwillen, nicht um meinetwillen!«

Der Spielwarenhändler sah ihn an, jedoch ohne mit der Augenwimper zu zucken. Sogar das halbgeschlossene Auge war jetzt weit offen.

»Der Himmel segne sie«, sagte der Fuhrmann, »für die liebevolle Festigkeit, mit der sie diese Entdeckung von mir fernzuhalten suchte! Und der Himmel stehe mir bei, daß ich mit meinem trägen Kopfe das nicht früher herausgefunden habe! Armes Kind! Arme Dot! Ich ahnte es nicht, ich, der ich ihre Augen sich mit Tränen füllen sah, wenn von einer Heirat wie der unsern gesprochen wurde! Ich, der ich das Geheimnis wohl hundertmal auf ihren Lippen zittern sah und doch bis gestern abend nie eine Ahnung davon hatte! Armes Kind! Daß ich je hoffen konnte, sie könne mich lieben! Daß ich je glauben konnte, sie liebe mich wirklich!«

»Sie tat nur so«, sagte Tackleton. »So sehr gab sie sich den Anschein, daß, um Euch die Wahrheit zu sagen, dies meinen Argwohn erregte.«

Und nun hob er die Überlegenheit von May Fieldings Tugenden hervor, die man sicherlich nicht beschuldigen könne, sie täte so, als sei sie in ihn verliebt.

»Sie hat's versucht«, sagte der arme Fuhrmann mit größerer Erregung, als man bis dahin an ihm bemerken konnte, »jetzt erst fange ich an zu begreifen, wie schwer sie gekämpft hat, mein treues und ergebenes Weib zu sein. Wie gut ist sie gewesen, wie viel hat sie für mich getan, welch ein tapferes und starkes Herz! Das Glück, das ich unter diesem Dache genossen, möge Zeuge dafür sein! Das wird immer ein Trost und eine Erleichterung für mich sein, wenn ich hier allein bin.«

»Hier allein?« sagte Tackleton. »Aha! Ihr habt also doch die Absicht, die Sache doch nicht als ungeschehen zu betrachten?«

»Ich habe die Absicht«, versetzte der Fuhrmann, »ihr das größte Zeichen von Liebe und die beste Genugtuung zu geben, die in meiner Macht sind. Ich kann sie von der täglichen Qual einer ungleichen Ehe und dem Kampfe, dies zu verbergen, befreien. Sie soll so frei sein, wie ich es machen kann.«

»Ihr Genugtuung geben, ihr!« rief Tackleton, indem er an seinen großen Ohren mit den Händen herumzerrte. »Hier muß ein Mißverständnis vorliegen. Ich muß nicht richtig verstanden haben.«

Der Fuhrmann packte den Spielwarenhändler beim Kragen und schüttelte ihn wie ein Schilfrohr.

»Hört einmal!« sagte er. »Und sorgt dafür, daß Ihr mich richtig versteht. Hört mal. Rede ich deutlich?«

»In der Tat, sehr deutlich!« antwortete Tackleton.

»Als ein Mann, der es ernst meint?«

»Gewiß, gewiß, als ein Mann, der es ernst meint.«

»Ich habe die letzte Nacht, die ganze Nacht, da am Herde gesessen«, rief der Fuhrmann aus. »An der Stelle, wo sie so oft, mich mit ihrem süßen Gesicht anblickend, neben mir gesessen hat. Ich habe ihr ganzes Leben, Tag für Tag, an mir vorübergehen lassen. Ich habe ihr teures Bild in allen Lagen des Lebens vor mich hintreten lassen. Bei meiner Seele, sie ist unschuldig, so wahr es Einen im Himmel gibt, der über die Schuldigen und die Unschuldigen richtet.«

Oh tapferes Heimchen am Herde! Oh treue Hausfeen!

»Zorn und Mißtrauen haben mich verlassen«, sprach der Fuhrmann weiter, »es bleibt mir nichts übrig als mein Schmerz. In einem unglücklichen Augenblick ist ein früherer Geliebter, der ihr besser gefallen konnte und zu ihren Jahren besser paßt vielleicht meinetwegen, wider ihren Willen verlassen zurückgekehrt. In einem unglücklichen Augenblick hat sie, überrascht und ohne Zeit zu haben, zu bedenken, was sie tat, sich an seiner Verräterei mitschuldig gemacht, indem sie es verheimlichte. Gestern abend hat sie ihn gesehen bei der Zusammenkunft, von der wir Zeuge waren. Das war unrecht von ihr. Aber dies ausgenommen, ist sie unschuldig, wenn es noch Wahrheit auf Erden gibt.«

»Wenn Ihr das glaubt«, begann Tackleton.

»So kann sie gehen!« sagte der Fuhrmann weiter. »Gehen mit meinem Segen für die vielen glücklichen Stunden, die sie mir geschenkt hat, und ich vergebe ihr den Schmerz, den sie mir verursacht hat. Mag sie gehen mit dem Frieden des Herzens, den ich ihr wünsche! Sie wird mich niemals hassen. Sie wird mich vielmehr besser lieben lernen, wenn sie nicht mehr an mich gefesselt ist. Sie wird dann die Kette, die ich für sie geschmiedet habe, leichter tragen können. Heut ist der Tag, an dem ich sie von ihrem väterlichen Herde wegführte, ohne irgendwie nach ihrem eigenen Glücke zu fragen. Heute soll sie dahin zurückkehren und nichts mehr zu leiden haben. Ihre Eltern werden sogleich hier sein, wir hatten einen kleinen Plan gemacht, wie wir den heutigen Tag miteinander feiern wollten, und sie mögen sie wieder mit nach Hause nehmen. Ich kann mich auf sie verlassen, dort und überall. Sie verläßt mich ohne Schuld, und sie wird auch so leben, das weiß ich ein für allemal. Und wenn ich sterbe, ich kann vielleicht sterben, während sie noch jung ist; ich habe in wenigen Stunden viel von meinem Lebensmut verloren, dann wird sie wissen, daß ich mich ihrer erinnerte und sie bis zur letzten Stunde liebte. Und damit ist es vorbei.«

»Oh nein, John, noch nicht vorbei! Noch nicht ganz. Ich habe deine hochherzigen Worte gehört. Ich konnte nicht fortgehen, ohne dir zu sagen, wie unendlich dankbar ich dir bin. Sage nicht, es sei aus, ehe die Uhr noch einmal geschlagen hat!«

Sie war kurz nach Tackleton eingetreten und dageblieben. Für Tackleton hatte sie keinen einzigen Blick übrig, ihre Augen waren unablässig auf ihren Mann gerichtet. Aber sie hielt sich fern von ihm, soweit wie irgend möglich; und wenngleich sie mit leidenschaftlichem Nachdruck sprach, so trat sie ihm doch noch immer nicht näher. Wie verschieden war sie von ihrem früheren Selbst.

»Keine Hand kann die Uhr verfertigen, die mir noch einmal die Stunden schlagen wird, die dahin sind«, entgegnete der Fuhrmann mit einem leeren Lächeln. »Aber es sei, wenn du willst, mein Kind. Die Uhr wird bald schlagen. Es hat wenig zu bedeuten, was wir sagen. Ich würde gern versuchen, dir in einer viel schwereren Sache zu Gefallen sein.«

»Nun!« brummte Tackleton. »Ich muß gehen, denn wenn die Uhr noch einmal schlägt, muß ich auf dem Wege zur Kirche sein. Guten Morgen, John Peerybingle. Es tut mir leid, das Vergnügen Eurer Gesellschaft entbehren zu müssen. Tut mir leid um den Verlust und die Veranlassung dazu!«

»Habe ich deutlich gesprochen?« fragte der Fuhrmann, indem er ihn bis zur Tür begleitete.

»Oh sehr deutlich!«

»Und werdet Ihr Euch merken, was ich gesagt habe?«

»Gewiß, gewiß, und da Ihr mich absolut zwingt, die Bemerkung zu machen«, sagte Tackleton, nicht ohne zuvor die Vorsicht zu gebrauchen, in seinen Wagen zu steigen, »so muß ich sagen, die Sache kam mir so unerwartet, daß ich sie wohl schwerlich je vergessen werde.«

»Um so besser für uns beide«, versetzte der Fuhrmann. »Gehabt Euch wohl. Viel Glück.«

»Ich wollte, ich könnte Euch denselben Wunsch zurufen«, sagte Tackleton. »Da das aber nicht möglich ist, so danke ich Euch. Unter uns ich hab's Euch schon einmal gesagt, wie? oder nicht? Unter uns, ich glaube nicht, daß ich in meinem Ehestande darum nicht weniger glücklich sein werde, weil May nicht allzuviel Liebe und Glück gezeigt hat. Laßt es Euch gut gehen und nehmt Euch die Sache nicht allzu sehr zu Herzen!«

Der Fuhrmann sah ihm nach, bis er in der Ferne kleiner erschien als seines Pferdes Blumen und Bänder in der Nähe. Und dann irrte er seufzend und sich grämend wie ein ruheloser gebrochener Mann zwischen einigen Bäumen in der Nachbarschaft umher; er mochte nicht zurückkehren, bis die Uhr bald schlagen würde.

Seine kleine Frau, allein geblieben, schluchzte zum Erbarmen; aber sie trocknete sich immer wieder die Augen und drängte die Tränen zurück, um zu sagen, wie gut, wie brav ihr Mann sei, und ein paarmal lachte sie auf, so herzlich, so siegesgewiß, so unbegreiflich, denn sie weinte gleichzeitig, daß Tilly aus dem Schrecken gar nicht herauskam.

»Oh bitte, nicht so!« sagte Tilly. »Es könnte ja das Kindchen rein unter die Erde bringen, wenn's erlauben.«

»Willst du es bisweilen seinem Vater bringen, Tilly, wenn ich hier nicht mehr wohnen kann und in mein väterliches Haus zurückgekehrt bin?« fragte die Herrin, sich die Augen trocknend.

»Oh, oh, bitte nicht so!« rief Tilly, den Kopf zurückwerfend und in ein Geheul ausbrechend sie sah in diesem Augenblick Boxer ungewöhnlich ähnlich. »Oh, oh, bitte nicht so! Oh, oh, was hat denn alle Welt nur aller Welt getan, um alle Welt so unglücklich zu machen! Oh, oh, oh, oh!«

Und die gefühlvolle Tilly brach in ein anhaltendes Klagegeheul aus, das um so furchtbarer wurde, je länger sie es zurückzuhalten versucht, so daß sie das Wickelkind unfehlbar geweckt und in einen mit sehr ernsten Folgen wahrscheinlich mit Krämpfen verbundenen Schrecken versetzt hätte, wenn ihre Augen nicht Kaleb Plummer begegnet wären, der grade mit seiner Tochter ins Zimmer trat. Da dieser Anblick das Gefühl des Anstandes in ihr wieder zurückrief, blieb sie einige Augenblicke mit geöffnetem Munde schweigend dastehen, und dann nach dem Bett davonstürzend, auf welchem das Kind schlief, begann sie in unheimlicher Weise, als hätte sie den Veitstanz, auf dem Boden umherzuspringen, während sie sich zugleich mit Gesicht und Kopf in die Bettücher hineinwühlte, offenbar viel Erleichterung für ihren Schmerz aus diesen außerordentlichen Operationen schöpfend.

»Marie!« rief Bertha. »Nicht auf der Hochzeit!«

»Ich habe ihr gesagt, junge Frau, Ihr würdet nicht mit dabei sein«, flüsterte Kaleb. »Ich habe gestern abend so was gehört. Aber mein Gott«, sagte der kleine Mann, zärtlich ihre beiden Hände drückend, »ich achte nicht darauf, was sie sagen. Ich glaube nichts davon. Es ist nicht viel an mir, aber dieses Wenige würde ich erst in Stücke reißen lassen, ehe ich auch nur ein Wort gegen Euch glaubte.«

Er legte die Arme um sie und herzte sie, wie ein Kind seine Puppe herzt.

»Bertha konnte es heute morgen zu Hause nicht aushalten«, fuhr Kaleb fort. »Ich weiß, sie fürchtete die Glocken läuten zu hören und hatte nicht das Herz, ihnen an ihrem Hochzeitstage so nahe zu sein. So machten wir uns denn frühzeitig auf den Weg und kamen hierher. Ich habe mir dies alles überlegt«, sagte er nach kurzem Schweigen. »Ich habe mich ausgescholten, bis ich kaum mehr wußte, was ich tun oder wohin ich mich wenden sollte; denn all ihren Kummer habe ich verschuldet; und da bin ich zu dem Entschlusse gekommen, es sei besser, das heißt, wenn Ihr mir beistehen wollt, junge Frau, ihr die Wahrheit zu sagen. Wollt Ihr mir beistehen?« fragte er, von Kopf bis zu den Füßen zitternd. »Ich weiß nicht, was sie von mir denken wird, ich weiß nicht, ob sie dann noch ihren Vater lieben wird. Aber es ist das beste für sie, daß sie erfährt, daß alles Täuschung war, und ich muß die Folgen tragen, wie ich's verdient habe.«

»Marie«, sagte Bertha, »wo ist deine Hand? Ah, hier ist sie, hier ist sie!«

Sie drückte sie mit einem Lächeln an die Lippen und zog sie unter ihren Arm.

»Ich hörte sie miteinander flüstern gestern abend und dich wegen irgend etwas tadeln. Sie hatten unrecht.«

Des Fuhrmanns Frau schwieg. Kaleb nahm das Wort für sie.

»Sie hatten unrecht«, sagte er.

»Ich weiß es«, rief Bertha stolz. »Und ich hab´s ihnen auch gesagt. Es wäre verächtlich erschienen, auch nur ein einziges Wort anzuhören. Ein Recht haben, Dot zu tadeln!« Und sie drückte die Hand in die ihrige und näherte ihre weiche Wange ihrem Gesicht. »Nein, so blind bin ich nicht.«

Ihr Vater stellte sich ihr zur Linken, während Dot, noch immer ihre Hand haltend, auf ihrer rechten Seite blieb.

»Ich kenne euch alle«, sagte Bertha, »besser als ihr glaubt. Aber niemand so gut wie sie. Nicht einmal dich, Vater. In meiner ganzen Umgebung gibt es nichts so Reines und Wahres wie sie. Wenn ich in diesem Augenblick mein Gesicht wieder erlangen könnte, ich würde sie in einer zahlreichen Menge heraus erkennen, ohne daß nur ein Wort gesagt würde! Meine Schwester!«

»Bertha, mein liebes Kind«, sagte Kaleb, »ich habe etwas auf dem Gewissen, das ich dir sagen muß, solange wir drei allein sind. Höre mich freundlich an! Ich habe dir ein Bekenntnis zu machen, mein gutes Kind.«

»Ein Bekenntnis, Vater?«

»Ich habe mich von der Wahrheit entfernt und mich geirrt, liebes Kind«, sagte Kaleb mit einem herzzerreißenden Ausdruck in seinen aufgeregten Zügen. »Ich habe mich von der Wahrheit entfernt, aus Liebe zu dir; und diese Liebe hat mich grausam gemacht.«

Sie wandte ihm ihr Gesicht zu, das den Ausdruck des höchsten Erstaunens zeigte, und wiederholte: »Grausam!«

»Er klagt sich zu streng an, Bertha«, sagte Dot. »Das wirst du ihm gleich selbst sagen, wie ich es jetzt tue.«

»Er grausam gegen mich!« rief Bertha mit einem ungläubigen Lächeln.

»Ohne es zu wollen, mein Kind!« sagte Kaleb. »Aber ich bin's gewesen, wenn es mir auch erst gestern zum Bewußtsein gekommen ist. Meine teure blinde Tochter, höre mich an und vergib mir! Die Welt, in der du lebst, Kind meines Herzens, ist nicht so, wie ich sie dir dargestellt habe. Die Augen, denen du vertrautest, haben dich belogen.«

Noch immer war ihr überraschtes und erstauntes Antlitz ihm zugewandt, aber jetzt wich sie zurück und klammerte sich fester an ihre Freundin.

»Dein Lebensweg war rauh, mein teures liebes Kind«, fuhr Kaleb fort, »und ich wollte ihn dir glatt und eben machen. Ich habe die Gegenstände verändert, den Charakter der Menschen umgeschaffen, viele Dinge erfunden, die nie existiert haben, um dich glücklicher zu machen. Ich habe dir vieles verheimlicht, dich in Täuschungen versetzt, Gott verzeihe mir, und dich mit erträumten Wesen umgeben.«

»Aber lebende Menschen sind doch keine erträumten Wesen!« rief sie rasch, während sie erbleichte und sich noch mehr von ihm zurückzog. »Die kannst du doch nicht verändern!«

»Und doch habe ich's getan, Bertha!« bekannte Kaleb. »Es gibt eine Person, die du kennst, mein Liebstes …«

»Oh Vater!« versetzte sie in einem Tone bitteren Vorwurfs, »warum sagst du, ich kenne sie? Wen und was soll ich kennen! Ich, die ich keinen Führer habe! Ich bin so elendiglich blind.«

In Herzensangst streckte sie die Hände aus, als suche sie sich tastend einen Weg; dann legte sie sie trostlos, ja fast verzweiflungsvoll vor das Gesicht.

»Der Mann, der heute Hochzeit feiert«, sagte Kaleb, »ist ein finsterer, filziger Geizhals; dir und mir ein harter Herr, mein Kind, und das schon seit vielen Jahren, häßlich in seinem Äußern und in seiner Sccle. Immer kalt, immer hart. Ganz und gar anders als das Bild, das ich dir von ihm geschildert habe. In jeder Beziehung.«

»Oh, warum«, rief das blinde Mädchen in überwältigendem Schmerz, »warum tatst du das! Warum hast du stets mein Herz so reich gemacht, um nun zu kommen wie der Tod, um herauszureißen, was ich liebe! Oh mein Gott, wie blind bin ich! Wie hilflos und verlassen!«

Ihr Vater ließ trostlos den Kopf sinken und antwortete nur mit seiner Reue und seiner Qual.

Sie hatte sich noch nicht lange diesem leidenschaftlichen Ausbruch des Jammers hingegeben, als das Heimchen am Herde, nur von ihr allein gehört, zu zirpen begann. Aber nicht fröhlich, sondern leise, schwach und traurig; so traurig und schwermütig klang sein Lied, daß sie in Tränen ausbrach. Als jedoch das Bild, das die ganze Nacht den Fuhrmann umschwebt hatte, hinter ihr erschien und auf ihren Vater deutete, da flossen ihre Tränen in Strömen.

Bald vernahm sie die Stimme des Heimchens deutlicher und fühlte trotz ihrer Blindheit, daß die Erscheinung ihren Vater umschwebte. »Marie«, sagte das blinde Mädchen, »sage mir, wie unsere Wohnung ist. Wie sie in Wirklichkeit aussieht.«

»Es ist eine ärmliche Behausung, Bertha, sehr arm wahrlich, sehr arm und kahl. Das Häuschen wird kaum noch einen Winter dem Wind und Wetter widerstehen können. Es ist gegen das Unwetter so schlecht geschützt, Bertha«, fuhr Dot mit leiser, aber deutlicher Stimme fort, »wie dein armer Vater in seinem Überzieher aus Sackleinewand.«

Das blinde Mädchen stand in großer Erregung auf und

zog die kleine Frau des Fuhrmanns auf die Seite.

»Jene Geschenke, die ich so sorgfältig hütete«, sagte sie mit bebender Stimme, »die fast allen meinen Wünschen zuvorkamen, und die mir alle eine solche Freude machten woher sie? Hast du sie geschickt?«

»Nein.«

»Wer denn?«

Dot sah, daß sie das Geheimnis bereits erraten hatte, und schwieg. Das blinde Mädchen bedeckte wieder das Gesicht mit beiden Händen. Aber diesmal in ganz andrer Weise.

»Liebe Marie, nur einen Augenblick! Nur einen einzigen Augenblick! Komm noch etwas näher hierher! Sprich leise. Du bist aufrichtig, ich weiß es. Du wirst mich jetzt nicht täuschen, nicht wahr?«

»Nein, Bertha, sicherlich nicht!«

»Nein, das wirst du gewiß nicht! Du hast zuviel Mitleid mit mir, Marie, blicke durch das Zimmer, nach der Stelle, wo wir soeben standen … wo mein Vater ist … mein Vater, der so mitleidig, so liebevoll gegen mich ist … und sage mir, was du siehst.«

»Ich sehe«, antwortete Dot, die sie vollkommen verstand, »einen alten Mann auf einem Stuhl sitzen und schmerzlich zurückgelehnt, das Gesicht auf die Hand gestützt, als bedürfe er des Trostes seines Kindes, Bertha.«

»Ja, ja, es wird ihn trösten. Weiter.«

»Es ist ein alter Mann, von Arbeit und Sorgen aufgerieben, ein magerer, gramerfüllter alter Mann mit grauem Haar. Ich sehe ihn jetzt verzweifelt, zerschmettert und gebrochen. Aber, Bertha, ich habe ihn oft früher gesehen, wie er tapfer und standhaft für einen großen, heiligen Zweck kämpfte. Und ich ehre sein graues Haupt und segne ihn.«

Das blinde Mädchen machte sich plötzlich von ihr los, warf sich vor ihrem Vater auf die Knie und drückte sein

Haupt an ihre Brust.

»Jetzt habe ich mein Augenlicht wieder!« rief sie aus. »Ich war blind, jetzt sind mir die Augen geöffnet. Ich kannte ihn gar nicht! Zu denken, daß ich hätte sterben können, ohne je richtig den Vater erkannt zu haben, der mich mit so vieler Liebe umgeben hat.«

Kaleb fand keine Worte, um seine Rührung auszudrücken.

»Es gibt auf der ganzen Erde kein so schönes und edles Haupt«, rief die Blinde, ihn mit ihren Armen umfangend, »das ich so zärtlich, so hingebend liebe wie dieses! Je grauer und gebeugter, um so teurer ist es mir, Vater! Nie sollen sie wieder sagen, ich sei blind. Da ist keine Falte in diesem Gesicht, kein Haar auf diesem Haupt, das in meinen Gebeten und in meinem Dank zum Himmel vergessen werden soll!«

Kaleb vermochte nur die Worte: »Meine Bertha!« vor sich hinzustammeln.

»Und in meiner Blindheit glaubte ich ihm«, sagte das Mädchen, ihn unter Tränen in der zärtlichsten Weise liebkosend. »Ich hielt ihn für so ganz anders! Daß ich ihn Tag für Tag an meiner Seite hatte, immer so sehr mit mir beschäftigt, und nie an so etwas gedacht hatte!«

»Der jugendliche, schmucke Vater in dem blauen Rock, er ist verschwunden, Bertha!« sagte der arme Kaleb.

»Nichts ist verschwunden«, antwortete sie. »Nein, nichts, bester Vater! Alles ist da in dir. Der Vater, den ich so sehr liebte und nie kannte: der Wohltäter, den ich zuerst zu verehren und zu lieben anfing, weil er eine solche Liebe für mich zeigte das alles findet sich hier in dir wieder. Nichts ist tot für mich. Der Inbegriff alles dessen, was meinem Herzen am teuersten war, ist hier hier in seinem verrunzelten Gesicht und seinem grauen Haupt. Und ich bin nicht mehr blind, Vater!«

Dots ganze Aufmerksamkeit war während dieses Gesprächs auf Vater und Tochter gerichtet gewesen. Aber als Dot jetzt nach dem kleinen Mäher auf der maurischen Wiese blickte, sah sie, daß die Uhr in ein paar Minuten schlagen werde, und verfiel sofort in einen Zustand nervöser Aufregung.

»Vater«, sagte Bertha zögernd. »Marie …«

»Ja, mein liebes Kind«, erwiderte Kaleb, »hier ist sie.«

»Sie hat sich doch in nichts verändert. Von ihr hast du mir nie etwas gesagt, was nicht wahr gewesen wäre?«

»Ich würde es wohl auch getan haben, Kind, befürchte ich«, antwortete Kaleb, »wenn ich sie hätte besser machen können, als sie war. Aber ich hätte sie schlechter machen müssen, wenn ich überhaupt an ihr etwas geändert hätte. An ihr kann man nichts verschönern, Bertha.«

Wie vertrauensvoll die Blinde auch gewesen war, als sie dies angefragt hatte, ihre Freude und ihr Stolz über Kalebs Antwort und die neuen Zärtlichkeiten, womit sie Dot überhäufte, waren überaus rührend anzusehen.

»Es können allerdings noch mehr Veränderungen kommen, als du glaubst, Liebe«, sagte Dot. »Veränderungen zum Bessern; ich meine Veränderungen, die einigen von uns große Freude verursachen werden. Du mußt dich aber nicht zu sehr aufregen, wenn eine solche eintritt, die dich näher angehen sollte! … Ist das nicht Wagengerassel? Du hast ein feines Ohr, Bertha rührt das nicht von Rädern her?«

»Ja, und sie nähern sich mit großer Schnelligkeit.«

»Ich … ich … ich weiß, du hast ein feines Ohr«, sagte Dot, indem sie die Hand aufs Herz legte und augenscheinlich nur so schnell wie möglich redete, um das Pochen desselben nicht hören zu lassen, »ich weiß es, weil ich es oft bemerkt habe, und weil du gestern abend so schnell den Schritt des Fremden erkanntest, obgleich ich nicht recht weiß, warum du sagtest, Bertha denn ich weiß es noch ganz genau wessen Tritt das sei und warum er dir mehr auffiel als irgendein anderer. Ja, wie ich soeben sagte, Bertha, es kommen große Veränderungen in der Welt vor, große Veränderungen, und wir können nichts Besseres tun, als uns darauf vorzubereiten, um von nichts mehr überrascht zu werden.«

Kaleb fragte sich, was das alles zu bedeuten habe, da er bemerkte, daß sie sich ebensosehr an ihn wie an seine Tochter wandte. Zu seinem Erstaunen sah er sie so aufgeregt und traurig, daß sie kaum noch zu atmen vermochte und mußte sich an einem Stuhl festhalten, um nicht umzufallen.

»Ja, es sind wirklich Wagenräder!« rief sie außer Atem. »Da kommen sie heran! Und nun hört ihr sie am Hoftor halten ... und was ist das für ein Tritt vor der Haustür derselbe Tritt von gestern abend, Bertha, nicht wahr? ... Und jetzt ...«

Sie stieß einen lauten Freudenschrei aus, und als sie sich dann auf Kaleb stürzte, legte sie ihm die Hände auf die Augen, genau in dem Augenblick, als ein junger Mann ins Zimmer stürzte und, seinen Hut hoch in die Luft werfend, auf sie zueilte.

»Ist es geschehen?« rief Dot.

»Und glücklich?«

»Erinnert Ihr Euch noch dieser Stimme, lieber Kaleb?« rief Dot. »Habt Ihr früher jemals eine ähnliche gehört?«

»Wenn mein Junge in dem goldenen Südamerika noch lebte ...«, begann Kaleb zitternd.

»Er ist noch am Leben!« rief Dot aus, indem sie ihre Hände Kaleb vom Gesicht nahm und entzückt zu klatschen anfing. »Da seht ihn! Seht, da steht er vor Euch, gesund und frisch! Euer lieber guter Sohn! Dein teurer Bruder, Bertha, der lebt und dich liebt!«

Alle Achtung vor dem Entzücken dieses kleinen Geschöpfchens, alle Achtung vor ihrem Weinen und Lachen, während die drei einander umschlungen hielten! Alle Achtung vor der Herzlichkeit, mit welcher sie dem sonnenverbrannten Matrosen mit den fast bis zu den Schultern herabfallenden Haaren entgegentrat, ohne ihr rosiges Mäulchen abzuwenden, ihm vielmehr gestattete, sie frank und frei zu küssen und sie an seine wogende Brust zu drücken.

Aber alle Achtung auch vor dem Kuckuck – und warum nicht! –, daß er aus seiner Luke in dem maurischen Palast grade jetzt wie ein Hausfriedensstörer herausstürzte und zwölfmal einen Anfall von Schlucken hin und über die versammelte Gesellschaft hustete, als wäre auch er vor Freude trunken!

Der Fuhrmann, der jetzt eintrat, wich zurück. Und dazu hatte er schon Grund, denn sich in einer so glücklichen Gesellschaft zu finden, das hatte er nicht erwartet.

»Seht ihn Euch an, John!« rief Kaleb außer sich. »Schaut her! Mein lieber Junge aus dem goldenen Südamerika. Mein leibhaftiger Sohn! Derselbe, den Ihr selbst ausgerüstet und fortgeschickt hattet! Derselbe, dem Ihr allzeit so viel Freundschaft erwieset!«

Der Fuhrmann näherte sich, um ihm die Hand zu reichen. Aber plötzlich wich er zurück; denn einige Züge seines Gesichtes erinnerten ihn an den tauben Mann auf dem Wagen.

»Eduard«, rief er, »warst du es?«

»Jetzt erzähle ihm nur alles«, sagte Dot. »Erzähle ihm alles, Eduard; und schone mich nicht, denn ich bin entschlossen, mich selbst nicht zu schonen.«

»Ja, ich war es«, begann Eduard.

»Und du konntest dich verkleidet in das Haus deines alten Freundes schleichen«, versetzte der Fuhrmann. »Ich kannte einst einen treuherzigen offenen Jungen, wieviel Jahre sind es her, Kaleb, daß wir hörten, er sei tot, und die Beweise dafür zu haben glaubten, der so etwas nie getan haben würde.«

»Und ich habe einst einen großmütigen Freund gekannt, er war mir mehr Vater als Freund«, sagte Eduard, »der weder mich noch irgendeinen andern Menschen ungehört verurteilt haben würde. Das wart Ihr. Und so bin ich überzeugt. Ihr werdet mich jetzt anhören.«

Der Fuhrmann wurde ganz verwirrt, sah Dot an, die sich noch immer fern von ihm hielt, und sagte:

»Wohlan, es sei … es ist nur billig und recht … erzähle!«

»So wißt denn, daß ich, als ich noch ganz junger Mann von hier fortging«, fuhr Eduard fort, »verliebt war und daß meine Liebe erwidert wurde. Sie war noch ein sehr junges Mädchen, das vielleicht, wie Ihr sagen dürftet ihr Herz noch nicht kannte. Aber ich kannte jedenfalls das meine und hegte eine sehr starke Liebe zu ihr.«

»Du!« rief der Fuhrmann. »Du!«

»Ja freilich, ich!« versetzte der andere. »Und ich fand Gegenliebe. Ich habe es immer geglaubt, und jetzt weiß ich es ganz gewiß!«

»Gott steh bei mir!« rief der Fuhrmann. »Das ist ja noch schlimmer als alles andere!«

»Treu, wie ich ihr geblieben«, begann Eduard von neuem, »kam ich nach vielen Gefahren und Leiden hoffnungsvoll zurück, um meinen Teil unseres gegenseitigen Schwures zu erfüllen … da hörte ich einige Meilen von hier, daß sie mir untreu geworden war, daß sie mich vergessen und sich einem andern, reichen Manne geschenkt habe. Ich hatte nicht die Absicht, ihr Vorwürfe zu machen, aber ich wollte sie sehen und mich mit eigenen Augen überzeugen, daß es wahr sei. Ich hoffte, sie möchte dazu gegen ihren Wunsch und Willen gezwungen worden sein. Es wird das nur ein ganz kleiner Trost sein, dachte ich, aber doch immerhin ein Trost, und so kam ich. Um die Wahrheit zu erfahren, die wirkliche Wahrheit und selbst frei beobachten und urteilen zu können, ohne Hindernisse von ihrer Seite und ohne von meinem Einflusse auf sie, wenn ich noch welchen hätte meinerseits Gebrauch zu machen, verkleidete ich mich Ihr wißt wie, und wartete an der Landstraße Ihr wißt wo. Ihr hegtet keinen Verdacht gegen mich, auch sie nicht«, hier deutete er auf Dot, »bis ich ihr da am Kamin ein Wörtchen ins Ohr flüsterte und sie mich fast verraten hätte.«

»Aber als sie erfuhr, daß Eduard noch lebte und zurückgekommen war«, schluchzte Dot, die jetzt selbst das Wort ergriff, worauf sie während der ganzen Erzählung des Matrosen ungeduldig gewartet hatte, »und als sie seine Absicht merkte, riet sie ihm dringend, die Sache geheimzuhalten, denn sein alter Freund Peerybingle wäre von Natur viel zu offenherzig und auch zu linkisch in allen Kunststücken, um das Geheimnis bewahren zu können, wie er überhaupt ein linkischer Mann ist«, setzte Dot halb lachend, halb weinend hinzu. »Und als sie das heißt ich, John ihm alles erzählt hatte, wie sein geliebtes Mädchen ihn für tot gehalten, und wie sie sich schließlich von ihrer Mutter zu einer Heirat habe überreden lassen, die die gute alte Dame in ihrer Einfalt vorteilhaft nannte, und als sie, das heißt wieder ich, John, ihm erzählte, daß sie noch nicht verheiratet (wenn auch kurz davor) seien und daß, wenn diese Heirat zustande käme, es nur eine Aufopferung für die Mutter wäre, da auf ihrer Seite gar keine Liebe vorhanden sei, und als er bei dieser Nachricht vor Freude fast toll wurde, da sagte sie das heißt nochmals ich, John, daß sie ihm helfen wolle, wie sie das früher schon oft getan, daß sie John und sein Liebchen ausforschen werde und daß sie überzeugt sei, daß das, was sie wieder ich, John, dachte und tun würde, das Richtige sei. Und es war das Richtige, John! Und da wurden sie zusammengebracht, John! Und dann wurden sie getraut, John vor einer Stunde! Und hier steht die junge Frau! Und Gruff und Tackleton kann sich als Junggeselle begraben lassen! Und ich bin eine glückliche kleine Frau, May und der Himmel schenke Euch seinen Segen!«

Nebenbei bemerkt – und das muß festgestellt werden: Sie war ein unwiderstehliches kleines Geschöpf; aber nie war sie so absolut unwiderstehlich gewesen, wie in ihrer augenblicklichen Freude. Niemals hat es so zärtliche Glückwünsche gegeben wie die, die sie jetzt an sich selbst und an die junge Frau verschwendete.

Inmitten des Tumults der Gefühle, der sich in seiner Brust erhob, hatte der ehrliche Fuhrmann ganz verdutzt dagestanden. Jetzt eilte er auf sie zu; aber Dot streckte ihm abwehrend die Hand entgegen und wich vor ihm zurück.

»Nein, John, nein! Höre alles! Liebe mich nicht eher wieder, als bis du alles gehört hast, was ich dir zu sagen habe. Es war unrecht von mir, etwas vor dir zu verbergen, John, und ich bereue es bitter. Ich hielt es nicht für so schlimm, bis ich mich gestern abend neben dich auf den kleinen Sessel setzte. Aber als ich auf deinem Gesicht las, daß du mich mit Eduard in der Galerie auf und ab hattest gehen sehen; als ich merkte, was du von mir dachtest, da fühlte ich erst, wie leichtsinnig und ungerecht ich gehandelt.

Aber du mein Gott, lieber John, wie konntest du, wie konntest du nur so etwas von mir denken!«

Diese kleine Frau, wie sie wieder schluchzte. John Peerybingle wollte sie wieder in seine Arme schließen. Aber nein, das konnte sie nicht zugeben!

»Bitte, John, noch darfst du mich nicht wieder liebhaben! Noch lange nicht! Daß mich diese beabsichtigte Heirat so traurig machte. Lieber, das geschah, weil ich an May und

Eduard dachte, die sich schon als junge Leute so sehr liebten, und weil ich wußte, daß ihr Herz gar nicht an Tackleton dachte. Das glaubst du doch jetzt auch nicht wahr, John?«

Bei diesem Appell wollte John einen neuen Angriff auf sie machen. Aber sie wehrte ihn noch einmal ab.

»Nein, bleib noch zurück, John, ich bitte dich! Wenn ich dich, wie ich das ja bisweilen tue, auslache und dich linkisch und einen lieben alten Einfaltspinsel und so weiter nenne, so geschieht das nur, weil ich dich so sehr liebe, John, und deine Art und Weise mir so sehr gefällt, daß ich sie um nichts in der Welt anders haben möchte, und solltest du noch morgen am Tage König werden!«

»Hurra hoch!« rief Kaleb begeistert aus. »Ganz meine Meinung!«

»Und wenn ich von Leuten von reifem und gesetztem Alter rede, John, und behaupte, wir gäben ein komisches Paar ab und liefen nur so dahin wie ein hinkendes Gespann, das geschieht nur, weil ich ein so albernes kleines Geschöpf bin, John, und bisweilen sogar mit dem Wickelkindchen ein wenig Posse spiele.«

Sie sah, daß er sich wieder näherte, hielt ihn aber zum dritten Mal zurück. Doch beinahe wäre es zu spät gewesen.

»Nein, liebe mich ein paar Minuten lang noch nicht, wenn ich bitten darf, John! … Was mir ganz besonders am Herzen liegt, habe ich bis zuletzt aufgespart. Mein lieber, guter, rechtschaffener John, als wir neulich abend von dem Heimchen redeten, da hatte ich ein Geheimnis auf den Lippen, nämlich, daß ich dich anfangs nicht ganz so sehr liebte wie jetzt; daß, als ich zum erstenmal hierher in dein Haus kam, ich fast fürchtete, ich könnte dich nicht ganz und gar so lieben lernen, wie ich hoffte und wünschte, ich war ja noch so jung, John! Aber, lieber John, mit jedem Tage, mit jeder Stunde liebte ich dich mehr. Und wäre es mir möglich, dich noch mehr zu lieben, als es der Fall ist, so geschähe es wegen der edlen Worte, die ich heute morgen von dir hörte. Aber das ist unmöglich. All die Zärtlichkeit, die ich besaß, und das ist eine große Menge, John, habe ich dir geschenkt, wie du es auch verdientest; und zwar schon lange, schon sehr lange, und so habe ich dir nun nichts mehr zu geben. Und jetzt, mein lieber Mann, drücke mich an dein Herz! Hier ist mein Heim, John, und denke nie, nie wieder daran, mich nach einem andern zu schicken!«

Niemals könnt ihr eine solche Freude darüber empfinden, wenn ihr eine wundervolle kleine Frau in den Armen eines andern seht, wie ihr sie empfunden haben würdet, hättet ihr gesehen, wie Dot dem Fuhrmann entgegeneilte. Es war der vollkommenste, ungetrübteste, herzinnigste Ausbruch von Zärtlichkeit, den ihr Zeit eures Lebens gesehen habt.

Das dürft ihr mir glauben, daß der Fuhrmann sich in einem Zustande vollkommener Glückseligkeit befand, und daß es mit Dot ebenfalls so war, ja daß es bei allen der Fall war einschließlich Tilly Tolpatschs, die vor lauter Freude reichlich Tränen vergoß, und da sie den Wunsch hegte, daß ihr junger Zögling an der allgemeinen Freude sich ebenfalls beteiligte, reichte sie ihn sämtlichen Anwesenden der Reihe nach hin, als wäre er irgendeine Erfrischung gewesen.

Aber jetzt konnte man draußen wieder den Ton von Rädern hören, und jemand sagte, daß Gruff und Tackleton zurückkehre. Wirklich tauchte bald darauf dieser würdige Herr auf, und zwar mit aufgeregtem und hochrotem Gesicht.

»Na, was zum Teufel ist denn das, John Peerybingle?« rief er. »Da muß ein Mißverständnis vorliegen. Ich hatte mit Frau Tackleton eine Zusammenkunft an der Kirche verabredet, aber ich möchte darauf schwören, daß ich ihr begegnet bin, als ich hierher fuhr ... Ah, da ist sie ja! Verzeihung, mein Herr: Habe nicht das Vergnügen, Sie zu kennen, aber wollten Sie mir wohl die Gunst gewähren, mir diese junge Dame abzutreten? Sie hat heute eine ganz besondere Verabredung.«

»Tut mir leid, aber ich kann sie nicht einen Augenblick entbehren«, versetzte Eduard. »Gar kein Gedanke daran!«

»Was wollen Sie damit sagen, Sie Vagabund?« fragte Tackleton.

»Ich will damit sagen«, entgegnete der andere lächelnd, »daß ich, da ich auf Ihren Zorn Rücksicht nehmen muß, allen Ihren Reden gegenüber heute ebenso taub bin, wie ich es gestern gegen alle Reden war.«

Welch einen Blick ihm Tackleton zuwarf! Und wie er plötzlich erschrak!

»Ich bedaure, mein Herr«, fuhr Eduard fort, indem er Mays Hand und besonders den Goldfinger emporhielt, »ich bedaure, daß diese junge Dame Sie nicht in der Kirche treffen kann; aber da sie heute morgen bereits einmal dort gewesen ist, so haben Sie vielleicht die Güte, sie zu entschuldigen.«

Tackleton starrte nach dem vorgezeigten Goldfinger, und dann zog er aus seiner Westentasche ein Stückchen Seidenpapier, das, wie es schien, einen Ring enthielt.

»Fräulein Tilly«, sagte Tackleton, »wollten Sie wohl so freundlich sein, das ins Feuer zu werfen? … So, danke.«

»Sehen Sie«, begann Eduard wieder, »sie hatte sich mit mir schon früher verlobt und so ist es meiner jungen Frau nicht möglich, zu Ihrem Stelldichein zu kommen.«

»Herr Tackleton wird mir die Gerechtigkeit widerfahren lassen, anzuerkennen, daß ich ihm alles ehrlich berichtete«, sagte May errötend, »und daß ich ihm oft erklärt habe, es sei mir unmöglich, es jemals zu vergessen.«

»Oh gewiß!« versetzte Tackleton. »Oh gewiß! Natürlich.

Vollkommen richtig. Oh, ganz in der Ordnung, Mrs. Eduard Plummer vermutlich?«

»Das ist ihr jetziger Name«, erwiderte der junge Ehemann.

»Ah! Ich hätte Sie nicht wiedererkannt, mein Herr«, sagte Tackleton, indem er aufmerksam sein Gesicht musterte und ihm eine tiefe Verbeugung machte. »Wünsche Ihnen viel Vergnügen, mein Herr!«

»Gleichfalls.«

»Mrs. Peerybingle«, fuhr Tackleton fort, indem er sich plötzlich nach der Seite wandte, wo Dot mit ihrem Mann stand, »ich drücke Ihnen mein Bedauern aus. Sie haben mir zwar nie ein besonderes Wohlwollen bewiesen, aber, bei meinem Leben, ich drücke Ihnen mein Bedauern aus. Sie sind besser, als ich glaubte ... John Peerybingle, empfangt ebenfalls den Ausdruck meines Bedauerns. Ihr versteht mich; das genügt. Alles in Richtigkeit, meine Herren und Damen, und zwar zu allseitiger Zufriedenheit. Guten Morgen!«

Mit diesen Worten ging er über die Sache hinweg und ging dann selber von dannen, nur einen Augenblick an der Haustür blieb er stehen, um seinem Pferde den hochzeitlichen Blumen- und Bänderschmuck vom Kopfe zu reißen und diesem armen Tier einen Tritt in die Rippen zu versetzen; vermutlich wollte er ihm auf diese Weise kundtun, daß gerade nicht alles in Richtigkeit sei.

Natürlich wurde es jetzt eine ernste Pflicht, diesen Tag so zu feiern, daß er sein Andenken für immer in dem Festkalender des Hauses Peerybingle zurückließ.

Demgemäß machte sich Dot an die Arbeit, um ein Mahl zu bereiten, das ihr Haus und alle, die ihm verwandt und zugetan waren, mit unsterblicher Ehre bedecken sollte; und in kürzester Frist hatte sie ihre mit Grübchen geschmückten

Ellenbogen in Mehl getaucht, wobei sie sich das Vergnügen machte, Johns Rock weiß anzustreichen, sooft er ihr nahe kam, indem sie ihn anhielt, um ihn abzuküssen. Dieser gute Bursche wusch das Gemüse, zerschnitt die Rüben, zerbrach die Teller, stieß die mit Wasser gefüllten Töpfe am Feuer um und machte sich überhaupt in jeder Weise nützlich, während ein paar Köchinnen von Beruf, die in der Eile just wie bei einem Sterbefall oder einer Geburt irgendwoher aus der Nachbarschaft zusammengerufen waren, in allen Türen und an allen Ecken gegeneinander rannten und immerfort über Tilly Tolpatsch und das Wickelkindchen stolperten. Noch nie hatte Tilly sich durch ihre Leistungen so ausgezeichnet. Ihre Allgegenwart erregte allgemeine Bewunderung. Sie war ein Stein des Anstoßes im Flur um zwei Uhr fünfundzwanzig Minuten; eine Fallgrube in der Küche um genau halb drei und eine Art Fallstrick in der Dachkammer fünfundzwanzig Minuten vor drei. Des Kindes Kopf war sozusagen ein Prüfstein für jede Art von Gegenstand, mochte er ins Tier-, Pflanzen- oder Mineralreich gehören. Nichts war an diesem Tage im Gebrauch, das nicht früher oder später nähere Bekanntschaft mit ihm machte.

Dann wurde eine große Expedition ausgerüstet, um Mrs. Fielding aufzusuchen und vor dieser vornehmen Dame reuig und bußfertig zu sein und sie, wenn nötig, mit Gewalt herzubringen, um glücklich zu sein und Absolution zu erteilen. Und als die Expedition sie entdeckte, wollte sie von nichts hören, sondern wiederholte unaufhörlich, sie habe einzig gelebt, um einen solchen Tag erleben zu müssen, und man konnte sie nicht dazu bringen, etwas anderes zu sagen als: »Nun legt mich nur ins Grab hinein«. Eine recht unvernünftige Redensart, weil sie weder tot war, noch die Absicht zu sterben hatte. Nach einiger Zeit verfiel sie in einen Zustand beunruhigendster Ruhe und bemerkte, sie habe damals, zur Zeit jener verhängnisvollen Wendung im Indigohandel, deutlich vorausgewußt, daß sie ihr ganzes Leben lang jeder Art von Beleidigung und Beschimpfung ausgesetzt sein würde, und sie sei gar nicht erstaunt, daß es wirklich so gekommen sei, und sie bitte nur, man möge sich ihretwegen nicht bemühen, denn was sei sie? Du lieber Gott, ein Nichts! Man würde ja bald vergessen haben, daß so ein armes Geschöpf wie sie überhaupt gelebt habe, und die Welt würde sich schon ohne sie behelfen. Aus diesem beißenden bittern Ton ging sie zu einem zornigen über und verstieg sich zu der großartigen Äußerung, der Wurm krümme sich, wenn er getreten werde. Hierauf trat eine Stimmung milder Wehmut ein: Wenn man sie nur ins Vertrauen gezogen hätte was für nützliche Ratschläge hätte sie nicht geben können! Diese Krisis in ihren Gefühlen benutzte die Deputation, umarmte sie, und nicht lange nachher hatte sie ihre Handschuhe angezogen und befand sich in tadelloser Vornehmheit auf dem Wege nach John Peerybingles Hause, ein Papierpaket an der Seite mit einer Staatshaube, die fast ebenso groß und jedenfalls ganz ebenso steif war wie eine Bischofsmütze.

Dann mußten in einem zweiten Wagen Dots Eltern geholt werden, und da diese auf sich warten ließen, geriet man in große Unruhe und blickte beständig die Straße hinunter, ob sie noch nicht kämen, und Mrs. Fielding schaute jedesmal nach der verkehrten, ja, vollständig unmöglichen Richtung, und als man sie hierauf aufmerksam machte, sprach sie die Hoffnung aus, sie werde doch wohl die Freiheit haben, hinzublicken, wohin es ihr beliebe. Endlich kamen sie: ein kleines rundliches Paar, in jener zierlichen gemächlichen Weise einherschreitend, die ganz zu der Dot'schen Familie gehörte, und Dot und ihre Mutter hatten eine wunderbare Ähnlichkeit, wie sie so nebeneinander saßen.

Und nun mußte Dots Mutter ihre Bekanntschaft mit Mays Mutter erneuern, und Mays Mutter hob immer wieder ihre Vornehmheit hervor, wogegen Dots Mutter weiter nichts als ihre rührigen kleinen Füße rühmte. Und der alte Dot, ich meine Dots Vater, ich vergaß, daß es nicht sein eigentlicher Name war, aber das ist ganz gleich, der alte Dot erlaubte sich allerlei Freiheiten; schüttelte Leuten, die er bisher nie gesehen, die Hände und schien an einer Haube nichts zu finden, als eine gewisse Menge von Stärke und Musselin, hatte auch dem Indigohandel gegenüber nicht den geringsten Respekt, sondern sagte, daran sei nun einmal nichts zu ändern; kurz er war, nach Mrs. Fieldings summarischem Urteil, ein guter Mann, aber du grundgütiger Himmel, wie ungebildet!

Um nichts hätte ich Dot missen mögen, wie sie in ihrem Hochzeitsstaate die Honneurs machte und meinen Segen über ihr strahlendes Gesicht! Ja, auch den guten Fuhrmann nicht, der so innerlich froh und mit so hochrotem Gesicht unten am Tisch saß. Noch den gebräunten frischen Matrosen und seine hübsche junge Frau. Noch sonst jemand von den Gästen. Das Essen missen, hieße ein so vergnügtes solides Festmahl missen, wie man sich nur eins wünschen kann: Ebenso gut hätte man die überfließenden Becher missen können, aus welchen man auf den Hochzeitstag trank, und das wäre sicherlich der allergrößte Verlust gewesen.

Nach dem Festmahl sang Kaleb sein Lied von der schäumenden Bowle. Und so wahr ich am Leben bin und es noch einige Jahre zu bleiben hoffe, er sang alle Strophen bis zu Ende.

Und nebenbei bemerkt, gerade in dem Augenblick, als Kaleb mit dem letzten Vers fertig war, geschah etwas ganz und gar Unerwartetes.

Es wurde leise an die Tür geklopft, und ein Mann mit etwas Schwerem auf dem Kopfe kam, ohne zu sagen: »Darf ich?« oder »Mit Eurer Erlaubnis« ins Zimmer gestolpert. Er stellte eine Last mitten auf den Tisch, genau in die Mitte von Nüssen und Äpfeln, und sagte:

»Kompliment von Mr. Tackleton, und da er von dem Hochzeitskuchen selbst keinen Gebrauch mehr machen könne, so möchtet Ihr ihm die Ehre antun, ihn zu verspeisen.«

Mit diesen Worten ging er wieder von dannen.

Wie man sich leicht vorstellen kann, war die Gesellschaft sehr überrascht. Mrs. Fielding, eine Dame von unendlichem Scharfsinn, äußerte sich dahin, der Kuchen sei vergiftet, und erzählte sofort die Geschichte eines Kuchens, von dem ein ganzes Mädchenpensionat blau angelaufen sei. Aber sie ward durch Akklamation überstimmt, und der Kuchen wurde mit großer Feierlichkeit und unter allgemeinem Jubel von May selbst zerschnitten.

Noch niemand, glaube ich, hatte davon gekostet, als zum zweitenmal an die Tür geklopft wurde, und es erschien derselbe Mann mit einem großen braunen Paket unter dem Arm.

»Kompliment von Mr. Tackleton, und hier schicke er einige Spielsachen fürs Wickelkindchen. Und sie seien nicht häßlich.«

Nachdem er hiermit seinen Auftrag ausgerichtet, eilte er wieder davon.

So groß war das Erstaunen der ganzen Gesellschaft, daß sie sehr verlegen um Worte gewesen wäre, selbst wenn sie Zeit genug gehabt hätte, danach zu suchen. Aber es blieb ihr keine Zeit übrig; denn kaum hatte der Bote die Tür hinter sich geschlossen, als zum drittenmal geklopft wurde und Tackleton selbst ins Zimmer trat.

»Mrs. Peerybingle«, begann der Spielwarenhändler mit dem Hut in der Hand, »es tut mir sehr leid. Jetzt noch mehr

als heute morgen. Ich habe Zeit gehabt, darüber nachzudenken … John Peerybingle, ich bin von Haus aus ein alter
Griesgram; aber ich kann nicht anders mehr oder weniger
weichmütig werden in Gesellschaft eines Mannes, wie Ihr
seid … Kaleb, dieses ahnungslose Kindermädchen, gab mir
gestern abend einen rätselhaften Wink, zu dem ich nun die
Lösung gefunden habe. Ich erröte, wenn ich daran denke,
wie leicht ich Euch und Eure Tochter an mich hätte fesseln
können und welch ein erbärmlicher Tropf ich war, als ich
sie für einen solchen hielt! Ihr Freunde erlaubt mir, Euch
alle miteinander so zu nennen! Mein Haus ist heute abend
ganz verlassen. Nicht einmal ein Heimchen hab ich an meinem Herd. Ich habe sie alle verscheucht. Habt Mitleid mit
mir; laßt mich in Eurer glücklichen Gesellschaft auch froh
sein!«

Der Kampf des Lebens

Eine Liebesgeschichte

Aus dem Englischen von
Carl Kolb und Julius Seybt

ERSTER TEIL

Lang, lang ist's her – wann und wo in England, mag uns gleichgültig sein, da ward eine hitzige Schlacht geschlagen. Sie wurde geschlagen an einem langen Sommertage, da das Gras grün wogte. Manche stolze Blume, geschaffen von des Allmächtigen Hand zu einem duftenden Pokal für den Tau, sah an diesem Tage ihren bunten Kelch von Blut überfließen und verging schaudernd. Manches Insekt, das in unschuldigen Flügeln und Kleidern von zarter Farbe leuchtete, ward an diesem Tag neu gefärbt von sterbenden Menschen und bezeichnete seine hastige Flucht mit einer widerlichen Spur. Der farbige Schmetterling trug auf dem Rand seiner Flügel Blut in die Luft. Der Bach floß rot vorbei. Aus dem zerstampften Erdboden wurde ein Sumpf, wo in trübem Schlamm, der voll Spuren von menschlichen Füßen und Pferdehufen war, die überall vorherrschende Farbe unheimlich in der Sonne glänzte.

Möge uns der Himmel vor dem Anblick eines Schauspiels behüten, wie es der Mond auf dieser Kampfstätte sah, als er über den waldumsäumten schwarzen Hügelrücken am Horizont heraufstieg und über das flache Feld herniederschaute. Dies Feld war besät mit Gesichtern, die zum Himmel gewandt waren, mit Gesichtern, die einst an der Brust der Mutter sicher geschlummert hatten. Der Himmel behüte uns vor den Geheimnissen, die der mit Leichenduft beladene Wind über dem Schauplatz von dieses Tages Arbeit und dieser Nacht Tod und Leiden wob. Mancher einsame Mond glänzte über dieser Kampfstätte empor: Mancher Stern hielt trauervoll darüber Wache, mancher Wind, aus allen Himmelsrichtungen, wehte darüber hin, bevor die Spuren dieses

Kampfes vergingen.

Sie bestanden noch lange Zeit, aber nur in geringfügigen Dingen; denn die Natur, hinausgehoben über die schlechten Leidenschaften des Menschen, gewann bald ihre Heiterkeit zurück und lächelte auf das sündige Schlachtfeld herab wie einst, als es noch sündlos war. Die Lerchen trillerten droben in den Lüften, die Schatten der fliehenden Wolken jagten sich spielend über Wiese und Wald und über Dächer und Kirchtürme, der von Hainen umgebenen Stadt, bis hin in die leuchtende Ferne, da Erde und Himmel ineinander übergehen und das Abendrot verdämmert. Saaten wurden gesät, keimten auf und wurden geerntet. Der Bach, der mit Purpur gefärbt gewesen, drehte ein Mühlrad: Männer pfiffen hinter dem Pfluge; Mäher und Garbenbinder arbeiteten in gelassenen Scharen; Schafe und Kühe grasten auf der Weide; Knaben lärmten auf den Feldern, um die Vögel zu verjagen; Rauch stieg aus den Feueressen empor; Sonntagsglocken ließen ihr Geläut ertönen; alte Leute lebten und starben; die scheuen Geschöpfe des Feldes und die einfachen Blumen des Waldes und des Gartens blühten und vergingen in der gewohnten Zeit auf jener blutigen Kampfstätte, wo tausend und abertausend Menschen in der großen Schlacht gefallen waren.

Aber anfangs sah man noch dunklere Stellen in der jungen Saat, die die Leute mit scheuem Grauen betrachteten. Jahr für Jahr kamen sie wieder; und man wußte, daß an diesen fruchtbaren Stellen Menschen und Pferde in wechselvollem Durcheinander begraben lagen und den Boden düngten. Der Landmann, der dort pflügte, ekelte sich vor den großen Würmern, die hier in der Erde hausten; und die Garben, die man dort band, wurden viele, viele Jahre lang die Schlachtgarben genannt und besonders heimgebracht, aber niemals gelangte eine Schlachtgarbe zum Erntefest auf den letzten

D MACLISE R A   JOHN THOMPSON

Wagen. Lange Zeit noch gelangte mit jeder Furche, die gepflügt wurde, eine Spur des Gefechts zum Vorschein. Lange
noch gewahrte man verletzte Bäume auf der Kampfstätte
und halbzerstörte Hecken und Mauern an den Stellen, wo
mörderischer Nahkampf gedauert hatte und festgestampf-
te Stellen, an denen kein Halm wachsen sollte. Lange noch
scheute sich jedes Mädchen, sich Haar oder Brust mit der
schönsten Blume dieses Totenfeldes zu schmücken; und
viele Jahre glaubte man, die dort wachsenden Beeren hinter-
ließen in der Hand, die sie pflückte, unvertilgbare Spuren.

Aber die Jahreszeiten, obwohl sie so flüchtig vorübergingen wie die Sommerwolken, ließen in ihrem Verlauf selbst
diese Erinnerungszeichen des alten Kampfes verschwinden und tilgten die sagenhaften Andenken daran aus dem
Gedächtnis der Menschen, bis sie zu Altenweibermärchen
zusammensanken und mit jedem Jahre mehr in Vergessen-
heit gerieten. Wo die wilden Blumen und Beeren so lange
ungepflückt geblieben waren, befanden sich jetzt Gärten
und Häuser, und Kinder spielten Krieg auf der Wiese. Die
verwundeten Bäume waren schon lange als Weihnachtsholz
verbrannt worden. Die dunkelgrünen Stellen waren nicht
frischer als das Gedächtnis derer, die darunter beerdigt lagen. Noch immer förderte der Pflug von Zeit zu Zeit Stücke
verrosteten Eisens hervor, aber es war schwer zu erkennen,
wozu es gedient hatte, und die Finder grübelten und stritten sich darob. Ein alter schwarzer Harnisch und ein Helm
hatten so lange in der Kirche gehangen, daß derselbe schwache halbblinde Greis, der sich jetzt vergebens bemühte, sie
oben an der weißen Wölbung wiederzuerkennen, sie schon
als Kind staunend betrachtet hatte. Wenn das auf dem Feld
erschlagene Heer einen Augenblick lang in der Gestalt, wie
jeder gefallen, und auf dem Platze, da er seinen Tod gefunden, hätte aufstehen können, dann hätten gespaltene Schä-

del zu Hunderten in die Türen der Hütten und in die Fenster hineingeschaut. Sie wären erschienen um den friedlichen Herd; wären aufgestapelt gewesen in den Scheunen; wären emporgestiegen zwischen dem Kind in der Wiege und seiner Wärterin; sie hätten den Bach gestaut, wären über das Mühlrad gedreht, hätten den Obstgarten und den Rasen angefüllt, den Heuschober hoch beladen mit Sterbenden. So verwandelt war die Kampfstätte, wo tausend und abertausende von Menschen in der großen Schlacht gefallen waren.

Nirgends war sie vielleicht indessen mehr verwandelt vor etwa hundert Jahren, als in einem kleinen Obstgarten hinter einem alten Haus aus Steinen mit einer Jelängerjelieber-Laube vor der Tür. Dort wurden an einem schönen Herbstmorgen Musik und heiteres Lachen vernehmlich, und zwei Mädchen tanzten lustig auf dem Rasen, während ein halbdutzend Landfrauen auf Leitern standen und Äpfel von den Bäumen sammelten, jedoch mitunter in ihrer Arbeit innehielten und den Fröhlichen zuschauten. Das war ein anmutiges, schlichtes Schauspiel; ein schöner Tag, ein stiller Platz; und die beiden Mädchen tanzten nach Herzenslust ganz froh und ungezwungen.

Wenn auf der Welt niemand sich hervortun wollte – das ist meine Ansicht; und ich nehme an, ihr stimmt mit mir überein, so würden wir viel besser weiter kommen und uns einander viel mehr Freude bereiten. Es war ganz wundernett zu sehen, wie die beiden Mädchen tanzten. Sie hatten keine Zuschauer als die äpfelpflückenden Frauen auf den Leitern. Sie freuten sich sehr, daß sie ihnen Spaß machten, aber sie tanzten zuerst um der eigenen Freude willen (wenigstens mußte man das glauben); und man konnte sich ebensowenig der Verwunderung wie sie sich des Tanzens enthalten. Und wie tanzten sie!

Nicht wie Ballettänzer. Durchaus nicht! Und nicht wie Madame Soundsos ausgezeichnete Elevinnen. Nicht im mindesten! Es war keine Quadrille, kein Menuett, nicht einmal eine einfache Chaine Anglaise. Es war weder nach dem alten, noch nach dem neuen Stil; nicht nach dem französischen, nicht nach dem englischen Stil; eher von ungefähr ein bißchen im spanischen Stil, der, wie man sagt, ein freier und frischer Stil ist und von den klirrenden Kastagnetten den Charakter einer wunderhübschen Improvisation bekommt. Wie sie unter den Obstbäumen tanzten, und den Garten hinauf und hinunter walzten, sich wechselseitig umeinander drehten, da schien sich die Wirkung ihrer lustigen Bewegung auch der sonnigen Umgebung mitzuteilen, wie ein immer größer werdender Kreis im Wasser. Ihr fliegendes Haar und ihr wehendes Gewand, das schmiegsame Gras zu ihren Fü-

ßen, die Zweige, die sich in dem Morgenwind bogen, die glänzenden Blätter und ihre behenden Schatten auf dem frischgrünen Boden der leichte erquickende Wind, der das Land durchwehte und sich darauf freute, die fernen Windmühlen zu drehen; alles zwischen den beiden Mädchen und dem pflügenden Bauer auf jener fernen Anhöhe, wie er sich vom Himmel abhob, als stünde er am Ende der Welt schien gleichfalls mitzutanzen.

Endlich sank die jüngere der tanzenden Schwestern außer Atem und fröhlich lachend auf eine Bank, um sich zu erholen. Die andere lehnte sich an einen Baum ihr zur Seite. Die

Spielleute, eine Harfe und eine Geige, schlossen mit einem vollen Akkord, als prahlten sie mit ihrer Ausgelassenheit, obwohl die Musik eigentlich so rasch gespielt worden und mit dem Tanzen so eifrig um die Wette dahingejagt war, daß sie es keine halbe Minute länger hätten aushalten können. Die äpfelpflückenden Frauen auf den Leitern spendeten Beifall und fingen dann wieder an, eifrig zu arbeiten, wie Bienen.

Um so tätiger vielleicht, weil ein älterer Herr, namens Doktor Jeddler, in eigener Person es war Doktor Jeddlers Haus und Garten, müßt ihr wissen, und die beiden Mädchen waren Doktor Jeddlers Töchter, zum Nachsehen kam, um zu forschen, was eigentlich los sei und wer zum Donnerwetter auf seinem eigenen Grund und Boden vor dem Frühstück musiziere. Denn Doktor Jeddler war ein großer Gelehrter und nicht sehr musikalisch.

»Musik und Tanz heute!« sagte der Doktor zu sich selbst und hielt verwundert inne. »Ich glaubte, sie hätten Respekt vor dem heutigen Tag. Es ist eben eine kuriose Welt. Aber Grace, aber Marion«, fügte er lauter hinzu, »ist die Welt heute morgen verdrehter als gewöhnlich?«

»Wenn dies der Fall wäre, so sei heute nicht böse, Vater«, antwortete ihm die jüngere Tochter Marion. Dabei trat sie zu ihm und schaute zu ihm empor, »denn heute hat jemand Geburtstag.«

»Jemand hat Geburtstag, mein Kind?« sagte der Doktor. »Weißt du nicht, daß alle Tage jemand Geburtstag hat? Weißt du nicht, wie viele Neulinge jede Minute das wunderliche und lächerliche Wesen ha, ha, ha, man kann gar nicht ernsthaft davon reden das man das Leben nennt, anfangen?«

»Nein, Vater!«

»Natürlich nicht, du bist ja auch eine Frau beinahe«, sagte der Doktor. »Übrigens«, fügte er hinzu und blickte in das hübsche Gesicht, das sich dicht an das seine schmiegte, »glaube ich, es ist dein Geburtstag.«

»Ach was! Wirklich, Vater?« rief seine Lieblingstochter und bot ihm die Lippen zum Kuß.

»Da! Und meine Liebe dazu«, sagte der Doktor und küßte sie, »und möge der Tag oft, sehr oft, wiederkehren: welche Idee! Die Idee, eine häufige Wiederholung in einem solchen Possenspiel zu wünschen«, sagte der Doktor vor sich hin, »ist gut! Ha, ha, ha!«

Doktor Jeddler war, wie der Leser schon weiß, ein großer Philosoph; und der Scherz seiner Philosophie war, die ganze Welt als einen ungeheuren Scherz anzusehen, als etwas zu Törichtes, als daß ein vernünftiger Mensch ernsthaft darüber nachdenken könnte. Dieser Fundamentalsatz war ursprünglich ein Ergebnis des Schlachtfeldes, auf dem er wohnte, was ihr nun bald erfahren sollt.

»Wie seid ihr eigentlich zu der Musik gekommen?« fragte der Doktor. »Natürlich sind es Hühnerdiebe. Woher kommen die Musikanten?«

»Alfred hat sie hierher gesandt«, gab seine Tochter Grace zur Antwort und steckte ein paar schlichte Blumen, mit denen sie ihrer Schwester Haar vorher geschmückt hatte und die durch den Tanz gelockert waren, wieder fest.

»Also Alfred hat die Musik hergeschickt?« versetzte der Doktor.

»Ja, er begegnete ihnen unterwegs, als er früh hineinschritt. Die Leute wanderten zu Fuß umher und hatten heute in der Stadt übernachtet. Weil nun heute Marions Geburtstag ist, und er ihr eine Freude zu machen gedachte, so sandte er sie hierher mit einem Billett des Inhalts, daß sie, wenn ich es für gut fände, ihr ein Ständchen bringen sollten.«

»Ja, ja«, sagte der Doktor flüchtig, »er fragt immer nach deiner Ansicht.«

»Und da meine Ansicht dann günstig war«, sagte Grace fröhlich und hielt einen Augenblick inne, um den hübschen Kopf, den sie schmückte, zu bewundern, »und da Marion sehr lustig war und zu tanzen anfing, so tanzten wir zuletzt beide nach Alfreds Musik, bis wir keinen Atem mehr hatten. Die Musik aber gefiel uns um so mehr, weil Alfred sie geschickt hatte. Nicht wahr, liebe Marion?«

»Oh, ich weiß nicht, Grace. Wie du mich mit dem Alfred peinigst!«

»Ich sollte dich peinigen, wenn ich deinen Geliebten nenne!« sagte ihre Schwester.

»Ich kann nur sagen, daß es mir ziemlich gleichgültig ist, ob er genannt wird oder nicht«, sagte die kleine Schnippische und zerpflückte ein paar Blumen, die sie in der Hand hielt, so daß sich die Blätter auf dem Boden verstreuten. »Ich habe es beinahe satt, von ihm zu hören. Und wenn du behauptest, er sei mein Geliebter …«

»Ruhig! Sprich nicht so leichtfertig von einem treuen Herzen, das ganz dir ergeben ist, Marion«, rief ihre Schwester aus, »selbst im Scherz nicht. Es gibt kein treueres Herz auf der Welt als Alfred!«

»Nein, oh nein!« sagte Marion und machte eine krause Stirn mit einer komischen Miene flüchtigen Nachdenkens. »Vielleicht nicht. Aber ich weiß nicht, ob dies ein großes Verdienst ist. Ich ich mag ihn eigentlich gar nicht so sehr treu haben. Ich habe ihn nie darum gebeten. Wenn er denkt, daß ich … Aber, beste Grace, warum müssen wir gerade augenblicklich von ihm sprechen?«

Es war ein heiterer Anblick, die beiden anmutigen Gestalten der blühenden Schwestern Seite an Seite unter den Bäumen wandeln und miteinander sich unterhalten zu sehen, wie dabei Ernst dem leichten Sinn, auf jeden Fall aber Liebe der Liebe zärtlich antwortete. Und seltsam genug war es, daß in den Augen der jüngern Schwester eine Träne glänzte und daß ein tiefes und herzliches Gefühl durch den Mutwillen ihrer Worte schimmerte und stark dagegen ankämpfte.

Beide Mädchen mochten ihrem Alter nach nicht mehr als vier Jahre auseinander sein. Aber Grace erschien, wie oft in solchen Fällen, wo keine Mutter über beide wacht (des Doktors Frau war gestorben), in der mütterlichen Liebe zu ihrer jüngern Schwester älter als sie war; und von natürlicher Anlage aller Neigung außer durch mitfühlende Liebe, zu deren mutwilligen Laune ferner, als man nach ihren Jahren hätte meinen sollen. Hoher Mutterberuf, der selbst in diesem seinem Schattenbild das Herz läutert und das geheiligte Gemüt in Sphären des Engels erhebt!

Des Doktors Seele, während er ihnen nachschaute und zuhörte, beschäftigte sich im Anfang nur mit verschiedenen lustigen Gedanken über die Dummheit, etwas zu lieben und gern zu haben, über den eitlen Traum, durch den sich junge Herzen täuschen, wenn sie einen Augenblick glauben, es könnte etwas Ernstes hinter einer solchen Seifenblase, wie die Liebe ist, stecken, bis sie zuletzt sich enttäuscht sehen, und zwar in jedem Falle. Aber das anspruchslose, liebende Wesen seiner älteren Tochter, ihr sanftes Gemüt, das doch mit so viel Festigkeit und Frische gepaart erschien, rückte ihm stets den Kontrast ihrer stillen seelenvollen Erscheinung zu der glänzenden Schönheit seiner jüngeren Tochter vor Augen: Und es tat ihm um ihretwillen leid, daß das Leben eine so lächerliche Angelegenheit war.

Der Doktor dachte nie daran, zu fragen, ob seine Kinder auf irgendeine Weise danach strebten, es zu einer ernsten Sache zu machen. Dafür war er eben ein Philosoph.

Von Natur ein Mann von gefühlvollem und warmem Herzen, war er durch Zufall auf jenen gewöhnlichen Stein der Weisen gestoßen (viel leichter zu finden als der, den die

Alchimisten suchen), der oft gutmütigen Geistern ein Bein stellt und die unangenehme Eigenschaft hat, Gold in Schlakke und jedes kostbare Ding in etwas Wertloses zu wandeln.

»Britain!« rief der Doktor. »Britain! Hallo!«

Ein kleiner Mann mit hervorragend mürrischem und bissigem Gesicht trat jetzt aus dem Hause und beantwortete diesen Ruf ziemlich gleichmütig mit den Worten: »Nun, wo brennt's denn?«

»Wo befindet sich der Frühstückstisch?« fragte der Doktor.

»Im Hause«, gab Britain zur Antwort.

»Wirst du ihn hier draußen decken, wie ich es dir gestern abend anordnete?« sagte der Doktor. »Weißt du nicht, daß Gesellschaft kommt? Daß, ehe die Landkutsche vorbeifährt, hier noch Geschäfte abgewickelt werden müssen? Daß heute ein besonders festlicher Tag ist?«

»Konnte ich denn etwas herrichten, Doktor Jeddler, bevor die Weiber ihre Äpfel gepflückt hatten, he?« sagte Britain und steigerte seine Stimme allgemach, so daß er zuletzt förmlich brüllte.

»Nun, sind sie denn jetzt fertig?« sagte der Doktor und blickte auf die Uhr. »Vorwärts, nun aber schnell! Wo ist Clemency?«

»Hier bin ich, Herr«, rief die Stimme von einer der Leitern herab, auf der ein Paar plumpe Füße rasch abwärts stiegen. »Wir sind fertig. Räumt fort, ihr Mädchen. In einer halben Minute soll alles aufgeräumt sein, Herr.«

Mit diesen Worten machte sie sich eifrig an die Arbeit und zeigte sich dabei in so eigenartiger Aufmachung, daß wohl einige Worte von ihr gesagt werden dürfen.

Sie war etwa dreißig Jahre alt und hatte ein ziemlich rundwangiges und freundliches Gesicht, obwohl sie sich dazu einen Ausdruck von gesetztem Wesen angenommen hatte,

was ihr sehr drollig stand. Aber ihre außerordentlich linki-
sche Art stellte das noch in Schatten. Wenn wir sagen, sie
habe zwei linke Beine und Arme gehabt, die eigentlich einem andern gehörten, und daß diese vier Gliedmaßen aus-
gerenkt und gar nicht an ihrer rechten Stelle angesetzt zu
sein schienen, so geben wir damit nur der Wahrheit so schonend wie möglich die Ehre. Wenn wir aber sagen, daß sie
mit dieser Begabung völlig zufrieden war und ihre Arme
und Beine gebrauchte, wie sie waren, daß sie deren Launen durchaus keinen Zwang auferlegte, so werden wir ihrer Gelassenheit nur im geringsten Maß gerecht. Ihr Anzug
bestand aus ein paar riesengroßen, eigenwilligen Schuhen,
die immer anderswohin wollten, als ihre Füße, aus blauen
Strümpfen und einem bunten Kattunkleid vom häßlichsten
Muster, das man für Geld überhaupt bekommen könnte,
und einer weißen Schürze. Sie trug immer kurze Ärmel und
hatte sich stets die Ellbogen wundgescheuert. Dabei nahm
sie an diesen solch lebhaften Anteil, daß sie sich ständig bemühte, sie in jeder Stellung, selbst wo es ganz unmöglich
war, herumzudrehen und zu besehen. Gewöhnlich saß eine
kleine Mütze irgendwo auf ihrem Kopf, obwohl sie nur selten auf dem Platze zu sehen war, den dieses Kleidungsstück
bei andern Leuten meistens einnimmt; aber vom Scheitel
bis zur Zehe war sie überaus propre und zeigte eine Art
linkischer Gefälligkeit.

Dies war die äußere Erscheinung und Kleidung von Clemency Newcome, die man im Verdacht hatte, selbst, obzwar
unschuldig daran, eine Verfälschung ihres Taufnamens Kle-
mentine veranlaßt zu haben (aber niemand wußte es gewiß,
denn ihre taube alte Mutter, die ihres hohen Alters wegen
ein reines Wunder war, und die sie fast von ihrer Kindheit an
unterstützt hatte, war gestorben, und andere Verwandte hatte sie nicht mehr). Jetzt war sie damit beschäftigt, den Tisch

zu decken, und stand von Zeit zu Zeit da, die roten Arme übereinander geschlagen, den wundgestoßenen Ellbogen mit der Hand des andern Armes reibend und sie seelenruhig betrachtend, bis sie sich plötzlich auf etwas besann, was noch fehlte, und dann forteilte, um es zu holen.

»Da kommen die beiden Anwälte, Herr!« sagte Clemency in nicht sehr freundlichem Ton.

»Ah!« rief der Doktor und ging ihnen entgegen. »Guten Morgen, guten Morgen! Liebe Grace! Marion! Hier sind Mr. Snitchey und Mr. Craggs. Wo bleibt Alfred?«

»Er wird gewiß sofort kommen, Vater«, sagte Grace. »Er hatte diesen Morgen mit den Vorbereitungen zur Abreise so viel zu tun, daß er schon in der Morgendämmerung aufgestanden und ausgegangen ist. Guten Morgen, meine Herren!«

»Guten Morgen, meine Damen«, sagte Mr. Snitchey, »für mich und Craggs« dieser verneigte sich »guten Morgen, mein Fräulein« zu Marion »ich küsse Ihnen die Hand«, was er auch wirklich tat. »Und ich wünsche«, das sah man ihm freilich nicht an; denn im ersten Anblick mochte man ihm eigentlich nicht sehr viel gute Wünsche für andere Leute zutrauen, »daß dieser glückliche Tag hundertmal wiederkehren möge.«

»Ha, ha, ha!« lachte der Doktor ironisch, die Hände in die Taschen gesteckt. »Das große Possenspiel in hundert Akten!«

»Sie werden doch sicherlich nicht wünschen, Doktor Jeddler«, sagte Mr. Snitchey und stellte einen kleinen blauen Aktenstoß auf den Tisch, »das große Possenspiel für diese Schauspielerin abzukürzen?«

»Oh nein«, entgegnete der Doktor. »Gott bewahre! Möge sie leben und darüber lachen, solange sie lachen kann, und dann sagen mit jenem Franzosen: Die Komödie ist aus, laßt den Vorhang fallen.«

»Der Franzose«, sagte Mr. Snitchey und guckte auf den blauen Stoß, »hatte unrecht, Doktor Jeddler; und Ihre Philosophie hat auch völlig unrecht, darauf können Sie sich verlassen. Ich habe das Ihnen schon oft gesagt. Es gäbe keinen Ernst im Leben! Als was bezeichnen sie dann einen Prozeß?«

»Als Spaß«, erwiderte der Doktor.

»Haben Sie einmal einen Prozeß gehabt?« fragte Mr. Snitchey, von dem blauen Stoß aufblickend.

»Nie«, antwortete der Doktor.

»Wenn Sie einmal zu einem gelangen«, sagte Mr. Snitchey, »so lernen Sie wohl anders darüber denken.«

Craggs, der von Snitchey vorgestellt zu werden und sich seines besondern Daseins und Ichs nur wenig oder gar nicht bewußt zu sein schien, gab jetzt einen eigenen Gedanken zum besten. Dieser bezog sich auf die einzige Idee, die er nicht mit Snitchey zur gleichen Hälfte innehatte; dafür nahmen sie noch einige andere kluge und erfahrene Leute in Anspruch.

»Die Prozesse werden den Leuten viel zu leicht gemacht«, sagte Craggs.

»Die Prozesse?« fragte der Doktor.

»Ja«, sagte Mr. Craggs, »wie alles andere. Alles auf der Welt ist heutigentags nur dazu da, um zu leicht gemacht zu werden. Das ist die Schwachheit unserer Zeit. Wenn die Welt ein Spaß ist (ich bin nicht geneigt, dies in Abrede zu stellen), so sollte sie ein sehr schwieriger Spaß sein. Das Leben sollte ein möglichst anstrengender Kampf sein, Sir. Dazu ist es doch da. Aber jetzt wird es leicht gemacht. Wir schmieren die Türangeln des Lebens gut ein. Aber sie sollten rostig sein. Sie werden sich bald ganz alleine auftun lernen. Und doch sollten sie in der Angel knirschen, Sir.«

Mr. Craggs schien selbst mit seinen Türangeln zu knirschen, als er seine Meinung darlegte, deren Eindruck er durch sein Äußeres bedeutend verstärkte, denn er war ein kalter, trockener, finsterer Mann, in Grau und Weiß gehüllt wie ein Feuerstein, und hatte kleine funkelnde Augen, als ob man Feuer aus ihnen schlüge. Alle drei Reiche der Natur hatten eigentlich ihren Vertreter unter diesen drei Männern: Denn Snitchey glich einer Elster oder einem Raben (nur, daß er nicht so glatt und glänzend aussah), und der Doktor hatte ein streifiges Gesicht wie ein Zitronenapfel, und dazu hier und da ein Grübchen, als ob dort die Vögel gepickt haben könnten, und hinten hing ihm ein kleines Zöpfchen, das den Stiel bedeutete.

Da erschien die schmucke Gestalt eines hübschen Jünglings im Reiseanzug. Er war begleitet von einem Mann, der sein Gepäck trug, und näherte sich der Gartentür mit schnellem Schritt und einem Gesicht voll Fröhlichkeit und Hoffnung, wie es zu dem Morgen paßte. Da traten ihm die drei entgegen, wie die Brüder der drei Parzen, oder wie die höchst effektvoll verkleideten drei Grazien, oder wie die grauen Propheten in der Einöde und begrüßten ihn.

»Also noch viele solche glücklichen Tage, Fred«, sagte der Doktor obenhin.

»Möge dieser glückliche Tag hundertmal sich wiederholen, Mr. Heathfield«, sagte Mr. Snitchey und verbeugte sich tief.

»Möge er sich vielmal wiederholen!« sagte als Echo Craggs im tiefen Baß.

· »Welch Gruß!« rief Alfred aus und blieb stehen. »Und eins zwei drei lauter Propheten von nichts Gutem auf dem großen Lebensmeer. Ich bin froh, daß sie nicht die ersten sind, die ich heut morgen erblicke; ich hätte es für üble Vorbedeutung genommen. Aber Grace war die erste meine liebe, teure Grace so nehme ich euch alle in den Kauf.«

»Wenn Sie erlauben, Herr, ich war die erste«, sagte Clemency Newcome. »Sie wissen, Sie gingen hier draußen in der Morgendämmerung spazieren. Ich war drin im Hause.«

»Das ist wahr! Clemency war die erste«, sagte Alfred. »So setze ich Clemency als Gegengewicht gegen euch.«

»Ha, ha, ha! Gegen mich und Craggs«, sagte Snitchey. »Welches Gegengewicht!«

»Sie ist vielleicht nicht so schlecht, wie sie ausschaut«, sagte Alfred und schüttelte dem Doktor herzlich die Hand, dann auch Snitchey und Craggs und blickte sich um. »Wo sind die lieber Himmel!«

Mit einer schnellen Wendung, die auf einen Augenblick Jonathan Snitchey und Thomas Craggs in intimere Berührung miteinander brachte, als sie dies in ihrem Geschäftskontrakt vorgesehen hatten, eilte er dorthin, wo die beiden Schwestern standen, ich brauche nicht erst zu erzählen, wie er zuerst Marion und dann Grace begrüßte, und möchte nur feststellen, wie Mr. Craggs vielleicht gefunden haben wird, daß er es sich zu leicht mache.

Vielleicht in der Absicht, die Aufmerksamkeit abzulenken, eilte Doktor Jeddler an den Frühstückstisch, und alle ließen sich zum Mahl nieder. Grace saß an der Spitze der Tafel, verstand es aber, sich so zu platzieren, daß sie ihre Schwester und Alfred von der übrigen Gesellschaft trennte. Snitchey und Craggs saßen sich vis-à-vis, zwischen sich den blauen Stoß zur Sicherung. Der Doktor aber hatte seinen üblichen Platz Grace gegenüber. Clemency schwebte irrlichterierend um den Tisch als Kellnerin, und der melancholische Britain übte an einem kleinen Seitentisch das Amt des Tranchierens.

»Fleisch?« sagte Britain, indem er sich Mr. Snitchey, Tranchier und Gabel in der Hand, näherte und ihm die Frage wie einen Stein an den Kopf schleuderte.

»Ja«, antwortete der Anwalt.

»Wünschen Sie welches?« sagte dann Britain zu Craggs.

»Mager und gebräunt«, antwortete dieser.

Nachdem er die Wünsche dieser beiden erledigt und den Doktor leidlich bedient hatte (er schien zu wissen, daß die anderen nach Speise kein Verlangen trugen), blieb er den beiden Anwälten so nahe, wie es nur der Anstand erlaubte, und beobachtete sie mit starrem Blick. Nur einmal besänftigte sich sein unfreundliches Gesicht ein wenig, nämlich als Mister Craggs, dessen Zähne nicht die besten waren, sich verschluckt hatte und von einem heftigen Hustenanfall befallen wurde. Da rief er mit besonderer Lebhaftigkeit aus: »Ich dachte, er sollte ersticken!«

»Nun, Alfred«, sagte der Doktor, »ein paar Worte über Geschäftssachen, solange wir noch beim Frühstück sind.«

»Solange wir noch beim Frühstück sind«, sagten Snitchey und Craggs, die noch gar nicht ans Aufhören denken mochten.

Obwohl Alfred nicht gefrühstückt hatte und offenbar nachgerade beschäftigt war, so gab er doch ehrerbietig zur Antwort: »Wie es Ihnen angenehm ist, Sir!«

»Wenn es etwas Ernsthaftes geben sollte«, begann der Doktor, »in diesem Possenspiel«, fuhr der Doktor fort, »so wäre es solch ein Zusammentreffen des Abschiedstages mit einem doppelten Geburtstage, an den sich für uns vier manche freundliche Erinnerung knüpft, und der uns immer unser langes und freundschaftliches Zusammensein ins Gedächtnis zurückrufen wird. Doch das gehört nicht hierher.«

»Oh doch, Doktor Jeddler«, sagte der Jüngling. »Sicher gehört es hierher, das sagt mir mein Herz heute morgen, und das Ihre würde es auch tun, wenn Sie nur darauf hören wollten. Ich verlasse heute Ihr Heim; ich höre heute auf, Ihr Mündel zu sein; wir scheiden als halbe Verwandte, die ein

Band lösen, während andere Bande schon in der Zukunft locken«, er blickte bei diesen Worten auf Marion, die an seiner Seite saß, hernieder, »Bande, so reich an Hoffnungen, wie es Worte nicht auszudrücken vermögen. Sie sehen«, setzte er fröhlich hinzu, »Sie sehen, Doktor, es ist noch ein Körnchen Ernst in diesem großen närrischen Haufen Nichtigkeit. Heute wollen wir wenigstens eingestehen, daß noch ein Körnchen Ernst vorhanden ist.«

»Heute!« rief der Doktor. »Hört nur, hört! Ha, ha, ha! Gerade heute von allen Tagen im Lauf des närrischen Jahres. Was, heute, wo hier die große Schlacht geschlagen wurde? Auf diesem Platze, wo wir jetzt sitzen, wo ich meine Mädchen heute morgen tanzen sah, wo das Obst für unser Frühstück von diesen Bäumen gepflückt wurde, von Bäumen, die nicht in der Erde, sondern in Menschen wurzeln, traf so viele der Tod, daß in meiner Jugend noch und auch für spätere Generationen wird das der Fall sein ein guter Kirchhof voll Gebeine und Staub von Gebeinen und Splitter gespaltener Schädel hier ausgegraben wurden. Und doch wußten nicht hundert Menschen in dieser Schlacht, wofür und warum sie kämpften; nicht hundert derer, die über den Sieg frohlockten, warum sie es taten! Nicht fünfzig Menschen wurden glücklicher durch den Gewinn und den Verlust. Nicht sechs Menschen können sich bis heute über die Ursache und die Wirkungen einigen; kurz: niemand, außer denen, die um die Erschlagenen trauerten, hat jemals etwas Genaues davon gewußt. Ernst!« sagte der Doktor lachend. »Eine solche Welt!«

»Aber mir kommt dies alles ernst genug vor«, sagte Alfred.

»Ernst genug«, rief der Doktor. »Wenn Sie solche Dinge als ernst gelten lassen wollen, so müssen Sie wahnsinnig werden oder sterben oder auf einen hohen Berg steigen und

Asket werden.«

»Und dann ist es lange her«, sagte Alfred.

»Lange her!« entgegnete der Doktor. »Wissen Sie, was die Welt seit jener Zeit getrieben hat? Ich weiß es nicht!«

»Sie hatte ein bißchen prozessiert«, bemerkte Mr. Snitchey und rührte seinen Tee um.

»Obgleich es den Leuten zu leicht gemacht worden ist«, sagte sein Gefährte.

»Und mir gestatten Sie bitte, Ihnen zu sagen, Doktor«, fuhr Mr. Snitchey fort, »wiewohl ich es Ihnen schon tausendmal auseinandergesetzt habe, daß ich in der Welt, indem sie prozessiert, und überhaupt in dem Systeme ihres Gerichtswesens etwas wirklich Ernsthaftes, etwas durchaus Reelles erkenne, etwas, was sein Ziel und seinen Zweck hat.«

Clemency Newcome stieß jetzt an die Tafel, daß alle Teller und Tassen klapperten.

»Nun, was gibt es denn?« rief der Doktor.

»Es ist der dumme Aktenstoß«, sagte Clemency, »der einem immer zwischen die Gliedmaßen gerät.«

»Was sein Ziel und seinen Zweck hat, sagte ich«, wiederholte Snitchey, »etwas, das unsere Achtung verlangt. Das Leben wäre ein Narrenspiel, Doktor Jeddler? Das Leben *mit* der Gerichtsbarkeit?«

Der Doktor lachte und sah Alfred an.

»Zugegeben, daß der Krieg eine Dummheit ist«, sagte Snitchey, »darin stimmen wir überein. Zum Beispiel, hier sehen wir eine entzückende Gegend.« Er deutete mit der Gabel ins Freie. »Ehedem aber war sie bedeckt mit Scharen von Soldaten, jeder einzelne des Landfriedensbruches schuldig, und sie war verwüstet durch Feuer und Schwert. Ha, ha, ha! Nur der Gedanke allein, daß sich ein Mensch aus freien Stücken dem Tod durch Feuer und Schwert ausliefert! Das ist dumm, ist vollkommen lächerlich; man muß die Schultern zucken über seine Mitmenschen, wenn man daran denkt! Aber nehmen wir diese freundliche Gegend, wie sie jetzt ist. Denken wir an die aus dem Grundeigentum entspringenden Rechtsverhältnisse; an die Vererbung und Schenkung des Grundeigentums; an Freipacht, Erbpacht, zeitweise Pacht; denken wir«, sagte Mr. Snitchey mit solcher Hingerissenheit, daß er mit den Lippen schmatzte, »denken wir an die komplizierten Gesetze, die sich auf das Besitzrecht und den Beweis des Besitzrechtes erstrecken, nebst allen sich widersprechenden Präzedenzfällen und Gesetzesakten, die dazu gehören; an die unendliche Fülle von verwickelten und endlosen Kanzleigerichtsprozessen, zu denen diese schöne Serie den Anlaß gibt: Und geben Sie zu, Doktor Jeddler, daß dies eine Oase in der Welt ist! Ich hoffe«, sagte Mr. Snitchey mit einem Blick auf seinen Kompagnon, »daß ich im Namen der Firma rede, Mr. Craggs.«

Da Mr. Craggs zustimmte, bemerkte Mr. Snitchey, dessen Appetit durch die Rede gesteigert worden war, »daß er noch eine Scheibe Fleisch und eine Tasse Tee zu sich nehmen wolle«.

»Ich möchte nicht das Leben im allgemeinen verteidigen«, fügte er hinzu und rieb sich, während er in sich hineinlachte, die Hände, »es ist voller Torheit, voll von noch Schlimmerem. Versicherungen der Treue, des Vertrauens und der Uneigennützigkeit und Ähnliches. Ach, was! Wir wissen, was sie wert sind. Aber Sie dürfen nicht über das Leben lachen; Sie haben eine Partie zu spielen, eine sehr schwierige Partie! Alle Menschen spielen gegen Sie, und Sie spielen gegen alle Menschen. Oh, es ist eine recht interessante Geschichte. Es sind raffinierte Züge auf diesem Spielbrett. Sie dürfen nur lachen, Doktor Jeddler, wenn Sie gewinnen; aber auch dann nicht zu laut. Ha, ha, ha! Und auch dann nicht zu laut!« wiederholte Snitchey, indem er den Kopf hin und her drehte und das eine Auge zukniff, als wollte er hinzufügen: »Sie können dafür das machen!«

»Nun, Alfred«, fragte der Doktor, »was sagen Sie dazu?«

»Ich sage nur«, erwiderte Alfred, »Sie können mir und vermutlich auch sich selbst keinen größeren Gefallen erweisen, als daß Sie manchmal versuchten, dieses Schlachtfeld zu vergessen. Nicht minder aber andere, die Teile dieses großen Schlachtfeldes des Lebens überhaupt sind; eines Schlachtfeldes, das die Sonne täglich bescheint.«

»Nun, ich fürchte, das würde ihn nicht milder stimmen, Mr. Alfred«, sagte Snitchey. »Die Kämpfer in dieser Lebensschlacht sind sehr grimmig und erbittert gegeneinander. Ganz empörend ist das Schlagen und Stechen und das heimliche Niederstoßen von rückwärts; ferner das Zu-Boden-Treten und Erdrücken; kurz: Es ist eigentlich eine böse Geschichte.«

»Ich glaube, Mr. Snitchey«, sagte Alfred, »daß in dieser Schlacht stille Siege und Kämpfe, große Selbstaufopferung und edle, heldenmütige Taten selbst in scheinbaren Nichtigkeiten und Widersprüchen sich ereignen. Sie sind gewiß nicht minder schwer zu vollbringen, weil sie in keiner irdischen Chronik verzeichnet werden, weil kein irdisches Publikum sie sieht; Taten, die jeden Tag in verborgenen Winkeln, in Hütten und in männlichen und weiblichen Herzen geschehen von denen eine einzige den strengsten Kritiker mit dieser Welt versöhnen und ihn belehren könnte, auf sie zu vertrauen und zu bauen, selbst wenn eine Hälfte ihrer Bewohner im Krieg, und ein Viertel ins Prozessieren verwickelt wäre; und das ist doch noch übertrieben.«

Beide Schwestern lauschten mit gespannter Aufmerksamkeit.

»Na schön!« sagte der Doktor. »Ich bin zu alt, um noch bekehrt zu werden, selbst von meinem Freund Snitchey hier oder von meiner guten Schwester, Martha Jeddler. Sie hat ja ihre Schicksalsprüfungen durchgemacht, wie sie es nennt, und seitdem ist sie mildtätig und voll Erbarmen gegen allerlei Leute geworden. Sie ist auch durchaus Ihrer Meinung (nur ist sie als Frau weniger vernünftig und hartnäckiger), daß wir uns nicht vertragen können und daher selten sehen. Ich bin geboren auf diesem Schlachtfeld. Von Kind auf wandten sich meine Gedanken auf die Geschichte dieses Schlachtfeldes. Sechzig Jahre sind an mir vorübergezogen, und ich habe immer erfahren, daß die ganze christliche Welt, mit wer weiß wie viel zärtlichen Müttern und leidlich braven Töchtern, wie den meinen, sich ganz toll auf dem Schlachtfeld gebärdet hat. Dieselben Widersprüche finden wir allenthalben. Man muß entweder lachen oder weinen über diese absurden Inkonsequenzen; und ich lache lieber darüber.«

Britain, der jedem einzelnen Sprecher in tiefster Aufmerksamkeit zugehört hatte, schien sich plötzlich der gleichen Ansicht anschließen zu wollen, wofern ein ganz dumpfer, ein tiefster Grabeston, den er von sich gab, für ein Lachen gehalten werden durfte. Sein Gesicht blieb aber dabei so unbewegt, daß, obgleich ein paar der Frühstücksgäste erschreckt von dem unheimlichen Ton sich umwandten, doch niemand auf den Urheber Verdacht warf.

Ausgenommen die mitbedienende Clemency Newcome versetzte ihm mit einem ihrer Lieblingsgliedmaßen, dem Ellbogen, einen Stoß und fragte ihn mit vorwurfsvollem Lispeln, worüber er lachte.

»Nicht über Sie!« sagte Britain.

»Über wen denn?«

»Über die Menschheit«, sagte Britain. »Das ist ein Spaß.«

»Wahrhaftig, zwischen dem Herrn und diesen Anwälten wird er mit jedem Tag dümmer!« rief Clemency und gab ihm noch einen Stoß mit dem anderen Ellbogen. »Wissen Sie, wer Sie sind? Wollen Sie an die Luft befördert werden?«

»Ich weiß gar nichts«, sagte Britain mit leerem Blick und unveränderter Miene. »Ich kümmere mich um nichts. Ich glaube an nichts. Ich strebe nach nichts.«

Wenn auch vielleicht diese trübe Behauptung in einem Anfall von Melancholie etwas übertrieben war, so hatte doch Benjamin Britain, zuweilen Klein-Britannien genannt, zum Unterschied von Großbritannien; wie man von Jung-England spricht, um Alt-England durch Gegensatz zu charakterisieren seine wahre Geistesverfassung besser gekennzeichnet, als man hätte meinen sollen. Denn da der Arme Tag für Tag den zahllosen Vorträgen zuhörte, die der Doktor über verschiedene Leute ergehen ließ und die alle auf den Beweis hinausliefen, daß sogar seine Existenz im besten Falle ein Irrtum und eine Groteske sei, so war er schließlich in einen solchen Abgrund verwirrter und sich widersprechender Vorstellungen, die ihn von außen und von innen bedrängten, geraten, daß die brunnentiefe Wahrheit im Vergleich mit Britains geistig tiefer Verdunkelung sich noch hoch oben auf flacher Erde befand. Das einzige, was er wirklich einsah, war, daß das neue Element, das Snitchey und Craggs gewöhnlich in diese Diskussionen brachten, diese nur unverständlicher machte, und daß dies für den Doktor stets eine Art Vorteil und Bestätigung darzustellen schien. Darum betrachtete er die beiden Anwälte als Miturheber seines Gemützustandes und verabscheute sie tief innerlich.

»Aber damit haben wir jetzt nichts zu tun, Alfred«, sagte der Doktor. »Sie hören heute auf, mein Mündel zu sein, und verlassen uns, ausgerüstet mit dem, was Ihnen die lateinische Schule und Ihre Studien in London und ein alter einfacher Landdoktor, wie ich, lehren konnten, um in die Welt zu treten. Der erste Abschnitt Ihrer von Ihrem seligen Vater festgesetzten Probezeit ist nun vorüber. Sie gehen entsprechend seinem zweiten Wunsch als Ihr eigener Herr in die Welt hinaus, und lange, bevor Ihr dreijähriger Aufenthalt auf den ärztlichen Schulen des Auslands beendet ist, werden Sie uns vergessen haben. Beim Himmel, Sie werden uns binnen einem halben Jahr vergessen!«

»Wenn ich das tue, aber Sie wissen es ja besser: Warum sollte ich mit Ihnen streiten?« sagte Alfred lachend.

»Ich weiß gar nichts Derartiges«, erwiderte der Doktor. »Was meinst Du dazu, Marion?«

Marion, mit ihrer Tasse spielend, schien zu sagen – aber sie sagte es nicht –, daß er sie nur immer vergessen möge, wenn er es könne. Grace schmiegte ihr schönes Gesicht an Marions Wangen und lächelte.

»Ich bin, wie ich hoffe, nicht ein sehr ungerechter Verwalter des mir anvertrauten Gutes gewesen«, sprach der Doktor weiter, »aber jedenfalls muß ich heute meines Amtes offiziell enthoben und aus ihm entlassen werden; und hier sind unsere guten Freunde Snitchey und Craggs mit einem ganzen Stoß von Papieren, Rechnungen und Dokumenten über das Vermögen, das ich Ihnen zu übertragen habe (Ich wollte, es wäre erheblicher, Alfred, aber Sie müssen ein tüchtiger Mann werden und es vergrößern.) und anderem törichten Kram dieser Art. Der ist nur zu unterzeichnen, zu siegeln und zu übergeben.«

»Und rechtskräftig zu bestätigen, wie es das Gesetz vorschreibt«, sagte Snitchey. Er schob seinen Teller beiseite, holte die Papiere hervor, die sein Sozius auf dem Tische ausbreitete, und fuhr fort: »Da ich und Craggs gemeinschaftlich mit Ihnen, Doktor, Verwalter des Vermögens waren, so werden uns Ihre beiden Hausangestellten als Zeugen dienen. Können Sie lesen, Mrs. Newcome?«

»Ich bin nicht verheiratet, mein Herr«, sagte Clemency.

»Ach, Verzeihung. Ich konnte mir dies denken«, sagte Snitchey lächelnd und betrachtete zugleich die wunderliche Erscheinung. »Sie können lesen?«

»Ein bißchen«, erwiderte Clemency.

»Sie lesen wohl am liebsten von früh bis abends das Verheiratungsformular, nicht wahr?« bemerkte scherzend der Anwalt.

»Nein«, sagte Clemency. »Zu schwer. Ich lese nur den Fingerhut.«

»Den Fingerhut?« wiederholte Snitchey. »Was soll das bedeuten?«

Clemency nickte und sagte: »Und das Muskatsieb.«

»Sie ist verrückt! Etwas für den Lord Oberkanzler!« sagte Snitchey und fixierte sie.

»Wenn sie Vermögen besitzt«, bemerkte Craggs.

Jetzt mischte sich aber Grace dazwischen und erklärte ihnen, daß auf die beiden genannten Gegenstände ein Motto geschrieben sei, und daß sie auf diese Weise die Taschenbibliothek Clemencys bildeten, die sich mit Büchern nicht viel abgab.

»Ach, das bedeutet es, Miss Grace!« sagte Snitchey. »Ja, ja. Ha, ha, ha! Ich dachte, das gute Mädchen wäre im Verstand nicht richtig. Sie sieht ganz danach aus«, sagte er und schüttelte den Kopf. »Was aber steht auf dem Fingerhut, Mrs. Newcome?«

»Ich bin nicht verheiratet, Mister«, bemerkte Clemency.

»Na, dann nur Newcome. Wird das passen?« sagte der Anwalt. »Was steht auf dem Fingerhut, Newcome?«

Wie Clemency, ehe sie diese Frage beantwortete, eine Tasche aufklappte und in ihrer gähnenden Tiefe nach dem Fingerhut suchte, der nicht darin war, und wie sie es mit der andern Tasche ebenso machte, und ihn tief unten wie eine Perle von großem Werte zu entdecken schien; wie sie dann alle dazwischenliegenden Hindernisse, als da waren ein Schnupftuch, ein Kerzenstummel, ein rotbäckiger Apfel, eine Orange, ein Glückspfennig, ein Schloß, eine Schere in Futteral, eine Handvoll Glasperlen, mehrere Garnknäuel, eine Nadelbüchse, eine vollständige Sammlung von Haarwickeln und ein Zwieback, beiseite räumte und jedes dieser Dinge einzeln Britain zu halten gab, das kümmert uns wenig. Auch nicht, wie sie bei ihrem Bemühen, die Tasche zu packen und festzuhalten (denn diese hatte merkwürdige Neigung zu schaukeln und in die nächste Ecke zu schlüpfen), eine Haltung annahm und diese festhielt, obwohl sie allem Anschein nach mit der menschlichen Anatomie und den Gesetzen der Schwerkraft im vollkommensten Widerspruch stand. Es genügt uns, daß sie zuletzt mit Triumph den Fingerhut auf den Finger steckte, und mit dem Muskatsieb klirrte, wobei zu beachten ist, daß die Literatur dieser beiden Geräte infolge der übermäßigen Abnutzung dem Verschwinden nahe war.

»Das ist also der Fingerhut?« sagte Mr. Snitchey, um sich auf ihre Kosten zu amüsieren. »Und was sagt der Fingerhut?«

»Er sagt«, antwortete Clemency und buchstabierte langsam die Inschrift heraus: »Ver giß und ver gib.«

Snitchey und Craggs lachten vergnügt. »Das ist nett!« sagte Snitchey. »Nicht übel!« sagte Craggs. »Soviel Menschenkenntnis verratend«, sagte Snitchey. »So praktisch fürs tägliche Leben«, sagte Craggs.

»Und das Muskatsieb?« forschte Snitchey weiter.

»Das Muskatsieb sagt«, entgegnete Clemency, »was du willst daß dir die Leute tun das tue du ihnen auch.«

»Tue den Leuten etwas, damit sie dir nichts tun, wollen Sie wohl sagen?« sagte Mr. Snitchey.

»Das verstehe ich nicht«, antwortete Clemency und schüttelte den Kopf. »Ich bin kein Anwalt.«

»Ich fürchte, wenn sie es wären, Doktor«, sagte Mr. Snit-chey, indem er sich schnell zu diesem kehrte, als wollte er im voraus den Eindruck verwischen, den diese Antwort vielleicht hervorrufen könnte, »würden sie finden, daß dies die Moral ihrer meisten Klienten wäre. Darin sind sie sehr ernsthaft, so komisch sonst die Welt ist, und schieben dann die Schuld uns zu. Wir Juristen sind im Grund nur eine Art Spiegel, Mr. Alfred; aber meistens wenden sich hitzige, zor-nige und zänkische Leute, die nicht zum besten aussehen, an uns um Rat. Es ist daher eigentlich unrecht, auf uns zu schimpfen, wenn wir den Leuten unfreundliche Gesichter zeigen. Ich glaube«, sagte Mr. Snitchey, »ich spreche zugleich die Meinung unseres Mr. Craggs aus.«

»Ganz und gar«, sagte Craggs.

»Und so wollen wir denn, wenn Mr. Britain uns etwas Tin-te gestatten will«, sagte Mr. Snitchey und nahm die Papiere wieder zur Hand, »sobald wie möglich unterzeichnen, besie-geln und übergeben; sonst kommt die Landkutsche, noch ehe wir wissen, wie weit wir sind.«

Wenn man nach dem Äußern urteilen wollte, so war es sehr wahrscheinlich, daß die Kutsche vorbeifuhr, noch be-vor Mr. Britain wußte, wo er war; denn er stand ganz in Gedanken verloren da und wog die Argumente des Doktors gegen die der Anwälte, und der Anwälte gegen den Doktor, und der Klienten gegen beide bei sich gegeneinander ab; er machte schwache Versuche, den Fingerhut und das Mus-katsieb (ein ihm ganz neuer Begriff) mit irgendeiner ihm geläufigen Philosophie in Einklang zu bringen. Kurzum, er zerbrach sich, wie nur je seine große Namensvetterin, den Kopf mit Theorien und Systemen. Aber Clemency, die sein guter Geist war, obgleich er, weil sie sich nur selten um ab-strakte Gedankengänge kümmerte und immer bei der Hand war, um das Rechte zur rechten Zeit zu tun, nur eine zu geringe Meinung von ihrer Vernunft hatte, war währenddem mit der Tinte erschienen und half ihm ferner noch dadurch, daß sie ihn durch einen Stoß mit dem Ellbogen aus seiner Zerstreutheit wieder zu sich brachte und ihn ganz munter machte.

Ich unterlasse es zu erzählen, wie ihn die bei Leuten seines Standes, die mit der Feder nicht umzugehen verstehen, häufige Besorgnis peinigte, daß er ein nicht von ihm selbst geschriebenes Schriftstück nicht mit einem Namen unterzeichnen könnte, ohne sich einer noch unbekannten Gefahr auszuliefern oder sich unbewußt zur Zahlung ungeheurer Summen zu verpflichten; oder wie er sich den Dokumenten nur mit Zagen und gezwungen vom Doktor näherte, und sie durchaus erst durchsehen wollte, ehe er unterschrieb (die Schreibschnörkel und gar erst die juristischen Ausdrükke waren für ihn so gut wie chinesisch), und das Blatt umwenden, um zu sehen, ob auf der anderen Seite nicht Gefährliches stünde, und wie er, nachdem er seinen Namen unterzeichnet hatte, ganz unglücklich wurde, wie einer, der sein Vermögen und seine Rechte preisgegeben. Ich kann auch nicht ausführlich schildern, wie der blaue Beutel, der seine Unterschrift aufbewahrte, später eine geheimnisvolle Anziehungskraft auf ihn ausübte, so daß er nicht von ihm weichen mochte; ferner wie Clemency Newcome, ganz aus dem Häuschen vor Vergnügen bei dem Gedanken, sie sei eine Person von Wichtigkeit, sich mit ihren beiden Ellbogen über die ganze Tafel legte und den Kopf auf dem linken Arm ruhen ließ, ehe sie anfing, ihre rätselhaften Zeichen zu machen, zu denen sie sehr viel Tinte benötigte, und die sie gleichzeitig mit ihrer Zunge in der Luft nachmalte. Ferner wie sie, nachdem sie einmal Tinte geschmeckt, durstig danach wurde, wie der Tiger, wenn er Blut geleckt, und alles mögliche unterzeichnen und ihren Namen in alle Ecken schreiben wollte. Schließlich aber wurde dabei der Doktor seines Amtes und seiner Verantwortlichkeit enthoben, und Alfred nahm diese selbst auf sich und trat seine Studienreise an.

»Britain!« sagte der Doktor. »Eile zur Gartentür und sieh, ob die Kutsche kommt. Die Zeit entflieht, Alfred.«

»Ja, Herr, ja«, entgegnete der Jüngling hastig. »Liebe Grace! Einen Augenblick! Marion so jung und schön, so liebenswert und so bewundert, meinem Herzen so lieb wie nichts auf der Welt, vergiß es nicht! Ich empfehle Marion in deine Hände.«

»Sie war mir immer ein teures Vermächtnis, Alfred. Jetzt ist sie mir doppelt teuer. Ich werde mich deines Vertrauens würdig erweisen«, sagte Grace.

»Ich glaube es, Grace«, versetzte Alfred. »Ich weiß es. Wer könnte in dein Auge schauen, deine innige Stimme hören und es nicht wissen? Ach, liebe Grace! Hätte ich dein sicheres Gefühl, dein ruhiges Gemüt, wie unbekümmert würde ich heute diese Stätte verlassen.«

»Glaubst du?« antwortete sie mit ruhigem Lächeln.

»Und doch, Grace Schwester möchte ich beinahe sagen.«

»Sag es!« unterbrach sie ihn lebhaft. »Ich höre es gern, nenne mich niemals anders.«

»Schwester also«, sagte Alfred, »und doch ist es besser für Marion und für mich, wenn uns dein beständiges und getreues Gemüt hier hilft und uns glücklicher und besser macht. Selbst wenn ich es vermöchte, würde ich sie nicht meinetwegen mitnehmen.«

»Die Kutsche hat die Höhe erreicht!« rief Britain.

»Die Zeit vergeht, Alfred«, mahnte der Doktor.

Marion hatte beiseite gestanden, die Augen zu Boden gesenkt; aber jetzt führte Alfred sie liebevoll zur Schwester hin und legte sie an deren Brust.

»Ich habe Grace gesagt, liebe Marion«, sprach er, »daß ich dich ihrer Obhut anvertraue, dich ihr beim Scheiden als mein teuerstes Kleinod übergebe. Und wenn ich wiederkomme und dich zurückfordere, Geliebteste, und die schöne Zukunft unseres Ehelebens sich vor uns breitet, da soll es eine unserer schönsten Freuden sein, darüber nachzudenken, wie wir Grace glücklich machen, ihren Wünschen zuvorkommen, ihr unsere Liebe und Dankbarkeit beweisen und ihr etwas von der Schuld zurückzahlen können, die wir ihr gegenüber haben.«

Die jüngere Schwester hatte eine Hand in die seine gelegt; mit der andern hielt sie ihre Schwester umschlungen. Sie sah in die sicheren heiteren Augen ihrer Schwester mit einem Blick, in dem sich Liebe, Bewunderung, Trauer und fast Verehrung vermischten. Sie blickte empor zum Gesicht der Schwester, als wäre es das Antlitz eines himmlischen Engels. Und mit heiterer, seliger Ruhe schaute dieses Antlitz auf sie und ihren Geliebten herab.

»Und sobald die Zeit kommt, wenn sie einmal kommen muß«, sagte Alfred, »es wundert mich, daß sie noch nicht gekommen ist, aber Grace weiß dies am besten, und Grace hat immer recht, wo sie das Herz eines Freundes nötig hat, dem sie sich vertrauen kann, wie wir ihr vertrauten: Wie treu wollen wir dann zu ihr sein, Marion, und wie wollen wir uns freuen, daß unsere gute Schwester liebt und geliebt wird, wie sie es immer wert ist!«

Immer noch sah ihr die jüngere Schwester in die Augen und wandte sich nicht ab, nicht einmal nach ihm hin. Und immer noch verweilten diese treuen Augen mit friedvoller Ruhe auf ihr und ihrem Geliebten.

»Und wenn das alles vergangen ist und wir alt sind und in enger Gemeinschaft leben und oft von vergangenen Zeiten reden«, sagte Alfred, »dann soll diese vor allem anderen unsere Lieblingszeit sein, vornehmlich dieser Tag! Und dann werden wir uns erzählen, was wir beim Abschied dachten und fühlten und hofften und fürchteten, und wie wir uns nicht Lebewohl zu sagen vermochten.«

»Die Kutsche fährt durch das Wäldchen«, rief Britain.

»Ja! Ich bin bereit, und wie wir trotz allem uns so glücklich wiedersahen: Diesen Tag wollen wir zum glücklichsten im ganzen Jahre machen und als einen dreifachen Geburtstag feiern. Nicht wahr, Liebe?«

»Ja!« sagte die ältere Schwester feurig mit strahlendem Lächeln. »Ja! Alfred, aber verweile nicht länger. Es bleibt keine Zeit mehr übrig. Verabschiede dich von Marion, und möge Gott dich beschützen!«

Er zog die jüngere Schwester an seine Brust. Als er sie wieder losließ, lehnte sie sich erneut an Grace und sah wieder mit dem gleichen empfindungsreichen Blick in das ruhige Auge.

»Leben Sie wohl, Alfred!« sagte der Doktor. »Von ernsthaftem Briefwechsel oder tiefer Zuneigung und Verpflichtung und so weiter in diesem ha, ha, ha! Ihr wißt, was ich sagen will zu reden, das wäre natürlich ein Unfug. Ich vermag nur festzustellen, daß, wenn Sie und Marion desselben vernarrten Sinnes bleiben, ich gegen Sie als Schwiegersohn, wenn die Zeit reif sein wird, nichts zu bemerken hätte.«

»Auf der Brücke!« schrie Britain.

»Möge sie kommen!« sagte Alfred und schüttelte dem Doktor herzlich die Hand. »Gedenken Sie bisweilen meiner, mein alter Freund und Vormund, so ernst, wie es Ihnen möglich ist! Leben Sie wohl, Mr. Snitchey! Leben Sie wohl, Mr. Craggs!«

»Sie fährt die Straße herunter!« rief Britain.

»Einen Kuß für Clemency Newcome, in alter Freundschaft, hier die Hand, Britain, Marion, liebstes Herz, lebe wohl! Schwester Grace, vergiß nicht!«

Die mütterliche Gestalt mit dem in seiner heiteren Ruhe so schönen Antlitz wandte sich ihm zu; aber Marions Auge vermochte nicht mehr, sich von der Schwester abzuwenden.

Die Kutsche war vor der Tür. Das Gepäck wurde hinaufgehoben. Die Kutsche fuhr weiter. Marion rührte sich nicht.

»Er winkt dir mit dem Hut nach, Liebe«, sagte Grace. »Dein Bräutigam, teures Herz. Sieh!«

Die jüngere Schwester sah auf und wendete für einen Augenblick das Haupt. Als sie aber nun zum erstenmal dem vollen Blick dieser ruhigen Augen begegnete, warf sie sich der älteren Schwester weinend um den Hals.

»Oh Grace, Gott segne dich! Aber ich kann das nicht sehen, Grace! Es zerbricht mir das Herz.«

ZWEITER TEIL

Snitchey und Craggs hatten ein nettes kleines Büro auf dem alten Schlachtfeld, wo sie ein nettes, kleines Geschäft betrieben und viele kleine Schlachten für viele streitende Parteien lieferten. Obgleich man eigentlich nicht behaupten konnte, daß diese Kämpfe leichte und muntere Schützengefechte waren, denn sie verliefen gewöhnlich recht langsam und mühselig, so konnte man doch die Beteiligung der Firma daran insofern unter dieser Kampfesart charakterisieren, als sie bald einen Schuß auf diesen Kläger, bald eine Kugel auf jenen Verteidiger abfeuerten, bald mit aller Macht über ein unter Sequester stehendes Grundstück herfielen, bald aber wieder ein Scharmützel mit einem beliebigen Korps kleiner Schuldner hatten, je nachdem wie sich dazu die Gelegenheit bot und der Feind sich ihnen stellte. Für sie war ebenso wie für berühmtere Leute die Zeitung ein wichtiges und höchst interessantes Blatt; und von den meisten Unternehmungen, in denen sie ihr Feldherrntalent gezeigt, erklärten die Kämpfenden später, daß sie wegen des vielen Rauchs, von dem sie umwölkt gewesen, sich nur sehr schwer hätten erkennen und kaum hätten erfahren können, was sie eigentlich machten.

Das Büro der Herren Snitchey und Craggs lag sehr bequem am Markte hinter einer offenen Tür und zwei polierten abwärtsgesenkten Stufen, so daß jeder erboste Pächter, den es nach einem Prozeß gelüstete, mit der größten Leichtigkeit hineinstolpern konnte. Ihre Besprechungen hielten sie in einem Hinterzimmer, eine Treppe hoch, ab; einem Raum mit einer niedrigen dunklen Decke, als ob dieser Raum die Brauen in düsterm Grübeln über verwickelte

Rechtsprobleme zusammenzöge. Seine Einrichtung bestand
aus einigen Lederstühlen mit hohen Lehnen, besteckt mit
großen runden Messingnägeln, von denen einzelne ausgefallen waren, vielleicht auch von dem bewußtlosen Finger
wirr gewordener Klienten herausgezogen worden waren.
Außerdem gewahrte man einen Kupferstich von einem berühmten Richter, der mit jeder Locke seiner großen Perücke
einem Menschen die Haare vor Erstaunen sträuben konnte.
Papiere füllten in Ballen die staubigen Schränke, Regale und
Tische. Die untere Täfelung aber war verdeckt von Reihen
feuersicherer Kisten, mit Vorlegeschlössern und groß darauf geschriebenen Namen. Harrende Klienten sahen sich
wie durch einen unbarmherzigen Zauber veranlaßt, diese
Namen vorwärts und rückwärts zu buchstabieren, während
sie scheinbar Snitchey und Craggs zuhörten, ohne ein Wort
von dem, was diese redeten, zu verstehen.

Snitchey und Craggs waren beide verehelicht. Snitchey
und Craggs waren die dicksten Freunde von der Welt und
schenkten einander wirkliches Vertrauen. Aber wie es häufig
im Leben vorkommt, musterte Mrs. Snitchey aus Prinzip
Mr. Craggs mit argwöhnischen Blicken, und dasselbe tat in
bezug auf Mr. Snitchey Mrs. Craggs. »Mit deinem Snitchey«,
pflegte die letztere Dame zuweilen zu Mr. Craggs zu sagen,
»ich weiß gar nicht, was du mit deinem Snitchey willst. Du
vertraust viel zu sehr auf deinen Snitchey, sage ich, und ich
hoffe nur, daß du nie von ihm getäuscht wirst.« Dagegen
äußerte sich Mrs. Snitchey zu ihrem Mann über Craggs, daß,
wenn er sich jemals von einem Menschen auf Irrwege verleiten ließe, es durch diesen Mann geschehen würde; und daß,
wenn ein Mensch einen falschen Blick habe, es Craggs sei.
Trotzdem waren sie aber doch im ganzen recht gute Freunde; und zwischen Mrs. Snitchey und Mrs. Craggs bestand
ein enges Schutz- und Trutzbündnis gegen das Büro, das in

ihren Augen eine Mörderhöhle und ein gemeinschaftlicher Feind voll gefährlicher und geheimnisvoller Einrichtungen war.

Und doch erzeugten in dieser Klause Snitchey und Craggs ihren Honig. Hier standen sie zuweilen an schönen Abenden bei dem Fenster ihres Empfangszimmers, das auf das alte Schlachtfeld hinausging und wunderten sich (aber das war meistens der Fall, wo die Assisen »fest« waren und wo rastlos gutgehende Geschäfte sie sentimental stimmten) über die Torheit der Menschenkinder, die nicht immer in Frieden miteinander leben und ihre Zwistigkeiten in Seelenruhe vor Gericht ausfechten konnten. Hier strichen Tage, Wochen, Monate und Jahre an ihnen vorbei, und ihr Gerichtskalender, die allgemach sich verringernde Zahl der messingenen Nägel in den Lederstühlen und die wachsende Last von Papieren auf dem Tisch zeugten genugsam davon. Hier hatten fast drei seit jenem Lunch im Obstgarten vergangene Jahre die einen vermindert und die anderen vermehrt, als sie eines Abends bei einer Besprechung zusammensaßen.

Sie waren nicht allein, sondern zusammen mit einem Mann von ungefähr dreißig Jahren, der ein wenig nachlässig in seiner Haltung, etwas schmal im Gesicht, aber sonst wohlgebaut, wohlgekleidet und von schmuckem Aussehen war. Er saß in dem Staatslehnstuhl, die eine Hand oben in der Falte des Rocks, die andere in dem ungeordneten Haar, in trübes Nachdenken versunken. Snitchey und Craggs saßen daneben. Eine der feuersicheren Kisten stand geöffnet auf diesem, ein Teil des Inhalts lag auf dem Tisch ausgebreitet, während der Rest durch die Hand Mrs. Snitcheys ging, der ein Dokument nach dem andern gegen das Licht hielt, jedes Papier einzeln prüfte, dabei den Kopf schüttelte und es Mr. Craggs hinreichte, der es ebenfalls prüfte und den Kopf schüttelte. Zuweilen hielten sie damit inne, schüttelten beide den Kopf und sahen ihren in Gedanken versunkenen Klienten an. Da auf der Kiste geschrieben stand »Michael Warden Esquire« dürfen wir aus allem folgern, daß Name und Kiste jenem gehörten und daß die Angelegenheiten Michael Wardens, Esquire, nicht günstig standen.

»Das ist alles«, sagte Mr. Snitchey, und legte das letzte Papier nieder. »Ich sehe keinen Weg weiter. Keinen Weg weiter.«

»Alles verloren, durchgebracht, verpfändet, verliehen und verkauft?« sagte der Klient und blickte auf.

»Alles«, antwortete Mr. Snitchey.

»Weiter ist nichts zu machen, sagen Sie?«

»Gar nichts«, war die Antwort des Advokaten.

Der Klient biß sich in die Nägel und versank wieder in sein altes Grübeln.

»Und sogar meine persönliche Sicherheit ist gefährdet, glauben Sie?« fing er nach einer Pause wieder an.

»In jedem Bezirk der Vereinigten Königreiche Großbritannien und Irland«, erwiderte Mr. Snitchey.

»Also nichts als ein verlorener Sohn, der zu keinem Vater mehr zurückkehren kann, keine Schweine zu hüten hat und keine Treber mit diesen teilen kann?« fuhr der Klient fort, indem er ein Bein über das andere schaukelnd schlug und zu Boden blickte.

Mr. Snitchey hustete, gleichsam als wollte er die Zumutung zurückweisen, an irgendeiner allegorischen Deutung eines Rechtsverhältnisses sich zu beteiligen. Mr. Craggs hustete gleichfalls, als wolle er zu verstehen geben, daß dieses in der Tat die Auffassung des Hauses sei.

»Zugrunde gerichtet mit dreißig Jahren«, sagte der Klient. »Hach!«

»Nicht zugrunde gerichtet, Mr. Warden«, entgegnete Snitchey. »So arg ist es noch nicht. Sie haben zwar alles dazu getan, muß ich sagen, aber Sie sind nicht zugrunde gerichtet. Etwas Einschränkung «

»Zum Kuckuck mit der Einschränkung«, rief der Klient.

»Mr. Craggs, wollen Sie mir eine Prise gestatten? Ich danke Ihnen.«

Als der gemächliche Rechtsanwalt die Prise ersichtlich mit großer Vorfreude und ganz in diesen Genuß vertieft in die Nase steckte, verzog sich das Gesicht des Klienten schließlich zu einem Lächeln, und er sagte: »Sie reden von Einschränkung. Wie lange?«

»Wie lange?« wiederholte Snitchey und schnippte sich den Tabak von den Fingern, während er angestrengt nachzudenken schien. »Bei treuen Händen sagen wir in Snitcheys und Craggs Namen sechs oder sieben Jahre.«

»Sechs oder sieben Jahre hungern!« sagte der Klient mit verdrießlichem Lachen und rückte ungeduldig auf dem Stuhle hin und her.

»Sechs oder sieben Jahre zu hungern, Mr. Warden, wäre freilich etwas Außerordentliches«, sagte Snitchey. »Sie könnten mit der Zeit allein dadurch, daß Sie sich ausstellen ließen, ein neues Grundstück verdienen. Aber wir glauben nicht, daß Sie dies vermöchten und raten es Ihnen daher auch nicht.«

»Was raten Sie mir dann also?«

»Einschränkung«, wiederholte Snitchey. »Ein paar Jahre Einschränkung unter unserer Geschäftsaufsicht würde Sie wieder auf die Beine bringen. Aber dann müßten Sie ins Ausland gehen. Was das Darben angeht, so könnten wir Ihnen selbst jetzt schon ein paar hundert Pfund abgeben, Mr. Warden.«

»Ein paar hundert Pfund?« sagte der Klient. »Und ich habe Tausende benötigt!«

»Daran«, entgegnete Mr. Snitchey und legte die Papiere

sorgfältig in den eisernen Kasten, »daran ist gar kein Zweifel. Gar kein Zweifel«, wiederholte er langsam, indessen er seine Tätigkeit nachdenklich fortsetzte.

Der Anwalt kannte sicherlich seinen Mann; jedenfalls hatte seine trockene und humorvolle Manier einen günstigen Eindruck auf die Niedergeschlagenheit des Klienten hervorgerufen und veranlaßte ihn, offen und mitteilsamer zu sein. Oder vielleicht wußte der Klient Bescheid über seinen Mann und hatte die ermutigenden Angebote nur herausgelockt, um einen Schachzug, den er enthüllen wollte, besser verteidigen zu können. Er erhob jetzt langsam den Kopf und schaute seine erhabenen Ratgeber mit einem Lächeln an, aus dem bald ein Lachen wurde.

»Im Grunde, mein verehrter Freund …«

Mr. Snitchey wies auf seinen Kompagnon. »Snitchey und entschuldigen Sie Craggs.«

»Ich bitte Mr. Craggs um Verzeihung«, sagte der Klient. »Im Grunde aber, meine verehrten Freunde«, er beugte sich dabei vor und ließ die Stimme fallen, »wissen Sie noch gar nicht, wie schlimm es mit mir steht.«

Mr. Snitchey blickte ihn ganz erstaunt und erschreckt an. Mr. Craggs musterte ihn mit denselben Blicken.

»Ich bin nicht nur schrecklich verschuldet«, sagte der Klient, »sondern auch schrecklich «

»Doch nicht verliebt?« schrie Snitchey.

»Ja!« sagte der Klient, indem er auf den Stuhl zurücksank und die beiden Anwälte ansah. Die Hände hatte er dabei in die Taschen gesteckt. »Schrecklich verliebt.«

»Und nicht in eine Erbin?« fragte Snitchey.

»Nicht in eine Erbin.«

»Auch nicht in eine reiche Dame?« forschte der Anwalt weiter.

»Nicht reich, soweit ich weiß, außer an Schönheit und

Vorzügen des Charakters.«

»Hoffentlich eine unverheiratete Dame?« sagte Mr. Snitchey mit großem Nachdruck.

»Selbstverständlich!«

»Nicht in eine von Doktor Jeddlers Töchtern?« sagte Snitchey und stützte die Ellbogen auf die Knie, wobei er sein Gesicht mindestens einen halben Meter vorschob.

»Doch!« entgegnete der Klient.

»Nicht in seine jüngere Tochter?« fragte Snitchey.

»Doch!« war die Antwort Mr. Wardens.

»Mr. Craggs«, sagte Snitchey erleichtert, »wollen Sie mir eine Prise gestatten? Danke bestens! Es freut mich, Ihnen sagen zu können, Mr. Warden, daß das nichts schadet; sie ist schon verlobt, Sir, sie ist Braut. Mein Kompagnon kann das bezeugen. Wir sind über die Angelegenheit informiert.«

»Wir sind über die Angelegenheit informiert«, wiederholte Craggs.

»Was macht das? Sie wollen Männer von Lebenserfahrung sein und hätten nie gehört, daß ein Weib ihren Sinn geändert hätte?«

»Es sind allerdings Klagen wegen Brechens von Eheversprechen vorgekommen«, sagte Mr. Snitchey, »sowohl gegen Jungfrauen, wie gegen Witwen, indessen in den meisten Affären «

»Affären!« unterbrach ihn der Klient ungeduldig. »Reden Sie mir nichts von Affären. Das Leben ist ein viel stärkeres und inhaltreicheres Buch als Ihre juristischen Bände. Und im übrigen: Glauben Sie vielleicht, ich hätte umsonst sechs Wochen lang in dem Haus des Doktors mich aufgehalten?«

»Ich glaube, Sir«, bemerkte Mr. Snitchey und wandte sich ernst an seinen Sozius, »ich bin der Ansicht, daß von allen Streichen, die Mr. Warden von seinen Rennpferden gespielt worden sind, und sie waren ziemlich zahlreich und ziemlich kostspielig, wie er und wir beide am besten wissen, der schlimmste der war, daß ihn eins von ihnen mit drei gebrochenen Rippen, einem ausgerenkten Schulterblatt und der Himmel weiß, mit wie viel Beulen an der Gartenmauer des Doktors zurückgelassen hat. Damals, als wir ihn unter des Doktors Obhut und Dach gesunden sahen, ahnten wir so Schlimmes nicht. Aber es steht sehr böse, Sir, böse! Es steht sehr böse. Und Doktor Jeddler unser Klient, Mr. Craggs.«

»Und Mr. Alfred Heathfield ist auch so etwas wie ein Klient, Mr. Snitchey«, meinte Mr. Craggs.

»Und Mr. Michael Warden auch so etwas wie ein Klient«, fiel der Besuch ruhig in die Rede, »und kein schlechter, weil er zehn oder zwölf Jahre lang leichten Sinnes verbracht hat. Aber Michael Warden hat sich jetzt ausgetobt; dort in dem Kasten liegen die Ergebnisse und Instrumente, um reuig fortan sein klügeres Leben zu beginnen. Und um das zu beweisen, hat Mr. Warden die Absicht, Marion, des Doktors liebenswürdige Tochter, zu heiraten und mit sich fortzuführen.«

»Wirklich, Mr. Craggs?« hub Snitchey an.

»Wirklich, Mr. Snitchey und Mr. Craggs«, unterbrach sie der Klient. »Sie wissen Ihre Pflichten gegen Ihren Klienten, und wissen ferner genau, daß Sie nicht verpflichtet sind, sich in eine Sache zu mischen, die bloß eine Liebesgeschichte ist und die ich Ihnen anvertrauen muß. Ich möchte die junge Dame nicht ohne ihre Zustimmung davonführen. Dabei ist nichts Ungesetzliches. Ich war niemals Mr. Heathfields Busenfreund. Ich mache mich durchaus nicht eines Vertrauensbruchs gegen ihn schuldig. Ich liebe, wie er liebt, und gedenke zu gewinnen, was er gewinnen wollte, wenn es mir möglich ist.«

»Es ist ihm nicht möglich, Mr. Craggs«, sagte Snitchey, offenbar sehr beunruhigt. »Es kann ihm nicht möglich werden, Sir. Sie hängt sehr an Mr. Alfred.«

»Mr. Craggs, sie hängt sehr an ihm«, beteuerte Snitchey.

»Ich habe nicht vergebens sechs Wochen lang in des Doktors Haus gelebt; und ich hatte bald daran meine Zweifel«, meinte Mr. Warden. »Sie würde ihn lieben, wenn es nach dem Wunsch ihrer Schwester geschähe, aber ich habe sie beobachtet. Marion mied es, ihn zu nennen und zu erwähnen; sie litt bei der leisesten Anspielung auf ihn offensichtlich.«

»Wieso sollte sie dies, Mr. Craggs? Warum sollte sie dies, Sir?« forschte Snitchey.

»Wieso, weiß ich nicht, wiewohl es viele Gründe der Erklärung dafür gibt«, sagte der Klient lächelnd, ob der Betretenheit und Verwirrung, die in Snitcheys Gesicht zu lesen war, und ob der vorsichtigen Manier, auf die er selbst die Unterhaltung lenkte, um von der Angelegenheit mehr zu erfahren, »aber ich weiß, daß es sich so verhält. Sie war sehr jung, als sie sich verlobten, wenn man das überhaupt so bezeichnen darf und hat es vielleicht bereut. Vielleicht cs klingt anmaßend, aber ich meine es wirklich nicht so, hat sie sich in mich verliebt, wie ich mich in sie verliebt habe.«

»He, he! Mr. Alfred, ihr alter Spielkamerad«, sagte Snitchey verlegen lächelnd, »kannte sie ja schon von früher Kindheit an!«

»Um so wahrscheinlicher ist es, daß sie es satt hat, an ihn zu denken«, fuhr der Klient selbstsicher fort, »und daß sie nicht abgeneigt ist, ihn gegen einen neuen Liebhaber einzutauschen, der ihr unter romantischen Voraussetzungen entgegentritt oder hoch zu Roß sich produziert; der in dem für ein Mädchen vom Lande recht lockenden Ruf steht, leichten Sinnes und flott gelebt zu haben nach dem Motto: Leben und leben lassen! Und der es seinem Äußern nach, das mag sich wieder anmaßend anhören, indessen bei meiner

Ehre, ich meine es nicht so, wohl auch noch mit Mr. Alfred aufnehmen könnte.«

Dies letztere ließ sich gewiß nicht bestreiten, und Mr. Snitchey, als er seinen Klienten anblickte, dachte das gleiche. Gerade sein nonchalantes Wesen lieh ihm eine gewisse natürliche Anmut und machte ihn interessant. Es schien zu sagen, daß sein nettes Gesicht und seine wohlgebaute Gestalt viel besser sein könnten, wenn er nur wollte; und daß er, wenn er sich einmal zusammenraffte und Ernst machte, voll feuriger Tatkraft fein könnte. Das ist ein gefährlicher Spitzbube, sagte sich der menschenkundige Anwalt, er scheint das beseelende Feuer, das ihm mangelt, aus eines Mädchens Augen zu gewinnen.

»Darum hören Sie, Snitchey«, fuhr er fort, indem er aufstand und ihn bei einem Rockknopf ergriff, »und Sie, Craggs«, er packte ihn gleichfalls an einem Knopf, und stellte den einen rechts, den andern links neben sich, so daß sie ihm nicht entgehen konnten, »ich frage Sie nicht um Rat, Sie verfahren sehr richtig, wenn Sie sich von dieser Sache unbedingt ganz fernhalten; denn es gehört sich hierbei nicht, daß sich gereifte Männer, wie Sie es sind, einmischen. Ich will nur kurz meine Situation und meine Absichten dartun und es dann Ihnen überlassen, für mich in betreff meiner Finanzen so geschickt wie möglich zu operieren; denn Sie sehen ein, wenn ich jetzt mit des Doktors schöner Tochter entfliehe (und ich denke das zu erreichen und durch ihre Liebe ein anderer Mensch zu werden), so wird das für den Augenblick mehr Kosten verursachen, als wenn ich allein entfliehe. Aber ich werde dies durch ein anderes Leben bald wieder einholen.«

»Meiner Meinung nach ist es besser, wir hören das nicht an, Mr. Craggs?« sagte Snitchey und blickte auf seinen Sozius.

WEIHNACHTSMÄRCHEN UND ERZÄHLUNGEN

»Ich meine das auch«, sagte Craggs. Indessen hörten beide aufmerksam zu.

»Sie brauchen es nicht anzuhören«, entgegnete ihr Klient. »Ich will es aber doch mitteilen. Ich habe nicht die Absicht, den Doktor um seine Erlaubnis zu fragen, denn er würde sie mir doch nicht erteilen. Aber ich will dem Doktor nichts Böses zufügen. Ich will ja nur sein Kind (zudem sagt er überdies, daß solche Bagatellen keine ernsten Sachen sind), meine Marion, von etwas befreien, was sie wie ich weiß, mit Furcht und Schmerz nahen sieht; ich meine die Rückkehr ihres Freundes. Wenn etwas in der Welt wahr ist, so ist es eben die Tatsache, daß sie sich vor seiner Rückkehr fürchtet. Allerdings lebe ich jetzt wie ein gejagter Hund, wage mich bloß im Dunkeln heraus und darf mein Haus und meinen eigenen Besitz nicht betreten; aber dieses Haus und dieser Besitz wird eines Tages wieder mein sein, wie Sie wissen und selbst zugeben; und Marion wird als Gattin in zehn Jahren, Sie sagen es selbst und Sie sind nicht optimistisch-verschwommen, wahrschcinlich reicher sein, als wenn sie sich mit Alfred Heathfield vermählt, dessen Rückkehr sie voll Furcht erwartet (vergessen Sie das nicht), und dessen Liebe nicht und keine auf der Welt glühender sein kann als die meine. Wem geschieht dabei ein Unrecht? Alles erfolgt recht und billig. Meine Sache ist so gerecht wie seine, wenn sie sich eben für mich entscheidet; und auf ihre Entscheidung will ich es ankommen lassen. Es wird Ihnen angenehm sein, nicht mehr von dieser Sache zu hören, und ich werde Sie auch nicht weiter damit belästigen. Sie wissen jetzt meine Absichten und was ich nötig habe. Wann muß ich England verlassen?«

»In einer Woche«, sagte Snitchey. »Mr. Craggs?«

»Noch etwas früher, würde ich empfehlen«, gab Craggs zur Antwort.

»In einem Monat«, sagte der Klient, nachdem er die beiden Gesichter prüfend beobachtet hatte. »Heute in einem Monat. Heute ist Donnerstag. Glücklich oder unglücklich, heute in einem Monat reise ich ab.«

»Das ist zu lange«, sagte Snitchey, »viel zu lange. Aber schließlich meinetwegen. Ich dachte schon, er würde sich drei ausbedingen«, bemerkte er brummend zu sich selber. »Wollen Sie gehen? Gute Nacht, Sir.«

»Gute Nacht!« versetzte der Klient und drückte beiden die Hand. »Sie werden es noch erleben, wie ich meinen Reichtum gut zu verwenden verstehe. Von jetzt an ist Marion mein Stern des Glückes.«

»Passen Sie auf der Treppe auf, Sir«, sagte Snitchey, »denn dort leuchtet er nicht. Gute Nacht!«

»Gute Nacht!« entgegnete Mr. Warden.

Die beiden Kompagnons blieben bei der Treppe stehen und leuchteten ihm hinunter; als er gegangen war, standen sie immer noch und blickten sich an.

»Was sagen Sie dazu, Mr. Craggs?« fragte Snitchey.

Mr. Craggs schüttelte den Kopf.

»Wir glaubten doch, daß an dem Tag, wo die Mündigkeitserklärung stattfand, an der Manier, wie das Paar voneinander Abschied nahm, etwas Bemerkenswertes gewesen, daran erinnere ich mich«, sagte Snitchey.

»Ja, ja«, sagte Mr. Craggs.

»Vielleicht irrt er sich«, fuhr Mr. Snitchey fort, schloß den feuerfesten Kasten zu und stellte ihn an seinen gewohnten Ort, »wenn das aber nicht der Fall ist, so wäre etwas Wankelmut und Untreue auch kein Wunder, Mr. Craggs. Freilich hätte ich das schöne Gesichtchen für sehr treu gehalten. Mir erschien es so«, meinte Snitchey, indem er seinen Mantel und die Handschuhe anzog (es war recht kalt draußen) und ein Licht löschte, »als ob ihr Charakter gerade jetzt fester und ernster würde. Mehr noch als der ihrer Schwester.«

»Mrs. Craggs war der gleichen Auffassung«, meinte Craggs.

»Es sollte mich wirklich freuen«, sagte Snitchey, der im Grunde ein sehr gutes Herz hatte, »wenn ich annehmen könnte, daß Mr. Warden die Rechnung ohne den Wirt gemacht hat. Aber so leichtsinnig und ruhelos er auch ist, so kennt er doch die Welt und die Menschen (und es wäre schlimm, wenn dies nicht der Fall wäre, denn diese seine Kenntnis ist ihm teuer genug zu stehen gekommen), und ich kann es mir nicht recht wahrscheinlich vorstellen. Das beste ist für uns, daß wir uns nicht hineinmischen; wir können nicht mehr tun, Mr. Craggs, als schweigen.«

»Nicht mehr«, war Craggs Antwort.

»Unser guter Freund, der Doktor, nimmt solche Dinge gleichgültig«, sagte Snitchey und schüttelte den Kopf. »Ich will nur hoffen, daß er seine Philosophie nicht nötig hat. Unser Freund Alfred redet von dem Kampf des Lebens.« Er schüttelte wieder den Kopf. »Ich hoffe zum mindesten, daß er nicht schon im Anfang des Kampfes fallen wird. Haben Sie Ihren Hut, Mr. Craggs? Ich will das andere Licht auslöschen.«

Als Mr. Craggs bejahte, tat Mr. Snitchey, wie er gesagt, und sie tasteten sich zum Besprechungszimmer hinaus, das jetzt so dunkel war, wie das Thema ihrer Rede oder wie die Justiz im allgemeinen.

* * *

Meine Geschichte führt mich jetzt in ein kleines ruhiges Studierzimmer, wo am selben Abend die Schwestern und der muntere alte Doktor vor dem behaglichen Kamin saßen. Grace hatte eine Näharbeit, Marion las aus einem Buch vor. Der Doktor in Schlafrock und Pantoffeln, die Füße auf dem warmen Teppich, saß im Lehnstuhl, hörte der Lesenden zu und blickte auf seine Töchter. Sie waren sehr schön von Aussehen. Zwei erquickendere Gesichter hatten noch nie eine Kaminecke vertraut und heilig gemacht. Etwas von verschiedenem Wesen hatten die verflossenen drei Jahre gemildert; und auf der reinen Stirn der jüngeren Schwester, in ihrem Auge und in dem Klang ihrer Stimme war die gleiche ernste Innigkeit wahrnehmbar, die bei ihrer ältern Schwester die mutterlos verlebte Jugend schon längst zur Reife geführt hatte. Aber immer noch schien sie lieblicher und zarter als die andere; immer noch schien sie ihr Haupt an ihrer Schwester Brust zu legen und auf sie zu achten, und Rat und Hilfe in ihren Augen zu suchen. In diesen seelenvollen Augen, die so ruhig, so sicher und so freundlich waren, wie ehedem.

»Und als sie jetzt im Vaterhaus weilte«, las Marion aus dem Buche, »das ihr so teuer durch alle diese Erinnerungen, begann sie zu empfinden, wie die schwere Prüfung ihres Herzens bald kommen müsse und nicht weiter zu bannen sei. Oh Vaterhaus, unser Trost und unser Freund, wenn alle andern uns verlassen, von dem der Abschied bei jedem Schritt zwischen Wiege und Grab ...«

»Liebe Marion!« rief Grace.

»Mein Herzblatt!« sagte der Vater. »Was ist mit dir?«

Sie ergriff die Hand, die ihr die Schwester reichte und fuhr im Lesen fort. Aber ihre Stimme zitterte, obwohl sie sich bemühte, ihre Erregung zu unterdrücken.

»Von dem der Abschied bei jedem Schritt zwischen Wiege und Grab stets weh tut. Oh Vaterhaus, du immerdar treues und doch so oft von uns vernachlässigtes, sei nachsichtig gegen die, die dir untreu werden und folge ihren irrenden Schritten nicht mit zu bitteren Vorwürfen. Laß keinen freundlichen Blick, kein Lächeln alter Zeit über deinem geistigen Antlitz aufleuchten. Laß keinen Strahl von Liebe, Milde, Langmut, Freundlichkeit von deinem hellen Haupt schimmern. Laß kein Gedenken an Liebesversicherung und Liebesglück gegen den, der dich verlassen, als Ankläger auftreten; sondern wenn dein Blick strafend und streng sein kann, dann sieh so voll Erbarmen die Reuevollen an.«

»Liebe Marion, lies heute abend nicht weiter«, sagte Grace, denn sie weinte.

»Ich kann nicht«, entgegnete sie und klappte das Buch zu. »Die Buchstaben scheinen alle zu flammen.«

Der Doktor hatte daran seinen Spaß, und er lachte, als er ihr die Wangen strich.

»Also bis zu Tränen gerührt von einem Roman!« sagte Doktor Jeddler. »Von Druckerschwärze und Papier! Nein, nein, es ist alles gleich, es ist ebenso gescheit, wie jeder andere Gegenstand. Aber wisch diese Tränen ab, wisch deine Tränen ab. Ich bin der Überzeugung, die Heldin ist längst wieder im Vaterhaus und hat sich mit allen versöhnt, und wenn sie dies nicht getan hat, so besteht womöglich ein wirkliches Vaterhaus bloß aus vier Wänden; und eines der Phantasie aus Lumpen und Tinte. Was gibt es?«

»Ich bin es, Herr«, sagte Clemency und steckte den Kopf zur Tür herein.

»Und was hast du?« fragte der Doktor.

»Ach, lieber Himmel, ich habe nichts«, antwortete Clemency, und sie konnte recht haben, nach ihrem frischgewaschenen Gesicht zu urteilen, aus dem wie gewöhnlich die reine Quintessenz der fröhlichen Laune strahlte, wodurch sie, so wenig hübsch sie war, wirklich sympathisch wirkte. Wundgestoßene Ellbogen werden gewöhnlich nicht zu den schönen Dingen gezählt. Aber bei der Wanderung durch das Leben ist es immer besser, auf dem engen Pfad sich bloß die Arme statt die fröhliche Stimmung zu verderben, und Clemency war so munter und gesund dabei, wie jede Schöne im ganzen Lande.

»Oh, ich habe nichts«, sagte Clemency und trat vollends ins Zimmer, »aber kommen Sie etwas näher, Herr.«

Etwas erstaunt willfahrte der Doktor ihrem Wunsche.

»Sie sagten, ich sollte Ihnen keinen in ihrer Gegenwart geben, erinnern Sie sich«, sagte Clemency.

Ein in der Familie Fremder hätte nach ihrem seltsamen Augenzwinkern bei diesen Worten und bei der merkwürdig verzückten Bewegung ihrer Ellbogen, als ob sie sich selbst umarmen wolle, vielleicht der Meinung sein können, »keinen« bedeute, am freundlichsten ausgedeutet, einen ehrbaren Kuß. In der Tat schien der Doktor im ersten Moment selbst nicht zu wissen, was er davon halten sollte. Er gewann indessen rasch seine Fassung wieder, als Clemency, nachdem sie beide Taschen durchforscht, wobei sie mit der rechten begann, dann in der falschen wühlte und zuletzt zu der rechten wieder zurückkehrte, einen Brief herausbeförderte.

»Britain fuhr vorbei«, sagte sie und überreichte den Brief dem Doktor, »gerade als die Post ankam und wartete darauf. Es steht A. H. in der Ecke. Ich wette, Mr. Alfred ist auf der Rückkehr begriffen. Wir bekommen eine Hochzeit im Haus, ich hatte heute morgen zwei Löffel in der Tasse. Mein Gott! Wie langsam er ihn öffnet!«

Sie sprach das alles als Selbstgespräch und erhob sich in ihrer Ungeduld, die Neuigkeit zu erfahren, auf den Fußspitzen, zugleich machte sie einen Korkzieher aus ihrer Schürze und eine Flasche aus ihrem Munde. Endlich ließ sie sich, auf dem Gipfel ihrer Erwartung angelangt, indessen der Doktor mit dem Brief noch immer nicht zu Ende war, plötzlich wieder auf die Fußsohlen fallen, warf ihre Schürze als Schleier über den Kopf, von stummer Verzweiflung völlig überwältigt und nicht imstande, dies länger auszuhalten.

»Hier! Mädchen!« rief der Doktor. »Ich kann nicht anders; ich habe in meinem Leben kein Geheimnis bei mir bewahren können. Es gibt auch nicht viel Geheimnisse, die wert sind, bewahrt zu werden in dieser, aber still davon! Alfred ist auf dem Heimweg und kommt demnächst!«

»Demnächst!« rief Marion aus.

»Sieh mal an! Ist der Roman so rasch vergessen?« sagte der Doktor und kniff sie in die Wange. »Ich dachte es mir gleich, daß die Nachricht die Tränen trocknen würde. Ja! Ich will sie überraschen, schreibt er hier. Aber das geht nicht. Er muß eine Bewillkommnung erfahren.«

»Demnächst!« wiederholte Marion.

»Nun, vielleicht nicht, was deine Ungeduld demnächst nennt«, entgegnete der Doktor; »aber doch ziemlich bald. Wartet einmal! Heute ist Donnerstag, nicht wahr? Dann will er heute über einen Monat eintreffen.«

»Heute über einen Monat«, wiederholte Marion leise.

»Ein froher Tag und ein Feiertag für uns alle«, sagte die heitere Stimme ihrer Schwester Grace, die sie beglückwünschend küßte. »Ein lange erwarteter Tag, Liebste, und endlich sich nahend.«

Ein Lächeln war die Antwort; ein trübes Lächeln, aber voll schwesterlicher Liebe; und als sie ihrer Schwester ins Gesicht blickte und dem harmonischen Klang ihrer Stimme lauschte, wie sie die Freuden der Rückkehr weiter ausmalte, da schimmerte auch auf ihrem eigenen Antlitz Hoffnung und Freude.

Und noch etwas: ein Etwas, das mehr und mehr durch die übrigen Empfindungen hindurchdrang, und wofür ich keine Bezeichnung habe.

Es war nicht Freude, Jubel, strahlende Begeisterung. Die offenbaren sich nicht so ruhig. Es waren nicht nur Liebe und Dankbarkeit, obschon diese einen Teil davon ausmachten. Es ging aus keinem kleinlichen Gedanken hervor; denn diese leuchten nicht so auf der Stirn, brennen nicht so auf den Lippen.

Doktor Jeddler vermochte trotz seiner Philosophie – die er beständig in der Praxis leugnete, wie es bei berühmten Philosophen oft der Fall ist, nicht anders, ein ebenso großes Interesse an der Rückkehr seines alten Schülers und Mündels zu bekunden, als ob es ein bedeutsames Ereignis wäre. So setzte er sich wieder in seinen Lehnstuhl, streckte die Füße wiederum auf den warmen Teppich aus, las den Brief noch mehrere Male durch und sprach noch viel häufiger von ihm.

»Oh, es gab noch eine Zeit«, sagte der Doktor und schaute ins Feuer, »als ihr beide zusammen, du, Grace und er, Arm in Arm herumlieft, wie ein paar lebende Puppen. Erinnerst du dich noch?«

»Oh gewiß«, antwortete sie mit heiterem Lachen und nähte wieder emsig.

»Heute über einen Monat!« sagte der Doktor nachdenklich. »Kaum ein Jahr scheint vergangen zu sein. Und wo war meine kleine Marion damals?«

»Nie weit von ihrer Schwester, so klein sie auch war«, sagte Marion. »Grace war mein Alles, auch als sie selbst noch ein Kind war.«

»Sehr richtig, mein Herzblatt, sehr richtig«, versetzte der Doktor. »Sie war eine wackere kleine Hausfrau, meine Grace, und eine gute Wirtschafterin und ein fleißiges, kluges Kind; voller Geduld für unsere Launen, immer bereit, unsern Wünschen zuvorzukommen und die eigenen hintanzustellen; selbst damals schon. Schon damals, Grace, warst du nie verdrossen und eigenwillig, von einem einzigen Punkt abgesehen.«

»Ich befürchte, daß ich mich seitdem sehr zu meinem

Nachteil verändert habe«, lachte Grace, immer noch eifrig arbeitend. »Was war denn das für ein Punkt, Vater?«

»Alfred natürlich«, sagte der Doktor. »Du warst nur zufrieden, wenn man dich Alfreds Frau nannte; also nannten wir dich Alfreds Frau; und das gefiel dir besser (so merkwürdig es jetzt auch erscheinen mag), als wenn wir dir den Titel einer Herzogin verliehen hätten, wenn wir dich dazu hätten erheben können.«

»Ist es wirklich so?« sagte Grace gelassen.

»Nanu, weißt du das nicht mehr?« fragte der Doktor.

»Ich glaube, ich erinnere mich noch etwas daran«, erwiderte sie, »aber kaum. Es ist zu lange her.« Und während sie nähte, summte sie den Refrain eines alten Liedes, das der Doktor liebte.

»Alfred wird bald eine wirkliche Frau haben«, sagte sie und lenkte das Gespräch auf eine andere Bahn. »Und das wird eine schöne Zeit für uns alle sein. Meine dreijährige Verpflichtung ist bald vorüber, Marion. Du hast es mir sehr erleichtert. Ich werde Alfred sagen, wenn ich dich wieder an seine Brust lege, daß du ihn die ganze Zeit innig geliebt hast, und daß er nicht ein einziges Mal meiner Hilfe bedurft hat. Darf ich ihm das sagen, meine Teure?«

»Sage ihm, liebe Grace«, antwortete Marion, »daß nie eine Pflicht so edel, so vornehm, so treulich erfüllt wurde; daß ich dich seit damals von Tag zu Tag immer mehr habe lieben lernen, und daß ich dich jetzt so unaussprechlich liebe!«

»Das vermag ich ihm kaum zu sagen«, versetzte ihre Schwester, sie ihrerseits umarmend, »meine Verdienste mag sich Alfreds Phantasie ausmalen. Er wird reichlich übertreiben, meine Marion: ganz wie du.«

Sie griff nun wieder zu ihrer Arbeit, die sie aus der Hand gelegt hatte, als ihre Schwester so voller Rührung zu ihr geredet, und sie summte wieder das alte Lied, das der Doktor so gern hatte. Und der Doktor saß immer noch im Lehnstuhl, lauschte dem Lied, schlug mit Alfreds Brief den Takt dazu auf seinem Knie, schaute auf seine Töchter und sagte sich, daß unter den vielen Eitelkeiten der eitlen Welt diese wenigstens berechtigt waren.

Inzwischen eilte Clemency Newcome, nachdem sie ihre Botschaft erledigt und im Zimmer gewartet hatte, bis sie endlich alles wußte, wieder in die Küche, wo Mr. Britain es sich nach dem Abendessen behaglich machte, umgeben von einer so umfassenden Sammlung von blitzenden Deckeln, sauber gescheuerten Töpfen, polierten Schüsseln, glänzenden Kesseln und andern Zeugnissen ihres Fleißes an den Wänden und auf den Regalen, daß er gleichsam inmitten einer Spiegelhalle saß. Die spiegelten allerdings kein sehr schmeichelhaftes Bild von ihm wider. Zudem waren ihre Darstellungen keineswegs gleichartig, denn manche verliehen ihm ein sehr langes Gesicht, manche ein sehr breites, manche ein ganz nettes und andere ein sehr häßliches, je nach ihrer Manier zu reflektieren, ganz wie dies die Menschen tun. Aber darin stimmten sie völlig überein, daß in ihrer Mitte ganz gemütlich ein Individuum saß, mit der Pfeife im Mund, einen Krug Bier neben sich und Clemency gnädig zunickend, als sie sich an dem gleichen Tisch niederließ.

»Nun, Clemency«, sagte Britain, »was hast du jetzt, und was gibt es Neues?«

Clemency erzählte ihm, was sie gehört, und er nahm es sehr liebenswürdig auf. Eine wohltuende Verwandlung war bei Benjamin vom Kopf bis zur Zehe erfolgt. Er war viel massiver und viel röter, viel vergnügter und viel lustiger anzusehen. Es machte den Eindruck, als ob sein Gesicht in einen Knoten zusammengebunden gewesen und jetzt aufgeknotet und ausgeplättet worden wäre.

»Das wird wohl ein neues Geschäft für Snitchey und Craggs ausmachen«, versetzte er, behäbig Rauchwolken in die Luft blasend. »Und wir werden vielleicht wieder als Zeugen antreten, Clemency!«

»Himmel!« antwortete Clemency mit der üblichen Bewegung ihrer Lieblingsgliedmaßen. »Ich wollte, ich wäre dran, Britain!«

»Was denn dran?«

»Die dran ist zu heiraten!«

Benjamin nahm die Pfeife aus dem Mund und lachte hell auf. »Ja! Du bist ganz die Richtige dazu«, sagte er, »dumm-brave Clemency!«

Clemency lachte nun ebenso herzlich wie er und schien an der Idee ebensoviel Vergnügen zu finden. »Ja«, fuhr sie fort, »ich bin ganz die Richtige dazu; findest du nicht?«

»Du wirst selbstverständlich niemals heiraten«, sagte Mr. Britain und führte die Pfeife wieder zum Mund.

»Glaubst du wirklich nicht?« sagte Clemency ganz arglos.

Mr. Britain schüttelte den Kopf. »Dafür bestehen keine Aussichten!«

»Aber bedenke doch!« sagte Clemency. »Nämlich: Ich glaube, du wirst nächstens daran sein, Britain, nicht wahr?«

Eine so jäh gestellte Frage über eine so bedeutende Angelegenheit erforderte Überlegung. Nachdem er eine große Rauchwolke gebildet und sie, den Kopf bald auf diese bald auf jene Seite legend, beschaut hatte, als wäre diese Wolke das strittige Problem, und er betrachtete sie von verschiedenen Gesichtspunkten aus, entgegnete Mr. Britain, daß er über die Sache noch nicht ganz im klaren sei, aber im übrigen er könnte sich eventuell noch dazu entschließen.

»Wer sie auch sein mag, ich wünsche ihr Glück!« rief Clemency.

»Oh, daran wird es ihr nicht fehlen«, meinte Benjamin,

»bestimmt nicht.«

»Aber sie würde nicht so glücklich sein und keinen so wirklich guten und lieben Mann haben«, meinte Clemency und legte sich halb über den Tisch, um nachdenklich ins Licht zu sehen, »wenn ich nicht gewesen wäre, nicht daß ich es beabsichtigt hätte; denn es war reiner Zufall. Ist es nicht so, Britain?«

»Sicherlich«, sagte Mr. Britain, jetzt beim Vollgenuß seiner Pfeife, da der Raucher den Mund nur ein ganz klein bißchen zum Reden zu öffnen vermag und in genußreichster Ruhe in seinem Stuhl sitzt und nur imstande, seinem Gefährten die Augen zuzuwenden, und das sehr langsam und ernst. »Oh! Ich bin dir sehr dankbar dafür, Clemency, das weißt du ja!«

»Ach, wie nett der Gedanke daran ist!« versetzte Clemency. In diesem Augenblick wurden ihre Gedanken und ihr Blick auf das Kerzenunschlitt gelenkt, und weil sie sich plötzlich an dessen Heilkraft als Wundbalsam erinnerte, salbte sie sich den linken Ellbogen ergiebig mit dem neuen Mittel.

»Du weißt, ich habe manche Untersuchung über dieses und jenes unternommen«, fuhr Mr. Britain mit der würdigen Miene eines Denkers fort, »weil ich immer wißbegierig war, und ich habe viele Bücher über die Vorzüge und Mängel der irdischen Güter gelesen; denn ich habe mich selbst in meiner Jugend mit der Literatur befaßt.«

»Wirklich!« rief die bewundernde Clemency.

»Ja«, erzählte Mr. Britain, »ich stand zwei der besten Jahre meines Lebens hinter einer Antiquarsbude und war bereit herauszustürzen, wenn jemand ein Buch in die Tasche steckte; und dann war ich Bote bei einer Putzmacherin; in diesem Amt brachte ich in Wachstuchpaketen nichts als Lug und Trug zu den Leuten. Dadurch wurde mein Gemüt verbittert und mein Vertrauen auf die menschliche Natur zerstört; und darauf hörte ich hier in diesem Hause vielerlei Reden, die mein Gemüt noch mehr verbitterten, und nach alledem ist es meine Ansicht, daß als sicherer und freundlicher Beruhiger des Gemüts und als guter Führer durch das Leben nichts über das Muskatsieb geht.«

Clemency wollte etwas hinzufügen, aber er kam ihr zuvor. »Im Verein«, setzte er ernst hinzu, »mit einem Fingerhut.«

»Tue, was du willst, und so fort, nicht wahr?« fiel Clemency ein und schlug ihre Arme voll Freude über das Geständnis übereinander und rieb sich den Ellbogen. »Ein so trefflicher Spruch, nicht wahr?«

»Ich weiß allerdings nicht«, sagte Mr. Britain, »ob man es richtige Philosophie nennen könnte. Ich habe meine Zweifel deswegen; indessen es muntert auf und erspart viel Zwistigkeiten, was bei den fachmännischen Produkten nicht immer der Fall ist.«

»Bedenke aber, wie du selbst manchmal knurrtest«, sagte Clemency.

»Ach!« sagte Mr. Britain. »Aber das Seltsamste ist, Clemency, daß du mich bekehren mußtest. Das ist das Komischste bei der ganzen Sache. Ausgerechnet du! Ich glaube, du hast keinen halben Gedanken im Kopf.«

Ohne dadurch im mindesten gekränkt zu sein, schüttelte Clemency den Kopf, lachte, umarmte sich und sagte: »Nein, ich glaube es auch nicht.«

»Ich bin dessen ziemlich sicher«, sagte Nr. Britain.

»Oh! Ich glaube wohl, du hast recht«, meinte Clemency. »Ich mag gar keinen. Ich brauche auch keinen.«

Benjamin nahm die Pfeife aus dem Mund und lachte, bis ihm die Tränen über die Wangen kollerten. »Wie einfältig du bist, Clemency«, fügte er, über den Scherz immer noch lachend und sich die Augen wischend, hinzu.

Clemency wandte nicht das geringste ein, sondern lachte

ebenso herzlich wie er.

»Aber ich habe dich trotzdem gern«, sagte Mr. Britain, »du bist ein recht gutes Mädchen auf deine Weise; so gib mir die Hand, Clemency. Was auch komme, ich will immer zu dir halten und immer dein Freund sein.«

»Wahrhaftig?«, fragte Clemency. »Nun, das ist gewiß recht schön von dir.«

»Ja, ja«, sagte Mr. Britain und hielt ihr die Pfeife zum Ausklopfen hin, »ich will dich nicht verlassen. Horch! Das ist ein seltsames Geräusch!«

»Geräusch!« wiederholte Clemency.

»Fußtritte draußen. Es hörte sich an, als ob jemand über die Mauer springe.«

»Sind sie oben alle zu Bett?«

»Oh, jetzt sind sie alle schlafen gegangen.«

»Hörtest du nichts?«

»Nein!«

Sie horchten beide, hörten aber nichts mehr.

»Ich will dir was sagen«, meinte Benjamin und nahm eine Laterne herab, »ich will der Vorsicht halber einmal draußen die Runde gehen, bevor ich mich schlafen lege. Öffne die Tür, während ich die Laterne anzünde, Clemency.«

Clemency gehorchte schnell, merkte aber dabei, daß er sich umsonst bemühte, sich einzureden, es sei Einbildung. Mr. Britain sagte nämlich »sehr möglich«, und ging hinaus. Bewaffnet mit dem Schüreisen leuchtete er nach allen Seiten.

»Es ist so still wie auf dem Kirchhof«, sagte Clemency, als sie ihm nachblickte, »und auch fast so gräulich!« Als sie wieder in die Küche zurückschaute, schrie sie angstvoll auf, als sich ihr eine leichte Gestalt näherte. »Wer ist da?«

»Still!« flüsterte ihr Marion aufgeregt zu. »Du hast mich immer geliebt, nicht wahr?«

»Geliebt, Kind! Gewiß.«

»Ich weiß es. Und ich kann mich dir anvertrauen, nicht? Ich habe jetzt hier fast niemanden, dem ich mich anvertrauen kann.«

»Ja«, sagte Clemency herzlich.

»Es harrt jemand draußen«, sagte Marion und deutete nach der Tür, »den ich heute abend noch sehen und sprechen muß. Michael Warden, um Himmels willen, gehen Sie fort von hier! Jetzt nicht!«

Clemency schrak überrascht und beunruhigt auf, als sie dem Blick der Sprechenden folgte und eine dunkle Gestalt im Torweg stehen sah.

»Im nächsten Augenblick können Sie entdeckt sein«, sagte Marion. »Jetzt nicht! Warten Sie möglichst in einem Versteck. Ich werde gleich kommen.« Er grüßte sie mit der Hand und war verschwunden.

»Geh nicht zu Bett. Warte hier auf mich!« sagte Marion voll eiliger Hast. »Ich habe schon vor einer Stunde mit dir sprechen wollen. Oh, verrate mich nicht!« Marion ergriff heftig ihre Hand und drückte sie an die Brust eine Bewegung, die in ihrer Leidenschaft mehr sprach als das heißeste Flehen in Worten. Sodann eilte sie davon, als das Licht der zurückkehrenden Laterne die Stube zu erhellen begann.

»Alles ruhig und still. Niemand hier. Wohl Einbildung«, sagte Mr. Britain, als er die Tür zuschloß und abriegelte. »Eine von den Folgen einer lebhaften Phantasie. Heda! Nun, was ist los?«

Clemency, die ihre Aufregung nicht zu verbergen vermochte, saß blaß und am ganzen Leib zitternd auf einem Stuhl. »Was los ist?« wiederholte sie und rieb sich, nach Fassung suchend, Hände und Ellbogen, wobei sie überall hinschaute, nur nicht ihm ins Gesicht. »Das ist ja nett von dir, Britain! Erst jagst du einem einen Totenschreck ein mit Lärmen und Laternen und der Himmel weiß was sonst noch. Was los ist! Auch noch!«

»Wenn du einen Totenschreck von einer Laterne bekommst, Clemency«, sagte Mr. Britain und blies die Laterne ganz kaltblütig aus, »so läßt sich das Gespenst bald vertreiben. Aber du hast doch sonst Courage genug«, sagte er und blieb stehen, um sie zu mustern: »und warst auch erst ganz ruhig nach dem Lärm und als ich die Laterne anzündete. Was ist dir in den Kopf gefahren? Doch nicht ein Gedanke?«

Aber da ihm Clemency leidlich wie sonst gute Nacht wünschte und sich zum Schlafengehen anzuschicken schien, sagte ihr auch Klein-Britannien gute Nacht, nachdem er noch die originelle Bemerkung geäußert hatte, es könne niemand wissen, wie er mit den Weibern daran sei. Darauf nahm er sein Licht und ging schläfrigen Schritts zu Bett. Als alles still war, kam Marion zurück.

»Schließ die Tür auf«, sagte sie, »und warte dicht bei mir, während ich draußen mit ihm rede.«

So schüchtern ihre Haltung auch war, so zeigte sich an ihr doch eine Sicherheit und Unbeirrtheit des Wollens, der Clemency nicht zu widerstehen vermochte. Sie entriegelte leise die Tür, aber bevor sie den Schlüssel im Schloß umdrehte, schaute sie sich um nach der jugendlichen Gestalt, die bloß das Öffnen abwartete, um hinauszueilen. Das Gesicht war nicht abgewandt oder zu Boden gesenkt, sondern blickte sie voll an in der Blüte der Jugend und Schönheit. Eine Ahnung von der schwachen Schranke, die zwischen dem glücklichen Vaterhaus samt der ehrbaren Liebe des schönen Mädchens lag, ein Gedanke an den Schmerz in diesem Hause und die Vernichtung der schönsten Hoffnungen, zogen in Clemencys einfache Seele und trafen ihr empfindungsfähiges Gemüt so tief, daß sie in Tränen ausbrach und ihre Arme um Marions Hals schlang.

»Ich weiß nur wenig, liebes Kind«, rief Clemency, »sehr wenig, aber ich weiß, daß das nicht recht ist. Bedenken Sie doch, was Sie tun.«

»Ich habe es vielmal bedacht«, sagte Marion ruhig.

»Noch einmal«, bat Clemency. »Bis morgen!«

Marion schüttelte das Haupt.

»Um Herrn Alfreds willen«, sagte Clemency. »Um seinetwillen, den Sie einst so sehr liebten!«

Sie verhüllte ihr Antlitz mit den Händen und wiederholte: »Einst!«, als ob das Wort ihr Herz zerschneide.

»Lassen Sie mich zu ihm hinaustreten«, bat Clemency. »Ich will ihm sagen, was Sie wollen. Treten Sie nur heute nacht nicht über die Schwelle. Ich bin überzeugt, es kann nicht gut werden. Ach, es war ein Unglückstag, als Mr. Warden hierher gebracht wurde! Denken Sie an Ihren guten Vater, liebes Fräulein, an Ihre Schwester.«

»Ich habe es getan«, sagte Marion und erhob rasch den Kopf. »Du weißt nicht, was ich tue. Ich muß mit ihm sprechen. Du hast dich in dem, was du gesagt hast, als meine beste und zuverlässigste Freundin vor der Welt erwiesen, aber ich muß diesen Schritt tun. Willst du mich begleiten, Clemency«, sie küßte ihr freundliches Gesicht, »oder soll ich allein gehen?«

Verwirrt und kummervoll drehte Clemency den Schlüssel im Schloß um und öffnete die Tür. Marion hielt die Hand der Gefährtin fest und schritt rasch in die schwarze Nacht hinaus. Dort trat er zu ihr, und sie sprachen leidenschaftlich und lange miteinander; und die Hand, mit der sie Clemency hielt, zitterte oder wurde kalt wie die einer Leiche, oder drückte sie innig im Feuer der Worte, die ihr willenlos entströmten. Als sie zurückkehrten, begleitete er Marion bis an die Tür; hier ergriff er die andere Hand und drückte sie an die Lippen. Dann entfernte er sich vorsichtig.

Die Tür ward wieder verriegelt und verschlossen, und wieder stand sie im Vaterhaus. Nicht niedergebeugt von dem Geheimnis, das sie heimtrug, obwohl sie noch so jung war. Mit dem gleichen Ausdruck jedoch in dem Gesicht, wofür mir schon früher der Name fehlte, und der durch ihre Tränen schimmerte. Sie dankte ihrer einfachen Freundin wiederholt und vertraute ihr, wie sie erklärte, völlig und ohne Vorbehalt. Als sie glücklich ihre Schlafkammer erreicht hatte, sank sie auf die Knie und konnte, ihr Geheimnis im Herzen, beten! Ja, sie vermochte aufzustehen vom Gebet so ruhig und glücklich und sich über die schlummernde Schwester beugen, sie ansehen und lächeln wenn auch traurig. Und als sie ihre Stirn küßte, murmelte sie leise vor sich hin, daß Grace ihr immer eine Mutter gewesen, und daß sie an ihr hinge wie ein Kind. Und sie konnte den willenlosen Arm sich um den Hals schlingen, als sie auf das Kissen sank und der Arm schien sie selbstbewußt mit Schutz und Liebe festzuhalten, und die zarten Lippen schienen zu hauchen: »Gott segne dich!« Und sie konnte selbst ruhig einschlafen, nur von einem Traum gestört, in dem sie mit ihrer unschuldigen und ergreifenden Stimme rief, daß sie ganz allein sei und alle sie vergessen hätten. Ein Monat zieht bald vorüber, selbst wenn er langsam dahinzieht. Der Monat, der zwischen dieser Nacht und der Rückkehr lag, zog schnell vorbei und glitt dahin wie ein Nebelhauch.

Der Tag erschien. Es war ein stürmischer Wintertag, der das alte Haus manchmal erschütterte, als friere es. Ein Tag, wie er den heimischen Herd doppelt lieb macht, wie er der Ecke am Kamin neue Anziehungskraft verleiht, einen rötlichen Glutschimmer auf die um die Feuerstätte gereihten Gesichter wirft, und die Gruppen um jeden Kamin einen engeren und innigeren Bund gegen die tobenden Gewalten draußen schließen läßt. Ein rauher Wintertag, wie er am besten auf die ausgesperrte Nacht, auf zugezogene Fenster, freundliche Gesichter, Musik, Lachen, Tanz, Lichterfülle und geselliges Vergnügen vorbereitet!

Für all das hatte der Doktor gesorgt, um Alfred willkommen zu heißen. Sie wußten, daß er erst in der Nacht eintreffen konnte, und sie wollten die Nacht von Jubel widerhallen lassen, erklärte er, wenn er käme. Alle seine Freunde sollten versammelt sein. Kein Gesicht, das er gekannt und geliebt, sollte fehlen. Nein, sie sollten alle zugegen sein. Also wurden die Gäste eingeladen, eine Kapelle bestellt, Tafeln bereitet, der Tanzsaal hergerichtet und mit verschwenderischer Gastlichkeit für alle geselligen Wünsche gesorgt. Weil es Weihnachten war und seine Augen nicht mehr die englische Stechpalme und ihr dunkles, immerwährendes Grün gewohnt waren, war der Tanzsaal damit ausgeschmückt. Die roten Beeren winkten aus der dunklen Laube einen heimatlichen Willkommengruß zu. Es war ein arbeitsreicher Tag für alle, jedoch für niemanden so sehr wie für Grace, die allenthalben still nach dem Rechten sah und die heitere Seele aller Vorbereitungen war. Oftmals schaute an diesem Tag (wie vielmal während des Monats, der ebenso schnell vergangen war) Clemency ängstlich forschend Marion an. Sie war vielleicht etwas blässer als sonst. Aber auf ihrem Antlitz lag eine freundlich sichere Ruhe, die es lieblicher als je machte.

Abends, als sie angekleidet war und in ihrem Haar einen Kranz trug, den Grace selbst hineingeflochten – es waren Alfreds Lieblingsblumen, und darum hatte Glace sie ausgesucht –, lag jener bekannte Ausdruck, besinnlich, fast bekümmert, und doch so durchgeistigt, edel und rein wieder über ihrer Stirn und ließ die ganze Erscheinung noch hundertmal anmutsvoller aussehen.

»Der nächste Kranz, den ich in dein Haar flechte, ist

der Brautkranz«, sagte Grace, »oder ich bin keine gute Prophetin.«

Ihre Schwester lächelte und umschlang sie mit ihren Armen.

»Noch einen Augenblick, Grace. Verlaß mich noch nicht. Weißt du sicher, daß mir nichts mehr fehlt?«

Sie verstand Marions Anspielung nicht recht. Sie dachte an das Gesicht ihrer Schwester, und ihr Blick ruhte mit zärtlicher Innigkeit über ihr.

»Meine Kunst kann nicht weitergehen, teures Kind«, sagte Grace, »und auch nicht deine Schönheit. Ich habe dich nie so schön gesehen wie jetzt.«

»Ich fühlte mich nie so glücklich«, entgegnete diese.

»Ja, aber größeres Glück harrt noch auf dich. An einem andern solchen Herd, ebenso freundlich und anheimelnd wie dieser hier«, sagte Grace, »werden bald Alfred und seine junge Frau hausen.«

Sie lächelte wieder. »Du denkst dir ein glückliches Heim, Grace. Ich sehe es deinen Augen an. Ich weiß es, daß es glücklich sein wird, Liebe. Wie fröhlich bin ich, das zu wissen!«

»Nun«, sagte der Doktor, geschäftig eintretend. »Sind wir alle fertig, um Alfred zu empfangen? Er kann erst ziemlich spät eintreffen, etwa eine Stunde vor Mitternacht, so haben wir Zeit genug, um vor seiner Ankunft in Stimmung zu kommen. Er soll nicht erscheinen, bevor das Eis gebrochen ist. Schüre das Feuer, Britain! Laß es auf die Stechpalme leuchten, bis sie glüht. Es ist eine Welt der Narrheit, meine guten Kinder, Liebhaber, alles andere lauter Unfug. Jedoch wir wollen mit den andern Menschen töricht sein und unserm treuen Liebhaber einen ausgelassenen Willkommen geben. Wahrhaftig«, sagte der Doktor und blickte seine Töchter mit stolzer Freude an, »ich glaube heute abend beinahe neben anderer Narrheit, daß ich Vater von zwei hübschen Töchtern bin.«

»Und alles, was die eine je begangen hat und noch begehen kann, um dir Schmerz zu bereiten, lieber Vater«, sagte Marion, »das vergib ihr jetzt, wo ihr Herz voll ist. Sage, daß du ihr vergibst. Daß du ihr vergeben wirst. Daß du ihr immer deine Liebe erhalten wirst, und …« sie brach ab und barg ihr Gesicht an des alten Mannes Brust.

»Kind, Kind!« sagte der Doktor sanft. »Vergeben! Was soll ich denn vergeben? Wahrhaftig, wenn unsere treuen Liebhaber zurückkehren, um uns solche Szenen zu bereiten, dann müssen wir sie uns vom Leibe halten. Wir müssen ihnen Sendboten entgegensenden und sie nur eine Stunde für den Tag reisen lassen, bis wir gehörig vorbereitet sind, um sie zu empfangen. Küsse mich, mein Herzblatt. Vergeben! Was für ein einfältiges Kind du bist. Wenn du mich fünfzigmal des Tages geärgert hättest, statt gar nicht, so würde ich dir alles vergeben, nur nicht eine solche Bitte. Küsse mich, mein Herzblatt! Also: in Vergangenheit und Zukunft reine Rechnung zwischen uns. Schürt das Feuer an! Sollen die Leute in der kalten Dezembernacht erfrieren? Laßt es licht und warm und heiter sein, oder ich vergebe gewissen Leuten gewiß nicht!«

So guter Dinge und vergnügt war der Doktor. Und das Feuer wurde angeschürt, die Lichter brannten hell; die Gäste kamen, ein frohes Durcheinander hob an, und schon herrschte ein angenehmer Ton festlicher Erregung im ganzen Hause. Immer mehr Gäste kamen an. Helle Augen grüßten Marion. Lächelnde Lippen wünschten ihr Glück. Erfahrene Mütter spielten mit dem Fächer und hofften, sie möge nicht zu jung und leichten Sinnes für das häusliche Leben sein. Temperamentvolle Väter fielen in Ungnade, weil sie ihre Schönheit zu sehr bewunderten. Töchter benei-

435

deten sie. Söhne beneideten ihn. Ungezählte verliebte Paare machten sich die Gelegenheit zunutze; alle waren voll Beteiligung, Aufregung und Erwartung.

Mr. Craggs und Mrs. Craggs erschienen Arm in Arm, aber Mrs. Snitchey erschien allein. »Mein Gott, wo haben Sie Ihren Mann?« fragte der Doktor.

Der Paradiesvogel auf Mrs. Snitcheys Turban bebte, als ob er wieder lebendig geworden wäre, und sie sagte, daß es jedenfalls Mr. Craggs wisse. Ihr teilten sie es ja nie mit.

»Das garstige Büro«, sagte Mr. Craggs.

»Ich wollte, es würde bis auf den Grund niederbrennen«, seufzte Mrs. Snitchey.

»Er ist ... er ist ... eine kleine geschäftliche Angelegenheit hält meinen Sozius etwas auf«, sagte Mr. Craggs und sah sich beunruhigt um.

»Ach was, geschäftliche Angelegenheit. Machen Sie mir das nicht weis!« begann Mrs. Snitchey.

»Wir wissen, was es heißt, geschäftliche Angelegenheit«, sagte Mrs. Craggs.

Aber daß sie es nicht wußten, war vielleicht die Ursache, weshalb Mrs. Snitcheys Paradiesvogel so unheilverkündend bebte und alle einzelnen Teile von Mrs. Craggs' Ohrringen wie kleine Schellen läuteten.

»Es wundert mich, daß du kommen konntest, Craggs«, meinte seine Frau.

»Mr. Craggs ist darob glücklich, sicherlich«, sagte Mrs. Snitchey.

»Das Büro nimmt sie so in Anspruch«, sagte Mrs. Craggs.

»Jemand, der ein Geschäft hat, darf eigentlich gar nicht heiraten«, sagte Mrs. Snitchey.

Dann stellte Mrs. Snitchey für sich fest, daß der Blick, mit dem sie dies gesagt, Craggs ins tiefste Herz getroffen habe und daß er dies empfinde. Mrs. Craggs aber meinte zu ihrem Gatten, daß Snitchey ihn hinter dem Rücken betrüge, und daß er das erkennen werde, wenn es zu spät sei.

Aber Mr. Craggs blickte sich, ohne diese Bemerkungen sehr zu beachten, noch immer beunruhigt um, bis sein Blick Grace begegnete, die er alsbald begrüßte.

»Guten Abend, Ma'am«, sagte Craggs. »Sie sehen entzückend aus. Ihr Fräulein, Ihre Schwester, Fräulein Marion ist ...«

»Oh, sie ist ganz munter, Mr. Craggs.«

»Ja, ich ... ist sie hier?« fragte Craggs.

»Hier! Sehen Sie sie dort nicht? Sie tritt eben zum Tanz an«, sagte Grace.

Mr. Craggs setzte die Brille auf, um besser zu sehen; musterte Marion eine Weile. Dann räusperte er sich und steckte die Brille mit zufriedener Miene wieder ins Futteral und in die Tasche.

Jetzt erklang die Musik und der Tanz hob an. Das helle Feuer prasselte lustig und sprang, als ob es vor lauter Freude selber mit tanzen wollte. Zuweilen knisterte es, als wollte es auch musizieren. Dann wieder strahlte und glühte es, als wäre es das Auge des alten Zimmers, und manchmal zwinkerte dies Auge pfiffig, wie ein ausgelassener Alter, wenn er die Jugend in den Ecken miteinander tuscheln sieht. Manchmal kokettierte es mit den Stechpalmenzweigen; und wenn sein flimmernder Schein auf die dunkeln Blätter fiel, schien es, als ständen diese wieder draußen in der kalten Winternacht und wurden gezaust vom Winde. Manchmal ward seine Stimmung ganz wild und ausgelassen und übersprang alle Grenzen. Dann verpustete es laut lachend mitten unter die Tanzenden einen Regen harmloser Funken und schwang sich laut jubelnd den alten Schornstein empor. Ein zweiter Tanz war fast vorüber, da ergriff Mr. Snitchey seinen zuschauenden Sozius beim Arm.

Mr. Craggs zuckte zusammen, als wäre sein Freund ein Geist.

»Ist er fort?« fragte er.

»Pst!« sagte Snitchey. »Er hat länger als drei Stunden bei mir verweilt. Er überprüfte alles und nahm es sehr gründlich. Er ... hm!«

Der Tanz war vorbei. Marion schritt dicht an ihm vorüber, als er redete. Sie achtete weder auf ihn noch seinen Sozius, vielmehr sah sie sich nach ihrer Schwester im Hintergrunde des Saales um, als sie langsam durch das Gewimmel schritt und ihren Blicken entschwand.

»Sehen Sie, alles gut und in Ordnung«, sagte Mr. Craggs. »Er sprach nicht mehr davon, denke ich?«

»Kein Wort.«

»Und ist er wirklich weg? Und ohne Gefahr?«

»Er hält sein Wort. Er fährt in seiner Nußschale bei Ebbe stromabwärts und segelt vor dem Wind in dieser dunklen Nacht zum Meer. Ein Abenteurer ist er einmal. Es gibt sonst nirgends eine so verlassene Reederei. Das ist ihm gleich. Die Ebbe tritt gegenwärtig eine Stunde vor Mitternacht ein, meinte er. Ich bin froh, daß es vorüber ist.« Mr. Snitchey wischte sich den Schweiß aus dem Gesicht, das ganz rot und erregt ausschaute.

»Was halten Sie«, sagte Craggs, »von der ...«

»Still!« warnte sein vorsichtiger Sozius und blickte geradeaus. »Ich verstehe Sie. Nennen Sie keinen Namen, und lassen Sie sich nicht merken, daß wir von Geheimnissen reden. Ich weiß nicht, was ich davon halten soll; und um Ihnen die Wahrheit zu gestehen, es ist mir jetzt auch gleichgültig. Mir ist es eine wirkliche Erleichterung. Ich glaube, seine Eitelkeit täuschte ihn. Vielleicht war auch das Mädchen ein wenig kokett. Es scheint fast so. Ist Alfred da?«

»Noch nicht«, sagte Mr. Craggs, »er wird aber jeden Augenblick erwartet.«

»Schön.« Mr. Snitchey trocknete sich die Stirn von neuem. »Es ist eine große innere Befreiung. Ich bin noch nicht so unruhig gewesen, seitdem wir zusammen arbeiten. Ich möchte nun den Abend genießen, Mr. Craggs.«

Mrs. Craggs und Mrs. Snitchey traten zu ihnen, als er diese Absicht äußerte. Der Paradiesvogel war in großer Erregung: und die Glöckchen läuteten vernehmlich.

»Es ist allgemein darüber geredet worden, Mr. Snitchey«, sagte Mrs. Snitchey. »Ich hoffe, das Geschäft ist befriedigt.«

»Womit befriedigt, meine Beste?« fragte Mr. Snitchey.

»Daß ein wehrloses Weib dem Spott und der Rederei der Welt ausgesetzt worden ist«, erwiderte seine Frau. »Das liegt aber völlig in der Natur des Geschäfts, das ist ganz klar.«

»Ich bin schon so lange daran gewöhnt«, fuhr Mrs. Craggs fort, »das Geschäft mit allem, was das häusliche Glück verdirbt, verbündet zu sehen, daß ich schon zufrieden bin, es als den ehrlichen Feind meiner Ruhe zu erkennen. Das ist doch wenigstens offen und ehrlich.«

»Liebe Frau«, versetzte Mr. Craggs, »deine werte Meinung in allen Ehren! Aber ich habe doch nie behauptet, daß das Geschäft der Feind deiner Ruhe sei.«

»Nein«, entgegnete Mrs. Craggs und schüttelte ihre Glöckchen, »nein, du natürlich nicht. Du würdest dich ja des Geschäfts nicht würdig erweisen, wenn du so aufrichtig wärest.«

»Was mein langes Bleiben heute abend anbelangt, meine Beste«, sagte Mr. Snitchey und nahm seine Frau am Arm, »so war das Mißgeschick allein auf meiner Seite; aber, wie Mr. Craggs weiß …«

Mrs. Snitchey ließ ihn das Kompliment nicht zu Ende ausreden, denn sie zog ihren Gatten zur Seite und verlangte von ihm, diesen Menschen anzusehen. Ihr den Gefallen zu tun, ihn anzusehen.

»Wen, liebe Frau?« fragte Mr. Snitchey.

»Den Verbündeten deines Lebens; das bin ich dir freilich nicht, Mr. Snitchey«, seufzte Mrs. Snitchey.

»Aber, ich bitte dich, liebe Frau«, beruhigte ihr Gatte.

»Nein, nein«, sagte Mrs. Snitchey mit erhabenem Lächeln. »Ich kenne meine Stellung. Sieh ihn an, den Verbündeten deines Lebens; dein Musterbild, den Bewahrer deiner Geheimnisse; den Mann, dem du vertraust; dein zweites Selbst.«

Dem Blicke seiner Frau folgend, sah Snitchey nach seinem Sozius hin.

»Wenn du heute abend diesem Menschen in die Augen blicken kannst«, sprach Mrs. Snitchey weiter, »und nicht weißt, daß du belogen und betrogen bist; daß du ein Opfer seiner Hinterhalte, ein Knecht seines Willens geworden bist durch einen rätselhaften Zauber, vor dem ich dich umsonst gewarnt habe, so kann ich nur sagen: Du tust mir leid!«

Im gleichen Augenblick ließ Mrs. Craggs eine Standpauke los. Wie es nur möglich sei, fragte sie, daß er seinem Snitchey so blind zu trauen vermochte? Ob er etwa behaupten wolle, er habe Snitchey nicht hereinkommen und in seinem Gesicht nicht Hinterlist, Tücke und Verrat harren sehen? Ob er leugnen wolle, daß schon die Manier, wie er sich die Stirn trockne und scheu um sich schaue, verrate, daß etwas schwer auf seines Snitcheys Gewissen drücke, wofern sein Snitchey überhaupt ein Gewissen habe? Ob etwa andere Leute auch wie sein Snitchey zu festlichen Abenden wie Einbrecher ins Haus einfielen? was übrigens kaum ein passender Vergleich war, denn er war sehr leise zur Tür eingetreten. Und ob er wirklich am hellerlichten Tage (es war beinahe Mitternacht) so hartnäckig dabei beharren wolle, seinen Snitchey entgegen allen offenbaren Tatsachen, aller Vernunft und Weltkenntnis noch zu verteidigen und in Schutz zu nehmen?

Weder Snitchey noch Craggs hielten es für ratsam, sich dem Strom dieses Zornes offen zu widersetzen. Vielmehr begnügten sie sich damit, sich in diesem treiben zu lassen, bis seine Kraft abgeebbt war; und das geschah in demselben Augenblick, als man zu einem neuen Tanz antrat. Diese Gelegenheit nutzte Mr. Snitchey aus, um Mrs. Craggs um ihre Hand zu bitten, während Mr. Craggs so viel Kavalier war, Mrs. Snitchey aufzufordern. Die Damen willigten auch nach einigen nichtigen Ausflüchten, wie: »Warum fordern Sie nicht eine andere auf?« oder: »Ich weiß, Sie würden froh sein, wenn ich es ausschlage«, oder: »Mich wundert es, daß Sie auch außerhalb des Büros tanzen können« (dies schon scherzend) gnädig ein und traten an.

Es war diese wechselweise Höflichkeit bei den beiden Familien ein alter Brauch. Sie waren nämlich alle sehr befreundet miteinander und lebten im Tone vergnügter Vertraulichkeit. Vielleicht war der falsche Craggs und der böse Snitchey bei den Damen nur eine Rechtsfiktion, wie Cajus und Sempronius in den Akten der beiden Ehemänner; oder die beiden Damen hatten diese beiden Akten im Geschäft selbst hergestellt und gefördert, bloß um nicht gänzlich ausgeschlossen zu sein. So viel ist jedenfalls sicher, daß jede der beiden Damen ihr Fach ebenso eifrig und stetig betrieb, wie ihr Mann das seine, und daß jede eine glückliche Entwicklung der Firma ohne ihre lobenswerten Anstrengungen fast für gänzlich ausgeschlossen gehalten hätte.

Aber jetzt schwebte der Paradiesvogel in der Mitte herab, und die Glöckchen fingen an zu nicken und zu klingeln, und das rote Gesicht des Doktors drehte sich rundherum, wie ein glänzend gefirnißter Kreisel mit einem Menschengesicht. Der außer Atem geratene Mr. Craggs begann schon zu zweifeln, daß das Tanzen wie das übrige Leben den Menschen zu leicht gemacht worden. Mr. Snitchey aber tanzte mit muntern Sprüngen für sich selbst, für Craggs und für ein halbes Dutzend andere Leute.

Und auch das Feuer faßte frische Lust und loderte heller auf, angefeuert von dem Zug, den der Tanz hervorbrachte. Es war der Genius des Zimmers und überall vorhanden. Es glänzte in den Augen der Männer, schimmerte in den Juwelen am weißen Busen der Mädchen, gaukelte um ihre Ohren, als ob es ihnen neckisch etwas zuraune, erleuchtete den Fußboden und bereitete zu ihren Füßen einen rosigen Teppich, er glänzte und spiegelte und entflammte eine große Illumination in Mrs. Craggs' kleinem Glockenturm. … und der Tanz bewegte sich in fröhlicherem Takt. Und jetzt wurde die Luft, die es anfachte, frischer. Die Musik wurde fröhlicher, und der Tanz bewegte sich in lebhafterem Takt. Ein Wehen erhob sich, das die Blätter und Beeren an den Wänden sich wiegen machte, wie früher im Freien. Ein Rauschen ging durch das Zimmer, als ob eine unsichtbare Schar Elfen den irdischen Tänzern auf den Fersen folgte. Nun konnte kein Zug von dem Gesicht des Doktors erkannt werden, wie er sich rundherum drehte. Jetzt sah es aus, als ob ein Dutzend Paradiesvögel durchs Zimmer flögen und tausend kleine Glöckchen erklängen. Jetzt ward ein Geschwader wehender Kleider im Sturm dahin getrieben, als die Musik verklang und der Tanz sein Ende hatte.

Der Doktor fühlte sich erhitzt und außer Atem, so daß er nur noch ungeduldiger auf Alfreds Kommen ward.

»Hast du etwas erblickt, Britannien, etwas gehört?«

»Es ist zu finster, um weit zu schauen, Herr, und zu viel Lärmen im Hause, um etwas hören zu können«, antwortete der Diener.

»Das ist richtig! Um so lustiger der Willkomm. Wie spät ist es?«

»Punkt zwölf, Herr. Er kann nicht lange mehr verziehen, Herr.«

»So frische das Feuer auf und wirf noch einen Kloben dazu«, sagte der Doktor. »Sein Willkomm soll ihm durch die Nacht entgegenglänzen, je näher er kommt!«

Er schaute es – ja! Aus seinem Wagen bemerkte er den Schein, da er um die Ecke bei der alten Kirche fuhr. Er kannte das Zimmer, aus der er strahlte. Er sah die nächsten Zweige der ihm wohlbekannten Bäume zwischen dem Leuchten und sich. Er wußte, daß einer dieser Bäume in sommerlichen Tagen hold vor Marions Fenster rauschte.

Tränen traten ihm ins Auge. Sein Herz klopfte so stark, daß er kaum sein Glück auszuhalten vermochte. Wie oft hatte er dieser Epoche gedacht, sie sich vorgestellt in allen ihren Umständen gebangt, daß sie doch nicht erscheinen würde, und danach verlangt und sich gesehnt, fern, fern von hier!

Wieder der Glanz! Deutlich und weithin leuchtend, entzündet, wie er wußte, um ihn willkommen zu heißen und um ihm nach dem alten Haus zu leuchten. Er winkte mit der Hand, schwenkte den Hut und begrüßte sie mit Zurufen, als ob sie die Glut wären und als ob sie ihn schauen und hören könnten, wie er jauchzend ihnen auf der Straße entgegenfuhr.

Doch halt! Er kannte den Doktor und vermutete, was dieser getan hatte. Er sollte sie nicht überraschen. Und doch konnte er dies, wenn er nämlich zu Fuß auf das Haus zuschritt. Wenn die Gartentür geöffnet stand, so konnte er dort hinein. Wenn dies nicht der Fall war, so war die Mauer bald überklettert; das wußte er von früher her, und er hätte in einem Augenblick unter ihnen gestanden.

Er stieg aus dem Wagen und befahl dem Kutscher – selbst dies fiel ihm nicht leicht in seiner Erregung – ein paar Minuten zu warten und ihm dann langsam nachzufahren. Darauf eilte er schnell voraus, versuchte, ob die Tür offen war, kletterte über die Mauer, sprang auf die andere Seite herab und stand schweratmend in dem alten Obstgarten.

Es lag ein heller Reif auf den Bäumen, der in dem matten Licht des umwölkten Mondes an den dünnen Zweigen gleich welken Girlanden hing. Dürres Laub raschelte unter seinem Schritt, als er leise auf das Haus zuschlich. Die Winternacht starrte in ihrer ganzen Öde auf die Erde und erschien ebenso am Himmel. Aber der rote Glanz leuchtete ihm freundlich aus den Fenstern entgegen: Gestalten bewegten sich an ihm vorbei, und das Brausen menschlicher Stimmen traf angenehm sein Ohr.

Bemüht, ihre Stimme aus den übrigen herauszuhören und schon zur Hälfte der Überzeugung, daß er sie wirklich höre, hatte er fast schon die Tür erreicht, als sie jäh geöffnet ward und eine Gestalt ihm entgegentrat. Sie wich erschrocken und mit unterdrücktem Ruf zurück.

»Clemency«, sagte er, »kennst du mich nicht mehr?«

»Kommen Sie nicht herein!« sagte sie und suchte ihm den Eintritt zu verwehren. »Gehen Sie fort. Fragen Sie nicht weshalb. Kommen Sie nicht herein!«

»Was ist denn?« rief er aus.

»Ich weiß es nicht. Es graut mir, daran zu denken. Eilen Sie von hinnen. Hören Sie?«

Ein Lärm erhob sich im Hause. Sie hielt sich die Ohren mit den Händen zu. Ein Verzweiflungsruf, so gellend, daß keine Hand das Ohr absperren konnte, erscholl; und Grace Entsetzen in Gesicht und Haltung stürzte aus dem Hause.

»Grace!« Er fing sie mit den Armen auf. »Was ist los? Ist sie tot?«

Sie machte sich frei, als wollte sie ihm ins Gesicht schauen, und sank bewußtlos vor ihm zu Boden.

Eine Anzahl Menschen kam aus dem Hause gerannt. Darunter der Vater, der ein Papier in der Hand hielt.

»Was gibt es?« stöhnte Alfred und wandte seinen Blick verzweifelt von Gesicht zu Gesicht, indessen er neben der Ohnmächtigen kniete. »Will mich niemand anblicken? Will niemand mit mir sprechen? Kennt mich denn niemand? Ist keine Lippe vorhanden, die mir verrät, was passiert ist?«

Ein Geraune ward hörbar: »Sie ist fort!«

»Fort!« wiederholte er.

»Geflüchtet, lieber Alfred!« sagte der Doktor mit gebrochener Stimme und bedeckte sein Gesicht mit den Händen. »Geflüchtet aus dem Vaterhaus. Heute nacht! Sie sagt, sie hätte selbständig und einwandfrei gewählt; bittet, wir möchten ihr verzeihen und ist geflüchtet.«

»Mit wem? Wohin?« fragte er hastig unterdrückt.

Er sprang auf, als ob er ihr folgen wollte. Aber als sie ihm aus dem Weg wichen, sah er verstört um sich, wankte ein paar Schritte zurück und sank wieder nieder. Er blieb neben Grace knien und ergriff eine ihrer kalten Hände.

Große Verwirrung und Aufregung hatten Platz gegriffen, aber ohne Sinn und Ziel. Einige eilten auf verschiedenen Straßen nach, andere holten Pferde oder Fackeln herbei, andere redeten laut miteinander und wandten ein, daß man nicht die geringste Spur hätte. Einige traten auf ihn zu und versuchten ihn zu trösten. Andere bedeuteten ihm, daß Grace in das Haus geschafft werden müsse, aber er duldete es nicht. Er hörte auf niemanden und rührte sich nicht.

Der Schnee fiel immer dichter. Er sah einmal zum Himmel empor und dachte bei sich, daß diese weiße Asche, die über sein Hoffen und sein Leid gestreut ward, ihr gut stehe. Er schaute umher auf dem weißen Erdboden und dachte daran, daß die Spur von Marions Fuß, kaum eingedrückt, wieder verdeckt werde, und selbst dieses Gedenken an sie nicht von Dauer sein würde. Bei alledem spürte er nichts von dem Wetter und bewegte sich nicht von der Stelle.

DRITTER TEIL

Die Welt war seit dieser Nacht der Rückkehr sechs Jahre älter geworden. Es war ein warmer Herbstnachmittag und es hatte stark geregnet. Die Sonne schien plötzlich durch die Wolken, und das alte Schlachtfeld glänzte bei ihrem Anblick von einem grünen Fleck her aufleuchtend, strahlte ihr einen Willkommensgruß entgegen. Dieser Gruß dehnte sich über das ganze Land aus, als ob man ein Freudenfeuer angezündet hätte, das von tausend Höhen her seine Antwort fände.

Wie schön und herrlich die Landschaft in dem Licht leuchtete! Der Wald, vorher eine dunkle, schwarze Materie, zeigte sein buntes Gewand aus Gelb, Grün, Braun, Rot und seine verschiedenen Gestalten der Bäume, an deren Blättern Regentropfen zitterten und funkelnd herniederfielen. Die sonnige Wiese sah aus, als sei sie noch vor einer Minute blind gewesen und hatte jetzt das Sehvermögen gefunden, mit dem sie zum strahlenden Himmel emporschaute. Getreidefelder, Hecken, Hütten, dichtgedrängte Dächer, der Kirchturm, der Bach, die Mühle: Alles leuchtete lächelnd aus der nebligen Dämmerung hervor. Die Vögel sangen erfreulich, die Blumen richteten ihre gesenkten Häupter auf, frische Düfte stiegen aus dem neuerquickten Boden herauf. Die blauen Himmelstreifen aber wurden größer und breiter. Bald erreichten die schrägen Strahlen der Sonne mit unwiderstehlichem Pfeil die vorgelagerte Wolkenwand, die noch zu fliehen zauderte; und ein Regenbogen, ein Inbegriff aller Farben, die Erde und Himmel zierten, wölbte sich im Triumph über den ganzen Horizont.

In solch einer abendlichen Stunde zeigte eine kleine Schenke an der Straße, hübsch verborgen unter einer großen Ulme mit einer herrlichen Sitzbank um den dicken Stamm, ihr freundliches Äußere dem Reisenden, wie es sich für eine Gastwirtschaft schickt, und lockte ihn mit mancher stummen, aber inhaltsvollen Zusage eines freundlichen Empfangs. Das rotbraune Schild nahm sich mit seinen goldenen, in der Sonne leuchtenden Buchstaben in dem dunkeln Laube des Baumes wie ein fideles Gesicht aus und verhieß gute Bewirtung. Die Tiertränke voll reinen Wassers und auf dem Erdboden davor einige Halme duftenden Heues ließen jedes Pferd, das vorbeikam, die Ohren spitzen. Die roten Vorhänge in den Zimmern des Erdgeschosses und die blütenweißen Gardinen in dem kleinen Schlafkabinett droben winkten mit jedem Lüftchen: Hereinspaziert! Auf den frischgestrichenen grünen Schildern stand mit goldenen Lettern zu lesen von Bier und Ale, guten Weinen und guten Betten, und daneben hing ein ergreifendes Bild von einer braunen überschäumenden Trinkkanne. Auf den Fensterbrettern prangten Blumen in ziegelroten Töpfen, die sich sehr fröhlich von der weißen Front des Hauses abhoben. In dem schattigen Torweg aber entdeckte man noch einzelne Streifen Licht, die um die blitzenden Flaschen und Zinnkrüge spielten.

In der Tür tauchte jetzt ein Musterbild von einem Wirt auf. Wenn er nämlich auch klein war, so war er doch voll und umfangreich und stand da, mit den Händen in den Taschen und die Beine gerade so weit auseinandergestellt, daß er dadurch volle Zuversicht auf seinen Keller und unbekümmertes Vertrauen zu sicher und anspruchslos, um als Prahler zu wirken auf die sonstigen Freuden des Gasthofs auszudrücken vermochte. Das schwere Naß, das von jedem Dinge nach dem starken Regen herniedertropfte, stand ihm recht gut. Nichts rund um ihn war durstig. Einige Dahlien mit schwerem Kopf, die über den Zaun des gutgepflegten

Gärtchens lugten, hatten so viel getrunken, wie sie nur vertragen konnten (vielleicht sogar etwas mehr) und waren vom erquickenden Tranke schwer; aber die Hagebutten, der Lack, die Blumen im Fenster und das Laub des alten Baumes waren in der behaglich heitern Stimmung von Leuten, die nur so viel getrunken, wie ihnen bekommt; nämlich gerade so viel, daß sie damit ihre besten Eigenschaften zur Entwicklung bringen konnten. Während sie klare Tropfen auf den Boden sprengten, schienen sie reichlich linde Luft zu spenden, die Gutes erwirkte, wohin sie vordrang, verkümmerte Winkel traf, in die der ernsthaftere Regen nur selten gelangte, und niemandem weh tat.

Dieser ländliche Gasthof hatte bei seiner Gründung ein außergewöhnliches Wahrzeichen angenommen. Er hieß »Zum Muskatsieb«. Unter diesem Namen stand auf demselben roten Schild im dunkeln Laub und mit den gleichen goldenen Buchstaben: Benjamin Britain.

Auf einen zweiten Blick und bei genauerer Betrachtung des Gesichts erkannte man, daß niemand anders als Benjamin Britain selbst in der Tür stand, ziemlich gewandelt, aber zu seinem Vorteil; ein recht ansehnlicher und netter Wirt.

»Mrs. Britain«, bemerkte Mr. Britain und sah die Straße hinab, »bleibt etwas lange. Es ist Teestunde.«

Weil noch keine Mrs. Britain zu sehen war, bummelte er langsam bis zur Mitte der Straße und sah sich sehr befriedigt das Haus an. »Es schaut ganz wie das Haus aus«, sagte Benjamin, »in dem ich einkehren würde, wenn es nicht mir gehörte.«

Dann ging er nach dem Gartenzaun und musterte die Dahlien. Sie blickten ihn an, müde und schläfrig mit hängenden Köpfen, die stets nickten, wenn die schweren Regentropfen von ihnen zur Erde fielen.

»Für euch muß gesorgt werden«, sagte Benjamin. »Ich

darf nicht vergessen, sie darauf aufmerksam zu machen. Sie verweilt lange.«

Mr. Britains bessere Hälfte schien in so hohem Maß seine bessere Hälfte zu sein, daß er ohne sie hilflos und aufgegeben war.

»Sie hat nicht viel zu erledigen, glaube ich«, sagte Ben. »Es waren ein paar Einkäufe auf dem Markt zu besorgen, aber nicht viel. Oh! Da erscheinen wir endlich!«

Ein Sitzwagen, gelenkt von einem Burschen, kam die Straße daherkutschiert; und drinnen, einen mächtigen, tüchtig nassen Regenschirm hinter sich zum Trocknen aufgespannt, saß die rundliche Gestalt einer Dame reifen Alters, die bloßen Arme über einem Korb, den sie auf den Knien hielt, gekreuzt, und verschiedene andere Körbe und Pakete um sich. Das gefällige, gutmütige Gesicht und eine gewisse behagliche Widerstandslosigkeit, wie sie von den Erschütterungen des Wagens auf ihrem Sitze hin und her geworfen wurde, erinnerten schon von weitem an alte Zeiten. Als sie näherkam, zeigte sich dies nicht minder; und als der Wagen vor dem Gasthof haltmachte und ein paar Schuhe, aus dem Wagen steigend, schnell durch Mr. Britains geöffnete Arme schlüpften und mit wichtigem Nachdruck den Boden berührten, erkannte man sofort, daß diese Schuhe niemandem anders als Clemency Newcome gehören konnten.

Und dies war auch in der Tat der Fall. Da steht sie denn vor uns, eine gesunde dralle Seele; mit so viel Seifenglanz auf dem Gesicht wie ehedem, nur mit heilen Ellbogen, die jetzt beinahe Grübchen zeigten.

»Du warst lange fort, Clemency!« sagte Mr. Britain.

»Ja, sieh mal an, Ben, ich hatte sehr viel zu besorgen!« antwortete sie und beaufsichtigte emsig das Hineinschaffen ihrer Körbe und Pakete; »acht, neun, zehn, wo ist elf? Oh! Mein Korb elf! Es stimmt. Bring das Pferd in den Stall,

Harry, und wenn es wieder hustet, so verabfolge ihm heute abend ein warmes Futtergemenge. Acht, neun, zehn. Nun, wo ist elf? Ach, ich vergaß, es ist schon gut. Was machen die Kinder, Ben?«

»Frisch und munter, Clemency.«

»Gott beschütze ihre lieben Häupter!« sagte Mrs. Britain und setzte den Hut ab (denn sie und ihr Mann waren jetzt in der Gaststube) und strich sich das Haar mit der flachen Hand glatt. »Gib mir einen Kuß, Alter.«

Mr. Britain ließ sich das nicht zweimal sagen.

»Ich glaube«, sagte Mrs. Britain und holte ein ganzes Bündel schmaler Hefte und zerknitterter Papiere aus der Tasche, »ich habe alles in Ordnung gebracht. Die Rechnungen alle beglichen, den Rübsen verkauft, Brauereirechnung bezahlt, Tabakspfeifen bestellt siebzehn Pfund vier Schilling auf der Sparkasse eingezahlt und Doktor Heathfields Rezepte für die Kleine, du wirst dir schon denken können, wie es ist. Doktor Heathfield will wieder nichts annehmen, Tim.«

»Ich dachte es mir gleich«, meinte Britain.

»Ja. Er sagte, Tim, so groß deine Familie auch werde, er werde dir nie einen halben Penny abnehmen. Nicht, wenn du zwanzig Kinder kriegen solltest.«

Mr. Britains Gesicht nahm einen sehr ernsten Ausdruck an und sah starr an die Wand.

»Ist das nicht recht freundlich?« sagte Clemency.

»Gewiß«, entgegnete Mr. Britain. »Aber es ist eine Freundlichkeit, die ich um keinen Preis in Anspruch nehmen möchte.«

»Nein«, entgegnete Clemency. »Natürlich nicht. Dann ist das Füllen, es hat acht Pfund zwei Schilling eingetragen; und das ist nicht übel, nicht wahr?«

»Es ist sehr gut«, sagte Ben.

»Ich freue mich, daß du zufrieden bist«, rief seine Frau.

»Ich dachte es mir schon; und das, glaube ich, ist alles. Aber jetzt Schluß, Britain. Ha, ha, ha! Hier. Nimm die Papiere und prüfe sie. Doch halt, noch einen Augenblick! Hier ist noch ein gedruckter Zettel. Frisch aus der Druckerei. Wie gut er riecht!«

»Was ist das?« sagte Tim und betrachtete das Blatt.

»Ich weiß nicht«, antwortete seine Frau. »Ich habe kein Wort davon gelesen.«

»Verkauf durch freiwillige öffentliche Versteigerung«, las der Wirt, »unter Vorbehalt früheren Privatübereinkommens.«

»Das schreiben sie immer darauf«, sagte Clemency.

»Ja, aber doch nicht immer dieses«, versetzte er. »Schau her: Herrenhaus und Wirtschaftsgebäude, Park und Garten von Mr. Snitchey und Craggs und das schuldenfreie Gut von Mich. Warden, Esquire, wegen Fortzugs ins Ausland!«

»Wegen Fortzugs ins Ausland!« wiederholte Clemency.

»Hier steht es«, sagte Mr. Britain. »Sieh her.«

»Und heute hörte ich erst von drüben, daß sie bessere und deutlichere Nachrichten bald senden wolle!« sagte Clemency. Dabei schüttelte sie traurig den Kopf und griff wieder nach ihren Ellbogen, als ob die Erinnerung an alte Zeiten auch alte Gewohnheiten erwecke. »Hm, hm, hm! Das wird drüben wieder die Herzen schwer machen, Ben.«

Mrs. Britain seufzte, schüttelte den Kopf und sagte, er könne die Angelegenheit von Grund auf nicht begreifen und habe sie längst aufgegeben. Bei dieser Randbemerkung beließ er es und klebte den Zettel hinter die Büfettfensterscheibe. Clemency aber, nachdem sie eine Weile grübelnd dagestanden, machte sich auf und eilte hinaus, um nach den Kindern zu schauen.

Obgleich der Wirt des Muskatsiebs großen Respekt vor seiner Hausfrau hatte, so blieb diese doch ganz in der alten unterwürfigen Art; und das ergötzte ihn außerordentlich. Nichts hätte ihn in größere Verwunderung gebracht, als wenn ihn ein Dritter darauf aufmerksam gemacht hätte, wie sie allein die ganze Wirtschaft führte und ihn durch kluge haushälterische Weise, frischen Unternehmungsgeist, Ehrlichkeit und Fleiß zum wohlhabenden Manne machte. So leicht ist es in jedem Lebensverhältnis (und gar oft ist es wirklich der Fall), die stillen Naturen, die nie ihre Verdienste zur Schau stellen, nach ihrem eigenen bescheidenen Urteil zu werten und ein unerfreuliches Gefallen wegen äußerlicher Besonderheiten und Scheinvorzüge an Menschen zu finden, deren innerer Wert, wenn wir so tief blicken wollten, uns erröten machen müßte!

Es erfüllte Mr. Britain mit Wohlbehagen, wenn er an die Herablassung dachte, mit der er Clemency geheiratet. Sie erschien ihm als ein beständiges Zeugnis seines edlen Herzens, und er spürte, daß ihre Trefflichkeit nur den alten Spruch bestätigte, daß die Tugend sich selbst belohne.

Er hatte den Zettel angeklebt und die Quittungen über die Geschäfte des heutigen Tages in den Büfettschrank geschlossen, wobei er immer über ihre Geschäftstüchtigkeit vor sich hinschmunzelte, als sie mit der Nachricht zurückkam, daß die beiden Master Britains unter Obhut einer gewissen Betsy im Schuppen spielten, die kleine Clemency aber schlafe »wie ein Engel«. Jetzt ließ sie sich auch zum Tee nieder, der, auf ihr Erscheinen wartend, auf einem kleinen Tisch bereitstand. Es war ein hübsches kleines Büfett mit der üblichen Dekoration von Flaschen und Gläsern und einer gerichteten Uhr, die auf die Minute ging (es war halb sechs). Jeder Gegenstand war an seinem gehörigen Platz und bis auf das äußerste blankgescheuert und poliert.

»Es ist das erstemal, daß ich heute ruhig zum Sitzen komme«, sagte Mrs. Britain und schöpfte tief Atem, als ob sie nun für den Abend festen Sitz gefaßt hätte, aber sie erhob sich doch gleich wieder, um ihrem Mann Tee einzugießen und Butter und Brot zu schneiden! »wie dieser Zettel mich an alte Zeiten denken läßt!«

»Ja, ja!« erwiderte Mr. Britain, packte seine Untertasse wie eine Auster und schlürfte sie in derselben Weise aus.

»Dieser selbe Mr. Michael Warden«, sagte Clemency grübelnd, »brachte mich um meine alte Stelle.«

»Und verschaffte dir einen Mann«, ergänzte Mr. Britain.

»Na ja«, meinte Clemency, »und dafür will ich ihm auch dankbar sein.«

»Der Mensch ist ein Knecht der Gewohnheit«, sagte Mr. Britain und sah seine Frau über seine Untertasse hin prüfend an. »Ich hatte mich an dich gewöhnt und sah ein, daß ich mich ohne dich nicht recht wohl fühlen würde. Ha, ha! Wer hätte das für möglich gehalten!«

»Ja wirklich!« rief Clemency. »Es war sehr gütig von dir, Ben.«

»Nein, nein, nein«, antwortete Ben mit selbstgefälliger Bescheidenheit. »Nicht der Rede wert.«

»Oh ja, Ben«, sagte seine Frau herzlich. »Ich glaube es doch und bin dir sehr zu Dank verbunden. Ach!« Sie schaute wieder auf den Zettel. »Als es bekannt wurde, daß sie entflohen war, das liebe Mädchen, da konnte ich nicht anders ihretwegen und der Schwester und des Vaters wegen zu sagen, was ich wußte, nicht wahr?«

»Jedenfalls erzähltest du es«, bestätigte ihr Gatte.

»Und Doktor Jeddler«, sagte Clemency, ihre Tasse hinsetzend und nachdenklich auf den Zettel schauend, »jagte mich in seinem Kummer und Zorn aus dem Haus! Wie bin ich froh, daß ich damals kein böses Wort gesagt habe und ihm nichts Böses nachtrug; denn er hat es später herzlich bereut. Wie oft hat er hier gegessen und mir immer wieder gesagt, daß es ihm leid tue! Zum letztenmal gestern noch, als du nicht da warst. Wie oft hat er hier gesessen und stundenlang von dem und jenem geredet, als ob es ihm wohl tue! Aber eigentlich nur aus Liebe zur einstigen Zeit und weil er wußte, daß sie mich gern gehabt hat, Ben!«

»Mein Gott, wie hast du das herausbekommen, Clemency?« fragte ihr Mann, ganz erstaunt, daß sie eine Wahrheit klar erkannte, die in seiner philosophischen Vernunft nur gedämmert hatte.

»Ich weiß es nicht«, sagte Clemency und pustete über ihren Tee, um ihn abzukühlen. »Himmel! Ich könnte es nicht sagen, und wenn man mir eine Belohnung von hundert Pfund verspräche.«

Er hätte feine philosophischen Gedankengänge wohl noch weiter fortgesetzt, hätte er nicht hinter ihm an der Tür der Gaststube eine substantielle Erscheinung in Gestalt eines Herrn in Trauer, der einen Reitanzug trug, wahrgenommen. Er schien auf ihr Gespräch zu achten und gar nicht die Absicht zu haben, sie zu unterbrechen.

Clemency erhob sich. Auch Mr. Britain stand auf und begrüßte den Gast. »Wünschen Sie gefälligst hinaufzugehen, Sir? Es ist ein sehr hübsches Quartier oben, Sir.«

»Ich danke Ihnen«, sagte der Fremde und sah Mrs. Britain aufmerksam an. »Ist es gestattet, hier einzutreten?«

»Oh, wenn Sie wünschen«, gab Clemency zur Antwort und öffnete das Schankzimmer. »Was wünschen Sie, Herr?«

Er hatte den Zettel bemerkt und las ihn jetzt.

»Ein sehr schönes Grundstück, Herr«, erklärte Mr. Britain.

Er antwortete nicht, sondern drehte sich um, als er die Lektüre beendet, und schaute Clemency mit der gleichen forschenden Aufmerksamkeit wie zuvor an. »Sie fragten«, sagte er, ohne den Blick von ihr abzuwenden

»Was der Herr wünschen«, entgegnete Clemency und sah ihn gleichfalls verstohlen an.

»Wenn Sie mir einen Schluck Ale geben wollen«, sagte er und trat an einen Tisch am Fenster, »und zwar hierher bringen wollen, ohne daß Sie sich bei Ihrem Tee stören lassen, würde es mir sehr lieb sein.«

Er nahm ohne weiteres Platz und schaute auf die Landschaft hinaus. Er war ein Mann in der Blüte seines Lebens, gut und kräftig gebaut. Sein sonnengebräuntes Gesicht überschattete dunkles Haar, und er trug einen Schnurrbart. Als man ihm sein Bier gebracht hatte, schenkte er sich ein Glas ein und trank freundlich auf das Wohl des Hauses; als er das Glas wieder niedersetzte, bemerkte er: »Ein neues Haus, nicht wahr?«

»Nicht gerade neu, Sir«, erwiderte Mr. Britain.

»Etwa fünf bis sechs Jahre alt«, sagte Clemency, mit ausgesprochener Betonung.

»Ich glaubte vorhin, als ich eintrat, den Namen Dr. Jeddlers zu hören«, bemerkte der Fremde. »Dieser Zettel erinnert mich an ihn, denn ich weiß durch Zufall von der Angelegenheit durch Hörensagen und gewisse Beziehungen. Lebt der alte Herr noch?«

»Gewiß, Herr«, sagte Clemency.

»Hat er sich sehr verändert?«

»Seit wann, Herr?« fragte Clemency mit besonderem Ton in der Stimme.

»Seit seine Tochter ihn verließ.«

»Ja! Seitdem hat er sich verändert«, sagte Clemency. »Er ist alt und grau geworden und ist durchaus nicht mehr derselbe Mann, aber ich meine, er hat jetzt einen Trost gefunden. Er hat sich seitdem mit seiner Schwester versöhnt und besucht sie oft. Das hat ihm gleich wohl getan. Anfangs war er sehr niedergedrückt, und das Herz konnte sich einem im Leibe umwenden, wenn man ihn herumwandern sah und auf die Welt schelten hörte. Aber nach einem oder zwei Jahren wurde er ein ganz Anderer und Besserer, und dann begann er, gern von seiner verlornen Tochter zu reden, und sie zu loben und auch die Welt! Und er ward nie müde, zu erklären, unter Tränen zu erklären, wie schön und wie gut sie gewesen. Er hatte ihr verziehen. Das war um die Zeit von Miss Graces Hochzeit. Du weißt noch, Britain?«

Mr. Britain erinnerte sich der Geschichte noch sehr gut.

»Die Schwester ist also verheiratet«, meinte der Fremde. Er schwieg einen Augenblick, bevor er fragte: »Mit wem?«

Clemency hätte vor Überraschung über diese Frage beinahe das Teebrett umgeworfen.

»Vernahmen Sie nie davon?« fragte sie.

»Nie, ich möchte es aber wissen«, antwortete er und goß sich ein neues Glas ein, das er an die Lippen führte.

»Oh, es wäre eine lange Geschichte, wenn man sie regelrecht erzählen wollte«, meinte Clemency und stützte ihr Kinn auf ihre linke Hand, indes sie den linken Ellbogen auf die andere Hand legte und kopfschüttelnd auf die inzwischen verflossenen Jahre zurückschaute, wie man in ein Feuer hineinschaut. »Es wäre eine lange Geschichte.«

»Aber rasch erzählt?« forschte der Fremde.

»Rasch erzählt«, wiederholte Clemency in dem gleichen nachdenklichen Ton und anscheinend, ohne sich um ihn zu kümmern oder sich bewußt zu sein, daß sie Zuhörer habe, »was wäre da zu sagen? Daß sie gemeinsam bekümmert waren, ihrer gedachten wie einer Verstorbenen; daß sie sie in guter Erinnerung behielten, ihr keine Vorwürfe machten und sie zu entschuldigen wußten? Das weiß jeder. Ich zum mindesten weiß es, und niemand besser!« setzte Clemency hinzu und wischte sich die Augen mit der Hand.

»Und dann«, half der Fremde ein.

»Und dann«, wiederholte Clemency mechanisch seine Worte, ohne ihre Haltung oder ihre Art zu ändern, »dann fanden sie sich schließlich als Mann und Weib. Sie wurden getraut an ihrem Geburtstag (er jährt sich morgen) in aller Stille, aber zufrieden und glücklich. Mr. Alfred sagte eines Abends, als sie im Obstgarten spazierten: ›Grace, soll unser Hochzeitstag auf Marions Geburtstag fallen?‹ Und so geschah es.«

»Und sie leben glücklich zusammen?« fragte der Fremde.

»Ja«, sagte Clemency. »Nie lebten Eheleute glücklicher. Sie haben keinen Kummer; nur diesen.«

Sie hob das Haupt, als werde sie plötzlich gewahr, unter welchen Umständen sie an diese Geschehnisse zurückdenke und warf einen schnellen Blick auf den Fremden. Da sie sah, daß er sein Gesicht dem Fenster zugekehrt hatte, als ob er in der Betrachtung der Aussicht versunken wäre, machte sie ihrem Mann ein paar rasche Zeichen, deutete auf den Anschlag und bewegte die Lippen, als habe sie sehr angelegentlich ein Wort oder einen Satz zu wiederholen. Da sie dabei keinen Laut hören ließ und ihre stummen Gesten wie gewöhnlich sehr verwundersam waren, so brachte dies rätselhafte Betragen Mr. Britain bis zum Rand der Verzweiflung. Er staunte den Tisch an, den Fremden, die silbernen Löffel, seine Frau folgte ihren Mienen mit Blicken tiefen Erstaunens und größter Ratlosigkeit fragte sie in der gleichen Sprache, ob sein Besitz oder er in Gefahr sei beantwortete ihre Zeichen mit andern, die seine tiefste Betroffenheit zum Ausdruck brachten, verfolgte die Bewegung ihrer Lippen, riet halblaut »Milch und Wasser«, »Scheck«, »Maus und Walnuß«, und konnte doch über nichts klar werden.

Clemency gab zuletzt ihre aussichtslose Bemühung auf, rückte etwas näher an den Fremden heran und musterte ihn mit scheinbar gesenkten Augen scharf, während sie eine neue Frage erwartete. Sie brauchte nicht lange zu harren, denn er hob gleich wieder von neuem an.

»Und was wurde später aus der Tochter, die ihn verließ? Sie kennen sie, meine ich?«

Clemency schüttelte den Kopf. »Ich hörte«, sagte sie, »Doktor Jeddler solle mehr wissen, als er zu wissen vorgebe. Miss Grace hat Briefe von ihr erhalten, in denen sie schreibt, daß es ihr gut gehe und daß sie durch ihre Heirat glücklich geworden sei. Sie hat ihr darauf geantwortet. Aber es schwebt ein Geheimnis über ihrem Leben und ihrem Geschick, das bis jetzt nicht aufgeklärt ist, und das …«

Ihre Stimme wurde schwankend und sie stockte.

»Und das …« fuhr der Fremde fort.

»Das nur ein einziger Mensch aufklären könnte«, sagte Clemency atmend.

»Und wer wäre das?« forschte der Fremde.

»Mr. Michael Warden!« antwortete Clemency beinahe mit einem Schrei und bekundete damit zugleich ihrem Gatten, was sie ihm vorhin hatte deutlich machen wollen, und Michael Warden, daß er erkannt sei.

»Sie kennen mich noch, Herr«, sagte Clemency, zitternd vor Erregung. »Ich sah es soeben! Sie kennen mich noch von der Nacht damals im Garten. Ich war bei ihr!«

»Ja, ich weiß es«, entgegnete er.

»Ja, Herr«, versetzte Clemency. »Ja, bestimmt. Das ist mein Mann, Herr. Ben, lieber Ben, lauf zu Miss Grace, laufe zu Mr. Alfred, lauf zu irgend jemandem, Ben! Hole irgend jemanden herbei, sogleich!«

»Bleiben Sie!« sagte Michael Warden und trat gelassen zwischen die Tür und Britain. »Was wollen Sie anfangen?«

»Geben Sie ihnen Nachricht, daß Sie hier sind, Sir«, bat Clemency und schlug die Hände zusammen, ganz außer sich vor Verwirrung. »Geben Sie ihnen Nachricht, daß sie aus Ihrem Munde mehr von ihr erfahren können; daß sie ihnen nicht ganz verloren ist, sondern daß sie wieder heimkommen wird, um ihren Vater und ihre Schwester und auch ihre alte Dienerin, mich«, sie schlug sich mit beiden Händen auf die Brust, »mit dem Anblick ihres lieben Gesichts zu trösten. Eile, Ben, eile!« Und noch immer drängte sie ihn gegen die Tür, und noch immer stand Mr. Warden davor und versperrte ihm den Ausgang, nicht mit zorniger, sondern mit betrübter Miene.

»Oder vielleicht«, sagte Clemency und hielt sich an Mr. Wardens Mantel, »vielleicht ist sie jetzt hier; vielleicht ist sie ganz nahe. Ja, ich merke es Ihnen an, sie muß hier sein. Bitte, Herr, lassen Sie mich zu ihr. Ich hütete sie, als sie noch ein kleines Kind war. Ich sah sie aufwachsen als Freude dieses Ortes. Ich kannte sie, als sie Mr. Alfreds Braut war. Ich versuchte sie zurückzuhalten, als Sie sie hinweglockten. Ich kenne ihr Vaterhaus, wie es war, als sie es noch beseelte, und wie es sich geändert hat, seitdem sie entfloh. Bitte, Herr, lassen Sie mich zu ihr!«

Er sah sie mitleidig und erstaunt an, machte aber keine Geste der Einwilligung.

»Ich glaube nicht, daß sie wissen kann«, erklärte Clemency, »wie aufrichtig sie ihr vergeben haben; wie sehr sie sie lieben; welche Freude es ihnen bereiten würde, sie noch einmal zu sehen. Sie scheut sich vielleicht, nach Hause heimzukehren. Ich kann ihr vielleicht Mut zusprechen, wenn sie mich erblickt. Nur sagen Sie mir, haben Sie sie mitgebracht?«

»Nein«, sagte er kopfschüttelnd.

Diese Antwort, sein Verhalten, sein Traueranzug, seine stille Rückkehr, die angekündigte Absicht, ins Ausland zu ziehen, offenbarten alles: Marion war tot.

Er konnte ihr nichts entgegnen, ja, sie war tot! Clemency setzte sich nieder, legte das Gesicht auf den Tisch und weinte bittere Tränen.

In diesem Augenblick stürzte ein alter, grauhaariger Herr außer Atem ins Zimmer und keuchte so sehr, daß man an seiner Stimme kaum Mr. Snitchey erraten hätte.

»Mein Gott, Mr. Warden«, rief der Advokat und zog ihn beiseite, »was für ein Wind«, er war so erschöpft, daß er pausieren mußte und erst nach einer Weile ganz schwach fortfuhr, »hat Sie hierher geführt?«

»Ein schlimmer, fürchte ich«, antwortete er. »Wenn Sie hätten hören können, was hier eben geschah, wie ich Unmögliches tun soll, wie ich Betrübnis und Herzeleid mitbringe!«

»Ich kann alles begreifen. Aber warum sind Sie gerade hierher gekommen?« sagte Snitchey.

»Weshalb sollte ich nicht! Wie konnte ich wissen, wer hier Wirt ist? Als ich meinen Diener zu Ihnen schickte, ging ich hier herein, weil mir das Haus neu war. Ich hatte ein begreifliches Interesse für alles Neue und Alte in dieser Umgebung von einst. Außerdem aber wollte ich vor der Stadt erst einmal mit Ihnen zusammentreffen. Ich wollte wissen, was die Leute über mich reden. Ich sehe es an Ihrer Haltung, daß Sie es mir sagen können. Wäre Ihre verwünschte Vorsicht nicht gewesen, dann hätte ich längst alles erfahren können.«

»Unsere Vorsicht!« rief der Advokat aus. »Im Namen meiner selbst und Craggs' selig«, hier blickte er auf den Flor an seinem Hut und schüttelte den Kopf, »zu Ihnen gesprochen, Mr. Warden, wie können Sie uns klugermaßen eine Schuld zuschreiben? Wir einigten uns, diese Angelegenheit nicht wieder zu berühren, da es keine Sache war, in die sich so würdige und gesetzte Männer wie wir (ich notierte mir Ihre damaligen Bemerkungen) mischen dürften. Unsere Vorsicht! während Mr. Craggs in sein ehrenwertes Grab stieg in dem Glauben …«

»Ich hatte feierlich versprochen, zu schweigen, bis ich zurückkehren würde, wie lange dies auch immer dauern möchte«, unterbrach ihn Mr. Warden, »und ich habe das Versprechen gehalten.«

»Gut, Herr, und ich wiederhole es, wir waren gleichfalls zum Schweigen verpflichtet. Dazu zwang uns unsere Verpflichtung gegen uns selbst und gegen verschiedene Klienten, unter denen auch Sie waren. Es war nicht unsere Sache, Sie über eine so persönliche Angelegenheit auszuforschen; ich hatte meine Befürchtung, Herr, aber erst seit sechs Monaten habe ich die Wahrheit erfahren.«

»Durch wen?« fragte sein Klient.

»Durch Doktor Jeddler selbst, Herr, der mir freiwillig sein Vertrauen schenkte. Er, und nur er, hat um die ganze Wahrheit seit mehreren Jahren gewußt.«

»Und Sie wissen sie auch?« sagte sein Klient.

»Ja, Herr!« erwiderte Snitchey, »und ich habe auch allen Anlaß, anzunehmen, daß ihre Schwester sie morgen abend hören wird. Unterdessen werden Sie mir hoffentlich die Ehre erweisen, Gast in meinem Hause zu sein, da man Sie bei den Ihren nicht erwartet hat. Doch um etwaigen weitern Verlegenheiten vorzubeugen, für den Fall, daß man Sie erkennen sollte, ist es besser, wir essen hier und gehen abends nach der Stadt. Man speist hier recht gut, Mr. Warden; das Haus ist übrigens das Ihre. Ich und Craggs (selig) aßen hier oft ein Kotelett und fanden es immer delikat. Mr. Craggs, mein Herr«, sagte Snitchey und schloß die Augen fast für einen Augenblick, um sie dann wieder zu öffnen, »wurde zu früh aus dem Buche der Lebendigen gelöscht.«

»Der Himmel vergebe es mir, daß ich Ihnen nicht mein Beileid sagte«, versetzte Michael Warden und fuhr mit der Hand über die Stirn, »aber mir ist es, als ob ich träumte. Es ist mir, als wäre ich nicht ganz bei Bewußtsein. Mr. Craggs, ja ich bedauere es sehr, daß wir Mr. Craggs verloren haben.« Aber er blickte, indem er so sprach, auf Clemency und schien mit Ben, der sie tröstete, Sympathie zu fühlen.

»Mr. Craggs, Sir«, entgegnete Snitchey, »erfuhr, was ich zu meinem Leidwesen bekennen muß, daß das Leben nicht zu leicht zu behalten war, wie es ihm seine Theorie sagte, sonst würde er noch unter uns verweilen. Es ist ein herber Verlust für mich. Mr. Craggs war mein rechter Arm, mein rechtes Bein, mein rechtes Ohr, mein rechtes Auge. Ich komme mir ohne ihn wie ein Lahmer vor. Er vermachte seinen Geschäftsanteil der Mrs. Craggs, den Testamentsvollstreckern, Sachwaltern und Kuratoren. Sein Name steht noch heute im Schild der Firma. Manchmal versuche ich wie ein Kind, mich in den Glauben einzuwiegen, als lebe er noch. Ich sage immer wieder: Snitchey allein und Craggs selig, mein Herr, selig«, sagte der gefühlvolle Anwalt und zog ein Taschentuch hervor.

Michael Warden, der Clemency noch immer ansah, wandte sich zu Snitchey, als dieser aufhörte zu reden, und flüsterte ihm etwas ins Ohr.

»Ach, die arme Frau!« sagte Snitchey und schüttelte den Kopf, »Ja. Sie hing immer sehr an Marion. Schöne Marion! Arme Marion! Aber Kopf hoch, liebe Frau Sie sind ja jetzt verheiratet, Clemency.«

Clemency seufzte nur und schüttelte das Haupt.

»Nur Geduld bis morgen«, sagte der Advokat voll Güte.

»Das Morgen macht die Toten nicht lebendig, Herr«, sagte Clemency schluchzend.

»Dies freilich nicht, sonst würde es auch Mr. Craggs, selig, wieder lebendig machen«, erwiderte der Anwalt. »Jedoch Trost kann es bringen. Geduld bis morgen.«

Clemency schüttelte die hingestreckte Hand und versprach sich zu beruhigen. Britain aber, der beim Anblick seiner kummervollen Gattin (es war gerade, als lasse das ganze Geschäft den Kopf hängen) ganz niedergeschlagen worden war, erklärte, so sei es richtig. Mr. Snitchey und Michael Warden gingen hinauf und waren droben alsbald in eine so vorsichtig gehaltene Unterredung vertieft, daß durch das Klirren der Teller und Schüsseln, das Zischen der Pfannen, das Prutzeln in den Kasserollen, das gleichförmige Schnurren des Bratspießrades, das von Zeit zu Zeit schrecklich gluckste, als sei ihm in einem Anfall von Schwindel etwas zugestoßen und die andern Vorbereitungen zu ihrem Diner in der Küche auch kein Wörtchen hörbar ward.

Der folgende Tag war schön und heiter, und nirgends sah die herbstlich gefärbte Landschaft schöner aus, als von des Doktors freundlichem Obstgarten her. Der Schnee vieler Winternächte war hier zerronnen, die welken Blätter manches Sommers hatten hier geraschelt, seitdem sie geflüchtet war. Die Jelängerjelieber-Laube war wieder grün, die Bäume warfen schöne wechselnde Schatten auf den Rasen; die Landschaft war so heiter ruhig, wie sie nur sein konnte. Wo aber war sie?

Nicht hier. Nicht dort. Sie wäre jetzt ein seltsamer Anblick in dem alten Haus gewesen, seltsamer selbst, als anfangs das Haus ohne sie. Aber an ihrem gewohnten Platz saß eine Dame, aus deren Herzen sie nie entschwunden war; in deren treuer Erinnerung sie fortlebte, unverändert, im vollen Glanz ihrer Jugend und Schönheit; in deren Liebe, und es war nur die Liebe einer Mutter, eine geliebte kleine Tochter spielte; neben ihr sie keine Nebenbuhlerin, keine Nachfolgerin hatte und auf deren zarten Lippen ihr Name jetzt hauchte.

Der Geist der entschwundenen Jungfrau schaute aus diesen Augen; aus diesen Augen Graces, ihrer Schwester, wie sie mit dem Gatten an ihrem Hochzeitstag und Marions Geburtstag im Obstgarten saß.

Er hatte es zu keinem berühmten Namen gebracht, hatte auch keine Reichtümer gesammelt, hatte aber die Umwelt und die Freunde seiner Jugend nicht vergessen; er hatte keine von des Doktors Voraussagungen erfüllt. Aber bei seinen stillen und wohltuenden Besuchen in niedern Hütten; bei seinen Nachtwachen am Krankenlager und bei seiner täglichen Erkenntnis des vielen Schönen und Guten, das auf den Seitenwegen des Lebens blüht und nicht niedergetreten wird von dem schweren Fuß der Armut, sondern kräftig emporsprießt in ihren Spuren, hatte er von Jahr zu Jahr die Wahrheit seines alten Glaubens besser gelernt und bewiesen. Seine Lebenshaltung, so ruhig und bescheiden sie auch war, hatte ihm bewiesen, wie oft sich noch immer Engel der Menschen annehmen, wie in alter Urzeit; und wie oft die unscheinbaren Gestalten selbst manche, die dem Äußern nach gewöhnlich und häßlich erscheinen und in Lumpen gekleidet sind, am Schmerzenslager des Kranken in einem neuen Licht erscheinen und sich zu hilfsbereiten Engeln wandeln, mit einer Strahlenkrone um das Haupt.

Er hatte vielleicht seinen Menschenberuf besser erfüllt auf diesem alten Schlachtfeld, als wenn er ohne Rast auf ruhmvolleren Bahnen gekämpft hätte; und er war glücklich mit seiner Gattin Grace.

Und Marion? Hatte er sie vergessen?

»Die Zeit ist seither schnell vergangen, liebe Grace«, sagte er. Sie sprachen von jener Nacht, »und doch scheint es schon lange gewesen zu sein. Wir zählen nach den Wandlungen und Erlebnissen in uns, nicht nach Jahren.«

»Aber auch Jahre sind verstrichen, seitdem Marion uns verlassen«, entgegnete Grace. »Sechsmal, lieber Mann, den heurigen Tag mit inbegriffen, haben wir an ihrem Geburtstag hier gesessen und von ihrer so heiß ersehnten und so lange aufgeschobenen Rückkehr gesprochen. Wann wird dies endlich der Fall sein!«

Ihr Gatte sah sie aufmerksam an, wie sich die Tränen unter ihren Wimpern sammelten und sagte dann, sie näher zu sich ziehend: »Aber Marion erklärte dir doch in ihrem Abschiedsbrief, den sie auf dem Tisch zurückließ und den du so oft liest, daß Jahre darüber hingehen müßten, ehe dies eintreffen könnte. Ist das nicht wahr?«

Sie zog den Brief aus der Brust, küßte ihn und sagte: »Ja«.

»Daß sie während dieser Zeit, so glücklich sie auch sein möge, auf die Zeit harren werde, wo sie heimkehren und alles aufklären könne; und daß sie dich bitte, im gleichen Sinn zu hoffen und zu vertrauen. Das steht im Brief, nicht wahr. Liebste!«

»Ja, Alfred!«

»Und in jedem Brief, den sie seither geschrieben?«

»Außer in dem letzten vor einigen Monaten, in dem sie von dir schrieb und von dem, was du damals erfahren und was ich heute abend hören sollte.«

Er blickte nach der Sonne, die sich dem Abend zugeneigt hatte, und sagte, die angesetzte Zeit sei Sonnenuntergang! –

»Alfred!« sagte Grace und legte innig die Hand auf seine Schulter, »es steht etwas in dem Brief, was ich dir nie mitgeteilt habe. Aber heute abend, geliebter Gatte, da dieser Sonnenuntergang naht und unser Leben mit dem scheidenden Tage feierlicher und stiller zu werden scheint, kann ich es nicht verbergen.«

»Was ist es, Geliebte?«

»Als Marion von uns ging, schrieb sie in diesem Brief, daß, wie du sie mir einst anvertraut, sie dich jetzt in meine Hände lege, Alfred; sie beschwor mich im Namen meiner Liebe zu ihr und zu dir, nicht die Neigung zurückzuweisen, die du, wie sie wisse, auf mich übertragen würdest, sobald die noch frische Wunde geheilt sei, sondern sie zu ermuntern und zu erwidern.«

»Und um mich wieder zu einem glücklichen und zufriedenen Manne zu machen, Grace. Schrieb sie dies nicht?« »Sie meinte, mich so beglückt und geehrt mit deiner Liebe zu machen!« war seiner Frau Antwort, als er sie in seinen Armen umfing.

»Höre mich, Geliebte!« sagte er. »Nein. So!« Und mit diesen Worten legte er sachte ihren Kopf an seine Brust. »Ich weiß, weshalb ich von dieser Stelle im Briefe nie etwas vernommen habe. Ich weiß, weshalb sich damals bei dir nie eine Spur davon in Wort oder Blick verraten hat. Ich weiß, weshalb Grace, obwohl meine echte Freundin, doch so schwer dahin zu bringen war, mein Weib zu werden. Ja, ich kenne den nicht auszumessenden Wert des Wesens, das ich in meinen Armen halte, und danke Gott für den köstlichen Schatz!«

Sie weinte, jedoch nicht aus Kummer, als er sie gegen sein Herz preßte. Nach einer Pause sah er auf das Kind herab, das ihnen zu Füßen saß und mit einem Körbchen voll Blumen spielte und sagte zu ihm: »Sieh einmal, wie rot und golden die Sonne ist.«

»Alfred«, versetzte Grace und schaute bei diesen Worten rasch auf. »Die Sonne sinkt. Du hast nicht vergessen, was ich vernehmen soll, bevor sie untergegangen ist.«

»Du sollst die Wahrheit über Marions Schicksal hören, Liebe«, entgegnete er.

»Die ganze Wahrheit«, bat sie flehentlich. »Ohne weiteres Verbergen. So lautet das Versprechen, nicht wahr?«

»Freilich«, meinte ihr Gatte.

»Bevor die Sonne an Marions Geburtstag unterginge. Und

du siehst, Alfred, sie ist nahe am Untergehen.«

Er schlang die Arme um sie, blickte ihr tief ins Auge und sagte: »Nicht ich soll dir diese Botschaft eröffnen, liebe Grace. Sie soll von andern Lippen kommen.«

»Von andern Lippen!« wiederholte sie lautlos.

»Ja. Ich kenne dein treues Gemüt. Ich weiß, wie fest du bist, und daß ein Wort der Vorbereitung bei dir genügt. Du sagtest, die Zeit sei genaht. Sie ist da. Sage mir, ob du stark genug bist, eine Überraschung, eine Erschütterung zu ertragen: Dann harrt der Bote schon vor der Tür.«

»Welcher Bote?« fragte sie. »Und was für eine Nachricht bringt er?«

»Ich darf nicht mehr sagen«, versetzte er mit demselben festen Blick. »Glaubst du mich zu begreifen?«

»Ich zittere bei dem Gedanken«, sagte sie.

Trotz seiner ruhigen Miene lag ein Ausdruck auf seinem Gesicht, der sie in Schrecken setzte. Von neuem barg sie ihr Antlitz an seiner Brust und bat ihn bebend, noch einen Augenblick zu warten.

»Mut, arme Grace! Wenn du genug Kraft hast, harrt der Bote schon vor der Tür. Die Sonne geht über Marions Geburtstag unter. Mut, Mut, Grace!«

Sie erhob den Kopf, blickte ihn an und erklärte, sie sei bereit. Indessen sie so dastand und ihm nachschaute, ähnelte sie Marion in deren letzten Zeit wunderbar. Er nahm ihr Kind zu sich. Sie rief es zurück, es hatte der verlornen Schwester Namen und drückte es an ihr Herz. Aber als sie die Kleine wieder losließ, eilte diese ihm nach, und Grace war allein. Sie wußte nicht, was sie ängstigte oder was sie erhoffte, sondern blieb ohne Regung stehen und schaute nach der Tür, durch die sie entschwunden waren.

Himmel, was ist das, was aus dem Schatten hervor sich nähert und auf der Schwelle verweilt? Diese Gestalt in dem weißen, von der Abendluft bewegten Gewand, das Haupt zärtlich ruhend an ihres Vaters Brust! Gott, war es ein Traumgesicht, das sich aus ihres Vaters Armen losriß und mit einem Schrei in heißer Liebesfreude ihr in die Arme sank?

»Marion, Marion! Meine Schwester! Mein teures geliebtes Herz! Ach unsagbares Glück des Wiedersehens!«

Es war kein Traum, kein von Hoffnung und Furcht beschworenes Bild der Phantasie, es war Marion selbst! So hold, so glücklich, so unberührt von Schmerz und Leiden, so schön in ihrer Anmut, daß, als die Sonne auf ihr gen Himmel gewandtes Antlitz leuchtete, sie wie ein Engel aussah, der die Erde segenspendend aufsuchte.

Marion hielt ihre Schwester umarmt, die auf eine Bank gesunken war, und neigte sich zu ihr nieder. Sie lächelte durch ihre Tränen, und nun kniete sie vor ihr hin und konnte keinen Augenblick das Auge von ihr wenden. Endlich brach sie das Schweigen, und ihre Stimme klang klar, leise und harmonisch in die Stille des Feierabends.

»Als ich noch unter diesem geliebten Dache lebte, Grace.«

»Mein süßes Herz! Nur einen Augenblick! Oh Marion, dich wieder reden zu hören!«

Sie konnte die geliebte Stimme nicht ohne tiefe, fast schmerzliche Erschütterung vernehmen.

»Als ich noch unter diesem Dache lebte, Grace, liebte ich ihn von ganzer Seele. Ich liebte ihn auf das innigste. Ich hätte für ihn sterben können, wiewohl ich noch so jung war. Ich verschmähte seine Liebe nie in meinem innersten Gemüt; nicht einen einzigen Augenblick. Sie war mir teurer, als ich es zu beschreiben vermag. Obwohl es lange her ist, längst vergangen und alles ganz anders geworden, so konnte ich doch den Gedanken nicht ertragen, daß du etwa glaubtest, ich hätte ihn ehedem nicht treu geliebt. Ich liebte ihn nie mehr, Grace, als an dem Tage, da er von hier Abschied nahm. Ich liebte ihn nie mehr, als an dem Abend, da ich von hier flüchtete.«

Ihre Schwester vermochte nur ihr ins Antlitz zu schauen und sie fest in den Armen zu halten.

»Aber ohne es zu ahnen«, sagte Marion sanft lächelnd, »hatte er ein anderes Herz gewonnen, ehe ich überhaupt eins besaß, um es ihm zu schenken. Dieses Herz, deines, Schwester war so erfüllt von Liebe zu mir, war so opferbereit und edel, daß es seine Liebe verhüllte und sie geheimhielt vor den Augen aller, außer vor den meinen ah, welche Augen wären auch so von Liebe und Dankbarkeit geschärft gewesen! und sich für mich aufopferte. Aber ich kannte die Tiefe dieses Herzens. Ich kannte den Kampf, den es ausgefochten. Ich wußte, wie hoch und unermeßlich sein Wert für ihn war und wie teuer er es schätzte, mochte er auch mich lieben. Ich wußte, wieviel ich diesem Herzen verdankte, ich hatte sein schönes Beispiel täglich vor Augen. Was du für mich getan hast, Grace, das wußte ich, würde ich auch für dich tun können, wenn ich den Willen dazu hatte. Ich legte mich nie zur Ruhe, ohne Gott mit Tränen zu bitten, daß er mir die Kraft dazu verleihen möge. Ich begab mich nie zur Ruhe, ohne an Alfreds eigene Worte beim Abschied zu denken, daß täglich in menschlichen Herzen Siege gewonnen würden, gegen die jene Schlachtfelder zu nichts würden. Und als ich immer mehr und mehr an die Entsagung dachte, die sich täglich in der Welt ereignet und die gemeinhin so wenig beachtet wird, da fühlte auch ich, daß mir meine Prüfung täglich leichter ward! Gott aber, der jetzt in unser Herz blickt und weiß, daß kein Tropfen Kummer oder Schmerz in dem meinen ist, nichts als Glück, verlieh mir die Kraft zu dem Entschluß, nie Alfreds Gattin zu werden. Daß er mein Bruder und dein

Gatte werden sollte, wenn mein Beginnen dieses glückliche
Ende herbeiführen könnte, daß ich aber nie (Grace, ich liebte ihn damals innig!) sein Weib werden wollte!«

»Oh, Marion! Oh, Marion!« hauchte Grace.

»Ich bemühte mich zu tun, als ob er mir gleichgültig
wäre«, und sie legte das Gesicht ihrer Schwester an ihre
Wange, »aber das war zu schwer, und du sprachst immer
eifrig für ihn. Ich bemühte mich, dir meinen Entschluß zu
gestehen, doch du wolltest mich nie hören, nie verstehen.
Die Zeit seiner Rückkehr kam herbei. Ich fühlte, daß ich
handeln mußte, ehe dieser tägliche Verkehr neu auflebte. Ich
fühlte, daß ein großer Schmerz in diesem Augenblick uns
alle langen Leiden ersparen könnte. Ich wußte, daß, wenn
ich vor ihm flüchtete, schließlich das eintreten müßte, was
eingetreten ist, und was uns beide so glücklich gemacht hat,
Grace! Ich schrieb an Tante Martha und bat sie um Auf-
nahme in ihrem Heim: Ich sagte ihr damals nicht die ganze
Wahrheit, aber sie erfüllte mir gern meine Bitte. Während
meine Entschlußkraft noch mit mir und meiner Liebe zu
Euch und dem Vaterhaus um Entscheidung rang, ward Mr.
Warden durch einen Unglücksfall eine Zeitlang unser Haus-
genosse.«

»Ich habe das in letzter Zeit zuweilen gefürchtet,« rief
ihre Schwester aus und wurde totenblaß. »Du liebtest ihn
nie und hast aus Entsagung geheiratet!«

»Er war damals«, sagte Marion und zog ihre Schwester
näher zu sich heran, »im Begriff, heimlich ins Ausland zu
fliehen. Er schrieb an mich, offenbarte mir seine Verhältnisse und Aussichten und bot mir seine Hand an. Er erklärte
mir, er habe empfunden, daß ich Alfreds Rückkehr nicht
freudig entgegensähe. Ich glaube, er war der Ansicht, mein
Herz hätte keine Neigung zu diesem Bündnis, oder ich hätte
ihn wohl früher geliebt, liebe ihn indessen nicht mehr; oder

ich suchte Gleichgültigkeit zu verbergen, indem ich mich gleichgültig stellte; kurz, ich weiß es nicht. Aber ich wollte, daß Alfred glauben sollte, ich sei ganz für ihn verloren. Verstehst du mich, geliebte Schwester?«

Ihre Schwester blickte ihr aufmerksam ins Gesicht. Sie schien in Unklarheit zu sein.

»Ich traf mich mit Mr. Warden und vertraute mich seiner Ehre an; ich offenbarte ihm mein Geheimnis am Abend vor seiner und meiner Flucht. Er hat es treu bewahrt. Verstehst du mich, Liebste?«

Grace schaute verwirrt um sich. Sie schien es kaum zu hören.

»Geliebte Schwester«, sagte Marion, »sammle deine Gedanken für einen Augenblick, höre mich. Blicke mich nicht so seltsam an. Es gibt Länder, wo die Menschen, die eine widerspenstige Leidenschaft unterdrücken oder einen tiefen Schmerz ihrer Brust heilen wollen, sich in immerwährende Einsamkeit zurückziehen und für ewig der Welt und deren Gefühlen den Abschied geben. Wenn Frauen dies tun, so nehmen sie den Namen an, der mir durch dich so lieb ist, und nennen sich Schwestern. Aber es gibt auch Schwestern, Grace, die unter Gottes freiem Himmel und im geschäftigen Menschengewühl, wo sie möglichst bemüht sind, Segen zu spenden und Gutes zu tun, ein Gleiches lernen. Mit noch unverbrauchtem und jugendlichem Herzen und noch empfänglich für Glück können sie sagen: Der Kampf ist längst vorbei, der Sieg längst gewonnen. Und eine solche Schwester bin ich! Begreifst du mich jetzt?«

Aber noch immer sah diese Marion starr an und antwortete nicht.

»Oh Grace, geliebte Grace«, sagte sie und schmiegte sich noch inniger an die Brust, von der sie so lange getrennt gewesen, »wenn du nicht glücklich als Gattin und Mutter wärest, wenn ich keine kleine Namensschwester hier fände, wenn Alfred, mein lieber Bruder, nicht dein zärtlicher Gatte wäre, wo sollte ich dann die Seligkeit finden, die mir jetzt eigen ist? Wie ich das Haus verlassen habe, so kehre ich zurück. Mein Herz hat keine andere Liebe gekannt, meine Hand ist noch immer frei, ich bin noch immer deine jungfräuliche Schwester, unverheiratet, unverlobt: deine alte, liebe Marion, in deren Herzen du allein, ohne Nebenbuhler hausest, Grace!«

Sie begriff sie jetzt. Die Anspannung in ihrem Antlitz löste sich. Ihre Rührung machte sich in hellem Schluchzen Luft. Unter Tränen fiel sie ihrer Schwester um den Hals und streichelte sie wie ein Kind.

Als sie sich wieder etwas gefunden hatten, sahen sie den Doktor und Tante Martha, seine Schwester, und Alfred vor sich stehen.

»Das ist ein schlimmer Tag für mich«, sagte Tante Martha, unter Tränen lächelnd, als sie ihre Nichten umarmte, »denn indem ich euch alle glücklich gemacht habe, verliere ich eine liebe Tochter. Was vermögt ihr mir an Stelle meiner Marion zu geben?«

»Einen bekehrten Bruder«, sagte der Doktor.

»Das«, versetzte Tante Martha, »ist wenigstens etwas in einer solchen Narrenskomödie wie ...«

»Ich bitte dich«, sagte der Doktor reuevoll.

»Na, ich will es auf sich beruhen lassen«, versetzte die Tante zur Antwort. »Aber ich fahre wirklich schlecht dabei. Ich weiß nicht, was aus mir werden soll ohne meine Marion, nachdem wir ein Halbdutzend Jahre nebeneinander gelebt haben.«

»Du wirst zu mir ziehen müssen«, sagte der Doktor. »Wir zanken uns bestimmt nicht mehr.«

»Oder heiraten, Tante«, riet Alfred.

»Ich glaube wirklich«, erwiderte die Dame, »es wäre nicht übel, wenn ich Michael Warden aufs Korn nähme, der in jeder Hinsicht gebessert heimgekehrt sein soll. Aber weil ich ihn schon als Jungen kannte und damals auch nicht mehr sehr jung war, so möchte er mich am Ende abweisen. Daher will ich lieber zu Marion ziehen, wenn sie heiratet (was doch nicht lange währen kann), und bis dahin für mich wohnen. Was meinst du dazu, Bruder?«

»Ich hätte große Lust zu behaupten, daß es eine durch und durch erheiternde Welt ist, die gar nichts Ernsthaftes hat«, entgegneté der Doktor.

»Du könntest zwanzig Belege darüber protokollieren, Anthony«, meinte seine Schwester, »und dennoch würde dir das niemand, wenn er uns sähe, glauben.«

»Es ist eine Welt voll Seelengüte«, sagte der Doktor und umarmte beide Töchter zugleich denn er vermochte nicht die Schwestern voneinander zu lösen, »und eine ernste Welt mit all ihren Dummheiten selbst mit einer, die groß genug war, den ganzen Erdball zu überdecken; eine Welt, auf der die Sonne nie aufgeht, ohne auf Tausende von unblutigen Kämpfen niederzuschauen, die die Leiden und Verbrechen der Schlachtfelder einigermaßen wieder wettmachen; eine Welt, über die wir nicht spotten dürfen, denn sie ist voll von Geheimnissen, und nur ihr Schöpfer weiß, was hinter der Außenfläche seines ärmlichsten Nachbildes verborgen liegt!«

Ich würde euch keinen Gefallen erweisen, wenn ich mit derber Hand die Freude dieser lange getrennten und jetzt wieder vereinten Familie analysieren wollte. Darum wollen wir den Doktor nicht in der Erinnerung an seinen Schmerz begleiten, den er nach der Flucht Marions empfunden hatte. Wir wollen auch nicht berichten, wie ernst er die Welt gefühlt hatte, zu der eine tief eingewurzelte Neigung das

Erbgut aller Menschen ist; auch nicht, wie ihn eine solche Kleinigkeit, wie der Fehler bei einer einzigen kleinen Ziffer in der großen Narrenrechnung, zu Boden gedrückt hatte. Auch nicht, wie ihm seine Schwester schon lange aus Mitgefühl die Wahrheit allgemach enthüllt, ihm das Herz der freiwillig verbannten Tochter entdeckt und ihn zu ihrem Herzen geleitet hatte.

Wir erzählen auch nicht, wie Alfred Heathfield in dem eben verflossenen Jahre die Wahrheit erfahren, und wie Marion ihn wiedergesehen und ihm als ihrem Bruder gelobt hatte, an dem Abend ihres Geburtstages Grace mit eigenem Mund alles zu offenbaren.

»Ich bitte um Verzeihung, Doktor«, sagte Mr. Snitchey, in den Garten lugend, »darf man stören?«

Ohne eine Antwort zu erwarten, ging er geradeswegs auf Marion zu und küßte ihr in großer Freude die Hand.

»Wenn Mr. Craggs noch am Leben wäre, mein teures Fräulein Marion«, sagte Mr. Snitchey, »so würde er mit großer Teilnahme dem heutigen Tag folgen. Er würde vielleicht auf den Gedanken kommen, Mr. Alfred, daß das Leben uns nicht allzuleicht gemacht wird; daß es aber jede kleine Erleichterung, die wir ihm zu verleihen vermögend wären, wohl vertragen könnte; indessen Mr. Craggs war ein Mann, der auch vernünftig mit sich reden ließ. Wenn er jetzt der Überzeugung fähig wäre, doch das ist Schwäche. Liebe Frau«, auf diesen Ruf trat die gemeinte Dame in die Tür, »du bist bei alten Bekannten.«

Nachdem Mrs. Snitchey ihren Glückwunsch ausgesprochen, nahm sie ihren Gatten zur Seite.

»Nur eine Sekunde, Mr. Snitchey«, sagte die Lady. »Es ist nicht meine Art, Toten Böses nachzusagen.«

»Nein, liebe Frau«, erwiderte ihr Mann.

»Mr. Craggs ist …«

»Ja, meine Liebe, er ist gestorben«, warf Mr. Snitchey ein.

»Aber ich bitte dich, jenes Ballabends zu gedenken«, fuhr seine Frau fort. »Nur darum ersuche ich dich. Wenn du mir folgst und wenn dich dein Gedächtnis nicht ganz im Stich läßt und wenn du nicht ganz geistesschwach geworden bist, so fordere ich dich auf, den heutigen Abend mit jenem zu verknüpfen und dich daran zu erinnern, wie ich dich auf meinen Knien anflehte und bat …«

»Auf den Knien?« fragte Mr. Snitchey.

»Ja«, entgegnete Mrs. Snitchey ganz sicher, »und du weißt es, dich vor diesem Mann in acht zu nehmen, seinen Blick zu beobachten, und jetzt sage mir, ob ich damals nicht recht hatte, und ob er an jenem Tage nicht im Besitz von Geheimnissen war, die er nicht für gut hielt, zu enthüllen?«

»Liebe Frau«, flüsterte ihr der Anwalt ins Ohr, »bemerktest du vielleicht auch etwas in meinen Augen?«

»Nein«, antwortete Mrs. Snitchey spitz. »Bilde dir nur das nicht ein.«

»Weil wir zufällig an jenem Abend«, sprach er weiter und hielt sie am Ärmel fest, »beide Geheimnisse zu wahren hatten und weil wir beide eins und dasselbe wußten. Darum, Frau, je weniger du über diese Angelegenheit redest, desto besser; und nimm dir dies zur Lehre, damit du künftig die Dinge mit barmherzigeren und klügeren Augen ansiehst. Miss Marion, ich habe eine alte Bekanntschaft mitgebracht.«

Die arme Clemency kam, die Schürze vor dem Gesicht, langsam am Arm ihres Gatten herein; dieser selbst mit einer ahnungsvollen Miene, daß es mit dem Muskatsieb zu Ende sei, wenn sie den Mut verlor.

»Nun, liebe Frau«, sagte der Anwalt und hielt Marion zurück, die der alten Dienerin entgegeneilen wollte, »was fehlt Ihnen denn im Grunde?«

»Was mir fehlt?« rief Clemency.

Aber als sie jetzt verwundert und empört über die Frage und erschrocken über ein lautes Gejuchze Mr. Britains aufschaute und das wohlbekannte liebe Gesicht so dicht vor sich gewahrte, da machte sie große Augen, schluchzte, lachte, weinte, machte allerlei Ausrufe, umarmte Marion, hielt sie fest, ließ sie wieder los, fiel Mr. Snitchey um den Hals (worüber Mrs. Snitchey sehr indigniert war), dann dem Doktor, dann Mr. Britain und umarmte zuletzt sich selbst, warf die Schürze über den Kopf und lachte und weinte auf einmal.

Gleich hinter Mr. Snitchey war ein Fremder in den Garten eingetreten und hatte an der Tür haltgemacht, ohne von den andern beachtet zu werden, denn sie hatten nur wenig Aufmerksamkeit übrig, und diese wurde durch Clemencys Freudenrausch ganz und gar aufgezehrt. Er schien nicht den Wunsch zu haben, daß er beachtet würde, sondern er stand beiseite mit niedergeschlagenen Augen; und sein Gesicht zeigte einen bekümmerten Ausdruck (obwohl er sonst ein stattlicher Mensch war), der in der allgemeinen Fröhlichkeit nur noch mehr abstach.

Nur Tante Martha hatte ihn bemerkt. Sie ging gleich auf ihn zu und redete mit ihm. Gleich darauf trat sie wieder zu Marion, die mit Grace und ihrer kleinen Namensschwester eine holde Gruppe bildete, und flüsterte ihr etwas ins Ohr, wovon diese überrascht zu sein schien. Aber bald faßte sie sich wieder, ging mit der Tante zu dem Fremden und begann ein Gespräch mit ihm.

»Mr. Britain«, sagte der Anwalt und zog ein aktenmäßig aussehendes Papier aus der Tasche, »ich wünsche Ihnen Glück. Sie sind jetzt der einzige und alleinige Eigentümer des freien Besitzes, den Sie bis jetzt als ein konzessioniertes Gasthaus in Pacht hatten und das unter dem Namen Muskatsieb bekannt ist. Ihre Frau verlor ein Heim durch meinen Klienten Mr. Michael Warden und erhält jetzt ein neues durch ihn. Ich werde das Vergnügen haben, demnächst mich um Ihre Stimme bei der Wahl zu bewerben.«

»Würde es einen Unterschied in der Stimme machen, wenn das Schild eine Änderung in seiner Bezeichnung erführe?« fragte Britain.

»Ganz und gar nicht«, versetzte der Anwalt.

»Dann«, sagte Mr. Britain und reichte ihm die Schenkungsurkunde zurück, »fügen Sie noch die Worte hinein: und Fingerhut, und ich will diese beiden Symbole im Wohnzimmer aufhängen lassen, anstatt des Bildes meiner Hausfrau.«

»Mir aber«, ließ sich eine Stimme hinter ihm vernehmen, es war der Fremde, Michael Warden, »laßt den Inhalt dieser Symbole zugute kommen. Mr. Heathfield und Doktor Jeddler, ich hätte Ihnen beiden großes Herzeleid antun können. Daß es nicht so kam, geschah nicht durch mein Verdienst. Ich will nicht sagen, daß ich um sechs Jahre klüger oder besser geworden bin. Aber auf alle Fälle habe ich so lange bereut. Ich verdiene keine schonende Behandlung von Ihrer Seite. Ich mißbrauchte die Gastfreundschaft Ihres Hauses und lernte meine Schwächen kennen mit einer Beschämung, die ich nie vergessen habe, aber ich hoffe, auch nicht ohne Nutzen von einer«, er sah auf Marion, »die ich demütig um Verzeihung bat, als ich ihren Wert und meinen Unwert erkannte. In kurzem werde ich diesen Ort für immer verlassen. Ich bitte Sie alle um Vergebung. Wie ihr wollt, daß euch die Leute tun, so tut ihnen auch! Vergeßt und verzeiht!«

* * *

Die Zeit – die mir den letzten Teil dieser Geschichte mitteilte, und die ich zu meiner Freude seit etwa fünfunddreißig Jahren persönlich kenne benachrichtigte mich, gelassen auf ihre Sense gestützt, daß Michael Warden England nie verließ und sein Haus nicht verkaufte, sondern daß er es wieder mit großzügiger Gastlichkeit eröffnete und eine Gattin hatte, der Stolz und die Ehre der ganzen Umwelt, namens Marion. Aber da ich erfahren habe, daß die Zeit zuweilen Tatsachen durcheinander bringt, so weiß ich wahrhaftig nicht, wieviel Wert ich auf ihre Mitteilung legen soll.

Ende

Doktor Marigold

Aus dem Englischen von
Carl Kolb und Julius Seybt

ERSTES KAPITEL

Muß gleich genommen werden

Ich bin ein fahrender Händler, und der Name meines Vaters war Willum Marigold. Zu seinen Lebzeiten vermuteten einige Leute, sein Name sei William, aber mein Vater behauptete stets hartnäckig, nein, er hieße Willum. Was mich angeht, so begnüge ich mich damit, die Sache von folgendem Standpunkt aus zu betrachten: Wenn es einem Mann in einem freien Lande nicht gestattet sein soll, seinen eigenen Namen zu kennen, was kann ihm da wohl noch in einem Land, wo Sklaverei herrscht, erlaubt sein? Wenn man die Sache vom Standpunkt des Registers aus betrachtet, so kam Willum Marigold auf die Welt, bevor noch Register sehr im Schwange waren – und ebenso verließ er sie auch wieder. Außerdem würden sie ihm sehr wenig zugesagt haben, wenn sie zufälligerweise schon vor ihm aufgekommen wären.

Ich wurde an der Staatsstraße geboren, und mein Vater holte einen Doktor zu meiner Mutter, als das Ereignis auf einer Gemeindewiese eintrat. Dieser Doktor war ein sehr freundlicher Gentleman und wollte als Honorar nichts annehmen als ein Teetablett, und so wurde ich aus Dankbarkeit und als besondere Aufmerksamkeit ihm gegenüber Doktor genannt. Da habt ihr mich also, Doktor Marigold.

Ich bin gegenwärtig ein Mann in mittleren Jahren, von untersetzter Gestalt, in Manchesterhosen, Ledergamaschen und einer Weste mit Ärmeln, an der hinten stets der Riegel fehlt. Man kann ihn so oft ausbessern, wie man will, er platzt immer wieder, wie die Saiten einer Violine. Ihr seid sicher schon im Theater gewesen und habt gesehen, wie einer der Violinspieler, nachdem er an seiner Violine gehorcht hatte, als flüstere sie ihm das Geheimnis zu, sie fürchte, nicht in Ordnung zu sein, an ihr herumdrehte, und auf einmal hörtet ihr, wie die Saite platzte. Genauso geht es auch mit meiner Weste, soweit eine Weste und eine Violine einander gleich sein können.

Ich bevorzuge einen weißen Hut und liebe es, um den Hals ein lose und bequem geschlungenes Tuch zu tragen. Sitzen ist meine Lieblingsstellung, und was meinen Geschmack in bezug auf das Tragen von Schmuck angeht, so habe ich etwas für Perlmuttknöpfe übrig. Da habt ihr mich wieder, in Lebensgröße.

Da der Doktor ein Teetablett annahm, so werdet ihr vermuten, daß bereits mein Vater vor mir ein fahrender Händler war. Darin habt ihr ganz recht; er war auch einer. Es war ein hübsches Tablett. Man sah darauf eine gewichtige Dame, die auf einem gewundenen Kiesweg zu einer kleinen Kirche auf einer Anhöhe hinaufging. Auch zwei Schwäne waren in derselben Absicht herbeigeflattert. Wenn ich sie eine gewichtige Dame nenne, so meine ich damit nicht, daß sie besonders breit gewesen wäre, denn in dieser Beziehung war meiner Ansicht nach nicht viel mit ihr los, aber sie war dafür um so höher: Ihre Höhe und Schlankheit war, mit einem Wort gesagt, die Höhe von Höhe und Schlankheit.

Ich habe dieses Tablett oft gesehen, seitdem ich die unschuldig lächelnde (oder, was wahrscheinlicher ist, quäkende) Ursache dafür war, daß der Doktor es in seinem Sprechzimmer auf einem Tisch gegen die Wand gelehnt aufstellte. Stets, wenn mein Vater und meine Mutter in diesem Teil des Landes waren, steckte ich meinen Kopf (ich hatte damals flachsblonde Locken, wie ich meine Mutter habe erzählen hören, obwohl ihr ihn jetzt nicht eher von einem alten Besen unterscheiden könntet, als bis ihr an den Stiel kämet und entdecktet, daß dieser nicht ich bin) zu des Doktors Tür hinein, und der Doktor freute sich stets über meinen Besuch und sagte:

»Aha, mein Herr Kollege! Komm herein, kleiner Dr. med. Hast du Lust, ein Sechspencestück einzustecken?«

Man kann nicht ewig weitermachen, wie ihr wißt, und das konnte auch mein Vater nicht, ebensowenig wie meine Mutter. Falls ihr aber nicht, wenn eure Zeit gekommen ist, auf einmal abrückt, dann werdet ihr es stückweise tun, und es ist zwei gegen eins zu wetten, daß euer Kopf das erste Stück ist. Nach und nach verlor mein Vater den seinen, und meine Mutter verlor den ihren. Es war ganz harmlos, aber es versetzte die Familie, wo ich sie untergebracht hatte, in Unruhe. Das alte Paar begann, obwohl es sich zur Ruhe gesetzt hatte, sich gänzlich und ausschließlich dem fahrenden Handelsgeschäft zu widmen und war ständig damit beschäftigt, den Besitz der Familie auszuverkaufen. Wenn das Tischtuch zum Essen aufgelegt wurde, begann mein Vater mit den Tellern und Schüsseln zu rasseln, wie wir es bei unserem Geschäft tun, wenn wir Geschirr zum Ausschreien aufsetzen; bloß hatte er das Geschick dafür verloren und ließ sie meist fallen, so daß sie zerbrachen. So wie die alte Dame gewohnt gewesen war, im Karren zu sitzen und dem alten Herrn auf dem Trittbrett die Gegenstände einen nach dem anderen zum Verkauf hinauszureichen, in genau der gleichen Weise händigte sie ihm jeden Posten aus dem Besitz der Familie aus, und sie verkauften die Ware in ihrer Phantasie von morgens bis abends. Schließlich rief der alte Herr, als er und die alte Dame im selben Zimmer krank im Bett liegen, in der alten marktschreierischen Weise aus, nachdem er zwei Tage und zwei Nächte lang kein Wort gesprochen hatte:

»Nun, guckt einmal her, meine wackeren Burschen – als
der Nachtigall-Klub im Dorfe legt' los, im Wirtshaus zum
Kohlkopf und Hasen; sie hätten gar prächtig gesungen
bloß, daß sie Stimm' und Gehör nicht besaßen – nun, guckt
einmal her, meine prächtigen Burschen alle, hier ist ein Arbeitsmodell eines verbrauchten alten Händlers, ohne einen
Zahn im Mund und mit einem Leiden in jedem Knochen: so
lebensähnlich, daß es ebenso gut wäre, wenn es nicht besser
wäre, ebenso schlimm, wenn es nicht schlimmer wäre, und
ebenso neu, wenn es nicht abgenutzt wäre. Bietet für das Arbeitsmodell des alten Händlers, der zu seiner Zeit mehr Tee
mit den Damen getrunken hat, als nötig wäre, um den Dekkel von einem Waschkessel abzuheben und ihn um so viel
tausend Meilen höher als der Mond in die Luft zu führen als
nichts mal nichts, geteilt durch die Nationalschuld, übertra-
ge nichts auf die Armensteuer, drei ab und zwei dazu. Nun,
meine Eichenherzen und Strohmänner, was bietet ihr für
die Partie? Zwei Schilling, einen Schilling, zehn Pence, acht
Pence, sechs Pence, vier Pence. Zwei Pence? Wer hat zwei
Pence gesagt? Der Gentleman in dem Vogelscheuchenhut?
Ich schäme mich für den Gentleman in dem Vogelscheuchenhut. Ich schäme mich wirklich für ihn wegen seines
Mangels an Patriotismus. Nun will ich euch mal sagen, was
ich mit euch machen werde. Guckt her! Ich gebe euch noch
ein Arbeitsmodell von einer alten Frau dazu, die den alten
Händler heiratete vor so langer Zeit, daß es auf ein Ehren-
wort in Noahs Arche stattfand, bevor das Einhorn hereinkommen konnte, das Aufgebot zu verhindern, indem es ein
Lied auf seinem Horn blies. Nun denkt einmal an! Guckt
her! Was bietet ihr für beide zusammen? Ich will euch sagen,
was ich mit euch machen werde. Ich bin gar nicht böse auf
euch, weil ihr's euch so lange überlegt. Guckt her! Wenn ihr
mir bloß ein Angebot macht, das eurer Stadt ein wenig Ehre

einbringt, gebe ich euch noch eine Wärmflasche umsonst dazu und borge euch eine Röstgabel fürs ganze Leben. Nun, was sagt ihr zu dieser glänzenden Offerte? Sagt zwei Pfund, sagt dreißig Schilling, sagt ein Pfund, sagt zehn Schilling, sagt fünf, sagt zweieinhalb. Ihr sagt nicht einmal zweieinhalb? Ihr sagt zweieinviertel? Nein. Für zweieinviertel kriegt ihr die Partie nicht. Eher würde ich sie euch schenken, wenn ihr bloß hübsch genug wärt. Heda! Frau! Schmeiß den alten Mann und die alte Frau in den Karren, spann den Gaul vor und fahre sie fort und begrabe sie!«

Das waren Willum Marigolds, meines Vaters, letzte Worte, und sie wurden von ihm und von seinem Weib, meiner Mutter, an ein und demselben Tag wahrgemacht, was ich am besten wissen muß, da ich als Leidtragender hinter ihnen hergegangen bin.

Mein Vater ist zu seiner Zeit ein reizender Kerl im Geschäftszweig des fahrenden Handels gewesen, wie seine Worte vor dem Tod bewiesen haben. Aber ich bin noch tüchtiger als er. Das sage ich nicht, weil ich von mir selbst rede, sondern weil es von allen, die die Möglichkeit hatten, Vergleiche zu ziehen, allgemein anerkannt worden ist. Ich habe meine Sache studiert. Ich habe mich mit anderen öffentlichen Sprechern verglichen – Parlamentsmitgliedern, Volksrednern, Kanzelpredigern, Advokaten –, und wo ich sie gut fand, habe ich ein Stückchen Phantasie von ihnen geborgt, und wo ich sie schlecht fand, habe ich sie in Ruhe gelassen. Nun will ich euch aber was sagen. Ich bin entschlossen, in mein Grab zu steigen mit der Erklärung, daß von allen Berufen, denen in Großbritannien unrecht geschieht, die Hausierer am schlimmsten dran sind. Warum bilden wir nicht einen Stand? Warum besitzen wir keine Privilegien? Warum zwingt man uns, einen Hausierschein zu lösen, während von den politischen Hausierern nichts dergleichen verlangt wird? Wo ist denn der Unterschied zwischen ihnen und uns? Abgesehen davon, daß wir billig sind, während sie dem Land sehr teuer zu stehen kommen, sehe ich keinen Unterschied, der nicht zu unseren Gunsten ausfiele.

Denn seht einmal her! Nehmen wir an, es ist Wahlzeit. Ich stehe am Samstagabend auf dem Trittbrett meines Karrens. Ich hole eine Partie gemischter Artikel hervor. Ich sage:

»Guckt her, meine freien und unabhängigen Wähler, ich will euch so eine Gelegenheit geben, wie ihr sie alle euer Lebtag noch nicht gehabt habt, und auch in den Tagen davor nicht. Jetzt will ich euch mal zeigen, was ich mit euch machen werde. Hier ist ein Rasiermesser, das euch noch ratzekahler rasieren wird als die Armenbehörde; hier ist ein Bügeleisen, das sein Gewicht in Gold wert ist; hier ist eine Bratpfanne, die kunstvoll mit dem Geruch von Beefsteak-Essenz imprägniert ist, so daß ihr für den Rest eures Lebens bloß Brot und Schmalz darin zu braten braucht, und ihr werdet bis an den Hals mit Fleisch angefüllt sein; hier ist eine echte Chronometer-Taschenuhr in einem so starken Silbergehäuse, daß ihr damit an die Tür klopfen könnt, wenn ihr aus einer Gesellschaft spät nach Hause kommt, und euer Weib und eure Kinder aufwecken, so daß der Klopfer für den Briefträger reserviert bleibt; und hier habt ihr ein halbes Dutzend Teller, die ihr als Zimbeln verwenden könnt, um das Baby zu beruhigen, wenn es schreit. Halt! Ich tue noch einen anderen Artikel dazu und schenke ihn euch, und das ist ein Teigholz; und wenn das Baby dieses bloß gut in den Mund hineinbekommen kann, wenn es Zähne kriegt, und sich das Zahnfleisch einmal damit reibt, dann werden die Zähne doppelt durchkommen und das Baby wird dabei lachen, als würde es gekitzelt. Haltet noch einmal! Ich tue noch einen Artikel dazu, weil mir eure Gesichter nicht gefallen, denn ihr seht mir nicht wie Käufer aus. Ich weiß, ich verliere an euch, und weil ich lieber verlieren will, als heute abend kein Geld einzunehmen, ist da noch ein Spiegel, in dem ihr sehen könnt, wie häßlich ihr ausseht, wenn ihr nicht bietet. Na, was sagt ihr jetzt? Also los! Sagt ihr ein Pfund? Ihr nicht, denn ihr habt keins. Sagt ihr zehn Schilling? Ihr nicht, denn ihr seid mehr im Abzahlungsgeschäft schuldig. Nun, dann will ich euch mal sagen, was ich mit euch machen werde. Ich lege alles auf einen Haufen auf das Trittbrett des Karrens – hier habt ihr es! Rasiermesser, Bügeleisen, Bratpfanne, Chronometer-Taschenuhr, Teller, Teigholz und Spiegel –, nehmt es mit für vier Schilling und ich gebe euch ein Sechspencestück für eure Plackerei!«

So rede ich, der billige Hausierer. Aber am Montagmorgen steigt auf diesem selben Marktplatz der teure Hausierer auf die Rednerbühne – seinen Karren –, und was sagt er?

»Nun, meine freien und unabhängigen Wähler, ich will euch so eine Gelegenheit geben« (er fängt genauso an wie ich), »wie ihr alle euer Lebtag noch nicht gehabt habt, und das ist die Gelegenheit, mich ins Parlament zu schicken. Nun will ich euch sagen, was ich für euch tun werde. Hier habt ihr die Interessen dieser prächtigen Stadt, die ich über die ganze zivilisierte und unzivilisierte Erde erheben werde. Hier ist der Bau eurer Eisenbahn durchgesetzt und die Eisenbahn eurer Nachbarstadt abgelehnt. Hier sind alle eure Söhne bei der Post angestellt. Hier ist Britannia, die euch zulächelt. Hier sind die Augen Europas, die auf euch ruhen. Hier ist allgemeine wirtschaftliche Blüte für euch, Fleisch in Hülle und Fülle, goldene Kornfelder, fröhliche Heimstätten und zufriedene Herzen, alles in einem, und das bin ich selbst. Wollt ihr mich nehmen, wie ich hier stehe? Ihr wollt nicht? Gut, dann will ich euch sagen, was ich mit euch machen werde. Guckt her! Ich tue alles dazu, was ihr verlangt. Hier! Kirchensteuern, Abschaffung der Kirchensteuern, höherer Malzzoll, kein Malzzoll, allgemeine Schulbildung bis zur höchsten Stufe oder allgemeine Unwissenheit bis zur tiefsten, vollständige Abschaffung der Prügelstrafe im Heer oder ein Dutzend Stockschläge für jeden Soldaten regelmäßig einmal im Monat. Unrechte der Männer oder Rechte der Frauen – ihr braucht bloß zu sagen, was es sein soll, nehmen oder lassen, und ich bin ganz und gar eurer Meinung, und die Partei gehört euch zu euren eigenen Bedingungen. Nun, ihr wollt sie immer noch nicht nehmen? Gut, dann will ich euch sagen, was ich mit euch machen werde. Hört zu! Ihr seid so freie und unabhängige Wähler, und ich bin so stolz auf euch, und ihr seid ein so edler und erleuchteter Wahlkreis, und ich ersehne so sehr die Ehre und Würde, euer Abgeordneter zu sein, was bei weitem das Höchste ist, zu dem sich der menschliche Geist aufschwingen kann – daß ich euch sagen will, was ich mit euch machen werde. Ich tue noch alle Schenken in eurer prächtigen Stadt umsonst dazu. Seid ihr jetzt zufrieden? Immer noch nicht? Ihr wollt die Partie immer noch nicht nehmen? Nun denn, ehe ich den Gaul einspanne und davonfahre und das Angebot der nächsten allerprächtigsten Stadt mache, die entdeckt werden kann, will ich euch nochmals sagen, was ich mit euch machen werde. Nehmt die Partie, und ich will zweitausend Pfund in den Straßen eurer prachtvollen Stadt verstreuen, so daß jeder das Geld aufheben kann. Genügt noch nicht? Dann seht einmal her. Das ist das Alleräußerste, was ich tun werde. Es sollen zweitausendfünfhundert sein. Und ihr wollt immer noch nicht? Heda, Frau! Spanne den Gaul – doch nein, noch einen Augenblick, ich möchte euch schließlich nicht wegen einer Kleinigkeit den Rücken kehren –, es sollen zweitausensiebenhundertundfünfzig Pfund sein. Da! Nehmt die Partie zu euren eigenen Bedingungen, und ich zähle zweitausendsiebenhundertundfünfzig Pfund auf das Trittbrett des Karrens hin, die in den Straßen eurer prächtigen Stadt verstreut werden sollen, so daß jeder das Geld aufheben kann. Was sagt ihr jetzt? Nun kommt! Besser könnt ihr es nicht mehr treffen, höchstens schlimmer. Ihr nehmt es? Hurra! Wieder hineingelegt, und der Sitz ist mein!«

Diese teuren Hausierer seifen das Volk schändlich ein, während wir billigen das niemals tun. Wir sagen den Leuten die Wahrheit ins Gesicht und verschmähen es, ihnen zu schmeicheln. Was Verwegenheit beim Anpreisen der Ware angeht, so sind wir die reinen Waisenkinder gegen die teuren Hausierer. In unserem Handel gilt es als Regel, daß man über eine Flinte besser schwadronieren kann als über jeden anderen Artikel, den wir aus dem Karren hervorholen, mit Ausnahme von einem Paar Brillengläser. Aber wenn ich einen Vortrag halte, was die Flinte vermag und was mit der Flinte schon alles geschossen worden ist, dann gehe ich doch nicht halb so weit wie die teuren Hausierer, wenn sie nicht über ihre Flinten, wohl aber über ihre Kanonen reden – ihre großen Kanonen, die ihre Drahtzieher sind. Außerdem bin ich ein selbständiger Geschäftsmann – ich werde von niemandem mit einem Auftrag auf den Markt geschickt, wie es bei denen der Fall ist. Und ferner wissen meine Flinten nichts von dem, was ich zu ihrem Lob sage, während ihre Kanonen es wissen, und die ganze Gesellschaft sollte sich in Grund und Boden schämen. Das sind einige meiner Gründe für die Behauptung, daß die Hausierer in Großbritannien schlecht behandelt werden; und deshalb gerate ich in Wut, wenn ich an die großen Leute denke, die glauben, sie dürften auf uns herabsehen.

Ich warb um meine Frau von dem Trittbrett des Karrens aus. So war es tatsächlich. Sie war ein junges Mädchen von Suffolk, und es geschah auf dem Marktplatz von Ipswich,

dem Laden des Kornhändlers genau gegenüber. Ich hatte
sie schon am Sonnabend zuvor an einem Fenster stehen sehen und hatte sie gleich hoch eingeschätzt. Sie gefiel mir,
und ich sagte mir: »Falls sie noch nicht vergeben ist, will ich
diese Partie nehmen.« Am nächsten Sonnabend stellte ich
den Karren auf demselben Fleck auf. Ich war bester Laune,
das Publikum lachte in einem fort, und die Sachen gingen
ab wie geschmiert. Schließlich zog ich aus meiner Westentasche eine kleine, in Fließpapier eingewickelte Partie hervor
und begann folgendermaßen, wobei ich zu dem Fenster, an
dem sie stand, emporblickte:

»Nun hier, ihr blühenden Mädels von England, ist ein Artikel, der letzte Artikel vom heutigen Verkauf, den ich nur
euch, ihr lieblichen Kinder von Suffolk, die ihr vor Schönheit überströmt, anbiete, und den ich keinem lebendigen
Manne für tausend Pfund überlassen würde. Was mag das
wohl sein? Ich will euch sagen, was es ist. Es ist aus gedie-
genem Gold, und es ist nicht zerbrochen, obwohl es in der
Mitte ein Loch hat, und es ist stärker als jede Fessel, die je
geschmiedet wurde, obgleich es schmäler ist als der dünnste
Finger unter meinen zehn. Weshalb gerade zehn? Weil, als
meine Eltern mir mein Vermögen vermachten, wie ich euch
wahrheitsgemäß versichere, zwölf Laken, zwölf Handtücher, zwölf Tischdecken, zwölf Messer, zwölf Gabeln,
zwölf Eßlöffel und zwölf Teelöffel da waren, aber bei meinen Fingern fehlten zwei am Dutzend, und ich habe sie niemals beschaffen können. Nun, was ist es sonst noch? Hört
zu, ich will's euch sagen. Es ist ein Reif aus massivem Gold,
eingewickelt in ein silbernes Haarwickelpapier, das ich mit
eigener Hand von den glänzenden Locken der unvergäng-
lich schönen alten Dame in Threadneedle Street in der Londoner City genommen habe – ich würde das nicht behaupten, wenn ich euch nicht das Papier vorzeigen könnte, sonst

würdet ihr es selbst von mir nicht glauben. Nun, was ist es sonst noch? Es ist eine Männerfalle und eine Handschelle, ein Schließeisen und eine Beinfessel, alles in Gold und alles in einem. Nun, was ist es sonst noch? Es ist ein Ehering. Nun will ich euch sagen, was ich damit machen werde. Ich werde diesen Artikel nicht für Geld anbieten, sondern ich will ihn derjenigen unter euch Schönen geben, die jetzt lachen wird. Bei dieser will ich morgen früh Punkt halb zehn mit dem Glockenschlag einen Besuch machen und mit ihr spazierengehen, um das Aufgebot zu bestellen.«

Sie lachte, und der Ring wurde ihr hinaufgereicht. Als ich am nächsten Morgen zu ihr komme, sagt sie:

»Du lieber Himmel! Da seid Ihr ja! Es kann Euch doch nicht Ernst gewesen sein?«

»Da bin ich«, sage ich, »und ich bin für immer der Eurige, und es ist mein heiliger Ernst.«

So wurden wir getraut, nachdem wir dreimal aufgeboten worden waren – was, nebenbei bemerkt, ganz unseren Geschäftsgebräuchen entspricht und wieder einmal zeigt, wie sehr diese Gebräuche die ganze Gesellschaft durchdringen.

Sie war kein böses Weib, aber sie hatte ein reizbares Temperament. Wenn ich diesen Artikel unter Preis hätte loswerden können, so hätte ich sie für kein anderes Weib in ganz England hergegeben. Das soll nicht heißen, daß ich sie in Wirklichkeit hergegeben habe, denn wir lebten zusammen, bis sie starb, und das waren dreizehn Jahre. Nun, meine Lords und Ladies und mein ganzes verehrtes Publikum, ich will euch in ein Geheimnis einweihen, wenn ihr mir auch nicht glauben werdet. Dreizehn Jahre reizbares Temperament in einem Palast würden die Schlimmsten unter euch auf eine harte Probe stellen, aber dreizehn Jahre reizbares Temperament in einem Karren würden die Besten unter euch auf die Probe stellen. In einem Karren ist man so sehr aufeinander angewiesen, müßt ihr verstehen. Es gibt Tausende von Ehepaaren unter euch, die in fünf und sechs Stockwerke hohen Häusern wie Öl auf dem Wetzstein miteinander auskommen und die in einem Karren zum Scheidungsrichter laufen würden. Ob das Rütteln des Karrens es vielleicht schlimmer macht, das weiß ich nicht; aber in einem Karren geht es einem auf die Nerven und läßt einen nicht los. Böse Worte in einem Karren sind noch böser und Ärger in einem Karren ist noch ärgerlicher.

Und dabei hätten wir ein so schönes Leben haben können! Ein geräumiger Karren, an dem die großen Artikel draußen aufgehängt waren, während das Bett, wenn wir auf der Fahrt waren, zwischen den Rädern untergebracht war; ein eiserner Topf und ein Kessel, ein Kamin für die kalten Tage, ein Ofenrohr für den Rauch, ein Hängesims und ein Schrank, ein Hund und ein Pferd. Was kann man noch mehr verlangen? Man macht halt auf einem Rasenplatz an einem Feldweg oder an der Landstraße, man fesselt dem alten Gaul die Beine und läßt ihn grasen, man zündet sein Feuer auf der Asche des vorigen Besuchers an, man schmort seinen Braten, und man möchte den Kaiser von China nicht zum Vater haben. Aber wenn man ein reizbares Temperament im Karren hat, das einem böse Worte und die härtesten Handelsartikel an den Kopf wirft, wie ergeht es einem dann? Versucht einmal, eure Gefühle in diesem Fall auszudrücken!

Mein Hund wußte genauso gut wie ich, wann sie in der richtigen Verfassung war. Noch bevor sie loslegte, pflegte er einmal aufzuheulen und auszureißen. Woher er es wußte, war mir schleierhaft, aber er wußte es so sicher und bestimmt, daß er aus dem tiefsten Schlaf erwachte, aufheulte und davonlief, wenn es wieder einmal soweit war. Zu solchen Zeiten wünschte ich, ich steckte in seiner Haut.

Das Schlimmste aber war dies: Wir hatten eine Tochter, und ich liebe Kinder von ganzem Herzen. Wenn sie nun wütend war, so schlug sie das Kind, und das wurde so unerträglich, als das Kind vier oder fünf Jahre alt war, daß ich oft mit der Peitsche über der Schulter neben dem alten Gaul hergegangen bin, schlimmer weinend und schluchzend als die kleine Sophy. Denn wie konnte ich dagegen einschreiten? Mit einem solchen Temperament und in einem Karren ist nicht daran zu denken, wenn es nicht zu einer Prügelei kommen soll. Es liegt an der natürlichen Größe und den Raumverhältnissen eines Karrens, daß es dann zu einer Prügelei kommen muß. Passierte das dann wirklich einmal, so wurde das arme Kind noch mehr geängstigt als zuvor, und es erging ihm in der Regel auch noch übler, und seine Mutter beklagte sich bei den Nächstbesten, die uns begegneten, und da hieß es dann: »Da hat dieser gemeine Kerl von einem Händler sein Weib geschlagen.«

Und dabei war die kleine Sophy so ein braves Kind! Wie sie aufwuchs, fühlte sie sich immer mehr ihrem armen Vater zugetan, obwohl er so wenig tun konnte, um ihr beizustehen. Sie hatte wunderbar dichtes, glänzendes Haar, das in natürlichen Locken ihr Gesicht umrahmte. Ich staune jetzt über mich selbst, daß ich nicht in Raserei verfiel, wenn ich zusehen mußte, wie sie vor ihrer Mutter um den Karren davonlief, und wie ihre Mutter sie dann bei diesem Haar packte, zu Boden riß und auf sie losschlug.

Ich sagte, sie sei so ein braves Kind gewesen, und ich habe Grund dazu.

»Mache dir das nächstemal nichts daraus, Vater«, pflegte sie mir zuzuflüstern, während ihr Gesichtchen noch gerötet und ihre leuchtenden Augen noch feucht waren. »Wenn ich nicht laut schreie, dann kannst du wissen, daß es nicht sehr weh tut. Und selbst wenn ich laut schreie, dann will ich

Mutter bloß dazu bringen, aufzuhören und mich in Ruhe zu lassen.«

Was habe ich das liebe kleine Wesen ertragen sehen – um meinetwillen –, ohne aufzuschreien!

Doch kümmerte sich in anderen Dingen ihre Mutter sehr um sie. Ihre Kleider waren stets sauber und nett, und ihre Mutter war unermüdlich dabei, sie in Ordnung zu halten. So unlogisch geht es im Leben zu. Ich glaube, unser Aufenthalt in sumpfigen Gegenden bei schlechtem Wetter war die Ursache, daß Sophy schleichendes Fieber bekam. Aber wie dem auch sei, sowie sie es bekam, wandte sie sich für immer von ihrer Mutter ab, und nichts konnte sie dazu bewegen, sich von ihrer Mutter Hand anrühren zu lassen. Sie erschauerte und sagte: »Nein, nein, nein«, wenn diese ihr einen Dienst leisten wollte, sie verbarg dann ihr Gesicht an meiner Schulter und klammerte sich fest an meinen Hals.

Das Geschäft ging aus verschiedenen Gründen schlechter als je, am meisten aber war die Eisenbahn daran schuld, und ich glaube, daß sie uns Händlern zuletzt noch vollends den Garaus machen wird. So war denn zur Zeit, als die kleine Sophy so krank war, an einem Abend kein Heller mehr in der Kasse, wollte ich es nicht so weit kommen lassen, daß wir nichts mehr zu essen und zu trinken kaufen konnten, so mußte ich den Karren aufstellen. Das tat ich also.

Ich konnte das liebe Kind nicht dazu bringen, sich hinzulegen oder mich loszulassen, und ich hatte auch gar nicht das Herz dazu, so stellte ich mich denn auf das Trittbrett, während sie sich an meinem Hals festklammerte. Sie lachten alle, als sie uns so sahen, und ein Schafskopf von einem Bauer (den ich deswegen haßte) machte das Angebot: »Zwei Pence für sie!«

»Nun, ihr Bauerntölpel«, sage ich, mit einem Gefühl, als hinge mein Herz wie ein schweres Gewicht am Ende einer zerrissenen Fensterleine, »ich warne euch, daß ich im Begriff bin, euch das Geld aus der Tasche zu zaubern. Denn ich will euch so viel mehr geben, als euer Geld wert ist, daß ihr in Zukunft, wenn ihr am Sonnabend euren Lohn ausgezahlt kriegt, immer nach mir Ausschau halten werdet, um das Geld bei mir anzulegen. Aber ihr werdet vergeblich warten, und warum? Weil ich mein Glück dadurch gemacht habe, daß ich meine Waren en gros um fünfundsiebzig Prozent unter Einkaufspreis losgeschlagen habe, und infolgedessen nächste Woche als Herzog ins Oberhaus berufen werde. Nun laßt mich wissen, was ihr heute abend braucht und ihr sollt es kriegen. Aber vor allem, soll ich euch sagen, warum ich diese Kleine an meinem Hals hängen habe? Ihr wollt das nicht wissen? Nun sollt ihr's erst recht hören. Sie ist eine von den Elfen. Sie kann wahrsagen. Sie kann mir alles über euch zuflüstern und mir genau sagen, ob ihr eine Sache kaufen wollt oder nicht. Braucht ihr zum Beispiel eine Säge? Nein, sie sagt, ihr braucht keine, weil ihr zu ungeschickt seid, um mit ihr umzugehen. Sonst wäre hier eine Säge, die für einen tüchtigen Mann ein Segen fürs ganze Leben wäre – für vier Schilling, für dreieinhalb, für drei, für zweieinhalb, für zwei, für achtzehn Pence. Aber keiner von euch soll sie zu irgendeinem Preis kriegen, wegen eurer bekannten Un-geschicklichkeit, deretwegen die Sache reiner Mord würde. Dasselbe gilt für diesen Satz von drei Hobeln, die ich euch auch nicht verkaufen werde, so bietet also nicht darauf. Nun will ich sie einmal fragen, was ihr braucht.« (Dabei flüsterte ich: »Dein Kopf ist so heiß, daß ich fürchte, er tut dir sehr weh, mein Liebling«, worauf sie, ohne ihre festgeschlosse-nen Augen zu öffnen, antwortete: »Ein klein wenig, Vater.«) »Oh, diese kleine Wahrsagerin sagt mir, ihr bräuchtet ein Notizbuch. Weshalb habt ihr es denn nicht gleich gesagt? Hier ist es. Guckt es euch an. Zweihundert Seiten extrafeines satiniertes Velinpapier – wenn ihr's mir nicht glaubt, so zählt sie nach –, vollständig liniiert für eure Ausgaben, ein wenig gespitzter Bleistift, um sie niederzuschreiben, ein Federmesser mit doppelter Klinge, um sie auszuradieren, ein Buch mit gedruckten Tabellen, um euer Einkommen danach zu berechnen, und ein Feldstuhl zum Hinsetzen, während ihr damit beschäftigt seid. Halt! Noch etwas! Ein Sonnenschirm, um den Mondschein abzuhalten, wenn ihr in einer pechfinsteren Nacht damit beschäftigt seid. Nun will ich euch nicht fragen, wieviel für die Partie, sondern wie wenig. Wie wenig denkt ihr wohl? Sprecht nur ohne Scham, weil meine Wahrsagerin es bereits weiß.« (Ich tat so, als flüsterte ich, aber ich küßte sie, und sie mich.) »Nun, sie sagt, ihr denkt an so wenig wie drei Schilling und drei Pence! Ich hätte es nicht glauben können, selbst von euch nicht, wenn sie es mir nicht gesagt hätte. Drei Schilling und drei Pence! Und gedruckte Tabellen mit dabei, die euer Einkommen bis zu vierzigtausend Pfund im Jahr berechnen! Bei einem Einkommen von vierzigtausend Pfund im Jahr geizt ihr mit drei Schilling und drei Pence. Nun, dann will ich euch meine Meinung sagen. Ich verachte die drei Pence so, daß ich lieber drei Schilling dafür nehme. Hier. Für drei Schilling, drei Schilling, drei Schilling. Zugeschlagen. Gebt sie dem glücklichen Mann dort.«

Da überhaupt niemand geboten hatte, sah sich jedermann um und einer grinste den andern an, während ich das Gesicht meiner kleinen Sophy betastete und sie fragte, ob sie sich schwach oder schwindlig fühle.

»Nicht sehr, Vater. Es wird bald vorüber sein.«

Dann wandte ich mich von den hübschen, geduldigen Augen, die jetzt offen waren, ab und wieder meinen Kunden zu. Ich sah nichts als grinsende Gesichter beim Schein meiner Talgpfanne und fuhr fort, sie in meinem Stil anzureden.

»Wo ist der Schlächtergeselle?« (Mein kummervolles Auge hatte gerade einen fetten jungen Schlächtergesellen am äußeren Rand der Menge wahrgenommen.) »Sie sagt, der Schlächtergeselle wäre der glückliche Mann. Wo ist er?«

Die Leute stießen den errötenden Schlächtergesellen nach vorn, und es gab ein Gelächter, und der Schlächtergeselle fühlte sich verpflichtet, die Hand in die Tasche zu stecken und die Partie zu nehmen. Wenn man so einen aus der Menge heraussucht, fühlt er sich meistens verpflichtet, die Partie zu nehmen. Dann hatten wir noch eine Partie, die Wiederholung der ersten, und verkauften sie um sechs Pence billiger, was den Leuten immer großen Spaß macht. Dann kamen die Brillengläser dran. Sie sind keine besonders einträgliche Partie, aber ich setze sie auf, und ich sehe, um wieviel der Finanzminister die Steuern senken wird, und ich sehe, was der Liebste des jungen Mädels mit dem Tuch gerade zu Hause treibt, und ich sehe, was beim Bischof zu Mittag aufgetragen wird, und noch allerhand andere Sachen, die selten verfehlen, sie gut gelaunt zu machen; und je besser die Laune, desto besser die Angebote. Dann kam die Damenpartie dran – die Teekanne, die Teebüchse, die Zuckerdose aus Glas, ein halbes Dutzend Löffel und der Warmbierbecher –, und die ganze Zeit über gebrauchte ich ähnliche Vorwände, um nach meinem armen Kind zu sehen und ihm ein paar Worte zuzuflüstern. Gerade als die zweite Damenpartie das Publikum gefesselt hielt, fühlte ich, wie die Kleine sich an meiner Schulter ein wenig aufrichtete, um über die finstere Straße zu blicken.

»Was fehlt dir, Liebling?«

»Nichts fehlt mir, Vater. Ich fühle mich ganz ruhig. Aber sehe ich nicht dort drüben einen hübschen Friedhof?«

»Ja, mein Kind.«

»Küsse mich noch einmal, Vater, und lege mich dann auf

das Friedhofsgras zum Schlafen hin, das so weich ist.«

Ihr Haupt sank auf meine Schulter nieder, und ich wankte in den Karren hinein und sagte zu ihrer Mutter:

»Rasch. Schließ die Tür! Damit es diese lachenden Leute nicht sehen!«

»Was gibt's?« schreit sie.

»Oh Weib, Weib«, sage ich zu ihr, »du wirst meine kleine Sophy niemals wieder bei den Haaren reißen, denn sie ist von dir weggeflogen!«

Vielleicht klangen diese Worte härter, als ich sie gemeint hatte; aber von dieser Zeit an begann mein Weib tiefsinnig zu werden. Sie konnte stundenlang mit gekreuzten Armen und die Augen auf den Boden geheftet im Karren sitzen oder neben ihm hergehen. Wenn ihre Wutanfälle kamen (und sie waren jetzt seltener als früher), so nahmen sie jetzt eine neue Form an, und sie schlug auf sich selbst los in einer Weise, daß ich sie festhalten mußte. Auch trank sie ab und zu ein wenig, was nicht dazu beitrug, daß es besser mit ihr wurde. So pflegte ich denn in den folgenden Jahren, während ich neben dem alten Gaul herschritt, Betrachtungen darüber anzustellen, ob es wohl viele Karren auf der Landstraße gäbe, die so viel Traurigkeit wie meiner enthielten, obwohl man zu mir als dem König der fahrenden Händler emporblickte. So traurig ging unser Leben weiter bis zu einem Sonnabend, als wir aus dem Westen Englands nach Exeter hineinkamen. Da sahen wir, wie eine Frau grausam auf ein Kind einschlug, während das Kind schrie: »Schlag mich nicht! Oh Mutter, Mutter, Mutter!« Da hielt sich mein Weib die Ohren zu und lief wie von Sinnen davon, und am nächsten Tag zog man sie aus dem Fluß.

Ich und mein Hund waren jetzt die einzigen Bewohner, die im Karren zurückgeblieben waren. Ich brachte dem Hund bei, ein kurzes Bellen auszustoßen, wenn sie nicht bieten wollten, und noch einmal zu bellen und mit dem Kopf zu nicken, wenn ich ihn fragte:

»Wer hat eine halbe Krone gesagt? Sind Sie der Gentleman, Sir, der eine halbe Krone geboten hat?«

Er wurde ungeheuer beliebt, und man wird mich nicht von dem Glauben abbringen, daß er es sich ganz von selbst beibrachte, jeden in der Menge anzuknurren, der bloß sechs Pence bot. Aber er war schon sehr bejahrt, und eines Abends, als ich ganz York mit den Brillengläsern in Lachkrämpfe versetzte, verfiel er gerade auf dem Trittbrett neben mir in einen Krampf von ganz anderer Art, und das war sein Ende.

Da ich von Natur ein zartes Gemüt habe, so fühlte ich mich jetzt schrecklich einsam. Wenn ich auf dem Trittbrett stand und verkaufte, konnte ich zwar meine Gefühle unterkriegen, denn ich hatte einen Namen aufrechtzuerhalten (ganz abgesehen davon, daß ich mich selbst zu erhalten hatte). Aber im Privatleben drückten sie mich nieder und fielen über mich her. So geht es oft mit uns Leuten der Öffentlichkeit. Wenn ihr uns auf dem Trittbrett seht, dann möchtet ihr gleich alles, was ihr habt, hingeben, um an unserer Stelle zu sein. Seht uns aber einmal an, wenn wir abgetreten sind, und ihr würdet noch eine Kleinigkeit zugeben, um von dem Handel wieder loszukommen. So war meine Stimmung, als ich mit einem Riesen Bekanntschaft machte. Ich wäre vielleicht ein bißchen zu fein dafür gewesen, um mich mit ihm zu unterhalten, wären nicht meine Einsamkeitsgefühle gewesen. Denn bei uns fahrenden Leuten ist die Scheidelinie dort, wo die Verkleidung anfängt. Wenn ein Mann sich nicht auf seine unverkleideten Fähigkeiten verlassen kann, um seinen Lebensunterhalt zu verdienen, dann sieht man ihn als auf einer tieferen Stufe stehend an. Und wenn dieser Riese auf den Brettern stand, so trat er als Römer auf.

Er war ein junger Mann von schlaffem Wesen, was meiner Meinung nach von dem großen Abstand zwischen seinen Extremitäten herrührte. Er hatte einen Kopf von geringem Umfang und noch geringerem Inhalt; er hatte schwache Augen und schwache Knie, und man konnte sich, wenn man ihn ansah, des allgemeinen Gefühls nicht erwehren, daß sowohl für seine Gelenke wie für seinen Geist zuviel von ihm da war. Aber er war ein freundlicher, wenn auch schüchterner junger Mensch (seine Mutter vermietete ihn und gab das Geld für sich aus), und wir wurden miteinander bekannt, als er zu Fuß von einem Jahrmarkt zum anderen ging, um dem Pferd ein wenig Ruhe zu gönnen. Man nannte ihn Rinaldo di Velasco, doch sein wirklicher Name war Pickleson.

Dieser Riese namens Pickleson vertraute mir unter dem Siegel der Verschwiegenheit an, daß er sich erstens selbst zur Last wäre und daß ferner das Leben ihm zur Last gemacht würde durch die Grausamkeit seines Herrn gegen eine taubstumme Stieftochter. Ihre Mutter war tot, sie hatte keine Menschenseele, die sich ihrer annahm, und wurde schändlich behandelt. Sie reiste nur deshalb mit der Karawane seines Herrn, weil man sie nirgends lassen konnte, und dieser Riese namens Pickleson ging sogar so weit zu glauben, daß sein Herr oft den Versuch machte, sie auf dem Weg zu verlieren. Er war ein so schlaffer junger Mann, daß es unendlich lange dauerte, bis er diese Geschichte von sich gegeben hatte, aber sie gelangte doch allmählich zu seiner obersten Extremität.

Als ich diesen Bericht von dem Riesen namens Pickleson vernahm und er mir ferner erzählte, daß das arme Mädchen schönes, langes schwarzes Haar habe und oft daran zu Boden gezogen und geschlagen werde, da konnte ich den Riesen durch das, was feucht in meinen Augen stand, nicht mehr sehen. Nachdem ich sie mir gewischt hatte, schenkte ich ihm ein Sechspencestück (denn man hielt ihn so kurz, wie er lang war), und er leistete sich zwei Gläschen Gin mit Wasser dafür. Diese machten ihn so munter, daß er das beliebte komische Lied: »Ist's nicht kalt?« vortrug – eine vom Publikum sehr begehrte Nummer, die sein Herr durch zahllose andere Mittel vergeblich aus ihm herauszukriegen versucht hatte, wenn er als Römer auftrat.

Sein Herr hieß Mim. Er war ein sehr heiserer Mann, und ich kannte ihn von früheren Unterhaltungen her. Ich ging als bloßer Zuschauer zu diesem Jahrmarkt, nachdem ich den Karren außerhalb der Stadt untergebracht hatte, und ich sah mich während der Vorstellung an der Rückseite der Wohnwagen um. Endlich traf ich auf das arme taubstumme Mädchen, das im Halbschlaf an ein kotiges Wagenrad gelehnt dasaß. Beim ersten Blick hätte ich beinahe geglaubt, sie sei aus einer Menagerie wilder Tiere ausgebrochen, aber beim zweiten hatte ich einen günstigeren Eindruck und dachte, man müsse sie bloß besser versorgen und freundlicher behandeln, dann würde sie meinem verlorenen Kind ähnlich sein. Sie war gerade in dem Alter, in dem meine Tochter gewesen wäre, wenn ihr hübsches Köpfchen an jenem unseligen Abend nicht auf meine Schulter niedergesunken wäre.

Kurz, ich sprach vertraulich mit Mim, während er draußen zwischen zwei Partien die Glocke läutete, und ich sagte zu ihm:

»Sie liegt Euch schwer auf der Tasche, was wollt Ihr für sie haben?«

Mim pflegte stets entsetzlich zu fluchen. Wenn ich diesen Teil seiner Antwort, der bei weitem der längste war, übergehe, so lautete sie:

»Ein Paar Hosenträger.«

»Nun, ich will Euch sagen«, sage ich, »was ich mit Euch machen werde. Ich werde euch ein halbes Dutzend der feinsten Hosenträger im Karren holen und das Mädchen dann mit mir fortnehmen.«

Darauf Mim (wieder mit einigen Flüchen):

»Ich werde es glauben, wenn ich die Sachen habe, und nicht früher.«

Ich lief, so rasch ich konnte, damit er es sich nicht etwa noch anders überlegte, und der Handel kam zustande. Pickleson freute sich so sehr darüber, daß er der Länge nach, wie eine Schlange, zu seiner kleinen Hintertür herauskam und uns »Ist's nicht kalt?« zwischen den Rädern zum Abschied flüsternd vortrug.

Es waren glückliche Tage für uns beide, als Sophy und ich in dem Karren zu reisen begannen. Ich hatte ihr ein für allemal den Namen Sophy gegeben, damit sie für immer mir gegenüber die Stellung meiner leiblichen Tochter einnehmen sollte. Durch die Güte des Himmels gelang es uns bald, uns zu verständigen, sobald sie zu der Überzeugung gekommen war, daß ich es ehrlich und freundlich mit ihr meinte. In ganz kurzer Zeit hatte sie eine wunderbare Zuneigung zu mir gefaßt. Ihr könnt euch nicht denken, wie es ist, wenn jemand einem wunderbar zugetan ist, wenn nicht die Einsamkeitsgefühle, von denen ich euch erzählt habe, euch nicht schon niedergedrückt haben und über euch hergefallen sind.

Ihr hättet gelacht – oder das Gegenteil, das hängt von eurem Gemüt ab –, wenn ihr bei meinen Versuchen, Sophy zu unterrichten, hättet dabeisein können. Zuerst halfen mir dabei – ihr würdet das nie erraten – die Meilensteine. Ich verschaffte mir einige große Alphabete in einer Schachtel, jeder Buchstabe für sich auf einem kleinen Stäbchen, und angenommen wir fuhren nach Windsor, so setzte ich die Buchstaben zu diesem für sie zusammen, machte sie dann auf jeden Meilenstein aufmerksam, auf dem die Buchstaben in derselben Reihenfolge standen, und wies schließlich auf die königliche Residenzstadt, der wir uns näherten. Ein andermal stellte ich die Buchstaben KARREN für sie zusammen und schrieb dann dasselbe Wort mit Kreide auf den Karren. Ein andermal gab ich ihr DOKTOR MARI-GOLD und heftete ein Schildchen mit der entsprechenden Aufschrift auf meine Weste. Die Leute, die uns begegneten, starrten uns zwar an und lachten, aber was machte ich mir daraus, wenn sie die Sache nur begriff. Sie begriff sie, nachdem ich viel Geduld und Mühe aufgewendet hatte, und von da an ging es wie geschmiert, das könnt ihr mir glauben. Zu Anfang war sie zwar ein wenig geneigt, mich für den Karren zu halten und den Karren für die königliche Residenzstadt, aber das war bald vorüber.

Wir hatten auch unsere privaten Zeichen, und es waren viele Hunderte. Bisweilen saß sie, den Blick auf mich gerichtet, da und überlegte eifrig, wie sie sich über etwas Neues mit mir verständigen könnte – wie sie mich etwas fragen könnte, was sie erklärt zu haben wünschte –, und dann war sie (oder es schien mir zumindest so) meinem Kind, wenn es ebenso alt gewesen wäre wie sie, so ähnlich, daß ich halb glaubte, es sei es wirklich und wäre nur gekommen, um mir zu erzählen, wo es im Himmel gewesen wäre und was es seit jener unseligen Nacht gesehen hätte, nachdem es davongeflogen war. Sie hatte ein hübsches Gesicht, und jetzt, wo sie niemand mehr an ihrem glänzenden schwarzen Haar zerrte und es in Ordnung war, lag etwas Rührendes in ihren Blicken, das den Karren ruhig und friedlich, aber nicht im mindesten melancholisch machte.

Es war wirklich zum Staunen, wie sie jeden meiner Blicke zu verstehen lernte. Wenn ich abends mit dem Verkaufen beschäftigt war, saß sie, vom Publikum ungesehen, im Wagen drinnen, sah mir scharf in die Augen, wenn ich einen

Blick hineinwarf, und reichte mir dann ohne Zögern genau den Artikel oder die Artikel, die ich brauchte. Und dann klatschte sie vor Freude in die Hände und lachte. Und was mich angeht, so mußte ich immer daran denken, wie sie ausgesehen hatte, als ich ihr zum erstenmal begegnet war, wie sie schlafend gegen das kotige Karrenrad gelehnt dagesessen hatte, halb verhungert, verprügelt und in Lumpen gehüllt. Und sie jetzt dagegen so glücklich zu sehen, das stimmte mich so froh, daß mein Ruf besser denn je wurde. Aus Dankbarkeit aber vermachte ich Pickleson (unter dem Namen »Mims reisender Riese, sonst Pickleson geheißen«) in meinem Testament eine Fünfpfundnote.

Dieses glückliche Leben im Wohnwagen ging so weiter, bis Sophy sechzehn Jahre alt war. Um diese Zeit befielen mich Zweifel, ob ich meine volle Pflicht an ihr getan hätte und ob sie nicht einen besseren Unterricht haben müßte, als ich ihn ihr geben konnte. Es gab viele Tränen auf beiden Seiten, als ich anfing, ihr diese meine Meinung auseinanderzusetzen; aber was recht ist, ist recht, und man kann weder durch Tränen noch Lachen darum herumkommen.

So faßte ich sie eines Tages bei der Hand und ging mit ihr zur Taubstummenanstalt in London, und als der Gentleman kam, um mit uns zu sprechen, sagte ich zu ihm:

»Nun will ich Ihnen mal sagen, was ich mit Ihnen machen werde, Sir. Ich bin bloß ein Hausierer, aber in den letzten Jahren habe ich trotzdem etwas für einen regnerischen Tag zurückgelegt. Das hier ist meine einzige Tochter (durch Adoption), und Sie können bestimmt kein tauberes oder stummeres Mädchen finden. Lehren Sie sie alles, was ihr in der kürzesten Trennungszeit, die Sie mir nennen können, beigebracht werden kann – bestimmen Sie den Preis dafür – und ich zahle Ihnen den Preis auf den Tisch. Ich werde Ihnen nicht einen einzigen Penny davon abziehen, Sir, sondern lege Ihnen das Geld hier und jetzt auf den Tisch und ich gebe Ihnen aus Dankbarkeit noch ein Pfund zu. Das ist alles!«

Der Gentleman lächelte und sagte dann:

»Gut, gut. Erst muß ich aber wissen, was sie bereits gelernt hat. Wie verständigt Ihr Euch mit ihr?«

Daraufhin zeigte ich es ihm und sie schrieb mit Druckbuchstaben viele Bezeichnungen von Gegenständen und so weiter auf. Außerdem hatten sie und ich eine lebhafte Unterhaltung über eine kleine Geschichte in einem Buch, die der Gentleman ihr zeigte und die sie zu lesen vermochte.

»Das ist ja ganz außerordentlich«, sagte der Gentleman. »Ist es möglich, daß Ihr ihr einziger Lehrer wart?«

»Ich bin ihr einziger Lehrer gewesen, Sir«, sagte ich, »abgesehen von ihr selbst.«

»Dann«, sagte der Gentleman, und angenehmere Worte habe ich nie vernommen, »seid Ihr ein gescheiter Mann und ein guter Mann.«

Das machte er Sophy verständlich, die ihm die Hände küßte, die ihrigen zusammenschlug und dazu weinte und lachte.

Wir sprachen im ganzen viermal mit dem Gentleman, und als er meinen Namen aufschrieb und mich fragte, woher in aller Welt ich den Vornamen Doktor hätte, da stellte es sich heraus, daß er der leibliche Neffe der Schwester ebendesselben Doktors war, nach dem man mich genannt hatte. Das brachte uns einander noch näher, und er sagte zu mir:

»Nun, Marigold, sagt mir, was soll Eure Adoptivtochter noch mehr lernen?«

»Ich möchte, Sir, daß sie durch ihre Gebrechen so wenig wie möglich von der Welt abgeschnitten ist, und deshalb soll sie alles Geschriebene ganz leicht und gut lesen können.«

»Was wollt Ihr nachher mit ihr machen?« fragte der Gentleman mit einem etwas zweifelnden Blick. »Wollt Ihr sie im Land herumführen?«

»Im Karren, Sir, lediglich im Karren. Sie wird im Karren ein privates Leben führen, verstehen Sie. Es würde mir niemals einfallen, ihre Gebrechen vor das Publikum zu bringen. Kein Geld der Welt sollte mich dazu bewegen, sie öffentlich zu zeigen.«

Der Gentleman nickte und schien meinen Worten Beifall zu zollen.

»Schön«, sagte er. »Könnt Ihr Euch für zwei Jahre von ihr trennen?«

»Um ihr diese Wohltat zuteil werden zu lassen – ja, Sir.«

»Noch eine Frage«, sagte der Gentleman, die Augen auf sie gerichtet – »kann sie sich für zwei Jahre von Euch trennen?«

Ich weiß nicht, ob das an sich eine härtere Sache war (denn die andere war hart genug für mich), aber es war härter, damit fertig zu werden. Sie fand sich jedoch schließlich darein, und die Trennung zwischen uns wurde beschlossen. Wie weh es uns beiden tat, als sie stattfand und als ich sie an einem dunklen Abend an der Tür verließ, davon will ich nicht reden. Aber das weiß ich bestimmt: In Erinnerung an jenen Abend werde ich niemals an dieser Anstalt vorbeigehen können, ohne daß das Herz mir weh tut und die Kehle sich mir zuschnürt; auch könnte ich an diesem Ort nicht einmal die beste Partie mit meiner gewohnten guten Laune anbieten – selbst die Flinte und die Brille nicht –, mag mir auch der Minister des Innern fünfhundert Pfund Belohnung dafür bieten und die Ehre, hinterher meine Beine unter seinen Mahagonitisch zu strecken, als Zugabe.

Trotzdem empfand ich die Einsamkeit im Wagen, die jetzt folgte, nicht mehr so stark wie früher. Denn sie hatte ihre festgesetzte Frist, wie lange das Ende auch noch anstehen mochte, und wenn ich ein wenig bedrückt war, so konnte ich mich mit dem Bewußtsein trösten, daß sie zu mir und ich zu ihr gehörte. Immer mit Plänen für die Zukunft beschäftigt, in der sie wieder dasein würde, kaufte ich nach einigen Monaten einen zweiten Wohnwagen, und was glaubt ihr wohl, was ich damit beabsichtigte? Ich will es euch sagen. Ich beabsichtigte, ihn mit Regalen und Büchern für ihre Lektüre auszustatten und für mich selbst einen Sitz darin anzubringen, wo ich sitzen, ihr beim Lesen zusehen und mich über den Gedanken freuen konnte, daß ich ihr erster Lehrer gewesen war. Ohne die Sache zu übereilen, ließ ich unter meiner eignen Aufsicht die einzelnen Teile mit allerhand Kunstgriffen zusammenschlagen. Hier war ihr Bett in einer Koje mit Vorhängen, dort war ihr Lesepult, hier ihr Schreibtisch, und an einer anderen Stelle befanden sich ihre Bücher, Reihe auf Reihe, mit und ohne Bilder, gebunden und ungebunden, mit Goldrand und einfach, so wie ich sie partienweise für sie zusammenlas, während ich im Land herumzog, in Nord und Süd und Ost und West, soweit der Wind im Land bläst, hier und da und an jedem Ort, über die Berge und weiter fort. Und als ich den Karren so ziemlich mit Büchern gefüllt hatte, fiel mir ein neuer Plan ein, der, wie sich dann herausstellte, meine Zeit und Aufmerksamkeit für eine gute Weile in Anspruch nahm und mir über die beiden Jahre hinweghalf.

Ohne habgierig zu sein, habe ich es doch gern, wenn meine Sachen mir gehören. Zum Beispiel möchte ich nicht einmal euch als Partner an meinem Händlerkarren haben. Nicht etwa, daß ich euch mißtraue, aber mir ist es lieber, ich weiß, daß er mein eigen ist. Ebenso wäre es euch wahrscheinlich lieber, ihr wüßtet, daß er euch gehört. Nun gut! Eine Art Eifersucht begann sich meiner zu bemächtigen, wenn ich daran dachte, daß alle diese Bücher schon lange, bevor sie von ihr gelesen wurden, von anderen Leuten gelesen worden waren. Mir schien es, als ob das ihr Besitzrecht daran beeinträchtigte. So tauchte denn folgender Gedanke in mir auf: Könnte ich nicht ein ganz neues Buch, das eigens für sie gemacht wäre, herstellen lassen, so daß sie die erste sein würde, die es liest?

Dieser Gedanke gefiel mir, und da ich niemals derjenige gewesen bin, der einen Gedanken in sich schlafen ließ (denn in meinem Beruf muß man die ganze Gedankenfamilie, die man hat, aufwecken und ihre Nachthauben verbrennen, oder man kommt unter die Räder), so machte ich mich sogleich an die Ausführung. Da ich so weit im Land herumkam und es meine Aufgabe sein würde, je nach Gelegenheit mit verschiedenen Schriftstellern einen Handel abzuschließen, entwarf ich den Plan, daß dieses Buch eine gemischte Partie sein sollte. Es sollte so etwas sein wie das Rasiermesser, das Bügeleisen, die Chronometer-Taschenuhr, die Dinnerteller, das Teigholz und der Spiegel zusammen und nicht wie die Brillengläser oder die Flinte als ein einzelner, individueller Artikel angeboten werden. Als ich zu diesem Entschluß gekommen war, faßte ich gleichzeitig einen zweiten, den ich euch ebenfalls mitteilen will.

Ich hatte schon oft bedauert, daß sie mich noch niemals gehört hatte, wenn ich auf dem Trittbrett stand, und daß sie mich niemals würde hören können. Nicht daß ich eitel bin, aber wer stellt gern sein Licht unter einen Scheffel? Was hat man von seinem Ruf, wenn man dem Menschen, von dem man am meisten geschätzt werden möchte, nicht verständlich machen kann, worauf er beruht? Entscheidet die Frage selbst. Ist er dann sechs Pence, fünf Pence, vier Pence, drei Pence, zwei Pence, einen Penny, einen halben Penny, einen Farthing wert? Nein, das ist nicht der Fall. Er ist keinen Farthing wert. Schön! Ich faßte deshalb den Entschluß, ihr Buch mit einem Bericht über mich selbst zu beginnen. Sie sollte einige Proben von mir auf dem Trittbrett zu lesen bekommen, so daß sie sich einen Begriff von meinem Talent machen könnte. Dabei war ich mir vollkommen darüber klar, daß ich mir selbst nicht Gerechtigkeit widerfahren lassen könnte. Ein Mensch kann seinen Blick nicht niederschreiben (wenigstens weiß ich nicht, wie ich das tun sollte), noch kann ein Mensch seine Stimme niederschreiben, noch seine Art zu sprechen, noch die Lebhaftigkeit seiner Bewegungen, noch sein ganzes Auftreten. Aber er kann seine Redewendungen niederschreiben, wenn er ein öffentlicher Redner ist – und ich habe schon oft gehört, daß manche das auch tun, bevor sie sie vortragen.

Na ja! Als dieser Entschluß bei mir feststand, erhob sich die Frage des Titels. Wie hämmerte ich dieses heiße Eisen zu einer brauchbaren Form? Auf folgende Weise: Die schwierigste Erklärung, die ich ihr jemals zu geben versucht hatte, war die gewesen, wie ich zu dem Namen Doktor kam und doch keiner war. Schließlich hatte ich das Gefühl gehabt, daß ich es ihr trotz der größten Mühe nicht richtig hatte beibringen können. Ich baute aber auf ihre Fortschritte in den zwei Jahren und hoffte, sie würde es verstehen, wenn sie es von meiner eigenen Hand niedergeschrieben lesen würde. Darauf kam ich auf den Gedanken, sie mit einem Scherz auf die Probe zu stellen und darauf zu achten, wie sie ihn aufnahm, wonach ich mir dann schon ein Urteil bilden könnte, ob sie es verstanden hatte oder nicht. Ich hatte das Mißverständnis, das zwischen uns bestand, zuerst entdeckt, als sie mich bat, ihr ein Rezept auszustellen; denn sie hatte geglaubt, ich wäre ein medizinischer Doktor. Deshalb dachte ich: »Wenn ich jetzt dieses Buch meine Rezepte betitle, und wenn sie den Gedanken erfaßt, daß meine Rezepte einzig und allein für ihr Vergnügen und ihren Nutzen gedacht sind – um sie auf angenehme Weise lachen oder auf angenehme Weise weinen zu machen –, so wird das ein köstlicher Beweis für uns beide sein, daß wir die Schwierigkeit überwunden haben.« Mein Plan hatte den glänzendsten Erfolg. Denn als sie das Buch sah, das ich hatte herstellen lassen – das gedruckte und gebundene Buch, das auf ihrem Pult im Karren lag –, und den Titel sah. »Doktor Marigolds Rezepte«, blickte sie mich eine Sekunde lang erstaunt an, schlug dann schnell die Blätter um, brach in der reizendsten Weise in Lachen aus, fühlte ihren Puls und schüttelte den Kopf, blätterte dann die Seiten um mit einer Miene, als läse sie sie mit der größten Aufmerksamkeit, küßte das Buch mit dem Blick zu mir und drückte es mit den beiden Händen an ihre Brust. In meinem ganzen Leben habe ich mich nicht mehr gefreut!

Aber ich will den Ereignissen nicht vorgreifen. (Ich entnehme diesen Ausdruck einer Partie Romane, die ich für sie gekauft hatte. Ich habe nie einen davon aufgeschlagen – und ich habe viele aufgeschlagen –, ohne daß der Verfasser nicht irgendwo schrieb: »Ich will den Ereignissen nicht vorgreifen.« Da das so ist, wundert es mich nur, weshalb er dann doch vorgriff oder wer es von ihm verlangte.) Ich will also den Ereignissen nicht vorgreifen. Dieses Buch nahm meine ganze freie Zeit in Anspruch. Es war kein Kinderspiel, die anderen Artikel in der gemischten Partie zusammenzubekommen, aber als es zu meinem eigenen Artikel kam! Du lieber Himmel! Ich hätte nie geglaubt, wieviel man wieder auszustreichen hatte, wie sehr man sich Mühe geben mußte und welche Summe von Geduld dazu nötig war. Es ist geradeso wie auf dem Trittbrett: Das Publikum hat keine Ahnung, was alles dazu gehört.

Schließlich war es fertig, und die zwei Jahre waren, wie die ganzen anderen Jahre vorher, dahingegangen, und wer weiß, wohin sie alle gekommen sind? Der neue Wagen war fertig – gelb angestrichen mit roten Streifen und Messingbeschlägen –, der alte Gaul war davorgespannt, ein neuer, und ein Junge für den Verkaufskarren eingestellt, und ich machte mich recht sauber zurecht, um sie abzuholen. Das Wetter war kalt und klar, die Wagenkamine rauchten, die Wagen selbst waren auf einem Stück Brachland in Wandsworth privat aufgestellt, wo man sie von der Südwest-Eisenbahn aus sehen kann, wenn sie nicht auf der Tour sind. (Ihr müßt zum Fenster rechter Hand hinaussehen, wenn ihr von London wegfahrt.)

»Marigold«, sagte der Gentleman, indem er mir herzlich die Hand drückte, »ich freue mich sehr, Euch zu sehen.«

»Und doch zweifle ich, Sir«, sagte ich, »ob Sie sich halb so freuen können, mich zu sehen, wie ich mich freue, Sie zu sehen.«

»Die Zeit schien so lang zu sein – nicht wahr, Marigold?«

»Ach, will das nicht sagen, Sir, in Anbetracht ihrer wirklichen Länge, doch …«

»Welche Überraschung, mein guter Freund!«

Oh, und was für eine Überraschung! So erwachsen, so hübsch, so verständig, so ausdrucksvoll! In diesem Augenblick wußte ich, daß sie wirklich meinem Kind gleichen mußte, denn sonst hätte ich sie niemals zu erkennen vermocht, wie sie so still an der Tür stand.

»Ihr seid bewegt«, sagte der Gentleman.

»Ich fühle, Sir«, sagte ich, »daß ich bloß ein rauher Bursche in einer Weste mit Ärmeln bin.«

»Und ich fühle«, erwiderte der Gentleman, »daß Ihr es wart, der sie aus Elend und Niedrigkeit emporhob und ihr die Möglichkeit gab, mit ihren Mitmenschen in Beziehung zu treten. Aber weshalb unterhalten wir beide uns hier allein, wo wir doch so gut mit ihr sprechen können? Redet sie in Eurer Art an.«

»Ich bin so ein rauher Bursche in einer Weste mit Ärmeln, Sir«, sagte ich, »und sie ist ein so anmutiges Mädchen und steht so still an der Tür!«

»Versucht einmal, ob sie auf das alte Zeichen antwortet«, sagte der Gentleman.

Sie hatten es mit Absicht so unter sich ausgemacht, um mir eine Freude zu bereiten! Denn als ich ihr das alte Zeichen machte, stürzte sie zu meinen Füßen hin und streckte, auf den Knien liegend, die Hände zu mir empor, während Tränen der Liebe und des Glücks über ihr Gesicht strömten. Und als ich sie bei den Händen faßte und aufhob, schlang sie die Arme um meinen Hals und blieb so still. Ich war so närrisch vor Freude, daß ich wirklich nicht weiß, was ich alles anstellte, bis wir uns alle drei hinsetzten und eine lautlose Unterhaltung begannen, als ob eine sanfte Stille über die ganze Welt für uns ausgebreitet wäre.

ZWEITES KAPITEL

Muß fürs ganze Leben genommen werden

So war denn mein Plan in jeder Beziehung erfolgreich. Das Leben, das wir nach unserer Wiedervereinigung führten, war schöner als alles, was wir erwartet hatten. Freude und Zufriedenheit gingen mit uns, wenn die Räder der beiden Wagen sich drehten, und sie machten mit uns halt, wenn die beiden Wagen haltmachten. Ich war so stolz wie ein Mops, dem man für eine Abendgesellschaft den Maulkorb geschwärzt und den Schwanz mit einer Maschine gekräuselt hat.

Aber ich hatte etwas bei meiner Rechnung übersehen. Nun, was hatte ich übersehen? Um euch beim Raten zu helfen, will ich sagen: eine Größe. Also los. Ratet und ratet richtig. Null? Nein. Neun? Nein. Acht? Nein. Sieben? Nein. Sechs? Nein. Fünf? Nein. Vier? Nein. Drei? Nein. Zwei? Nein. Eins? Nein. Nun will ich euch mal sagen, was ich mit euch machen werde. Ich will so viel mitteilen, daß es eine ganz andere Art von Größe ist. Also? Dann muß es eine sterbliche Größe sein, sagt ihr. Nein, es ist keine sterbliche Größe. Auf diese Weise werdet ihr in die Enge getrieben, und ihr könnt nicht anders, als auf eine unsterbliche Größe zu tippen. Da seid ihr auf der richtigen Spur. Warum habt ihr das nicht gleich gesagt?

Ja. Es war eine unsterbliche Größe, die ich bei meiner Rechnung gänzlich übersehen hatte. Es war kein Mann und keine Frau, sondern ein Kind. Ein Knabe oder ein Mädchen?

Ein Knabe. Der Knabe mit Pfeil und Bogen. Jetzt habt ihr es erraten.

Wir waren unten in Lancaster und das Geschäft war zwei Abende lang viel besser als durchschnittlich gegangen, obwohl ich die Leute dort, um der Wahrheit die Ehre zu geben, nicht gerade als eine leicht zu gewinnende Zuhörerschaft empfehlen kann. Mims reisender Riese mit Namen Pickleson war zufällig gleichzeitig in der Stadt und versuchte, das Publikum zu blenden. Er hatte sich die vornehme Art zugelegt. Keine Spur von Reisewagen. Durch einen mit grünem Tuch ausgeschlagenen Eingang ging es in ein Auktionslokal hinein zu Pickleson. Gedrucktes Plakat: »Freikarten aufgehoben, mit Ausnahme des stolzen Ruhmes eines freien Landes, der freien Presse. Für Schulen ermäßigter Eintritt nach Vereinbarung. Nichts, um die Jugend erröten zu machen oder selbst die Feinfühligsten zu verletzen.« Mim hinter einer mit rosa Tuch überzogenen Kasse, in der fürchterlichsten Weise über die Schwerfälligkeit des Publikums fluchend. In den Läden Zettel aufgehängt, mit der ernsthaften Versicherung, es wäre so gut wie unmöglich, die Geschichte Davids richtig zu verstehen, wenn man Pickleson nicht gesehen habe.

Ich ging in das fragliche Auktionslokal und fand nichts darin als Echos und modrige Luft, mit einziger Ausnahme Picklesons, der auf einem roten Teppich stand. Das kam mir gerade recht, da ich ein paar vertrauliche Worte mit ihm zu sprechen hatte, und so begann ich:

»Pickleson, da ich Euch ein großes Glück verdanke, habe ich Euch in meinem Testament mit einer Fünfpfundnote bedacht; aber, um die Sache kurz zu machen, hier habt Ihr vier Pfund auf der Stelle, was Euch wohl ebenso lieb ist, und damit wollen wir das Geschäft abmachen.«

Pickleson, der vor dieser Bemerkung das trübselige Aussehen einer langen römischen Kerze gehabt hatte, erhellte sich an seinem oberen Ende und drückte seinen Dank aus in einer Weise, die (für ihn) parlamentarische Beredsamkeit war. Er fügte noch hinzu, er hätte als Römer nicht mehr gezogen, und Mim hätte ihm deshalb den Vorschlag gemacht, als Indianerriese aufzutreten, der durch »Des Milchmanns Tochter« bekehrt worden wäre. Pickleson aber hatte erklärt, ihm sei das nach dieser jungen Dame benannte Traktätchen vollkommen unbekannt, auch verbiete ihm die ernste Auffassung seines Berufes derartige Scherze, worauf es zu einem Wortwechsel kam, der für den unglücklichen jungen Mann die gänzliche Entziehung des Biers zur Folge hatte. All das wurde während des ganzen Gesprächs durch das wilde Brummen Mims unten an der Kasse bestätigt, und dieser Ton ließ den Riesen wie dürres Laub erbeben.

Derjenige Teil meiner Unterhaltung mit dem reisenden Riesen namens Pickleson, der sich auf mein gegenwärtiges Thema bezog, war folgender:

»Doktor Marigold« – ich wiederhole seine Worte, ohne einen Versuch zu machen, dem Leser einen Begriff von der Schwäche zu geben, mit der sie vorgebracht wurden – »wer ist der Fremde, der sich bei Euren Karren herumtreibt?«

»Der Fremde?« wiederhole ich seine Frage, in der Meinung, daß er sie meint, sich aber in seinem schwachen Zustand im Artikel vergriffen hat.

»Doktor«, sagt er darauf, mit einem rührenden Nachdruck, der selbst einem Mannesauge eine Träne entlockt hätte, »ich bin zwar schwach, aber doch noch nicht so schwach, daß ich nicht wüßte, was ich sage. Ich wiederhole deshalb, Doktor, der Fremde.«

Es stellte sich nun heraus, daß Pickleson, der seine Glieder nur dann strecken durfte, wenn man ihn nicht umsonst sehen konnte (nämlich zu später Nachtzeit und gegen

Tagesanbruch), in dieser selben Stadt Lancaster, in der ich mich erst zwei Abende lang aufhielt, diesen selben Fremden zweimal in der Nähe meiner Wagen beobachtet hatte.

Das versetzte mich in Unruhe. Was es im einzelnen zu bedeuten hatte, das ahnte ich ebensowenig, wie ihr es jetzt ahnen könnt, aber es machte mir Sorgen. Trotzdem tat ich Pickleson gegenüber so, als wäre die Sache nicht ernst zu nehmen, und ich verabschiedete mich von ihm mit dem Rat, sein Vermächtnis zur Kräftigung seiner Gesundheit zu verwenden und sich seine Religion nach wie vor nicht nehmen zu lassen. Gegen Morgen hielt ich nach dem Fremden Ausschau, und – was mehr war – ich sah ihn. Er war ein gutgekleideter, hübscher junger Mensch. Er ging ganz nahe bei meinen Wagen hin und her, so als ob er sie bewachte, und kurz nachdem es Tag geworden war, drehte er sich um und ging davon. Ich rief hinter ihm her, aber er fuhr weder zusammen, noch drehte er sich um und nahm auch nicht die geringste Notiz davon.

Etwa ein oder zwei Stunden später verließen wir Lancaster, um nach Carlisle zu fahren. Am nächsten Morgen gegen Tagesanbruch hielt ich wieder nach dem fremden jungen Mann Ausschau. Ich bekam ihn nicht zu sehen. Aber am folgenden Morgen paßte ich abermals auf, und diesmal war er wieder da. Ich rief wiederum hinter ihm her, aber, wie das erstemal, gab er nicht das geringste Zeichen, daß er irgendwie betroffen war. Das brachte mich auf einen Gedanken. Ich folgte meinem Einfall und beobachtete ihn in verschiedener Weise und zu verschiedenen Zeiten – die Einzelheiten tun nichts zur Sache –, bis ich herausfand, daß dieser fremde junge Mann taubstumm war.

Diese Entdeckung brachte mich ganz aus dem Häuschen. Ich wußte, daß in einem Teil der Anstalt, wo sie gewesen war, junge Männer untergebracht waren (einige darunter in guten Verhältnissen), und ich dachte mir: »Wenn sie ihn vorzieht, wo bleibe dann ich? Und wo bleibt alles, wofür ich Pläne gemacht und gearbeitet habe?« In der Hoffnung – ich muß gestehen, daß ich so selbstsüchtig war –, daß sie ihn nicht vorzöge, machte ich mich daran, die Wahrheit herauszufinden. Schließlich wurde ich zufällig Zeuge einer Zusammenkunft zwischen ihnen. Es war im Freien, und ich stand hinter einer Fichte verborgen, ohne daß sie von meiner Anwesenheit etwas ahnten. Es war ein rührendes Zusammentreffen für uns alle drei. Ich verstand jede Silbe, die zwischen ihnen gewechselt wurde, ebensogut wie sie selbst. Ich belauschte sie mit meinen Augen, die es gelernt hatten, eine Taubstummenunterhaltung ebenso rasch und sicher aufzufassen, wie meine Ohren gesprochene Worte verstanden. Er war im Begriff, als kaufmännischer Angestellter nach China zu gehen zu einer Firma, wo früher sein Vater beschäftigt gewesen war. Sein Einkommen erlaubte es ihm, eine Frau zu ernähren, und er wollte, daß sie ihn heiraten und mit ihm gehen sollte. Sie sagte hartnäckig nein. Er fragte sie, ob sie ihn nicht liebe. Doch, sie liebe ihn von ganzem Herzen, aber sie könnte niemals ihrem geliebten, guten, edlen, großmütigen und ich weiß nicht was noch alles Vater (damit meinte sie mich, den fahrenden Hausierer in der Ärmelweste) die Enttäuschung bereiten, ihn zu verlassen, und sie wolle bei ihm bleiben, der Himmel segne ihn!, und wenn ihr das Herz darüber bräche. Hier fing sie bitterlich zu weinen an, und damit war mein Entschluß gefaßt.

Solange ich mir über ihre Gefühle zu diesem jungen Mann im unklaren gewesen war, hatte ich eine so unvernünftige Wut auf Pickleson gehabt, daß es gut für ihn war, sein Vermächtnis gleich ausgezahlt gekriegt zu haben. Denn ich hatte oft gedacht: »Wenn dieser schwachköpfige Riese nicht gewesen wäre, so wäre es vielleicht nie dazu gekommen, daß ich mir wegen dieses jungen Mannes den Kopf zerbreche und die Seele aus dem Leib ärgere.« Aber, sobald ich einmal wußte, daß sie ihn liebte – sobald ich gesehen hatte, wie sie Tränen um ihn vergoß –, da war es eine ganz andere Sache. Ich bat Pickleson auf der Stelle im Geiste alles ab, und nahm mich zusammen, um allen gegenüber das Rechte zu tun.

Inzwischen hatte sie den jungen Mann verlassen (denn es dauerte einige Minuten, bevor ich mich gänzlich zusammengenommen hatte), und er stand gegen eine andere Fichte gelehnt und hatte das Gesicht auf den Arm gepreßt. Ich berührte ihn am Rücken. Er blickte auf, und als er mich wahrnahm, sagte er in der Taubstummensprache: »Seid nicht böse.«

»Ich bin nicht böse, guter Junge. Ich bin Euer Freund. Kommt mit mir.«

Ich ließ ihn an den Stufen des Bibliothekswagens stehen und ging allein hinauf. Sie wischte sich die Augen.

»Du hast geweint, mein Kind.«

»Ja, Vater.«

»Weshalb?«

»Mir tut der Kopf weh.«

»Nicht das Herz?«

»Ich sagte der Kopf, Vater.«

»Doktor Marigold muß für diesen Kopfschmerz ein Rezept ausstellen.«

Sie nahm das Buch mit meinen »Rezepten« auf und hielt es mit einem gezwungenen Lächeln in die Höhe. Da sie mich aber so ernst und ruhig sah, legte sie es sacht wieder hin, und ihre Augen blickten mich mit größter Aufmerksamkeit an.

»Das Rezept ist nicht da drin, Sophy.«

»Wo ist es denn?«

»Hier, mein Kind.«

Ich führte ihren jungen Gatten herein, und ich legte ihre Hand in die seine, und die einzigen Worte, die ich noch an die beiden richten konnte, lauteten:

»Doktor Marigolds letztes Rezept. Muß fürs ganze Leben genommen werden.«

Darauf lief ich davon.

Zur Hochzeit trug ich zum ersten und letzten Mal in meinem ganzen Leben einen Rock (blau mit Metallknöpfen) und ich gab Sophy mit eigener Hand hinweg. Die Gesellschaft bestand bloß aus uns dreien und dem Gentleman, unter dessen Obhut sie während der vergangenen zwei Jahre gestanden hatte. Das Hochzeitsmahl für vier Personen fand im Bibliothekswagen statt. Taubenpastete, gepökelter Schweinebraten, ein Geflügel, dazu passendes Gemüse und das Schönste und Beste zu trinken. Ich hielt eine Rede, der Gentleman hielt eine Rede, alle unsere Späße hatten Erfolg, und das Ganze nahm seinen Gang wie eine Rakete. Während des Mahles erklärte ich Sophy, daß ich den Bibliothekswagen als meinen Wohnwagen benutzen würde, wenn ich nicht auf der Fahrt wäre, und daß ich alle Bücher für sie, so wie sie standen, aufbewahren würde, bis sie zurückkäme, um sie zu verlangen. So ging sie also mit ihrem jungen Gatten nach China, nachdem wir unter heißen Tränen bitter schweren Abschied genommen hatten; ich verschaffte dem Jungen, den ich hatte, eine andere Stelle, und nun schritt ich wie früher, als mein Kind und mein Weib gestorben waren, mit der Peitsche über der Schulter allein neben dem alten Gaul her.

Sophy schrieb mir viele Briefe, und ich schrieb ihr viele Briefe. Gegen Ende des ersten Jahres erhielt ich einen von ihr, der mit unsicherer Hand geschrieben war:

»Liebster Vater, vor nicht ganz einer Woche wurde mir ein süßes kleines Töchterchen geschenkt, aber ich bin so wohlauf, daß man mir gestattet hat, diese Worte an Euch zu schreiben. Liebster und bester Vater, ich hoffe, mein Kind wird nicht taubstumm sein, aber ich weiß es noch nicht.«

In meiner Antwort bat ich in vorsichtigen Worten um baldige Nachricht darüber; da aber Sophy niemals darauf zurückkam, so merkte ich, daß dies ein schmerzlicher Punkt war, und äußerte die Bitte nicht wieder. Lange Zeit wechselten wir regelmäßig Briefe, aber dann begannen sie unregelmäßig zu werden, denn Sophys Gatte war in eine andere Stelle versetzt worden, und ich war immer unterwegs. Aber wir dachten immer aneinander, dessen war ich sicher, mochten nun Briefe kommen oder nicht.

Fünf Jahre und einige Monate waren es her, seit Sophy die Heimat verlassen hatte. Ich war immer noch der König der fahrenden Händler und meine Beliebtheit beim Publikum war größer denn je. Das Geschäft war im Herbst prachtvoll gegangen, und am dreiundzwanzigsten Dezember des Jahres eintausendachthundertvierundsechzig befand ich mich in Uxbridge in Middlessex mit gänzlich ausverkauftem Karren. So trabte ich froh und leichten Herzens mit dem alten Gaul nach London, um den Weihnachtsabend und Weihnachtstag allein neben dem Kamin in dem Bibliothekswagen zu verbringen. Darauf wollte ich mich vollkommen neu mit allen nötigen Artikeln eindecken, um sie wieder zu verkaufen und das Geld einzustecken.

Ich habe eine geschickte Hand im Kochen, und ich will euch sagen, was ich für mein Mahl am Weihnachtsabend in dem Bibliothekswagen zustande brachte. Es war ein Beefsteak-Pudding mit zwei Nieren, einem Dutzend Austern und ein paar Pfifferlingen als Zugabe. Das ist ein Pudding, um einen Menschen mit allem auf der Welt auszusöhnen, nur mit den beiden untersten Knöpfen an seiner Weste wird er Schwierigkeiten haben. Nachdem ich mich an dem Pudding gütlich getan und den Tisch abgedeckt hatte, schraubte ich die Lampe niedrig und setzte mich an den Kamin, die Augen auf Sophys Bücher gerichtet, die das Feuer mit seinem Schein erhellte.

Sophys Bücher stellten mir so lebhaft Sophy selbst vor die Seele, daß ich ihr rührendes Gesicht ganz deutlich vor mir sah, bevor ich neben dem Feuer einschlummerte. Das mag der Grund dafür sein, daß Sophy mit ihrem taubstummen Kind im Arm während meines ganzen Schläfchens schweigend neben mir zu stehen schien. Ich war auf der Landstraße, neben der Landstraße, an allen möglichen Orten, in Nord und Süd und Ost und West, soweit der Wind im Lande bläst, hier und dort und am anderen Ort, über die Berge und weiter fort, und noch immer stand sie schweigend neben mir mit ihrem schweigenden Kind in den Armen. Erst als ich aus dem Schlaf auffuhr, schien sie zu verschwinden, als hätte sie noch einen einzigen Augenblick zuvor an dieser selben Stelle neben mir gestanden.

Ich war durch ein wirkliches Geräusch geweckt worden, und dieses Geräusch kam von den Karrenstufen. Es war der leichte, rasche Schritt eines Kindes, das hinaufkletterte. Dieser Kinderschritt war mir einst so vertraut gewesen, daß ich einen halben Augenblick lang glaubte, ich würde einen kleinen Geist zu Gesicht bekommen.

Aber wirkliche Kinderhände berührten die äußere Klinke der Tür, die Klinke wurde niedergedrückt, die Tür öffnete sich ein wenig, und ein wirkliches Kind guckte herein. Ein hübsches kleines Mädchen mit großen dunklen Augen.

Die Kleine blickte mich voll an und nahm ihren winzigen Strohhut ab, wobei dichte schwarze Locken um ihr Gesichtchen fielen. Dann öffnete sie ihre Lippen und sagte:

»Großvater!«

»Oh mein Gott!« rief ich aus. »Sie kann sprechen!«

»Ja, lieber Großvater. Und ich soll dich fragen, ob ich dich an jemand erinnere.«

Im nächsten Augenblick hing Sophy, ebenso wie die Kleine, an meinem Hals, und ihr Gatte preßte mir die Hand, während er sein Gesicht zu verbergen suchte, und wir mußten uns alle zusammennehmen, bevor wir uns fassen konnten. Aber als wir allmählich ruhiger wurden und ich sah, wie die hübsche Kleine freudig und rasch und eifrig mit ihrer Mutter sprach, in denselben Zeichen, die ich diese zuerst gelehrt hatte, da rollten mir die glücklichen und doch mitleidvollen Tränen über das Gesicht.

Mrs. Lirripers Fremdenpension

Aus dem Englischen von
Carl Kolb und Julius Seybt

ERSTES KAPITEL

Wie Mrs. Lirriper das Geschäft führte

Daß sich jemand mit Zimmervermieten abplagen wollte, wenn es nicht eine alleinstehende Frau ist, die für ihren Lebensunterhalt sorgen muß, das ist mir gänzlich unverständlich, meine Liebe; entschuldigen Sie die Freiheit, aber die Anrede kommt mir ganz natürlich über die Lippen, wenn ich in meinem kleinen Wohnzimmer mein Herz allen denen öffnen möchte, denen ich trauen kann. Ich wäre dem Himmel ewig dankbar, wenn das die ganze Menschheit wäre, aber leider ist das nicht der Fall, denn Sie brauchen bloß einen Zettel »Zimmer zu vermieten« im Fenster haben und Ihre Uhr auf dem Kaminsims liegen zu lassen, und schon ist sie auf Nimmerwiedersehen verschwunden, wenn Sie sich bloß eine Sekunde lang umwenden. Aber auch die Zugehörigkeit zu Ihrem eigenen Geschlecht ist noch lange keine Garantie, wie ich am Beispiel der Zuckerzange gesehen habe, denn jene Dame (und hübsch sah sie aus) ließ mich nach einem Glas Wasser laufen, unter dem Vorwand, sie käme demnächst nieder, was sich auch als richtig erwies, aber sie kam zur Polizeiwache nieder.

Nummer einundachtzig Norfolk Street, Strand, auf halbem Weg zwischen der City und dem St.-James-Park und nur fünf Minuten von den besuchtesten öffentlichen Vergnügungsstätten entfernt – das ist meine Adresse. Ich wohne in diesem Haus schon seit langen Jahren zur Miete, wie das Grundsteuerbuch bezeugen kann; und ich wünschte, mein Hauswirt wüßte diese Tatsache ebenso zu würdigen wie ich selbst; aber nein, nicht für ein halbes Pfund Neuanstrich, und wenn es ihm ans Leben ginge, nicht einen neuen Ziegel aufs Dach, meine Liebe, und wenn Sie auf den Knien vor ihm lägen.

Sie werden noch niemals Nummer einundachtzig Norfolk Street, Strand, in Bradshaws Kursbuch gefunden haben, meine Liebe, und so Gott will, werden Sie es auch niemals darin finden. Es gibt zwar Leute, die keine Selbsterniedrigung darin sehen, ihren Namen so zu verunehren, und sie gehen sogar bis zu einem Bild von ihrem Haus, das dem Original jedoch ganz unähnlich ist, mit einem Klecks in jedem Fenster und einer vierspännigen Kutsche vor der Tür. Aber was Miss Wozenham weiter unten auf der anderen Seite der Straße recht ist, ist mir noch lange nicht billig, da Miss Wozenham *ihre* Anschauungen hat und ich die *meinigen*. Obwohl es ja darauf ankommt, wie Sie es vor Ihrem Gewissen zu verantworten gedenken, wenn es bis zum systematischen Unterbieten kommt – wie es unter Eid vor Gericht bewiesen werden kann – und das die Form annimmt: »Wenn Mrs. Lirriper achtzehn Schilling die Woche verlangt, dann verlange ich fünfzehneinhalb.« Und was luftige Schlafzimmer betrifft und einen Portier, der die ganze Nacht über auf ist, so ist es um so besser, je weniger darüber geredet wird, da die Schlafzimmer muffig und der Portier blauer Dunst ist.

Es sind jetzt vierzig Jahre her, seit ich und mein armer Lirriper in der St.-Clement's Danes-Kirche getraut wurden, wo ich jetzt in einem sehr hübschen Stuhl unter lauter vornehmer Nachbarschaft meinen Sitz und mein eigenes Kniekissen habe und wo ich nicht zu volle Abendgottesdienste bevorzuge. Mein armer Lirriper war eine stattliche Erscheinung, mit leuchtenden Augen und einer Stimme, so weich wie ein Musikinstrument aus Honig und Stahl. Aber er hatte

stets ein freies Leben geführt, da er von Beruf Geschäfts-
reisender war und eine besonders staubige Tour hatte, wie
er sagte – »eine trockene Straße, meine liebe Emma«, sagte
mein armer Lirriper stets zu mir, »wo ich den ganzen Tag
über und die halbe Nacht dazu immer mal einen Schluck
tun muß, um den Staub hinunterzuspülen, und das nimmt
mich mit, Emma« – und das führte dazu, daß er durch eine
Menge Dinge hindurchrannte. Er wäre wohl auch durch den
Schlagbaum hindurchgerannt, als dieses schreckliche Pferd,
das keinen einzigen Augenblick stillstehen wollte, durch-
brannte. Aber es war Nacht und der Schlagbaum geschlossen. So wurde das Rad erfaßt und der Wagen und mein armer Lirriper zu Atomen zerschmettert. Er hat kein Wort
mehr gesprochen. Er war eine stattliche Erscheinung und
ein Mann von fröhlicher Gemütsart und sanftem Wesen;
aber wenn Photographien damals schon üblich gewesen
wären, so hätten sie Ihnen doch niemals eine Vorstellung
von der Weichheit seiner Stimme geben können. Überhaupt
fehlt es meiner Ansicht nach Photographien im allgemeinen
an Weichheit. Man sieht darauf aus wie ein frisch gepflügtes
Feld.

Mein armer Lirriper hinterließ ein zerrüttetes Vermögen,
und als er auf dem Friedhof zu Hatfield in Hertfordshire
begraben worden war, nicht etwa, weil das sein Geburtsort
war, sondern weil er eine Vorliebe für das »Salisbury-Wap-
pen« hatte, wohin wir uns am Hochzeitstag begeben und
glücklich vierzehn Tage zugebracht hatten, machte ich bei
den Gläubigern die Runde und sagte zu ihnen: »Gentlemen,
ich weiß wohl, daß ich für die Schulden meines verstorbenen Gatten nicht aufzukommen brauche, aber ich will sie
bezahlen, denn ich bin sein angetrautes Weib, und sein guter
Name ist mir teuer. Ich will eine Pension aufmachen, und
wenn es mir glückt, soll jeder Penny, den mein verstorbener

Gatte schuldig geblieben ist, um der Liebe willen, die ich zu ihm trug, zurückerstattet werden. Das schwöre ich bei dieser meiner Rechten.« Es dauerte lange, bis ich es vollbracht hatte, aber schließlich war es vollbracht; und als mir die Gentlemen die silberne Rahmkanne verehrten, die, unter uns gesagt, in meinem Schlafzimmer oben zwischen dem Bett und der Matratze steckt und die eingravierte Widmung trägt: »Für Mrs. Lirriper als ein Zeichen dankbarer Hochachtung für ihr ehrenwertes Verhalten«, da gab es mir einen Ruck, der zuviel für meine Gefühle war, bis Mr. Betley, der gern seinen Spaß machte, zu mir sagte:

»Fassen Sie sich, Mrs. Lirriper! Sie sollten die Sache so ansehen, als wäre es bloß Ihre Taufe und dies wären Ihre Paten, die für Sie gelobten.«

Das brachte mich wieder zu mir selbst, und ich gestehe offen, meine Liebe, daß ich darauf ein Butterbrot und ein wenig Sherry in ein Körbchen tat und auf dem Außensitz der Postkutsche zum Friedhof in Hatfield fuhr. Dort küßte ich meine Hand und legte sie, während mein Herz von einer Art stolzen Liebe geschwellt war, auf meines Gatten Grab. Dabei hatte es, bis ich seinen guten Namen wiederherstellen konnte, wahrhaftig so lange gedauert, daß mein Ehering ganz dünn und glatt war, als ich die Hand auf das grüne, wogende Gras legte.

Ich bin jetzt eine alte Frau und mein gutes Aussehen ist dahin, aber das dort über dem Tellerwärmer, meine Liebe, bin trotzdem ich, auch wenn die Leute oft rot und verlegen werden, weil sie meistens auf jemand ganz anderes tippen. Aber einmal kam ein gewisser Jemand, der sein Geld in ein Hopfengeschäft gesteckt hatte, um seine Miete zu bezahlen und einen Besuch abzustatten, und er wollte es durchaus vom Haken runternehmen und in seine Brusttasche stecken – Sie verstehen, meine Liebe – aus L…, sagte er, zu dem

Original –, bloß besaß er keine Weichheit in seiner Stimme, und ich wollte es nicht zulassen. Aber, was er davon hielt, können Sie daraus entnehmen, daß er zu dem Bild sagte: »Sprich zu mir, Emma!« Das war zweifellos alles andere als eine vernünftige Bemerkung, aber doch ein Beweis dafür, daß das Bild mir ähnlich war, und ich glaube selbst, ich habe wirklich so ausgesehen, als ich jung war und diese Art Mieder trug.

Aber meine Absicht war, von der Pension zu sprechen, und ich muß wirklich was von dem Geschäft verstehen, da ich schon so lange darin bin. Es war zu Beginn des zweiten Jahres meiner Ehe, daß ich meinen armen Lirriper verlor, und gleich darauf ließ ich mich in Islington nieder und kam danach hierher, was im ganzen zwei Häuser und achtunddreißig Jahre, einige Verluste und eine gute Menge Erfahrung ausmacht.

Nach den Zahlungsterminen sind Dienstmädchen Ihre größte Plage, und sie plagen Sie sogar schlimmer als die Leute, die ich die wandernden Christen nenne, obgleich es für mich ein Geheimnis ist (für dessen Aufklärung, wenn es durch irgendein Wunder geschehen könnte, ich dankbar wäre), weshalb sie auf der Erde umherwandern, nach Vermieterzetteln Ausschau halten und dann hereinkommen, sich die Zimmer ansehen und über den Preis handeln, obwohl sie sie gar nicht brauchen und im Leben nicht daran denken, sie zu nehmen. Es ist verwunderlich, daß sie so lange leben und dabei wohlauf sind, aber vermutlich erhält sie die viele Bewegung gesund, da sie so viel klopfen und von Haus zu Haus gehen und den ganzen Tag die Treppen hinauf und hinunter laufen. Und dann ist es im höchsten Grade erstaunlich, wenn sie so tun, als ob sie so überaus genau und pünktlich wären. Sie blicken auf ihre Uhr und sagen: »Könnten Sie mir die Zimmer bis übermorgen vormittag zwanzig Minuten nach elf reservieren, und angenommen meine Freundin vom Lande legt Wert darauf, könnten Sie dann eine kleine eiserne Bettstelle in das kleine Zimmer oben stellen?«

Als ich noch ein Neuling im Geschäft war, meine Liebe, pflegte ich mir's zu überlegen, bevor ich zusagte; ich verwirrte mich ganz mit Berechnungen und ermüdete mich mit nutzlosem Warten, aber jetzt pflege ich zu sagen: »Gewiß, ganz bestimmt«, da ich genau weiß, es ist eine wandernde Christin und sie kommt nie wieder. Ja, jetzt kenne ich die meisten wandernden Christen persönlich, ebenso wie sie mich, da jedes derartige Individuum, das in London umherwandert, die Gewohnheit hat, etwa zweimal jährlich zu erscheinen, und es ist ein sehr bemerkenswerter Umstand, daß das Übel erblich ist und die heranwachsenden Kinder es auch annehmen. Aber selbst wenn es anders wäre, so brauche ich nur von der Freundin vom Lande zu hören – was ein sicheres Zeichen ist –, um zu nicken und zu mir selbst zu sagen: Sie sind eine wandernde Christin, obwohl ich nicht wagen kann zu behaupten, daß es, wie ich gehört habe, Personen mit einem kleinen Vermögen sind, die eine Vorliebe für eine regelmäßige Beschäftigung und häufigen Wechsel des Schauplatzes haben.

Dienstmädchen, wie ich meine Bemerkung begann, sind eine Ihrer größten und dauernden Plagen, und es geht einem mit ihnen wie mit den Zähnen, die mit Krämpfen anfangen und niemals aufhören, Sie zu quälen, von der Zeit, wo sie durchbrechen, bis zur Zeit, wo sie abbrechen, und dabei erscheint es einem hart, sich von ihnen zu trennen, aber wir müssen alle unterliegen oder künstliche kaufen. – Selbst wenn man ein williges Mädchen bekommt, dann bekommt man in neun von zehn Fällen ein schmutziges Gesicht mit dazu, und natürlicherweise lieben es die Mieter nicht, wenn vornehme Besucher mit einem schwarzen Fleck über der Nase oder schmierigen Augenbrauen eingelassen werden. Wo sie das Schwarz herkriegen, ist für mich ein unergründliches Geheimnis, wie in dem Fall des willigsten Mädchens, das je in ein Haus kam, sie war halb verhungert, das arme Ding, und ein so williges Mädel, daß ich sie die willige Sophy nannte, früh und spät auf den Knien scheuernd und immer fröhlich, aber stets mit einem schwarzen Gesicht lächelnd. Ich sagte zu Sophy:

»Nun, Sophy, mein gutes Mädchen, setze dir einen bestimmten Tag für die Kamine fest, gehe stets der Schuhwichse aus dem Weg, kämme dein Haar nicht mit Pfannenböden und rühre die abgebrannten Kerzendochte nicht an, dann muß es doch notwendigerweise ein Ende nehmen.«

Doch das Schwarz blieb, und stets auf ihrer Nase; und da diese aufgeworfen und an der Spitze breit war, so hatte es den Anschein, als ob sie damit prahlte, und es hatte auch eine Warnung zur Folge von einem ruhigen, aber ein wenig reizbaren Gentleman und ausgezeichneten wöchentlichen Mieter mit Frühstück und Benutzung eines Wohnzimmers auf Verlangen, der zu mir sagte:

»Mrs. Lirriper, ich bin so weit gekommen, zuzugestehen, daß die Schwarzen Menschen und Brüder sind, aber nur wenn die Farbe natürlich ist und nicht abgerieben werden kann.«

Infolgedessen gab ich der armen guten Sophy andere Arbeit und verbot ihr strikt, die Tür zu öffnen, wenn es klopfte, oder auf ein Klingelzeichen herbeizulaufen, aber unglücklicherweise war sie so willig, daß sie nichts davon zurückhalten konnte, die Küchentreppe hinaufzufliegen, so oft eine Klingel ertönte. Schließlich fragte ich sie.

»Oh Sophy, Sophy, um des lieben Himmels willen, woher kommt es bloß?«

Darauf brach dieses arme, unglückliche, willige Geschöpf in Tränen aus und erwiderte:

»Ich nahm eine Menge Schwarz in mich auf, Ma'am, als ich ein kleines Kind war, da sich damals niemand um mich kümmerte, und ich denke, das muß es sein, was da herauskommt.«

Da es nun bei dem armen Ding immer weiter herauskam und ich andererseits sonst nichts an ihr auszusetzen hatte, sagte ich zu ihr:

»Sophy, was hältst du von dem Vorschlag, daß ich dir nach New South Wales verhelfe, wo es vielleicht nicht bemerkt werden wird?«

Und ich habe es nie bereut, dieses Geld ausgegeben zu haben. Es erwies sich als gut angelegt, denn sie heiratete auf der Fahrt den Schiffskoch (er war selbst ein Mulatte), und sie lebte gut und glücklich, und soviel ich gehört habe, wurde es unter jenen neuen gesellschaftlichen Zuständen bis zu ihrem Todestag nicht bemerkt.

Wie es Miss Wozenham weiter unten auf der anderen Seite der Straße vor ihren Gefühlen als Dame (was sie nicht ist) verantworten konnte, Mary Anne Perkinson aus meinem Dienst abspenstig zu machen, das muß sie selbst am besten wissen – ich weiß es nicht, und mir liegt auch nichts daran, zu erfahren, was für Lebensansichten Miss Wozenham hat. Aber diese Mary Anne Perkinson, wenn sie sich auch so häßlich gegen mich benahm, während ich stets gut zu ihr war, war ihr Gewicht in Gold wert, wenn es sich darum handelte, den Mietern Respekt einzuflößen, ohne sie zu vertreiben. Denn die Mieter klingelten viel weniger nach Mary Anne, als sie nach meiner Erfahrung je nach Mädchen oder Herrin geklingelt hatten, was viel bedeuten will, besonders wenn schielende Augen und eine Gestalt wie ein Sack voll Knochen dazukommen, aber es war ihre unerschütterliche

Ruhe, die jene einschüchterte, und diese Ruhe kam daher, weil ihr Vater im Schweinehandel Unglück gehabt hatte. Mary Annes respekteinflößendes Äußeres und ihre strenge Weise wurden sogar mit dem pingeligsten Tee-und-Zucker-Gentleman fertig (denn er wog beides jeden Morgen in einer Waagschale), mit dem ich es je zu tun gehabt habe, und kein Lamm war nachher sanfter als er. Aber später erfuhr ich, daß Miss Wozenham einmal zufällig an meinem Haus vorüberging und zusah, wie Mary Anne die Milch von einem Milchmann übernahm, der jedes Mädel in der Straße in die rosigen Wangen kniff (ich denke deshalb nichts Böses von ihm), aber von ihr so eingeschüchtert wurde, daß er so steif wie die Statue bei Charing Cross war. Miss Wozenham begriff sofort, welchen Wert Anne für das Pensionsgeschäft hatte, und ging so weit, ein Pfund mehr Vierteljahrslohn zu bieten. Infolgedessen sagte Mary Anne, ohne daß es den geringsten Wortwechsel zwischen uns gegeben hätte, auf einmal zu mir: »Wenn *Sie* sich für den nächsten Ersten nach einer Neuen umsehen wollen, Mrs. Lirriper, *ich* habe es bereits getan.« Das kränkte mich, ich sagte es ihr, und daraufhin kränkte sie mich noch mehr, indem sie andeutete, daß das Unglück ihres Vaters im Schweinehandel sie zu derartigen Handlungsweisen gebracht habe.

Meine Liebe, ich versichere Ihnen, es ist bitter schwer zu entscheiden, welcher Art Mädchen man den Vorzug geben soll, denn wenn sie rasch sind, werden sie von ihren Beinen geklingelt, und wenn sie langsam sind, haben Sie selbst darunter zu leiden, weil in einem fort Klagen kommen, und wenn sie hübsche Augen haben, so stellen ihnen die Herren nach, und wenn sie auf ihr Äußeres halten, dann setzen sie die Hüte der Mieterinnen auf, und wenn sie musikalisch sind, dann probieren Sie es bloß einmal, sie von Musikkapellen und Leierkastenmännern wegzubringen, und gleichgültig, *welche* Köpfe Sie an ihnen bevorzugen, ihre Köpfe werden *stets* zum Fenster hinausgucken. Und dann, was den Herren an den Mädchen gefällt, das gefällt den Damen nicht, was für alle Beteiligten ein ständiger Zankapfel ist, und dann kommt den Mädchen die Wut, obwohl ich hoffe, daß es nicht oft in dem Maße der Fall ist wie bei Caroline Maxey.

Caroline war ein hübsches, schwarzäugiges Mädchen und hatte ein Paar kräftige Fäuste, wie ich zu meinem Schaden erfuhr, als sie losbrach und um sich schlug. Das geschah zum ersten und letzten Mal durch die Schuld eines jungen Ehepaares, das sich London ansehen wollte und im ersten Stock wohnte. Die Dame war sehr hochmütig, und es hieß, sie mochte Caroline wegen ihres hübschen Äußeren nicht leiden, da sie selbst in dieser Beziehung nichts übrig hatte, aber auf jeden Fall machte sie Caroline das Leben schwer, obwohl das keine Entschuldigung war. So kommt Caroline eines Nachmittags mit gerötetem Gesicht in die Küche und sagt zu mir:

»Mrs. Lirriper, dieses Weib im ersten Stock hat mich ganz unerträglich geärgert.«

Ich sage darauf: »Caroline, unterdrücke deine Wut.«

Darauf antwortet Caroline mit einem Lachen, das mir das Blut in den Adern erstarren läßt:

»Meine Wut unterdrücken? Da haben Sie recht, Mrs. Lirriper, das will ich tun.«

»Gott verd… sie!« bricht Caroline darauf los (man hätte mich mit einer Feder bis in den Mittelpunkt der Erde hineinschmettern können, als sie das sagte). »Ich will ihr mal zeigen, welche Wut ich in mir unterdrückt habe!«

Caroline zieht den Kopf ein, meine Liebe, schreit auf und stürzt die Treppe empor; ich, so schnell mich meine zitternden Beine tragen können, hinter ihr her. Aber bevor ich noch im Zimmer anlange, ist schon das Tischtuch mit dem Geschirr in Rosa und Weiß krachend auf den Boden geflogen und das junge Ehepaar liegt mit den Beinen in der Luft im Kamin, er mit Schaufel und Feuerzange und einer Schüssel voll Gurkensalat quer über dem Bauch. Ein Glück, daß es Sommer war!

»Caroline«, rufe ich, »beruhige dich!«

Aber als sie an mir vorbeikommt, zerrt sie mir die Haube vom Kopf und zerreißt sie mit den Zähnen, fällt dann über die jungverheiratete Dame her, macht ein Bündel Bänder aus ihr, faßt sie an beiden Ohren und schlägt sie mit dem Hinterkopf gegen die Wand. Die Dame schreit während der ganzen Zeit zetermordio, Schutzleute rennen die Straße entlang, während Miss Wozenhams Fenster (denken Sie sich meine Gefühle, als ich das erfuhr) aufgerissen werden und Miss Wozenham vom Balkon aus mit Krokodilstränen herunterschreit:

»Es ist Mrs. Lirriper, die jemand durch Überforderung zum Wahnsinn getrieben hat – man wird sie ermorden – ich habe es schon lange erwartet – Schutzleute, rettet sie!«

Meine Liebe, denken Sie sich: vier Schutzleute und Caroline hinter der Kommode, die mit dem Schüreisen auf sie losfährt. Als man sie entwaffnet hatte, boxte sie mit beiden Fäusten um sich, hin und her und her und hin, ganz entsetzlich! Aber ich konnte es nicht mit ansehen, daß sie das arme junge Ding rauh anpackten und ihr das Haar herabrissen, als sie sie überwältigt hatten, und ich sage:

»Meine Herren Schutzleute, bitte denken Sie daran, daß ihr Geschlecht das Geschlecht Ihrer Mütter und Schwestern und Ihrer Liebsten ist, und Gott segne diese und Sie selbst!«

Und da saß sie nun auf dem Boden, mit Handschellen gefesselt, und lehnte sich, nach Atem ringend, gegen die Wandleiste, und die Schutzleute kühl und gelassen mit zerrissenen Röcken, und alles, was sie sagte, war:

»Mrs. Lirriper, es tut mir leid, daß ich *Sie* angerührt habe, denn Sie sind eine gute, mütterliche alte Dame.«

Ich mußte daran denken, wie oft ich gewünscht hatte, ich wäre wirklich eine Mutter, und welche Gefühle mein Herz bewegt hätten, wenn ich die Mutter dieses Mädchens gewesen wäre!

Auf der Polizeiwache stellte sich dann heraus, daß es nicht das erstemal bei ihr war, und man nahm ihr die Kleider weg und steckte sie ins Gefängnis. Als sie wieder herauskommen sollte, ging ich am Abend ans Gefängnistor mit einem bißchen Gelee in meinem kleinen Körbchen, um sie ein wenig für den erneuten Lebenskampf zu stärken, und dort traf ich eine sehr ehrbare Mutter, die auf ihren Sohn wartete. Er war durch schlechte Gesellschaft dorthin gekommen, und es war ein verstockter Schlingel, der seine Halbschuhe aufgeschnürt trug. Da kommt nun meine Caroline heraus und ich sage zu ihr:

»Caroline, komm mit mir und setze dich unter die Mauer, wo niemand hinkommt, und iß eine Kleinigkeit, die ich für dich mitgebracht habe.«

Darauf schlingt sie die Arme um meinen Hals und sagt:

»Oh, weshalb sind Sie keine Mutter, wo es solche Mütter gibt, wie es sie gibt!«

So spricht sie, und in einer halben Minute beginnt sie zu lachen und fragt:

»Habe ich wirklich Ihre Haube in Fetzen gerissen?«

Und als ich erwidere: »Gewiß hast du das getan, Caroline«, lacht sie wieder und sagt, während sie mir das Gesicht streichelt:

»Weshalb tragen Sie aber auch solche altmodischen Hauben, Sie liebes, altes Wesen? Wenn Sie nicht so eine altmodische Haube aufgehabt hätten, dann glaube ich nicht, daß ich es selbst damals getan hätte.«

Denken Sie sich, so ein Mädel! Ich konnte sie auf keine Weise dazu bringen, mir zu sagen, was sie nun anfangen wollte. Sie sagte bloß immer, oh, es würde ihr schon nicht schlechtgehen; und wir schieden, nachdem sie mir aus Dankbarkeit die Hände geküßt hatte. Ich habe niemals mehr etwas von dem Mädchen gesehen oder gehört, aber ich bin fest überzeugt, daß eine sehr vornehme Haube, die auf Veranlassung eines ungenannten Absenders an einem Samstagabend in einem Wachstuchkorb gebracht wurde, von Caroline kam. Der Überbringer war ein höchst unverschämter junger Sperling von einem Affen, mit schmutzigen Schuhen, der auf der gescheuerten Treppe laut pfiff und an dem Geländer mit einem Reifenstock Harfe spielte.

Welch unchristlichen Verdächtigungen man sich aussetzt, wenn man sich auf das Pensionsgeschäft wirft, das kann ich Ihnen nicht mit Worten schildern. Aber ich bin niemals so ehrlos gewesen, doppelte Schlüssel zu haben, noch möchte ich das gern von Miss Wozenham weiter unten auf der anderen Seite der Straße glauben; ja, ich hoffe sogar aufrichtig, daß das nicht der Fall sein möge, obwohl man andererseits nie wissen kann. Es ist im höchsten Grade verletzend für die Gefühle einer Pensionsinhaberin, daß die Mieter stets denken, man versuche sie zu übervorteilen, und niemals auf den Einfall kommen, daß vielleicht grade sie es sind, die einen übervorteilen möchten. Aber, wie Major Jackman oft zu mir gesagt hat:

»Ich kenne die Gewohnheiten auf diesem runden Erdball, Mrs. Lirriper, und das ist eine davon, die sich überall findet.«

Und manchen kleinen Ärger hat mir der Major schon ausgeredet, denn er ist ein kluger Mensch und hat schon vieles zu sehen bekommen.

Du lieber Gott, sollte man es denken, dreizehn Jahre sind

darüber hingegangen, obwohl es mir wie gestern erscheint, daß ich an einem Augustabend am offenen Wohnzimmerfenster saß (denn das Wohnzimmer war gerade frei) und mit der Brille auf der Nase die Zeitung vom vorigen Tag las. Denn meine Augen waren für Druckschrift zu schwach geworden, obwohl ich, dem Himmel sei Dank, gut in die Ferne sehen kann. Auf einmal höre ich einen Gentleman die Straße herauflaufen kommen, der in einer fürchterlichen Wut mit sich selbst spricht und jemand zu allen Teufeln wünscht.

»Bei Sankt-Georg!« sagt er laut und packt seinen Spazierstock fester, »jetzt gehe ich zu Mrs. Lirriper. Wo wohnt Mrs. Lirriper?«

Darauf blickt er sich um, und wie er mich sieht, zieht er den Hut so tief, als wäre ich die Königin, und sagt:

»Verzeihen Sie die Störung, Madam, aber können Sie mir bitte sagen, Madam, in welcher Nummer in dieser Straße eine weitbekannte und allgemein geachtete Dame namens Lirriper wohnt?«

Ein wenig verlegen, obwohl, wie ich gestehen muß, angenehm berührt, nehme ich die Brille ab und sage mit einer Verbeugung:

»Sir, Mrs. Lirriper ist Ihre ergebene Dienerin.«

»Das ist ja erstaunlich!« sagt er darauf. »Bitte tausendmal um Verzeihung! Madam, darf ich Sie bitten, einen Ihrer Bedienten anzuweisen, einem wohnungsuchenden Herrn namens Jackman die Tür zu öffnen?«

Ich hatte den Namen nie zuvor gehört, aber einen höflicheren Gentleman werde ich sicher niemals vor mir sehen, denn er sagte:

»Madam, es ist mir peinlich, daß Sie persönlich die Tür für keinen würdigeren Zeitgenossen als Jemmy Jackman öffnen. Nach Ihnen, Madam. Ich trete niemals vor einer Dame ein.«

Darauf tritt er ins Wohnzimmer, zieht die Luft tief ein und sagt:

»Ah, das ist ein Wohnzimmer! Kein muffiger Schrank«, sagt er, »sondern ein Wohnzimmer und kein Geruch nach Kohlensäcken.«

Nämlich, meine Liebe, es ist von einigen Leuten, die unseren ganzen Stadtteil nicht mögen, behauptet worden, daß es hier immer nach Kohlensäcken rieche. Und da das geeignet wäre, die Mieter abzuschrecken, wenn man nicht Einspruch dagegen erhebt, sage ich in freundlichem, aber festem Tone zu dem Major, er meine damit wohl Arundel oder Surrey oder Howard, aber nicht Norfolk.

»Madam«, sagt er darauf, »ich meine Miss Wozenhams Pension weiter unten auf der anderen Seite – Madam, Sie können sich keinen Begriff machen, wie es dort zugeht – Madam, die ganze Pension ist ein kolossaler Kohlensack und Miss Wozenham hat die Grundsätze und Manieren eines weiblichen Kohlenträgers – Madam, aus der Art, wie ich sie von Ihnen habe sprechen hören, weiß ich, daß sie eine Dame nicht zu schätzen weiß, und aus der Art, wie sie sich mir gegenüber aufgeführt hat, weiß ich, daß sie einen Gentleman nicht zu schätzen weiß – Madam, mein Name ist Jackman – sollten Sie noch eine weitere Referenz wünschen, so nenne ich die Bank von England – sie ist Ihnen vielleicht bekannt!«

So kam es, daß der Major die Zimmer nach vorn hinaus bezog, und von jener Stunde bis zur heutigen sitzt er darin und ist ein äußerst liebenswürdiger und in jeder Hinsicht pünktlicher Mieter, abgesehen von einer kleinen Unregelmäßigkeit, auf die ich nicht besonders einzugehen brauche. Doch dafür ist er ein Schutz und zu jeder Zeit bereit, die Steuererklärung und dergleichen Sachen auszufüllen. Einmal erwischte er sogar einen jungen Mann mit der Stehuhr aus dem Salon unter dem Rock, und ein andermal löschte er mit seinen eigenen Händen und Bettüchern den Schornstein auf dem Dach; und hinterher bei der Verhandlung sprach er äußerst beredt gegen die Gemeindeverwaltung und ersparte mir die Kosten für die Feuerspritze. Er ist stets ein vollendeter Gentleman, obgleich leicht aufgebracht. Und sicherlich hat Miss Wozenham nicht freundlich darin gehandelt, daß sie seine Koffer und den Regenschirm zurückbehielt, wenn sie auch das gesetzliche Recht dazu haben mochte. Ja, vielleicht hätte ich das selbst auch getan, obwohl der Major so sehr ein Gentleman ist, daß er, obgleich durchaus nicht von hoher Gestalt, doch fast so aussieht, wenn er seinen Gehrock mit der herausgesteckten Hemdkrause an- und seinen Hut mit runder Krempe aufhat. Freilich, in welchem Dienst er war, das kann ich Ihnen nicht mit Bestimmtheit sagen, meine Liebe, ob zu Hause oder in den Kolonien, denn ich habe nie gehört, daß er von sich selbst als Major sprach, sondern er nannte sich immer nur einfach »Jemmy Jackman«. Einmal, kurze Zeit nachdem er eingezogen war, hielt ich es für meine Pflicht, ihm mitzuteilen, Miss Wozenham hätte das Gerücht ausgestreut, er wäre gar kein Major, und ich nahm mir die Freiheit hinzuzufügen: »Was Sie doch sind, Sir.«

Darauf meinte er:

»Madam, auf jeden Fall bin ich kein Minor, und jeder Tag hat seine Plage.«

Auch kann man nicht leugnen, daß das die reine Wahrheit ist, und dafür spricht auch seine soldatische Gewohnheit, daß ihm seine Stiefel, bloß vom Schmutz gesäubert, jeden Morgen auf einer sauberen Platte ins Zimmer gebracht werden müssen, worauf er sie stets nach dem Frühstück mit einem kleinen Schwamm und einer Untertasse, leise vor sich hin pfeifend, selbst wichst. Das macht er so geschickt, daß er sich niemals die Wäsche dabei beschmutzt, die mit peinlicher Sorgfalt im Stande gehalten ist, obwohl sie mehr durch ihre gute Beschaffenheit als durch ihre Menge hervorsticht; und ebensowenig den Schnurrbart, der, wie ich fest überzeugt bin, zur selben Zeit besorgt wird und der denselben tiefschwarzen Glanz aufweist wie seine Stiefel, während sein Haupthaar schön weiß ist.

Der Major wohnte schon seit etwa drei Jahren bei mir, als eines Morgens, früh im Februar, kurz vor Beginn der Parlamentssitzung (und Sie können sich denken, daß um diese Zeit eine Masse Betrüger umherlaufen, bereit, alles einzustecken, dessen sie habhaft werden können) ein Gentleman und eine Dame vom Lande vorsprachen, um sich das zweite Stockwerk anzusehen. Ich erinnere mich noch ganz gut, daß ich am Fenster saß und sie und den schweren Hagel draußen beobachtete, wie sie sich nach Vermietungszetteln umsahen. Das Gesicht des Gentleman wollte mir nicht recht gefallen, obwohl er gut aussah, aber die Dame war eine sehr hübsche junge Frau und so zart, daß das Wetter viel zu rauh für sie zu sein schien, obwohl sie bloß von dem Adelphi Hotel kam, das bei weniger schlechtem Wetter nicht viel mehr als eine Viertelmeile zu Fuß entfernt war. Nun hatte es sich gerade so gefügt, meine Liebe, daß ich genötigt war, auf das zweite Stockwerk fünf Schilling wöchentlich aufzuschlagen. Denn ich hatte einen Verlust gehabt, weil jemand im Abendanzug, als ginge er zu einem Dinner, davongelaufen war, und das ist ein sehr hinterlistiges Verfahren und hatte mich reichlich mißtrauisch gemacht, da ich es mit dem Parlament in Verbindung brachte. Als deshalb der Gentleman drei Monate fest und mit Vorauszahlung vorschlug und sich außerdem das Recht vorbehielt, nach Ablauf dieser Zeit auf weitere sechs Monate zu denselben Bedingungen zu verlängern, da sagte ich, mir käme es so vor, als habe ich mich bereits einem anderen Mieter gegenüber verpflichtet; ich wüßte es aber nicht bestimmt und wollte deshalb einmal nach unten gehen und nachsehen; sie möchten so lange bitte Platz nehmen. Sie nahmen Platz, und ich ging nach unten vor die Tür des Majors, den ich bereits angefangen hatte um Rat zu fragen, da ich das sehr nützlich fand. Ich erkannte an seinem leisen Pfeifen, daß er dabei war, seine Stiefel zu wichsen, wobei er in der Regel nicht gestört werden wollte; jedoch rief er freundlich: »Wenn Sie es sind, Madam, dann treten Sie ein«, und ich trat ein und erzählte ihm die Sache.

»Nun, Madam«, sagte der Major, sich die Nase reibend – ich fürchtete im Augenblick, er täte es mit dem schwarzen Schwamm, aber es war bloß sein Handgelenk, da er mit seinen Fingern immer geschickt und sauber war – »nun, Madam, ich vermute, daß Sie das Geld ganz gern annehmen würden?«

Ich scheute mich, gar zu rasch »ja« zu sagen, denn die Wangen des Majors hatten sich ein wenig tiefer gefärbt und es lag eine Unregelmäßigkeit, auf die ich nicht weiter eingehen will, in bezug auf einen Teil vor, den ich nicht nennen will.

»Ich bin der Ansicht, Madam«, sagte der Major, »daß, wenn Geld für Sie da ist – *wenn* es für Sie da ist, Mrs. Lirriper –, Sie es annehmen sollten. Was spricht in dem Falle im zweiten Stockwerk dagegen?«

»Ich kann wirklich nicht sagen, daß etwas dagegen spricht, Sir, doch dachte ich, ich wollte mich erst mit Ihnen beraten.«

»Sie sagten, glaube ich, ein jungverheiratetes Paar, Madam?« fragte der Major.

Ich antwortete:

»Ja-a, anscheinend. Die junge Dame bemerkte mir gegenüber jedenfalls beiläufig, sie wäre erst seit ein paar Monaten verheiratet.«

Der Major rieb sich wiederum die Nase und rührte die Wichse in der kleinen Untertasse mit seinem Stückchen Schwamm um und um, während er auf seine Art leise pfiff. Das dauerte einige Augenblicke, dann sagte er:

»Es wäre eine günstige Vermietung, Madam?«

»Oh ja, eine recht günstige Vermietung, Sir.«

»Angenommen, sie verlängern für die übrigen sechs Monate. Würde es Ihnen sehr viel Schererei machen, Madam, wenn – wenn das Schlimmste sich ereignen sollte?« fragte er.

»Nun, ich weiß nicht recht«, sagte ich zu dem Major. »Es kommt darauf an. Würden *Sie* zum Beispiel etwas dagegen einzuwenden haben, Sir?«

»Ich?« fragte der Major. »Etwas dagegen einwenden? Jemmy Jackman? Mrs. Lirriper, nehmen Sie an.«

So ging ich also wieder hinauf und nahm an, und am folgenden Tag, einem Sonnabend, zogen sie ein. Der Major war so freundlich, mit seiner hübschen runden Handschrift eine schriftliche Vereinbarung aufzusetzen, deren Wendungen, meiner Ansicht nach, ebenso juristisch wie militärisch klangen, und Mr. Edson unterzeichnete sie am Montagmorgen. Am Dienstag machte der Major Mr. Edson einen Besuch, und Mr. Edson machte dem Major am Mittwoch seinen Gegenbesuch, und der zweite und der erste Stock standen auf so freundschaftlichem Fuße, wie man es nur wünschen konnte.

Die drei Monate, für die die neuen Mieter vorausbezahlt hatten, waren vorüber, und wir waren ohne irgendwelche neue Vereinbarungen über die Bezahlung in den Mai hineingekommen, meine Liebe, als Mr. Edson plötzlich genötigt war, eine Geschäftsreise quer durch die Insel Man zu unternehmen. Das kam für das hübsche kleine Weibchen gänzlich unerwartet, und die Insel Man ist meiner Meinung nach auch kein Ort, mit dem besonders viel los wäre, aber das mag nun Ansichtssache sein. Das Ganze war so plötzlich gekommen, daß er schon am nächsten Tag abreisen mußte, und die hübsche kleine Frau weinte zum Herzzerbrechen, und ich weinte mit ihr, als ich sie in dem scharfen Ostwind – der Frühling hatte sich in diesem Jahr stark verzögert – auf dem kalten Straßenpflaster stehen sah, wie sie noch einen letzten Abschied von ihm nahm. Der Wind zerzauste ihr schönes blondes Haar, und ihre Arme waren um seinen Nacken geschlungen, während er sagte:

»Nun, nun, nun. Jetzt laß mich, Peggy.«

Und jetzt sah man ganz deutlich, daß das, wogegen der Major freundlicherweise nichts einzuwenden haben wollte, wenn es einträte, wirklich eintreten würde, und ich mahnte sie daran, als er fort war und ich sie mit meinem Arm beim Treppensteigen stützte.

»Es wird bald jemand anders da sein, für den Sie sich schonen müssen, mein hübsches Frauchen«, sagte ich, »und Sie müssen stets daran denken.«

Als schon längst ein Brief von ihm hätte da sein sollen, wartete sie immer noch vergebens, und was sie jeden Morgen durchmachte, wenn der Briefträger nichts für sie hatte, das flößte am Ende sogar dem Briefträger selbst Mitleid ein, wie er sie so an die Tür gerannt kommen sah; und doch können wir uns nicht wundern, daß es die Gefühle abstumpft, die ganze Mühe und nichts von dem Vergnügen mit den Briefen anderer Leute zu haben, und dabei meistenteils im Schmutz und Regen herumzulaufen und für eine Bezahlung, die mehr an Klein- als an Großbritannien denken läßt. Endlich aber eines Morgens, als sie sich zu schlecht fühlte, um die Treppe herabzulaufen, sagt er zu mir mit einer freudigen Miene, die mich den Mann in seinem Beamtenrock fast lieben ließ, obwohl er von Nässe triefte:

»Ich habe heute morgen von der ganzen Straße zuerst ihr Haus drangenommen, Mrs. Lirriper, denn hier ist der Brief für Mrs. Edson.«

Ich lief, so schnell mich meine Beine tragen wollten, mit dem Brief in ihr Schlafzimmer hinauf, und als sie ihn sah, setzte sie sich im Bett auf und küßte ihn. Dann riß sie ihn rasch auf und las, und ich sah, wie ihr Gesicht leichenblaß wurde und erstarrte.

»Er ist sehr kurz!« sagte sie, ihre großen Augen zu meinem Gesicht erhebend. »Oh, Mrs. Lirriper, er ist sehr kurz!«

Ich sage darauf:

»Meine liebe Mrs. Edson, zweifellos hatte Ihr Gatte gerade keine Zeit, mehr zu schreiben.«

»Zweifellos, zweifellos«, antwortet sie, schlägt beide Hände vors Gesicht und dreht sich nach der Wand um.

Ich schloß sacht ihre Tür zu, kroch hinunter und pochte an die Tür des Majors, und als er, der gerade dabei war, seine dünnen Schinkenschnitte auf seinem eignen kleinen Bratrost zu rösten, mein Gesicht sah, stand er von seinem Stuhl auf und ließ mich auf das Sofa niedersitzen.

»Still!« sagte er. »Ich sehe, es ist etwas vorgefallen. Sprechen Sie nicht – lassen Sie sich Zeit.«

Ich erwiderte darauf:

»Oh, Major, ich fürchte, oben wird eine Seele grausam gequält.«

»Ja, ja«, sagte er, »ich hatte angefangen, es zu befürchten – lassen Sie sich Zeit.«

Und dann beginnt er im Widerspruch zu seinen Worten fürchterlich zu toben und sagt:

»Ich werde es mir niemals verzeihen, Madam, daß ich, Jemmy Jackman, die ganze Sache nicht gleich an jenem

Morgen durchschaute – daß ich nicht mit meinem Stiefel-schwämmchen in der Hand hinaufging, es ihm in den Hals stopfte und ihn auf der Stelle damit erstickte!«

Als wir uns einigermaßen gefaßt hatten, kamen der Major und ich überein, daß alles, was wir im Augenblick tun konnten, darin bestand, uns so zu stellen, als argwöhnten wir nichts, und dafür zu sorgen, daß die arme junge Frau möglichst viel Ruhe hätte. Was ich aber ohne den Major angefangen hätte, als es unter den Leierkastenmännern bekannt wurde, daß wir Ruhe haben wollten, das weiß ich wirklich nicht. Denn er führte einen erbitterten Krieg mit ihnen, in dem Grade, daß ich, hätte ich es nicht mit eigenen Augen gesehen, niemals hätte glauben können, ein Gentleman könne derartig mit Schüreisen, Spazierstöcken, Wasser-kannen, Kohlen, Kartoffeln aus der Schüssel, ja sogar mit dem Hut von seinem Kopf um sich werfen; und dabei tobte er dermaßen in fremden Sprachen, daß sie mit dem Griff in der Hand erstarrt stehenblieben.

Sooft ich jetzt den Briefträger sich dem Haus nähern sah, geriet ich in derartige Angst, daß es wie die Gewährung einer Galgenfrist war, wenn er vorüberging. Aber etwa zehn oder vierzehn Tage später sagt er wiederum:

»Hier ist einer für Mrs. Edson. Befindet sie sich einigermaßen wohl?«

»Sie befindet sich soweit wohl, Briefträger, aber nicht wohl genug, um so früh wie sonst aufzustehen.« Und das entsprach schließlich auch vollkommen der Wahrheit.

Ich brachte den Brief zum Major, der bei seinem Früh-stück saß, und ich sagte bebend:

»Major, ich habe nicht den Mut, ihn zu ihr hinaufzutra-gen.«

»Es ist ein übelaussehender Schurke von einem Brief«, sagt der Major.

»Ich habe nicht den Mut, Major«, sagte ich wiederum zitternd, »ihn zu ihr hinaufzutragen.«

Nachdem er einige Augenblicke lang nachgedacht zu haben schien, sprach er, während er den Kopf aufrichtete, als ob ihm ein neuer und zweckdienlicher Gedanke gekommen sei:

»Mrs. Lirriper, ich werde es mir niemals verzeihen, daß ich, Jemmy Jackman, an jenem Morgen nicht mit meinem Stiefelschwämmchen in der Hand hinaufging, es ihm in den Hals stopfte und ihn auf der Stelle damit erstickte.«

»Major«, sagte ich ein wenig rasch, »Sie haben es nicht getan, und das ist ein Glück, denn es wäre nichts Gutes dabei herausgekommen, und ich glaube, Sie haben besser daran getan, Ihr Schwämmchen für Ihre Stiefel zu benutzen.«

So kamen wir denn dahin, die Sache vernünftig zu betrachten und faßten den Plan, daß ich an ihre Schlafzimmertür anklopfen, den Brief auf die Matte davor niederlegen und auf dem oberen Treppenabsatz abwarten sollte, was sich ereignen würde. Das tat ich nun, und nie hat ein Mensch vor Schießpulver, Kanonenkugeln, Granaten oder Raketen mehr Angst gehabt als ich vor diesem entsetzlichen Brief, als ich ihn in das zweite Stockwerk hinauftrug.

Ein furchtbarer Aufschrei gellte durch das Haus, wenige Augenblicke nachdem sie den Brief geöffnet hatte, und ich fand sie wie leblos auf dem Boden liegen. Meine Liebe, ich warf keinen Blick auf den geöffnet neben ihr liegenden Brief, denn ich hatte keine Zeit dazu.

Alles, was ich brauchte, um sie wieder zu sich zu bringen, trug der Major mit eignen Händen herbei. Außerdem lief er nach dem, was wir nicht im Hause hatten, zum Apotheker, und schließlich bestand er das wildeste aller seiner vielen Scharmützel mit einem Leierkasten, auf dem ein Tanzsaal dargestellt war, ich weiß nicht in welchem Land, und darauf

tanzende Paare, die mit rollenden Augen durch eine Flügel-
tür aus und ein walzten. Als ich nach langer Zeit wahrnahm,
wie sie sich zu erholen begann, glitt ich auf den Treppenabsatz hinaus, bis ich sie weinen hörte, und dann ging ich hinein und sagte mit munterer Stimme: »Mrs. Edson, Sie sind
nicht wohl, meine Liebe, und das ist nicht zu verwundern«,
als wäre ich zuvor gar nicht drin gewesen. Ob sie es mir
glaubte oder nicht, das kann ich nicht sagen, und es kommt
auch nicht darauf an, aber ich blieb stundenlang bei ihr, und
dann flehte sie Gottes Segen auf mich herab und meinte, sie
wolle zu schlafen versuchen, denn der Kopf tue ihr weh.

»Major«, flüsterte ich, zum ersten Stock hereinblickend,
»ich bitte Sie und flehe Sie an, gehen Sie nicht aus.«

Der Major flüsterte:

»Madam, seien Sie versichert, ich werde hierbleiben. Wie
geht es ihr?«

Ich sage darauf:

»Major, Gott der Herr über uns weiß allein, was in ihrer
armen Seele brennt und tobt. Ich verließ sie, während sie
an ihrem Fenster saß. Ich gehe, um mich an das meinige zu
setzen.«

Es wurde Nachmittag und es wurde Abend. In der Norfolk Street wohnt es sich sehr schön – mit Ausnahme von
weiter unten –, aber an Sommerabenden, wenn die Straße
staubig ist und weggeworfenes Papier darauf herumliegt,
wenn die Kinder dort spielen und die staubig-heiße Luft
still brütend darüberliegt, während in der Nachbarschaft ein
paar Kirchenglocken läuten, ist sie ein wenig langweilig. Seit
jenem Vorfall habe ich niemals zu einer solchen Zeit auf die
Straße blicken können und werde es in alle Zukunft niemals
tun können, ohne daß mir der langweilige Juniabend in der
Erinnerung aufsteigt, als dieses verlassene junge Geschöpf
an ihrem offenen Eckfenster im zweiten Stock und ich an

meinem offnen Eckfenster (an der andern Ecke) im dritten Stock saß. Eine gnädige Macht, eine Macht, die bei weitem weiser und besser war als ich selbst, hatte mir eingegeben, solange es noch hell war, in Hut und Schal dazusitzen. Als die Schatten fielen und die Flut stieg, konnte ich bisweilen sehen – wenn ich den Kopf zum Fenster hinausstreckte und nach ihrem Fenster unter mir blickte –, daß sie sich ein wenig hinauslehnte und die Straße hinabschaute. Es wurde gerade dunkel, als ich sie auf der Straße sah.

Von einer solchen Angst erfüllt, ich könnte sie aus den Augen verlieren, daß sie mir noch jetzt, wo ich es erzähle, fast den Atem benimmt, rannte ich, schneller als ich je in meinem ganzen Leben gelaufen bin, die Treppe hinunter. Ich schlug nur einmal im Vorübergehen mit der Hand an die Tür des Majors und schlüpfte auf die Straße. Ich sah sie nicht mehr. Ich lief mit derselben Schnelligkeit die Straße hinunter, und als ich an der Ecke der Howard Street anlangte, sah ich, daß sie in diese eingebogen war und vor mir nach Westen zu ging. Oh, mit welch dankerfülltem Herzen sah ich sie dahinschreiten!

London war ihr gänzlich unbekannt, und sie war selten über die Umgebung unseres Hauses hinausgekommen. Sie hatte mit ein paar kleinen Kindern aus der Nachbarschaft Bekanntschaft gemacht, stand bisweilen bei ihnen auf der Straße und blickte nach dem Wasser. Sie ging jetzt aufs Geratewohl, wie ich wußte, aber dabei schlug sie doch immer die richtigen Seitenstraßen ein, bis sie an den Strand kam. An jeder Ecke sah ich, wie ihr Kopf beständig einer bestimmten Richtung zugekehrt war, und das war stets die Richtung nach dem Fluß.

Vielleicht war es nur die Dunkelheit und Stille der Adelphi-Terrasse, die sie veranlaßte, in diese einzubiegen, aber sie tat es so entschlossen, als ob diese von Anfang an ihr Ziel gewesen wäre. Vielleicht war es auch wirklich so. Sie ging geradewegs auf die Terrasse zu und an ihr entlang und blickte dabei über das Geländer, und noch oft in späterer Zeit fuhr ich in meinem Bett aus einem Angsttraum empor, indem ich sie wie in jenem Augenblick vor mir sah. Die Verlassenheit des Kais unterhalb und das rasche Strömen der hohen Flut an dieser Stelle schienen sie zu locken. Sie warf einen Blick um sich, wie um den Weg nach unten herauszufinden, und schlug den richtigen oder den falschen Weg ein – ich weiß nicht welchen, denn ich bin vorher oder nachher nie dort gewesen –, während ich ihr folgte.

Es war bemerkenswert, daß sie während dieser ganzen Zeit nicht ein einziges Mal zurückblickte. Aber in ihrem Gang war jetzt eine große Veränderung wahrzunehmen; denn während sie bisher einen gleichmäßigen raschen Schritt eingehalten hatte, wobei ihre Arme auf der Brust gekreuzt waren, lief sie unter den unheimlich finsteren Wölbungen in wilder Eile mit weitgeöffneten Armen dahin, als wären es Flügel und sie flöge zum Tod.

Wir befanden uns jetzt auf dem Kai, und sie blieb stehen. Auch ich machte halt. Ich sah, wie ihre Hände nach ihren Hutbändern griffen – im nächsten Augenblick war ich zwischen ihr und dem Kairand und faßte sie mit beiden Armen um den Leib. Sie hätte mich mit in die Tiefe reißen können, aber unter keinen Umständen wäre es ihr gelungen, sich von mir loszumachen – das sichere Gefühl hatte ich.

Bis zu diesem Augenblick war es in meinem Kopf ganz wirr gewesen, und ich hatte nicht die geringste Ahnung gehabt, was ich zu ihr sagen sollte, aber sowie ich sie berührte, kam es wie ein Zauber über mich, und ich war im Besitz meiner natürlichen Stimme und meines Verstandes und konnte fast wieder ruhig atmen.

»Mrs. Edson!« sage ich. »Meine Liebe! Sehen Sie sich vor.

Wie konnten Sie sich bloß verirren und an einem so gefährlichen Ort wie diesen geraten? Sie müssen doch wirklich durch die verwickeltsten Straßen in ganz London hierhergekommen sein. Kein Wunder, daß Sie sich verirrt haben. Und gerade an diesem Ort! Ich dachte wahrhaftig, hier käme nie ein Mensch hin, ausgenommen ich selbst, um meine Kohlen zu bestellen, und der Major aus dem ersten Stock, um seine Zigarre zu rauchen!« – denn ich sah diesen gesegneten Mann ganz in der Nähe, wie er so tat, als rauche er.

»Ha – Ha – Hum!« hustet der Major.

»Und wahrhaftig«, sage ich, »da ist er!«

»Hallo! Wer da?« sagt der Major in militärischem Ton.

»Nun!« antwortete ich. »Das ist doch die Höhe! Kennen Sie uns nicht, Major Jackman?«

»Hallo!« sagt der Major. »Wer ruft Jemmy Jackman an?« Und dabei war er ganz außer Atem und spielte seine Rolle weniger natürlich, als ich es erwartet hätte.

»Hier ist Mrs. Edson, Major«, sage ich. »Sie hat einen Spaziergang gemacht, um ihren armen Kopf zu kühlen, der ihr sehr weh getan hat; sie ist dabei vom Weg abgekommen und hat sich verirrt, und Gott weiß, wohin sie noch geraten wäre, wenn ich nicht gerade des Wegs dahergekommen wäre, um in den Briefkasten meines Kohlenlieferanten eine Bestellung einzuwerfen, und Sie nicht hier herumspazierten, um Ihre Zigarre zu rauchen! – Und Sie sind wirklich nicht wohl genug, meine Liebe«, sage ich zu ihr, »um sich ohne mich auch nur halb so weit von zu Hause zu entfernen. – Und Ihr Arm wird sicherlich sehr willkommen sein, Major«, sage ich zu ihm, »ich weiß, sie darf sich, so schwer sie will, darauf lehnen.«

Und mittlerweile hatten wir es soweit gebracht – dem Allmächtigen sei Dank! –, daß sie zwischen uns beiden dahinschritt.

Ein kalter Schauer schüttelte sie vom Kopf bis zu den Füßen, und das Zittern hörte nicht auf, bis ich sie auf ihr Bett legte. Bis zum frühen Morgen hielt sie meine Hand fest und jammerte und jammerte: »Oh, der Elende, der Elende, der Elende!« Aber als ich schließlich so tat, als ob der Kopf mir schwer würde und ein tiefer Schlaf mich übermannte, hörte ich, wie das arme junge Weib mit so rührenden und demutsvollen Worten dem Himmel dankte, daß sie davor bewahrt geblieben sei, sich in ihrer Raserei das Leben zu nehmen, daß ich glaubte, ich müßte mir auf der Bettdecke die Augen ausweinen, und ich wußte, daß sie es nicht wieder versuchen würde.

Da es mir gutging und ich die Ausgabe tragen konnte, schmiedete ich am folgenden Tag mit dem Major meine Pläne, während sie den tiefen Schlaf der Erschöpfung schlief; sobald es anging, sagte ich zu ihr:

»Mrs. Edson, meine Liebe, als Mr. Edson mir die Miete für diese weiteren Monate bezahlte …«

Sie fuhr empor, und ich fühlte, wie ihre großen Augen auf mich gerichtet waren, aber ich fuhr mit meiner Rede und meiner Nadelarbeit fort.

»… ich bin nicht ganz sicher, ob ich die Quittung richtig datierte. Könnten Sie sie mir einmal zeigen?«

Sie legte ihre eiskalte Hand auf die meine und sah mich durchbohrend an, als ich genötigt war, von meiner Nadelarbeit aufzublicken. Aber ich hatte die Vorsicht gebraucht, meine Brille aufzusetzen.

»Ich habe keine Quittung«, sagte sie darauf.

»Ah! Dann hat er sie«, sagte ich in gleichgültigem Ton. »Es kommt nicht darauf an. Eine Quittung ist eine Quittung.«

Von dieser Zeit an hielt sie stets meine Hand in der ihrigen, wenn ich sie ihr reichen konnte, und das war in der Regel nur dann der Fall, wenn ich ihr vorlas. Denn natürlich hatten sie und ich viel mit der Nadel zu tun, und keine von uns beiden hatte ein besonderes Geschick für diese kleinen Wäschestückchen, obwohl ich in Anbetracht der Umstände auf meinen Anteil daran ziemlich stolz bin. Und obwohl sie auf alles achtete, was ich ihr vorlas, so schien es mir doch, daß neben der Bergpredigt es sie am meisten fesselte, wenn ich von dem sanften Mitleid unseres Herrn mit uns armen Frauen las und von seiner Jugend, und wie seine Mutter stolz auf ihn war und alle seine Reden in ihrem Herzen bewahrte. In ihren Augen lag ein dankbarer Ausdruck, der niemals bis an mein Lebensende meinem Gedächtnis entschwinden wird; und wenn ich sie zufällig ansah, so traf ich stets auf diesen dankbaren Blick. Oft bot sie mir auch ihre zitternden Lippen zum Kuß, viel mehr wie ein liebevolles Kind, dessen Herz vom Kummer halb gebrochen ist, als wie ich es mir von einem erwachsenen Menschen denken könnte.

Einmal war das Zittern dieser armen Lippen so stark, und ihre Tränen strömten so reichlich, daß ich glaubte, sie wolle mir all ihr Leid erzählen, deshalb nahm ich ihre beiden Hände zwischen die meinen und sagte:

»Nein, mein liebes Kind, nicht jetzt. Es ist am besten, wenn Sie jetzt nicht davon sprechen. Warten Sie auf bessere Zeiten, wenn Sie darüber hinweggekommen sind und sich wieder kräftig fühlen, dann sollen Sie mir erzählen, soviel Sie wollen. Soll das zwischen uns ausgemacht sein?«

Während wir uns noch an den Händen hielten, nickte sie viele Male hintereinander mit dem Kopf, hob meine Hände hoch und drückte sie an Lippen und Herz.

»Nur noch ein Wort jetzt, mein liebes Kind«, sagte ich. »Gibt es jemand?«

Sie blickte mich fragend an.

»Zu dem ich gehen kann?«

Sie schüttelte den Kopf.

»Niemand, den ich zu Ihnen bringen kann?«

Sie schüttelte den Kopf.

»*Ich* brauche niemand, meine Gute. Das ist jetzt alles vorbei und dahin.«

Etwa eine Woche später – denn als diese Unterredung stattfand, hatte sie schon lange so dagelegen – beugte ich mich über ihr Bett mit meinem Ohr an ihren Lippen, abwechselnd auf ihren Atem lauschend und nach einem Zeichen des Lebens in ihrem Gesicht spähend. Schließlich kam dieses ersehnte Zeichen in einer feierlichen Weise – nicht wie ein Aufzucken, sondern wie eine Art blasses, schwaches Licht, das ganz allmählich das Gesicht erhellte.

Sie sagte etwas zu mir, das keinen Laut gewann, aber ich sah, daß sie mich fragte:

»Ist dies der Tod?«

Worauf ich erwiderte:

»Mein armes, liebes, gutes Kind, ich glaube, es ist so.«

Ich wußte irgendwie, daß sie den Wunsch hatte, ihre schwache rechte Hand zu bewegen. Ich nahm sie also, legte sie ihr auf die Brust und faltete ihre Linke darüber, und sie betete ein inniges Gebet, in das ich arme alte Frau einstimmte, obwohl kein Wort gesprochen wurde. Dann brachte ich das Kindchen in den Windeln herbei und sagte:

»Mein liebes Kind, dies ist einer kinderlosen alten Frau gesendet. Dies ist mir anvertraut.«

Zum letzten Male streckte sich die zitternde Lippe mir entgegen, und ich küßte sie innig.

»Ja, mein Kind«, sagte ich. »So Gott will! Mir und dem Major.«

Ich weiß nicht, wie ich es mit den rechten Worten schildern soll, aber ich sah ihre Seele sich erhellen und froh werden, und mit einem letzten Blick wurde sie frei und flog davon.

Das ist also das Wie und Warum, meine Liebe, daß wir ihn nach seinem Paten, dem Major, Jemmy nannten; sein Familienname aber war Lirriper nach mir selbst. Und niemals ist ein Kind solch ein Sonnenschein in einer Pension und solch ein lieber Spielkamerad für seine Großmutter gewesen, wie es Jemmy für dieses Haus und für mich war. Er war immer gut und hörte auf das, was man ihm sagte (meistens), er wirkte besänftigend aufs Gemüt und machte alle Dinge angenehmer, mit Ausnahme des Falles, als er alt genug war, um seine Mütze in Miss Wozenhams Luftschacht hinunterfallen zu lassen, und sie sie ihm nicht hinaufreichen wollten. Da geriet ich in Wut, nahm meinen besten Hut, Handschuhe und Sonnenschirm, und mit dem Kind an der Hand sage ich:

»Miss Wozenham, ich habe nicht erwartet, jemals *Ihr* Haus zu betreten, aber wenn die Mütze meines Enkels nicht augenblicklich zurückgegeben wird, so sollen die Gesetze dieses Landes, die die Eigentumsrechte der Untertanen regeln, schließlich zwischen mir und Ihnen entscheiden, koste es, was es wolle.«

Mit einem höhnischen Zug im Gesicht, der, wie es mir schien, auf doppelte Schlüssel deutete – aber das konnte auch eine Täuschung sein, und wenn noch irgendein Zweifel besteht, so mag Miss Wozenham den ganzen Vorteil davon haben, wie es recht ist –, klingelt sie und fragt:

»Jane, liegt etwa eine alte Mütze von einem Gassenjungen in unserem Schacht unten?«

Darauf sage ich:

»Miss Wozenham, bevor Ihr Mädchen diese Frage beantwortet, muß ich Ihnen ins Angesicht sagen, daß mein Enkel *kein* Gassenjunge ist und *keine* alten Mützen zu tragen pflegt. Wirklich, Miss Wozenham«, fügte ich hinzu, »ich bin keineswegs sicher, ob die Mütze meines Enkels nicht neuer als Ihre Haube ist.«

Das war einfach wild von mir, da ihre Spitze das gewöhn-lichste Maschinenzeug und noch dazu verwaschen und zer-rissen war, aber ihre Unverschämtheit hatte mich zu sehr gereizt.

Darauf antwortete Miss Wozenham mit gerötetem Ge-sicht:

»Jane, du hast meine Frage gehört. Liegt die Mütze eines Kindes unten in unserem Schacht?«

»Ja, Ma'am«, sagt Jane, »ich glaube, ich sah da irgendwel-chen Unrat herumliegen.«

»Dann«, sagt Miss Wozenham, »laß diese Besucher hinaus und wirf den wertlosen Gegenstand hinauf, daß er uns aus dem Hause kommt.«

Aber hier runzelt der Kleine, der Miss Wozenham die gan-ze Zeit angestarrt hatte, seine kleinen Augenbrauen, schürzt seine kleinen Lippen, stellt seine rundlichen Beinchen weit auseinander, dreht seine dicken Fäustchen langsam umein-ander, wie eine kleine Kaffeemühle, und sagt zu ihr:

»Wer zu meiner Großmutti unverschämt ist, bekommt's mit mir zu tun!«

»Oh!« sagt Miss Wozenham, verächtlich auf den Knirps niederblickend. »Das ist kein Gassenjunge, was?«

Ich breche in Lachen aus und sage:

»Miss Wozenham, wenn Sie nicht finden, daß das ein hüb-scher Anblick ist, so beneide ich Ihre Gefühle nicht, und ich wünsche Ihnen guten Tag. Jemmy, komm mit Großmutti.«

Ich war in der besten Stimmung, obwohl seine Mütze in die Straße hinaufgeflogen kam, als würde sie aus dem Wasser-rohr herausgeschossen, und auf dem Nachhauseweg lachte ich die ganze Zeit über, alles wegen dieses lieben Jungen.

Die vielen, vielen Meilen, die ich und der Major mit Jem-my in der Dämmerung gereist sind, lassen sich nicht berech-nen. Jemmy saß als Kutscher auf dem Bock, der des Majors metallbeschlagenes Schreibpult auf dem Tisch ist, ich saß im Lehnstuhl, und der Major stand dahinter als Schaffner und machte seine Sache mit einer Tüte aus braunem Papier ganz prachtvoll. Ich versichere Ihnen, meine Liebe, daß zuweilen, wenn ich auf meinem Platz im Innern der Kutsche ein wenig eingenickt war und durch das plötzliche Aufflackern des Feuers halb wach wurde und hörte, wie unser kleiner Liebling die Pferde antrieb und der Major hinten ins Horn blies, damit die Wechselpferde bereit ständen, sobald wir an dem Gasthof anlangten – daß ich dann halb glaubte, wir wären auf der alten nach Norden führenden Landstraße, die mein armer Lirriper so gut kannte. Wenn dann das Kind und der Major, beide tief vermummt, abstiegen, um sich die Füße zu wärmen, stampfend auf und ab gingen und Gläser voll Bier aus den papiernen Zündbüchsen auf dem Kamin tranken, so war der Major ebenso mit Leib und Seele bei dem Spiel wie das Kind, und keine Komödie konnte einem größeres Vergnügen bereiten, als wenn der kleine Kutscher den Kutschenschlag öffnete, den Kopf zu mir hereinsteckte und sagte:

»Sehr schnell gefahren. – Angst gehabt, alte Dame?«

Aber meine unaussprechlichen Gefühle, als uns das Kind abhanden gekommen war, können nur mit denen des Majors verglichen werden, die um kein Haar besser waren. Fünf Jahre alt war er und elf Uhr vormittags war es, als er davonlief; und er ließ nichts von sich hören bis um halb zehn Uhr abends, als der Major auf die Redaktion der Times gegangen war, um eine Annonce aufzugeben. Diese erschien auch am nächsten Tage, vierundzwanzig Stunden, nachdem er gefunden worden war, und ich werde sie bis an mein Lebensende sorgfältig in meiner Lavendelkommode aufbewahren als den ersten gedruckten Bericht über ihn. Je mehr der Tag fortschritt, desto mehr geriet ich außer mir, und dem Major erging es ebenso. Und durch die seelenruhige Art der Schutzleute gerieten wir beide in einen noch schlimmeren Zustand. Sie waren zwar sehr höflich und freundlich, weigerten sich aber hartnäckig, daran zu glauben, daß der Kleine gestohlen worden wäre.

»Wir machen meist die Erfahrung, Ma'am«, sagte der Sergeant, der gekommen war, um mich zu trösten, was ihm aber durchaus nicht gelang – er war einer von den Schutzleuten aus Carolines Zeiten, worauf er auch in seinen einleitenden Worten anspielte, indem er sagte: »Machen Sie sich keine Sorgen, Ma'am, es wird alles wieder so in Ordnung kommen wie meine Nase, als das junge Mädel in Ihrem zweiten Stockwerk sie mir zerkratzt hatte« – dieser Sergeant sagte also: »Wir machen meist die Erfahrung, Ma'am, daß die Leute nicht allzusehr darauf aus sind, Kinder aus zweiter Hand, wie ich es nennen möchte, zu haben. Sie werden ihn wiederbekommen, Ma'am.«

»Oh, aber mein lieber guter Sir«, sagte ich, indem ich die Hände zusammenschlug, sie rang und sie wieder zusammenschlug, »es ist solch ein ungewöhnliches Kind!«

»Ja, Ma'am«, sagte der Sergeant, »wir machen auch meist diese Erfahrung. Die Frage ist, wieviel seine Kleider wert sind.«

»Seine Kleider«, sagte ich, »sind nicht viel wert, denn er hatte bloß seinen Spielanzug an. Aber das liebe Kind!«

»Schon gut, Ma'am«, sagte der Sergeant. »Sie werden ihn wiederbekommen, Ma'am. Und selbst wenn er seine besten Kleider angehabt hätte, so würde doch nichts Schlimmeres passieren, als daß man ihn, in ein Kohlblatt eingehüllt, zitternd in einem Gäßchen fände.«

Seine Worte durchbohrten mein Herz wie ebenso viele Dolche, und ich und der Major liefen den ganzen Tag über wie wilde Tiere aus und ein, bis der Major, von seinem

nächtlichen Besuch auf der Redaktion der Times zurück-
kehrend, außer sich vor Freude in meine Kammer stürzte,
mir die Hand drückte und, sich die Augen wischend, sagte:

»Freude – Freude – ein Schutzmann in Zivil kam die
Hausstufen herauf, als ich gerade aufschloß – beruhigen Sie
sich – Jemmy ist gefunden.«

Infolgedessen fiel ich in Ohnmacht, und als ich wieder zu
mir kam, umschlang ich die Beine des Schutzmanns in Zivil,
der einen braunen Backenbart trug und der im Geiste ein
Inventar der Gegenstände meiner Kammer aufzunehmen
schien.

»Gott segne Sie, Sir«, rief ich, »wo ist der Liebling?«

Und er sagte:

»Auf der Wache in Kennington.«

Ich war im Begriff, umzusinken bei der Vorstellung, die
kleine Unschuld sei mit Mördern in einer Zelle zusammen,
als er hinzufügte:

»Er folgte dem Affen.«

Da ich das für einen Slangausdruck hielt, sagte ich:

»Oh Sir, erklären Sie einer liebenden Großmutter, was für
ein Affe!«

Darauf er:

»Der in der Kappe mit den Flittern und dem Riemen unter dem Kinn, die niemals oben bleiben will – der, der auf
einem runden Tisch die Straßenecken fegt und nicht öfter
seinen Säbel ziehen will, als nötig ist.«

Da begriff ich die ganze Sache und dankte ihm von ganzem Herzen. Ich fuhr dann mit ihm und dem Major nach
Kennington, und dort fanden wir unsern Jungen, wie er
ganz behaglich vor einem lustigen Feuer lag. Er hatte sich
auf einer kleinen Ziehharmonika von der Größe eines Bü-
geleisens, die einem jungen Mädchen abgenommen worden
war und die man ihm zu diesem Zweck überlassen hatte,

süß in den Schlaf gespielt.

Meine Liebe, das System, nach dem der Major Jemmy zu unterrichten begann und ihn, wie ich wohl sagen kann, zur Vollkommenheit führte, sollte vor dem Thron und im Ober- und Unterhaus bekanntgemacht werden. Dann würde der Major wohl die Beförderung erhalten, die er vollauf verdient und die er (unter uns gesagt) auch in finanzieller Beziehung sehr gut gebrauchen könnte. Jemmy war damals noch so klein, daß man, wenn er auf der anderen Seite des Tisches stand, unter den Tisch, statt über ihn blicken mußte, um das Lockenköpfchen mit dem schönen blonden Haar, das er von seiner Mutter hatte, zu Gesicht zu bekommen. Als der Major anfing, ihn zu unterrichten, sagt er zu mir:

»Ich beabsichtige, Madam«, sagte er, »aus unserem Kinde einen rechnenden Jungen zu machen.«

»Major«, sage ich, »Sie erschrecken mich. Sie können dem Liebling einen dauernden Schaden zufügen, den Sie sich niemals vergeben würden.«

»Madam«, meint der Major, »nach meiner Reue darüber, daß ich damals den Schurken nicht mit meinem Stiefelschwämmchen auf der Stelle erstickt habe ...«

»Still! Um Gottes willen!« unterbreche ich ihn. »Möge ihn sein Gewissen ohne Schwämmchen ausfindig machen.«

»... ich sage, nach meiner Reue darüber, Madam«, fährt er fort, »würde die Reue kommen, die meine Brust«, auf die er sich schlägt, »bedrängen würde, wenn dieser glänzende Verstand nicht frühzeitig entwickelt würde. Aber verstehen Sie wohl, Madam«, sagt der Major, »entwickelt nach einem Prinzip, das das Lernen zur Lust machen wird.«

»Major«, sage ich, »ich will aufrichtig gegen Sie sein und sage Ihnen geradeheraus, wenn ich je finde, daß das liebe Kind nicht mehr so gut ißt, dann werde ich wissen, es sind seine Rechenaufgaben, und in diesem Falle mache ich ihnen in zwei Minuten ein Ende. Oder wenn ich finde, daß sie ihm zu Kopf steigen«, sage ich, »oder sich ihm kalt auf den Magen legen oder zu etwas wie Schwäche in seinen Beinen Anlaß geben, dann wird das Resultat dasselbe sein. Aber, Major, Sie sind ein kluger Mann und haben viel gesehen, und Sie lieben das Kind und sind sein Pate, und wenn Sie es für richtig halten, den Versuch zu machen, so tun Sie es.«

»Gesprochen, Madam«, sagt der Major, »wie Emma Lirriper. Ich bitte Sie nur darum, Madam, daß Sie meinem Patenkind und mir eine Woche oder zwei für die Vorbereitung Zeit lassen wollen, um Sie zu überraschen, und daß Sie mir gestatten wollen, mir gelegentlich einige kleine, gerade nicht benutzte Gegenstände aus der Küche heraufbringen zu lassen, die ich brauche.«

»Aus der Küche, Major?« frage ich mit einer unklaren Vorstellung, als beabsichtige er, das Kind zu kochen.

»Aus der Küche«, erwidert der Major und lächelt und scheint gleichzeitig größer zu werden.

So willigte ich denn ein, und der Major und der liebe Junge schlossen sich eine Zeitlang auf jeweils eine halbe Stunde ein. Niemals konnte ich wahrnehmen, daß etwas anderes zwischen ihnen vorging, als daß geschwatzt und gelacht wurde und daß Jemmy in die Hände klatschte und Zahlen schrie. Infolgedessen sagte ich zu mir selbst: »Es hat ihm noch nicht geschadet.« Auch konnte ich, wenn ich mir den lieben Jungen daraufhin ansah, nirgends an ihm etwaige Zeichen entdecken, daß es ihm nicht zusagte, was gleichfalls eine große Erleichterung für mich war. Schließlich bringt mir eines Tages Jemmy eine scherzhafte Einladungskarte, auf der in des Majors sauberer Handschrift geschrieben steht:

»Die Herren Jemmy Jackman«, denn wir hatten ihm noch den anderen Namen des Majors beigelegt, »geben sich die

Ehre, um Mrs. Lirripers Anwesenheit in dem Jackman-Institut im ersten Stock heute abend um fünf Uhr (mit militärischer Pünktlichkeit) zu bitten, um einigen kleinen Vorführungen in elementarer Arithmetik beizuwohnen.«

Und wenn Sie mir glauben wollen, auf die Minute pünktlich um fünf Uhr stand der Major im Wohnzimmer des ersten Stocks hinter dem zu beiden Seiten aufgezogenen Klapptisch, auf dem eine Menge Küchengegenstände auf altem Zeitungspapier fein säuberlich aufgestellt waren, und da stand auch der Knirps auf einem Stuhl, seine rosigen Bäckchen flammten, und seine Augen blitzten wie Diamanten.

»Nun, Großmutti«, sagt er, »setz dich hin und rühre niemanden an.« Denn er hatte mit seinen beiden Diamanten gesehen, daß ich beabsichtigte, ihn an mich zu drücken.

»Sehr wohl, Sir«, sage ich. »In dieser guten Gesellschaft tue ich natürlich, was man von mir verlangt.«

Und damit setze ich mich in den Lehnstuhl, der für mich bereitgestellt war, und schüttle mich vor Lachen. Aber stellen Sie sich mein Erstaunen vor, als der Major mit so raschen Bewegungen, als wäre er ein Zauberkünstler, alle Gegenstände, die er nennt, auf dem Tisch zusammenstellt und dabei sagt:

»Drei Untertassen, ein Kräuseleisen, eine Handglocke, eine Röstgabel, ein Reibeisen, vier Topfdeckel, eine Gewürzbüchse, zwei Eierbecher und ein Hackbrett – das macht zusammen?«

Worauf der Knirps augenblicklich ausruft: »Fünfzehn.« Dann klatscht er in die Hände, zieht seine Beine hoch und tanzt auf seinem Stuhl.

Meine Liebe, mit derselben verblüffenden Leichtigkeit und Richtigkeit rechneten er und der Major die Tische, die Stühle und das Sofa, die Bilder an der Wand, das Kamingitter und die Schüreisen, ihre beiden Personen, mich, die

Katze und die Augen in Miss Wozenhams Kopf zusammen, und sooft das Resultat herauskommt, klatscht mein rosig-diamantner Junge in die Hände, zieht seine Beine hoch und tanzt auf seinem Stuhl herum.

Den Stolz des Majors hätten Sie sehen müssen!

»*Das* ist ein Verstand, Ma'am!« sagt er hinter der vorgehaltenen Hand zu mir.

Dann sagt er laut:

»Wir kommen nun zu der zweiten Elementarregel, die genannt wird ...«

»Subtraktion!« ruft Jemmy.

»Richtig«, sagt der Major. »Wir haben hier eine Röstgabel, eine ungeschälte Kartoffel, zwei Topfdeckel, einen Eierbecher, einen hölzernen Löffel und zwei Bratspieße, von denen für geschäftliche Zwecke abgezogen werden müssen ein Sprottenbratrost, ein kleines Einmachegefäß, zwei Zitronen, eine Pfefferbüchse, ein Küchenschabenfänger und ein Knopf von dem Speiseschrankkasten – was bleibt?«

»Die Röstgabel!« ruft Jemmy.

»In Zahlen wieviel?« sagt der Major.

»Eins!« ruft Jemmy.

»Das ist ein Junge, Madam!« sagt der Major hinter der Hand zu mir.

Dann fährt er fort.

»Wir kommen jetzt zur nächsten Elementarregel ...«

»Multiplikation!« ruft Jemmy.

»Richtig«, sagt der Major.

Aber, meine Liebe, Ihnen im einzelnen zu schildern, wie sie vierzehn Scheite Feuerholz mit zwei Stück Ingwer und einer Spicknadel multiplizierten oder so ziemlich alles, was sonst auf dem Tisch stand, durch den Stahl des Kräuseleisens und einen Zimmerleuchter dividierten und eine Zitrone übrigbehielten, würde mir den Kopf schwindlig machen, wie es damals der Fall war. Schließlich sage ich:

»Wenn Sie es mir nicht übelnehmen wollen, daß ich mir erlaube, den Vorsitzenden anzureden, Professor Jackman, so glaube ich, daß jetzt der Zeitpunkt gekommen ist, wo es erforderlich ist, daß ich diesen jungen Gelehrten einmal fest in meine Arme schließe.«

Daraufhin ruft Jemmy von seinem Stuhl aus:

»Großmutti, mache die Arme auf, und ich springe in sie hinein.«

So öffnete ich ihm also meine Arme, wie ich mein wehes Herz geöffnet hatte, als seine arme junge Mutter im Sterben lag. Er sprang hinein, und wir hielten einander eine gute Weile fest umschlungen, während der Major, stolzer als ein Pfau, hinter der vorgehaltenen Hand zu mir sagt:

»Sie müssen es ihn nicht merken lassen, Madam« (was ich tatsächlich nicht nötig hatte, denn der Major war vollkommen verständlich), »aber das ist ein Junge!«

In dieser Weise wuchs Jemmy auf. Er ging in die Tagesschule, lernte aber auch unter dem Major weiter, und im Sommer waren wir so glücklich, wie die Tage lang, und im Winter so glücklich, wie die Tage kurz waren. Über der Pension aber schien ein Segen zu ruhen, denn es war so gut, als ob die Zimmer sich selbst vermieteten, und ich hätte Kunden für die doppelte Anzahl gehabt. Eines Tages aber mußte ich ganz gegen meinen Willen und wehen Herzens zu dem Major sagen:

»Major, Sie wissen sicher, was ich Ihnen eröffnen muß. Unser Junge muß in ein Pensionat.«

Es war traurig mit anzusehen, wie das Gesicht des Majors lang wurde, und ich bemitleidete die gute Seele von ganzem Herzen.

»Ja, Major«, sage ich, »obwohl er bei den Mietern so beliebt ist wie Sie selbst, und obwohl er für Sie und für mich das ist, was nur Sie und ich wissen, so ist das doch der Lauf der Welt; das Leben besteht aus Trennungen, und wir müssen uns von unserem Liebling trennen.«

So fest ich auch sprach, sah ich doch zwei Majore und ein halbes Dutzend Kamine, und als der arme Major einen seiner sauberen, glänzend gewichsten Stiefel auf das Kamingitter stellte, dann den Ellbogen auf das Knie und den Kopf auf die Hand stützte und sich ein wenig hin und her bewegte, schnitt es mir furchtbar ins Herz.

»Aber«, fahre ich fort, nachdem ich mich geräuspert habe, »Sie haben ihn so gut vorbereitet, Major – er hat einen solchen Privatlehrer an Ihnen gehabt –, daß ihm die Anfangsplackerei ganz und gar erspart sein wird. Und außerdem ist er so gescheit, daß er bald seinen Platz unter den Ersten haben wird.«

»Er ist ein Junge«, sagt der Major, nachdem er ein wenig geschnüffelt hat, »wie es auf der Erde keinen zweiten gibt.«

»Das ist wahr, Major, und deshalb dürfen wir ihm nicht bloß aus Egoismus hinderlich sein, überall wo er hingeht, eine Leuchte und eine Zierde zu sein und vielleicht sogar einmal ein großer Mann zu werden, nicht wahr, Major? Er wird meine ganzen kleinen Ersparnisse erben, wenn einst meine Arbeit getan ist, denn er ist mein alles, und wir müssen versuchen, einen weisen und guten Menschen aus ihm zu machen, nicht wahr, Major?«

»Madam«, antwortete er, indem er sich aufrichtet, »Jemmy Jackman ist schon ein älterer Geselle geworden, als ich gedacht hätte, und Sie machen ihn schamrot. Sie haben vollkommen recht, Madam. Sie haben einfach und unbestreitbar recht. – Wenn Sie mich entschuldigen wollen, so werde ich jetzt einen Spaziergang machen.«

Als der Major das Haus verlassen hatte und da Jemmy zu Hause war, führte ich den Kleinen in meine Kammer und ließ ihn neben meinen Stuhl treten, legte meine Hand auf seine Locken und sprach liebevoll und ernsthaft zu ihm. Und als ich dem Liebling zu bedenken gegeben hatte, daß er nun schon bald zehn Jahre alt war, und als ich ihm über seine zukünftige Laufbahn im Leben so ziemlich dasselbe gesagt hatte, was ich dem Major gegenüber geäußert hatte, eröffnete ich ihm, daß die Trennung notwendig sei. Aber da mußte ich innehalten, denn plötzlich sah ich die wohlbekannte zitternde Lippe, und dieser Anblick rief mir die Vergangenheit so lebhaft wieder ins Gedächtnis! Aber mit der Tapferkeit, die ihm eigen war, hatte er sich bald gefaßt und sagte, durch seine Tränen hindurch ernsthaft nickend:

»Ich verstehe, Großmutti – ich weiß, es *muß* sein – sprich weiter, Großmutti, habe keine Angst vor mir.«

Und als ich alles gesagt hatte, was mir nur in den Sinn kam, wandte er mir sein ruhiges, freundliches Gesicht zu und sagte, wenn auch hier und da mit ein wenig gebrochener Stimme:

»Du sollst sehen, Großmutti, daß ich ein Mann sein kann und daß ich alles tun kann, um dir meine Dankbarkeit und Liebe zu beweisen – und wenn ich nicht das werde, was du von mir erwartest, dann hoffe ich, es wird nur deshalb sein, weil … weil ich sterben werde.«

Und damit setzte er sich neben mich hin, und ich erzählte ihm weiter von der Schule, über die ich ausgezeichnete Empfehlungen hatte: wo sie wäre, wie viele Schüler sie hätte, was für Spiele sie dort spielten, wie ich gehört hätte, und wie lang die Ferien wären, was er alles mit hellem und fröhlichem Gesicht mit anhörte. Schließlich sagte er:

»Und nun, liebe Großmutti, laß mich hier, wo ich mein Gebet zu sprechen pflegte, niederknien, laß mich mein Gesicht auf eine Minute in deinem Rock verbergen und laß mich weinen, denn du bist mehr als Vater, mehr als Mutter, mehr als Geschwister und Freunde für mich gewesen sind!«

Und so weinte er und ich auch, und wir fühlten uns danach beide viel besser.

Von dieser Zeit an hielt er getreulich Wort und war stets fröhlich und munter, und selbst als ich und der Major ihn nach Lincolnshire brachten, war er bei weitem der munterste von uns dreien. Das war freilich nicht schwer, aber er heiterte auch uns auf; und nur als es zum letzten Lebewohl kam, meinte er mit einem ernsten Blick:

»Du möchtest doch nicht, daß es mir wirklich nicht naheginge, Großmutti?«

Und als ich sagte: »Nein, mein Liebling, Gott behüte!« rief er: »Das freut mich!« und rannte ins Haus hinein.

Aber jetzt, als das Kind die Pension verlassen hatte, wurde der Major ganz und gar trübsinnig. Alle Mieter merkten, daß er den Kopf hängen ließ, und er sah nicht einmal mehr so stattlich aus wie sonst. Selbst seine Stiefel wichste er nur noch mit einem kleinen Schimmer von Interesse.

Eines Abends kam der Major in mein kleines Zimmer, um eine Tasse Tee und eine gebutterte Röstschnitte zu genießen und dabei Jemmys letzten Brief zu lesen, der an diesem Nachmittag eingetroffen war. Er war von demselben Briefträger wie früher gebracht worden, der, jetzt schon ein Mann in reiferem Alter, noch immer diesen Bezirk hatte. Da der Brief den Major ein wenig aufheiterte, sagte ich zu ihm:

»Major, Sie dürfen sich keinen trüben Stimmungen hingeben.«

Der Major schüttelte den Kopf.

»Jemmy Jackman, Madam«, sagte er mit einem schweren Seufzer, »ist ein älterer Geselle, als ich dachte.«

»Trübsinn ist kein Mittel, um jünger zu werden, Major.«

»Meine teure Madam«, erwiderte er, »gibt es überhaupt ein Mittel, um jünger zu werden?«

Da ich fühlte, daß der Major in diesem Punkt recht behalten würde, lenkte ich auf einen anderen ab.

»Dreizehn Jahre! Drei-zehn Jahre! Viele Mieter sind in den dreizehn Jahren, die Sie im ersten Stock wohnen, gekommen und gegangen.«

»Ja!« sagte der Major, warm werdend. »Viele, Madam, viele.«

»Und Sie haben sich mit allen gutgestanden?«

»In der Regel (die, wie alle Regeln, ihre Ausnahmen hat), meine teure Madam«, sagte der Major, »haben sie mich mit ihrer Bekanntschaft beehrt, häufig sogar mir ihr Vertrauen geschenkt.«

Ich beobachtete den Major, wie er sein weißes Haupt senkte, seinen schwarzen Schnurrbart strich und wieder in Trübsinn verfiel, und ein Gedanke, der, wie ich glaube, umherwanderte und sich irgendwo nach einem Eigentümer umsah, fiel in meinen alten Kopf, wenn Sie mir den Ausdruck gestatten wollen.

»Die Wände meiner Pension«, sagte ich beiläufig – denn, meine Liebe, es ist zwecklos, mit einem Mann, der trübsinnig ist, geradeheraus zu sprechen –, »könnten sicher etwas erzählen, wenn sie dazu imstande wären.«

Der Major machte weder eine Bewegung noch sprach er ein Wort, aber ich sah an seinen Schultern, daß er zuhörte, meine Liebe – daß er mit seinen Schultern auf das achtete, was ich sagte. Ich sah tatsächlich, wie es auf seine Schultern Eindruck machte.

»Der liebe Junge hat stets gern Geschichten gelesen«, fuhr ich fort, als spräche ich zu mir selbst, »und dieses Haus – sein eignes Heim – könnte wahrlich einige Geschichten aufzeichnen, die er später einmal lesen könnte.«

In den Schultern des Majors gab es einen Ruck, und sein Kopf kam in seinem Hemdkragen in die Höhe. Der Kopf des Majors kam in seinem Hemdkragen in die Höhe, wie ich ihn, seit Jemmy zur Schule fortging, nicht in die Höhe hatte kommen sehen.

»Es ist nicht zu bestreiten, daß ich in den Pausen eines freundschaftlichen Cribbage-Spiels oder Rubbers, meine teure Madam«, sagte der Major, »und auch über dem, was in meiner Jugend – in den grünen Tagen Jemmy Jackmans – das volle Glas genannt zu werden pflegte, manche Erinnerung mit Ihren Mietern ausgetauscht habe.«

Meine Bemerkung darauf war – ich gestehe, daß ich sie mit der verborgensten und hinterlistigsten aller Absichten machte:

»Ich wünschte, daß unser lieber Junge sie gehört hätte!«

»Ist das Ihr Ernst, Madam?« fragte mich der Major, in die Höhe fahrend und sich mir zuwendend.

»Weshalb nicht, Major?«

»Madam«, sagte der Major, einen seiner Ärmel aufkrempelnd, »sie sollen für ihn niedergeschrieben werden.«

»Ah! Das läßt sich hören«, meinte ich, indem ich vor Vergnügen die Hände zusammenschlug. »Jetzt sind Sie auf dem besten Weg, aus dem Trübsinn herauszukommen, Major!«

»In der Zeit von jetzt bis zu seinen Ferien – ich meine, denen des lieben Jungen«, sagte der Major, seinen andern Ärmel aufkrempelnd, »kann schon viel fertig werden.«

»Major, Sie sind ein kluger Mann, Sie haben vieles gesehen, und Ihre Worte sind nicht zu bezweifeln.«

»Ich werde morgen anfangen«, sagte der Major, der auf einmal so groß wie nur je aussah.

Meine Liebe, in drei Tagen war der Major ein anderer Mensch, und in einer Woche war er wieder ganz der alte; und er schrieb und schrieb und schrieb, indem er mit seiner

Feder kratzte, wie Ratten hinter dem Wandgetäfel. Ob alles, was er schrieb, auf Wahrheit beruhte oder ob er dabei ein bißchen aufschnitt, das kann ich Ihnen nicht sagen, aber das Manuskript liegt hinter der Glasscheibe des linken Seitenfachs in dem kleinen Bücherschrank gerade hinter Ihnen.

ZWEITES KAPITEL

Ein paar Worte, die der erste Stock selbst hinzufügte

Ich habe die Ehre, mich Ihnen vorzustellen. Mein Name ist Jackman. Ich halte es für ein stolzes Vorrecht, daß ich auf Veranlassung meiner würdigen und im höchsten Grade geachteten Freundin, Mrs. Lirriper, von Norfolk Street Nummer einundachtzig, Strand, in der Grafschaft Middlessex im Vereinigten Königreich von Großbritannien und Irland, und zur Belehrung des bemerkenswertesten Jungen, der jemals lebte – mit Namen Jemmy Jackman Lirriper –, auf die Nachwelt komme.

Es kommt mir nicht zu, das Entzücken zu schildern, mit dem wir diesen lieben und im höchsten Grade hervorragenden Jungen während seiner ersten Weihnachtsferien empfingen. Nur soviel soll bemerkt sein, daß, als er mit zwei prachtvollen Preisen (in Arithmetik und ausgezeichnetem Betragen) ins Haus gestürmt kam, Mrs. Lirriper und ich ihn mit Rührung umarmten und sofort mit ihm ins Theater gingen, wo wir uns alle drei wunderbar unterhielten.

Auch ist es nicht meine Absicht, den Tugenden der Besten ihres guten und geehrten Geschlechts – die ich aus Rücksicht für ihre Bescheidenheit hier nur mit den Anfangsbuchstaben E. L. bezeichnen will – meine Huldigung dadurch zu bezeigen, daß ich diesen Bericht zu dem Bündel von Manuskripten hinzufüge, über die unser Junge sein Entzücken ausgedrückt hat, bevor ich dieses Bündel wieder in das linke Seitenfach von Mrs. Lirripers kleinem Bücherschrank lege.

Auch geschieht es nicht deshalb, um den Namen des alten, originalen, ausgedienten, unbekannten Jemmy Jackman, früher (zu seiner Herabwürdigung) bei Wozenham, jetzt seit langem (zu seiner Erhebung) bei Lirriper, ungebührlich vorzudrängen. Wenn ich mich mit Bewußtsein einer solchen geschmacklosen Handlungsweise schuldig machen könnte, so wäre es wirklich ein ganz überflüssiges Unterfangen, jetzt, wo der Name von Jemmy Jackman Lirriper getragen wird.

Nein. Ich ergreife meine bescheidene Feder vielmehr, um einen kleinen Bericht über unseren erstaunlich bemerkenswerten Jungen zu verfassen, der, wie ich in meinem einfachen Verstand glaube, ein hübsches kleines Bild von dem Geist des lieben kleinen Jungen bietet. Das Bild wird vielleicht für ihn selbst interessant sein, wenn er erwachsen ist.

Der erste Weihnachtstag, den wir nach unserer Wiedervereinigung verbrachten, war der schönste, den wir je miteinander verlebt haben. Jemmy war keine fünf Minuten still, ausgenommen in der Kirche. Er schwatzte, als wir am Kamin saßen, er schwatzte, als wir spazierengingen, er schwatzte, als wir wieder am Kamin saßen, er schwatzte ohne Unterlaß beim Essen, obwohl er mit einem Appetit aß, der fast so bemerkenswert war wie er selbst. Es war die Quelle des Glücks, die in seinem frischen jungen Herzen unaufhörlich überströmte, und sie befruchtete (wenn ich ein so kühnes Bild gebrauchen darf) meine Freundin und J. J., den Schreiber dieser Zeilen.

Am Tisch saßen nur wir drei. Wir aßen in dem kleinen Zimmer meiner geschätzten Freundin, und das Mahl war vollkommen. Aber alles im Hause ist, was Sauberkeit, Ordnung und Behaglichkeit angeht, stets vollkommen. Nach dem Essen glitt unser Junge auf sein altes Stühlchen zu Füßen meiner geschätzten Freundin, und dort saß er mit seinen gerösteten Kastanien und seinem Glas braunen Sherry (wirklich, ein ganz ausgezeichneter Wein!), während seine Wangen röter waren als die Äpfel in der Schale.

Wir sprachen von diesen meinen Schreibereien, die Jemmy inzwischen gelesen und wieder gelesen hatte; und so fügte es sich, daß meine geschätzte Freundin, während sie Jemmys Locken streichelte, bemerkte:

»Und da du auch zum Hause gehörst, Jemmy – und zwar viel mehr als die Mieter, da du doch darin geboren bist –, so bin ich der Meinung, deine Geschichte sollte eines Tages zu den übrigen hinzugefügt werden.«

Jemmys Augen leuchteten bei diesen Worten, und er sagte:

»Das denke ich auch, Großmutti.«

Dann saß er eine Weile da und blickte ins Feuer. Plötzlich begann er zu lachen, als ob er dem Feuer etwas anvertrauen wollte, und sagte dann, seine Arme auf dem Schoß meiner geschätzten Freundin kreuzend und sein strahlendes Gesicht zu dem ihrigen erhebend:

»Möchtest du die Geschichte eines Jungen hören, Großmutti?«

»Aber gern«, erwiderte meine geschätzte Freundin.

»Möchtest du es, Pate?«

»Natürlich, gern«, erwiderte ich.

»Gut denn«, sagte Jemmy, »ich will euch eine erzählen.«

Hier schloß unser unbestreitbar bemerkenswerter Junge sich selbst in die Arme und ließ wieder ein melodisches Lachen ertönen bei dem Gedanken, daß er sich in dieser neuen Eigenschaft als Erzähler zeigen sollte. Dann wandte er sich wieder, wie zuvor, dem Feuer zu, als wollte er ihm etwas vertraulich mitteilen, und begann:

»Einst in alter Zeit, als Ferkel Wein tranken und Affen Tabak kauten, es war weder zu eurer noch zu meiner Zeit, doch darauf kommt es nicht an …«

»Lieber Himmel, bewahre das Kind!« rief meine geschätzte Freundin. »Was geht in seinem Kopf vor?«

»Es ist ein Gedicht, Großmutti«, erwiderte Jemmy, sich vor Lachen schüttelnd. An der Schule fangen wir unsere Geschichten immer damit an.«

»Hat mir einen richtigen Ruck gegeben, Major«, sagte meine geschätzte Freundin, sich mit einem Tellerchen fächelnd. »Ich glaubte, er wäre wirr im Kopf!«

»In jenen bemerkenswerten Zeiten, Großmutti und Pate, gab es einstmals einen Jungen – nicht mich, müßt ihr verstehen.«

»Nein, nein«, sagte meine geehrte Freundin, »nicht du. Er nicht, Major, verstehen Sie?«

»Nein, nein«, sagte ich.

»Und er ging zur Schule in Rutlandshire …«

»Weshalb nicht Lincolnshire?« fragte meine geehrte Freundin.

»Weshalb nicht, du liebe alte Großmutti? Weil ich in Lincolnshire zur Schule gehe, nicht wahr?«

»Oh, natürlich!« sagte meine geehrte Freundin. »Und es ist nicht Jemmy, Sie verstehen, Major?«

»Freilich, freilich«, meinte ich.

»Nun also!« fuhr unser Junge fort, indem er sich behaglich selbst in die Arme schloß und fröhlich lachte (wobei er sich wieder vertraulich ans Feuer wandte), bevor er aufs neue zu Mrs. Lirripers Gesicht aufblickte. »Und er war fürchterlich in die Tochter seines Schulmeisters verliebt. Sie war nämlich das schönste Mädchen, das man je gesehen hatte. Sie hatte braune Augen und braunes Haar, das wunderschön gelockt war, und eine liebliche Stimme. Sie war ganz und gar lieblich, und ihr Name war Seraphina.«

»Wie heißt die Tochter *deines* Schulmeisters, Jemmy?« fragte meine geehrte Freundin.

»Polly!« erwiderte Jemmy, mit dem Zeigefinger auf sie weisend. »Reingefallen! Ha, ha, ha!«

Meine geehrte Freundin und er lachten zusammen und umarmten sich, und dann fuhr unser unbestreitbar bemerkenswerter Junge mit großem Behagen fort:

»Nun gut. Er war also in sie verliebt. Er dachte stets an sie, träumte von ihr, schenkte ihr Orangen und Nüsse und hätte ihr gern Perlen und Diamanten geschenkt, wenn er es von seinem Taschengeld hätte erschwingen können, aber das konnte er nicht. Und ihr Vater – oh, der war ein Tatare. Er hielt die Jungen streng in Zucht, veranstaltete einmal im Monat ein Examen, hielt Vorträge über alle möglichen Gegenstände zu allen möglichen Zeiten und wußte alles auf der Welt aus Büchern. Und dieser Junge nun …«

»Hatte er einen Namen?« fragte meine geehrte Freundin.

»Nein, er hatte keinen, Großmutti. Ha, ha! Wieder reingefallen!«

Darauf lachten sie und umarmten sich wie vorher, und dann fuhr unser Junge fort:

»Nun, dieser Junge hatte einen Freund, ungefähr im gleichen Alter, der auf dieselbe Schule ging und der (denn der hatte nun einen Namen) – laßt mich nachdenken – Bobbo hieß.«

»Nicht Bob«, sagte meine geehrte Freundin.

»Natürlich nicht«, sagte Jemmy. »Wie kamst du darauf, Großmutti? Und dieser Freund war der gescheiteste und bravste und hübscheste und edelmütigste Freund, den es je gegeben hat; er war in Seraphinas Schwester verliebt, und Seraphinas Schwester war in ihn verliebt, und so wurden sie alle zusammen groß.«

»Gott behüte!« meinte meine geehrte Freundin. »Das ging aber schnell bei Ihnen.«

»Sie wurden alle zusammen groß«, wiederholte unser Junge, aus vollem Halse lachend, »und Bobbo und dieser Junge ritten davon, um ihr Glück zu suchen. Sie hatten ihre Pferde halb geschenkt und halb verkauft bekommen. Sie hatten nämlich sieben Schilling und vier Pence gemeinsam gespart, aber da die beiden Pferde, echte Araber, mehr wert waren, hatte der Mann gesagt, er wolle sich, weil sie es wären, damit zufriedengeben. Nun, sie machten also ihr Glück und kamen zur Schule zurückgaloppiert, die Taschen so voller Gold, daß es für immer reichte. Sie läuteten an der Glocke für die Eltern und Besucher (nicht am hinteren Tor), und als jemand kam, verkündeten sie: ›Genauso wie bei Scharlach! Jeder Junge geht auf unbestimmte Zeit nach Hause.‹ Und da gab es ein großes Hurrageschrei, und dann küßten sie Seraphina und ihre Schwester – jeder sein eigenes Liebchen und auf keinen Fall das des anderen –, und dann ließen sie den Tataren augenblicklich einsperren.«

»Armer Mann!« sagte meine geehrte Freundin.

»Augenblicklich einsperren, Großmutti«, wiederholte Jemmy, indem er sich bemühte, streng auszusehen und sich dabei doch vor Lachen schütteln mußte, »und er durfte nichts zu essen bekommen als das Essen der Jungen und mußte täglich ein halbes Fäßchen von ihrem Bier trinken. So traf man denn Anstalten für die beiden Hochzeiten, und es gab Eingemachtes und Süßigkeiten und Nüsse und Briefmarken und alles mögliche sonst. Und sie waren so fröhlich, daß sie den Tataren herausließen, und er war fröhlich mit ihnen.«

»Es freut mich, daß sie ihn herausließen«, meinte meine geehrte Freundin, »weil er nur seine Pflicht getan hatte.«

»Oh, aber er hatte auch ein bißchen zuviel getan!« rief Jemmy. »Und darauf bestieg dieser Junge sein Pferd, mit seiner Braut in den Armen und galoppierte davon und galoppierte weiter und weiter, bis er an einen gewissen Ort kam, wo er eine gewisse Großmutti und einen gewissen Paten hatte – nicht ihr beide, müßt ihr verstehen.«

»Nein, nein«, sagten wir beide einstimmig.

»Und dort wurden sie mit großen Freuden empfangen, und er füllte das Küchenbüfett und den Bücherschrank mit Gold, und er ließ es auf seine Großmutti und seinen Paten herabregnen, weil sie die beiden liebsten und besten Menschen waren, die je auf dieser Welt lebten. Und während sie bis zu den Knien in Gold dasaßen, vernahm man ein Klopfen an der Haustür, und wer sollte es anders sein als Bobbo, der sich ebenfalls zu Pferde mit seiner Braut in den Armen einstellte, und er war um nichts anderes gekommen, als um zu sagen, daß er (für doppelte Miete) alle Zimmer für immer nehme, die dieser Junge und diese Großmutti und dieser Pate nicht für sich brauchten, und daß sie alle zusammen leben und alle glücklich sein wollten. Und das waren sie auch, und ihr Glück nahm nie ein Ende!«

»Und gab es keinen Zank?« fragte meine geehrte Freundin, während sich Jemmy auf ihren Schoß setzte und sie umarmte.

»Nein! Niemand gab jemals Anlaß zu Zank.«

»Und wurde das Geld niemals alle?«

»Nein! Niemand konnte es jemals ganz ausgeben.«

»Und wurde keiner von ihnen jemals älter?«

»Nein! Nach dem wurde keiner mehr älter.«

»Und ist keiner von ihnen jemals gestorben?«

»Oh nein, nein, nein, Großmutti!« rief unser lieber Junge, seine Wange auf ihre Brust legend und sie fester an sich drückend. »Niemand ist jemals gestorben.«

»Ah, Major, Major!« sagte meine geehrte Freundin, mir gütig zulächelnd, »das ist besser als unsere Geschichten. Wir wollen mit der Geschichte des Jungen schließen, Major, denn die Geschichte des Jungen ist die beste, die je erzählt wurde!«

Diesem Wunsch von seiten der besten aller Frauen folgend, habe ich die Geschichte hier so getreu aufgezeichnet, wie es meine besten Fähigkeiten, unterstützt von meinen besten Absichten, zuließen, und unterschreibe sie mit meinem Namen.

J. Jackman
Mrs. Lirripers Pension.
Im ersten Stock.

Die
Geschichte
des Schuljungen

Aus dem Englischen von
Carl Kolb und Julius Seybt

Da ich jetzt noch ziemlich jung bin – ich nehme zwar zu an Jahren, aber jetzt bin ich immerhin noch ziemlich jung –, so weiß ich keine eigenen Abenteuer, die ich vorbringen könnte. Es würde, glaube ich, niemand unter den Anwesenden besonders interessieren, zu erfahren, was für ein Geizkragen der Reverend oder was für ein Drache sie ist, oder was sie alles den Eltern auf die Rechnung setzen – besonders für Haarschneiden und für ärztlichen Beistand. Einem unserer Jungen wurden auf seiner Halbjahresrechnung zwölf Schilling und sechs Pence für zwei Pillen berechnet – bei sechs Schilling und drei Pence das Stück müssen sie ziemlich einträglich sein, sollte ich meinen –, und er nahm sie nicht einmal, sondern steckte sie in seinen Rockärmel.

Was den Rinderbraten angeht, so ist es eine Schande. Das ist *kein* Rinderbraten. Richtiger Rinderbraten besteht nicht aus Adern. Richtigen Rinderbraten kann man kauen. Außerdem gibt es zu richtigem Rinderbraten Sauce, und bei unserem ist niemals ein Tropfen zu sehen. Einer unserer Jungen fuhr krank nach Hause, und er hörte den Hausarzt zu seinem Vater sagen, daß er keinen Grund für seine Krankheit finden könne, wenn es nicht das Bier wäre. Natürlich war es das Bier, und das ist ganz begreiflich!

Jedoch Rinderbraten und der alte Cheeseman sind zwei verschiedene Dinge. Ebenso das Bier. Von dem alten Cheeseman wollte ich erzählen, nicht davon, wie unsere Jungen des Gewinns wegen um ihre Gesundheit gebracht werden.

Man braucht sich da bloß die Pastetenkruste anzusehen. Sie ist nicht locker, sondern fest wie feuchtes Blei. Dann bekommen unsere Jungen Alpträume und werden mit Kissen beworfen, weil sie im Schlaf schreien und andere Jungen aufwecken. Ist das etwa ein Wunder?

Der alte Cheeseman schlafwandelte eines Nachts. Er stülpte sich den Hut über die Nachtmütze, ergriff eine Angelrute und ein Kricketschlagholz und ging ins Wohnzimmer hinunter, wo man ihn begreiflicherweise nach seinem Aussehen für ein Gespenst hielt. Er hätte das bestimmt nicht getan, wenn sein Essen bekömmlich gewesen wäre. Wenn wir erst alle anfangen, im Schlaf zu wandeln, wird ihnen endlich das Gewissen schlagen, denke ich.

Der alte Cheeseman war damals noch nicht zweiter Lateinlehrer, er war bloß einer von den Jungen. Er wurde als ganz kleines Kind in einer Postkutsche dorthin gebracht von einer Frau, die ständig Tabak schnupfte und ihn schüttelte – das war alles, woran er sich erinnern konnte. Er ging niemals in den Ferien nach Hause. Seine Rechnungen (er nahm niemals an Sonderfächern teil) wurden an eine Bank geschickt, und die Bank bezahlte sie. Zweimal im Jahr bekam er einen braunen Anzug, und mit zwölf Jahren zog er schon Stiefel an. Sie waren ihm außerdem stets zu groß.

In den Sommerferien pflegten einige von unseren Jungen, die so nahe wohnten, daß sie zu Fuß gehen konnten, zurückzukommen und an den Bäumen vor der Spielplatzmauer hochzuklettern, um den alten Cheeseman allein beim Lesen zu sehen. Er war immer so mild wie der Tee – und ich denke, *der* ist mild genug! –, und wenn sie ihm pfiffen, so blickte er auf und nickte. Und wenn sie ihn fragten: »Hallo, alter Cheeseman, was hat's zu essen gegeben?« so sagte er: »Gesottenes Hammelfleisch«; und wenn sie fragten: »Ist es nicht recht einsam, alter Cheeseman?« so sagte er: »Es ist manchmal ein bißchen langweilig.« Und dann sagten sie: »Also auf Wiedersehen, alter Cheeseman!« und kletterten wieder hinunter. Natürlich war es ein Betrug an dem alten Cheeseman, ihm die ganzen Ferien hindurch nichts als gesottenes Hammelfleisch vorzusetzen, aber so war das System. Wenn sie ihm kein gesottenes Hammelfleisch gaben, verabreichten sie ihm Reispudding und behaupteten, das wäre ein besonderer Leckerbissen. Und sparten auf diese Weise den Fleischer.

So ging das Leben des alten Cheeseman. Die Ferien brachten für ihn noch andere Beschwerden mit sich, außer der Einsamkeit. Denn wenn die Jungen widerwillig zurückkamen, freute er sich stets, sie zu sehen. Das war ärgerlich für sie, da sie sich durchaus nicht freuten, ihn zu sehen, und infolgedessen schlug man ihn mit dem Kopf gegen die Wände, und er bekam Nasenbluten. Aber im allgemeinen war er doch beliebt. Einmal wurde eine Sammlung für ihn veranstaltet, und um ihn bei guter Laune zu halten, bekam er vor den Ferien zwei weiße Mäuse, ein Kaninchen, eine Taube und ein hübsches Hündchen geschenkt. Der alte Cheeseman weinte darüber – besonders nachher, als sie alle einander aufgefressen hatten. Übrigens war der alte Cheeseman nicht alt an Jahren, sondern er hatte bloß von Anfang an den Spitznamen alter Cheeseman erhalten.

Schließlich wurde der alte Cheeseman zweiter Lateinlehrer. Eines Morgens zu Beginn eines neuen Halbjahrs wurde er ins Zimmer geleitet und in dieser Eigenschaft als »Mr. Cheeseman« der Schule vorgestellt. Daraufhin waren unsere Jungen einstimmig der Ansicht, daß der alte Cheeseman ein Spion und Verräter war, der ins feindliche Lager übergegangen war und sich für Gold verkauft hatte. Es entlastete ihn nicht, daß er sich um sehr wenig Gold verkauft hatte – zwei Pfund zehn Schilling im Vierteljahr und die Wäsche, wie berichtet wurde. Ein Parlament, das darüber tagte, entschied, daß bei dem alten Cheeseman nur von Geldrücksichten die Rede sein konnte und daß er »unser Blut für Drachmen gemünzt« hätte. Das Parlament entlehnte diesen Ausdruck der Streitszene zwischen Brutus und Cassius.

Nachdem es mit diesen starken Worten ein für allemal ausgemacht war, daß der alte Cheeseman ein fürchterlicher

Verräter war, der sich in die Geheimnisse unserer Jungen
absichtlich eingeschlichen hatte, um sich durch Angeberei
in Gunst zu setzen, wurden alle mutigen Jungen aufgefordert, sich zu einem Bund gegen ihn zusammenzuschließen.
Die Präsidentschaft des Bundes übernahm der Primus namens Bob Tarter. Sein Vater war in Westindien, und er sagte
selbst, daß sein Vater millionenreich wäre. Er besaß großen
Einfluß unter unseren Jungen, und er schrieb ein Spottlied,
das folgendermaßen begann:

> *»Wer stellte sich so sanft und zahm,*
> *Daß man kaum seine Stimm' vernahm,*
> *Und war doch ein Verräter?*
> *Der Cheeseman-Missetäter.«*

So ging es durch mehr als ein Dutzend Strophen weiter, die
er jeden Morgen dicht am Pult des neuen Lehrers zu singen
pflegte. Auch richtete er einen der kleinen Jungen, einen rot-
backigen Frechdachs, der zu allem imstande war, ab, eines
Morgens mit seiner lateinischen Grammatik zu ihm hinzugehen und seine Lektion folgendermaßen aufzusagen:

»Nominativus pronominum – der alte Cheeseman, raro
exprimitur – wurde niemals beargwöhnt, nisi distinctionis –
ein Verräter zu sein, aut emphasis gratia – bis er sich als ein
solcher herausstellte. Ut – zum Beispiel, vos damnastis – als
er die Jungen verklatschte. Quasi – gleich als ob, dicat – er
sagte, praeterea nemo – ich bin ein Judas!«

Das alles machte auf den alten Cheeseman tiefen Eindruck. Er hatte niemals viel Haare gehabt, aber die wenigen,
die er besaß, wurden mit jedem Tag dünner. Er wurde blas-
ser und magerer, und bisweilen sah man ihn abends an seinem Pult sitzen, wie er die Hände vors Gesicht geschlagen
hielt und weinte, während seine Kerze eine anständig lange

Lichtschnuppe aufwies. Aber kein Teilnehmer des Bundes konnte ihn bemitleiden, selbst wenn er dazu Neigung verspürte, weil der Präsident sagte, es wäre des alten Cheesemans Gewissen.

So ging es mit dem alten Cheeseman weiter, und er führte wahrlich ein trauriges Leben! Natürlich behandelte ihn der Reverend von oben herab und natürlich tat sie das gleiche – weil sie sich beide allen Lehrern gegenüber stets so verhalten –, aber von den Jungen hatte er am meisten auszustehen, und zwar in einem fort. Der Bund konnte nicht herausfinden, daß er es angegeben hätte, aber man dachte deshalb nicht besser von ihm, weil der Präsident sagte, es wäre des alten Cheesemans Feigheit.

Er hatte nur ein Wesen in der Welt, mit dem er auf freundschaftlichem Fuße stand, aber dieses war fast ebenso machtlos wie er, denn es war nur Jane. Sie war eine Art Garderobenmädchen für unsere Jungen und hatte die Koffer in ihrer Obhut. Sie war zuerst als eine Art Lernende ins Haus gekommen – einige von unseren Jungen behaupteten, aus einem Findelhaus, aber darüber weiß ich nichts –, und nachdem ihre Zeit um war, war sie für so und so viel jährlich dageblieben. So wenig jährlich, sollte ich eher sagen, denn das ist viel wahrscheinlicher. Doch hatte sie ein paar Pfund auf der Sparkasse und war ein sehr nettes Mädchen. Sie war nicht gerade hübsch, aber sie hatte ein sehr offenes, ehrliches, freundliches Gesicht, und alle unsere Jungen hatten sie gern. Sie war ungewöhnlich sauber und fröhlich und ungewöhnlich freundlich und gutmütig. Und wenn einem Jungen die Mutter krank wurde, so ging er stets zu Jane und zeigte ihr den Brief.

Jane war die Freundin des alten Cheeseman. Je mehr der Bund gegen ihn vorging, desto treuer hielt sie zu ihm. Manchmal warf sie ihm von dem Fenster ihrer Vorratskammer aus einen freundlichen Blick zu, der ihm für den ganzen Tag Mut zu geben schien. Sie pflegte aus dem Obst- und Gemüsegarten (dessen Tür immer verschlossen ist, das könnt ihr mir glauben!) über den Spielplatz zu gehen, obwohl sie einen anderen Weg hätte wählen können, bloß um sich nach dem alten Cheeseman umzuwenden, als wollte sie ihm sagen: »Bleib guten Mutes!« Sein Kämmerchen war so sauber und ordentlich, daß jeder wissen konnte, wer danach sah, während er an seinem Platz saß; und wenn unsere Jungen beim Essen einen dampfenden Kloß auf seinem Teller sahen, dann war es ihnen zu ihrer Entrüstung klar, wer ihn heraufgeschickt hatte.

Unter diesen Umständen beschloß der Bund nach vielen Sitzungen und Beratungen, daß Jane aufgefordert werden sollte, den alten Cheeseman zu schneiden. Wenn sie sich aber weigerte, sollte sie selbst in Verruf gebracht werden. So wurde eine Deputation unter Führung des Präsidenten an Jane abgesandt, um ihr den Beschluß mitzuteilen, den der Bund zu seinem schmerzlichen Bedauern hätte fassen müssen. Sie war wegen ihrer vielen guten Eigenschaften sehr geachtet, und es gab eine Geschichte von ihr, daß sie einst dem Reverend in seinem eigenen Studierzimmer aufgelauert und aus ihrem guten Herzen heraus eine schwere Strafe von einem Jungen abgewendet hatte. So war der Deputation bei der Sache nicht besonders wohl zumute. Doch ging sie nach oben, und der Präsident teilte Jane alles mit. Diese bekam einen roten Kopf und brach in Tränen aus. Dann sagte sie dem Präsidenten und der Deputation in einer Art, die von ihrer sonstigen Weise ganz und gar abwich, sie wären eine Gesellschaft von boshaften jungen Wilden und wies die ganze ehrenwerte Körperschaft aus dem Zimmer. Infolgedessen wurde in das Buch des Bundes (das aus Furcht vor Entdeckung in einer Geheimschrift geführt wurde) eingetragen, daß jeder Umgang mit Jane verboten wäre. Der Präsident aber richtete eine Ansprache an die Mitglieder, in der er sie auf dieses überzeugende Beispiel der Wühlarbeit des alten Cheeseman hinwies.

Aber Jane war dem alten Cheeseman ebenso treu, wie der alte Cheeseman gegen unsere Jungen treulos war – wenigstens ihrer Meinung nach. So hielt sie standhaft zu ihm und blieb seine einzige Freundin. Das ärgerte die Mitglieder des Bundes sehr, denn Jane war für sie ein ebenso großer Verlust wie für ihn ein Gewinn. Sie waren erbitterter gegen ihn und behandelten ihn schlechter denn je. Schließlich war eines Morgens sein Pult verlassen, und als man in sein Zimmer blickte, war es leer. Da bekamen unsere Jungen blasse Gesichter und ein Flüstern ging unter ihnen, daß der alte Cheeseman, außerstande, es noch länger auszuhalten, früh aufgestanden wäre und sich ins Wasser gestürzt hätte.

Die geheimnisvollen Mienen der übrigen Lehrer beim Frühstück und die Tatsache, daß der alte Cheeseman offenbar nicht erwartet wurde, bekräftigten den Bund in dieser Ansicht. Einige begannen zu disputieren, ob der Präsident den Galgen oder bloß lebenslängliche Deportation verwirkt hätte, und im Gesicht des Präsidenten war die angstvolle Frage zu lesen, welches von beiden es sein würde. Jedoch äußerte er sich, daß er einer Jury seines Vaterlandes mutig gegenübertreten würde. In seiner Ansprache an die Geschworenen würde er sie auffordern, die Hand aufs Herz zu legen und zu bekennen, ob sie als Briten mit Angeberei einverstanden wären und wie sie selbst etwas Derartiges aufgenommen haben würden. Einige Mitglieder des Bundes meinten, daß er lieber davonlaufen und in einem Wald mit einem Holzhauer die Kleider tauschen und sein Gesicht mit Heidelbeeren schwärzen sollte. Die Majorität aber glaubte, wenn er tapfer standhielte, dann könnte ihn sein Vater – da er doch in Westindien lebte und millionenreich war – loskaufen.

Alle unsere Jungen hatten Herzklopfen, als der Reverend hereinkam und mit dem Lineal eine Art Römer oder Feldmarschall aus sich machte. Das tat er stets, bevor er eine Ansprache hielt. Aber ihre Furcht war nichts gegen ihr Erstaunen, als er mit der Geschichte herausrückte, daß der alte Cheeseman, »so lange unser geehrter Freund und Wandergenosse in den angenehmen Gefilden der Wissenschaft«, wie er ihn nannte – jawohl! da war viel davon zu spüren gewesen! –, das verwaiste Kind einer enterbten jungen Dame war, die gegen ihres Vaters Willen geheiratet hatte und deren Gatte jung gestorben war und die selbst vor Kummer gestorben war und deren unglückliches Kind (eben der alte Cheeseman) auf Kosten eines Großvaters erzogen worden war, der es niemals sehen wollte, als Kind, als Knaben oder als Mann. Dieser Großvater war nun tot, und das geschieht ihm recht – das füge ich hinzu –, und sein großes Vermögen, über das es kein Testament gab, gehörte nun plötzlich und für immer dem alten Cheeseman! Der Reverend schloß eine Menge langweiliger Zitate mit der Mitteilung, daß unser so lange geehrter Freund und Wandergenosse in den angenehmen Gefilden der Wissenschaft heute in vierzehn Tagen »noch einmal unter uns weilen« würde. Er wolle dann noch einmal Abschied von uns nehmen. Mit diesen Worten blickte er unsere Jungen streng an und ging aus dem Zimmer.

Das gab eine nette Verblüffung unter den Mitgliedern des Bundes. Viele wollten austreten, und viele andere versuchten nachzuweisen, daß sie niemals dazu gehört hätten. Jedoch setzte sich der Präsident aufs hohe Roß und sagte, daß sie zusammenstehen oder fallen müßten. Wenn ein Bruch im Bund entstehen sollte, so ginge der Weg dazu nur über

seine Leiche. Damit glaubte er den Mitgliedern Mut einzuflößen, aber es nützte nichts. Er fügte noch hinzu, daß er
sich ihre Lage überlegen und ihnen in einigen Tagen nach
bestem Wissen und Gewissen raten wolle. Alle waren darauf begierig, denn er hatte schon allerhand von der Welt zu
sehen bekommen, da sein Vater in Westindien lebte.

Nach tagelangem eifrigem Nachdenken, während dessen
er ganze Armeen auf seine Schreibtafel gezeichnet hatte,
rief der Präsident unsere Jungen zusammen und setzte ihnen die ganze Sache auseinander. Wenn der alte Cheeseman
an dem bestimmten Tage käme, meinte er, so würde seine
erste Rache sicherlich sein, den Bund anzuzeigen und dafür
zu sorgen, daß sie alle tüchtige Prügel bekämen. Er würde sich an den Qualen seiner Feinde weiden und sein Herz
an den Schreien erfreuen, die der Schmerz ihnen erpressen
würde. Dann aber würde er aller Wahrscheinlichkeit nach
den Reverend angeblich zu einer freundschaftlichen Unterhaltung in ein Privatzimmer einladen – etwa das Sprechzimmer, wo die Eltern empfangen wurden und wo die beiden
großen Globusse standen, die nie benutzt wurden – und
ihm dann die vielen Betrügereien und Qualen, die er von
ihm hatte erdulden müssen, vorwerfen. Am Schluß seiner
Bemerkungen würde er einem im Korridor versteckten
Preisboxer ein Zeichen geben. Dieser würde daraufhin erscheinen und den Reverend bearbeiten, bis er besinnungslos
liegenbleiben würde. Dann würde der alte Cheeseman Jane
ein Geschenk von etwa fünf bis zehn Pfund machen und in
teuflischem Triumph das Haus verlassen.

Der Präsident erklärte, daß er gegen den Teil dieser An-
ordnungen, der das Sprechzimmer oder Jane betraf, nichts
einzuwenden hätte. Soweit aber der Bund in Frage käme,
riete er zum Widerstand bis in den Tod. Zu diesem Zweck
empfahl er, daß alle verfügbaren Pulte mit Steinen gefüllt

werden sollten, und daß das erste Wort einer Klage das Signal für jedes Mitglied sein sollte, dem alten Cheeseman einen an den Kopf zu schleudern. Der kühne Rat versetzte den Bund in bessere Stimmung und wurde einstimmig angenommen. Ein Pfahl, annähernd von der Größe des alten Cheeseman, wurde auf dem Spielplatz aufgepflanzt, und alle unsere Jungen übten sich daran, bis er ganz mit Abdrücken bedeckt war.

Als der Tag kam und die Jungen aufgerufen wurden, setzte sich jeder zitternd auf seinen Platz. Es hatte viele Debatten darüber gegeben, wie der alte Cheeseman erscheinen würde. Die vorherrschende Ansicht war, daß er in einer Art Triumphwagen mit vier Pferden ankommen würde, vorn zwei Diener in Livree und der Preisboxer in Verkleidung hintendrauf. So saßen alle unsere Jungen da und lauschten auf das Rasseln von Wagenrädern. Aber es ließen sich keine Räder vernehmen, denn der alte Cheeseman kam schließlich zu Fuß und betrat ohne jede Vorbereitung die Schule. Er sah so ziemlich aus wie immer, nur daß er schwarz gekleidet war.

»Gentlemen«, sagte der Reverend, ihn vorstellend, »unser so lange geehrter Freund und Wandergenosse in den angenehmen Gefilden der Wissenschaft wünscht ein paar Worte zu sprechen. Aufgepaßt, Gentlemen, alle!«

Jeder Junge fuhr verstohlen mit der Hand in sein Pult und blickte auf den Präsidenten. Der Präsident war vollkommen bereit und zielte bereits mit seinen Augen nach dem alten Cheeseman.

Was aber tat der alte Cheeseman? Ging er nicht an sein altes Pult und sah sich mit einem sonderbaren Lächeln in der Runde um, als hätte er eine Träne im Auge? Und dann begann er mit milder, zitternder Stimme: »Meine lieben Kameraden und alten Freunde!«

Jeder Junge zog seine Hand aus dem Pult und der Präsident begann plötzlich zu weinen.

»Meine lieben Kameraden und alten Freunde«, sagte der alte Cheeseman, »ihr habt von meinem Glück gehört. Ich habe so viele Jahre unter diesem Dach zugebracht – ich darf sagen, mein ganzes bisheriges Leben –, daß ich hoffe, ihr habt euch um meinetwillen darüber gefreut. Es könnte mich niemals glücklich machen, wenn ihr mir nicht Glück gewünscht hättet. Wenn es jemals überhaupt ein Mißverständnis zwischen uns gegeben hat, dann bitte ich, meine lieben Jungen, wir wollen es vergeben und vergessen. Ich habe eine große Zuneigung zu euch und bin sicher, daß ihr sie erwidert. Ich möchte aus dankerfülltem Herzen jedem einzelnen von euch die Hand schütteln. Ich bin zu diesem Zweck zurückgekommen, wenn es euch recht ist, meine lieben Jungen.«

Als der Präsident zu weinen begonnen hatte, hatten verschiedene andere Jungen hier und dort ebenfalls losgeheult. Jetzt aber begann der alte Cheeseman bei ihm als dem Primus, legte ihm die Linke liebevoll auf die Schulter und gab ihm die Rechte; und als der Präsident da sprach: »Ich verdiene das wirklich nicht, Sir, bei meiner Ehre, ich verdiene das nicht«, da schluchzte und heulte die ganze Schule. Jeder einzelne von den übrigen Jungen sagte in fast derselben Weise, er verdiene es nicht. Aber der alte Cheeseman kehrte sich nicht im mindesten daran, er trat fröhlich auf jeden Jungen zu und schloß mit den Lehrern – wobei der Reverend als letzter drankam.

Darauf ließ ein schnüffelnder kleiner Bengel in einer Ecke, der immer irgendeine Strafe abzubüßen hatte, einen schrillen Schrei laut werden: »Viel Glück dem alten Cheeseman! Hurra!« Der Reverend starrte nach ihm hin und sagte: »Mr. Cheeseman, Sir.« Da jedoch der alte Cheeseman beteuerte, daß ihm sein alter Name viel mehr zusage als sein neuer, so nahmen alle unsere Jungen den Ruf auf, und ein paar Minuten lang gab es ein solch donnerndes Händeklatschen und Getrampel und ein solches Gebrüll »alter Cheeseman«, wie es noch nie vernommen worden war.

Im Speisezimmer stand eine prachtvoll gedeckte Tafel bereit. Geflügel, Räucherzungen, Konserven, Obst, Zukkerzeug, Gelees, Punsch, Tempel aus Gerstenzucker, Knallbonbons – eßt, soviel ihr könnt und steckt ein, soviel ihr mögt –, alles auf Kosten des alten Cheeseman. Darauf Trinksprüche, den ganzen Tag frei, alle möglichen Dinge für alle möglichen Spiele in doppelter und dreifacher Anzahl, Eselreiten, Ponywagen zum Selbstkutschieren und ein Diner für sämtliche Lehrer in den »Sieben Glocken«, zwanzig Pfund das Gedeck, schätzten unsere Jungen. Außerdem wurde ein jährlicher freier Tag und Festschmaus für dieses Datum festgesetzt und ein zweiter an dem Geburtstag des alten Cheeseman. Der Reverend wurde vor den versammelten Jungen dazu verpflichtet, so daß er sich niemals darum drücken kann. Und alles auf Kosten des alten Cheeseman.

Und gingen unsere Jungen nicht alle zusammen nach den »Sieben Glocken« und brachen draußen Hochrufe aus?

Aber außerdem gab es noch etwas. Seht noch nicht nach dem nächsten Erzähler, denn es kommt noch etwas. Am nächsten Tag wurde der Entschluß gefaßt, daß der Bund sich mit Jane aussöhnen und dann aufgelöst werden sollte. Was sagt ihr aber dazu, daß Jane fort war? »Was? Fort für immer?« fragten unsere Jungen mit langen Gesichtern. »Ja, allerdings«, war die ganze Antwort, die sie bekamen. Niemand von den Leuten im Haus wollte mehr sagen. Schließlich unternahm es der Primus, den Reverend zu fragen, ob unsere alte Freundin Jane wirklich fort war. Der Reverend (er hat eine Tochter zu Hause – rotes Gesicht und Stülpnase) erwiderte streng: »Ja, Sir, Miss Pitt ist fort.« So ein Einfall, Jane Miss Pitt zu nennen! Einige sagten, sie wäre in Schande davongejagt worden, weil sie von dem alten Cheeseman Geld angenommen hätte. Andere meinten, sie wäre für zehn Pfund im Jahr mehr bei dem alten Cheeseman in Dienst getreten. Aber jedenfalls wußten unsere Jungen nur das eine mit Bestimmtheit, daß sie fort war.

Es war zwei oder drei Monate später, als eines Nachmittags ein offner Wagen an dem Kricketfeld gerade an den Grenzlinien haltmachte. Darin waren eine Dame und ein Gentleman, die dem Spiel lange Zeit zuschauten und sogar aufstanden, um besser sehen zu können. Niemand kümmerte sich viel um sie, bis derselbe schnüffelnde kleine Bengel gegen alle Regeln von dem Pfahl, wo er Ballfänger war, ins Feld gelaufen kam und sagte: »Es ist Jane.« Beide Elfermannschaften hatten im selben Augenblick das Spiel vergessen, liefen herzu und drängten sich um den Wagen. Es war auch wirklich Jane! Und in was für einem Hut! Und wenn ihr mir glauben wollt – Jane war mit dem alten Cheeseman verheiratet!

Es wurde bald ein gewohnter Anblick, wenn unsere Jungen gerade mitten im Spiel waren, daß ein Wagen an der Ecke der Mauer, wo der niedrige Teil in den höheren übergeht, hielt und eine Dame und ein Gentleman darin standen und hinüberblickten. Der Gentleman war stets der alte Cheeseman und die Dame war stets Jane.

Das erstemal, daß ich sie zu Gesicht bekam, sah ich sie so: Es hatte damals häufige Wechsel unter unseren Jungen gegeben, und es hatte sich herausgestellt, daß Bob Tarters Vater durchaus keine Millionen besaß! Er besaß überhaupt nichts. Bob war Soldat geworden und der alte Cheeseman hatte seine Schulrechnung bezahlt. Aber ich wollte von dem Wagen erzählen. Der Wagen hielt, und alle unsere

Jungen hielten im Spielen inne, sobald sie seiner ansichtig wurden.

»So habt ihr mich also doch nicht in Verruf gebracht!« sagte die Dame lachend, als unsere Jungen die Mauer hinaufkletterten, um ihr die Hand zu schütteln. »Wollt ihr das niemals tun?«

»Niemals! Niemals! Niemals!« von allen Seiten.

Ich verstand damals nicht, was sie damit meinte, aber jetzt verstehe ich es natürlich. Jedoch gefiel mir ihr Gesicht und ihre freundliche Art sehr, und ich mußte sie immer angucken – und auch ihn –, während alle unsere Jungen sich so fröhlich um sie drängten.

Sie fragten bald nach mir als einem neuen Jungen; so dachte ich, ich könnte ebensogut die Mauer hinaufklettern und ihnen die Hände schütteln wie die übrigen. Ich freute mich ebensosehr wie die übrigen, sie zu sehen, und war im Augenblick ebenso vertraut mit ihnen.

»Bloß noch vierzehn Tage bis zu den Ferien«, sagte der alte Cheeseman. »Wer bleibt da? Gibt es jemand?«

Viele Finger wiesen auf mich und viele Stimmen riefen: »Der!« Denn es war das Jahr, als ihr alle verreist wart, und mir war ziemlich traurig zumute, das kann ich euch sagen.

»Oh!« sagte der alte Cheeseman. »Aber es ist einsam hier in den Ferien. Er soll lieber mit zu uns kommen.«

So ging ich in ihr schönes Haus und war so glücklich, wie ich nur sein konnte. Sie wissen, wie sie sich gegen Jungen zu verhalten haben, wahrhaftig. Wenn sie zum Beispiel einen Jungen ins Theater führen, dann tun sie es auf die richtige Weise. Sie kommen nicht nach dem Anfang und gehen nicht vor dem Ende. Auch verstehen sie sich darauf, einen Jungen zu erziehen. Man braucht da bloß ihren eigenen anzugucken! Obwohl er noch ganz klein ist, ist er doch schon ein Prachtjunge! Ja, nach Mrs. Cheeseman und dem alten Cheeseman kann ich den kleinen Cheeseman am besten leiden.

So, damit habe ich euch alles erzählt, was ich von dem alten Cheeseman weiß. Und ich fürchte, es ist am Ende nicht viel. Meint ihr nicht auch?

Die Geschichte des armen Verwandten

Aus dem Englischen von
Carl Kolb und Julius Seybt

Es war ihm sehr peinlich, daß er vor so vielen geachteten Familienmitgliedern den Vorrang haben und als erster mit den Geschichten beginnen sollte, die sie, in fröhlichem Kreis um den weihnachtlichen Kamin versammelt, sich erzählen wollten. Er wandte bescheiden ein, daß es richtiger wäre, wenn »John, unser verehrter Gastgeber« (auf dessen Gesundheit er sich zu trinken gestatte) freundlicherweise den Anfang machen würde. Denn was ihn selbst beträfe, meinte er, wäre er so wenig daran gewöhnt, der erste zu sein, daß wirklich … Aber da hier alle riefen, daß er beginnen müsse und alle einstimmig dafür waren, daß er beginnen könne, dürfe und solle, hörte er schließlich auf, sich die Hände zu reiben, zog seine Beine unter dem Lehnsessel hervor und begann.

Ich hege keinen Zweifel (sagte der arme Verwandte), daß ich die versammelten Mitglieder unserer Familie durch das Geständnis, das ich abzulegen im Begriff bin, überraschen werde besonders aber John, unseren verehrten Gastgeber, dem wir für die freigebige Bewirtung des heutigen Tages so viel Dank schuldig sind. Falls ihr mir aber nun die Ehre erweist, von etwas überrascht zu sein, was eine Person von so geringer Bedeutung in der Familie wie ich vorbringt, so will ich nur feststellen, daß ich bei allem, was ich berichte, mit der größten Gewissenhaftigkeit verfahren werde.

Ich bin nicht der, wofür ich gehalten werde. Ich bin ein ganz anderer. Vielleicht wäre es gut, bevor ich fortfahre, einen Blick auf das zu werfen, wofür ich gehalten werde.

Man ist der Ansicht, daß ich niemandes Feind bin als mein eigener. Sollte ich mich darin täuschen, was sehr wahrscheinlich ist, so werden mich die versammelten Mitglieder unserer Familie zurechtweisen. (Hier sah sich der arme Verwandte mit mildem Blick im Kreise um, ob ihm jemand widerspräche.) Man glaubt, daß ich niemals bei irgend etwas besonderen Erfolg hatte. Daß ich im Geschäftlichen versagte, weil ich unkaufmännisch und leichtgläubig war – weil ich den selbstsüchtigen Schlichen meines Partners nicht gewachsen war. Daß ich in der Liebe Unglück hatte, weil ich lächerlich vertrauensselig war – weil ich es für unmöglich hielt, daß Christiana mich hintergehen könnte. Daß ich in meinen Erwartungen von meinem Onkel Chill enttäuscht wurde, weil ich in weltlichen Angelegenheiten nicht so scharf war, wie er es gewünscht hätte. Daß ich das ganze Leben hindurch überhaupt stets betrogen und enttäuscht worden bin. Daß ich jetzt ein Junggeselle zwischen neunundfünfzig und sechzig bin, der ein beschränktes Einkommen in Form einer vierteljährlichen Rente besitzt, über die, wie ich bemerke, John, unser verehrter Gastgeber, keine weitere Anspielung von mir hören möchte.

Das Leben, das ich jetzt führe, stellt sich nach der allgemeinen Annahme etwa folgendermaßen dar:

Ich bewohne in der Clapham Road ein sehr reinliches Hinterzimmer in einem sehr anständigen Haus. Man erwartet von mir, daß ich am Tag nicht zu Hause bin, ausgenommen in Krankheitsfällen, und ich gehe gewöhnlich um neun Uhr morgens fort, unter dem Vorwand, mich ins Geschäft zu begeben. Ich frühstücke – eine Buttersemmel und eine halbe Pinte Kaffee – in dem alten Kaffeehaus in der Nähe der Westminster-Brücke, und dann gehe ich, ohne recht zu wissen wozu, in die City und sitze in Garraways Kaffeehaus und auf der Börse und gehe umher und spreche in ein paar Kontoren vor, wo einige meiner Verwandten oder Bekannten so freundlich sind, mich zu dulden, und wo ich am Kamin stehe, wenn das Wetter gerade kalt ist. In dieser Weise bringe ich den Tag hinter mich, bis es fünf Uhr ist, und dann diniere ich, im Durchschnitt etwa für einen Schilling und drei Pence. Da ich noch ein wenig Geld für meine

Abendunterhaltung übrig habe, gucke ich auf dem Heimweg in das alte Kaffeehaus hinein und nehme meine Tasse Tee und vielleicht meine Röstschnitte. So gehe ich denn, so regelmäßig wie der große Uhrzeiger seinen Weg nach der Morgenstunde zurücklegt, wieder nach der Clapham Road zurück und lege mich, zu Hause angekommen, sofort zu Bett. Denn Heizen ist kostspielig, und die Familie, bei der ich wohne, will wegen der Mühe und des Schmutzes, die damit verbunden sind, nichts davon wissen.

Manchmal ist einer meiner Verwandten oder Bekannten so liebenswürdig, mich zum Diner einzuladen. Das sind Feiertage für mich, und ich pflege in der Regel anschließend einen Spaziergang im Park zu unternehmen. Ich bin ein einsamer Mensch und gehe selten in jemands Gesellschaft. Nicht etwa, daß man mich meidet, weil ich schäbig aussehe, denn ich sehe gar nicht schäbig aus, da ich immer einen sehr guten schwarzen Anzug anhabe. Aber ich habe die Gewohnheit angenommen, leise zu sprechen und mich ziemlich schweigsam zu verhalten; meine Laune ist nicht rosig, und so verstehe ich vollkommen, daß ich keinem ein sehr wünschenswerter Gesellschafter bin.

Die einzige Ausnahme von dieser Regel ist das Kind meines Vetters, der kleine Frank. Ich habe eine besondere Zuneigung zu diesem Knaben, und er hängt sehr an mir. Er ist von Natur ein mißtrauischer Junge, und in einer Menschenmenge ist er bald überrannt, wie ich mich ausdrücken darf, und vergessen. Doch vertragen wir beide uns ganz vorzüglich, und es kommt mir so vor, als ob der arme Junge eines Tages meine besondere Stellung in der Familie erben würde. Wir sprechen nur wenig miteinander, und doch verstehen wir uns. Wir gehen Hand in Hand spazieren, und ohne daß wir viel sprechen, weiß er, was ich meine, und weiß ich, was er meint. Als er noch ganz klein war, pflegte ich ihn an die Schaufenster der Spielzeugläden zu führen und ihm die ausgestellten Spielsachen zu zeigen. Dabei fand er überraschend schnell heraus, daß ich ihm eine Menge Geschenke gemacht hätte, wenn ich dazu in der Lage gewesen wäre.

Der kleine Frank und ich gehen zum Monument zum Andenken an die große Londoner Feuersbrunst von 1666 spazieren und sehen es uns von außen an – er liebt das Monument sehr – und wir gehen zu den Brücken und zu allen Sehenswürdigkeiten, die keinen Eintritt kosten. Zweimal haben wir an meinem Geburtstag gespickten Rinderbraten diniert und sind dann zum halben Preis ins Theater gegangen, wo wir mit tiefstem Interesse zugehört haben. Einst ging ich mit ihm in der Lombard Street, die wir oft aufsuchen, weil ihm meine Erzählung, daß es dort große Reichtümer gibt, diese Straße sehr lieb gemacht hat, als ein Gentleman im Vorübergehen zu mir sagte: »Sir, Ihr kleiner Sohn hat seinen Handschuh fallen lassen.« Ich versichere euch, wenn ihr mein Verweilen bei einem so trivialen Umstand entschuldigen wollt, daß diese zufällige Erwähnung, dieses Kind sei mein eigenes, an mein Herz griff und mir närrische Tränen in die Augen trieb.

Wenn der kleine Frank aufs Land in die Schule geschickt wird, werde ich in großer Verlegenheit sein, was ich mit mir anfangen soll. Aber ich habe die Absicht, einmal im Monat zu Fuß dorthin zu gehen und ihn an einem freien Nachmittag zu besuchen. Man sagt mir, er wird dann auf der Heide beim Spiel sein; und wenn meine Besuche unwillkommen sein sollten, weil sie den Knaben aufregen, so kann ich ihn aus der Ferne sehen, ohne daß er mich sieht und dann wieder zurückwandern. Seine Mutter stammt aus einer hochvornehmen Familie, und ich weiß wohl, daß es ihr nicht besonders angenehm ist, wenn wir zuviel zusammen sind. Freilich bin ich wenig dazu geeignet, auf seinen schüchternen Charakter günstig einzuwirken, aber ich glaube, er würde mich über den Augenblick hinaus vermissen, wenn wir gänzlich getrennt würden.

Wenn ich in der Clapham Road sterbe, werde ich nicht viel mehr auf dieser Welt hinterlassen, als ich aus ihr hinwegnehmen werde. Aber ich besitze das Miniaturbild eines Knaben mit fröhlichem Gesicht und lockigem Haar, der am Hals einen offnen Hemdkragen trägt. Meine Mutter hat es für mich anfertigen lassen, aber ich kann nicht glauben, daß es jemals ähnlich war. Dieses wird beim Verkauf nichts einbringen, und ich werde darum bitten, daß es Frank gegeben wird. Ich habe meinem lieben Jungen einen kleinen Brief dazu geschrieben und ihm darin gesagt, daß es mir sehr leid täte, von ihm zu scheiden, aber andererseits wüßte ich auch keinen rechten Grund, warum ich hierbleiben sollte. Ich habe ihm in kurzen Worten den Rat gegeben – den besten, den ich ihm geben konnte –, sich ein warnendes Beispiel daran zu nehmen, welche Folgen es hätte, wenn man niemandes Feind wäre als sein eigener. Ich habe mich auch bemüht, ihn zu trösten wegen dessen, was er, wie ich fürchte, als einen Verlust ansehen wird. Ich habe ihm vorgehalten, daß ich für jeden außer ihm nur ein überflüssiger Mensch war; daß es mir irgendwie mißlungen sei, einen Platz in dieser großen Gesellschaft zu finden, und daß es deshalb besser sei, wenn ich sie verließe.

Dies (sagte der arme Verwandte, indem er sich räusperte und die Stimme ein wenig erhob) ist die allgemeine Ansicht über mich. Nun ist es aber ein bemerkenswerter Umstand – und das ist Zweck und Ziel meiner Geschichte –, daß das alles verkehrt ist. Das ist nicht mein Leben und das sind nicht meine Gewohnheiten. Ich wohne nicht einmal in der Clapham Road. Ich bin verhältnismäßig sehr selten dort. Ich wohne meistens in einem – ich schäme mich fast, das Wort auszusprechen, es klingt so anspruchsvoll – in einem Schloß. Ich will damit nicht sagen, daß es ein alter freiherrlicher Wohnsitz ist, aber es ist doch ein Gebäude, das jedem stets unter der Bezeichnung Schloß geläufig ist. Darin bewahre ich die Einzelheiten meiner Geschichte auf. Sie verhalten sich folgendermaßen:

Es war zur Zeit, als ich noch im Hause meines Onkels Chill wohnte, von dem ich ein beträchtliches Erbe zu erwarten hatte. Ich war ein junger Mensch von nicht mehr als fünfundzwanzig Jahren und hatte gerade John Spatter, der mein Angestellter gewesen war, als Partner aufgenommen. Damals wagte ich es, mich Christiana zu erklären. Ich liebte Christiana, die von ungewöhnlicher Schönheit und in jeder Hinsicht reizend war, seit langem. Zwar mißtraute ich ihrer verwitweten Mutter, da ich fürchtete, daß sie hinterlistig und geldgierig wäre. Jedoch suchte ich um Christianas willen so gut wie möglich von ihr zu denken. Ich hatte niemals jemand anders als Christiana geliebt, und sie war von unserer Kindheit an die ganze Welt, ja viel mehr als die ganze Welt für mich gewesen!

Christiana nahm mit Zustimmung ihrer Mutter meine Bewerbung an, und ich war der glücklichste Mensch auf Erden. Ich führte im Hause meines Onkels Chill ein dürftiges, langweiliges Leben, und meine Dachkammer war so öde und kahl und kalt wie ein oberes Gefängnisgelaß in einer finsteren Festung im Norden. Aber im Besitz von Christianas Liebe brauchte ich nichts weiter auf Erden. Ich würde mit keinem Menschen getauscht haben.

Zum Unglück war mein Onkel Chill ganz und gar von dem Laster der Habsucht beherrscht. Obwohl reich, war er gierig nach jedem Gewinn, knauserte und sparte und führte ein elendes Dasein. Da Christiana ohne Vermögen war, scheute ich mich eine Zeitlang ein wenig, ihm von unserer Verlobung

Mitteilung zu machen. Schließlich aber schrieb ich ihm einen Brief und gestand ihm alles wahrheitsgemäß. Diesen legte ich eines Abends vor dem Zubettgehen in seine Hand.

Als ich am nächsten Morgen herunterkam, war mir das Herz schwer. Ich schauerte in der kalten Dezemberluft, die in dem ungeheizten Hause meines Onkels kälter war als auf der Straße. Denn dort schien doch bisweilen die Wintersonne und auf jeden Fall wurde sie von den fröhlichen Gesichtern und Stimmen der Vorübergehenden belebt. So schritt ich auf das lange, niedrige Frühstückszimmer zu, in dem mein Onkel saß. Es war ein großes Zimmer mit einem kleinen Feuer, und auf dem breiten Erkerfenster hatte der nächtliche Regen seine Spuren hinterlassen, als wären es die Tränen obdachloser Menschen. Es ging auf einen wüsten Hof mit einem rissigen Steinpflaster und einem verrosteten Eisengeländer, das zur Hälfte aus dem Boden herausgerissen war. Ein häßlicher Schuppen stand darauf, der einst in den Zeiten des großen Arztes, der das Haus an meinen Onkel verpfändet hatte, als Seziersaal gedient hatte.

Wir standen stets so früh auf, daß wir zu dieser Jahreszeit bei Kerzenlicht frühstückten. Als ich ins Zimmer trat, hatte sich mein Onkel infolge der Kälte so in seinem Lehnstuhl hinter der einen, trübe brennenden Kerze zusammengekauert, daß ich ihn erst gewahr wurde, als ich dicht am Tisch stand.

Als ich ihm die Hand entgegenstreckte, ergriff er seinen Stock (infolge von Gebrechlichkeit ging er stets mit einem Stock im Hause umher), schlug nach mir und sagte:

»Du Narr!«

»Onkel«, erwiderte ich, »ich hätte nicht erwartet, daß Sie so böse sein würden.«

Ich hatte es auch wirklich nicht erwartet, obwohl er ein harter und zorniger alter Mann war.

»Du hast es nicht erwartet?« sagte er. »Wann hast du jemals etwas erwartet? Wann hast du je gerechnet oder an die Zukunft gedacht, du niedriger Hund?«

»Das sind harte Worte, Onkel!«

»Harte Worte? Das sind bloße Federn, wenn man einen Idioten wie dich damit schlagen will«, erwiderte er. »Hier! Betsy Snap! Seht ihn an!«

Betsy Snap, ein häßliches, welkes, gelbgesichtiges altes Weib, war unser einziger Dienstbote. Zu dieser Morgenstunde war sie stets damit beschäftigt, meinem Onkel die Beine zu reiben. Als mein Onkel sie aufforderte, mich anzusehen, legte er seine magere Klaue auf den Scheitel der neben ihm Knienden und wandte ihr Gesicht mir zu. In meiner Angst schoß mir plötzlich der Gedanke durch den Sinn, daß sie beide ein Bild aus dem Seziersaal boten, wie er zur Zeit des Arztes ausgesehen haben mußte.

»Seht das weichliche Muttersöhnchen an!« sagte mein Onkel. »Betrachtet dieses Kindchen! Das ist der Gentleman, der, wie die Leute sagen, niemandes Feind ist als sein eigner. Das ist der Gentleman, der nicht nein sagen kann. Das ist der Gentleman, dem sein Geschäft so riesige Verdienste abwirft, daß er notwendig jüngst einen Partner aufnehmen mußte. Das ist der Gentleman, der eine Frau ohne einen roten Heller heiraten will und der in die Hände von Isebels gerät, die auf meinen Tod spekulieren!«

Jetzt wußte ich, wie groß die Wut meines Onkels war. Denn wenn er nicht fast rasend gewesen wäre, so hätte ihn nichts veranlassen können, dieses alles beendende Wort in den Mund zu nehmen. Sonst durfte es unter keinen Umständen vor ihm ausgesprochen oder angedeutet werden, so widerwärtig war es ihm.

»Auf meinen Tod«, wiederholte er, gleich als trotzte er mir, indem er seinem eigenen Abscheu vor dem Wort Trotz bot. »Auf meinen Tod – Tod – Tod! Aber ich werde die Spekulation zunichte machen. Iß deine letzte Mahlzeit unter diesem Dach, du Jämmerling, und mögest du daran ersticken!«

Ihr könnt euch denken, daß ich nicht viel Appetit auf das Frühstück hatte, zu dem ich in diesen Ausdrücken eingeladen wurde. Jedoch nahm ich meinen gewohnten Platz ein. Ich sah, daß mein Onkel nichts mehr von mir wissen wollte, aber im Besitz von Christianas Herzen konnte ich das mit Gleichmut ertragen.

Er leerte seine Schale Brot und Milch wie gewöhnlich, nur daß er sie auf die Knie genommen und seinen Stuhl von dem Tisch, an dem ich saß, abgerückt hatte. Als er fertig war, blies er bedachtsam die Kerze aus, und der kalte, elende, bleifarbene Tag blickte ins Zimmer herein.

»Nun, Mr. Michael«, sagte er, »bevor wir uns trennen, möchte ich in deiner Gegenwart ein Wort mit diesen Damen sprechen.«

»Wie Sie wünschen, Sir«, erwiderte ich. »Aber Sie täuschen sich und tun uns bitter unrecht, wenn Sie glauben, daß irgendein anderes Gefühl als reine, selbstlose, treue Liebe bei unserer Übereinkunft eine Rolle gespielt hat.«

Darauf erwiderte er bloß: »Du lügst!« – kein Wort weiter.

Wir gingen durch halbgetauten Schnee und halbgefrorenen Regen nach dem Hause, wo Christiana und ihre Mutter wohnten. Mein Onkel war gut mit ihnen bekannt. Sie saßen gerade beim Frühstück und waren überrascht, uns zu dieser Stunde zu sehen.

»Ihr Diener, Ma'am«, sagte mein Onkel zu der Mutter. »Sie erraten wohl den Zweck meines Besuchs, Ma'am. Wie ich höre, schließt dieses Haus eine Welt von reiner, selbstloser, treuer Liebe ein. Ich bin glücklich, das zu bringen, was zur Vervollständigung dieser Welt einzig noch nötig ist.

Ich bringe Ihnen Ihren Schwiegersohn, Ma'am, und Ihnen, Miss, Ihren Gatten. Der Gentleman ist ein vollkommen fremder Herr für mich, aber ich wünsche ihm Glück zu seinem weisen Handel.«

Er zeigte mir die Zähne, als er das Zimmer verließ, und ich habe ihn nie wiedergesehen.

Es ist eine ganz falsche Annahme (fuhr der arme Verwandte fort), daß meine teure Christiana sich von ihrer Mutter überreden ließ und einen reichen Mann heiratete; daß sie jetzt oft an mir vorbeifährt und ihre Wagenräder mich mit Kot bespritzen. Nein, nein. Sie heiratete mich.

Wir heirateten sogar früher, als wir beabsichtigt hatten, und das kam so: Ich hatte mir eine bescheidene Wohnung gemietet und sparte und entwarf Pläne um ihretwillen, als sie eines Tages sehr ernst zu mir sagte:

»Mein lieber Michael, ich habe dir mein Herz geschenkt. Ich habe dir gestanden, daß ich deine Liebe erwidere, und ich habe dir mein Wort gegeben, dein Weib zu werden. Ich gehöre dir schon jetzt in guten und in bösen Tagen, als ob wir an dem Tag, als diese Worte zwischen uns gesprochen wurden, geheiratet hätten. Ich kenne dich gut und weiß, daß dein ganzes Leben verdunkelt würde, wenn wir uns trennen. Dein ganzes Wesen, das selbst jetzt für den Kampf mit dem Leben kräftiger gerüstet sein sollte, würde dann nur noch ein Schatten seiner selbst sein!«

»Gott helfe mir, Christiana!« sagte ich. »Du sprichst die Wahrheit.«

»Michael!« sagte sie, mit ihrer ganzen mädchenhaften Hingabe ihre Hand in die meine legend, »wir wollen nicht länger getrennt leben. Ich brauche nur zu sagen, daß ich mit dem, was du mir bieten kannst, zufrieden bin, und ich weiß, daß du glücklich sein wirst. So sage ich es denn von ganzem Herzen. Mühe dich nicht mehr allein; wir wollen gemeinsam die Mühe tragen. Mein lieber Michael, es wäre nicht recht von mir, dir das zu verheimlichen, was du nicht ahnst, was aber mein ganzes Leben verbittert. Meine Mutter bedenkt nicht, daß du alles, was du verloren hast, nur um meinetwillen einbüßtest, nur weil ich dir Treue geschworen hatte. Sie setzt ihr Herz auf Reichtum und will mich zu meinem tiefsten Kummer zu einer anderen Ehe drängen. Ich kann das nicht ertragen, denn es ertragen hieße, treulos gegen dich sein. Ich will lieber deine Sorgen teilen, als ihnen nur zuzusehen. Ich wünsche mir kein besseres Heim, als du mir geben kannst. Ich weiß, daß du mit erhöhtem Mut streben und arbeiten wirst, wenn ich ganz dein bin, und so mag es denn sein, sobald du willst!«

Ich war unendlich glücklich an jenem Tage und eine neue Welt öffnete sich vor mir. Wir heirateten ganz kurze Zeit darauf und ich führte mein Weib in mein glückliches Heim. Damals bezogen wir zuerst das Haus, von dem ich gesprochen habe; das Schloß, das wir seitdem stets zusammen bewohnt haben, stammt aus dieser Zeit. Alle unsere Kinder sind darin geboren worden. Unser erstes Kind, das jetzt verheiratet ist, war ein Mädchen, das wir Christiana nannten. Ihr Sohn ist dem kleinen Frank so ähnlich, daß ich sie kaum auseinanderhalten kann.

Auch die herrschende Meinung über die Handlungsweise meines Partners gegen mich ist vollkommen irrig. Er begann mich nicht von oben herab zu behandeln, wie einen armen Schwachkopf, als das unheilvolle Zerwürfnis zwischen mir und meinem Onkel eintrat. Auch bemächtigte er sich nicht allmählich unseres Geschäfts und drängte mich hinaus. Im Gegenteil, er verfuhr gegen mich wie ein vollendeter Ehrenmann.

Die Dinge zwischen uns spielten sich folgendermaßen ab: An dem Tag der Trennung von meinem Onkel und

sogar bevor noch meine Koffer in unserem Kontor anlangten (er hatte sie mir nachgeschickt, ohne den Wagen
zu bezahlen), ging ich in unser Geschäftslokal auf unserem kleinen Kai am Fluß. Dort teilte ich John Spatter den
Vorfall mit. John gab nicht zur Antwort, daß reiche alte
Verwandte greifbare Tatsachen, Liebe und schöne Gefühle
aber Mondschein und Phantasterei seien. Er sprach folgendermaßen zu mir:

»Michael«, sagte John, »wir sind zusammen zur Schule gegangen, und ich brachte es in der Regel fertig, besser voranzukommen als du und mir größeres Ansehen zu
verschaffen.«

»Das tatest du, John«, erwiderte ich.

»Obgleich«, sagte John, »ich deine Bücher borgte und sie
verlor, dein Taschengeld borgte und es verlor, dir meine
schadhaften Messer zu einem höheren Preis verkaufte, als
der war, den ich neu für sie gegeben hatte und dich die von
mir zerbrochenen Fenster auf deine Kappe nehmen ließ.«

»Alles nicht der Rede wert, John Spatter«, sagte ich, »aber
zweifellos wahr.«

»Als du zuerst dieses Geschäft anfingst, das sich so verheißungsvoll anläßt«, fuhr John fort, »kam ich, eine Beschäftigung suchend und bereit, fast jede anzunehmen, zu dir, und
du machtest mich zu deinem Angestellten. «

»Ebensowenig der Rede wert, mein lieber John Spatter«,
sagte ich, »aber ebenso wahr.«

»Und da du fandest, daß ich gute Fähigkeiten für das Geschäft besaß und dem Geschäft wirklich nützlich war, so
wolltest du mich nicht in dieser Stellung belassen, sondern
hieltest es für ein Gebot der Gerechtigkeit, mich bald zu
deinem Partner zu machen.«

»Noch weniger der Rede wert als die anderen kleinen
Umstände, an die du erinnertest, John Spatter«, sagte ich,

»denn ich kannte und kenne deine Verdienste und meine Mängel.«

»Nun, mein lieber Freund«, sagte John, meinen Arm durch den seinen ziehend, wie er es in der Schule zu tun pflegte – draußen vor den Fenstern unseres Kontors, die wie die Heckluken eines Schiffes geformt waren, schwammen zwei Fahrzeuge mit der Flut leicht den Fluß hinab, so wie John und ich in diesem Augenblick gemeinsam und voll gegenseitigen Vertrauens auf unsere Lebensreise hätten ausfahren können –, »unter diesen freundlichen Umständen soll in jeder Beziehung Klarheit zwischen uns herrschen. Du bist zu gutmütig, Michael. Du bist niemandes Feind als dein eigener. Wenn ich unter unserer Kundschaft diesen schädlichen Ruf über dich mit einem Achselzucken und einem Kopfschütteln und einem Seufzer verbreitete, und wenn ich ferner dein Vertrauen mißbrauchte …«

»Aber du wirst es niemals mißbrauchen, John«, bemerkte ich.

»Niemals!« sagte er. »Aber ich setze den Fall. Ich sage also, wenn ich ferner dein Vertrauen mißbrauchte, indem ich die eine unserer gemeinsamen Geschäftsangelegenheiten im Dunkeln ließe und eine andere im Licht und noch eine andere im Zwielicht und so fort, so könnte ich Tag für Tag meine starke Stellung verstärken und deine Schwäche vergrößern, bis ich mich schließlich auf dem Wege nach dem Glück befände, während du auf irgendeiner kahlen Wiese in hoffnungsloser Entfernung zurückgeblieben wärst.«

»Ganz richtig«, sagte ich.

»Um dies oder die leiseste Möglichkeit dazu zu verhindern, Michael«, sagte John Spatter, »müssen wir vollkommen offen gegeneinander sein. Nichts darf verheimlicht werden und wir dürfen beide nur ein Interesse haben.«

»Mein lieber John Spatter«, versicherte ich ihm, »das ist

mir aus dem Herzen gesprochen.«

»Und wenn du zu gutmütig bist«, fuhr John fort, während sein Gesicht vor Freundschaft erglühte, »dann mußt du mir erlauben, dafür zu sorgen, daß dieser kleine Fehler von niemand ausgenutzt wird. Du darfst nicht erwarten, daß ich dich darin bestärken werde …«

»Mein lieber John Spatter«, unterbrach ich ihn, »ich erwarte gar nicht, daß du mich darin bestärkst. Ich wünsche, daß du es mir abgewöhnst.«

»Und ich ebenfalls«, sagte John.

»Ganz recht!« rief ich. »Wir haben beide dasselbe Ziel im Auge; und indem wir ehrlich danach streben und volles Vertrauen zueinander haben und nur ein gemeinsames Interesse kennen, wird unsere Partnerschaft blühen und gedeihen.«

»Dessen bin ich gewiß!« erwiderte John Spatter.

Worauf wir uns aufs herzlichste die Hände schüttelten.

Ich nahm John mit nach Hause in mein Schloß, und wir verbrachten einen sehr schönen Tag. Unsere Partnerschaft gedieh. Mein Freund und Partner ergänzte meine Mängel, wie ich es vorausgesehen hatte. Er sorgte für das Geschäft und für mich und vergalt dadurch reichlich das wenige, das ich etwa getan hatte, um ihm im Leben fortzuhelfen.

Ich bin nicht sehr reich (sagte der arme Verwandte, sich bedächtig die Hände reibend und ins Feuer blickend), denn ich habe nie Wert darauf gelegt, es zu sein. Aber ich habe genug, um ein mäßiges, sorgenfreies Leben führen zu können. Mein Schloß ist kein prachtvoller Ort, aber es ist sehr behaglich. Wärme und Fröhlichkeit herrschen darin, und es ist das Bild eines glücklichen Heims.

Unser ältestes Mädchen, das seiner Mutter sehr ähnlich ist, heiratete John Spatters ältesten Sohn. Und auch noch andere Bande knüpfen unsere beiden Familien eng aneinander. Schön sind die Abende, wenn wir alle beisammen sind – was häufig der Fall ist – und John und ich von alten Zeiten reden und von der festen Einigkeit, die stets zwischen uns geherrscht hat.

In meinem Schloß ist es niemals einsam. Einige unserer Kinder oder Enkel sind immer zugegen, und die jungen Stimmen meiner Nachkommen tönen mir köstlich – oh wie köstlich! – ins Ohr. Mein teures und mir ganz ergebenes Weib, immer treu, immer liebevoll, immer hilfreich und trostspendend, ist der unschätzbare Segen meines Hauses, und alle anderen Segnungen, mit denen es beglückt ist, stammen von ihr. Wir sind eine ziemlich musikalische Familie, und wenn Christiana gelegentlich sieht, daß ich ein wenig müde oder verstimmt bin, dann stiehlt sie sich ans Klavier und singt ein sanftes Liedchen, das sie in der ersten Zeit unserer Verlobung zu singen pflegte. Ich bin so ein schwacher Mensch, daß ich es von niemand sonst hören kann. Sie spielten es einstmals, als ich mit dem kleinen Frank im Theater war, und das Kind sagte verwundert:

»Vetter Michael, wessen heiße Tränen sind da auf meine Hand gefallen?«

Das ist mein Schloß und das sind die wirklichen Einzelheiten meines Lebens, die darin aufbewahrt sind. Ich nehme oft den kleinen Frank dorthin mit. Meine Enkelkinder empfangen ihn mit offenen Armen, und sie spielen zusammen. Zu dieser Zeit des Jahres – um Weihnachten und Neujahr – bin ich selten außerhalb meines Schlosses. Denn die Gedanken, die die Zeit mit sich bringt, scheinen mich dort festzuhalten und die Gebote der Zeit scheinen mich zu lehren, daß es gut ist, dort zu weilen.

»Und das Schloß ist ...«, bemerkte eine ernste, freundliche Stimme aus der Gesellschaft.

»Ja. Mein Schloß«, sagte der arme Verwandte, die Augen noch immer auf das Feuer gerichtet, mit einem Kopfschütteln, »ist in der Luft. John, unser verehrter Gastgeber, hat seine Lage genau erraten. Mein Schloß ist in der Luft! Ich bin zu Ende. Will jemand so freundlich sein und weitererzählen?«